COLLECTION « BIOGRAPHIE »

JUDITH THURMAN

KAREN BLIXEN

Traduit de l'américain par Pascal Raciquot-Loubet

Ouvrage publié avec le concours du Centre national des lettres

SEGHERS

Photos de couverture

Arthus-Bertrand / Jacana
et © The life and destiny of Isak Dinesen

Maquette :
Yves Le Houerf

Première édition publiée sous le titre *Isak Dinesen. The Life of a Storyteller*

ISBN 0-312-43737-4. St Martin's Press, New York

ISBN 2-232-10000-6

Pour mes parents
Alice Meisner Thurman
et William A. Thurman

Note sur les citations

Les archives de Karen Blixen, qui contiennent ses manuscrits, sa correspondance et d'autres papiers personnels, portent l'abréviation KBA dans les citations. Elles sont conservées à la Bibliothèque Royale de Copenhague et il est nécessaire d'obtenir une autorisation de la Fondation Rungstedlund pour pouvoir les consulter. Lorsque j'ai dû citer des extraits de ces archives, j'ai utilisé leur propre système de lettres et de chiffres. Il y a 105 dossiers contenant les lettres adressées à Karen Blixen ou écrites de sa main, ou la concernant. Ses manuscrits commencent au dossier n° 106, avec ses œuvres d'enfance. Ces dossiers sont au nombre de 52, et ils sont numérotés de 106 à 157. Les dossiers suivants, au nombre de 40, sont numérotés de 158 à 197. Ils contiennent des textes tapuscrits, des chroniques, des articles, des interviews, des dessins, des notes de son journal, des discours et d'autres manuscrits sur le même sujet écrits par la famille et d'autres auteurs, ainsi que les textes douteux et divers autres miscellanées.

La seule collection d'importance qui ne figure pas dans les archives de Karen Blixen est sa correspondance avec Robert Haas, qui est conservée chez Random House, ses éditeurs américains. Une copie de cette correspondance m'a été procurée très aimablement par Mr Morris Philipson, éditeur de la University Chicago Press.

J'ai utilisé les abréviations suivantes pour les titres des œuvres principales de Karen Blixen. (Les références données à la fin du livre pour les œuvres de Karen Blixen sont celles des traductions françaises. N.d.T.) :

SCG	*Sept Contes Gothiques*
FA	*La Ferme Africaine*
CH	*Contes d'Hiver*
NCH	*Nouveaux Contes d'Hiver*
DB	*Le Dîner de Babette*
OP	*Ombres sur la Prairie*
CF	*Chevaux Fantômes*

Lorsque j'ai cité la correspondance inédite ou des interviews, j'ai utilisé les abréviations suivantes :

Pour la famille :

KB	Karen Blixen
Ea	Ea de Neergaard
ED	Ellen Dahl
Mme D	Ingeborg Dinesen
TD	Thomas Dinesen
WD	Wilhelm Dinesen
IM	Ingeborg Michelsen (la plus jeune fille de Thomas Dinesen)
Mme W	Mary Westenholz (« Mama »)
MBW	Mary Bess Westenholz (« Tante Bess »)

Pour les autres personnes :

TB	Thorkild Bjørnvig
RH	Robert Haas
DFH	Denys Finch Hatton
IL	Ingrid Lindström
SER	Steen Eiler Rasmussen
CS	Clara Svendsen
OW	Ole Wivel

Certaines personnes qui m'ont accordé des interviews ont demandé à garder l'anonymat. Dans ces rares cas, je n'ai indiqué que le lieu et la date de l'interview.

La plus grande partie de mes recherches et de leur rédaction était terminée au moment où sont parues les *Lettres d'Afrique 1914-1931* dans l'excellente traduction anglaise d'Anne Born[1]. Dans la plupart des cas, j'ai remplacé les traductions que j'avais faites pour utiliser les siennes, mais dans certains cas, j'ai conservé mes traductions de l'original danois et j'ai donné les références des deux éditions. J'ai procédé de la même façon pour les traductions (faites soit par mes soins, soit par ceux de Joan Tate) du livre de Thomas Dinesen : *Tanne, Min Søster Karen Blixen* (version anglaise : *My Sister, Isak Dinesen*). Toutes les autres traductions, qu'elles soient faites du danois, du français, etc., sont les miennes, sauf mention contraire.

1. De la même manière, la traduction de ce livre était achevée lorsqu'est parue aux Éditions Gallimard la version française des *Lettres d'Afrique*. Les références données sont donc celles du texte d'Anne Born (*N.d.T.*).

ARBRE GÉNÉALOGIQUE DE LA FAMILLE DE KAREN BLIXEN
(côté paternel)

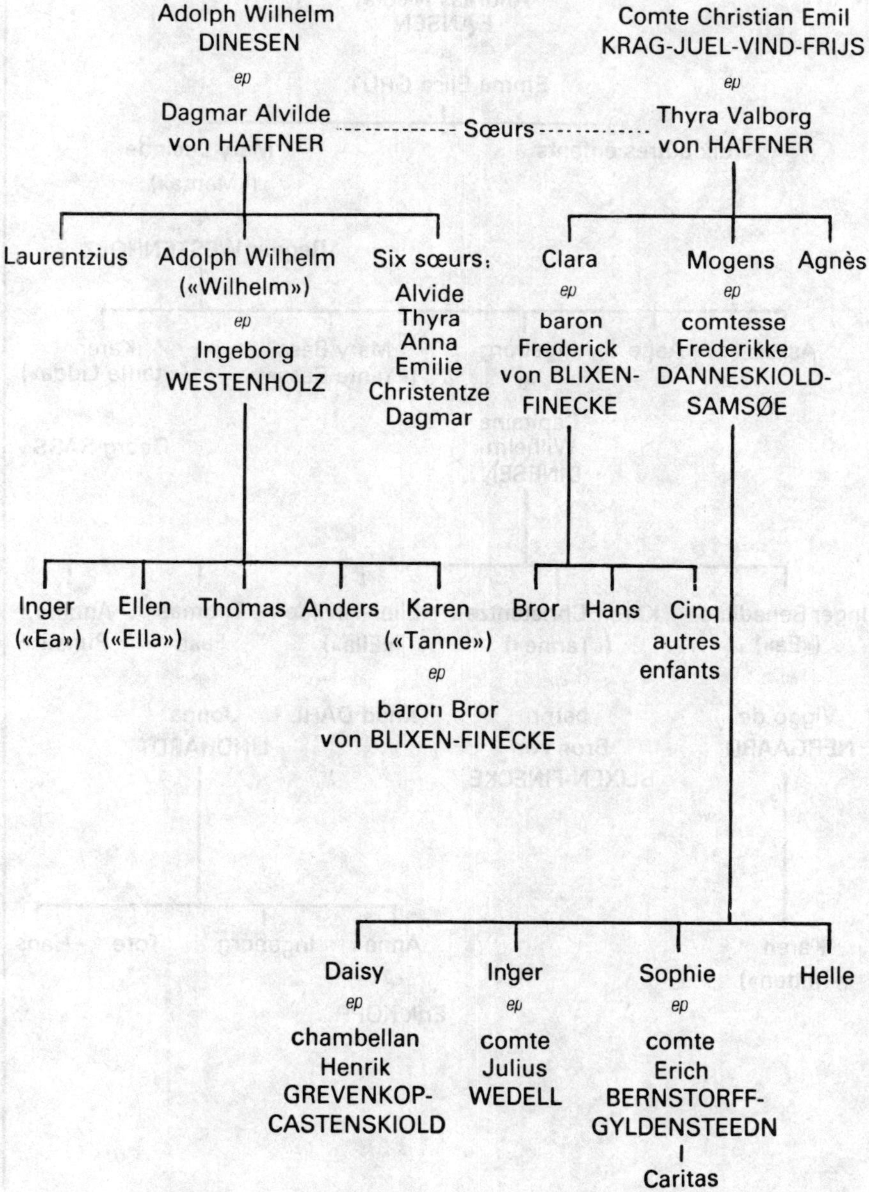

ARBRE GÉNÉALOGIQUE DE KAREN BLIXEN
(côté maternel)

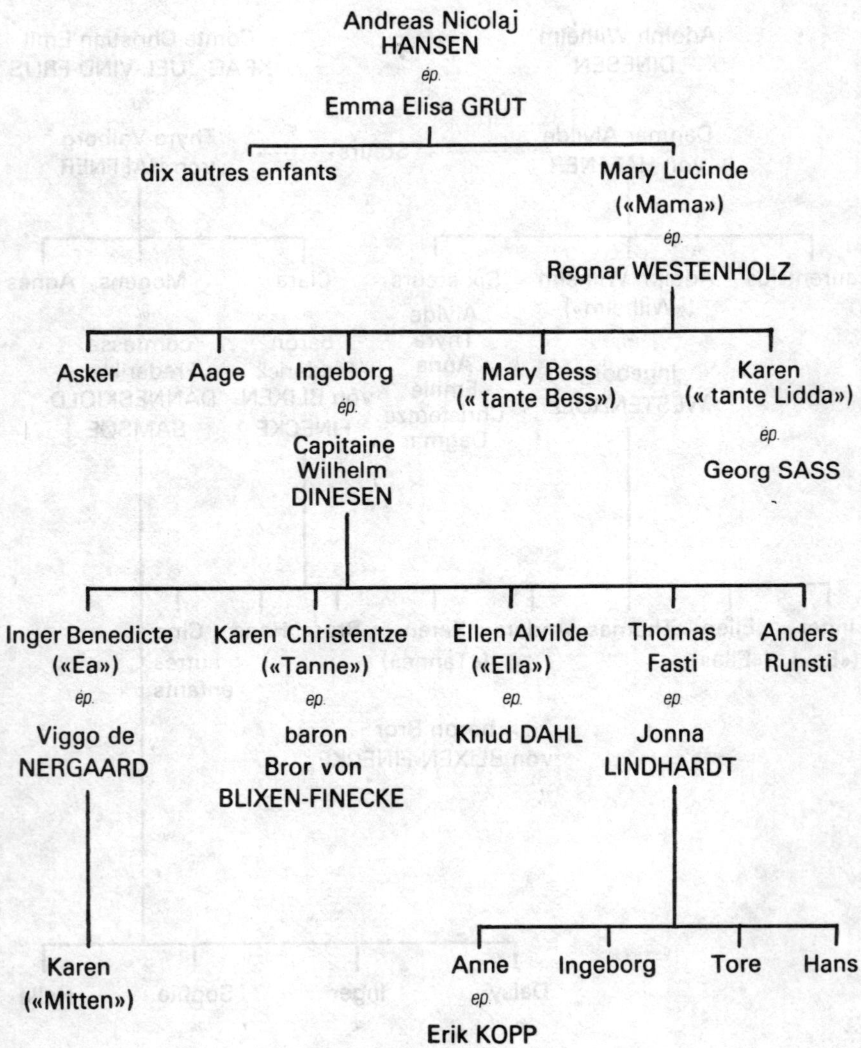

LIVRE PREMIER

TANNE

Un poète est pris d'un tremblant effroi
en s'apercevant que son histoire est vraie.

Isak Dinesen
« Le Plongeur »

Introduction

Elle naquit Dinesen le 17 avril 1885 et fut baptisée Karen Christentze. Sa famille l'appelait « Tanne », diminutif qu'elle détesta toujours et qui venait de sa prononciation enfantine de Karen. C'est pourquoi elle prit d'autres noms, Osceola, son premier pseudonyme, puis baronne Blixen-Finecke, qu'elle acquit par son mariage avec un cousin suédois. Pour ses familiers d'Afrique, blancs et noirs, elle fut respectivement Tania et Jerie, puis enfin, avec une noble perversité, elle choisit Isak, « celui qui rit ». Ses admirateurs l'appelaient des noms de ses propres personnages ou de ses incarnations imaginaires. Pour une compagne de jeux de son enfance, elle était « Lord Byron ». Pour sa secrétaire, elle était Khamar, le vieux cheval de combat. Pour différents disciples littéraires, elle était Pellegrina, Amiane ou Schéhérazade. Au Danemark, on parlait couramment d'elle comme de la *Baronessen,* la baronne, et on lui parlait à la troisième personne selon l'usage féodal. Le nom qui figure sur sa pierre tombale est Karen Blixen.

Ces noms avaient leur propre protocole, leur logique et leur géographie : c'étaient des voies séparées conduisant à sa personne, et dont variaient la noblesse et la facilité d'accès. Mais le nom de « Dinesen » était l'idée d'elle-même et de ses origines que l'enfant conserva jusque dans sa vieillesse et qui demeura inchangé, fût-ce par son sexe ou son nom de baptême. Il exprimait ce qu'elle considérait comme l'essence de sa vie : sa relation avec son père, avec sa famille, en ce qu'ils étaient une tribu — une *stamme,* en danois —, une souche. Quand elle reprit le nom de Dinesen vers la moitié de sa vie, pour en signer ses œuvres, ce fut un geste typique de son économie spirituelle. C'était aussi l'amour qu'a la conteuse du destin.

1.
Ou bien, ou bien

La morale compose les trois quarts de la vie, et le sexe, la moitié de la morale[1]*.

MATTHEW ARNOLD

1

Isak Dinesen était l'enfant de deux personnes qui incarnaient des attitudes très différentes envers l'existence. La famille de sa mère, les Westenholz, étaient des bourgeois exemplaires. Les hommes étaient des négociants millionnaires, qui s'étaient faits eux-mêmes, et s'étaient enrichis grâce à leur habileté, leur frugalité et leur dur labeur. Les femmes se distinguaient par leur perfection et leur hauteur d'esprit. C'étaient aussi — ce qui est plus rare — des féministes convaincues et des non-conformistes converties à l'Église unitarienne. Mais, pour une famille extrêmement robuste, elle n'était guère vivante. Leurs énergies étaient dévolues à des projets pratiques ou abstraits, et la plupart du temps, elles allaient dans le sens de leur propre perfection morale. La vie était pour eux comme une longue et coûteuse créance. Leur relation avec l'existence était celle de débiteurs purgeant lentement l'hypothèque de leur âme.

La symétrie n'est pas parfaite, car la famille de son père n'était en aucune façon une bande de décadents ou d'esthètes, et ils n'avaient pas non plus de titre. Mais là où les Westenholz étaient des gens de la ville, cultivés et scrupuleux à l'excès, les Dinesen étaient des campagnards, affables et prodigues, et cousins avec la plus haute noblesse du royaume. Les hommes étaient plutôt virils et imbus de leurs opinions, les femmes, élégantes et jolies, et selon les critères des Westenholz, quelque peu « frivoles et superficielles[2] ». Elles ne se sentaient pas tenues de laisser derrière elles une trace en ce monde, mais elles avaient une confiance aristocratique dans la place qu'elles y occupaient : le sentiment que « tout cela était hérité, destiné à être transmis par héritage[3] » sans prérogatives morales. Elles avaient les

* Les appels chiffrés renvoient aux notes en fin de volume.

mains libres. Isak Dinesen se souvenait qu'elles avaient « un grand et sauvage bonheur d'être vivant[4] » dont elle se sentait l'héritière.

Depuis son enfance, Isak Dinesen voyait les deux familles comme des antithèses, l'une infiniment attrayante, l'autre infiniment problématique. Elle proclamait avec une foi inébranlable qu'elle « n'était pas comme[5] » la famille de sa mère, et qu'eux ne l'aimaient pas. Elle se rebella contre leur mépris et leur peur de l'érotisme imposée par une implacable surveillance qui avait privé son enfance de ses légitimes privilèges. Dans cette révolte, drame central de sa vie, son père lui fut un allié et une source d'inspiration. Tant qu'il vécut, ce qui ne dura pas longtemps, il la sauva physiquement des Westenholz, et après sa mort, il continua de tenir le rôle d'émissaire des dangereuses forces de la vie. En fait, lorsque Isak Dinesen use du mot « vie », il est souvent le synonyme de « père ».

Mais elle hérita également de nombreuses qualités du côté de sa mère, et en particulier, elle en avait l'exigence, parfois accablante, à l'égard de soi. Les Westenholz avaient une foi implicite en la vertu de celui qui est l'artisan de sa fortune, et le Christ était pour eux, fervents unitariens, un exemple sans égal de grandeur morale, dû moins à sa naissance qu'à son accomplissement personnel. La vie semblait immorale sans une quelconque vocation et les efforts inlassables qui amèneraient celle-ci à sa réalisation. Tous les enfants tentèrent de trouver semblable vocation. Le frère d'Isak Dinesen, Thomas, la chercha dans les batailles en s'engageant lors de la Première Guerre, d'où il revint avec la Victoria Cross. Sa sœur cadette, Ella, la chercha à travers le mariage et les bonnes œuvres, et écrivit plusieurs livres de paraboles au ton élevé. Sa sœur aînée, Ea, consacra sa vie à la musique classique, puis à la maternité et mourut jeune. Anders, le benjamin, plus lent et s'exprimant avec moins de facilité, était une sorte d'accident : il vécut tranquillement dans une ferme de la famille et fut considéré par les autres comme une espèce de rustre. Tanne était, de tous les enfants, probablement la plus ambitieuse et la plus capable d'autocritique. Sa vie fut une série de buts et de tâches grandioses et les contes qu'elle commença à écrire à quarante-six ans « tinrent » — au sens où l'entendait sa grand-mère — une promesse longtemps restée lettre morte. Mais autant cette ambition lui était innée, autant elle se révolta contre elle et la dissimula derrière ses pseudonymes et sa nonchalance, autant elle avait envie d'appartenir à ce monde miraculeusement statique où il n'y avait ni ardents désirs de réussite, ni triomphes personnels, ni imperfections. Pour le « gentilhomme », tel qu'elle le décrit, « la personnalité, le talent, on était censé les laisser aux êtres d'un autre milieu[6] ».

Ce n'était pas précisément là le « milieu » des Dinesen et, si l'on y regarde de plus près, l'image de l'antithèse symbolique entre les deux familles se dissout en une multitude de détails qui détournent l'attention. Mais si l'on se recule, assez loin pour qu'ils deviennent des silhouettes, on peut voir les deux familles telles qu'Isak Dinesen elle-même les voyait se profiler sur la toile de fond d'un grand conflit culturel, et ils sont alors face à face. Ce conflit, c'est celui qui apparut au XIXe siècle avec l'essor de la bourgeoisie et sur lequel Kierkegaard médita dans *Ou bien, ou bien* (1843), opposant « l'éthique » à « l'esthétique sensuelle », l'instinct à la vie morale. C'est cette dialectique très élaborée qui allait dominer la culture danoise pour le reste du siècle et qu'Isak Dinesen rencontra dans la littérature et la philosophie qu'elle lut dans son adolescence, dans les pièces et les conférences auxquelles elle assista, dans les débats publics sur la liberté sexuelle et les droits de la femme, et dans les luttes politiques entre l'aristocratie conservatrice et la classe moyenne libérale (avec, plus tard, la montée de la coalition socialiste des petits fermiers et des travailleurs). Le schéma intellectuel qu'elle acquit à cette époque s'adapta avec une improbable précision à son expérience originelle. Et quand, dans ses contes, elle se montre une si bonne historienne de la « rupture » romantique, c'est parce qu'elle a une sorte de connaissance charnelle de ce dont elle parle. Les deux pôles qu'Isak Dinesen connaissait comme Dinesen/Westenholz, liberté/tabou, aristocrate/bourgeois organisèrent comme un champ magnétique sa manière de sentir et son réservoir d'images, en triant son contenu et en lui donnant la beauté d'un motif. A une époque plus ancienne, un tel motif aurait immanquablement été appelé le Destin. Le biographe moderne dira plus prudemment que sa vie est « lisible ». Les événements semblent se mettre en place et les moindres détails sont conservés pour réapparaître plus tard à un moment dramatique. Ils sont comme ces taches de naissance grâce auxquelles on reconnaissait dans les anciens contes l'enfant royal disparu. Dans l'attente du moment où elle commencerait à écrire, Isak Dinesen croyait qu'il existait un sens absolu à la vie, un dessein divin. Selon une telle disposition, s'il est possible d'y être fidèle, les pertes sembleront inévitables. Et c'est cette confiance qui donne à son œuvre l'immense pouvoir de les réparer.

2

La grande fortune bourgeoise qui établit Isak Dinesen dans sa ferme africaine commença à s'accumuler au tournant du XIXe siècle. Son arrière-grand-père était un homme du nom de Andreas Nicolaj Hansen, qui possédait des bateaux et qui fit d'énormes affaires durant les Guerres Napoléoniennes. Il continua à augmenter sa flotte et cela fit de lui l'un des hommes les plus riches de Copenhague. Vers les années 1820, il épousa la fille d'un pasteur de l'île de Guernesey et lui fit construire une grande maison sur Bredgade. C'était la rue la plus distinguée de la capitale, bordée des palais rococo de la noblesse. L'austère demeure néoclassique des Hansen se dressait au coin de la rue, et dans un tel voisinage, leur nom lui aussi lançait d'un air de défi une note pleine et claire — le chant du coq d'un âge nouveau. *Oldefader* *Hansen était un mari grossier qui donna à sa femme un diamant pour chaque enfant, onze en tout. Elle perdit les pierres et les enfants grandirent, querelleurs et malheureux. Certains d'entre eux, s'offensant de la façon dont leur père avait usé de leur mère, prirent le nom de celle-ci : Grut. La famille avait son saint, sa brebis galeuse et sa beauté : c'était Mary, la

* Arrière-grand-père.

deuxième fille aînée. Son long visage avait une sévérité faite à peindre, espagnole ou italienne, un visage qui aurait pu être intéressant pour un peintre de madones. La légère courbure du nez, la pâleur, la finesse des sourcils et des lèvres passèrent dans l'héritage d'Ingeborg Westenholz et d'Isak Dinesen. Les enfants Hansen vécurent dans l'ombre de « la violence, des humeurs et du pessimisme[7] » de leur père, sans la protection de leur mère, qui était faible. Ils s'accrochèrent à la raison et craignirent résolument les sens. Un de leurs contemporains déclara qu'ils ressemblaient aux puritains anglais. Ils étaient sans aucun doute de remarquables esprits, mais ils n'appréciaient guère les mouvements horizontaux : ils étaient forcés de se diriger vers le haut ou vers le bas.

Mary Hansen, qui devait jouer un si morne rôle dans la vie de sa petite-fille, était une femme aux ambitions spirituelles. Elle aspirait à devenir une femme parfaitement bonne, une épouse parfaite, une mère exemplaire, chrétienne et patriote. Comme elle exigeait beaucoup d'elle-même, elle partait en guerre contre les imperfections des autres. Son impétuosité fut entretenue par les événements historiques de sa majorité : la révolution de 1848, la guerre contre la Prusse et la période libérale qui suivit la victoire. C'était le moment idéal pour être consciencieusement bourgeois et prendre parti pour les forces qui avaient amené le roi à accepter la première constitution démocratique du Danemark et à abolir nombre des anciens privilèges et abus de pouvoir de l'aristocratie.

Les « règles morales et éthiques[8] » selon lesquelles vivait Mary Hansen furent rigoureusement imposées à ses enfants et petits-enfants avec une sorte de chaleur abusive. Son sens du « bien et du mal » était excessivement développé, même pour son temps. Elle croyait irréfutable son jugement sur ces sujets-là[9], et elle peignait en particulier les dangers de la sexualité des couleurs « les plus sombres et les plus épouvantables[10] ». Il semble qu'elle ait eu de cet aspect de la vie une expérience cuisante qui lui en confirma les dangers. Isak Dinesen connaissait l'histoire et y pensait peut-être lorsqu'elle mit en scène les personnages de Émilie Vandamm et Charlie Dreyer dans « L'Enfant rêveur ». Les vieilles femmes féroces et fanées jadis terrifiées par une étincelle de passion sont innombrables dans ses contes. L'étincelle de Mary Hansen fut provoquée par son professeur de musique, « pauvre garçon aux cheveux longs, qui avait quelque chose d'une *romanfigur* dans le sobre milieu de la Bredgade[11] ». D'une façon ou d'une autre, son père fut mis au courant de son attachement et y coupa court avec sa brutalité habituelle en jetant le jeune homme au bas des escaliers. Quoi qu'il ait dit ou fait à Mary, celle-ci en fut si humiliée qu'elle « considéra désormais comme un terrible déshonneur pour une jeune fille d'encourager de vaines avances[12] ». Une fois que les sentiments originels eurent reflué, ils laissèrent gravée dans ce caractère fier et entêté une indélébile méfiance envers l'amour charnel.

Mary Hansen épousa un homme du monde de son père, un *self-made man*, quelqu'un que le vieil armateur pouvait admirer et admirait. Elle avait vingt et un ans et lui, Regnar Westenholz, trente-huit. Il était veuf, avec un fils. Ses origines étaient modestes : c'était le fils d'un employé municipal de Skagen, au nord de Jutland, et le descendant de pasteurs de Hanovre. A la mort de son père, il devint apprenti chez un négociant d'Aalborg, puis associé dans une entreprise qui faisait le commerce des céréales. Il avait un don impressionnant pour gagner de l'argent. Le jour où le Parlement anglais abrogea les lois sur le grain, Westenholz avait déjà ses navires chargés de blé mouillant à l'ancre dans l'estuaire de la Tamise. Son siège social était à Londres où, lors d'une visite de famille, il avait rencontré sa future épouse qui était encore, à ce moment-là, une jeune fille de dix-sept ans. Il lui importait qu'elle parlât parfaitement l'anglais et qu'elle partageât son idéal d'une vie familiale pieuse, tranquille et disciplinée.

Regnar et Mary eurent, assez vite, cinq enfants. En 1852, il se retira des affaires et s'établit dans sa propriété du Jutland, Matrup, près de la ville de Horsens, et consacra désormais sa vie aux passe-temps d'un gentilhomme campagnard : spéculer sur les chemins de fer, améliorer son cheptel, expérimenter les techniques agricoles et collectionner les livres. Sa bibliothèque de classiques danois du XIXᵉ, reliée en maroquin, se retrouva en Afrique avec sa petite-fille. Il trouva également le temps de siéger au Parlement. Après une session dans la chambre basse, il devint le conseiller financier du roi et, durant un an, son ministre des Finances. Sa Majesté honora un jour Matrup de sa visite, accompagnée de sa maîtresse. Ce personnage chicaneur, la comtesse Danner, avait été dans sa jeunesse danseuse de ballet et modiste. Désormais, elle avait six doubles mentons, fumait la pipe et riait à gorge déployée des plaisanteries quelque peu familières de son amant. La jeune Mme Westenholz supporta cette épreuve avec sang-froid.

Des daguerréotypes de Regnar Westenholz montrent un homme légèrement grisonnant, avec des favoris plutôt ébouriffés, les cheveux ramenés en arrière et un air de bon sens. Selon sa fille c'était « un individualiste et un libéral, avec un sens pratique aigu [13] ». Sa famille le révérait, et son petit-fils Thomas l'appelait « un papa au cœur d'or, indulgent envers ses enfants [14] » — sauf en ce qui concernait les affaires du sexe, pour lesquelles il éprouvait, comme sa femme, un profond dégoût. Une intéressante anecdote figure dans les archives familiales. Un jour, Regnar Westenholz convoqua son fils aîné dans son cabinet de travail pour le questionner sur sa pâleur « douteuse ». « Êtes-vous, commença-t-il, frappé de quelque abominable et répugnante façon, par un mal qui signifie qu'aucune personne honorable ne pourra jamais rien avoir à faire avec vous [15] ? » Heureusement pour son honneur, le jeune homme avait un ulcère.

La mort de Regnar, en 1864, fut strictement due à des causes naturelles et convenables. Sa veuve, à trente-quatre ans, en fut accablée. La famille avait une vie sociale réduite au-delà de ses propres limites et avait vécu repliée sur elle-même avec une intensité et une interdépendance peu communes. Mme Westenholz rassembla alors autour d'elle ses enfants de façon encore plus resserrée, ne quitta jamais le deuil et entreprit d'administrer elle-même son immense fortune et son domaine. Elle devint une mère de plus en plus redoutable. D'une « façon affectueuse mais ferme, [elle] régla les pensées et les opinions de ses enfants pour le reste de leur vie [16] ». Des six enfants, trois étaient des filles : Ingeborg, née en 1856, Mary Bess, née en 1857, et Karen, qu'on appelle Lidda, née en 1861.

Ingeborg était une enfant serviable et douce, la préférée de sa mère. Ceci est d'autant plus intéressant qu'à vingt-cinq ans, elle voulut épouser Wilhelm Dinesen. Or, cette union était considérée d'un mauvais œil par les deux familles.

3

Les Dinesen vivaient également dans le Jutland, et les deux grands-pères d'Isak Dinesen, tous deux parmi les principaux propriétaires terriens de la même province, avaient entretenu une correspondance sur l'agriculture et la politique. Les terres des Dinesen, qui s'étendaient jusqu'au sud de Grenaa, étaient plutôt désolées et battues par le vent, et leur manoir, Katholm, était un château de brique rouge construit au XVIe siècle. La propriété était arrivée dans la famille en 1839, mais les Dinesen eux-mêmes faisaient partie de ce monde vertical qui plongeait ses racines dans la féodalité. Dinessøns, « les fils de Denis », s'étaient élevés à travers la politique de village et les affaires, pour devenir des propriétaires terriens, d'abord modestes, puis importants. Avant le XVIIe siècle, d'ailleurs, leurs ancêtres avaient été des paysans.

Le grand-père d'Isak Dinesen, Adolph Wilhelm, était à l'origine un soldat, « le premier Dinesen en uniforme[17] » — une tradition qui se perpétua dans les générations suivantes. Il combattit contre les Prussiens dans la guerre de 1848 et commanda une valeureuse « batterie Dinesen ». Mais, devenu un jeune lieutenant, démobilisé, il avait voyagé en Italie pendant un certain temps, rencontrant son compatriote Hans Christian Andersen et l'accompagnant entre Milan et Rome. Andersen, qui n'était pas encore célèbre, était un homme au grand nez, expansif, virginal et avide d'amour, Dinesen, un peu plus jeune, était impérieux, dogmatique, égocentrique et bien fait de sa personne. Il se lassa du sensible *artiste* et partit bientôt de son côté. « Combien ai-je appris, larmoya Andersen dans son journal, de ce jeune homme décidé, qui m'a si souvent blessé dans mon affection pour lui. Si seulement j'avais son caractère, fût-ce avec ses défauts ! Adieu, D.[18] ! »

Assoiffé d'action, Adolph Wilhelm s'enrôla dans l'armée française pour un tour de service en Algérie. La guerre coloniale fut décevante. « Quel que fût l'endroit où se rendaient les Français, se rappelait-il, les arbres disparaissaient, les puits se tarissaient, les habitants s'enfuyaient, et tout ce qui restait, c'était le désert[19]. » A son retour, il acheta Katholm et son vaste domaine dans une vente aux enchères. Le mauvais entretien des terrains l'indignait. On avait négligé la propriété, le paysage était poétiquement sauvage, et Dinesen le transforma systématiquement en une « mine d'or[20] », l'assécha et le reboisa, investissant son capital dans des machines agricoles et menant ses ouvriers à la baguette afin d'obtenir un meilleur rendement.

Ayant acquis sa propriété, Adolph Wilhelm se maria, se retrouva père de huit enfants et poursuivit sa carrière de tyran à l'échelle domestique. L'une des filles se souvient qu'en raison de quelque obscur principe, les enfants étaient obligés, pour lire, de s'asseoir tous ensemble autour de la table de la salle à manger afin d'économiser la lumière, alors qu'Adolf Wilhelm s'asseyait tout seul, environné de lampes qui l'éclairaient de tous côtés. Sa femme, Dagmar Alvilde von Haffner, était fille d'un général. La mère de Dagmar était restée la maîtresse de celui-ci pendant des années jusqu'à ce que leur union fût légitimée, mais cela n'affecta pas la position sociale de ses deux filles. Thyra, la cadette, épousa le comte Krag-Juel-Vind-Frijs, le plus grand propriétaire foncier et le plus important gentilhomme du Danemark. Les cousins Frijs et Dinesen devaient rester très liés pendant plusieurs générations.

Sur huit enfants, Dinesen eut six filles et deux garçons. Christentze, la cinquième née, était la marraine et l'idole de sa nièce, Tanne. Deux des sœurs ne se marièrent jamais et servirent de modèles pour les vieilles filles de « La Soirée d'Elseneur ». L'une d'elles, « Tante Emy (Émilie Augusta), laissa un petit héritage à sa nièce. Tanne l'appelait « la snob élue de Dieu », ajoutant qu'elle-même était tout autant la snob élue de Dieu. « Si je ne peux appartenir à l'aristocratie ou à l'intelligentsia, je m'abaisserai jusqu'au prolétariat... les vrais aristocrates... car le prolétariat n'a rien à risquer. Mais la classe moyenne a toujours quelque chose à risquer et le Diable est présent parmi eux sous sa pire forme, c'est-à-dire la plus mesquine[21]. »

Les annales familiales nous renseignent davantage sur les deux fils. Laurentzius Dinesen, l'aîné, s'engagea dans l'armée mais n'eut jamais aucune ambition et mena une vie facile et quelque peu insouciante. Il était imbu de ses charmes et Isak Dinesen décrira dans *Daguerréotypes* comment il en fit usage. Manquant de « l'esprit de décision » de son père, de la passion et de la profondeur de son cadet, il devint un « vieux-beau fanfaron[22] », dans ses dernières années, et se complut à exagérer ses triomphes de jeunesse. Il fut incapable d'assurer l'administration compliquée de la propriété qui commença à décliner, et, après sa mort et le décès prématuré de son fils, Katholm quitta les mains de la famille.

Le deuxième fils, Adolph Wilhelm, naquit en 1845 mais abandonna le prénom d'Adolphe et se refusa à toute autre ressemblance avec ce père réactionnaire. Étant le cadet, il hérita d'un rang qui se définissait négativement : celui qui n'hérite de rien.

Une sorte d'indifférence s'attachait à sa condition, une légèreté qui était virtuellement un fardeau. Bien des cadets partirent pour les colonies comme des graines de pissenlit emportées par le vent, ou furent dissipés par d'autres formes de légèreté. Ils laissaient une place vide plus souvent qu'ils n'occupaient une position au sein de leurs familles. D'après les idées fantasques qu'elles s'en faisaient, nous pouvons conclure que Wilhelm était pour ses jeunes sœurs une figure romantique. Son fils Thomas le décrit comme l'*enfant terrible* de la famille, à la fois son chéri et son trublion. C'était un homme extrêmement vivant et nerveux et, s'il n'était pas à la guerre, il était à la chasse ou amoureux — toutes trois des « affaires de cœur ». Isak Dinesen pensait peut-être à lui lorsqu'elle écrivit : « L'érotisme jalonne l'existence des grands voyageurs[23]. »

Lorsque fut terminée la période aventureuse de sa vie, il écrivit plusieurs livres. L'un d'eux, un recueil de lettres hautement personnel, quoique non sans style, *Lettres de chasse,* est devenu un classique mineur de la littérature danoise. Sa fille était étonnée que cet ouvrage fût encore autant lu à son époque, mais elle se plaignait que la « légèreté » du style égarât les gens, qui le voyaient — et avaient tendance à le rejeter — comme quelqu'un de superficiel *(« un élégant »)*. Il était, pensait-elle, « sérieux, mais pas comme le sont les autres[24] ».

2.
Le capitaine

Il y a des esprits libres et audacieux qui voudraient cacher et nier qu'au fond ils sont des cœurs irrémédiablement brisés.

NIETZSCHE[1]

1

Wilhelm Dinesen était un homme distrait (*adspredt*) au suprême degré : tel est le mot dont use son ami Georg Brandès[2], qui nous fournit le meilleur portrait littéraire de Wilhelm, dans une étude sur son œuvre, écrite en 1889, et dans une notice nécrologique écrite en 1895, peu de temps après qu'il se fut suicidé. Brandès n'est plus guère connu hors des limites de la Scandinavie, mais il fut le plus grand critique de son époque : l'homme qui défendit Ibsen et « découvrit » Nietzsche, celui qui écrivit une histoire intellectuelle complète du romantisme encore passionnante à lire de nos jours. C'est lui qui fut le responsable des cinquante années de fermentation intellectuelle que les Danois appellent leur période de « percée du modernisme ». Brandès allait avoir une énorme influence sur presque tous les écrivains importants de Scandinavie, y compris Isak Dinesen, dont l'attirance était accrue par le fait qu'il avait bien connu son père.

Brandès décrit Wilhelm comme un être insaisissable, passionné, et plutôt troublé, toujours en quête d'une « sensation plus intense de son existence[3] ». C'est tout d'abord dans la guerre qu'il trouva cette intensité et, à chaque fois qu'elle lui manqua plus tard dans sa vie, sa première impulsion fut de se rengager. Il aimait la guerre « pour elle-même… d'un amour d'artiste[4] » et était capable d'écrire à son propos : « Les baïonnettes comme les diamants ont leurs *beaux jours*… C'est la jeunesse qui les enchante tous deux[5]. » La guerre a un autre charme pour ceux qui sont profondément mécontents : elle peut anéantir l'individu en même temps qu'elle aiguise la volonté de vivre.

La première expérience guerrière de Wilhelm remonte à la guerre de 1864 entre Danois et Prussiens. Thomas Dinesen nous donne un aperçu de son père en jeune sous-lieutenant, s'avançant, après un cessez-le-feu, pour parlementer par-dessus les cadavres. Les corps étaient disposés en rangs dans l'attente d'un prêtre. Wilhelm saisit l'occasion pour exprimer ses tumultueuses émotions. « Les mots qu'il fallait jaillirent de lui à ce moment... et il parla en vers, quelque chose de nature à toucher l'ami comme l'ennemi[6]. » Le Danemark fut défait par les Prussiens et contraint à céder les duchés frontaliers du Sud-Jutland, Schleswig et Holstein. Ce ne fut pas seulement une humiliation pour l'armée, mais aussi une perte économique et démographique dévastatrice, car les deux provinces représentaient un tiers du territoire du Danemark et les deux cinquièmes de sa population. Après la guerre, il y eut une période de paralysie, avec la sensation générale « d'être laissé pour compte dans ce petit royaume affaibli et sans avenir[7] ». Brandès croyait que la génération qui avait fait la guerre souffrait collectivement d'un sentiment d'échec, rendu particulièrement amer par la comparaison avec la victoire de leurs pères sur les Prussiens en 1848. Nombre d'entre eux, observa-t-il, se renfermèrent sur eux-mêmes et tentèrent de « s'ensevelir » dans des occupations domestiques, voire égoïstes. Comme les romantiques de la précédente génération en France et en Allemagne, Wilhelm Dinesen se mit à la recherche de la paix intérieure en « s'abandonnant à la Nature et aux ardeurs de l'imagination... à l'amour de la liberté et à la quête d'Éros[8] ». Il devint un homme qui donnait, dans sa conversation comme dans ses lettres, l'impression d'être « ailleurs », inaccessible, drapé d'une joie ou d'une tristesse qui n'étaient qu'à lui. Brandès le décrit comme un « excentrique et un original dont la vie était un peu décousue » et qui, en dépit de son passé « d'officier plein d'énergie et d'entrain, rêvait en plein jour[9] ».

Après la guerre, Wilhelm revint dans la capitale et devint la figure nonchalante et mélancolique qu'Isak Dinesen décrit sous le nom de Ib Angel dans « Saison à Copenhague ». Il apprit à tenir son épée et son képi d'une main et sa tasse de thé de l'autre, il fit la tournée des réserves de chasse et des boudoirs de la haute société et, à vingt-cinq ans, vers la fin de la décennie, il tomba amoureux de sa cousine de dix-huit ans, la comtesse Agnes Frijs. Agnes avait un petit visage angélique, fait pour paraître encore plus petit sous sa couronne de tresses. Elle avait été la compagne de jeux de son enfance et sa mère était la tante de Wilhelm. Mais ils n'étaient en aucun cas de la même classe sociale et il ne pouvait raisonnablement espérer l'épouser. Deux ans plus tard, elle mourut comme un ange du XIXe siècle, après avoir contracté la typhoïde au cours d'un voyage à Rome. Les sœurs de Wilhelm, et particulièrement Christentze, firent tout un roman de son affection pour Agnes et de son chagrin. Elles allèrent si loin dans leurs insinuations que cela le poussa au suicide vingt-cinq ans plus tard. Nous ne savons pas ce qu'il ressentait vraiment au-delà de l'unique ligne qu'il inscrivit en avril 1871 dans son journal : « Lettre de Bardenfleth, Agnes *død.*[10] ». Mais plus tard, il traita les « grandes passions » avec une sorte de réserve hautaine. Il proclamait que les amours les plus profondes sont suscitées par ceux qui ne peuvent vous aimer en retour. Cet idéalisme séduisit énormément sa fille, qui se fit l'écho de ses paroles : « Une passion véritable, une passion qui vous dévore réellement le cœur et l'âme, ce n'est jamais une créature humaine qui peut nous l'inspirer, surtout pas celles qui sont capables de nous aimer. Mais l'officier qui aime son armée, le propriétaire qui aime ses terres, eux peuvent parler de passion[11]. »

Quand les Prussiens déclarèrent la guerre à la France, en 1870, Wilhelm, avide de se frotter de nouveau à eux, donna sa démission à l'armée danoise pour s'engager comme capitaine de la 18e brigade de l'armée française. Durant tout l'hiver, ses troupes subirent défaite sur défaite et dans son journal il nota, après la bataille de Villargent : « Tout le monde brûla un cierge à Notre-Dame, sauf moi * ! » Dès le mois de mars, la guerre était définitivement perdue. Wilhelm fut incarcéré quelque temps en Suisse, mais il parvint à s'échapper et partit pour Paris, où il arriva la veille de la Commune. Il n'était pas prêt à affronter l'horreur des jours qui suivirent — non pas, évidemment, l'horreur de la mort et des mutilations, mais de ce qui ne semblait être pour lui que le fratricide le plus ignoble et le plus mercenaire. Ses sympathies allaient aux communards et il erra parmi les barricades en s'arrêtant pour déposer sur chacune une pierre symbolique. Plus tard, il irrita son père en lui faisant remarquer qu'il aurait apprécié de voir flotter le drapeau rouge sur le palais du Kaiser à Berlin. Mais lorsque les actes de répression du gouvernement firent commettre aux citoyens des atrocités provoquées par la rancune, l'enthousiasme de Wilhelm commença à décroître. « Écœuré... morne et abattu... dégoûté par les deux partis[12] », il rentra à Katholm avec la sensation qu'il ne pourrait jamais arriver à rien. Cet été-là, il pleura la mort d'Agnes « en silence, son fusil en bandoulière[13] », et cinq mois plus tard, il s'embarqua pour l'Amérique du Nord.

2

Le voyage en Amérique était un pèlerinage romantique traditionnel et, dès les années 1870, quelque chose comme un cliché **. Chateaubriand l'avait entrepris quatre-vingts ans auparavant et *Atala* et *René* préfigurent certains aspects de la sensibilité de Wilhelm. Comme Chateaubriand, Wilhelm faisait partie de cette tribu d'officiers et de cadets émotifs et mélancoliques, enclins à souffrir « d'amours réprimées et par conséquent irrésistiblement fatales[14] ». Ils cherchaient tous la sérénité dans les lieux sauvages, l'inspiration dans le courage et la simplicité de leurs habitants, et la rédemption dans l'épreuve des privations et de la solitude. Isak Dinesen reprendrait dans *La Ferme Africaine* leur hypothèse de départ, selon laquelle la Nature était la grande force morale, et leur interprétation de la

* A propos de la religion, Wilhelm écrivit à sa fiancée, Ingeborg Westenholz : « Je suis peut-être moi-même bien davantage que vous un libre penseur en regard des questions religieuses. J'ai vu célébrer tant de rites que presque toutes les religions me semblent être folles, absurdes, stupides et parfois abominables... » Mais il termina sa lettre en disant qu'en ce qui concernait ses futurs enfants, leur baptême et leur éducation religieuse seraient « laissés au choix de leur mère ». Voyez Thomas Dinesen, *Boganis : Min Fader, Hans Slaegt, Hans Liv og Hans Tid*, p. 57.

** Frédéric Moreau, le héros de *l'Éducation sentimentale* de Flaubert, souhaite, de manière caractérisée, devenir « un trappeur en Amérique ».

culture occidentale comme « la trahison de la distinction originelle de l'humanité [15] ».

Wilhelm arriva au Québec et se dirigea au sud, vers Chicago, où il alla voir un cousin banquier qui le présenta à une coterie d'émigrés danois au bon caractère vivant à la dure, des esprits indépendants qu'il célébra dans un petit article intitulé « Trois Amis ». En retour, ils l'aidèrent à trouver du travail comme négociant en grain, au cadastre et comme receveur des postes. Il fit des expéditions de pêche et de chasse dans le Nebraska et « en vint à connaître très bien les Indiens, chassant apparemment avec eux — et faisant l'amour avec eux. Les notes quelque peu sibyllines de son journal suggèrent qu'il ne prit aucun parti et accorda ses faveurs aux Sioux comme aux Pawnees, d'une façon impartiale, quoique les deux tribus fussent en guerre l'une contre l'autre [16] ». En compagnie d'un docteur danois, un gentilhomme qui avait choisi de gagner sa vie en exerçant la médecine sur la frontière, Dinesen voyagea dans la région d'Oshkosh, pêchant l'esturgeon et tirant le canard. A la fin, il retourna vivre là-bas après avoir acheté une cabane près d'un endroit nommé le Marécage, un ruisseau qui coule dans la Rivière des Loups. Il l'appela Fydenlund, du nom de l'une des maisons de la famille Frijs. Elle était construite en rondins de sapin et comportait deux petites pièces, l'une en soupente avec un four, et l'autre avec une cheminée. Il installa un lit dans la soupente avec un matelas rembourré de fougères et dormit sous les peaux des bêtes qu'il avait prises. Tournant le dos à la forêt, la maison était située sur un petit à-pic. « Celui qui cherche la forêt en ce monde ne peut mieux la trouver qu'en élisant domicile dans les forêts du Wisconsin [17] », écrivit Wilhelm. Il séjourna seul à Frydenlund durant des mois, faisant lui-même son pain dans « l'excellent » four et chassant pour se nourrir. Les Chippewa, qui campaient à proximité au printemps, lui donnèrent le nom de « Boganis » — noisette [18] — qu'il allait prendre comme *nom de plume,* et il les observa avec sympathie et intelligence. Dans sa longue étude sur l'Amérique, il compare les familles et l'économie des tribus des plaines, qui chassaient le bison, à celles des tribus des forêts et des montagnes, qui chassaient à la trappe et pêchaient. L'étude est amère et lucide quant au génocide perpétré par la négligence du gouvernement américain et de ses agents. Le gouvernement, écrivit-il, « trouve parfois nécessaire de [les] décimer avec l'aide de la troupe, mais d'ordinaire l'alcool, la petite vérole, les maladies vénériennes ou autres s'en chargeront, ainsi que l'extermination de leurs ressources vitales, le gibier... En peu de temps, ils vendent leur terre au gouvernement en échange d'une réserve, un misérable petit lopin qu'ils ne peuvent quitter sans la permission d'un agent. Là, pendant quelques années, ils mènent une vie abominable et inactive jusqu'à ce que... les Blancs se lassent d'avoir dans leur arrière-cour ces misérables mendiants et les envoient plus loin à l'ouest [19]... ».

Dinesen se sentait une profonde affinité avec les Indiens : leur code d'honneur, leur élégance et leur bravoure, leur connaissance des animaux et de la vie sauvage. Peut-être donna-t-il dans le romanesque en ce qui concerne leur sagesse : « Leurs yeux voient davantage que les nôtres, racontera-t-il à sa fille, (ils) sont meilleurs que les gens civilisés d'Europe [20]. » Mais nul sentiment de supériorité ne perce dans son admiration. Il reconnaissait leur altérité — une intégrité que bravait sa propre intrusion pourtant amicale, une intégrité que les Blancs avaient entrepris de détruire.

Vers la fin de 1874, Wilhelm fut rappelé au Danemark par l'annonce de la mort imminente de sa mère et il resta à Katholm durant les deux années suivantes, période qui s'écoula en conflit avec son père et son milieu.

Les conservateurs étaient revenus au pouvoir, ou plutôt, ils l'avaient arraché aux libéraux. Ils amendèrent la constitution de façon à pouvoir gouverner malgré l'opposition majoritaire dans la chambre basse. Le roi lui-même s'était montré d'une mauvaise foi partisane en soutenant la vieille classe dirigeante, et Wilhelm, écrivant d'un ton sarcastique dans le *Morgenbladet,* l'appela « Christian, par la Grâce de Dieu, Roi des Conservateurs[21] ». Adolph Wilhelm aîné, son père, était un tenant inébranlable de la nouvelle législation ultraréactionnaire et considérait son fils comme traître à sa classe, opinion partagée à des degrés variables de désapprobation ou d'indulgence par un grand nombre de ses parents et amis. On continua de le rechercher comme compagnon de chasse ou comme commensal — sa vaillance et son charme compensaient ses trahisons —, mais il faisait toujours tache parmi eux comme un excentrique, une brebis galeuse. Isak Dinesen ne connut jamais son grand-père et ne connut bien ses oncle et tantes qu'après la mort de Wilhelm. Elle avait fini par passer outre sur son « mépris pour leur bigoterie et leur étroitesse d'esprit[22] ».

Adolph Wilhelm *père* survécut à sa femme deux ans seulement, en laissant à son fils prodigue une forte somme en espèces. Une fois les affaires mises en ordre, Wilhelm s'embarqua pour un autre tour mouvementé de l'Europe. Quand la guerre de Crimée fut déclarée, il se rendit en Turquie dans l'espoir de combattre contre les Russes, mais il ne s'engagea en fait jamais dans la bataille. Il s'attarda à Constantinople, s'y tint informé de la guerre et se passionna pour la couleur locale.

Dans l'une des *Lettres de Chasse,* on trouve une anecdote de cette période. Wilhelm s'était lié d'amitié avec un Turc marchand de tapis qui avait adopté une jeune Bulgare orpheline de guerre. Wilhelm admirait la beauté de « ses cheveux blonds et de ses yeux sombres » et accepta l'offre du marchand qui voulait la vendre pour une journée. Il emmena son esclave chez un tailleur français et la laissa choisir « un costume de femme moderne ». Puis il demanda à la vendeuse de l'emmener aux bains et chez le coiffeur. Quand elle ressortit, transfigurée, il la fit parader en landau dans toute la ville. « Je ne me suis jamais promené avec une dame plus belle et plus élégante, se vanta-t-il. Nous ne pouvions nous parler, elle ne comprenait que le bulgare. Mais... quand elle marchait avec ses petits souliers à pointes — les dames portaient alors des souliers à pointes — elle semblait une danseuse. Les choses qu'elle achetait, elle les choisissait avec goût. Elle mangeait de façon charmante, et jetait des regards pleins de grâce aux mendiants qui couraient le long de notre attelage. Quand l'excursion prit fin, je la déposai sur le marché avec ses vieux habits et les neufs[23]. »

D'autres aventures amoureuses sont évoquées discrètement mais de façon saisissante dans *Lettres de Chasse.* Une Turque espiègle accompagnée de ses eunuques adresse un clin d'œil au narrateur de dessous son baldaquin. Une délicieuse communarde, droite comme un i, échevelée, se tient en équilibre sur une barricade, et c'est la seule femme dont Wilhelm dira jamais qu'elle « avait belle allure » avec un fusil[24]. Il nous introduit dans la loge d'une grande diva après un triomphe dans le rôle de Zerlina à l'Opéra de Paris. Elle chuchote à son amant (qui ne peut être que le narrateur, puisqu'il nous le rapporte) : « *Je ne chante que pour toi* *. » Mais ailleurs, il insinue que le plus grand délice pour un connaisseur, c'est « *l'amour d'une laide* ** ».

Considérant les affinités spirituelles de Wilhelm, Georg Brandès fut tenté d'appeler son ami « un radical aristocrate », épithète dont il avait marqué au coin Nietzsche et qu'il utilisait également pour lui-même, mais il hésita seulement parce que Dinesen était un fervent démocrate[25]. Intellectuellement, c'était un rebelle et même, d'après ses propres paroles, un rouge[26]. Mais de tempérament, c'était un épicurien et un esthète. Il aurait pu dire, avec Stendhal : « j'aime le peuple et je hais les oppresseurs, mais ce serait un supplice pour moi que de vivre avec le peuple[27] ». Il est intéressant de noter qu'à un moment historique où des femmes comme Mary Westenholz, les prudes libérales, appelaient à l'égalité des sexes et militaient pour le droit de vote, des radicaux aristocrates comme Brandès et Dinesen, guerriers intellectuels, réclamaient toujours la Femme comme leur tribut. Wilhelm se conduit comme un spécialiste lorsqu'il parle de « la force secrète de la femme : le suggéré[28] ». Sa fille se rallia à la fin à ses vues, non sans une période de désaccord. Sa perspective venait en tout cas de l'intérieur et elle allait définir la « force secrète » comme l'audace qu'il faut avoir pour s'asseoir sur un baril de poudre en menaçant d'y mettre le feu, tout en sachant qu'il est vide[29].

En 1879, Wilhelm repartit au Danemark et avec Alvilde, sa sœur veuve, il acheta une vaste parcelle de terrain sur la côte, à vingt-cinq kilomètres au nord de Copenhague. C'était un investissement dont il espérait voir s'accroître la valeur, une fois que le chemin de fer qui devait y mener serait construit. L'endroit comprenait quelques-unes des plus belles propriétés de Zélande du Nord. Il y avait de grands espaces boisés, une lande, une plage, et le domaine comprenait plusieurs maisons principales : Rungstedgaard, que choisit Alvilde, le manoir de Folehave, près du village de Hørsholm, Sømandshvile et Rungstedlund, sur le Strandvej (la route de la côte). Rungstedlund était une construction basse et pleine de recoins, à toit de chaume, avec un antique buisson de lilas près de la porte de derrière. Ses écuries et ses dépendances formaient une cour avec la maison principale, qui avait d'abord été enregistrée comme auberge au XVIe siècle et avait servi d'étape locale entre Copenhague et Elseneur. Au XVIIIe, le grand poète lyrique Johannes Ewald y avait logé et écrit quelque temps. Il y avait bu de l'ale en chemise de lin et avait courtisé la fille de l'aubergiste. Il recevait la Muse derrière la maison, sur une colline que Wilhelm baptisa Colline d'Ewald.

Pour ce voyageur invétéré, ce fut un engagement financier et géographique, et cela fit penser à ses amis que Wilhelm, à trente-cinq ans, avait en tête

---

* *Jagtbreve og Nye Jagtbreve,* p. 33.
** *Ibid.*, p. 139.

de se fixer. Presque aussitôt, il commença à faire la cour à sa future femme. Ce n'était pas une femme de son monde ou de son tempérament, mais quelqu'un qui serait pour lui une sorte de lest. Elle trouvait que l'avoir choisie et lui montrer un tel amour et une telle compréhension était « une énigme... Ce devait être quelque chose en lui qui avait besoin d'un autre aspect de la vie... davantage de paix et de tranquillité après une longue période orageuse[30] ». Sa fille Tanne allait passer une grande partie de sa vie à rechercher la « légèreté » et les « ailes » dont il s'était dépouillé.

3

La première fois qu'Ingeborg Westenholz vit Wilhelm Dinesen, ce fut du balcon du Théâtre-Royal, alors qu'il était debout au *parterre* « à converser avec les demoiselles Treschow[31] ». Il avait les cheveux coupés de telle façon que, comme une visière médiévale, cela donnait à sa silhouette, avenante et comme il faut dans son habit de soirée, un doigt de raillerie érotique.

Ils furent présentés l'un à l'autre quelques jours plus tard, au cours d'une partie de patinage dans les douves gelées de la citadelle. Ingeborg pressa Wilhelm d'emmener ses deux sœurs cadettes Lidda et Bess faire un tour sur la glace, et il s'en acquitta avec obligeance. Une sympathie était née, mais lorsque Mme Westenholz emmena ses enfants dans le Jutland au printemps, Ingeborg « n'éprouva pourtant rien de spécial » pour le capitaine[32].

Lui, en tout cas, s'était décidé et il se lança à sa suite dans la région pour apparaître un matin, sans y avoir été prié, à Matrup sur son cheval. Mme Westenholz lui demanda de rester au déjeuner et en cette occasion fut tout à fait séduite par lui. Il captiva la famille avec ses histoires de guerre et le récit de sa vie avec les Indiens, et c'est ainsi qu'il fit la cour à Ingeborg : comme un Othello. En comparaison avec sa riche et singulière expérience du monde, et avec la sagesse qu'il semblait en avoir retiré, elle craignait que sa propre existence « ne dût sembler étrangement insignifiante[33] ».

Ingeborg avait vingt-quatre ans lorsqu'elle rencontra le capitaine Dinesen. Elle était cultivée, parlait couramment plusieurs langues et se disait une « libre penseuse » et « un rat de bibliothèque de l'espèce la plus gloutonne[34] ». Elle avait vu un peu le monde car après la mort de son père, la famille s'était embarquée pour un voyage à fins éducatives. Au début de la guerre avec la Prusse, Mme Westenholz décida qu'il était temps pour les jeunes filles de perfectionner leur français et elle les traîna avec une nourrice, une gouvernante et « l'oncle Harald comme protecteur » à travers la glace et une Allemagne grouillante de troupes pour aller vivre *en pension* à Lausanne. Ils virent là-bas une partie de l'armée avec laquelle Wilhelm combattait et offrirent aux soldats du chocolat et des cigarettes. Ingeborg était angoissée de ne rien pouvoir faire pour soulager « les pauvres chevaux[35] ». Afin d'améliorer leur anglais, ils avaient habité Londres, dans une villa louée près du Crystal Palace. En vue de perfectionnements divers, ils étaient allés à Rome passer l'hiver dans un appartement qui donnait sur la Piazza di Spania. On engagea un précepteur pour leur montrer les musées et les monuments, mais il attrapa la typhoïde et mourut. Puis Ingeborg l'attrapa aussi et tomba gravement malade. Elle fit éclater l'indignation de sa mère et s'aliéna pour toujours sa confiance pour avoir « encouragé de vaines avances ». Le jeune homme était son meilleur ami et elle n'avait simplement pas remarqué le glissement de ses sentiments de l'affection à l'amour. « Maman » en tout cas fit une scène si terrible et si vertueuse qu'elle laissa Ingeborg « complètement abattue » pour un long moment. Elle en resta méfiante avec les étrangers. « Je ne suis jamais moi-même hors de chez moi, avoua-t-elle à Wilhelm, mais je suis tout à fait autre quand je suis à la maison[36]. »

Cette réserve brouille quelque peu sa personnalité, d'autant plus que Wilhelm est en comparaison si vivant. Sur une photographie prise à l'époque de leurs fiançailles, il tripote une statuette représentant un Cupidon et fixe effrontément l'objectif de ses yeux aux lourdes paupières voluptueusement lasses. Elle pose avec un air guindé et inexpressif, un livre à la main. Elle est engoncée jusqu'au cou dans de la soie noire. Ses cheveux sont tirés en arrière pour dégager son front et sont réunis en un chignon tressé. Elle a les traits de sa mère, mais amoindris et adoucis, avec les yeux trop rapprochés. En elle, tout semble douceur et modestie, et c'était ainsi que sa famille la préférait, insistant même pour la voir comme sa « pieuse... agréable... ingénieuse » et naïve petite *Mohder* *, leur madone à tous[37].

Lorsque le capitaine Dinesen entra en scène, l'amour n'avait pas encore réclamé à Mme Westenholz le sacrifice d'un de ses enfants et cette perspective l'alarma. Elle sentait en Wilhelm une menace, en partie parce qu'il avait réussi à la séduire et qu'elle n'aimait pas cette sensation. Après Rome, elle n'avait plus confiance en Ingeborg et elle l'imaginait en train de commettre toutes sortes de sottises qui la conduiraient inévitablement à la perdition. Dès que les courtoises lettres de Wilhelm commencèrent à arriver, elle les intercepta et dicta les réponses à Ingeborg — quoique elle écrivît fréquemment elle-même les réponses en usant d'un « nous » éditorial. « Vous nous trouverez lents, dit-elle, mais il faut que vous essayiez de prendre les choses avec élégance », ou : « Je ne pense pas que nous soyons si loin d'envisager une visite à Katholm », ou : « Veuillez, je vous prie, être assez aimable pour résoudre une énigme qui nous a troublées[38]. »

L'énigme en question était un chapeau d'écuyère qui provenait de chez une modiste parisienne à la mode. Wilhelm espérait qu'Ingeborg le mettrait : « Quand vous promènerez votre cheval[39]. »

Mais Mme Westenholz n'aimait guère l'idée d'un monsieur qui imaginait sa fille à cheval. Le grand chic du chapeau était une impertinence et Ingeborg dut le renvoyer avec l'excuse qu'il était « trop joli pour être porté à la campagne[40] ».

Dès lors, leur idylle fut entourée de tensions, de « on dit » et d'opposition. Mme Westenholz alla jusqu'à parler de sa fille comme d'une vulgaire

---

* *Mohder* est l'orthographe archaïque du mot « mère » (*moder*) que les sœurs d'Ingeborg, son mari et ses enfants utilisaient par affection à son égard, et qui était prononcé avec leur accent traînant, caractéristique de l'ancienne mode de Copenhague. Normalement, le mot serait prononcé *môr*. Ils l'étiraient un peu de façon à ce qu'il s'entende comme deux syllabes.

marchandise. « Vous trouverez Ingeborg… dépendante, immature et vulnérable », écrit-elle. Elle l'avertit que sa fille a « peu de qualités qui puissent gagner ou capturer le cœur d'un homme[41] ».

Wilhelm ne fut évidemment pas d'accord. Et malgré les brimades qu'elle subissait, Ingeborg était capable de décider de l'issue de la romance avec une grande finesse de jeune fille. C'est une voix intéressante et plaisamment ironique qui parle dans ses lettres : « Ma famille, j'espère que vous le savez, est aussi bourgeoise qu'on peut l'être. J'espère que cela ne vous ennuiera pas… Mon oncle est notre meilleure publicité, en ce qui concerne la beauté… C'est mon tuteur, mais vous savez certainement que je suis une vieille fille. Au printemps prochain, je serai majeure et je pourrai faire ce que je désire. Je crois que ce sera quelque chose de terrible[42]. »

La demande en mariage fut faite à Matrup. Wilhelm avait passé là-bas la nuit et le jour suivants et, quand il se trouva seul avec Ingeborg, il lui posa, comme elle le dit elle-même, « la question décisive[43] ». Elle sentit ses genoux se dérober et ne put lui répondre. Mais ensuite elle lui écrivit : « Je suis presque effrayée de moi-même quand, après ce que vous m'avez dit, je trouve aisé de vous répondre que votre personne et vos lettres sont chaleureusement accueillies[44]. »

« Maman », quelles que fussent ses craintes, se comporta avec *fair-play*. « Comment allons-nous faire avec un élément érotique parmi nous ? demanda-t-elle au capitaine. Aucun de mes enfants n'a connu un tel sentiment jusqu'à présent et j'en ai toujours eu peur. Maintenant, cela me terrifie de le savoir si proche. Mais c'est faire montre d'étroitesse d'esprit que de penser ainsi[45]. »

Ils se marièrent au printemps 1881. L'événement fut quelque peu guindé, du fait que les familles se connaissaient à peine et trouvèrent peu de chose à se dire au cours d'une rencontre qui les rapprochait autant. Après leur lune de miel, les Dinesen emménagèrent dans la vieille auberge de Rungstedlund. Wilhelm glissa avec une apparente facilité dans sa nouvelle vie. Sa silhouette s'épaissit. Il devint un propriétaire foncier, avec ses fusils et ses chiens, ses affaires et ses voyages, la politique et ses mémoires. Mais il trouva difficile de faire jamais la paix avec la paix. « Il fallait toujours qu'il essaie quelque chose, expliquait sa femme, que ce soit joie ou chagrin, n'importe quoi, sauf la stagnation, la “ respectabilité ”[46]. »

« L'amour et la paix, écrivait-il lui-même, se haïssent, se persécutent et s'annihilent[47] »

3.

Idylle familiale

L'âme d'un enfant réclame ces passions puissantes, l'opposition et l'adversité.

ISAK DINESEN [1]

1

Après avoir habité dans « la garçonnière » de Wilhelm à Rungstedlund pendant quelques mois, les nouveaux mariés abandonnèrent l'idée d'emménager dans une plus grande et plus confortable demeure du domaine, à un peu moins de deux kilomètres à l'intérieur des terres. Ils ne pouvaient « supporter de se séparer du Sund [2] », situé juste au-delà de la cour de l'autre côté du Strandvej. Là, un peu plus au sud, il y avait une plage de sable fin et une jetée où le vapeur s'amarrait pour prendre les passagers qui faisaient le court voyage le long de la côte jusqu'à la ville. A la fin du siècle, un hôtel en bois y fut bâti. Il comprenait un établissement de bains, avec de petites cabines et des parasols rayés. En été, l'air était doux et le chenal plein de voiles. Les deux frères de Tanne Dinesen auraient plus tard un bateau et l'emmèneraient faire l'aller-retour entre Copenhague et Elseneur. En hiver, le vent d'est, rendu plus froid par l'eau, s'infiltrait dans les pièces de la vieille auberge et les rendait inconfortables. Mais c'était la vue dégagée et la « poésie » de la vieille maison qui attiraient les Dinesen et les rendaient fidèles à Rungstedlund malgré ses inconvénients.

Devenue une vieille dame, Isak Dinesen laissait entendre que vivre à seulement cent mètres de la mer avait rendu « naturel » pour elle, encore petite fille, « le fait de se représenter sa vie comme une croisière en mer », et de choisir la devise d'un amiral comme guide : « *Navigare necesse est vivere non necesse* * ! »

* Isak Dinesen, *Daguerréotypes,* p. 5. La citation latine est l'exhortation de Pompée à son équipage : « Il est nécessaire de naviguer, il n'est pas nécessaire de vivre. »

Mme Westenholz avait projeté de quitter le Jutland pour s'installer dans les alentours de Rungstedlund dès que la lune de miel de sa fille serait terminée. Le manoir voisin de Folehave étant libre, elle y emménagea avec ses deux filles et quatre domestiques. Pour Lidda et Bess, le changement fut dramatique. Matrup leur manquait vivement et elles se sentaient isolées dans leur nouvelle maison. Lidda brava finalement la phobie de sa mère à l'égard des gendres. Sept ans après, elle se fiança à un vieil ami de la famille, George Sass — « oncle Gex » — qui possédait une propriété dans le Jutland et la ramena là-bas. Bess, en revanche, passa les soixante années qui suivirent à Folehave. Lorsqu'elle décrit leur période d'adaptation, Bess recouvre ses propres sentiments d'un vernis de cordialité qui lui est typique. Mais à travers ce vernis, on peut lire sa rancœur d'avoir été subordonnée — et, d'une certaine façon, sacrifiée encore toute jeune — à l'obsession de sa mère pour Ingeborg. Car le « bien-être d'Ingeborg » était désormais devenu pour Mme Westenholz « le principal centre d'intérêt de sa vie ». C'était la plaisanterie de la famille que de dire combien elle était « effrontément partiale [3] ». Cette partialité était une bénédiction contestable, car sa mère en usait comme d'une excuse pour surveiller la vie domestique d'Ingeborg, tout comme elle s'en était mêlée au temps où on la courtisait. Elle était l'incarnation même de la belle-mère exigeante. Quoiqu'elle prétendît être « sous le charme » de Wilhelm et admirer ses écrits et ses vues « anti-philistines » sur l'existence, elle continuait néanmoins à le considérer comme une menace spirituelle. Il n'était jamais « assez bon, envers ou pour » sa fille. Sous la pression des circonstances, elle avouait « qu'être une belle-mère est un problème insoluble [4] ».

Wilhelm avait un univers de plaisirs masculins où se retirer — sa carrière politique, ses écrits, ses parties de chasse avec ses amis — et il s'arrangea toujours pour « se conduire au mieux » envers Mme Westenholz. Il éprouvait une « authentique affection » [5] pour elle, et peut-être voyait-il dans ce vieux tyran, franc et intelligent, un adversaire de taille. Les sentiments d'Ingeborg restent obscurs. Quant à Bess, elle fut abandonnée dans la fâcheuse situation de ces vieilles filles victoriennes et de ces tantes célibataires dont on attendait qu'elles acceptent leur humble rang sans se plaindre, et qu'elles se sacrifient pour les enfants des autres. Bess était une femme d'une robustesse et d'une détermination peu communes, membre éminent de l'Église unitarienne du Danemark et féministe sans nuances. Mais après toutes ses croisades décisives dans le monde, elle fut réabsorbée, consumée, et, en un sens, diminuée par les exigences de la vie familiale.

De tous les enfants d'Ingeborg, Tanne Dinesen eut les relations les plus difficiles et les plus orageuses avec cette tante — *Moster* * — Bess. Elles étaient aussi têtues l'une que l'autre, elles s'adoraient profondément et Bess avait toujours encouragé les talents artistiques de Tanne. Mais elle sentait que Tanne devait être plus loyale envers sa famille qu'envers elle-même.

---

* *Moster,* tante maternelle. Littéralement, *moders soster,* la sœur de la mère.

C'était le sacrifice qu'elle avait fait, vertueusement et de son plein gré; comme elle le voyait, elle était des plus vigilantes pour guetter le moindre signe de « trahison » ou « d'ingratitude ». Soupçonneuse à l'égard des hommes, et opposée au mariage de Tanne avec Bror Blixen, Bess devint, dans « Les Perles », le personnage de la vieille tante qui dissuade sa nièce de se fiancer à un gentilhomme :

> « Elle avait un caractère énergique, et, depuis longtemps, elle avait décidé de vivre pour les autres et de se considérer comme la conscience de la famille. Mais, en réalité, n'espérant et ne craignant plus rien pour elle-même, elle était une sorte de vieux et vigoureux parasite pour tout son clan, et surtout pour la jeune génération[6]. »

2

Quand les enfants Dinesen naquirent, Mme Westenholz disait qu'elle « ne pourrait jamais en avoir assez[7] ». La première fut Inger (qu'on appelait Ea), en avril 1883. Sa grand-mère, ses tantes, cousins et cousines se pressèrent si jalousement autour du berceau que le père, se sentant totalement « inutile et mis au rancart[8] », sortit avec son fusil et se promit que le prochain enfant serait « à lui ». Le suivant fut une deuxième fille, Karen Christentze (Tanne) qui naquit le 17 avril 1885. Ellen (Ella) suivit un an après. Il s'écoula six ans avant la naissance de Thomas, puis d'Anders, en 1894. Dans sa petite enfance, Tanne était l'un des membres d'une triade de sœurs, d'âge très rapproché, aux mêmes traits fins du côté Westenholz, et toujours habillées de façon identique — du moins sur les photographies. Elles posent dans la neige, à côté du traîneau de leur mère, encapuchonnées, avec des étoles de renard. Là, elles se tiennent en rang, les mains jointes, les lèvres pincées, en tabliers bleus à pois blancs. Ailleurs, elles sont assises sur les marches du jardin, en robes à smocks, ou sur une couverture, avec leur petit frère, en blouses et coiffées de régates. Elles portent toutes le même petit rang de perles, la même coiffure à la Jeanne d'Arc, le même chapeau à pompon. Et même, à l'âge de dix-sept, quinze et quatorze ans respectivement, elles regardent l'objectif avec la même robe du dimanche en coton à pois et à haut col blanc. Tanne, au centre, est celle qui grimace un sourire.

Plus tard dans sa vie, Isak Dinesen détesta qu'on lui dise qu'elle ressemblait à quiconque, et particulièrement à quelqu'un de sa famille. Elle devint célèbre pour son chic, son amour des costumes théâtraux, pour la façon dont elle portait chapeaux et foulards, et pour le fait de porter les fourrures des bêtes qu'elle avait elle-même chassées. Cette originalité fut peut-être en partie inspirée par le souvenir d'une enfance en uniforme.

On parlait d'Ea, Tanne et Ella comme d'un ensemble — *Pigerne,* les filles — et on les surveillait comme les moutons d'un même troupeau. Elles furent toutes élevées avec le même soin pour devenir « accomplies », mais on ne leur reconnaissait que peu de supériorité individuelle. Les rivalités, sauf de façon abstraite — telles que la « lutte spirituelle [9] » — étaient interdites. Les louanges généreusement distribuées, mais sans discrimination. Et même un demi-siècle plus tard, lorsque Isak Dinesen publia *Sept Contes Gothiques,* elle « avait l'impression » que sa famille attendait d'elle qu'elle « n'ébruite pas » son succès parce que le livre d'Ella, publié auparavant, n'avait pas très bien marché [10]. « La petite Tanne » trouvait inepte et exaspérante la scrupuleuse égalité de la nursery. Elle avait une confiance précoce en sa propre singularité.

3

Il y a des côtés irréductibles dans le caractère de Karen Blixen, comme dans celui de chacun d'entre nous. Certains enfants ont dès leur naissance une profondeur — une curiosité passionnée — tandis que d'autres sont prudents, passifs ou tranquilles. Certes, tout peut modifier ces qualités originales — elles peuvent en particulier être facilement découragées —, mais elles définissent néanmoins le fonds mystérieux de chacun, qui défie l'analyse. Tanne était une enfant vivante, délicate, fière et profondément émotive. C'était depuis toujours une rêveuse et son destin voulut que cette qualité fût reconnue et développée par son père, qui considéra sa cadette comme sa préférée et lui consacra une partie de son temps qu'elle ne partagea avec personne. En un sens, son enfance fut une double vie : comme l'une des trois sœurs, et comme elle seule.

Personne n'a jamais été vraiment complice de l'intimité d'Isak Dinesen avec son père. Elle croyait que trop parler des « bonnes choses » qui vous arrivent leur ôte toute leur saveur. Elle a toujours sobrement parlé de Wilhelm, et en des phrases qui, par leur clarté et leur chaleur, semblent jaillir de la page. Elle disait de lui qu'il l'avait comprise et aimée telle qu'elle était, même lorsqu'elle était petite. Elle disait aussi que, depuis qu'il l'avait abandonnée, c'était « à cause de lui [11] » qu'elle avait tant de difficultés dans la vie. Eût-il vécu, les choses auraient certainement été très différentes.

Il y a dans l'œuvre et la pensée de Dinesen une frontière — ou plutôt un cercle bien délimité, comme un tambour de broderie — qui sépare la nature de la vie domestique. Là, c'est un feu de bois dans l'âtre et des voix de femmes, la vapeur des bouilloires, le mouvement d'horlogerie d'une vie de femmes. Au-delà, ce sont des passions, des espaces grandioses, la vie sauvage et les champs de bataille. Wilhelm tira sa fille hors des limbes domestiques et l'emmena dans la « nature », au cours de longues promenades dans les bois ou le long du Sund. Il voulait lui léguer son amour de la nature et il lui apprit à devenir observatrice, à distinguer les fleurs et les chants d'oiseaux, à guetter la nouvelle lune et à connaître les noms des herbes. Il exerça ses sens, la rendit consciente d'eux à la façon du chasseur qui imite sa proie. Ce fut une sorte de deuxième alphabet qu'elle apprit en même temps que la lecture, et sa discipline et son plaisir étaient au moins aussi importants dans sa vie que la discipline et le plaisir des livres.

Racontant son enfance à sa première biographe, Parmenia Migel, Isak Dinesen décrivit ce qu'elle pensait être son premier souvenir : avoir été conduite par la main au sommet d'une colline, où on lui avait montré un paysage « exceptionnel ». Il y a une scène semblable dans « Alcmène » :

> « Nous arrivâmes dans les champs à l'instant où le soleil allait disparaître au-dessous de l'horizon. Il y avait, à la sortie du bois, une colline très élevée ; du sommet, on jouissait d'une vue très étendue sur l'immense pays plat ; la lande dorée éclatait de splendeur aux derniers feux du couchant.
>
> « Alcmène se taisait. Elle promenait ses regards tout autour d'elle ; son visage clair irradiait de la lumière comme l'atmosphère autour de nous [12]. »

Alcmène et son ami Vilhelm partagent tous deux un secret, « la camaraderie […] des bois et des champs » qui « de retour chez [eux] disparaissait ou du moins restait à l'état latent ».

> « Notre intimité commença quand la petite fille demanda la permission de m'accompagner à la chasse ou à la pêche. Ses mouvements rapides, son coup d'œil sûr me donnaient l'impression d'avoir avec moi un petit chien subtil. Mais j'appris pendant nos randonnées que cette enfant sans peur était épouvantée devant la mort. La première fois que je ramassai un oiseau mort, mais encore chaud dans mes mains, elle en fut malade d'horreur et de dégoût. Mais elle attrapait les serpents vivants sans aucune crainte. Elle avait une prédilection pour tous les oiseaux sauvages, et apprit à reconnaître leurs nids et leurs œufs ; et c'était charmant de l'entendre imiter le chant de la palombe ou du coucou dans les bois.
>
> « C'est ainsi que naquit notre amitié, amitié peu commune, je crois, entre un garçon et une petite fille. […] Nous étions les seuls parmi les autres à être de noble naissance, sans doute de naissance plus noble qu'eux tous [13]. »

Tanne, en outre, se définissait en opposition avec la vulgarité de son entourage. Elle et son père constituaient une aristocratie à deux, et sa plus grande fierté était d'être à lui et non « à eux ». Mme Westenholz essaya apparemment de rétablir l'équilibre en jetant son énorme poids dans la balance et cela contribua à confirmer l'opinion de Tanne : « Ma grand-mère ne m'aimait pas. Elle préférait mes sœurs [14]. » Mais tant que Wilhelm vécut, cela n'avait pas d'importance. Il la libéra de la nursery et de ses rivalités. Il paya rançon à sa grand-mère et à tante Bess pour la dégager de leur autorité. Il lui donna le goût d'une vie d'homme, sensuelle et sans interdits, qui était le contrepoids du monde limité des femmes, avec ses mises en garde et son abnégation morales. Par-dessus tout, il lui donna un sens de sa propre force érotique qui fut exagéré dès le début. Car, parmi toutes les femmes de la maisonnée — avant ses sœurs et même avant sa mère —, Wilhelm l'avait choisie, ou du moins l'interpréta-t-elle ainsi. Ce fut le privilège décisif de sa vie et peut-être aussi sa déformation fatale, le grain de sable autour duquel allait se former la perle. Seule dans les bois avec son père, ils auraient pu aussi bien être seuls au monde. Ce fut le temps qui précéda la chute.

4

Les excursions avec Wilhelm n'étaient en aucun cas régulières. Quand il était là, ils sortaient peut-être chaque jour, mais il n'était guère souvent à la maison. Il voyageait toujours beaucoup, retournait dans son « Paris adoré », ou partait pour quelques mois en Amérique avec un groupe d'anciens compagnons d'armes. Il était souvent invité à chasser dans les grandes propriétés. En 1892, quand il fut élu au Parlement, il habita à Copenhague durant une semaine dans un appartement qu'il possédait en ville. Tanne ne pouvait compter sur lui et prévoir ses visites. Les moments qu'ils passaient ensemble étaient arrachés à la routine de l'école et de la vie avec ses sœurs.

Isak Dinesen tomberait dans le même schéma ou le créerait avec les deux hommes qui partagèrent sa vie. Son mari, Bror Blixen, était indépendant et ne tenait pas en place, et même aux meilleurs jours de leur mariage, il venait et repartait de la ferme africaine comme bon lui semblait. Son ami Denys Finch Hatton lui rendait visite entre deux safaris, peut-être une semaine seulement entre des absences qui pouvaient durer plusieurs mois. Par la suite, dans ses œuvres et ses souvenirs, Isak Dinesen idéalisa ce qui avait été en fait une grande privation, en proclamant que le meilleur mariage, c'est avec un marin qu'on le fait. C'est le lien qui existe entre un homme nomade et une femme sédentaire qui le civilise.

A mesure qu'elle grandissait, Wilhelm parla à Tanne plutôt librement de sa vie. Ses exploits de soldat firent vibrer son imagination et la rendirent turbulente. Ses histoires d'Indiens l'affectèrent profondément. Elle se mit à lire *Fenimore Cooper* et idolâtra Natty Bumppo, et lorsqu'elle arriva en Afrique, elle fut extrêmement fière de bénéficier avec les Africains du même respect mutuel que Wilhelm, imaginait-elle, avait connu avec les Chippewa et les Pawnee.

Mais, excepté un petit gribouillage sur la page de garde d'un livre — « de Papuska à Babuska avec son humeur coléreuse [15] » —, nous n'avons aucun document, aucune lettre de Wilhelm à sa fille *. Pour avoir une perspective plus détaillée de son énorme et pénétrante influence, nous devons nous tourner vers ses *Lettres de Chasse* sur lesquelles il travaillait entre 1886 et

* Clara Svendsen, maintenant Clara Selborn, mentionne que Tanne s'était « de toute évidence mise en colère pour quelque chose. (Wilhelm) poursuit en la menaçant également d'un trou noir où l'on jette les petites filles coléreuses ».

1892, dans les premières années d'enfance de Tanne. Quand Robert Langbaum, l'un des meilleurs critiques d'Isak Dinesen, décrit comment elle « redécouvrit en Afrique la puissance de tous les mythes romantiques, mythes qui situent l'esprit dans les forces élémentaires — dans la nature, dans la vie des peuplades primitives, dans l'instinct et la passion, dans les sociétés aristocratiques, féodales et tribales qui ont leurs racines dans la nature [16] », il nous livre un index des thèmes de Wilhelm et des leçons qu'en tira Tanne.

Lettres de Chasse est un livre personnel, méditatif, qui entrelace de façon assez lâche anecdotes et images. Comme toutes les pastorales, il se présente comme superficiellement sensuel et affecte d'être intemporel. Il est comparable à une énorme cloche qui résonne sous la pression de tout ce qu'elle a exclu, et à laquelle elle résiste.

Lorsque le narrateur traque sa proie ou est à l'affût, il disserte sur le défi et le plaisir uniques que lui apporte chaque espèce. Cela mène à des digressions sur l'amour, la femme, et les relations entre les sexes, qui sont rédigées dans les mêmes termes. La chasse et l'amour sont des combats « mortels » et deux formes du même jeu : la courtoisie des deux parties et leur respect mutuel pour les rites de la poursuite sont plus importants que leur issue. Ce badinage trouve sa forme la plus pure dans le « grand geste ». Le grand geste revient continuellement dans les œuvres de Boganis : quelque chose d'impossible, ardemment désiré et réalisé dans des espèces symboliques. Une tâche qui implique des risques énormes est mise en chantier et accomplie comme si elle ne nécessitait aucun effort. Un grand prix est exigé : un prix encore plus élevé est payé négligemment. L'essence de tous ces grands gestes est de se moquer de la nécessité, qu'elle soit économique, biologique ou narrative. Il défie le réflexe bourgeois d'estimer une expérience en termes pratiques, en termes de valeur marchande. La survie, elle-même, nécessité fondamentale, a le plus haut prix, et par conséquent, les nobles gestes doivent composer avec « ce rare, ce subtil *savoir-mourir* [17] » qu'Isak Dinesen admirait tant. On est forcé de payer le prix de son existence que sont la douleur, la perte et la mort. Mais on est également libre de se moquer du prix et de celui qui s'en soucie. Ce mépris pour le sens commun appliqué à l'expérience, cette noble « perversité de l'esprit », comme l'appelle Nietzsche [18], fut l'une des leçons qui marquèrent le plus la fille de Wilhelm. Elle contenait en germe le désir d'autodestruction. C'était aussi l'idéal dont elle croyait qu'il était si souvent pris pour de la légèreté et de la frivolité dans leurs œuvres à tous deux.

5

En 1892 naquit le premier fils Dinesen. La même année, Wilhelm fut élu au Parlement danois sous l'étiquette indépendant à tendance libérale (*Venstre*). Il avait écrit des lettres aux journaux et des pamphlets politiques durant plusieurs années, dans l'espoir de gagner un soutien à ses opinions, fermes mais quelque peu don-quichottesques, sur la défense nationale. Mais il avait surestimé l'impact qu'il aurait au sein du gouvernement et il déchanta rapidement. « Un homme plein de critiques amères envers le parti avec lequel il est lié, écrivit Thomas Dinesen de son père, ne peut jamais acquérir aucune influence véritable[19]. »

La même année, il publia le second volume des *Lettres de Chasse*, qui est unanimement considéré comme inférieur au premier. Les frustrations s'étaient accumulées. Il semble qu'il ait eu une rechute de son ancien « spleen » — l'engourdissement de l'esprit, l'inquiétude et l'anxiété qu'il ressentait à Paris et qui le conduisirent en Amérique. Aux alentours de 1893 ou de 1894, il sonda Ingeborg sur le projet de faire le tour du monde pendant un an. Elle n'accepta pas qu'elle ou ses enfants quittassent leur terre natale, mais elle lui dit qu'elle était disposée à le laisser partir.

A la même époque, nous apprenons que ses conversations avec Tanne « semblaient s'étoffer ». « Allusions à des gens qu'il avait connus, à une femme qu'il avait aimée, réminiscences, avertissements, conseils, tout cela jaillissait en une sorte de monologue qui accélérait... Il semblait presser Tanne au-delà des limites de son âge et de sa compréhension[20]. » Ces confidences la bouleversèrent, l'effrayèrent et, par la suite, pesa sur elle un grand sentiment de culpabilité, l'impression qu'elle aurait dû le réconforter et le détourner de ses projets.

En mars 1895, un mois avant le dixième anniversaire de Tanne, Wilhelm fit un long voyage jusqu'à Katholm dans le Jutland, mais il n'y resta qu'un seul jour. La nuit suivante, Malla, la nourrice des enfants, l'entendit arpenter la bibliothèque en murmurant quelque chose qu'elle prétendit plus tard être : « Il faudra bien que je le fasse, il faudra bien que je le fasse[21]. » Le 27, il assista à une session du Parlement, partit tôt, rentra à son appartement et se pendit à une poutre.

Thomas Dinesen laissa entendre qu'un médecin avait dit à Wilhelm qu'il souffrait d'une maladie « qui ne pouvait présager que d'un avenir sombre et tragique[22] ». Quand Thomas eut douze ans, il demanda à sa mère si Wilhelm s'était suicidé et Ingeborg en convint. « Vous devez comprendre, lui dit-elle, que quelqu'un comme Père, un soldat et un homme d'action, ne pouvait vivre avec la pensée qu'il devait continuer à mener pendant des années l'existence d'un misérable et infortuné reflet de ce qu'il avait été[23]. » Thomas, par la suite, fut persuadé que la maladie « devait être » la syphilis.

Se pendre n'était pas une mort honorable pour un officier. C'est la méthode suivant laquelle l'armée exécutait ses déserteurs. Wilhelm était un connaisseur en matière d'exploits et ce dernier laisse supposer qu'il sentit qu'il avait trahi quelque profond principe personnel, non pas, peut-être, en contractant une maladie vénérienne, mais en abandonnant sa femme, ses cinq enfants et sa carrière politique.

A l'époque, on dit aux enfants que leur père était tombé malade et était mort subitement. Même lorsqu'ils apprirent son suicide, ils furent induits en erreur ou ignorèrent ses raisons — qui sont en fait inconnues. Quand ils vécurent en Afrique, Thomas et sa sœur partagèrent leurs conclusions sur le suicide de Wilhelm. Ils les trouvèrent logiques et même probables. A cette époque Karen était elle aussi atteinte de syphilis. C'est l'un des nombreux détails qui l'amenèrent à noter : « Le destin de mon père s'est, assez curieusement, répété en grande partie dans le mien[24]. »

4.

« Alcmène »

J'ai eu tant de scrupules de conscience d'avoir laissé peser sur toi la tendre mais lourde charge de Folehave.

Ingeborg à Thomas Dinesen[1]

1

Les enfants étaient à Folehave avec leur grand-mère, l'après-midi où ils apprirent la mort de Wilhelm. On leur livra graduellement la nouvelle : d'abord il était malade. L'une de leurs tantes entra dans la salle de réception et Tanne lui demanda : « Comment va père ? » Elle lui répondit qu'il était mort. « Après un moment, sa sœur Ea dit à l'un des adultes : " Tanne tremble tellement[2]. " » Son chagrin fut plus solitaire et cette perte plus dramatique que pour les autres. Elle avait perdu *le* père, l'homme plein de bienveillance, le privilège des « conversations sur la Colline d'Ewald ». Mais aussi, elle avait été soudainement privée de cette source de respect de soi et d'amour-propre rassurant que Wilhelm lui avait accordés. « Ce fut, écrirait-elle sans exagération, comme si une partie de moi-même était morte aussi[3] », et cette partie, c'était la capacité d'aimer avec confiance et spontanéité. Isak Dinesen vécut le reste de sa vie dans une peur « qui confinait à l'horreur... d'investir sa vie et d'abandonner son âme dans quelque chose qu'elle pourrait perdre à nouveau[4] ».

Mme Westenholz avait le cœur malade et le choc du suicide de Wilhelm lui causa une attaque. Pendant une période de quatre ans, elle resta paralysée et parla avec difficulté. Ce n'est qu'au prix de grands efforts qu'elle parvint à recouvrer toutes ses facultés. Le reste de la famille essaya naturellement de lui éviter d'autres chagrins en ne parlant jamais de l'événement, mais du même coup, elle coupa court à l'épanchement de leur propre douleur. Ce fut une période sinistre et extrêmement tendue. Ingeborg était éperdue de douleur et bien des décisions quotidiennes incombèrent désormais à Moster Bess. Celle-ci décida que le mieux pour les enfants serait de se conformer à leurs habitudes et de leur parler le moins possible de leur père. On les morigénait en leur répétant que « les enfants d'une veuve doivent mieux se conduire que les autres enfants[5] ».

Tanne sentit qu'elle avait été soudainement abandonnée parmi des étrangers. « La famille de ma mère, au milieu de laquelle je grandis après la mort de père », dit-elle à un ami dans des termes qui impliquent qu'elle n'avait pas vécu avec eux auparavant, « ne l'aimait pas, quoiqu'on y reconnût la valeur des *Lettres de Chasse.* J'ai le sentiment qu'à cette période plus ancienne [...] par rapport à eux, je pensais constamment : “ Je m'y connais mieux que cela[6] ” ».

C'était toujours « la famille de ma mère » et jamais « ma mère ». Tanne réservait à la première sa plus profonde rancune. Ingeborg était la seule dont la douleur était aussi immense que la sienne, et elles devinrent des alliées, voire des conspiratrices dans leur dévotion à la mémoire de Wilhelm. Ingeborg l'avait agréé malgré les profondes inquiétudes de sa famille, elle l'avait aimé avec une passion d'autant plus grande qu'elle était incomprise et qu'on lui faisait obstacle, et le suicide de Wilhelm n'était pas seulement pour elle une perte personnelle incommensurable, mais aussi une sorte de honteuse défaite. Si Ingeborg sentait que sa mère et ses sœurs « n'aimaient pas » Wilhelm, elle ne le leur reprocha jamais. Son cœur n'était pas capable de révolte. Mais elle devint « passive [...] mélancolique [...] peu accueillante[7] ». Comme Mme Ross, la veuve du capitaine de *Tempêtes*, « personne ne put savoir ce qu'elle éprouvait à ce propos[8] ».

2

Nous connaissons les sentiments de Tanne, car quarante ans après elle les exprima dans le conte « Alcmène », l'une des histoires autobiographiques les plus tragiques et les plus transparentes. Alcmène est une petite fille de six ans, orpheline, séparée de son milieu et confiée aux mains d'étrangers. Elle se trouvait, nous dit-on, « dans une situation singulièrement tragique. Elle méritait de s'appeler Perdita, comme l'héroïne de Shakespeare[9] ». Son histoire est racontée par un jeune homme nommé Vilhelm, le fils d'un propriétaire foncier égoïste et grincheux, qui n'est pas sans évoquer Adolph Wilhelm Dinesen. Vilhelm fait ses études chez le pasteur, dans la propriété de son père, dans le Jutland. C'est aux soins austères et vertueux du pasteur qu'est confiée Alcmène.

Le pasteur, cependant, a un passé. Il étudia jadis à Copenhague, écrivit des poèmes à la manière classique, fréquenta un cercle artistique et eut l'ambition de laisser quelque grandiose marque en ce monde. Mais il abandonna cette vie — la fuyant avec terreur — car il percevait en lui-même des signes de mégalomanie. Au lieu de quoi, il accepte du père de Vilhelm un maigre salaire et épouse une fille de la région, quelqu'un qui avait l'habitude des privations. Gertrud a un visage sans beauté mais, apprenons-nous, « un corps divin ». Un vieil ami du pasteur, un « professeur » du Ballet royal, leur rend visite au presbytère et reconnaît immédiatement ce qui avait échappé aux gens de la région : Gertrud est « une Vénus vivante ». Il confie cela à Vilhelm, qui comprend soudain pourquoi il se sent si bien en présence de Gertrud. Car Vilhelm, comme Alcmène, est un étranger dans son propre milieu — un païen. Gertrud, cependant, est inconsciente de sa beauté, qui ne lui est d'aucune utilité. Son mari a délibérément coupé ses liens avec le monde du mythe et de la poésie et elle, qui aurait pu jouer un rôle de déesse dans le cœur des hommes, ne désire rien d'autre qu'être mère.

Cependant, ceci n'est guère envisageable : le pasteur et sa femme ne peuvent avoir d'enfants. Il s'y est résigné, mais Gertrud s'emporte contre son destin. Un jour, ils reçoivent une lettre du vieux professeur qui sollicite un foyer pour une petite orpheline dont la naissance est un terrible secret. Il laisse entendre cependant qu'elle est le fruit d'une grande et coupable passion. « [...] je ne vois pas d'être humain qui réponde d'une manière aussi pathétique à ce que dit l'Écriture sur " le brandon tiré du feu "[10] ».

Le pasteur a l'impression que son ami le manipule avec son « conte de fées » romanesque et que la petite fille est probablement l'enfant d'une actrice ou d'une ballerine. Même son nom, dit-il à Vilhelm, est une habile invention du vieux professeur pour flatter sa faiblesse pour la poésie grecque. Elle se nomme Alcmène, comme l'héroïne de l'une de ses épopées : « Oui, conclut-il, le vieux renard a l'intention de me rappeler l'Olympe », et peut-être d'y emmener Gertrud, l'inconsciente Vénus, avec lui.

Alcmène arrive parfaitement équipée pour séduire deux êtres résolument moraux et les amener à l'Olympe pour y tenir et révéler leur aspect et leur rôle mythiques, dont ils se sont détournés. C'est une enfant d'une « étrange, frappante et noble beauté ». Elle possède une rare aisance de mouvement et Vilhelm, connaisseur en ballets, déclare qu'elle est plus gracieuse que n'importe quelle danseuse. Elle « [semble] ignorer complètement la peur », et précisément la peur du sexe. « Ni le taureau ni le jars ne l'effrayaient. Elle les préférait à tous les animaux de la ferme. » Elle est déraisonnable ou indifférente envers les choses matérielles et cède ses vêtements et ses objets personnels. Elle ne fait aucune différence entre la réalité et l'imaginaire ; « [...] les choses avaient pour elle un autre aspect que pour les autres gens, et souvent cet aspect était surprenant[11] ». Cette figure classique enchante ses parents adoptifs, mais elle les trouble profondément. Car au fond d'elle-même, il n'y a aucune trace du sentiment qui est la clé de voûte de leur vie : la culpabilité. Gertrud, qui « ne se serait guère tourmentée » des fantaisies d'Alcmène, « car, comme tous les paysans, elle aimait les contes », se sent obligée, en tant que femme de pasteur, « de lui enseigner la crainte ». Et le pasteur, quoiqu'il lui apprenne le grec, lui interdit la danse, activité qu'il associe à la vie antérieure et au péché — « le feu » — dont il l'a arrachée.

La seule personne avec qui Alcmène ait une affinité naturelle, c'est Vilhelm. Il admire précisément en elle les qualités esthétiques qui effrayent ses parents. Il tient dans sa vie le rôle d'un frère, mais aussi un rôle amoureux. Une fois, il lui donne l'une des robes de bal de sa mère défunte. Elle la dissimule à ses parents, mais la porte pour lui seul durant leurs promenades dans les bois. A mesure qu'elle mûrit, il envisage de l'épouser et de la séduire, mais rejette la première solution comme indigne de sa condition à lui, et la seconde comme indigne de son respect pour Alcmène.

> « Mais notre amitié, explique-t-il au lecteur, se fondait essentiellement sur une compréhension profonde que notre entourage ignorait. Plus tard, cherchant à m'expliquer cette intimité, je crus en trouver la raison dans le fait que nous étions les seuls parmi les autres à être de noble naissance, sans doute de naissance plus noble qu'eux tous [12]. »

Alcmène est incapable d'éveiller ses parents à leur nature mythique et tente de s'échapper. La première fois, à neuf ans, elle refuse de montrer le moindre remords pour « l'immense chagrin » qu'elle leur a causé. La deuxième fois, à onze ans, elle suit une bande de romanichels qu'on soupçonne d'avoir tué un homme. Vilhelm se lance à sa poursuite et la retrouve, marchant avec peine dans la lande. Elle lui demande son cheval afin d'aller plus vite.

> « “Tu bouleverses tes parents en te sauvant de la sorte, la gronde-t-il. [...] Tes parents t'aiment et te trouvent merveilleuse pourvu que tu consentes à rester auprès d'eux ”. » Alcmène lui répond : « “ Que faire des enfants qui ne désirent pas être aimés, Vilhelm [13] ? ” »

Quand arrive le moment de sa confirmation, le problème de la naissance d'Alcmène et de sa véritable identité se trouve soulevé. Le pasteur veut lui dire qu'elle n'est pas leur fille, mais Gertrud craint que cet aveu ne l'éloigne irrémédiablement d'eux. Elle se trompe. Quand Alcmène apprend qu'elle est orpheline et que le pasteur et sa femme ne sont pas ses vrais parents, son attitude « de méfiance, de révolte et d'hostilité » à leur égard disparaît. La conviction secrète de son altérité se trouve confirmée.

Mais le conte se termine tristement. A seize ans, Alcmène hérite une immense fortune, probablement de son vrai père. Le pasteur et Gertrud débattent pour savoir s'ils vont accepter l'argent en son nom. Cette fortune semble corroborer les allusions voilées concernant la haute naissance d'Alcmène. Dès lors, le vieux propriétaire, le père de Vilhelm, presse son fils de se déclarer. Vilhelm refuse. C'est en dessous de sa dignité que de se jeter sur son ancienne compagne de jeu et d'exploiter leurs relations intimes maintenant qu'elle est riche.

Le temps passe et le vieux pasteur meurt. Pendant que Gertrud est en visite chez sa sœur, Alcmène demande à Vilhelm un service : il l'emmènera à Copenhague. Il y a longtemps qu'il le lui a promis, et il s'arrange pour qu'ils arrivent dans la capitale le jour qu'elle a fixé. Ils voyagent en se faisant passer pour frère et sœur, quoique Vilhelm prenne conscience de son amour pour Alcmène et désire en faire sa femme. Quand ils atteignent la ville, Alcmène lui révèle le motif de son voyage : elle veut voir l'exécution d'un criminel notoire. Ils se dirigent vers la place où celui-ci doit être décapité et la foule fixe Alcmène. Le meurtrier lui-même semble chercher son regard. Elle est extrêmement émue par l'affreux spectacle et cite un poème que lui a jadis lu son père, à propos d'une petite fille qui a été décapitée :

« A présent, sur toutes les têtes, tremble
la hache qui tremble au-dessus de la mienne [14]. »

Elle laisse entendre que l'exécution contient un avertissement pour elle. Avant qu'ils ne retournent dans le Jutland, Vilhelm désire montrer la ville à Alcmène et l'emmène au palais royal. Devant les grilles, ils croisent un vieillard aux bras chargés de roses, en qui Vilhelm reconnaît le professeur. Il fixe Alcmène et semble la connaître, mais il doit aller quelque part et il ne leur adresse pas la parole. Ils reviennent chez eux en bateau et, une fois en mer, Vilhelm se déclare à Alcmène. Mais celle-ci le repousse :

> « “ Toi, tu parles aujourd'hui de ma vie ; mais, auparavant, quand il était temps encore, tu n'as pas essayé de la sauver [...]. Tout le monde aimait Alcmène. Tu n'es pas venu à mon secours. Ne savais-tu donc pas qu'ils n'ont cessé d'être tous contre moi, tous ? ” [...] Vilhelm lui répond : “ Il ne m'est jamais venu à l'esprit que tu n'étais pas bien plus forte qu'eux. — Non, je n'étais pas la plus forte, dit-elle ; c'étaient les autres qui étaient les plus forts [15]. ” »

« Ils » avaient refusé de reconnaître Alcmène, de lui « sauver » la vie en lui permettant d'accomplir le destin pour lequel elle était née. Vilhelm, son ami, aurait pu l'éveiller à l'amour physique. Le vieux professeur aurait pu lui dévoiler l'identité de ses vrais parents et lui donner accès au monde. Même au dernier moment, devant les grilles du palais, il aurait pu les lui ouvrir. Gertrud, avec « son amour des paysans pour les contes », aurait pu développer la riche imagination d'Alcmène. Le pasteur, son père adoptif qui lui enseigna le grec, aurait pu l'emmener avec lui « dans l'Olympe » et lui rendre sa place légitime. Mais il abandonna Alcmène comme il avait jadis abandonné les anciens dieux.

L'étrange requête d'Alcmène — voir un homme périr sur l'échafaud pour ses péchés — est un geste de reddition, de résignation au monde du pasteur. D'un seul coup, elle accepte cette « crainte de Dieu » qui lui a si « étrangement » fait défaut jusque-là. Quand elle s'aperçoit que personne ne va vraiment la « sauver » — la sauver dans le sens le plus profondément psychologique — elle accepte l'autre « salut » : la culpabilité chrétienne et le repentir. Des années plus tard, Vilhelm a l'occasion de rendre à nouveau visite à son ancienne amie. Elle vit avec Gertrud dans une bergerie éloignée et abandonnée de tout, et elle est devenue une avare qui couve la fortune de son vrai père. Son or, comme sa beauté, sa grâce et son courage, ne lui sert à rien.

3

Rungstedlund fut le « presbytère » de Tanne après la mort de Wilhelm, et sa propre enfance devint une bataille — menée en grande part dans son imagination — pour être reconnue pour ce qu'elle croyait être, mais que, telle Alcmène, elle ne pouvait prouver : une enfant des fées qui avait dans ses veines le sang de rois, de princes et de poètes. Elle savait que sa famille l'aimait énormément, et qu'à leur façon ils voulaient son bien, mais qu'ils refusaient sa nature. « Il me semble (qu'ils) ont… l'effrayant pouvoir de rendre la vie difficile, écrirait Tanne[16]. »

Wilhelm, comme le père véritable d'Alcmène, représentait « l'Olympe », le règne des anciens dieux païens, cet ordre perdu sous lequel, d'une façon à la fois symbolique et réelle, la chair et l'esprit ne faisaient plus qu'un.

Isak Dinesen transforma son enfance en mythe dans « Alcmène ». L'enfant est son double, c'est elle-même idéalisée. Mais la ressemblance semble s'arrêter à la « chute » d'Alcmène. S'il nous faut en croire *La Ferme Africaine* et les contes, Dinesen ne succomba pas à ce qu'elle appelle « la tyrannie » de la famille de sa mère. Elle s'échappa dans les montagnes, réclama le patrimoine de son père et découvrit que « Dieu et le Diable ne font qu'un[17] ».

Il est possible que le conte soit simplement l'alternative tragique à la fin de sa propre histoire. Mais il est également possible qu'il nous montre la voie dans laquelle l'apparence et les faits biographiques divergent, ou même démentent les sentiments et la vérité psychologique. Dans son œuvre et dans son personnage, Dinesen cultiva pécisément ces qualités d'esprit et ces emblèmes étranges qu'elle donnait à Alcmène, et la jeune Alcmène renaît dans la vieille Dinesen. Mais elle semble aussi reconnaître dans le conte — avec une honnêteté pénétrante — combien l'ont vraiment contrariée la culpabilité et les conflits de son enfance. En fait, Tanne voulait être aimée, elle n'était pas indifférente à la « peine » qu'elle leur faisait, et elle sentait que sa famille avait l' « étrange pouvoir » de lui faire prendre conscience qu'elle avait tort de se révolter contre eux.

5.

Trois sœurs

1

Quoique Ingeborg ne fût pas « vraiment accueillante[1] » pour les étrangers après la mort de Wilhelm, il y avait toujours de considérables allées et venues de parents entre Rungstedlund et Folehave. Les frères d'Ingeborg s'étaient mariés, ils étaient pères, et ils amenaient les enfants pour qu'ils voient Maman et qu'ils jouent avec leurs cousins. Les onze frères et sœurs de Mme Westenholz avaient eu une abondante progéniture et c'étaient des Grut, des Reader, des Sasse, des Hoskiaer, des Plum et des Berry qui venaient en visite. Pour les Berry, branche écossaise de la famille et descendante de la tante Emily Hansen, « on devait se conduire de son mieux[2] ». Il y avait au moins une tradition familiale qu'adorait Isak Dinesen : la réception d'anniversaire de sa grand-mère, en juillet. Les fruits étaient en train de mûrir, les rosiers étaient en fleurs et il faisait assez chaud pour qu'on se baigne dans le Sund. Le clan au complet se rassemblait à Folehave autour d'une table dressée sous le grand orme, et dînait de poulet rôti et de fraises.

Mme Westenholz était l'un des piliers de la bonne société de Hørsholm, et Tanne et ses sœurs étaient souvent invitées à servir le thé chez des gens comme la comtesse Ahlefelt et sa fille, Ulla, chez Fru Funch, la femme du médecin de Rungsted et chez d'autres très bonnes dames dont la conversation, Ingeborg elle-même l'admettait, était totalement bourgeoise et terne.

Tanne préférait de beaucoup la compagnie des domestiques. Clara Svendsen* raconte combien elle aimait prendre avec eux son petit déjeuner en bas, où elle pouvait boire du café au lieu de thé et écouter les commérages des poissonnières, des laitières et des valets. Convoitises, vengeance, sottise, duperie, ivrognerie, coups de chance et de malchance composaient l'ordinaire de ces histoires. Thomas Dinesen nota que « Tanne affirma durant toute sa vie qu'elle avait des relations privilégiées avec les " gens de classe

* Clara Svendsen fut la secrétaire et la dame de compagnie d'Isak Dinesen durant 20 ans.

inférieure " (ses propres mots)... et que cette compréhension était le résultat de son intimité avec les braves serviteurs de la maison de son enfance[3]. » Entre eux, les « braves serviteurs avaient la parole franche, l'humour peu raffiné, et leurs sentiments ne s'embarrassaient pas de l'hypocrisie des bonnes manières.

2

Tanne n'eut pratiquement aucune occasion de rencontrer des gens seule au-delà du cercle familial et des « agréables bras morts de la rivière ». Ses amis d'enfance les plus proches furent les enfants des propres amies de jeunesse de sa mère. Else Bardenfleth, fille d'Ida Meldal Bardenfleth, était une jeune fille timide, pleine de bonnes manières, qui avait, au dire de Tanne, « une nature fermement orthodoxe[4] », et respectait craintivement les audaces de son amie. Elles faisaient ensemble des excursions à bicyclette et Else habita en Suisse avec les sœurs Dinesen en 1899. En 1909, Else se fiança au comte Eduard Reventlow, jeune diplomate issu d'une grande famille danoise, alors en poste à Paris. Le comte Reventlow était un homme du monde « qui avait davantage le Diable au corps[5] » que sa fiancée et qui, tout à fait indépendamment d'elle, joua un intéressant rôle de second plan dans la vie de Tanne.

Ellen Wanscher était une autre amie encore plus intime. Tanne admirait la mère d'Ellen qui avait des points d'intérêt en dehors de sa famille — le théâtre, la littérature — et elle aurait aimé qu'Ingeborg, qui n'avait en tête que son rôle de mère, lui ressemble davantage[6].

Ellen Wanscher jouissait auprès de Tanne d'un degré de confiance que celle-ci ne partagea qu'avec deux autres personnes dans sa vie, deux hommes : son frère Thomas et son serviteur africain Farah*. Avec Ellen, Tanne pouvait soulager son cœur en sachant que ce qu'elle lui disait ne serait jamais jugé ni trahi. C'était une chose précieuse car les Westenholz étaient une famille qui s'occupait et jugeait des affaires de chacun. Ils vivaient littéralement le nez dans les affaires les uns des autres. Une fois, dans un moment de détresse, Tanne avait avoué un grand secret à sa tante Lidda, qui le clama au dîner le soir même. Ils étaient si dévoués aux intérêts de leur clan, si fouinards, si imbus de leur supériorité morale que vivre avec eux dut être un affront perpétuel pour quelqu'un de naturellement secret. Mais en même temps, un intérêt si passionné dans la vie d'un enfant dut être profitable. Isak Dinesen allait finir par l'apprécier et par comprendre la « force » morale — pour ne pas dire la férocité — « inébranlable » que cela lui donna.

En dehors de sa reconnaissance envers la loyauté d'Ellen Wanscher,

---

* Dans les *Lettres d'Afrique,* Isak Dinesen écrit le nom de son serviteur *Fara,* alors que dans *La Ferme Africaine* et *Ombres sur la Prairie,* elle l'orthographie *Farah.* J'ai utilisé la seconde graphie.

Tanne admirait chez elle une moins tangible qualité. Sans avoir de charme, de beauté, de richesse ou même de talents particuliers, Ellen était pour ses amis une compagne irrésistible, quelqu'un qu'ils étaient toujours heureux de voir et qu'ils se sentaient honorés de connaître. Elle avait tout simplement en sa propre « valeur » une confiance que, depuis la mort de son père, Tanne ne pouvait éprouver envers elle-même.

Tanne passa la plus grande partie de son enfance en compagnie de ses deux sœurs, et cette communauté à laquelle nul n'échappait ternit son affection pour elles, pourtant profonde. Les lettres qu'elle leur écrivit d'Afrique sont pleines de chaleur et de bavardages, parfois démonstratives, mais elle ne s'y montre jamais à nu. Il semble qu'elle ait protégé sa vie privée — tout comme elle protégeait sa distinction — âprement.

Ea et elle se « chamaillaient[7] » lorsqu'elles étaient petites, bien qu'Ea soit devenue par la suite maternelle pour les autres, distribuant compassion et, parfois, reproches. Ea avait une voix agréable, elle chantait souvent des *lieder* pour la famille et elle espérait faire carrière dans la musique. Son soprano léger ajoutait à l'impression de féminité tendre et quelque peu mélancolique qu'elle dégageait. Mais il est difficile de peindre d'Ea un portrait convenable car elle mourut vers la trentaine, après la naissance de son deuxième enfant. Tanne écrivit à Ella qu'avec sa mort, elles avaient perdu leur esprit d'unité.

Ella et Tanne partageaient une chambre. Il n'y avait qu'une année de différence entre elles et elles avaient un langage secret qu'elles appelaient *pirogets*[8]. Elles étaient toutes les deux, quoique très différentes, de caractère ferme et vif. Ella avait hérité en grande partie de l'idéalisme de sa tante Bess et d'un peu de sa lourdeur. Elle devint une jeune femme tourmentée et inquiète, à la recherche d'un idéal ou d'une cause qui aurait mérité qu'elle y consacrât sa vie — d'abord le socialisme, puis la reconquête du Sud du Jutland alors aux mains des Allemands. Dans le même esprit d'engagement, elle voulut faire plus tard de son improbable mariage une réussite et, devenue une riche mère de famille, elle se lança dans les bonnes œuvres en fournissant abris et nourriture aux chômeurs. Il y avait quelque chose de tragique dans le tempérament d'Ella, quelque chose de réprimé. Elle enviait l'impunité avec laquelle Tanne « tempêtait contre le destin[9] » et elle critiquait souvent sa frivolité, ses poses, ce à quoi Tanne répliqua que se mettre en valeur était « une contrainte de l'existence »... Ella et Thomas peuvent s'accommoder de prose pure et simple, dit-elle à sa mère. « Je crois que ce qui m'est le plus indispensable, c'est une certaine espèce de poésie[10]. »

Tanne ne s'amusait pas autant avec Ella que plus tard avec sa cousine Daisy Frijs. Elle ne se confiait pas non plus à elle comme à Ellen Wanscher. Mais il y avait entre les deux sœurs un profond respect mutuel. Ella fut le public prisonnier des premières histoires de Tanne, qu'elles testaient toutes deux dans la chambre, les lumières éteintes, psalmodiant si longtemps qu'Ella devait la supplier de s'endormir. Mais elle dut aussi s'être avérée un critique sûr car elle joua encore ce rôle pour les contes que Tanne écrivit dans sa vingtième année, et elle se révélera un critique de première ligne des œuvres de maturité d'Isak Dinesen.

3

En 1888, l'année où Tanne Dinesen apprenait à lire dans la chambre des enfants, Georg Brandès achevait une série de conférences sur Nietzsche *. Celui-ci était encore inconnu et Brandès, qui était lui-même un révolté et un iconoclaste, fut le premier critique d'importance à se faire le champion de ses œuvres et à le faire connaître au grand public. L'assistance encombra le hall de l'Université de Copenhague, se perchant sur les rebords de fenêtres et se répandant jusque dans la cour. Ils écoutèrent avec un enthousiasme débordant la conférence de Brandès sur l'idéal nietzschéen du « vrai professeur », celui qui éduque les jeunes en opposition à leur âge, qui leur apprend à se battre contre « toute forme d'obéissance… Seul celui qui a appris à connaître la vie et qui est prêt à l'action sait quoi faire de l'histoire… seul celui qui sent qu'au plus profond de lui-même il ne peut être comparé aux autres sera son propre législateur. Car une seule chose importe : donner un style à son personnage [11] ».

Ce conseil libérateur contribua à former la sensibilité d'une génération entière d'artistes et d'intellectuels danois et, quand Brandès rapporta à Nietzsche l'accueil fait à ses conférences, il sentit que cela pouvait se résumer dans la remarque d'un jeune peintre qui vint le voir juste après et lui dit : « Ce qui rend tout cela si intéressant, c'est que ça n'a rien à voir avec les livres, *mais avec la vie* [12]. » C'est précisément cette vigueur qui manquait à l'éducation de Tanne Dinesen, et dont elle se sentait si cruellement privée. Elle voulut alors, lorsqu'elle fut devenue une conteuse âgée, essayer d'incarner l'idéal brandésien et nietzschéen du vrai professeur pour les générations à venir.

Les trois sœurs reçurent des « leçons particulières », expression qui recèle un certain charme patricien immérité. Tanne se désolait de ce qu'on lui eût permis de grandir dans « l'ignorance totale de choses qui sont le savoir ordinaire d'autres gens [13] » — les mathématiques, par exemple, pour lesquelles elle se sentait douée. Comme bien des femmes de leur classe, les sœurs Dinesen n'étaient pas censées avoir à gagner leur vie — on partait du principe qu'elles se marieraient — quoique Tanne fût indignée qu'on ne leur ait pas enseigné la moindre chose sur la tenue d'une maison ou la manière de recevoir. Par la suite, elle exprima une subtile indignation féministe envers un système qui avait pu « pratiquement laisser en friches mes capacités et (qui) me livra à la charité ou à la prostitution, d'une façon ou d'une autre [14]… ». En Afri-

* Les conférences, intitulées « Sur le radicalisme aristocratique », ont été rééditées avec la correspondance Brandès-Nietzsche en 1900.

que, vivant au milieu d'anciens élèves d'écoles anglaises, elle en arriva à considérer leurs sévères collèges aristocratiques comme un idéal. « Si j'avais un fils, dit-elle à son frère, je l'enverrais à Eton [15]. »

Ses propres frères étaient allés dans un collège — moins illustre, celui-ci, qu'Eton — à l'âge de six et huit ans, respectivement. Leur sœur aînée, qui suppliait qu'on l'envoie à l'Académie royale d'art, les vit partir avec une profonde envie bien justifiée. On donna aux garçons des armes, des uniformes de soldats et des bateaux, on leur permit de pêcher sur la glace lorsque le Sund gelait et de se promener dans le parc la nuit. Thomas s'émerveilla comme un vieillard de la complaisance qu'Ingeborg leur témoignait. Couvant ses filles, elle s'engageait à élever ses fils comme « feu leur père l'aurait voulu [16] ». Tanne croyait en son for intérieur que Wilhelm aurait tout autant souhaité pour elle une plus vaste carrière. Mais elle n'avait aucun moyen de le démontrer.

Une série de jeunes et vieilles dames présidèrent à la salle de classe de Rungstedlund. Une maîtresse d'école du village en retraite apprit à lire aux fillettes. Lui succéda une gouvernante, Mlle Maria Zøylner, qui partagea avec Mme Westenholz les principales tâches de leur éducation. Mama leur enseigna l'anglais et le français, la chasteté et le désintéressement, Mlle Zøylner s'occupa du reste. Elle était peut-être ignorante des mathématiques, mais elle était très à cheval sur l'expression écrite. Quelques devoirs des fillettes ont survécu, corrigés en rouge. Elles exposaient leurs idées avec un soin exagéré, apprenaient à rassembler et ordonner les faits, à soutenir des points de vue et à les corriger. Elles apprenaient aussi de grandes quantités de poésie et traduisaient en danois des écrivains comme Scott et Racine.

Même lorsqu'elle était petite fille, la prose de Tanne avait un tranchant rhétorique bien affûté. De huit à quatorze ans, elle fut une essayiste convaincante et amusante dans des sujets tels que « les femmes dans la ballade populaire », « c'est la volonté qui compte », « les femmes dans la Révolution française », « matière et esprit » et « Christine Oehlenschläger [17] ». Christine était la femme du poète romantique Adam Oehlenschläger. « Elle était d'une nature chaleureuse et riche de talents, mais elle n'était pas faite pour le bonheur, écrivit Tanne. C'est souvent un destin envié que celui de l'épouse d'un génie. Il est rare cependant que les génies soient heureux ou capables de rendre heureux ceux à qui sont liés leurs destins [18]. »

Nous sommes redevables de la survie de ces archives à un membre de la famille Dinesen qui fit un gros paquet des cahiers de Tanne et les rangea au grenier, sans doute pour conserver les pièces et les poèmes qu'ils contenaient. Mais, éparpillés parmi les pages des cahiers carrés, on trouve aussi une abondance de gribouillages, de messages codés et d'écriture-miroir, des lettres à ses amies, des listes de maximes, des fragments de journal, le tout constituant au petit bonheur les archives souvent obscures mais volumineuses de l'imaginaire du futur écrivain.

Le plus ancien de ces cahiers est daté de 1893. Il contient, de l'écriture ronde et grosse qui allait devenir des pattes de mouches avec le temps, *Les Poésies de Karen Dinesen : Délicieux Printemps ! Délicieux Été !* [19]. Il y a aussi la première série de contes de Dinesen, chacun d'une page ou deux et reliés à la mode orientale par un personnage qui apparaît dans tous : un petit elfe. Ce *nisse* tombe par hasard sur la caverne d'un troll, perd son chapeau au jeu avec un rat musqué et il ne lui arrive que des malheurs. Plus loin, il surprend une fillette nommée Henrietta Brunn. Sa bonne n'a cessé de la taquiner en lui disant que, si elle oublie d'envoyer du porridge aux elfes, elle aura un nouvel an catastrophique. « A vrai dire, écrivit Tanne à propos de son héroïne, Henrietta croyait aux elfes, quoique elle le niât avec effronterie[20]. »

Les taquineries sont une source éminente de conflits dramatiques dans les histoires de *nisse,* tout comme elles l'étaient entre les enfants Dinesen qui avaient un féroce esprit de rivalité, un caractère bouillant et même chahuteur. Ingeborg essaya de les discipliner selon le même principe qu'on adopte pour dresser les chiots : elle leur interdisait de crier, de pleurer, de se bagarrer, de se disputer et de se taquiner dans les pièces principales de la maison, où ils ne pouvaient pénétrer ou demeurer sans sa permission. Mais dans la salle de jeux, la *legestue,* « tout est permis du moment que personne ne saigne ou se blesse. Personne n'aura la possibilité de venir pleurer auprès des adultes sur ce qui arrive dans la salle de jeux[21] ».

Cette nervosité était bien naturelle, compte tenu de l'isolement de la vie campagnarde, du caractère de clan de la famille et de la gaieté en vigueur qui les tenaient si étroitement liés. « Tous les conflits moraux sont permis, avait écrit Ingeborg, mais pas la colère. Celui ou celle qui est en colère doit se retirer des pièces communes, des escaliers et des couloirs aussi longtemps que dure sa colère[22]. » Mais il était évident que les sentiments interdits chercheraient d'autres voies.

4

Les sœurs Dinesen n'avaient guère d'occasions de voir *den store verden* — le vaste monde —, une expression qui revient souvent avec un certain regret, sous la plume de Tanne. Leur existence peu mouvementée s'écoulait autour de Rungstedlund et Folehave, des hétraies et du détroit. En été, elles faisaient le voyage jusqu'au Jutland, en train ou en voiture, pour passer de paisibles vacances avec leurs cousins à Matrup ou Katholm. Le dimanche, joliment vêtues, on les emmenait en voiture à petite distance au sud, le long du Strandvej, vers le Parc aux Cerfs*, où elles flânaient avec leur gouvernante et leurs petits frères à l'ombre des grandes aubépines. A l'occasion, il y avait aussi des voyages à la ville, aux musées, à une matinée de ballet, pour acheter des chaussures ou des cahiers, se promener sur la Langelinie** ou prendre le thé avec leurs grand-tantes. Mais pour elles, comme pour la plupart des enfants danois, la plus exquise réjouissance était

---

* Le *Dyrehaven,* le Parc aux Cerfs, est situé sur la côte, au sud de Rungsted. Il entoure le pavillon de chasse royal (l'Ermitage) et l'on y trouve encore quelques cerfs. Le paysage est dégagé et légèrement vallonné, les arbres sont très anciens, donc très hauts et très touffus. Les chemins entretenus avec soin sont un lieu de promenade très commun pour les habitants de Copenhague.

** La promenade qui longe en partie le port.

une visite à Tivoli[23]. Les portes ouvraient à quatre heures avec une salve de canons, et la foule s'y engouffrait. Des Danois de tous âges et de toutes classes s'y rendaient. Il y avait là de jeunes et sveltes marins de commerce, des banquiers coiffés de homburgs, des bonnes qui avaient leur après-midi, marchant bras dessus, bras dessous et flirtant avec des étudiants ivres venus les retrouver. Il y avait de riches Américains, des officiers de marine décorés, des dames et des messieurs de province en visite, traînés par leurs enfants en tabliers et costumes marins, et les nourrices des enfants. Des guirlandes de lumière étaient tendues dans les arbres, des milliers de lanternes chinoises illuminaient le lac où était à l'ancre une régate tout équipée, réplique du navire de guerre de Christian IV, le *Trefoldigheden.* Des bateaux à rames y menaient et ramenaient les gens, et dans la cabine principale il y avait un spectacle d'attractions.

Des sentiers bordés de plates-bandes de fleurs conduisaient du lac aux stands de tir, à la foire, aux jeux de hasard et aux buvettes. Il y avait un vaste palais mauresque, construction en bois avec minarets et dôme, qui abritait plusieurs restaurants et à la terrasse duquel on pouvait manger les meilleurs *smørrebrød* et des glaces. Un orchestre jouait de la musique classique, un autre des chansons populaires et des valses, et au cœur de Tivoli s'étendait une immense pelouse où, comme le verrait plus tard Tanne sur la place du marché de Port-Saïd, on trouvait jongleurs, acrobates, clowns, danseurs de corde, trapézistes et animaux dressés, et où on pouvait assister de temps en temps au lancement d'un ballon à air chaud.

Mais probablement, la plus célèbre attraction de Tivoli, celle qui semble avoir produit la plus forte impression sur Tanne Dinesen, était la pantomime. La *commedia dell'arte* était toujours vivante au Danemark, bien longtemps après avoir disparu du reste de l'Europe, et aujourd'hui Pierrot et Arlequin se battent toujours pour Colombine sur une réplique de la scène originale, sculptée et dorée dans le goût « chinois * ». La tradition de l'improvisation virtuose contribua à former chez Dinesen la signification de ce qu'était un artiste et la mascarade — peinture d'un personnage brossée de façon mythique — fut un important élément de son art personnel.

Tivoli en soi est une fantaisie nordique sur ce que peuvent être la vie méridionale et l'amour du plaisir, l'éclat du tempérament italien, le luxe oriental — une expression urbaine des thèses développées dans *Ou bien, ou bien.* Les jardins furent créés — curieusement l'année même où Kirkegaard publia son livre (1843) — par un Danois nommé Carstensen, qui était né et avait été élevé en Algérie et qui estima avec raison que, pour ses sobres compatriotes, une telle extravagance serait irrésistible. « L'engouement si caractéristique des gens du Nord pour le Midi et ses habitants, écrira Dinesen, est un phénomène du même ordre[24]. »

* L'ancien théâtre de marionnettes de Tivoli fut incendié par les Nazis en 1944, en signe de représailles contre les sabotages perpétrés par la Résistance.

5

A ces essais d'esprit libéral ébauchés à grands traits se mêlent incestueusement des écrits dramatiques d'une tout autre veine[25]. Leur théâtre n'était pas la Bastille, mais le Petit Trianon. Les personnages n'étaient pas les robustes walkyries des chansons populaires, les femmes accablées des grands esprits ou les héroïnes du peuple, pré-féministes et souillées de sang. C'étaient de sveltes silhouettes en gaines et culottes de soie, aux noms tels que Ganymède et Galatée, Blancheflor et le chevalier Orlando, Pierrot et Colombine. A l'âge de dix ou onze ans, Tanne commença à écrire des pièces — pour la plupart de capiteuses idylles pastorales — que les enfants et leurs amis mettaient en scène pour la famille. En face d'une liste des personnages figurent les noms des acteurs qui les joueront et cela crée un précédent : Ea est toujours Colombine, Ella est Arlequin, et Tanne Pierrot. Le Pierrot est étourdi et vaniteux. Il a un rôle comique mineur. Tanne ne choisissait jamais les rôles romantiques dans ses propres pièces. La véritable romance, c'était leur auteur elle-même.

Dans la *legestue,* au dîner du dimanche, lors des joyeuses sorties en groupe, lors des leçons ou sur les photos, Tanne Dinesen restait toujours l'une des sœurs de la triade. Ea est toujours à gauche, un peu plus lourde et un peu plus grande, Ella à droite, un peu plus jolie et un peu plus sévère. Mais quand elle commença à écrire ses « grands drames » comme elle les appelle plaisamment, elle se créa une position privilégiée et nouvelle parmi les enfants : elle se fit leur imprésario. Ou, pour user d'une de ses expressions favorites, leur *maître de plaisir*. Outre que cela rendait la vie plus gaie et qu'elle y présentait des sujets généralement interdits, on peut supposer que le fait d'écrire des pièces restaura un peu le prestige perdu de Tanne. Une œuvre d'adolescence, « Le Voyage de Cassandra », est assez représentative. Les personnages sont Cassandra, sa bonne Hyacinthe, sa fille Colombine et les soupirants de Colombine, Pierrot et Arlequin. Un peu plus tard, on trouve dans le cahier une nouvelle distribution : Dinesen a effectué l'une de ses coutumières transformations — Cassandra est devenue Cassandro, « un riche homme ». Dans cette version, c'est un veuf et un avare. Hyacinthe essaie de l'épouser. Pierrot adore Hyacinthe. La dialogue est fait à grands traits, comme celui d'une comédie de marionnettes, mais parfois, il prend un tour sérieux et inattendu :

ARLEQUIN *(sur le point de s'enfuir avec Colombine)* : Ma douce fiancée, réfléchis bien avant de me suivre. Je suis volage et je n'ai ni bon sens ni plomb dans la cervelle. Réfléchis bien avant de venir à bord de mon navire, avant que peut-être tu ne sois ballottée par les flots. Ô Colombine, que faire désormais ? Oh, puissé-je être muet, aveugle et bossu, pour ne point te corrompre ni te duper.

COLOMBINE : Ô mon doux fiancé. Je préfère être secouée par l'orage avec toi que faire voile sur une mer calme avec n'importe qui d'autre.

ARLEQUIN : Tu m'effraies.

COLOMBINE : Oui, oui, je fais peur — le Destin… Le destin de chacun est contradictoire, et ce qu'on croit qui va arriver n'arrive jamais[26].

Ici Colombine parle certainement pour son auteur de treize ans qui attendait l'heure où elle pourrait abandonner toute prudence et se jeter passionnément dans les flots incertains de l'existence.

6

Ces pièces ne furent qu'un aspect de la vie imaginative fort exubérante de Tanne. Les cahiers regorgent de griffonnages, progressivement de plus en plus audacieux et achevés. Il y a de souples sirènes, des ballerines en gaze transparente, des cavaliers athlétiques et musclés, des scélérats à l'œil méchant, des nymphes ailées. A côté du brouillon de « Damon et Phyllis, comédie », se trouve une série de nus : une femme sans tête, à la poitrine et aux hanches voluptueuses, et un démon écrasant un pécheur sous son pied.

Tanne avait en commun avec Ellen Wanscher une sorte de feuilleton qu'elles faisaient au fur et à mesure et dont les principaux personnages étaient Lord Byron et Lady Arabella[27]. Tanne était Byron et, même devenue une vieille femme, Ellen signait ses lettres à son amie : « Arabella ». On n'a pas besoin de regarder de si près pour découvrir le charme de Byron pour Tanne : c'était une Alcmène au masculin : « Le fier et solitaire héros marqué par le destin, qui rejette les prétentions que la morale de la société a sur lui… dans le passé (duquel) gît un secret, un affreux péché… Il est brutal et sauvage, mais d'une illustre descendance. Ses traits sont durs et impénétrables, mais nobles et beaux. Il émane de lui un charme particulier auquel nulle femme ne résiste[28]. »

Ces lignes ironiques proviennent d'une description de Byron comme prototype du héros démoniaque, de « l'ange déchu » des romantiques. De tels personnages attiraient et fascinaient toujours Isak Dinesen, qui se vanterait plus tard d'une intime relation personnelle avec Lucifer lui-même.

Le 14 juillet 1898, un incendie se déclara dans le long bâtiment de ferme à toit de chaume situé parallèlement à la maison et qui entourait la cour en la séparant du Strandvej. Ingeborg fut la première à donner l'alarme et elle se rua dehors en chemise de nuit pour sauver les chevaux. L'un d'eux, en proie à une terreur sauvage, la jeta au sol et elle se trouva momentanément paralysée. Mais elle réussit à ramper à l'abri au moment même où le toit des écuries s'effondrait.

Les enfants jetèrent quelques vêtements sur leurs épaules et tentèrent d'emporter quelques-uns des biens les plus précieux de la famille. Les étincelles pleuvaient sur eux, mettant le feu au chaume d'un bâtiment de l'un des fermiers, et un valet de ferme fut brûlé vif. Le laitier réussit à sauver les vaches, mais les poulets et les cochons périrent rôtis et Thomas perdit son chien islandais chéri, Geyser. Après que Ingeborg se fut remise de l'épreuve, elle projeta de quitter le Danemark pour quelque temps. Elle ne « *pouvait* tout simplement supporter davantage de rester à tourner en rond dans ces lieux[29] ».

Leur départ fut retardé de six mois pendant qu'on tirait des plans pour les réparations et qu'on engageait des ouvriers. Dans l'intervalle, on envoya les filles suivre des cours en vue de leur confirmation, à Søllerød, avec le pasteur Vedel. Isak Dinesen utilisa par la suite « la maison du pasteur de Søllerød » comme décor pour « Peter et Rosa ». D'après sa description, elle a beaucoup de choses en commun avec le presbytère d'Alcmène et avec son prototype, Folehave : un endroit « où l'on se préoccupait essentiellement des problèmes posés par la tombe ; où même la vie journalière était en quelque sorte orientée vers la perspective du monde futur, [et où] la pensée de la mort régnait partout [...]. Il était difficile pour des êtres jeunes de s'y épanouir, et il semblait qu'ils dussent combattre sans cesse les influences néfastes qui les tiraient vers la tombe, et les encouragements continuels à renoncer à la tâche vaine et dangereuse de vivre[30] ».

Après le Nouvel An 1899, la famille Dinesen et Else Bardenfleth partirent pour la Suisse. Ce fut une compagnie strictement féminine, puisque l'on avait laissé Thomas et Anders chez leur nourrice. Elles descendirent dans une pension de Lausanne, où Ingeborg était venue vingt-huit ans plus tôt dans le même but : améliorer son français. Pour la première fois de leur vie, les trois sœurs furent envoyées dans une « vraie école », l'école Benet. Il n'y avait toujours pas de mathématiques au programme, mais outre le français, elles étudièrent le dessin et la peinture. Tanne montra de belles espérances et ses cahiers d'esquisses sont pleins des délicats paysages des alentours du lac de Genève. Ce fut le début de son long et peu concluant apprentissage d'artiste.

Quand l'été arriva, elles partirent pour le Sud et passèrent le mois d'août sur les rives du lac Majeur. Tanne fit quelques croquis de l'Isola Bella, de ses paons blancs, des palais et des jardins en terrasses. Elle rédigea là-bas un journal, qu'elle négligea ensuite. De ces neuf mois entiers à l'étranger, nous n'avons qu'une seule ligne : « Tanne. Isola Bella. *Qui est mon meilleur ami ? Celui qui deigne* [sic] *le moins**. »

* KBA 196, VI, I, dessins

6.

Sur la route de Katholm

L'essence même de son être était le rêve, la nostalgie.

ISAK DINESEN[1]

1

Quand Isak Dinesen créa le personnage de Rosa dans « Peter et Rosa », elle s'inspira considérablement des événements de sa propre vie. Son héroïne, Rosa, imaginative et d'humeur changeante, la plus jeune de trois sœurs, « l'enfant gâtée de la maison », ressemble beaucoup à celle qu'elle fut à quinze ans, dont « même le désespoir avait en lui une grande force ». Rosa est une autre enfant des fées, une autre païenne, fière, introvertie et pleine de ressentiment qui, lorsqu'elle sort de l'enfance, « […] avait pris possession d'un univers personnel, inaccessible aux autres […]. L'entourage de Rosa ne l'aurait pas comprise si elle leur avait raconté qu'il était à la fois infiniment étendu, et bien clos, joyeux et grave, sûr et dangereux ; elle aurait été incapable aussi de leur dire qu'elle-même ne faisait qu'un avec ce monde de beauté et de force, de sorte que, dans sa vieille robe et ses souliers rapiécés, elle était la créature la plus belle et la plus inquiétante qui fût sur cette terre[2] ».

Quelque chose de cette vie secrète apparaît dans les photographies des trois sœurs. Tanne a été placée au milieu. C'est une jeune fille petite et délicate, aux épais cheveux châtains, dont le visage préfigure la maturité. Tandis qu'Ea et Ella acceptent passivement l'appareil photographique, avec leurs joues bouffies et leurs regards vagues, Tanne lui oppose une espiègle résistance. Son visage a perdu sa rondeur enfantine et l'on voit apparaître ses os délicats. Le sourire est doux mais déjà, il a tendance à être légèrement ironique. Les yeux, brillants et profonds, sont railleurs.

Les neuf mois à l'étranger furent une interruption naturelle entre l'enfance et l'adolescence, et quand Tanne revint au Danemark, quelque témoin imaginaire — disons, un ancien ami de son père — aurait pu sourire de ses nouvelles manifestations de sophistication : les petits raffinements et les expressions, le « charme » qui était encore hésitant et nouveau, comme un costume ou un jouet qu'elle aurait emprunté, et qui ne faisait pas encore tout à fait partie d'elle. Elle avait parlé français avec des inconnus, et commandé elle-même à dîner dans les hôtels. Elle avait observé la comédie humaine dans les trains italiens et dans les compartiments, elle avait pris part à des discussions exaltées sur la vie. Elle avait étudié les paysages et les visages avec la concentration d'un peintre et elle avait commencé à ressentir les premières extases du talent, avant qu'il ne rencontre ses propres limites et ses inhibitions. Le monde lui avait clairement annoncé : « [Tu es appelée] à la Vie[3] ! »

Mais lorsqu'elle défit ses valises de livres étrangers, de nouvelles robes et de croquis d'Ingeborg et du lac de Genève, cet ordre impérieux fut contredit par son entourage : ils refusaient de tenir compte de ce changement. Les enfants de la famille Westenholz ne devenaient pas adultes : ils vieillissaient, simplement. Les repas, identiques, étaient servis chaque jour à la même heure. Chacun se comportait conformément à l'idée que les autres avaient de lui. Georg Brandès soutenait à propos des Danois en général — et c'était peut-être encore plus vrai pour les Westenholz en particulier — qu'ils souffraient d'un sens trop aigu du ridicule qui détruisait la possibilité de « toute originalité de manières, de toute liberté d'imagination… et d'expression des sentiments[4] ».

Il y avait un côté agréable à cette vie immuable : elle était extrêmement sûre. Cette sécurité réconfortait énormément Isak Dinesen quand, par exemple, elle leur rendait visite en rentrant d'Afrique et qu'elle désirait plus que tout ne rien faire, ne penser à rien et se laisser faire. Mais le prix en était la vitalité : la dépression la guettait chaque fois qu'elle revenait à la maison. On peut penser qu'elle ressentait déjà cela à quinze ans : telles étaient « les influences néfastes qui tiraient [Rosa] vers la tombe et les encouragements continuels à renoncer à la tâche vaine et dangereuse de vivre[5] ».

2

L'année 1900 marque un tournant dans l'existence de Tanne. Elle commença par le retour dans une maison étrange. Le feu avait rasé les vieux bâtiments de ferme et ouvert la vue sur le Sund. Les pièces de la demeure avaient un aspect aéré inattendu et on les avait complètement restaurées et remises à neuf. Mais ce n'était plus la maison « de son enfance », qui serait toujours — chaque fois qu'elle remontait dans ses souvenirs — le Rungstedlund d'avant la rénovation : plus sombre, branlant et plein de recoins, avec ses vieux escaliers raides qui descendaient à la cuisine et montaient jusqu'aux mansardes, et la porte du mur nord qui ouvrait sur la nursery.

Au début de la nouvelle année, Tanne, Ella et Ellen Wanscher furent envoyées à Folehave pour habiter avec Mme Westenholz, tandis qu'Ea, qui était tombée malade dans le Jutland, restait chez tante Lidda pour se remettre. Les commentaires de Tanne sur cette période sont laconiques et ne furent couchés par écrit que de nombreuses années plus tard, pour « le divertissement de Maman ». « 1900... vécu un moment à Folehave, dont nous pensons tous que c'est l'une des choses les plus *hyggelige* que nous ayons connues[6] ». L'entortillement particulier de la phrase est intéressant en soi. Il ne lui ressemble pas — elle se donnait du mal pour écrire — et cela suggère qu'elle était gênée de la petite hypocrisie habile qu'elle avait commise. Le mot *hyggelige* était un compliment pour Mme Westenholz, comme pour quiconque le lirait. Mais il résumait ce que Tanne considérait comme les aspects les plus médiocres et les plus méprisables de la vie à Folehave : les repas indigestes, les discussions banales, les réunions bourgeoises et les effusions sentimentales. Le mot signifie en fait « douillet » ou « confortable * », et le *hygge* comme antidote du climat froid est un concept qu'affectionnent les Danois. Mais Isak Dinesen les raillait continuellement à ce propos en présentant cela comme la preuve de leur incroyable pesanteur. « Le caractère danois, écrivit-elle dans sa vieillesse à une amie, ressemble à une pâte sans levain. Tous les ingrédients qui lui donnent son goût et la rendent nourrissante y sont, mais on a oublié l'élément qui permet à la pâte de lever[7]. »

Quand elle fut devenue maîtresse de maison, elle montra une hospitalité sans limites, mais il y avait peu de *hygge*. Elle préférait l'agréable à l'utile et la solennité au confort, à tel point qu'elle vécut à Rungstedlund durant trente ans, jusqu'au milieu du XXe siècle, avant de faire installer une plomberie moderne ou le chauffage central. L'un des plaisirs de son existence africaine fut précisément le fait qu'elle soit composée de dureté sur les bords, d'incertitude au centre, et de l'extraordinaire dépense d'énergie humaine qui en était le « levain ».

3

Rosa, écrit Isak Dinesen, « avait été souvent excédée et irritée par son entourage, au point de souhaiter sa mort pour lui échapper et le punir. Mais, avec le changement de saison, la tournure d'esprit de Rosa changea également. Ne vaudrait-il pas mieux que tous les autres meurent ? se disait-elle. Débarrassée d'eux, libre et seule, elle se promènerait sur les sentiers herbeux, elle cueillerait des violettes, observerait le vol bas et rapide des pluviers au-dessus des champs[8] ».

Dans *La Ferme Africaine,* lorsqu'elle parle de Lulu, un faon orphelin adopté par la maisonnée, qu'on choyait et qu'on gâtait en lui donnant du lait

---

* Il vaut la peine de remarquer au passage, eu égard à l'auteur des *Sept Contes Gothiques,* que le contraire de *hyggelige* est *uhyggelige,* non seulement « pas douillet » ou « inconfortable », mais aussi « angoissant ». Il y a la même relation entre les mots allemands *heimlich* et *unheimlich,* et Freud a écrit une remarquable étude sur la question. Ses conclusions sont qu'un sentiment d'angoisse ou une expérience angoissante sont vécus par les gens civilisés lorsqu'ils revivent une peur ou un désir enfantins, ou quand « les croyances primitives [animales] que nous croyons avoir surmontées semblent réapparaître ».

dans une soucoupe, elle lui attribue la même frustration adolescente et la même haine mortelle envers ses ravisseurs bien intentionnés : « “ Oh ! Lulu, pensais-je, je sais que tu es forte et que tu peux sauter plus haut que toi ; tu nous en veux, maintenant, tu souhaiterais que nous soyons tous morts, et s'il n'avait tenu qu'à toi, ce serait chose faite, mais ton malheur n'est pas que nous t'ayons protégée de barrières trop hautes. En est-il pour toi de trop hautes ? Ce dont tu souffres, c'est qu'il n'y en ait pas ! Une force est en toi, et les obstacles aussi sont en toi ; la vérité, c'est que l'heure n'a pas encore sonné pour toi[9]. ” »

La situation conflictuelle de Tanne, comme celle de Rosa et de Lulu, était celle de nombreuses femmes de sa classe et de son temps. C'est dans leurs rangs que Freud a recruté ses premières patientes et fait ses premières observations sur l'hystérie et le refoulement. C'étaient souvent les « enfants gâtées » de leur famille, celles à qui tels de petits chats l'on donnait du lait dans une soucoupe et qu'on choyait, tout en les protégeant de l'expérience de la vie et à qui on inculquait la peur et la honte de leurs propres instincts. Comme Tanne, elles tombaient souvent amoureuses des animaux et de la virilité, elles rêvaient d'abandon et de perdition et elles étaient attirées par la nature sous toutes ses formes, mais elles étaient prisonnières à l'intérieur du cercle de lumière du foyer. Elles n'y étaient même pas ligotées, mais plutôt retenues par la force d'une convention tacite. Ces jeunes filles, vénérées durant des siècles pour leur innocence et leur vertu, eurent la plus grande difficulté à rejeter le poids de cette convention. Pour cela, elles durent non seulement devenir « anormales » mais aussi « ingrates », et leur ingratitude fut le plus douloureux des *double binds*. Tanne expliquerait à son frère qu'elle se sentait incapable de se révolter contre la famille et de rejeter leur bonté, pour l' « étrange » raison que sa propre conscience la faisait se sentir indigne lorsqu'elle essayait.

4

Dès qu'elle revint de Suisse, Tanne se plaignit que son apprentissage ait brusquement pris fin : elle n'apprenait plus rien de Miss Zøylner, et la famille ne faisait aucun effort non plus pour la préparer à quelque carrière ou aux responsabilités du mariage et de la vie domestique. On s'était occupé qu'elle sût lire et écrire, qu'elle parlât des langues étrangères, et on l'envoya dans une « école de cuisine » durant quelques mois en 1900 — il reste encore une recette de feuilletés au chocolat dans ses papiers. Mais ce fut tout ce qu'elle put avoir comme perfectionnement. Ce dont elle était vraiment privée, ce n'était pas d'occasions culturelles ou de matières premières, mais elle souffrait de n'avoir aucune relation avec ses pairs et qu'aucune personne de distinction ne l'aidât à devenir quelqu'un.

Dans son essai sur Nietzsche, Georg Brandès décrit parfaitement sa situation : « En entrant dans la vie, écrit-il, les jeunes gens rencontrent diverses opinions communes, plus ou moins bornées. Plus l'individu a en lui le désir de se former une véritable personnalité, plus il résistera à l'envie de suivre le troupeau. Mais même si une voix intérieure lui souffle : “ Deviens toi-même ! Sois toi-même ! ” il l'entend avec découragement. A-t-il une personnalité ? Il ne le sait pas, il n'en a pas conscience. En conséquence, il cherche un professeur, un guide, quelqu'un qui ne lui enseignera pas quelque chose d'étranger, mais comment devenir vraiment un individu en soi*. »

Tanne n'eut pas semblable professeur avant de rencontrer son ami et amant, Denys Finch Hatton. Elle voulut tenter d'approcher Brandès lui-même, mais sa famille, dans un excès de zèle et d'indignation morale et pudibonde, l'en empêcha. Et durant ce long intervalle, elle fit ce qu'ont fait tant de jeunes gens talentueux et décidés, qu'ils soient isolés dans des presbytères ou des banlieues, dans des ghettos ou chez de riches philistins. Elle trouva ses professeurs dans la bibliothèque et communia avec eux en imagination. Elle laissa son « vrai moi », un moi secret et inviolé, vivre en leur compagnie dans leurs œuvres, tandis que son « faux moi », indécis et soumis, faisait face aux exigences d'une vie monotone. C'est là un recours étonnamment commun mais désespéré. Une fois qu'ils sont divisés, il est presque impossible de réunir ces deux moi séparés. Des espoirs fantasques et des rêves éveillés grandissent en entourant le moi secret pour le protéger, et deviennent si intenses, si satisfaisants et si sacrés que les rapports humains et les réalisations de la vie réelle semblent en comparaison médiocres et même vulgaires. Dans les cas les plus rares, il y a ceux qui avant tout défendent leur monde imaginaire — telle Isak Dinesen, et cela, pourtant, à un prix qu'elle estimait fort justement.

5

Il n'existe aucune preuve que Tanne ait lu la conférence de Brandès sur Nietzsche, lorsqu'elle fut réimprimée en 1900, bien qu'on puisse le supposer. Elle déclara à sa tante Bess, dans une lettre d'Afrique, que depuis l'époque où, à dix-neuf ans, elle avait essayé de voir Brandès elle s'était « plongée » dans ses livres durant des années : « C'était lui qui m'avait révélé la littérature. Mon premier enthousiasme *personnel* pour des livres — pour Shakespeare, Shelley et Heine — m'est venu à travers lui[10]. » Elle ne fait aucune mention de Nietzsche, mais peut-être ne voulait-elle pas offenser inutilement tante Bess. Thorkild Bjørnvig, le jeune poète danois qui devint le protégé de Dinesen, nous dit qu'elle « aimait Zarathoustra depuis son adolescence[11] ». Elle utilisa un vers de Zarathoustra comme épigraphe pour *La Ferme africaine*** et la philosophie de Nietzsche, parfois ses propres mots, résonnent dans son œuvre. L'étude de Brandès suggère l'étendue de la dette de Dinesen envers Nietzsche, ou du moins leur parenté. Brandès débat

* Brandès, *Essai sur le radicalisme aristocratique*, p. 9-10. C'était également l'essence de l'argument qu'Ibsen faisait ressortir, et le grand thème de la contreculture scandinave de l'époque.

** *Equitare, arcem tendere, veritatem dicere :* Monter à cheval, tendre un arc, dire la vérité. *Voyez* Nietzsche, « Sur les mille et un buts », in *Ainsi parlait Zarathoustra* du mépris de Nietzsche pour l'héritage chrétien du dualisme, dont Dinesen pensait qu'il avait empoisonné ses années de jeunesse, et qu'elle choisit comme thème pour un grand nombre de ses contes*. Il explique que Nietzsche croyait que la destinée, plus que la culpabilité ou le péché, est la cause de la souffrance, et que l'on doit courageusement embrasser son destin — leçon prise dans le Livre de Job, auquel Dinesen se réfère continuellement. Dans un passage particulièrement intéressant, Brandès répète l'appel de Nietzsche à une « nouvelle noblesse » — une classe de gens qui ont appris à connaître la vie à travers l'action et qui savent donc « quoi faire » de l'histoire. C'est cette « classe » qu'admirait immanquablement Dinesen lorsqu'elle la rencontrait dans la vie, et qui lui fournit des héros pour *La Ferme africaine* et pour ses contes, et qui, se lamentait-elle dans sa vieillesse, avait si tristement décliné dans le Danemark moderne. Enfin, Brandès donne la définition nietzschéenne de la « véritable noblesse pour un homme », qui est identique à celle de Dinesen : « la capacité d'un homme à répondre de lui-même et à assumer une responsabilité [12] ». C'était, sous la forme de la devise des Finch Hatton, *Je responderay,* l'idéal de moralité personnelle de Dinesen, le modèle qu'elle cita comme exemple dans ses contes, et même le fondement de sa méthode d'écrivain. En effet, en endossant un rôle, en entrant en action et en prenant la responsabilité de cette action, en embrassant leur destinée, ses personnages deviennent « eux-mêmes ».

Le livre de Georg Brandès sur Shakespeare avait aussi guidé Tanne dans ses premières lectures de ses pièces. Dinesen déclara à Parmenia Migel que sa découverte de Shakespeare à quinze ans fut « l'un des plus grands événements de sa vie [13] ».

Sa propre écriture théâtrale passa par des phases shakespeariennes — historique, tragique, pastorale — tout comme ses griffonnages. Mais peut-être que la grande influence qu'il eut sur elle fut due au fait que ses modèles d'esprits humains s'adaptaient aux siens : les princes pour leur noblesse de caractère, les mélancoliques pour leur esprit ironique, les bâtards corrompus pour leur méchanceté et leur caractère capricieux. Elle était extraordinairement attirée, sans savoir pourquoi, par la sensualité, quelle qu'elle soit, dans les comédies. Elle rêvait de s'habiller en garçon ou de se déguiser de façon à prouver les dons de courtisan qu'elle commençait secrètement à cultiver. Son « personnage préféré dans toute la littérature » était Viola. Mais quand elle essaya de faire vivre le monde réel, et en particulier son petit univers danois, selon ces modèles, elle fut déçue.

Il est dommage que nous ne sachions pas plus précisément quelle impression Heine et Shelley** lui laissèrent. Peut-être Heine donna-t-il à Tanne un peu de ce qu'il a donné à Nietzsche :

---

* « Alcmène », « Le Premier conte du Cardinal » ou « Le Dîner de Babette », par exemple.

** Elle se réfère à Heine et Shelley dans *La Ferme africaine.* Lulu, le petit guib, ressemble à « l'illustration peinte avec amour et minutie de la poésie de Heine sur les sages et douces gazelles » (p. 97). Elle emprunte un vers du *Prométhée délivré* de Shelley pour décrire Kamante (p. 43) et c'est Denys Finch Hatton qui lui fredonne un poème de Shelley (p. 444) (strophe quatre) à la fin, pour éviter qu'elle se démoralise. Shelley était l'un des auteurs favoris de Denys, et ils déclamaient souvent ses œuvres.

« La plus haute idée du poète lyrique [...]. Il possédait cette ironie divine sans laquelle je ne saurais concevoir la perfection. Je mesure la valeur des êtres et des races à l'aune de la nécessité qui les empêche de faire la différence entre le dieu et le satyre [14]. »

A quinze ans, Tanne était elle-même un poète lyrique. Elle écrit sur « la peine sacrée, mère de tout bonheur », se rend au « silence de la nuit » et s'adresse aux éléments comme à des amis. La grande voix de l'océan l'appelle et « le vent sauvage » est son frère [15]. Alors qu'il n'y a nul sarcasme divin dans sa poésie, celle-ci est pleine de panthéisme et de sensualité et en fait Tanne « (se) considérait comme une panthéiste » depuis son plus jeune âge [16]. C'était sans doute dû à l'influence de Shelley. Lui aussi se révoltait contre le Paradis et peut-être que ses fascinants péchés inspirèrent ceux de Tanne.

Elle eut dans sa jeunesse d'autres maîtres et d'autres professeurs, dont plusieurs Danois dont l'œuvre est peut-être mal connue des lecteurs français. Mais parmi ceux qui l'influencèrent le plus, on peut citer le romancier ironique et raffiné Meïr Aron Goldschmidt (1819-1887). Tanne « vécut » dans ses livres quand elle était petite, absorba ses idées sur la Nemesis et adora particulièrement *Sans logis : La Vie intérieure d'un poète.* Goldschmidt fonda *Le Corsaire,* une revue littéraire libérale et satirique, dont les « traits d'esprit... pourfendaient les philistins des arts et des lettres et les politiciens absolutistes [17] ». Il écrivit qu'il avait l'impression d'être étranger et différent des Danois, dans un roman intitulé *Le Juif* (ce qui amena Brandès, qui était juif, à noter qu'il était fatigant de « servir continuellement la grand-mère de quelqu'un à la *sauce piquante* [18] ».) Isak Dinesen se sentirait elle aussi une intruse, mal aimée et incomprise, dans le milieu littéraire danois, et sur ce point comme en d'autres domaines, elle avait une grande affinité avec Goldschmidt.

Le grand poète lyrique Johannes Ewald (1743-1781) était une sorte de génie domestique pour Tanne Dinesen, puisqu'il avait vécu à Rungstedlund au temps où c'était une auberge. Il consacra sa courte vie à la passion et laissa des mémoires écrits « dans un style sensible et confus, inspiré de (Lawrence) Sterne [19] », qui fut à son tour l'un des écrivains anglais préférés de Tanne. Ewald est le héros du conte de Dinesen « Conversation nocturne à Copenhague ».

Ses lettres et ses cahiers contiennent également de nombreuses références pleines d'admiration à Steen Steensen Blicher (1742-1848), à Holger Drachmann (1846-1908), à Hans-Christian Andersen (1805-1875) — dont les traducteurs et éditeurs n'ont guère servi le génie — et à J. L. Heiberg (1791-1860) qui fut l'un des modèles de l'esthète pour Kierkegaard. Heiberg était un auteur dramatique qui eut une énorme influence, un critique plein d'esprit, et le directeur du Théâtre-Royal. C'est lui qui introduisit le vaudeville * dans le théâtre danois et qui écrivit des comédies de marionnettes dans un style fantasque et satirique — œuvres que connaissait et aimait

* Comme le souligne Michael Meyer dans sa biographie d'Ibsen, le vaudeville au sens danois n'était pas un spectacle de variétés, mais une comédie musicale.

Tanne, qui pouvait encore les citer dans sa vieillesse, et dont l'œuvre de jeunesse la plus ambitieuse fut une comédie de marionnettes : *La Vengeance de la Vérité**.

Peut-être que le plus important à noter à ce stade, quant aux héros littéraires de Tanne, c'est qu'ils avaient en commun quelque chose « d'enjoué et de poétique » dans leur caractère : un charme inhabituel, une fascination pour les gens, la capacité à « s'élever au rang de mythes[20] ». C'étaient des artistes qu'on se rappelait et qu'on adorait pour leurs frasques et leurs morceaux de bravoure, et qui suscitaient des légendes, voire un culte. Dinesen rechercha le même charisme chez ses amis. Elle croyait que son père et sa cousine, Daisy Frijs, le possédaient. C'était, dit-elle, une qualité que l'on trouvait chez les anciens héros Norses et chez le Prince de Galles, le futur duc de Windsor, qui dînerait avec elle en Afrique. Elle en fit le sujet du dernier conte qu'elle écrirait jamais : il y a un livre, dit Pipistrello, le maître des marionnettes, à son double, Lord Byron, « Il est un livre qui sera réécrit et relu », longtemps après que les autres auront été laissés de côté. « De quel livre s'agit-il ? » demande Lord Byron. « *De La Vie de Lord Byron,* répond Pipistrello[21] ».

6

Avant de mourir, Wilhelm Dinesen avait écrit à sa femme à propos de leurs enfants. « Ea et Ella sauront se débrouiller, disait-il, mais mon cœur souffre pour la petite Tanne[22]. » Les circonstances de sa lettre ne sont pas claires, mais il est possible qu'il ait écrit cela juste avant son suicide. Il avait dû savoir ou deviner ce que signifierait sa mort pour elle. En fait, alors qu'elle entrait dans l'adolescence, Tanne « ne cessait » de penser à son père et ressentait son absence dans sa vie comme une insupportable tragédie. Elle le réclame à grands cris dans une lettre passionnée écrite aux alentours de 1900. Il semble qu'elle fasse partie de quelque conte, mais la lettre est incontestablement remplie de ses propres sentiments :

---

* Il existait un genre de comédies de contes de fées, appelé *Märchenlustspiel,* dont parle Meyer au sujet d'Ibsen, et qui vaut bien une note à propos de l'héritage littéraire d'Isak Dinesen. Citant un critique allemand, Herman Hettner, Meyer écrit : « En ce qui concerne ce genre, le plus important... était qu'il traitait de deux mondes opposés, celui de la réalité quotidienne et celui de l'imagination. Dans les meilleures pièces, ces deux mondes sont constamment juxtaposés, de telle sorte que le monde du rêve apparaît comme une source de vérité et de sagesse, alors que celui de la réalité quotidienne est fait pour sembler comique et irréaliste. Comme principal exemple de ce type de pièce, Hettner cite *Le Songe d'une nuit d'été* de Shakespeare. C'est un genre théâtral qui semble avoir pour les Scandinaves un attrait particulier : Oehlenschläger, Heiberg et Hostrup l'ont pratiqué... tout comme Hans Andersen » (Meyer, *Ibsen,* p. 95-96). La comédie de Tanne, *La Vengeance de la Vérité,* est également, consciemment ou non, un *Märchenlustspiel.*

« Mon cher ami adoré, mon sage et tendre frère,
Si tu étais encore de ce monde, je viendrais à toi et tu m'enseignerais à aimer et à approcher la tienne *(sic)* lumière, mais tu es parti pour un monde lointain. Je ne sais point où tu demeures, esprit que j'aime. Mais ne me laisse pas seule, si ton esprit séjourne encore parfois sur la terre, où tu aimas et souffris, fasse qu'il demeure avec moi, moi qui t'aime. Et donne-moi juste une fois la preuve que tu vis, que tu n'as pas changé, que mon esprit peut rejoindre le tien, et si tu me la donnes, je suivrai tes pas et je serai ton disciple, aujourd'hui et toujours. Peut-être devrai-je le rester de toute façon, mais tu sais, mon frère, combien il est dur d'être seule, sois avec moi, et donne-moi ton bénissement *(sic)*, cher frère adoré, mon maître et mon professeur, mon ami le plus cher[23]. »

Parmenia Migel nous révèle quelque chose qui éclaire indirectement cette lettre. A quinze ans, Tanne « devint obsédée par l'idée que son père continuait à vivre en elle et que ses idéaux ne pourraient survivre qu'à travers elle ». Dans la lettre, l'être humain dépend de l'esprit pour sa survie. Dans « l'obsession », c'est l'inverse. Mais toutes deux décrivent un pacte qui lie la vivante et le mort dans une relation intime et dépendante. Qu'elle soit la protégée ou la protectrice de son père, l'imaginaire union de Tanne — pleine de sentiments érotiques et religieux — lui donne, même s'il est imaginaire, un allié puissant contre le désespoir *.

Il y dans cette lettre quelque chose d'extraordinaire, outre son émouvante franchise et sa profonde sincérité. C'est le seul texte de jeunesse en prose qu'elle ait écrit en anglais, et cela ne peut être une coïncidence. L'utilisation d'une langue étrangère protège et éloigne tout à la fois les sentiments passionnés. C'est bien sûr dans une langue étrangère et sous un pseudonyme qu'Isak Dinesen trouverait la liberté d'écrire ses contes.

Au moment de cette obsession pour Wilhelm, Tanne se tourna vers sa famille avec une curiosité et un intérêt accrus, et un jour, durant l'année 1900, elle s'arrangea pour leur rendre visite seule à Katholm.

Nombre des émotions de cette période étaient aiguës, il n'est pas étonnant que, lorsque Isak Dinesen se les remémora, ce fût dans le style d'une conteuse, réunissant et simplifiant des événements qui étaient en fait ambigus, et condensant dans de saisissants raccourcis des impressions qui couvraient une longue période. Elle assura à Parmenia Migel qu'elle avait attendu cinq ans avant d'aller voir les Dinesen, de crainte que leur vue ne ravive un chagrin encore vif[24]. Parmenia Migel, à son tour, raconte le voyage dans un style cinématographique. Ingeborg fait ses adieux en agitant la main alors que l'attelage de Tanne s'engage sur le Strandvej, et elle a vu les yeux

* Cette sensation d'union allait durer après son adolescence. Dans une lettre d'Afrique, au moment où son mariage et sa ferme étaient tous deux en train de s'effondrer, Tanne écrivit à sa mère : « Si je puis [...] faire à nouveau quelque chose de moi-même, et jeter un jour sur la vie un regard calme et lucide, alors ce sera père qui l'aura fait pour moi. C'est son sang, son esprit qui m'y auront aidée. J'ai souvent le sentiment qu'il est auprès de moi, qu'il me seconde à chaque fois en me soufflant : "Ne t'inquiète pas de cela. " » *Voyez* Dinesen, *Lettres d'Afrique,* p. 110.

de sa fille « s'emplir mystérieusement de larmes ». Katholm lui-même devient le château initiatique de quelque conte médiéval, qu'on atteint par une « sinueuse route, à travers la forêt », en passant un fossé. Cet isolement romantique est rendu responsable du singulier caractère de ses habitants, qui se sentent « écartés » et « différents » des aristocrates plus mondains de Copenhague.

Une fois à l'intérieur de la citadelle magiquement évoquée, la jeune fille admire la beauté « presque légendaire » de ses tantes et de son oncle. Elle passe de longues soirées bercée par leur « conversation insouciante et fantasque », elle se plonge dans l'histoire de la famille au cours de promenades nocturnes et sans fin dans la salle d'armes, et pour « méditer » ces impressions neuves, elle sort seule à cheval à travers des landes « tachetées, décolorées » et désertées, à l'exception des oies sauvages. Peu à peu, elle commence à voir son père défunt « lui sourire dans les yeux » de son frère, Laurentzius, qui lui ressemble « comme l'ombre et la lumière d'un même jour ». (Wilhelm était brun, Laurentzius est blond.) Au cours de ces « quelques semaines », toutes « les muettes questions de Tanne trouvent d'elles-mêmes leurs réponses » et elle contemple son reflet de Dinesen dans le miroir que lui tend la famille. « Imperceptiblement » — ce qui ne peut vouloir dire autre chose que « d'une image à l'autre » —, elle est devenue « l'une d'eux[25] ».

Si cette visite a eu lieu, Tanne n'a pas attendu cinq ans pour la faire, non plus que les Dinesen n'étaient pour elle de romantiques étrangers. Chaque été durant un mois, Ingeborg emmenait à Katholm les enfants et leur nourrice, Malla. Thomas se souvenait qu'il y avait « des repas de six plats avec deux bouteilles de vin à chaque fois[26] », que les cousins faisaient ensemble de grandes et bruyantes parties de chasse et de cheval, et qu'ils allaient se baigner au clair de lune. Dans ses propres souvenirs sur l'oncle Laurentzius, Isak Dinesen tracera le portrait d'un vieil ours au cœur tendre, plein de préjugés, quelqu'un « qu'une jolie jeune femme ou qu'une vieille suivante habile auraient pu embobiner[27] ».

Et Katholm, dans ces mêmes souvenirs, était décrit comme une accueillante maisonnée victorienne, remplie tout l'été d'invités de toutes sortes. Parmi eux se trouvaient toujours plusieurs tantes célibataires, de vieilles gouvernantes et des officiers à la retraite. Lors des douces nuits (*lyse naetter*) de juillet, la compagnie s'asseyait après le dîner dans le grand salon, les portes-fenêtres ouvertes sur l'avenue de tilleuls et le parfum des roses, alors que quelques-uns discutaient avec oncle Laurentzius de la bienséance pour les dames de monter à bicyclette, tandis que les autres comptaient les étoiles filantes.

Ce qui conférait indubitablement à ces visites leur immense prestige, aux yeux de Tanne, c'étaient la plus grande gaieté de la vie à Katholm, l'observance de rituels sociaux considérés à Rungstedlund comme frivoles, et la présence de messieurs élégants. Pendant toute sa vie, Isak Dinesen aura une faiblesse pour cette espèce de chevaux de guerre distingués comme son oncle et ses amis, les « anciens chevaliers » de la génération de son père, qui avaient combattu les Prussiens, passé l'hiver à Saint-Pétersbourg, dîné au Café Anglais avec leurs maîtresses, et qui étaient d'agréables causeurs sur des sujets tels que « théologie, opéra, morale et autres sujets non moins profitables[28] ».

Ils étaient également susceptibles d'apprécier les affres d'une jeune femme à sa toilette, et son tact dans les conversations — tous raffinements superflus à Folehave. C'était probablement à Katholm que Tanne eut la première fois l'occasion d'éprouver son pouvoir de séduction, ce charme qu'elle avait cultivé dans la solitude, et de vérifier ce qu'elle proclamait : « la valeur réelle de quelqu'un se trouve dans le sexe opposé [29] ».

7

On ne sait pas clairement si Tanne Dinesen alla vraiment à Katholm seule en 1900, à la recherche de son identité de Dinesen, ou si le voyage dont elle se souvenait était la cristallisation dramatique de plusieurs visites. C'est un fait, lorsqu'elle raconte sa vie dans la version officielle. Dans ses conversations avec Parmenia Migel, dans *Une Saison à Copenhague*, et dans ses interviews au fil des ans, elle décrit les Dinesen et elle-même comme une race physiquement à part : leurs sens sont aussi aigus que ceux des animaux sauvages, ils sont d'une robustesse surhumaine, et apprécient avec ravissement le plaisir et la beauté. Même au milieu de leurs amis de haute naissance, ils s'avèrent être les vrais aristocrates. Tel est le langage du mythe, et particulièrement de ces mythes d'enfance qui font une divinité d'un père décédé ou d'un modèle plus éloigné. C'est également l'image restituée par une vieille conteuse avisée, qui est chez elle dans les châteaux de contes de fées et qui est consciente de son propre « mythos ». Mais, à la moitié de sa vie, Dinesen put évaluer la famille de son père avec une plus grande sincérité. Elle put les voir tels que les percevaient les Westenholz : snobs, sans cœur et superficiels. Elle se rendit compte que même avec ces défauts, ils continuaient de l'attirer. Les égoïstes mondains ont souvent du charme pour ceux qui ont été élevés par des martyrs qui les aiment et qui les étouffent. On ne se sent pas coupable de faire un peu le beau et l'intéressant : ce sont toujours eux qui ont le dernier mot dans une conversation ou une affaire de cœur. Avec les Dinesen, Tanne se détendait et se sentait mieux, pour la bonne raison qu'ils lui laissaient le champ libre afin qu'elle se sente davantage « elle-même ».

De tous les Dinesen, la plus proche de Tanne était sa tante Christentze, qui était sa marraine. Christentze avait quarante-six ans en 1900 et c'était encore une charmante et jolie femme, auréolée d'un romantique passé. Elle était de deux ans la cadette d'Agnès Frijs, sa meilleure amie, et de neuf ans celle de son frère Wilhelm, qu'elle avait adoré. Christentze aimait parler à Tanne de la jeunesse de Wilhelm, de leur enfance à Katholm, des mythes de la famille, et elle avait une imagination fertile.

L'un des contes poétiques que Christentze présenta à Tanne comme une vérité cachée était que Wilhelm s'était suicidé parce qu'il n'avait jamais pu se remettre du chagrin que lui avait causé la mort d'Agnes [30]. Tanne le crut, à l'époque, malgré sa délirante invraisemblance. Agnes mourut en 1870, Wilhelm en 1895, et il aurait eu tout loisir de se suicider pendant ces années.

Même si l'on est indulgent envers la sensibilité romanesque de Christentze, il était particulièrement sot, et même plutôt malveillant, de raconter cela à une jeune fille de quinze ans qui, comme toutes celles de son âge, se débattait déjà avec sa propre identité sexuelle. Le message était : ton père n'a jamais aimé ta mère. Celle-ci n'avait aucun pouvoir pour le retenir. Sa loyauté amoureuse le liait à une autre femme et cette situation était si contraignante qu'il s'est tué. Cette anecdote enlevait Wilhelm à Ingeborg et Tanne, et déplaçait le centre de gravité de sa vie à l'époque qui avait précédé son mariage. Peut-être était-ce là l'intention inconsciente, la vengeance de Christentze, car elle n'avait jamais aimé sa belle-sœur, ni la suffisance de sa belle-famille. Elle n'avait jamais compris comment Wilhelm avait pu préférer une jeune fille si timide et si bourgeoise aux jeunes et éblouissantes beautés de son propre monde — à Agnes, ou peut-être finalement à elle-même.

Après le voyage — ou les voyages — à Katholm, et après les révélations de Christentze, l'hostilité de Tanne pour Folehave s'exprima de façon encore plus mordante. Elle devint plus arrogante, plus exigeante, elle faisait allusion d'un ton caustique à la façon dont on faisait les choses « chez son père [31] ». Elle était cachottière, maussade, vaniteuse. Une partie de cet étalage de sentiments était en fait une manifestation des bravades adolescentes qui tentent de dissimuler un ardent désir d'identification sous un masque d'audace, d'assurance et de caractère. C'était autant Tanne qui ne pouvait s'éloigner de sa mère qu'Ingeborg ou la famille qui s'accrochait à elle. Ce pouvoir était en elle, mais les obstacles aussi.

Mme Dinesen n'avait jamais eu à faire face jusque-là à une adolescente telle que nous entendons ce mot aujourd'hui, mais elle résista aux provocations et aux sautes d'humeur de Tanne avec calme et élégance. Tante Bess, en revanche, accourut comme un ange vengeur. Elle défendit l'amour et l'espoir qu'elle avait mis en Tanne. Et vingt-cinq ans après, alors que sa nièce en avait presque quarante, Bess parlerait de l' « ingratitude » et de la « trahison » de la nouvelle génération.

7.

Tante Bess

Bene vixit bene latuit[1]

1

Quand Tanne revint de sa visite chez ses tantes, séduite par leur allure de poupées, leurs rires faciles et leur existence oisive, elle fit apparemment étalage de son admiration pour elles à Folehave. Bess réagit comme une rivale. Elle fit des scènes qui avaient, du moins quand Isak Dinesen les racontait, un caractère de nette jalousie. Isak Dinesen se souvint assez vivement de l'une d'elles pour la rapporter, cinquante ans plus tard, à sa secrétaire Clara Svendsen. Bess, lui dit-elle, lui avait montré une devise dans un livre et lui avait demandé si elle lui conviendrait. C'était *Bene vixit bene latuit**, Pour vivre heureux, vivons cachés. Tanne fut enchantée par la devise et par la compréhension inattendue de sa tante. Mais celle-ci lui reprit le livre et déclara durement : « Vous ne pourriez jamais vivre selon une telle devise car vous êtes bien trop frivole pour cela, autant que les sœurs de votre père[2]. »

Il n'est pas trop difficile d'imaginer comment Bess comprenait *Bene vixit bene latuit.* Qu'y avait-il de caché dans sa propre vie, et cela parce qu'elle était bonne ? Que montraient, précisément, les sœurs Dinesen et leurs amis, par la frivolité de leur vie ? La devise était une grossière épreuve de pureté et de loyauté, une mise en garde contre le sexe.

Tanne ne pardonna jamais à sa tante et se vengea soixante ans plus tard, lorsqu'elle évoqua ses souvenirs d'enfance à Parmenia Migel. Le portrait de

* La devise était inscrite sur la tombe de Descartes, et il est intéressant de noter que Nietzsche la cite à Brandès dans l'une des lettres publiées en 1900 dans l'édition danoise de leur correspondance : « Une philosophie telle que la mienne est semblable à une tombe. Elle vous emporte du monde des vivants. *Bene vixit bene latuit* était gravé sur la tombe de Descartes. Quelle épitaphe, vraiment ! »

Bess qui en découle est aussi peu flatteur que déformé. Elle est dépeinte dans *Titania* comme une créature sans élégance, un oiseau de proie, à la fois sinistre et ridicule. Les expressions « qui partait en croisade », « dépourvue d'humour » et « se mêlant de tout » retentissent dans son sillage comme des wagons attelés à une locomotive à vapeur. « L'une des raisons pour lesquelles je suis partie en Afrique, avouait Isak Dinesen, mélodramatique, était que je voulais échapper à la tyrannie de ma tante[3]. »

Les lettres d'Afrique elles-mêmes donnent une version plus complète de l'histoire : celle d'une relation violente et pleine de franchise, parfois pénible pour toutes deux, mais aussi riche d'une affection et d'un respect mutuels. Tanne appelait sa tante « la sainte patronne de mon art[4] » et tante Bess voulait publier les lettres de sa nièce. Les écrire contribua beaucoup à discipliner la prose de Karen Blixen, à développer son sens logique et peut-être également sa confiance en ses talents de critique de la culture. Les deux femmes discutaient du mariage, du féminisme et de la sexualité, de l'art, de la littérature, de la moralité et des énormes changements qui étaient en train de s'accomplir pendant l'entre-deux-guerres, dans les relations humaines et la société. Elles poursuivaient ainsi les polémiques qu'elles avaient commencées jadis sur la terrasse de Folehave, lorsqu'elles « s'échauffaient[5] », et il est clair que ce fut salutaire pour Tanne. Là où Ingeborg avait été fragile, presque puérile dans sa manière d'exiger la sollicitude de sa famille, Bess était indestructible, tel un mur que Tanne devait démolir et contre lequel elle exerça sa force et sa volonté.

L'incident de la devise, et même les années de déplaisir, ne sont pas assez consistants pour porter le poids de la trahison d'Isak Dinesen envers Bess Westenholz. Nous devons aussi l'attribuer en partie à son extrême faiblesse et à la persistante souffrance qu'elle endurait et qui parfois pouvait la rendre méchante. Elle fit la caricature non seulement de Bess, mais aussi de Bror Blixen, et d'autres personnages de son passé. Vers la fin de sa vie, elle verra les choses d'une hauteur et d'une distance qui leur donneront une simplicité allégorique. Bess, en tant que *symbole,* était considérablement négative. Son violent refus de la sexualité avait été à la fois effrayant et impressionnant pour Tanne enfant, il devint franchement « répugnant » lorsqu'elle fut une jeune femme. Bess acquit dans l'esprit de Tanne une influence opposée à celle de Wilhelm, et ensemble, ils formèrent ce que Isak Dinesen allait appeler par la suite une « unité[6] » : ils étaient pour elle des parfaits contrepoids spirituels. Ce fut tout d'abord d'un point de vue symbolique que tante Bess fut — ou finit par être — un tyran. Peut-être la véritable tyrannie était-elle moins le comportement autoritaire de la femme que l'image que Tanne avait intériorisée d'elle. « Ma sœur était tellement terrifiée, disait Thomas Dinesen, à l'idée de finir par lui ressembler[7] ! »

L'œuvre d'Isak Dinesen est remplie d'hommes, de femmes, et particulièrement d'adolescents qui dissimulent leur vie et leur moi véritables, tout en refusant d'avoir honte ou d'en être flétris. Les existences « bien vécues » dans ses contes sont celles qui ont une sorte de passion secrète ou de charge cachée que les « forces ennemies de la vie » ne peuvent parvenir à éteindre.

Ses personnages ont en commun un héroïsme imaginatif qui était aussi celui de Tanne lorsqu'elle était jeune : l'héroïsme d'une rêveuse. « Sais-tu, Tembu, dit Mira Jama dans *Les Rêveurs,* que lorsqu'on plante un caféier, si l'on replie la racine pivotante, l'arbre ne tardera pas à lancer en surface une multitude de petites racines délicates ? Il ne se développera pas bien, ne portera jamais de fruits, mais il fleurira plus abondamment que les autres[8]. »

Isak Dinesen réussirait, de l'un de ses audacieux traits d'ironie pour lesquels elle était célèbre, à subvertir la devise que lui avait refusée tante Bess, et à l'accrocher au-dessus de ses œuvres : *Bene vixit bene latuit,* en vérité.

2

La confrontation adolescente de Tanne avec sa tante Bess lui rendit un très grand service : elle mobilisa sa résistance et son sens de l'ironie. Elle commença alors à se définir comme une rebelle et une jacobine, et ses cahiers de notes débordèrent de personnages démoniaques : suicidés, femmes perdues, poètes romantiques. Elle commença également à écrire des études sur la Révolution française, dont un discours de cinquante pages consacré à ses héroïnes oubliées. Robespierre était une nouvelle et improbable idole, et elle se demanda si, à travers la douleur et la faim, elle « pourrait devenir quelqu'un comme [lui][9] ».

C'est alors qu'elle trouva asile dans les écrits de ce grand Lucifer scandinave, Georg Brandès, que sa famille détestait tant. Au tournant du siècle, la vie culturelle du Danemark avait deux pôles antagonistes, et Brandès et les Westenholz étaient des ennemis naturels. « De nos jours, disait avec mépris Brandès aux étudiants de l'université de Copenhague, est en train de se créer un nouvel idéal qui voit la souffrance comme la condition de la vie et du bonheur et qui, au nom de la culture, combat tout ce que nous avons jusqu'à présent considéré comme la culture[10]. » Il aurait tout aussi bien pu décrire la famille Westenholz et tout ce qui leur était cher. Il est difficile de rendre justice au charisme et à l'importance de Brandès. Ce n'était pas un penseur original ou un artiste créatif, mais un homme dont les facultés de synthèse touchaient au génie. Ses conférences de 1871 sur « les principaux courants littéraires du XIXe siècle » galvanisèrent la jeune génération d'artistes et écrivains danois et les familiarisèrent avec les idées radicales les plus intéressantes d'Europe : la philosophie de Renan, Taine, Stuart Mill et Schopenhauer, la poésie des romantiques satanistes et les romans de George Sand. Brandès mit la jeunesse en garde contre les piétés suffisantes de l'époque, la pressa de transcender les opinions étroites des Scandinaves, et de « voir grand » (comme le dit Ibsen). Par-dessus tout, il fallait lutter pour devenir « soi-même[11] ».

Quand les conférences furent publiées en 1872, Ibsen déclara à Brandès : « C'est l'un de ces livres qui laissent un vide béant entre hier et aujourd'hui[12]. » Mais il fut unanimement détesté par les journaux danois et Brandès fut dénoncé comme le corrupteur de la jeunesse scandinave, le propagateur de l'athéisme, du suicide et de l'amour libre. Sa propre vie, déréglée, devint l'objet de critiques : sa maîtresse, à l'époque des conférences, était une femme mariée et avait six enfants. Brandès lui-même était un personnage flamboyant, un homme vif et sensuel, qui avait dans sa jeunesse essayé « de jouer les Faust et les Don Juan réunis en un seul homme [13] ». Il avait manifestement l'air étranger, avec quelque chose d'un dandy, et ne cessait, sans aucune discrétion, de se conduire en adultère incorrigible. Tout cela faisait de lui une cible parfaite pour ses ennemis et détracteurs — qui semblaient inclure pratiquement tout homme et toute femme respectable au Danemark. Edmund Gosse, qui connaissait Brandès, « s'expliquait difficilement la répugnance, et même la terreur [...] qu'il entendait s'exprimer autour de lui chaque fois que le nom de Brandès surgissait dans une conversation quelconque... Le ton général de Copenhague était gracieux, romantique, et conformiste. On y appréciait largement les spéculations littéraires d'une certaine sorte, tant qu'elles s'inscrivaient dans les limites du bon goût et qu'elles s'associaient respectueusement à la tradition des aînés. Cette autarcie intellectuelle était [...] due en partie à l'isolement politique du Danemark et à la fierté qu'avaient nourrie deux guerres européennes. Le conformisme en vigueur voulait que la poésie, la philosophie et la science des écrivains nationaux fussent tout ce que les Danois avaient besoin de connaître de la modernité. Ici et là, il y avait ce Juif en colère qui avait des allures de bravache et qui clamait que le salut intellectuel était impossible sans la connaissance des " démons étrangers " [...]. Il y avait quelque chose d'exaspérant, aussi, dans le ton condescendant qu'adoptait Brandès. Il appartenait à la race des iconoclastes, comme Heine avant lui, et Nietzsche après lui, et il fallait qu'il s'attende à déranger toutes les convictions de ses contemporains. Déiste en matière de religion, républicain en affaires politiques et extrêmement individualiste du point de vue de l'éthique, Brandès semblait à l'époque disposé à bouleverser dans tous les domaines un ordre des choses convenable et établi [14] ».

Comme si cela n'était pas suffisant pour lui valoir la haine éternelle de la libérale, conformiste et patriotique famille Westenholz, Brandès se trouva entraîné dans une certaine querelle avec les féministes des années 1880 qu'il vaut la peine d'examiner de plus près. C'est dans ses limites provinciales que se trouve un grand nombre des conflits qui formèrent les opinions d'Isak Dinesen.

3

La première vague d'intérêt des Danois pour les droits de la femme suivit la publication du livre de Stuart Mill, *The Subjection of Women,* traduit par Georg Brandès. Durant la même année, en 1869, fut fondée la Société des femmes danoises *(Dansk Kvindesamfund)*, qui commença à éditer un journal. En tant qu'organisation, son but était de « qualifier les femmes afin qu'elles puissent assumer, en citoyens totalement matures, des fonctions et des responsabilités [15] ». Mme Westenholz et ses filles, écrivit Bess, « étaient passionnées par la libération des femmes et étaient d'ardentes partisanes de l'enseignement mixte, de l'indépendance des femmes. C'est-à-dire que nous croyions à l'époque que l'égalité des hommes et des femmes changerait la perspective morale du monde et rendrait plus naturelles les relations entre les sexes. Nous croyions que cette " libération " rendrait les femmes plus heureuses * ».

Mme Westenholz avait envisagé d'envoyer Ingeborg en Angleterre pour y faire un stage d'infirmière, mais cependant ses fiançailles devancèrent le projet. Bess, en revanche, fit carrière hors de la famille, dans l'Église unitarienne. Elle devint membre du comité directeur, voyagea, donna des conférences à l'étranger, et fut durant un temps la rédactrice en chef du journal de l'Eglise. Comme ses coreligionnaires de Nouvelle-Angleterre, elle militait pour la justice sociale et se serait sentie chez elle avec l'élite abolitionniste de Boston ou l'élite transcendantale de Concord. C'était enfin une suffragette déclarée.

Dans les années 1880, les aspects politiques de la sujétion de la femme furent éclipsés par de passionnantes questions de sexualité. Il y avait des débats publics sur le mariage, le divorce, la chasteté, la prostitution, la fidélité conjugale, les maladies vénériennes, le « parasitisme sexuel ». Plusieurs générations auparavant, de tels sujets avaient déjà pu être abordés dans le cadre d'une Europe hypocrite. L'éminent critique Elias Bredsorff appelle cette période de débats « la grande guerre scandinave contre la morale sexuelle », et son livre du même titre décrit la façon dont cela « laissa son empreinte particulière... sur presque tous les plus importants écrivains du Nord [16] ».

L'œuvre maîtresse sur le sujet était la pièce de Bjørnsterne Bjørnson, *Un Gant,* dans laquelle une jeune fille nommée Svava découvre que son fiancé n'est pas vierge et refuse alors de l'épouser. Il n'éprouve aucun remords et lui déclare « qu'une femme doit à son mari son passé comme son avenir, alors qu'un homme ne doit à son épouse que son avenir [17] ». Leurs familles se trouvent mêlées au débat. Le père du jeune homme dévoile les infidélités commises par le père de la jeune fille. La mère de celle-ci avoue qu'elle a supporté la situation dans le chagrin et l'hypocrisie, et l'idéal de la jeune fille est brutalement mis en pièces.

Svava devint l'héroïne de milliers de Danoises et Bjørnson fut le porte-parole d'un mouvement de réforme, mélange de féminisme radical et de métaphysique puritaine dont le cri de ralliement était « virginité masculine ». Tante Bess y fait allusion quand elle parle de son espoir d'une égalité sexuelle qui changerait « l'horizon moral » du monde.

La gauche intellectuelle et le clergé conservateur protestant attaquèrent tous deux *Un Gant.* Les ecclésiastiques comprenaient la nature des exigences de Svava, qui ne consistaient pas simplement pour les jeunes gens à se réserver pour leurs futures épouses, mais aussi à répartir équitablement le

---

* Les opinions de Bess devinrent beaucoup plus conservatrices à mesure qu'elle vieillissait. A soixante-dix ans, elle considérait sa vie comme un échec parce qu'elle ne s'était jamais mariée. Voyez Mary Bess Westenholz, « Erindringer om Mama og hendes slaegt », *Blixeniana 1979*, p. 196.

fardeau de la responsabilité morale entre la famille et la société. La réaction d'un évêque luthérien fut celle de nombre de gens : « Le devoir de la femme est de présenter à son mari un idéal éthique[18]. »

La gauche intellectuelle attaqua la pudibonderie et le manque de discernement des réformistes. Brandès publia dans *Politiken,* sous le nom de « Lucïfer », une série d'articles cinglants où il bafouait, avec un peu trop d'esprit, trois des chefs de file du mouvement féministe.

La rancune de Bjørnson envers Brandès avait longtemps fermenté malgré une ancienne amitié, et il entra en lice pour le compte des réformistes. L'opinion était divisée devant le spectacle du grand moraliste et de l'ignoble immoraliste en train de se colleter. Il s'ensuivit que ce Brendorff appelle « la guerre de trois mois », dont les coups de canon retentissaient dans tous les salons danois et y projetaient leurs lueurs blafardes.

Brandès en ressortit, ayant accru considérablement sa réputation de monstre de dépravation. Il écrivit à Nietzsche avec une sorte de mélancolique fierté : « Je suis l'homme le plus détesté de Scandinavie[19]. » Dix ans plus tard, quand Ingeborg Dinesen détermina les règles de la maison sur les jeux brutaux et l'émulation spirituelle, elle ajouta — peut-être par jeu — une clause qui interdisait aux enfants de prononcer à table le nom de Brandès.

On discutait en long, en large et en détail de la morale sexuelle à Folehave, et plus tard, Tanne remarqua combien était étrange la fascination de ses tantes pour ce sujet, alors qu'elles prétendaient n'éprouver aucun intérêt pour le sexe lui-même. Tante Bess était membre de la Société des citoyennes et elle soutenait ardemment les vues féministes, auxquelles elle tenta de convertir ses jeunes nièces. Mais celles-ci résistaient et Tanne se rendait déjà compte alors que le mouvement féministe avait encore du chemin à faire avant d'offrir à sa génération une réelle liberté. Tant que les femmes seraient soit idéalisées, soit réduites au rang d'objets sexuels, tant que la chasteté serait le point central du débat, tant que tout cela durerait, un élément essentiel de leur liberté, l'érotisme, leur serait refusé. Quand Tanne avança ce point de vue, tante Bess lui répliqua par un long discours sur l'ingratitude et la « corruption » de la nouvelle génération, et sur la « perte de foi » dans son intégrité. Revenant à Folehave d'une promenade dans la neige un soir de Noël avec sa sœur Ella, Tanne se plaignit que rien ni personne ne saurait les corrompre, pas même Brandès, car elles étaient « déjà... des momies[20] ».

A l'automne 1900, quand Tanne et Ella habitaient à Folehave, Bess les inscrivit à une série de conférences données à la haute école du peuple de Hillerød. La haute école du peuple est une institution typiquement danoise. La première fut fondée en 1840 par le grand théologien, poète et professeur, N.F.S. Grundtvig. Son projet était de donner aux jeunes campagnards une éducation qui ferait d'eux des citoyens et des travailleurs plus informés et donc plus indépendants, et de meilleurs chrétiens. Les hautes écoles du peuple étaient l'épine dorsale du *Venstre* (le parti libéral) et du mouvement des coopératives agricoles. Avec son humanisme démocratique, sa foi dans les gens du peuple, sa théologie romantique et son influence progressiste sur la vie danoise, Grundtvig devint un héros de la culture et une sorte de saint.

Il défendait le rempart de la dialectique comme Brandès celui des démons. L'une des trois féministes que « Lucifer » avait férocement attaquées dans *Politiken* était, ironie du sort, la petite-fille de Grundtvig, Elisabeth.

Les conférences de Hillerød firent grande impression sur Tanne Dinesen, quoique à cette époque, elle ne comprît pas pourquoi. Mais cinquante ans plus tard, elle en parla à un jeune ami. Il était en pleine crise religieuse, sa poésie s'obscurcissait sous les abstractions et il avait rejoint un mouvement de renouveau chrétien qui réinterprétait la philosophie des hautes écoles du peuple à la lumière de l'existentialisme. La baronne en fut affligée et, après le dîner, elle lui décrivit sa première rencontre avec l'enseignement spirituel de Grundtvig :

> « Je n'ai eu qu'une seule rencontre avec la haute école du peuple, et je comprends que vous en soyez si entiché. C'était à Hillerød : l'une de mes sœurs et moi-même assistions à la session d'automne où parlèrent Holger Begtrup et Jakob Knudsen. Je me sentis dégoûtée sans savoir pourquoi, mais je le sais maintenant. Les deux hommes, énergiques orateurs et pas le moins du monde égocentriques, donnèrent une conférence dont la teneur était en complète contradiction avec la façon dont ils rayonnaient sur cette fragile et impuissante multitude. Ils dupaient leur immense auditoire, ravi, qu'ils mettaient dans une transe musicale, comme vous le diriez vous-même, mais en même temps, ils repoussaient ce côté musical. Ils délimitaient une frontière distincte entre la chair et l'esprit, et cela me dégoûta. Maintenant, je sais ce que j'ignorais alors : on parlait et on pensait ainsi, au Danemark, même parmi les poètes. L'héritage du symbolisme était trop lourd et la beauté trop difficile à manier pour ces bons professeurs[21]. »

La jeune Tanne ne doutait pas du camp et de la tradition auxquels elle appartenait. « Sois toi-même » est autant le cri de guerre de l'œuvre de sa maturité qu'il fut celui des pièces d'Ibsen ou des essais de Brandès. Pourtant, l'héritage des féministes laissa aussi sa trace en elle. « Il n'y a pratiquement aucun autre domaine que celui des femmes, où soient restés attachés aussi longtemps des préjugés et des superstitions de la pire espèce, disait Tanne à sa sœur Ella en 1923, et je pense que ce sera vraiment magnifique lorsque les femmes deviendront des êtres humains à part entière et que le monde entier s'ouvrira devant elles... Je ne cesserai pas d'être reconnaissante envers les anciennes [du mouvement féministe], de Camille Collett à tante Ellen, car elles ont œuvré de toutes leurs forces dans ce sens[22]. »

Les héroïnes les plus fortes des contes de Dinesen sont les idéalistes, celles qui se méfient des hommes et de la soumission, celles qui sacrifient l'amour physique à des desseins spirituels qui demandent davantage d'elles et qui leur donnent le pouvoir d'être elles-mêmes : l'indépendance, la connaissance, la puissance matérielle. Ce sont des walkyries, comme Athéna, des vierges excentriques comme Mlle Malin, ou ces créatures épicènes telles que Malli ou Agnese, audacieuse et accommodante, qui fait le voyage jusqu'à Pise pour apprendre l'astronomie. Malgré la délectation avec laquelle Isak Dinesen déshabille ses *grisettes,* et malgré la passion et la vigueur avec lesquelles elle défend la vie amoureuse, elle déploie des arguments en faveur de ce que tante Bess appelait « une relation plus naturelle entre les deux sexes », c'est-à-dire un idéal de camaraderie. « Toute ma vie, disait Tanne à sa sœur Ella, en 1928, j'ai préféré Diane à Vénus : je préfère son genre de beauté […] et sa vie à celles de Vénus, quel que soit le nombre de jardins de roses et de chars tirés par des colombes qu'elle ait pu avoir […][23]. »

8.

L'art et la vie

1

La tension croissante entre Tanne et les membres de sa famille éclata ouvertement lorsqu'elle annonça son désir d'étudier l'art à l'Académie royale de Copenhague. On comprend mal pourquoi ils contrarièrent ce projet, si ce n'est pour la punir : ils étaient censés être « d'ardents partisans » de l'indépendance des femmes. Mais elle tint bon, révélant ce que son frère devait appeler « une miraculeuse capacité entêtée à poursuivre dans sa voie [1] », et à l'automne, on lui donna l'autorisation de s'inscrire à l'école d'art privée de Charlotte Sode et Julie Meldahl, qui était située dans une maison de la Bredgade *.

Chaque matin, Alfred Pedersen, le cocher, conduisait Tanne à la gare de Klampenborg où elle prenait le train pour la ville. C'était un trajet court et agréable, qui longeait presque tout le temps la côte. A cinq minutes au sud, elle passait devant le Parc aux Cerfs, puis, en ville, devant les villas et les résidences d'été des familles riches, rassemblées au bord de l'eau. La ville commençait à s'étendre rapidement vers le nord, et la campagne devenait la banlieue. La propriété de Wilhelm, comme il l'espérait, avait prodigieusement accru sa valeur lors de la construction du chemin de fer et Ingeborg avait commencé à en vendre des parcelles. Elle le fit avec un remords coupable, car les parcelles de bois et les fermes étaient destinées à être mises en valeur.

---

* Les cours des demoiselles Sode et Meldahl étaient nécessaires aux femmes qui désiraient entrer à l'Académie royale car elles ne pouvaient fréquenter les classes préparatoires internes de l'Académie. En 1904, les candidates devaient présenter : « un croquis d'une tête avec ombres portées, ou une tête sculptée ; un croquis d'un détail du corps humain avec ombres portées ; une esquisse d'un corps entier, haute d'environ 70 centimètres (ces travaux doivent être exécutés à l'extérieur de l'Académie) ». « Elles devaient également faire sur place un croquis de 30 centimètres d'un corps sans aucune aide », et présenter un dossier de leurs travaux personnels, effectués dans le cadre de l'école préparatoire. Voyez F. Meldahl et P. Johansen, eds., *Det Kongelige Akademi for de Skjønne Kunster : 1700-1904* (l'Académie royale des Beaux-Arts : 1700-1904) (Cop. : Hagerups, 1904), p. XCI—XCV, 501-503.

Le trajet donnait à Tanne la possibilité de jeter son déjeuner par la fenêtre. Le soir, elle chipotait au dîner en se plaignant d'avoir trop mangé au déjeuner. C'était là le premier de nombreux jeûnes entrepris dans le but d'« atteindre à l'élévation » à travers « la faim et la souffrance[2] ». Il existe une photo de Tanne qui date de cette époque, où on la voit soudain décharnée, son visage devenu triangulaire comme une part de gâteau, avec un nœud immense dans les cheveux et de grands yeux tristes.

Toute sa vie, elle s'efforcerait de rester maigre pour bien d'autres raisons, outre la satisfaction esthétique que cela lui procurait sans aucun doute. « A mesure que les années passent, dit-elle à sa sœur Ella, on apprend à déterminer les phénomènes mineurs de l'existence qui sont nécessaires pour vous aider à devenir quelqu'un. Par exemple, je sais que je ne dois pas grossir. Il vaut mieux pour moi souffrir de tiraillements d'estomac car si je prends du poids, cela *me prive de mes moyens*[3]. »

La maigreur était le symbole de sa méfiance envers l'*hyggelig*, une légèreté qui n'était pas seulement celle de la chair mais qui était aussi l'opposé de la solidité des Westenholz. Le jeûne devint et resta pour elle un acte d'héroïsme puissant, ironique et essentiellement féminin, et cela même lorsqu'elle fut devenue une vieille femme mourant d'inanition.

2

Vers la fin de 1903, Tanne se présenta à l'examen d'entrée de l'Académie royale des beaux-arts et fut reçue. Elle commença à suivre les cours du soir en janvier, habitant à Copenhague chez sa grand-tante Ellen Plum, la plus jeune des sœurs de Mme Westenholz et, selon tante Bess, « la sainte » de la famille. La maison des Plum ressemblait tellement à Folehave par ses habitudes et sa monotonie que Tanne l'appelait une « ramification du Paradis[4] ».

L'Académie royale était et est encore située dans le grand et baroque palais Charlottenborg. Les étudiants et les étudiantes étaient soigneusement séparés et la section des filles était reléguée dans une annexe du bâtiment principal. Leurs locaux, comme la teneur de leur enseignement, étaient en tous points inférieurs à ceux des garçons et on surveillait davantage leur « moralité » que leur coup de patte. Isak Dinesen se rappelait que, lorsqu'elles voulaient faire un tour dans l'escalier où était rangée la collection de moulages de plâtre de l'académie*, local également fréquenté par les garçons, la femme du concierge, Mme Grauballe, devait aller avec elles et leur servir de chaperon. Cette corvée la faisait grommeler : « Dieu sait pourtant, leur disait-elle, que le plâtre glacé ne va pas vous faire de mal[5]. »

Tanne n'était jamais allée à l'école dans sa province et la vie d'étudiante était une nouveauté pour elle, tout comme le contact de cette petite société

* Avant de parvenir au dessin d'après nature, les étudiants devaient prouver leurs capacités en dessinant des études classiques d'après la vaste collection de plâtres de l'académie.

de gens de son âge, et elle se rappelait que « les jeunes filles passèrent ensemble de bons moments[6] ». Au début, elle avait été timide avec elles . son « profond respect pour les artistes[7] » l'avait convaincue qu'elles devaient être plus douées qu'elle et elle ne lia aucune conversation. Cependant, cette réserve n'a pu durer longtemps car, lors de sa première année, elle était élue vice-présidente de l'association des élèves, fonction populaire qui impliquait des responsabilités sociales nombreuses et qu'une jeune fille timide et réservée n'aurait pu briguer. (En réalité, l'une de ses anciennes camarades de classe se la rappelle « arrogante et avenante[8] ».) L'association organisait des bals, et Tanne se rendit à celui du carnaval costumée en « Pierrot à la Watteau[9] », personnage qu'elle avait si souvent joué dans ses propres pièces. En tant qu'hôtesse de la soirée par sa fonction, elle avait à côté d'elle durant le dîner l' « orateur invité ». Le « grand homme » était Harald Høffding, philosophe et théologien. « Je ne me souviens pas avoir éprouvé la moindre tension à cause de l'importance de ma position. Je crois que la sage et douce bienveillance de Høffding m'aida rapidement à me sentir à l'aise avec lui[10]. »

Après un mois de cours du soir, Tanne entra dans la classe normale, où elle commença à recevoir un enseignement académique complet, même s'il était conventionnel. Elle se rappelait qu'en première année l'étude des lois de la perspective « [lui] découvrit un aspect du monde plein de beauté et de nouveauté », qu'elle fut apparemment la seule à apprécier parmi ses condisciples. Alors qu'ils trouvaient les exercices pénibles, elle était « enchantée par l'inébranlable rigueur et par la régularité des lois de la perspective ». « Si je faisais les choses convenablement, le résultat ne pouvait manquer d'être correct — mais si je me permettais la moindre négligence, il se vengeait à la fin du travail et cela, invariablement, avec une force effrayante[11]. » Elle userait des mêmes termes plus tard pour décrire l'action de la destinée « qui est la plus inventive de nous tous dans ses caprices [...] et qui suit ses propres lois avec une grande exactitude [...] Ceci est en outre une gentillesse, puisque cela permet aux gens d'avoir ce qu'ils s'efforcent d'obtenir[12] ».

Tanne resta à l'Académie royale durant cinq semestres. Certains dessins et peintures de cette période ont été reproduits dans un charmant ouvrage édité par Frans Lasson et publié au Danemark en 1969. Il comprend des portraits de ses sœurs, les délicates illustrations au crayon qu'elle fit pour *Le Songe d'une nuit d'été,* et une partie du travail qu'elle exécuta lors de sa deuxième année, une fois qu'elle eut étudié le dessin classique d'après les moulages de « plâtre glacé » et qu'elle fut passée des exercices de perspective au dessin d'après nature. On fournissait aux étudiants une série de modèles, et Isak Dinesen se souvenait d'une vieille femme qui racontait « son existence paisible et peu mouvementée », d'un vieillard qui « avait fait un peu de tout dans la vie » et d'une jeune fille dont l'avaient enchantée l'absence et la vacuité totales d'expression qui rappelaient une page blanche[13]. Tous ces portraits révèlent subtilité et émotion même s'il est difficile de juger du réel talent de l'artiste. Ses professeurs n'encourageaient guère son ambition, ce qui témoignait davantage de leur indifférence habituelle envers les étudiantes que d'un manque d'admiration pour Tanne. Elle fut frappée, écrivit-elle, lorsqu'elle fit la connaissance des jeunes gens de l' « école Zahrtmann » [la section des garçons] qu'ils « travaillassent avec un enthousiasme inconnu dans leur école et [elle] comprit que le rôle premier d'un vrai professeur n'était pas avant tout " d'enseigner " mais d'inspirer[14] ».

3

Évaluant sa dette à l'égard de la peinture, Isak Dinesen lui rendait grâce de « lui avoir révélé la nature ». « J'ai toujours eu du mal à voir comment se présentait un paysage si tout d'abord la clé ne m'en était pas donnée par quelque grand maître. Je reconnais et j'apprécie son caractère particulier quand un peintre l'a interprété pour moi. Constable, Gainsborough et Turner m'ont montré l'Angleterre. Quand, petite fille, je voyageais en Hollande, je comprenais ce que ces paysages et ces villes me disaient parce que les anciens peintres hollandais m'avaient fait la grâce de me le traduire, et dans la couleur bleue de l'Ombrie, aux environs de Perugia, je reçus une douce bénédiction des mains mêmes de Giotto et de Fra Angelico[15]. »

Mais dans ses contes, Isak Dinesen laisse entendre que les grands peintres peuvent être des « interprètes » dans un sens différent, et particulièrement pour les jeunes gens détachés du monde et vivant dans l'isolement, qui n'ont aucun moyen de reconnaître de l'intérieur leur propre caractère et leur réelle beauté. Frederick Lamond, le jeune théologien de « L'Héroïne », est de ceux-là. Il a mené « une vie retirée au milieu de ses paperasses »[16] mais dans la galerie du Vieux Musée, parmi les pastorales, un autre monde se révèle à lui. La jeune comtesse Calypso dans « Le Raz de marée de Norderney » est l'exemple le plus frappant. Elle a été élevée comme un garçon par son tuteur, le comte Séraphina, qui est misogyne et admire fanatiquement la beauté masculine adolescente. Quand son corps féminin qui s'épanouit ne peut plus être dissimulé sous ce déguisement, le comte « l'annihile » : elle cesse d'exister pour lui et elle erre dans le château, privée de vie véritable. Cependant, une nuit, elle se résout à échapper à ces limbes désolées en se coupant les cheveux et en se tranchant les seins « afin de devenir pareille à son entourage[17] ». Alors qu'elle se dénude jusqu'à la taille devant un miroir, elle regarde son corps pour la première fois, mais son attention est distraite par une silhouette qu'elle aperçoit derrière elle, dans le miroir. Elle se retourne et découvre une ancienne peinture « choquante », « une scène de la vie des nymphes, faunes et satyres », en un mot : une pastorale[18].

Calypso l'examine à la lueur d'une chandelle. Dans sa solitude, elle a acquis une grande tendresse pour les animaux et elle est attirée par le fait que certains êtres humains partagent « tant de traits du règne animal, et, ce qui la surprenait, c'était de voir ces fortes et belles créatures déployer leurs efforts pour adorer, poursuivre et saisir dans leurs bras des jeunes filles de son âge, tout à fait semblables à elle. Mais elle était surtout étonnée de ce que le tableau fût visiblement inspiré par leurs charmes et exécuté en l'honneur de leur grâce[19] ».

L'art érotique d'un autre temps éveille Calypso à sa propre beauté, à son sexe, et à l'horrible perversion de la réalité dont elle a été victime. Elle était prête à se mutiler au nom de cette perversion mais elle en est dissuadée par des « amis » dont elle ne soupçonnait pas l'existence.

> « Elle savait maintenant qu'elle avait des amis en ce monde. En vertu de sa propre nature, elle avait plein droit à la grande lumière du soleil, au ciel bleu, aux nuages gris et à leurs ombres profondes dans ces plaines et ces bois d'oliviers. Son cœur se gonflait de fierté et de reconnaissance, car ici elle était chez elle. Ils la recevaient comme une enfant chérie qui avait été exilée. Dionysos lui-même, qui était là aussi, la regardait en souriant, droit dans les yeux[20]. »

A seize ans, Calypso, prisonnière d'hommes qui détestent les femmes, n'est pas si différente de la Tanne du même âge, prisonnière de femmes qui détestent les hommes et qui elle aussi se sentait « annihilée » lorsqu'elle montrait les premiers signes de sa nature érotique. C'est là une métaphore plutôt riche et théâtrale, mais Dinesen elle-même admet : « Que son récit s'en tînt ou non à la vérité, l'héroïne elle-même était le symbole, ou la traduction poétique de ce qu'elle avait en vérité subi[21]. »

4

Une jeune fille passionnée et qui, comme Tanne Dinesen, a besoin de tant de choses, sera souvent submergée de gratitude par la générosité et la compréhension que l'œuvre d'un génie semble répandre en elle, et qui semble si tristement manquer aux adultes de son entourage. C'est peut-être la sensation qu'avait Tanne de compter des « amis » parmi les plus grands qui lui donna le courage d'approcher le grand homme qui lui révéla la littérature : Georg Brandès. Lorsqu'il était à l'hôpital en 1904, elle lui envoya un bouquet de fleurs accompagné d'un billet exprimant ses hommages et son respect sincères. Brandès aurait pu savoir d'après son nom et son adresse qu'elle était de la famille du capitaine Wilhelm Dinesen-Boganis. Peut-être même le lui dit-elle. Quoi qu'il en soit, il fut de toute évidence très touché par le message car il se rendit par la suite à Rungstedlund pour la remercier en personne. Mme Dinesen le reçut avec amabilité, supposons-nous, car il avait été un ami de son mari, mais elle lui dit que sa fille était absente. Après son départ, on demanda à Tanne de descendre et le conseil de famille la sermonna avec indignation. Elle les avait « trahis », elle avait commis un acte extrêmement inconvenant et elle leur avait manqué de respect. Elle était même allée au-devant de la ruine en approchant Brandès, le célèbre séducteur. Leur façon de voir les choses la piqua et l'humilia, alors qu'elle avait agi « mue seulement par le fervent enthousiasme d'un jeune cœur pour [...] [sa] première révélation du génie intellectuel[22] ». Écrivant d'Afrique à tante Bess en 1924, elle déplorait d'avoir perdu cette grande occasion d'entretenir une amitié et d'avoir des encouragements : « Brandès aurait pu faire de moi une artiste ou un écrivain, comme il le fit avec tant de gens [...] Il n'y a pas un seul artiste ou écrivain danois des cinquante dernières années qui n'ait pas subi son influence d'une façon ou d'une autre […] Aurais-je compris à cette époque tout ce qui était en jeu […] j'aurais probablement eu la force de vous trahir, et je regrette de ne l'avoir pas fait […][23] »

Cependant, d'une certaine manière, Brandès contribua à faire d'Isak Dinesen un écrivain. Il enflamma son amour pour la littérature et le guida. Dans ses essais sur le XIXe siècle, elle trouva cette vaste et complexe perspective de la tradition romantique qui compose l'ossature de ses propres contes. Brandès était le grand psychologue qui avait replacé le romantisme dans son contexte et l'on pourrait dire la même chose de Dinesen. Comme Robert Langbaum le fait clairement observer, sa « cohérence dérive de sa fidélité à l'idée romantique […] C'est parce qu'elle se montre elle-même une si excellente critique de cette tradition, parce qu'elle la résume et la fait progresser un peu plus loin, qu'elle appartient au principal courant de la littérature moderne[24] ».

9.

La comtesse Daisy

1

Tanne était privée de distractions et d'animation chez sa tante Ellen. Il n'y avait que deux autres salons à Copenhague où elle pouvait passer la soirée : celui de sa tante Ellinor Knudzton et celui de Mme Ida Bardenfleth. Ni l'un ni l'autre n'étaient vraiment des lieux de perdition. Elle se fit des amis à l'académie et s'arrangea même pour connaître des jeunes gens de l' « école Zahrtmann ». Mais elle avouait, quelques années plus tard, s'être sentie « mal à l'aise et coupable » dans les bals et les soirées où elle aurait dû s'amuser[1].

Il est difficile de dire exactement à quel moment les choses commencèrent à s'améliorer ; c'est pourtant ce qui se passa. Dans ses cahiers, des brouillons de lettres nous donnent une idée de ses amitiés en train d'éclore et de ses flirts. Ces brouillons sont rarement datés et généralement assez succincts. Ils composent des archives à la fois alléchantes et pleines d'allusions qui laissent le lecteur insatisfait[2].

Tanne avait un ami du nom d'Étienne. D'après le ton familier et guilleret qu'elle emploie avec lui, il semble qu'il ait également été son confident. Elle l'appelle *kamerat :* c'était donc peut-être l'un de ses condisciples.

Elle continue en le taquinant sur son prochain voyage à Munich avec la « ravissante Kristine B. », fait allusion à une sortie « plus coquine » qu'ils s'étaient proposé de faire ensemble mais qui était tombée à l'eau. Puis elle lui dit qu'elle pensera à lui avec envie lorsqu'il sera en train de fourrer son nez partout en Allemagne. La lettre se termine ainsi : « avec les sincères amitiés et un baiser de ta toujours dévouée camarade, *Poca animata* ».

C'est dans le même esprit qu'elle se lie avec un certain Vidur, avec qui elle avait aussi envisagé de partir en voyage. Vidur était apparemment un ami de la famille : l'excursion était prévue en compagnie des cousins de Tanne, la comtesse Sophie et Daisy Frijs. Comme les sœurs Frijs ne pouvaient venir, Tanne n'eut pas la permission de partir non plus. « Cela me fait mal de penser que vous vous amusez autant pendant que je suis assise ici avec deux vieilles dames qui sont en visite chez nous. »

Puis il y eut un « charmant et adorable Cecil ». Tanne lui donne rendez-vous en ville puis se lance dans un petit couplet sarcastique sur un ami commun, un certain T. « Quant à T., écrit-elle, quoique nous soyons de bons copains, j'aimerais qu'il sache que je ne suis pas aussi amoureuse de lui qu'il se l'imagine [...] Il m'a l'air d'un croisement entre un galopin plutôt gâté et un méchant coquin — avec un peu plus de ce dernier [...] A propos, je ne te dois pas cent couronnes * ? Bien à toi et toujours tienne, etc. (cela parce que je n'ai pas trop de temps) Tanne. »

2

En 1906, lorsque Tanne vivait chez les Plum, place Sainte-Anna, elle commença à tenir un journal. C'était à peine plus qu'un bulletin météorologique ou un relevé quotidien des visites de famille, de ce qu'elle portait et de qui avait été son voisin de table à tel ou tel dîner : on n'y trouve aucune pensée intime. Pour imaginer ses sentiments profonds, il faut nous tourner vers son œuvre. Cependant, il nous donne une idée de ce qu'était la texture de sa vie, une idée de la toile de fond un peu floue sur laquelle brodait sa riche imagination[3].

Le mardi 13 février est tout à fait caractéristique. Tanne note que le temps est splendide, qu'Ingeborg est malade et que l'oncle Asker Westenholz est resté au déjeuner. L'après-midi, elle va chez le coiffeur où elle dépense vingt-cinq couronnes. Tante Ellinor reste pour le dîner. Son voisin de table est oncle Thorkild et le repas est interrompu par un domestique qui apporte un message concernant sa « malheureuse expédition au collège agricole ». Ea est présente. Les deux sœurs portent leurs robes noires.

Quelques jours plus tard, leurs habitudes sont dérangées : Tanne retourne chez elle à Rungstedlund après le cours. Tante Bess est venue en visite et l'emmène pique-niquer à Hørsholm. « C'était un endroit délicieux. » Elles dînent à Folehave et Ea passe la soirée à opiner assidûment du bonnet à toutes les banalités de leur tante comme la fille aînée d'un roman de Jane Austen. Tanne admet que cela « devait être certainement très fatigant ». Elles rentrent à Copenhague après le souper, « dans une agitation extraordinaire » car la ville est remplie d'officiers et de dignitaires étrangers venus assister aux obsèques du roi Christian IX.

Le jour suivant, Tanne passe l'après-midi à regarder de sa fenêtre le cortège funéraire qui se dirige vers Roskilde. « Vu tout le monde aller à l'enterrement... Les officiers étrangers étaient très élégants. L'après-midi j'aurais beaucoup aimé aller avec Mère au (service funèbre) » — sans doute pour lorgner de plus près les officiers — « mais au lieu de cela nous sommes allées à Langelinie ». Deux cousins sont venus pour le thé, et Tanne essaie de convaincre l'un, Christian, de « faire du théâtre avec elle ».

Au début de la semaine suivante, la matinée est consacrée aux visites des

* En 1900, cent couronnes valaient environ deux cent cinquante francs.

Frijs, de Mme Bech et de sa fille Grethe, puis de tante Bess. Tanne et sa mère passent l'après-midi à de petites visites. Ea dîne seule : Ingeborg et Tanne allant à l'Opéra où elles arrivent une demi-heure en retard pour *Le Mariage de Figaro*. Le jugement de Tanne sera : « Très amusant ».

L'allusion rapide aux Frijs laisse supposer que Tanne avait l'habitude de les voir à Copenhague. Elle n'insiste pas particulièrement sur leur arrivée et ils réapparaissent de temps à autre : « Visite des Frijs... », « Les Frijs à déjeuner — très amusant... », « Visite chez les Frijs[4] ».

Les Frijs — c'est-à-dire les Krag-Juel-Vind-Frijs — étaient les personnages les plus haut placés de la liste de relations apparemment infinie de Tanne. Le comte Mogens Frijs, fils de Thyra Dinesen, était le cousin germain de Wilhelm, son compagnon de chasse, son frère d'armes et son meilleur ami. Il avait épousé la comtesse Frederikke Danneskiold-Samsøe, que Tanne appelait tante Fritze. Ils avaient quatre filles : Sophie (Agnès-Louise), Helle, Inger et Daisy (Anne-Margrethe). Daisy Frijs, plus jeune de trois ans que sa cousine Tanne, allait devenir « la meilleure amie qu'elle ait jamais eue[5] ».

Il est difficile de dire quand naquit cette amitié qui revêtit une si grande intensité. Dans les cahiers de 1900, se trouve le fragment d'une lettre adressée à « ma très chère cousine (*kusine*), la meilleure de toutes », dans laquelle Tanne demande à Daisy d'être « [son] comptable[6] ».

Daisy devait avoir alors quatorze ans. Dès 1906, elles se voyaient souvent en ville et avaient commencé à entretenir une correspondance dont ne subsistent malheureusement que de très brefs fragments. L'un d'eux nous donne un aperçu de la vie sociale clandestine de Tanne. Elle était descendue en ville pour retrouver un ami et avait persuadé la concierge des Frijs de la laisser entrer alors qu'ils n'étaient pas là. La comtesse Frijs fut mise au courant et fit une scène*. Tanne écrivit à Daisy pour lui demander d'intercéder en sa faveur : « Ce n'était *pas* pour voler quelque chose ni pour un rendez-vous galant, assure-t-elle à sa cousine, mais pour voir Tolhetzer (peut-être s'agit-il ici du mystérieux " T. ") et cela en toute honnêteté. » Mais Tanne biffe cette explication dans le brouillon et continue : « J'étais en fait en ville pour acheter des cahiers de dessin et il m'était impossible de rester dans la rue à cause du [carnaval de février]. J'espère que tante Fritze n'est pas fâchée. Si tel est le cas, je suis vraiment désolée. *Tous* mes remerciements pour ta lettre. Je te servirai *une chronique scandaleuse* quand il y aura matière à cela. Oui je crois que c'est un projet excellent de partir ensemble en voyage à l'étranger, mais il ne faudra pas en faire un voyage de visites officielles [...] Pardonne-moi cette lettre écrite à la hâte : une autre suivra, plus amusante, j'espère[7]. »

Daisy Frijs était une souple et élégante jeune fille, un peu extravagante, dont le principal défaut était l'insouciance. Elle était prête à n'importe quelle aventure amusante, mais elle aurait aussi bien risqué son avenir ou sa réputation sur un coup de tête. Elle avait comme les joueurs le mépris et la fascination de la ruine complète et elle semblait, par sa gaieté débordante, se

---

* L'incident se retrouve dans « Saison à Copenhague », où Adélaïde donne à Ib un rendez-vous dans la maison de sa tante alors absente.

venger de quelque blessure qu'elle était trop fière ou trop fâchée de dissimuler. Elle décida une fois de s'enfuir avec un amant mais arrangea son projet avec tant de maladresse que le comte Frijs découvrit tout et jura de tuer le jeune homme. Le mariage de Daisy fut également contracté dans une sorte d'accès de rage, apparemment pour se moquer du monde et d'elle-même. Elle se fiança à un nobliau entre deux âges, un diplomate à moitié chauve que sa famille ne pouvait désavouer, mais qui n'avait pour elle aucun intérêt et pour qui elle n'éprouvait aucun désir. Elle vécut avec lui une existence guindée et malheureuse, embarrassée par le protocole de sa profession, et menant de son côté une vie secrète chaque jour plus ruineuse.

La bravade de Daisy, prestigieuse et inexplicable, fascinait Tanne. Elle la lui enviait, la prenait pour de l'intrépidité et pensait que c'était un acte plein de noblesse et de poésie. Cela lui rappelle Wilhelm : sa nièce avait le même charisme. Les domestiques, les étrangers et les gens qu'elle rencontrait tombaient sous son charme : elle était de ceux qui « font un mythe » de leur personne. Mais Daisy était affligée de la même nervosité inquiète que Wilhelm. Elle ne pouvait tenir en place et rester ancrée quelque part ou avec quelqu'un. Vers la fin de sa courte existence, pensait Tanne, Daisy avait dû passionnément désirer trouver quelque port d'attache. Rétrospectivement, il semble qu'elle ait été, comme Wilhelm, marquée par le destin.

Plusieurs portraits de Tanne et Daisy se retrouvent dans les personnages de jeunes filles des contes d'Isak Dinesen. Elles ressemblaient aux deux sœurs farouches de « Les Irréductibles Propriétaires d'esclaves », qui changent de rôles et qui jouent jusqu'au bout un drame plein d'intrigues, de danger et de pathétique sottise. Elles ressemblaient aussi aux amies de « Carnaval », modernes dans leur désinvolture, « qui font ressortir leurs pires défauts l'une chez l'autre[8] » et partagent une complicité amoureuse teintée de désespoir. Sans doute la plus grande ressemblance se trouve-t-elle dans « La Soirée d'Elseneur », dans le portrait des sœurs De Coninck jeunes :

> « [...] quand elles se retrouvaient dans leur chambre, elles marchaient de long en large en pleurant, ou encore... la nuit, dans leur lit, elles pleuraient amèrement sans la moindre raison. Elles parlaient alors de la vie avec une noire amertume, telles deux Timon d'Athènes.
>
> « [...] Alors les deux sœurs se levaient, séchaient leurs larmes, essayaient leur nouveau chapeau devant la glace, projetaient des représentations théâtrales et des excursions en traîneau, surprenaient et réjouissaient le cœur de leurs amis, et toute l'histoire recommençait, car elles avaient aussi peu de mesure dans un sens que dans l'autre. Bref, elles étaient de ces mélancoliques-nées qui sèment le bonheur autour d'elles, en étant elles-mêmes désespérément malheureuses, des créatures pleines de gaieté, de charme, de larmes amères, d'humour raffiné et de solitude éternelle[9]. »

Cependant ce n'était pas une amitié de même force : pour Tanne, c'était une chance et un défi. Cela faisait appel aux réserves d'esprit et de charme qu'elle avait si longtemps cultivées sans public. Comme l'école des beaux-arts, c'était un « gros travail [10] » et elle sentait de toute évidence la nécessité de se rendre intéressante et attrayante en « servant » des amuse-gueules : *chroniques scandaleuses,* pièces, histoires et scènes. Elle devint une sorte de servante supérieure et d'élégante cameriste pour sa cousine, comme Viola pour Orsino. Le personnage de la conteuse, confidente du roi capricieux — Mira Jama, Schéhérazade, la sage esclave, dans « Le Poisson » — sont toutes nées de cela.

Pour sa part, Daisy Frijs semble avoir aimé et admiré Tanne, mais elle avait trois sœurs dont elle était très proche. Leur univers, celui de l'aristocratie, était un monde clos et incestueux et, quoique Tanne fût leur petite cousine, elle n'en faisait pas partie. Les autres sœurs Frijs, sportives et casse-cou, trouvaient Tanne un peu « affectée [11] ». Elle était « plus intellectuelle qu'une jeune fille de la noblesse [12] », pensaient-elles, ce qui n'était pas un compliment. Elles notèrent également la curieuse habitude qu'elle avait d' « écarquiller ses yeux sombres et anormalement grands [13] ». La famille de Tanne la considérait de même : on se plaignait qu'elle « se conduisît » d'une étrange façon, ils employaient un autre adjectif pour qualifier ses artifices : les Frijs la trouvaient « affectée », sa famille la trouvait « peu franche ». On pourra remarquer que l'un est un jugement esthétique, et que l'autre est un jugement moral.

Quand Tanne commença à fréquenter la société de ses nobles cousines Frijs, dînant avec elles en ville, allant à leurs soirées et passant des week-ends à Frijsenborg, elle souffrit cruellement de sa position sociale inférieure et peut-être s'arrangeait-elle pour la faire oublier en mettant ce masque d'intellectuelle. Elle était toujours la seule invitée du château à ne pas avoir de domestique personnel. C'était pour elle une humiliation particulière et peut-être est-ce cela qui façonna sa conviction, selon laquelle c'est la loyauté du domestique qui définit l'aristocratie du maître. Avec quel plaisir écrirait-elle négligemment, quelque soixante ans plus tard, qu'en Afrique « la coutume voulait que l'on emmenât son propre domestique quand on séjournait chez des amis [14] ».

Tante Fritze et d'autres nobles dames que Tanne appelait également « Tante * » trouvaient malgré tout des façons subtiles d'agir avec condescendance envers elle. On lui donnait comme cavalier au dîner quelque jeune cousin sans titre ou un monsieur plus âgé et déjà marié. On réservait les bons partis titrés pour les jeunes filles de leur rang et on rappelait à Tanne quelle était sa place avec de petits coups d'œil dédaigneux.

La famille de Tanne, et en particulier tante Bess, considérait « avec désespoir » son amitié avec Daisy Frijs, dont on trouvait « la conduite morale insouciante [15] ». Ingeborg se souvenait d'un dîner « voluptueusement oriental » à Frijsenborg, au temps de ses fiançailles. Les invités avaient été assis sur des coussins et l'atmosphère générale, libre et nonchalante, l'avait mise mal à l'aise. Vers la fin du siècle dernier, le « parasitisme sexuel » de l'aristocratie, la façon dont les grands seigneurs faisaient leur proie de leurs

---

* *Tante* était utilisé comme un titre de respect affectueux pour les parentes ou les amies plus âgées de la famille.

servantes et celle dont les comtesses folâtraient avec leurs cochers avaient fait couler beaucoup d'encre. Tout cela était en grande part de l'affabulation, mais la famille craignait le pire à cause de la nature capricieuse de Tanne. Dans un sens, leurs craintes étaient fondées. Ce qui attirait Tanne vers l'aristocratie, c'était précisément cela : elle se figurait que leur vie sentimentale et leurs instincts étaient plus libres. Personne ne sermonnait la comtesse Daisy sur « les dangers [...] de devenir mondaine et superficielle [16] » ou sur les vertus de l'abnégation.

Tanne était la seule des trois sœurs Dinesen à s'être entichée des Frijs. Ea étudiait assidûment la musique à Copenhague et à Berlin, et elle avait commencé à donner des concerts. Elle avait l'ambition d'entreprendre une carrière de cantatrice, mais elle était dépourvue de prétentions sociales et n'avait pas la folie des grandeurs. Comme le remarquait Tanne : « Je suis tellement plus exigeante qu'elle [17]. »

Pendant ce temps, Ella étudiait le secrétariat, le russe et l'espéranto (« dans l'espoir que la fraternité universelle viendrait à régner [18] ») et elle était devenue socialiste. Elle désirait visiter la Russie, et vivre en communauté avec de jeunes nihilistes, et elle fit le voyage juste avant la révolution. Tanne adopta une attitude critique et quelque peu méprisante à l'égard de l'idéalisme politique de sa jeune sœur qui avait été fortement influencée par tante Bess. Dans l'un de ses cahiers, se trouve un court passage en écriture-miroir où elle déclare : « A mon sens, les radicaux sont à peine humains [19]. »

Dans les faits, l'amitié de Tanne et de Daisy était un divorce avec ses trois sœurs, leurs valeurs et leur style. Elle quitta le monde qu'elles avaient partagé et pénétra dans la vie somptueuse de Frijsenborg comme si elle passait à travers un prisme séparant les Westenholz des Dinesen. Avec Daisy, elle n'était plus l'une des trois sœurs, mais l'unique. Elle était libre de prétendre qu'elle était l'enfant perdu de quelque illustre famille, comme Alcmène, ou le rejeton de quelque histoire d'amour comme Jens dans « L'Enfant rêveur ».

« *1908 : me suis sacrifiée à la haute société cet hiver. Ai été demoiselle d'honneur à Frijsenborg en pleine tempête de neige* [20] ». Dans cette image sont réunis tous les éléments du charme irrésistible de Daisy : la neige qui tombe avec violence et qui, légère, brouille le paysage, la splendeur du grand château, les espoirs amoureux et sociaux du mariage, et l'ironie qui transforme cet événement en un « sacrifice ».

10.

Premiers contes

Et les perles sont semblables aux héroïnes des poètes : la maladie se transforme chez elles en beauté. Elles sont à la fois transparentes et opaques. Les secrets des abîmes sont apportés à la lumière du jour pour plaire à des jeunes femmes, qui reconnaîtront en eux les plus profonds secrets de leur propre cœur.

ISAK DINESEN [1]

1

Le théâtre familial était une institution chère aux classes oisives du XIXe siècle. C'était aussi l'une des rares sources d'encouragement pour les ambitions créatrices des jeunes filles et il est frappant de constater combien de femmes écrivains du siècle dernier commencèrent leur carrière comme dramaturges ou comme impresarios au sein de leur propre famille.

Tanne avait joué ce rôle à Rungstedlund pendant des années et, à la Noël 1904, elle écrivit l'une de ses dernières pièces pour la famille. Thomas, qui avait treize ans, dut contre son gré jouer l'héroïne et il fallut bien des menaces et des cajoleries pour le forcer à prononcer sa réplique cruciale : « Je vous aime, Jan Bravida [2]. » Tanne, comme à son habitude, jouait un rôle mineur, mais essentiel. Elle était une sorcière, une vieille gitane qui apparaît au premier acte et interrompt une querelle entre le méchant, un pauvre aubergiste, et son serviteur, Mopsus, alors qu'ils sont en train de comploter pour voler et tuer un jeune aventurier.

La destinée, les prévient-elle, est plus adroite qu'eux, et elle jette un sort à l'auberge : tous les mensonges prononcés cette nuit-là sous son toit se révéleront vrais à l'aube. Le charme amène un retournement comique de la situation : il réduit le misérable à la mendicité, sauve le héros, transforme la tromperie en amour et donne à la petite pièce son titre : *La Vengeance de la Vérité.*

Si l'on compare la vengeance de la vérité à la vengeance de la perspective, que Tanne venait de découvrir à l'Académie, on leur trouve une ressemblance remarquable. Trahissez la destinée, et elle se retournera contre vous. Faites une erreur dans votre dessin, et la perspective « se vengera à la fin du travail et cela, invariablement, avec une force effrayante[3] ». Loin d'intimider la jeune artiste, ces lois inexorables la rassuraient. Elle sentait qu'elle était elle-même dans les mains d'un « Artiste » infiniment plus habile qu'elle.

La Vengeance de la Vérité distille la sagesse de Tanne à dix-neuf ans. Elle devait monter à nouveau la pièce en 1912 et en 1925, comme une pantomime. Alors que les composantes restent sensiblement inchangées à travers les ans, son ironie s'adoucit. Finalement, la petite pièce allait être jouée sur la scène du Théâtre-Royal de Copenhague et à la télévision danoise. Pour l'une des dernières représentations, en 1960, l'auteur donna des consignes pour qu'Amiane, la sorcière, ressemblât à « Isak Dinesen ».

2

A la fin de 1904, Tanne avait également commencé à travailler sur une série de contes auxquels elle consacra toute son attention durant les quatre années qui suivirent. Elle les écrivit en clair dans ses cahiers bleus, en les réunissant sous le titre « Histoires Vraisemblables ». C'était ironique, car elles sont plutôt de style « gothique », pleines de spectres, de visions et de cas de possession.

Dans l'une des premières « Histoires Vraisemblables », « L'Avocat de Bergen », un homme respectable est tourmenté par un esprit. « Deux périodes suivent généralement une telle découverte : quand on a l'impression d'être le jouet d'une puissance aux intentions inconnues, on se sent troublé de façon effrayante, dérangé et assailli par le doute. Quand vient la seconde période, on comprend les intentions de son persécuteur, et lorsqu'on prend un intérêt croissant pour son tortionnaire, on apprend à compter avec lui[4]. »

Dans un deuxième conte, « Sebastian di Sandeval », un noble espagnol du même nom est ennuyé par une âme qui l'empêche de s'adonner aux plaisirs de ce monde. Il la cède au Diable, lequel rechigne à l'accepter. Quelques années plus tard, il change d'avis et la réclame au Diable. Celui-ci ne refuse pas franchement, mais parie au gentilhomme qu'il ne se passera pas un an avant qu'il commette quelque forfait, en séduisant la femme de son voisin ou en lui volant sa terre.

Dans un troisième conte, « L'Adversaire du Diable » qui, comme les autres, est inachevé, un jeune gentilhomme anglais tombe à Londres entre les mains de deux aventuriers qui ont une « passion sans bornes pour l'amusement ». « Il y avait quelque chose de sensible et de raffiné dans le personnage (du gentilhomme), qui éveilla des intentions malveillantes chez le plus âgé (des aventuriers), lequel était parfois au mieux, parfois au pire, et qui se sentait à l'aise dans les deux cas[5]. »

En règle générale, les contes sont brillamment esquissés dans les premières pages et manquent ensuite de conviction. La description des personnages intéresse moins Tanne désormais que le mécanisme de la narration. Une fois qu'elle trouve la clé d'un conte, son intrigue centrale, elle le laisse se dérouler sans s'en occuper.

Il se trouve que ces petites clés conviennent à sa situation en 1904, alors qu'elle commence à sortir dans le monde, à rencontrer des hommes pour la première fois et à faire l'expérience de leur désir pour elle et du sien pour eux. Comme l'avocat de Bergen, elle est dérangée et assaillie par le doute, effrayée d'être « possédée » et de devenir le « jouet » d'un esprit qu'elle ne peut contrôler, mais elle espère également qu'une fois dissipé le sentiment d'étrange nouveauté elle commencera à apprécier la situation. Comme Sebastian di Sandeval, elle est « ennuyée » par tout ce qui l'empêche de s'adonner aux plaisirs de ce monde. Mais elle n'a pas dépassé la crainte du regret éternel et la peur de se perdre elle-même irrémédiablement. Et comme le gentilhomme anglais sensible et raffiné, elle est tombée sous l'emprise d'amis — et d'une amie, en particulier — dont l'exemple dissolu la tente et l'inquiète tout à la fois. En effet, Daisy, comme le plus âgé des aventuriers du conte, a une « passion pour l'amusement » et un esprit également à l'aise dans le meilleur comme dans le pire.

3

Tandis qu'elle étudiait l'art à l'Académie, Tanne fit la connaissance d'un jeune homme qui devait guider ses premiers pas et encourager sa carrière littéraire. Il s'appelait Mario Krohn. Il avait quatre ans de plus qu'elle et était le descendant d'une famille distinguée et intellectuelle. Son père était le conservateur du musée des Arts appliqués (Kunstindustrimuseet). Mario allait devenir lui-même conservateur du musée Thorvaldsen et, dès sa vingtième année, il était déjà connaisseur en matière d'art, autodidacte et respecté, et expert de la peinture du XVIIIe siècle et des relations entre les peintres français et danois de cette époque. Sa photographie montre un pâle jeune homme au front haut, au beau profil et à l'expression douce et raffinée, portant un nœud papillon noué avec une délicatesse exagérée qui trahit le goût qui le caractérisait.

Les allusions de Tanne à Krohn sont dispersées dans son journal et datent principalement de son voyage à Paris en 1910, quand elle l'appréciait considérablement. Elle confia à Parmenia Migel qu'il lui avait fait des avances, mais qu'elle en avait fait peu de cas.

Il semble qu'elle ait conservé avec lui ce délicat équilibre entre l'amitié et le flirt, qu'elle avait adopté avec ses « copains » Cecil, Vidur et Etienne*. Nous ne pouvons que spéculer sur le degré de son influence : par exemple, dans quelle mesure son amour du XVIIIe siècle a influencé celui de Tanne. Il entra en scène à l'âge où elle était, comme Calypso, influençable, et il fut

---

* Cela n'est toutefois pas certain, car, dans une lettre à son frère sur le désir et la jalousie, Karen Blixen écrivait : « Je suis restée, après toutes mes histoires d'amour, la meilleure amie du

pour elle un mentor généreux et plein de bonne volonté. A Paris, il l'emmena dans les musées et les galeries d'art, lui parla longuement des impressionnistes, essaya de la persuader des mérites de Millais et l'entretint de « la mobilité de l'âme[6] » qu'il trouvait bien plus intéressante chez une femme que la simple beauté. « Il se donna beaucoup de peine, écrivit-elle, [...] pour servir de guide à une novice[7]. »

Krohn fut le premier lecteur de Tanne, sa famille mise à part. (Elle avait « essayé » les « Histoires Vraisemblables » sur sa sœur Ella, lorsqu'elles s'habillaient le soir pour le dîner.) Krohn était un excellent public, de ceux qui savent distinguer le talent à l'état brut et qui peuvent imaginer ses possibilités. Il l'engagea vivement à se considérer comme un écrivain et, dans ce but, il fit en sorte que certains des contes soient lus par Valdemar Vedel, le rédacteur en chef de *Tilskueren,* le journal littéraire le plus distingué du Danemark.

Vedel répondit rapidement par une lettre pleine de solides critiques et d'éloges prudents. Il rejeta l'un des textes, une longue histoire idéaliste sur la Révolution française, en la qualifiant de « conférence ». « C'était, lui dit-il, trop ample, conçu un peu trop artistiquement, et le ton général était trop chaleureux et simpliste. C'était également trop long. » Il trouva le second conte, « Les Ermites », trop long également, mais celui-ci était « si original [...] et si bien fait qu' [il] aurait aimé le prendre pour *Tilskueren* ». Il pensait qu'avec quelques autres « Histoires Vraisemblables » de plus on pourrait bien faire un livre. « Il y a certainement du talent chez cet auteur[8]. » « Les Ermites » parut dans *Tilskueren* en août 1908 sous le nom d'Osceola. Tanne allait publier deux autres contes sous ce pseudonyme : « Le Laboureur », qui parut dans le *Gads Dansk Magasin* en 1907, et « La Famille De Cats », dans *Tilskueren,* en 1909, époque à laquelle Mario Krohn en était devenu le rédacteur en chef. En 1962, Clara Svendsen publia une édition particulière des œuvres d'Osceola[9]. Outre les trois contes publiés auparavant, elle ajouta plusieurs poèmes de la même période ainsi que le conte inachevé « Grjotgard Alvesøn et Aud ».

4

Le vrai Osceola (1804-1838) était un chef séminole né d'un père anglais et d'une mère indienne de la tribu des Creeks. Lorsque le gouvernement américain força la tribu à signer un traité qui les contraignait à émigrer de Floride en Arkansas, Osceola souleva une insurrection armée et jura que celui qui conduirait son peuple en exil serait tué. Il défit les troupes américaines au cours d'une série de combats et déjoua toute tentative de le

---

monde avec mes anciens amants. Ce qui m'a fascinée ou rendue amoureuse, ou ce que tu voudras, c'était une personnalité humaine ou une sorte d'intérêt mutuel que nous partagions. Sinon, nos relations ont été [...] comme un jeu ou une danse. Je ne crois pas être capable de traiter une relation sexuelle en elle-même avec grand sérieux. » Cf. Isak Dinesen, *Lettres d'Afrique,* p. 321

faire prisonnier. Il fut finalement capturé, grâce à la corruption et à la trahison, et mourut peu après en prison.

Wilhelm Dinesen avait naturellement admiré Osceola, et il avait lui-même écrit sous un pseudonyme indien, Boganis. Si nous considérons Osceola comme une figure plus littéraire qu'historique, un grand nombre d'idéaux romantiques de Wilhelm se retrouvent en lui. C'est l' « homme noble et naturel » qui tente une impossible et ultime résistance contre l'extinction de sa race. Comme tant de héros de Dinesen et comme elle-même dans sa vieillesse, il alliait une grande force morale à une négation entêtée du monde moderne. C'est une figure don-quichottesque, amenée à la ruine par la pureté d'un idéalisme obsessionnel.

Osceola était aussi le nom du berger allemand de Wilhelm, cette créature fidèle qui avait accompagné père et fille dans leurs promenades. Aussi le pseudonyme a-t-il une signification intime, et peut-être était-ce même un clin d'œil. Osceola, le chien, influença Tanne en faveur de ses congénères. Ceux-ci occupaient une place spéciale dans sa vie et ses affections. En 1908, à l'époque de sa période Osceola, on lui offrit un berger allemand qu'elle appela, pour rester dans la même famille littéraire, Natty Bumppo.

En 1934, lorsque l'auteur des *Sept Contes Gothiques* eut été finalement démasqué par les journalistes danois après de nombreuses recherches, Karen Blixen expliqua pourquoi elle avait choisi de prendre un pseudonyme. Elle déclara à un journaliste de *Politiken* qu'elle l'avait fait « dans le même esprit que [son] père s'était caché derrière le pseudonyme de Boganis [...] afin de pouvoir s'exprimer sans contrainte et donner libre cours à son imagination. Il ne voulait pas que les gens lui demandent : " C'est vraiment cela que vous voulez dire ? " ou : " Vous-même, vous en avez fait l'expérience ? " [...] J'ai situé mes contes cent ans en arrière, dans cette époque romantique où les gens et les relations qu'ils entretenaient étaient différents d'aujourd'hui. C'est seulement grâce à cela que j'ai pu me libérer complètement. En bien des points, je ressemble à mon père[10] ».

Les contes d'Osceola, riches de symboles et de rêves, sont emplis de la présence et de l'influence de Wilhelm, et aussi du désir qui apparaissait dans la lettre écrite en anglais à « mon ami adoré » pour entrer en communication avec le défunt. Des pères décédés conseillent leurs enfants, des officiers morts courtisent des jeunes filles, et des fantômes parlent avec des voix poignantes et pleines de séduction.

5

« Grjotgard Alvesøn et Aud » nous emmène dans l'ancien Danemark, à une période de transition à demi mythique, entre paganisme et christianisme. Le conte fut inspiré par la saga du roi Olaf le Saint, qui avait converti les Vikings. Tous les enfants Dinesen connaissaient bien cette histoire, car Ingeborg aimait les sagas et avait l'habitude de leur en faire la lecture avec beaucoup de sensibilité. Tanne et Thomas en particulier partagèrent, toute leur vie durant, les idéaux barbares (et aussi nietzschéens) d'héroïsme et d'honneur des sagas.

L'un des hommes liges d'Olaf, Ålve d'Egge, refusait d'accepter le nouveau dieu et continuait à sacrifier aux anciennes divinités. Olav le fit tuer et fut à son tour tué par la famille d'Ålve. Grjotgard était son fils, et Osceola lui invente un destin. Il tombe amoureux de la femme de son frère, Aud, qu'il identifie avec l'esprit féminin des bois. Elle l'encourage dans ce sens de façon ambiguë. Le voyant lutter avec un autre guerrier, elle lui dit qu'il est le plus fort des hommes et ajoute : « Si j'étais toi, je ne laisserais personne être mon égal *. » Troublé par son désir incestueux et par sa conséquence — il souhaite secrètement la mort de son frère —, Grjotgard va chercher conseil auprès de son sage père. Ålve surgit de son tumulus funéraire et dit à son fils d'honorer sa race et sa famille avant tout. Le conte finit de façon noble et tragique : Grjotgard apprend que son frère a été assassiné, il venge sa mort sans hésiter un seul instant et est tué à son tour. Aud porte leur deuil avec un stoïcisme royal : « Pouvons-nous les oublier, nous qui les avons vus[11] ? »

Ces passions épiques sont un peu trop éloignées de Tanne, et son style a une solennité artificiellement fruste. Mais « Grjotgard » nous montre où se trouve son ambition. Elle tente de faire ce qu'Isak Dinesen allait accomplir avec virtuosité : « Parler à la fois, comme le dit Robert Langbaum, de psychologie et de culture[12]. »

Grjotgard est également l'un de ces grands personnages à la noblesse surannée qu'on rencontrera de façon récurrente à maintes reprises dans les contes de Dinesen. Son serf, Finn, narrateur de l'histoire, est un personnage original : le fier serviteur, d'une impénétrable sagesse, maternel dans sa tendresse et agressif dans sa fidélité à la hiérarchie. « La hiérarchie du monde des choses créées, écrit Walter Benjamin dans son merveilleux essai, *Le Conteur,* dont le sommet est incarné par [...] l'homme vertueux, atteint par paliers les abysses de l'inanimé [...] Ce monde créé parle moins par la voix de l'homme que par ce qu'on nommerait " la Voix de la Nature "[13]. » C'est cette voix qui parle à Grjotgard à travers Finn, comme elle s'exprimera à travers Farah, Kamante, et, à travers toute l'Afrique, à Isak Dinesen.

6

« Les Ermites », que Vedel choisit pour *Tilskueren,* est de loin le plus raffiné des contes d'Osceola. Il se déroule à la fin du XVIIIe siècle, et les ermites du titre sont un jeune couple marié, Lucie et Eugène Vandamm. Comme l'auteur, Lucie est une jeune fille de vingt ans, jolie, pleine d'esprit et de fougue, avide de vivre, mais qui est privée de cette possibilité. Elle a été

* Karen Blixen, *Osceola,* p. 22. Il est intéressant de comparer ceci avec la remarque de Brandès dans son essai sur Nietzsche : « Celui qui ressent qu'au fond de lui-même, il ne peut être comparé aux autres, celui-là sera son propre législateur. »

élevée dans un autre de ces « presbytères » par un autre père frustré, sombre et refoulé, un érudit qui ne tient compte que des « faits les plus bruts » et qui a un « profond mépris pour les femmes ». Eugène, son disciple, est un jeune idéaliste épris de Rousseau, qui travaille à un livre dont il est convaincu qu'il « réformera le monde ». Il y a, dans le léger dédain de Tanne à son égard, un écho de son attitude envers la politique de sa sœur Ella et de tante Bess.

Pour leur lune de miel, Eugène emmène Lucie dans une île déserte et éloignée, où il l'ignore et lui préfère son travail. Elle est réduite à la solitude mais après un certain temps, apparaît un fantôme qui lui tient compagnie. C'est un jeune officier de marine dont le navire a fait naufrage sur l'île cent ans auparavant et il est lui aussi solitaire. Ils se prennent d'amitié : il lui raconte sa vie, lui parle de celle qu'il aimait et lui avoue combien il a souffert d'être arraché à tout cela. Elle lui parle un peu d'elle-même et chante pour lui. Quand son mari entre dans la pièce, elle s'arrête brusquement, car il ne peut pas voir le fantôme. Quand Lucie tente de lui fournir une explication, elle se rend compte qu'elle ne le peut pas. « Elle savait qu'il ne croirait jamais qu'elle lui disait la vérité et, plus encore, que, selon sa conception de la vérité, les choses ne pourraient s'être passées comme elle le lui dirait[14]. » La relation de Lucie avec son galant et romantique ami ressemble beaucoup à celle de Tanne avec son père mort. Les autres, à Rungstedlund, ne pouvaient le « voir », ne parlaient jamais de lui, et Tanne, l'eût-elle voulu, n'aurait pu leur expliquer ses sentiments.

Peu à peu, le défunt qui aime tant la vie implore Lucie de s'éloigner du vivant qui est si indifférent à l'existence. « Peux-tu, toi qui les as éveillés, deviner quels sentiments [...] tu as fait renaître en moi ? » lui demande-t-il. « Confie-moi tes peines », lui répond-elle, comme Tanne disait à Wilhelm : « Laisse-moi prendre part à ton chagrin. » Après une terrible tempête, elle le rejoindra pour toujours[15].

Avec tact, Osceola laisse planer le doute sur l'authenticité du fantôme, et Lucie elle-même s'interroge au dernier moment : « Est-ce moi qui pousse ce cri ? » Il est impressionnant de voir comment Tanne a su clairement saisir, à dix-neuf ans, la relation entre surnaturel et inconscient. Il l'est aussi qu'elle ait su rendre si subtilement son dangereux attachement pour les morts.

7

« Le Laboureur » est un texte bien moins maîtrisé, qui éclate sous la pression de sentiments violents que l'intrigue est trop fragile pour contenir. Il commence par une adresse à la forêt primitive. Tanne décrit somptueusement le monde, quand il était encore neuf et indompté par l'homme. Elle imagine des éléphants qui rôdent dans la nature vierge, et la terreur qu'inspirait la forêt à ces êtres humains frustes qui en contemplaient les profondeurs interdites. Enfin, elle déplore sa « mort » et le « meurtre » commis par la civilisation. Alors commence un conte qui va glorifier une grandeur archaïque et démoniaque : celle de l'âme.

De cette forêt onirique, nous sommes conduits à une parcelle des bois épais qui s'étendaient jadis depuis le Strandvej, au sud d'Elseneur, jusqu'à l'intérieur du pays, et donc non loin de l'endroit où Tanne et son père allaient se promener. Une jeune fille arrive en ces lieux surnaturels, alors qu'elle rentre du marché à la nuit tombante. Il y a là un ancien gibet au milieu du bois. Elle aperçoit un homme étendu les bras en croix sur le sol au pied de la potence. Son cheval, anormalement ombrageux, prend le mors aux dents et elle pense tout d'abord que l'homme est un esprit. Quand il lui demande un peu de la farine qu'elle transporte, elle reconnaît en lui un hors-la-loi d'une espèce plus commune et le menace de le tuer s'il s'approche d'elle. Mais, lorsqu'elle veut lever la main sur lui, elle se rend compte que son bras est paralysé. Il lui explique qu'elle ne peut lui faire de mal, qu'aucun être humain ne le peut.

Il s'appelle Anders Ostrel, et il est à moitié homme et à moitié démon. Son père était un riche négociant qui épousa une sorcière, qu'il maltraita. A la mort du père, Anders et sa mère vécurent seuls au ban de la société jusqu'à ses dix-huit ans. Il tomba alors amoureux de la fille d'un commerçant et la demanda en mariage. Mais elle le repoussa à cause du sang du démon qui coule dans ses veines, et lui, dans un accès de rage, maudit sa propre mère et le jour de sa naissance. « Toi qui as maudit ta naissance à cause d'un désir qui n'a pas été exaucé, tu verras se réaliser tous tes désirs », lui dit-elle. Et elle ajoute ces mots fatals : « Tu auras d'autres raisons de souhaiter ne jamais être né [16]. »

Anders commence par tirer profit de son invulnérabilité magique pour « essayer tout » de la vie : « arrogance, force, bonheur sans limites, richesse, toute-puissance [...] [17] ». Mais à la fin, sa toute-puissance commence à lui peser. Personne n'est capable d'en voir les limites et, comme un Frankenstein, il devient destructeur, commet des crimes odieux, recherche le mal et la détresse avec autant d'acharnement qu'il a pu en avoir pour amasser des richesses et s'adonner aux plaisirs. Son âme s'emplit d'amertume envers l'humanité, et c'est cette amertume qui l'a conduit dans la forêt.

La nature de ses parents est la cause des tourments d'Anders, car les instincts d'homme et de démon luttent en lui. « Vous ne méritez pas de vivre sur cette terre, dit-il à la jeune fille qui représente ici l'humanité. Vous êtes des esclaves de votre plein gré [...] Nous les sauvages animaux des bois, nous vous méprisons, vous qui avez abattu les forêts [...] donné un nom aux choses [...] et dressé des potences [...] Mais votre sang est si fort en moi qu'il m'a vaincu. Je me soucie comme d'une guigne de vos lois, vos gibets sont une honte, mais ils m'ont attiré à eux, maintenant [18]. »

Les potences sont, pour Anders, comme elles le seront pour Alcmène, le symbole de la culpabilité, de la force intériorisée de la civilisation. Alcmène, elle aussi, les méprise et est attirée par elles. Anders appelle les gens civilisés « des esclaves de leur plein gré », ce qui signifie qu'ils ont librement accepté la doctrine du péché et de la rédemption : le christianisme en a fait des esclaves. Ce sont les termes dans lesquels Tanne formula son propre conflit avec le « Paradis », avec la morale de sa famille et leur négation de l'instinct. Si, comme alors, elle s'imagine être « une enfant du libre vent », elle a également dans les veines le sang des « riches marchands » et, à travers le leur, celui de tous les législateurs et constructeurs de gibets.

Après qu'il lui a tout dit sur les excès de sa vie, Anders implore la jeune fille — de façon plutôt déraisonnable — de le juger pour ses crimes, de prononcer sa condamnation et, par là, de le libérer. Elle est un être humain, lui dit-il, et elle sera donc à même de le juger selon les critères de la justice humaine. Submergée de fureur, tremblante, en pleurs, en proie à un grand trouble, elle refuse et s'enfuit. Le centre du conte se déplace alors sur elle.

Elle s'appelle Lea. Elle est la fille d'un fermier, et nous pouvons immédiatement reconnaître en elle l'une des Walkyries de Dinesen, toute innocence et force. Quand elle arrive chez elle, elle se couche tout de suite. Son univers est bouleversé, « tout est changé ». Le pire, c'est que, pour la première fois de sa vie, « il lui était nécessaire de ruminer ses sentiments, quelque chose qu'elle avait toujours considéré comme la plus totale perte de temps ». En d'autres termes, Lea a connu la chute : elle ne peut plus longtemps demeurer inconsciente. « Un homme lui a avoué ses crimes et c'est un lourd fardeau[19]. »

C'est le dernier point où le conte possède encore quelque authenticité psychologique, car ensuite Lea « rachète » Anders en lui faisant labourer la terre. Ils s'embrassent, tombent amoureux l'un de l'autre, et le cauchemar devient un rêve éveillé. Mais, avant que cela n'arrive, nous pourrions rappeler ici une expérience de la vie de Tanne, similaire à celle qu'a vécue Lea, et qu'elle voulait probablement revivre en lui donnant une fin différente.

Juste avant sa mort, Wilhelm Dinesen se déchargea sur sa fille de nombreux épisodes de sa vie passée et sembla presser Tanne au-delà des limites de son âge et de sa compréhension.

Elle écouta, les yeux écarquillés, parfois presque effrayée, et elle se souvint de ce qu'il disait alors, et qu'elle n'avait pas compris[20]. Mais elle en avait saisi l'essence : son père adoré était torturé par un malheur mystérieux et violent. Dans son imagination d'enfant, cela commença à acquérir de terrifiantes proportions et, en même temps, à fusionner avec ce « torrent » de réminiscences, très semblable à celui d'Anders, sur une vie dévolue aux plaisirs et à la transgression des lois. Tandis que Lea fait en sorte de sauver Anders, Tanne n'a pas pu empêcher son père de faire usage d'une « potence ». Il avait tendu la main vers elle et elle ne l'avait pas saisie. « Le Laboureur » est apparemment sa tentative pour raconter à nouveau cet épisode traumatique et en modifier le cours fatal.

Il existe un autre thème dans ce conte onirique, celui de l'enfant à la loyauté tragiquement divisée. Non seulement les sangs mélangés des parents d'Anders combattent dans ses veines, mais encore le vrai père et la vraie mère se battent pour son identité. Anders décrit à Lea comment, après son mariage, son père a maltraité son épouse, la considérant comme une servante, et combien il était plein de haine lorsqu'elle s'approchait de lui. Anders lui aussi la maudit, la rejette et désire n'avoir qu'un seul parent : son père.

On devine, dans le portrait compatissant de la sorcière que Tanne esquisse, la pénible impression qu'elle avait qu'Ingeborg était une femme méprisée par son mari qui, si l'on doit en croire tante Christentze, avait toujours aimé une autre femme et s'était tué à cause de cet amour. On perçoit Ingeborg comme une mère doublement trahie et méprisée par ses enfants également. Tanne avait souhaité n'avoir qu'un seul parent, et ce vœu classique avait été brièvement exaucé. Il était inévitable que cette « toute-puissance » dût l'effrayer, comme la force sans limites d'Anders l'effrayait lui-même, et que cela dût engendrer un sentiment de culpabilité dévastateur.

11.

Un amour humble et audacieux

1

Les contes d'Osceola constituent dans la vie de l'auteur une parenthèse où la crainte, luttant avec le désir, produisit ce qu'Isak Dinesen appellerait plus tard « la mélancolie mystique de l'adolescence [1] ». Tanne donnait à ces forces les noms qui lui étaient fournis par son éducation familiale et par une époque romantiquement religieuse : Dieu et le diable, la vertu et le péché, christianisme et paganisme. D'une certaine façon, elle subissait alors les vicissitudes, la tension sexuelle, la morbidité et les tâtonnements philosophiques d'une crise religieuse. Son ascétisme fut l'une des phases de cette crise — lorsqu'elle lançait son déjeuner par la fenêtre afin de connaître l'héroïsme « à travers la faim et la souffrance ». Son brûlant désir d'éprouver l' « extase » et la toute-puissance, comme celui de vivre un destin auquel elle pouvait succomber participent également du même esprit. Thomas Dinesen raconte un après-midi du printemps 1906, lorsqu'il avait quatorze ans et sa sœur vingt et un. Ils étaient partis se promener dans les bois de Folehave et, s'arrêtant pour se reposer un instant, ils s'étaient assis sur les bords d'une petite carrière de gravier. Tanne, qui avait emporté un livre avec elle, *Big Game,* de Hans Kaarberg, l'ouvrit et en lut un passage à Thomas. C'était l'histoire d'un jeune homme nommé Svend, qui demande à son père de lui expliquer ce qu'est Dieu. Le père répond que « si jamais il rencontre la plus grande chose qu'un homme peut concevoir, c'est qu'il a rencontré Dieu ». Ayant vieilli, Svend va à la chasse à l'ours sur la côte du Groenland et abat finalement une bête. Mais le coup de feu fendille le glacier et provoque une avalanche. Au bruit de l'effondrement, « une joie surhumaine submergea [Svend], lut Tanne, son cœur palpita d'extase. Avec la même joie et le même sentiment de sécurité avec lesquels un hors-la-loi [...] repose sa tête grisonnante sur l'oreiller du berceau de son enfance, il s'allongea auprès de la dépouille de l'ours sur la banquise disloquée. Un chant s'éleva dans son âme alors que la mer s'emparait de lui, le païen : “ Dieu, le Dieu de mon père veille sur moi ” »

Tanne referma le livre et exhorta son frère à se souvenir que « ce sont [...] de tels sentiments qui font que la vie vaut la peine d'être vécue[2] ».

Vivre et succomber sont ici, remarquons-le, des actes simultanés. Pour Tanne, la mort et le sexe étaient inséparables, à cette époque. Quand elle se sentait emprisonnée à Rungstedlund, sa force vitale étouffait et diminuait. Elle imaginait un destin — une mort héroïque ou extatique, une apothéose — qui la sauverait. Trente-cinq ans après, elle adapta la petite histoire de Kaarsberg pour composer la fin de son propre conte, « Peter et Rosa ».

L'extase est rarement gratuite dans l'œuvre d'Isak Dinesen : il y a toujours un prix à payer, généralement une perte ou une mort. Les héros et les héroïnes d'Isak Dinesen sont prêts à le payer et c'est en cela que réside leur héroïsme.

2

La partie la plus sombre de son adolescence passa peu à peu, et on trouve un reflet de la distance qui séparait la Tanne de vingt-quatre ans et celle de vingt ans dans le conte qu'elle publia en 1909. « La Famille De Cats » est sa dernière œuvre parue sous le nom d'Osceola. Les textes antérieurs sont écrits dans un style brut et irréfléchi : « trop chaleureux et trop sérieux », était la critique de Vedel. « La Famille De Cats » est enjoué, plein de charme, léger, dans le sens wilhelmien du terme : sa légèreté est intangible. Dans cette œuvre, histoire d'une race de bourgeois dont la droiture est inspirée par celle des Hansen, Osceola traite la vertu et le péché comme les éléments d'une comédie de mœurs.

En août 1905, Tanne accepta l'invitation de ses parents écossais, les Berry, à venir leur rendre visite à Glenstriven, leur maison près d'Edimbourg. Elle tint un journal de voyage qui rend compte de ses activités dans le détail mais malheureusement sans aucun commentaire. Au cours de la traversée de la mer du Nord, elle voit trois dauphins et défend au capitaine de les tuer. Il pleut et le vent souffle par rafales. Elle fait des excursions dans des châteaux du Moyen Âge et bouquine dans les librairies des villages. Elle arpente les landes en jupe de tweed et canotier, son cahier d'esquisses à la main. En compagnie de ses pâles cousins, elle chasse la grouse, pêche des moules, cherche des émeraudes dans la boue des ruisseaux, et met le feu par inadvertance à sa pèlerine rouge préférée au cours d'un pique-nique. Elle prend le thé continuellement et rapporte dans leur moindre détail, à sa mère, les bavardages des salons. Une fois seulement, l'écrivain se secoue de cette torpeur de vacances pour faire un commentaire sans appel sur un couple qui arrive pour le déjeuner, un jeune lord et sa femme : « Quels Anglais purs, beaux, nobles et stupides[3]. »

Le voyage écossais était le premier exemple de cette sorte de salutaires vacances familiales que prit Tanne et qu'elle semble avoir tout autant appréciées durant les étés suivants. En 1906, elle alla « accompagner Ella en Angleterre », séjourna chez un certain professeur Carlyle et sa femme, à Oxford, pour étudier l'anglais, et vécut quelque temps à Londres, période sur laquelle nous n'avons aucune information, sinon qu'un « [certain] John Burns [lui] fit visiter le Parlement ».

L'année suivante, elle fit un voyage avec Thomas dans la péninsule de Kullen, au sud de la Suède. Ils embarquèrent avec un capitaine nommé Helgeson, qui leur apprit à naviguer. « Tommy » avait presque seize ans, et était devenu un grand et beau garçon sportif qui étudiait les sciences et la mécanique. Il était extrêmement fier que sa sœur aînée lui fasse confiance « comme si [il] avait été son égal[4] ». Ce voyage consolida leur amitié — outre une affinité spéciale et réciproque qu'ils étaient les seuls des enfants Dinesen à partager —, amitié qui allait s'avérer très précieuse pour Tanne durant ses années difficiles en Afrique.

L'année d'après, elle repartit pour le Nord avec ses sœurs et elles visitèrent les fjords : « Un merveilleux voyage[5] ». Sur l'un des vapeurs qui desservaient les côtes déchiquetées, sur la terrasse d'une auberge dominant quelque panorama de montagnes, ou en grimpant sur un sentier abrupt dans l'air cristallin du matin, elles auraient très bien pu croiser là-bas une élégante famille anglaise. Le vicomte Maidstone (Maisie), lady Gladys Finch Hatton (Topsy), l'honorable Denys Finch Hatton (Tiny) et leur mère Nan, comtesse de Winchilsea, passaient en Norvège chaque année une partie de l'été[6].

3

Une fois que Tanne eut quitté l'Académie royale, sa vie ne présenta pas vraiment un schéma défini. De 1907 jusqu'à son départ pour l'Afrique, six ans plus tard, elle continua à dessiner pour son plaisir et à écrire, mais sa production littéraire restait modeste, même si l'on y inclut les manuscrits inachevés. Thomas suppose « qu'après un certain temps, on éleva des critiques sur sa vie légèrement désœuvrée[7] ». Il s'agit probablement de tante Bess qui, selon Parmenia Migel, désirait que Tanne « œuvrât pour l'Eglise[8] ». Mais ses pressions ne devaient être guère pesantes, et Isak Dinesen devait se plaindre par la suite — ce qui était injuste de sa part en de telles circonstances — qu'il était scandaleux que sa famille eût toléré de la voir grandir sans acquérir le moindre savoir qui lui assurât son confort matériel et financier.

Clara Svendsen propose une image de l'état d'esprit de Tanne lorsqu'elle s'engagea dans ses années sans but. C'est celle d'un petit bateau dont elle parle dans deux poèmes, « Bon Vent » et « Chansons de Rameurs », écrits tous deux vers 1906, année où l'on offrit à Thomas son premier youyou, le *Basia,* dans lequel il commença à emmener ses sœurs « en croisière ».

« La frêle embarcation portée par les courants est perçue comme une image de son esprit indécis dérivant au gré de " l'imagination et de la fantaisie, des anciens contes et pensées qui surgissent au crépuscule, des mots, des humeurs et des rêves[9] ". »

La première partie de cette période d'oisiveté contenait quelques-uns des moments les plus heureux, les plus insouciants et les plus voluptueux de sa jeunesse. Elle devint une familière du « beau monde » aristocratique et sportif qui comprenait les sœurs Frijs et ses cousins de Suède, les jumeaux Hans et Bror Blixen-Finecke. Leurs passe-temps ne différaient guère de ceux de la jeunesse dorée de partout ailleurs au tournant du siècle. Ils montaient en course, jouaient au bridge et au golf, buvaient du whisky, dansaient au son du gramophone, donnaient des bals costumés, tiraient quantité de gibier à plume, achetaient des aéroplanes et des automobiles avec tout l'équipement nécessaire, et faisaient l'amour avec un cynisme et un sang-froid qui auraient stupéfié leurs parents victoriens, s'ils s'en étaient rendu compte. Au Danemark, cependant, on était loin de la décadence prestigieuse qui a fait du Londres edwardien et du Paris de la Belle Epoque de si tentants sujets de recherches sociologiques. Il y manquait les flamboyants personnages du monde du théâtre, les poètes symbolistes, les pianistes homosexuels, les grands excentriques et les demi-mondaines.

« Il y a peu d'autres sociétés aussi fermées dans le monde qui peuvent montrer une aussi vaste collection de personnages raffinés que l'aristocratie danoise », écrivit Boganis [10], et Tanne en avait pris bonne note.

Bror et Hans Blixen étaient nés en 1886 et faisaient partie d'une grande famille. Leur père, le baron Frederick de Näsbyholm, à Skåne avait épousé la comtesse danoise Clara Frijs, sœur d'Agnes, cousine germaine de Wilhelm et tante de Daisy. Les jumeaux avaient un frère aîné, héritier du domaine, et quatre sœurs. Hans était l'aîné des deux frères et, comme il arrive souvent en pareil cas, il était avantagé par rapport à Bror, à la fois du point de vue dynastique et psychologique.

Ils furent élevés royalement dans une vaste demeure, en compagnie d'animaux et de domestiques, mais sans livres. Il n'y régnait que peu d'interdits, d'idées ou de nécessités assez sérieuses pour donner à leurs caractères une forme différente de celle du reste du clan. Ils étaient robustes, pleins d'assurance et irrésistibles : la conquête sous toutes ses formes, et plus spécialement la chasse aux grands mammifères, était la passion centrale de leur existence. Hans était un parfait cavalier qui devint plus tard aviateur. Bror, un homme à la force légendaire, était censé être le modèle du grand chasseur blanc d'Hemingway, Robert Wilson, dans *The Short, Happy Life of Francis Macomber*. Devant sa tente, dans la plus pure tradition hollywoodienne, les femmes et les filles de ses clients venaient composer une lascive procession.

Enfants, Hans et Bror Blixen allèrent à l'école à Lund, où ils devinrent un « constant sujet d'inquiétude pour leurs parents et leurs professeurs, ne travaillant jamais sérieusement et toujours à l'affût d'une frasque ou d'un tour quelconques ». Ils tenaient leurs comptes comme suit : « Reçu 100 couronnes. Dépensé, pour crayons, gommes et cahiers : 1,85 couronne. Divers : 98,15 couronnes [11]. » Ils convièrent une fois leur père à un grand dîner à l'hôtel d'Angleterre de Copenhague, en dédommagement de leur mauvaise conduite. Mais lorsqu'on leur présenta la note, Hans dut laisser en gage le manteau de fourrure de leur père pour la payer.

Dans les grandes familles nobles, la coutume voulait que le cadet devienne officier, et Hans entra avec zèle dans la cavalerie. C'était le meilleur cavalier de Suède, et il acquit une réputation internationale. L'un de ses exploits les plus souvent cités et admirés étant d'avoir gagné une course à Malmö, puis d'avoir piloté son avion jusqu'au Danemark, où il participa à une autre course de chevaux qu'il gagna, et le tout dans le même après-midi.

Bror fut moins brillant dans sa jeunesse. Il s'inscrivit dans une école d'agronomie à Alnarp mais, selon l'un de ses vieux amis, « occupa la plus grande partie de son temps à des études d'une toute autre nature, principalement à Copenhague [12] ». Ayant obtenu son diplôme, on lui confia la direction d'une des propriétés familiales, une petite ferme laitière de Stjärneholm, mais ce fut un échec. Le comportement extravagant et irresponsable de Bror envers l'argent allait devenir légendaire sur les trois continents et confinait à tous égards à une sorte de sottise financière. Quand il était fermier, il avait toujours les « poches percées [13] ».

Les jumeaux étaient petits, puissamment bâtis, avec des traits accusés et brutaux, et des yeux bleus aux paupières lourdes. Hans était plus mince, et, qu'il fût en uniforme de soirée à un grand dîner ou couvert de boue après une course victorieuse, il restait tout de même un symbole quasi officiel de la séduction masculine. L'amie suédoise d'Isak Dinesen, Ingrid Lindström, qui rencontra les deux frères avant qu'Isak Dinesen émigre au Kenya, décrit Hans comme « ayant une plus belle prestance » et laisse entendre qu'il « avait coupé l'herbe sous le pied de son frère ». Le vieux baron le préférait à Bror, qu'il traitait « avec désinvolture [14] ». Mais si la balance de l'affection paternelle et de la faveur publique ne penchait guère du côté de Bror, rien ne permet d'affirmer pour autant que celui-ci souffrît vraiment beaucoup de ce déséquilibre. En fait, il semble avoir été tellement dépourvu d'émotions que cela en était presque exaspérant. C'était, selon ses amis, et surtout ceux d'Afrique, l'une des créatures les plus constantes, sympathiques, généreuses et désordonnées qui fût.

4

Tanne tomba follement amoureuse de Hans.

Il ne répondit pas à sa passion.

« Plus que toute autre chose, c'est un amour profond et non partagé qui a laissé une marque dans ma jeunesse », déclara Isak Dinesen à Clara Svendsen [15].

Nous ne savons pas grand-chose d'autre sur cette histoire d'amour. Mais dans « Le Vieux Chevalier Errant », conte qui s'inspire de ce premier amour, Isak Dinesen évoque cette histoire en détail. Si nous changeons le sexe du narrateur — procédé qu'Isak Dinesen utilise très souvent —, l'image devient nette : un château, un cavalier admiré de tous, une étrangère amoureuse.

> « C'est à l'automne que je l'avais rencontrée et m'étais épris d'elle. Nous étions tous deux invités de chasse dans un château, avec d'autres joyeux jeunes gens qui, s'ils vivent encore, sont sourds et goutteux. Je crois que jusqu'à ma dernière heure je garderai l'image qu'elle m'offrit,

montée sur son grand cheval bai, et me rappellerai cette atmosphère d'automne à peine touchée de gel, alors que, rentrant le soir, les vêtements imprégnés de froid, mais tous deux échauffés et las, nous traversions côte à côte un vieux pont de pierre qui nous ramenait au château. Comme un page devait aimer sa dame, je l'aimais d'un amour à la fois humble et audacieux, car elle était entourée de beaucoup d'adorateurs ; sa beauté même avait quelque chose de lointain et de dédaigneux, bien fait pour briser le cœur d'un jeune homme pauvre et étranger à son milieu. Chaque instant passé près d'elle, nos chevauchées, danses et *tableaux vivants* débordaient de souffrance et de ravissement. Ah ! vous connaissez cela, tout un orchestre dans le cœur ! [...]

« Chez les tout jeunes gens, l'amour a peu de chose à faire avec le cœur. A cet âge, nous buvons par soif ou pour nous griser, la qualité du vin importe peu. Un jeune amoureux est avant tout charmé des forces qui s'agitent en lui [...] [16]. »

Tanne continua d'aimer Hans Blixen malgré son indifférence, du moins jusqu'à ce qu'elle épouse son frère. Il y avait, prétendait-elle, d'autres hommes qui la courtisaient et la demandaient en mariage, mais elle les tenait à distance. Elle préférait l'idéal et ses infinies possibilités à la compromission avec la réalité.

L'amour humain, celui qui dure, celui de tous les jours, avec son usure et ses déceptions, ne peut rivaliser à court terme avec ces grandes passions imaginaires que les amants peuvent renouveler à volonté. Peu importe combien Tanne désirait « la chaleur et la lumière » d'une relation normale et sûre ; elle avoua à Thomas que, inévitablement, elle s'arrangeait toujours pour fuir lorsque arrivait le « moment critique » : elle faisait en sorte que sa liberté égale son imagination [17]. Mais elle comprenait aussi, et elle l'acceptait « sans conditions », ce qu'elle s'engageait du même coup à perdre, et combien une telle existence pouvait devenir marginale, détachée du monde, solitaire, voire proche de la folie. C'est un thème qui parcourt ses contes depuis « Les Ermites », le premier, jusqu'au dernier, « Tempêtes », dans lequel, avec la sagesse de toute une vie, elle le résume complètement.

5

La première période d'amour fou de Tanne se termina au début de l'année 1910, quand elle partit pour Paris dans un état de dépression, convaincue qu'elle « n'aurait jamais plus le bonheur d'avoir l'impression de dominer le monde entier, vaste et splendide [18] ».

Daisy Frijs s'était mariée en février avec le chambellan Henrik Grevenkop-Castenskiold. Ce fut un mariage discret en comparaison avec la façon dont Frijsenborg avait flamboyé de lumières pour les noces d'Inger Frijs et du comte Julius Wedell deux ans plus tôt. En effet, Daisy ne semblait pas amoureuse de son fiancé, ambassadeur du Danemark à Vienne et à Rome un homme de vingt-six ans son aîné, et Tanne et Inger, ses demoiselles d'honneur, s'étaient enivrées la veille à sa place.

Le rôle de demoiselle d'honneur met en relief le succès ou l'échec amoureux d'une femme, et le geste de Daisy amena Tanne à réfléchir sur ses trahisons récentes : « N'est-ce pas merveilleux de voir comme nous nous dupons si aisément nous-mêmes, écrivit-elle sur son cahier, et comment nous nous détournons des voies que nous nous sommes choisies pour nous égarer ? [...] Qu'il est fragile, le bois dont sont faits les gens [19]. »

Elle partit pour la France avec sa sœur Ea presque aussitôt après le mariage. Le voyage devait d'une certaine façon réparer ce relâchement de sa vigilance. Tanne avait décidé de trouver une école d'art et de se remettre sérieusement à la peinture ; elle voulait vivre seule, rencontrer des gens nouveaux, et retrouver un peu de l'énergie et du courage enthousiaste de ses dix-sept ans, qu'elle avait perdus à vingt-quatre.

12.
Rue du Boccador

1

Tanne et Ea quittèrent le Danemark le 23 mars 1910, presque quinze ans après le suicide de Wilhelm. Anders amena Natty Bumppo jusqu'à la porte du jardin, et Ella les accompagna jusqu'à Copenhague. Ellen Wanscher et Else Bardenfleth les retrouvèrent sur le quai de la gare centrale, où elles tombèrent sur Sophie Frijs qui partait pour le Jutland. Tanne était d'humeur massacrante, « une mélancolie véritablement horrible, de celles où l'on se trouve lorsqu'on espère tout à la fois mourir et tuer tout le monde[1] ».

Elles eurent assez de temps avant leur départ pour jeter un coup d'œil à une médiocre exposition, « une chose idiote à faire », pensa Tanne par la suite, car cela lui rappela combien « détestable, vulgaire et insignifiante » était la vie. Elle n'avait pas non plus grande confiance dans la capacité de ce voyage à lui faire retrouver sa foi : au dernier moment, elle regretta de partir. « C'était vraiment une folie. » Le train traversa la Zélande, puis elles s'embarquèrent à bord d'un ferry et continuèrent leur voyage vers le sud à travers le Jutland. Il y avait un épais brouillard à la frontière allemande, où Wilhelm avait combattu à dix-sept ans, et Tanne fut déçue car elle ne put la voir. A Hambourg, elles se détendirent et prirent le thé au buffet de la gare. A Brême, où elles passèrent la nuit à l'hôtel, un monsieur norvégien les aida à porter leurs bagages. Le jour suivant, elles se battirent contre une averse pour retourner au train et continuèrent leur voyage à travers un paysage industriel qui semblait ne devoir jamais finir. Tanne faillit manquer la cathédrale de Cologne qu'elle désirait voir depuis longtemps. Dans le wagon-restaurant, elles s'assirent à côté de deux « simples Suédois », mais une fois revenues dans leur compartiment, elles tirèrent les rideaux et leur voyage commença à prendre un « caractère d'éternité ». « Nous nous endormons, nous nous réveillons, nous lisons, nous nous endormons, nous nous réveillons », écrivit-elle. Elle avait inauguré un nouveau journal pour ce voyage, et en guise de devise et d'exorcisme contre les illusions qu'elle pourrait être amenée à se faire, elle avait inscrit sur la couverture les mots « *Aerlig, Aerlig* » : Honnête, Honnête.

C'est dans la nuit du 25 qu'elles arrivèrent à Paris. Un taxi chargé de leurs bagages les emmena à travers les rues sombres jusqu'à l'hôtel de Malte, bondé, où elles ne purent avoir qu'une chambre « exiguë ». Tanne était à ce moment-là si « dégoûtée » de la vie qu'elle n'éprouva aucune émotion ni la moindre impatience à voir pour la première fois le « Paris adoré » de Wilhelm.

C'était le commencement du printemps, et la ville était encore frissonnante de froid. La lumière était encore noyée d'eau après un hiver d'inondations et les marronniers qui bordaient les avenues se hérissaient de petits bourgeons verts. Le dimanche de Pâques, de façon inattendue, fut une journée chaude et ensoleillée et Ea, dans un accès d'exaltation, emmena sa sœur à Notre-Dame. Il y avait là une foule immense, et les prêtres et les enfants de chœur n'étaient plus que des silhouettes lointaines, blanches et indistinctes qui se mouvaient dans un nuage d'encens. Tanne n'apprécia que de mauvaise grâce la grandiose architecture et la beauté de la musique. « Ea, remarqua-t-elle, était très émue. Moi, malgré toute ma bonne volonté, je ne pouvais rien éprouver. »

Leur première semaine fut naturellement occupée à visiter la ville — le Luxembourg, le Panthéon — et à trouver un endroit pour Tanne. Ea allait apprendre le chant, alors que sa sœur étudiait les beaux-arts, et elle voulait habiter non loin de son professeur de musique à Neuilly. Sans problème, elle se trouva une simple chambre là-bas. Mais Tanne visita et refusa un grand nombre de logements, l'un « trop horrible » et un autre « trop déprimant », avant de s'installer dans une pension rue du Boccador, recommandée par le comte Eduard Reventlow. Elle trouvait qu' « on y manquait d'air » et aurait volontiers déménagé, n'eût été le charme de la clientèle — un flot continuel de jeunes officiers étrangers qui allaient lui fournir nombre de cavaliers et de sujets d'intrigues. Quand, finalement, elle rendit visite à sa sœur, elle confia à son journal : « Vu la chambre d'Ea. Je suis tellement plus exigeante, alors qu'elle n'est pas du tout comme cela. »

Cette remarque touche à un point central de leur relation. Ea avait le caractère doux et résigné d'Ingeborg, et prenait les choses comme elles venaient. Elle travaillait sa musique avec beaucoup de sérieux et cependant, quand ses espoirs de faire carrière furent déçus — sa voix n'était pas assez puissante —, elle se maria sans histoire et s'installa dans une propriété du Jutland. Elle était pour sa cadette un personnage réconfortant, mais pas une amie. Tanne ne pouvait lui confier les hauts et les bas de ses émotions. Non qu'Ea manquât de compassion, mais les émotions de sa sœur lui étaient incompréhensibles. « Je ne pouvais rien faire de mieux pour réfréner ma frustration et mon désespoir, écrivait Tanne au début de son journal, que de me plaindre à Ea et lui dire combien je trouvais ce voyage idiot et dénué de sens. Sans me comprendre le moins du monde, elle me montrait beaucoup de compassion. »

Au début de son journal, Tanne décrit finement et brièvement ce qu'était la vie rue du Boccador.

> « Lundi 4 avril. Que je suis fatiguée, fatiguée. Comme tout cela est ordinaire. Peut-être aurais-je dû aller ailleurs, ici, on manque d'air. Il

faudra que j'aille à l'école, mais j'ai l'impression que ça ne servira pas à grand-chose […]
Au déjeuner, Madame (la propriétaire) m'a placée à côté d'une Française, une stupide maîtresse d'école. A part cela, la compagnie se composait comme suit : une Française divorcée qui, il y a un mois, voulait se suicider et qui maintenant amuse tout le monde en racontant tout cela. Un officier roumain, plutôt affecté ; un jeune homme agréable, le comte Wedell ; un officier allemand ; un couple de Français ; un beau jeune homme anglais ; un monsieur allemand qui apprend la peinture avec sa femme !
[…]Le repas était meilleur. La Française divorcée a parlé de la Vie avec le Roumain, moi avec le comte Wedell, qui m'a promis de m'emmener au *concours hippique*. Après le dîner, nous avons bavardé dans le salon de Madame. Elle nous a donné quelques bons conseils sur le mariage. Fait une partie de bridge. Tôt couchée. Mes oiseaux se sont calmés. »

Le lendemain matin, elle reçut une lettre de tante Bess et, après l'avoir lue, elle se précipita pour aller voir la Vénus de Milo. Elle passa l'après-midi au Louvre, principalement dans les collections du XVIIIe — « Corot, Watteau et Chardin ». Mais le musée, et en fait tous les musées en général, lui « répugna ». « Le Louvre est embaumé. C'est là que le roi devait habiter. » Elle prit le métro pour rentrer et manqua le déjeuner, mais plus tard, le comte Reventlow lui rendit visite et elle sortit acheter des fleurs et des gâteaux. C'était la première des nombreuses visites du jeune homme.

2

Eduard Reventlow était fiancé depuis un mois à Else Bardenfleth et ce fut le premier ami du Danemark que les deux sœurs allèrent voir. Il avait à l'époque vingt-sept ans et était à l'ambassade à Paris, premier poste d'une carrière longue et remarquée.

Eduard était un jeune homme mince et élégant, avec un grand sens de l'humour et un don pour le « badinage intellectuel[2] » dont Isak Dinesen faisait si grand cas. Tanne et Eduard se lièrent immédiatement d'une amitié qui recélait de part et d'autre, chose surprenante, de profonds sentiments qui ne s'exprimèrent jamais. Le comte accompagna Tanne à l'Opéra, dans les grands cafés, où ils buvaient du champagne, et sur les boulevards extérieurs pour voir les *apaches* danser. Ils restaient tard dehors et rentraient à la pension au petit matin par les Champs-Élysées déserts. Une fois, Eduard resta à petite distance derrière elle pour voir combien d'hommes allaient l'aborder, et une autre fois, furieuse contre lui à cause de ce qu'elle considérait comme un manque de générosité, méprisante, elle jeta une poignée de pièces d'or à ses pieds[3].

Mais il possédait ce que le critique danois Aage Kabell appelle « souplesse d'esprit[4] » : comme d'autres amis d'enfance d'Isak Dinesen, et contrairement à ceux de sa vieillesse, il savait quand il fallait se moquer d'elle.

Quelque sérieuse que fût leur attirance réciproque, ils la considéraient avec légèreté. Tanne et Eduard envoyaient ensemble des cartes à Else. Eduard taquinait Tanne sur le mariage et ils discutaient des chapeaux que porterait son mari. Il lui offrit en cadeau d'adieu un livre dont le titre était : *Une jeune fille à marier.* Pour lui, c'était le dernier moment de liberté avant son propre mariage, et le fait que Tanne fût l'amie d'Else lui donna un certain caractère poignant, mais leur imposa aussi des limites rigoureuses. S'ils pouvaient faire de légères entorses aux strictes convenances pour s'amuser un peu, ils ne les dépassèrent jamais.

La preuve, ou du moins la plus grande évidence, c'est que Tanne s'engagea dans une demi-douzaine de flirts avec d'autres jeunes gens, pour la plupart hôtes de la pension. Il y eut un Américain roux et plein de pellicules, qui l'invita au théâtre et lui offrit des places au premier rang. Elle le trouva « assez convenable, mais peu appétissant ». Il y eut un noble, du nom de Hohenemser, qui quitta la pension. « Pour moi », croyait Tanne. C'était l'ami d'un Allemand quelque peu autoritaire, Dürang, avec qui elle mangea du homard au Café de la Paix. Le comte Wedell l'attirait énormément ; il l'emmenait à la tour Eiffel et au steeple-chase, et il lui enseigna quelque chose d'important : laisser aller son cœur d'abord, afin que le corps soit obligé de suivre.

Quand Wedell quitta la rue du Boccador, Tanne en fut « tout à fait désolée », mais elle le remplaça bientôt par un Russe impétueux et plutôt volage, nommé Raffaelovitch, « dont tout le monde disait que j'aurais dû me fiancer à lui ». Tanne elle-même n'était pas hostile à cette idée : « Oui, j'aimerais bien, mon Dieu », écrit-elle, quoiqu'elle le connût à peine. Elle s'habillait avec élégance pour ce Russe et un soir « s'essaya à flirter avec lui dans les escaliers... sans résultat ».

L'étude de la peinture — la prétendue raison de ce voyage — joua un rôle mineur dans sa vie parisienne. Elle réduisit son choix à deux écoles et se décida pour Simon et Ménard, rue de la Chaussée d'Antin. Les directeurs dérogèrent à leurs règles, selon lesquelles les candidats devaient montrer un échantillon de leurs travaux, peut-être parce qu'ils étaient impressionnés que Tanne ait fréquenté l'Académie royale du Danemark. Mais son assiduité aux cours fut, pour dire les choses sans méchanceté, irrégulière. Elle y alla un après-midi « pour me débarrasser de Dürang » et une autre fois pour éviter l'obligation de « passer mon temps avec des gens qui ne m'intéressent pas », et une troisième dans l'espoir de parler avec un « agréable peintre français » qu'elle avait rencontré trois semaines auparavant et qui ne réapparut jamais.

Il n'y avait de toute façon guère de temps pour l'art, puisque Tanne et Ea s'étaient débrouillées pour déterrer un nombre surprenant de relations. Deux dames qui étaient apparemment des amies de la famille, Aagot et Caecilie Sunde, venaient presque continuellement en visite rue du Boccador. Elles venaient pour le thé, pour emmener Tanne faire des promenades au Bois, dans les pâtisseries, ou pour aller acheter des corsets aux Galeries Lafayette. Caecilie se teignait les cheveux et était une commère terrifiante. Tanne priait le ciel de « la préserver de devenir comme elle »

Une autre compagnie fidèle était Emil Hoskier, un ancien vice-consul du Danemark qui s'était établi à Paris et était devenu banquier. Il était veuf et avait une grande fille, Rosalie, qui devint l'amie d'Ea et de Tanne, mais cela n'empêcha pas son père de prêter une attention plutôt amoureuse aux deux sœurs Dinesen. Elles appréciaient cela, lui permettant de leur baiser la joue dans le couloir, et se taquinaient sur ses préférences changeantes. Hoskier était riche et généreux, il les promenait dans son attelage, leur offrait des « bouquets monstrueusement hideux » et les invitait dans d'excellents restaurants. A la fin de leur séjour, il voulut leur faire à chacune un somptueux cadeau, et Tanne suggéra qu'une robe du soir conviendrait parfaitement. Elle avoua dans son journal que c'était en fait plutôt scandaleux, mais choisit une « ravissante mousseline de soie bleu pâle » sans plus de scrupules. Mme Westenholz, qui avait refusé le cadeau de Wilhelm, le chapeau d'écuyère, aurait sans doute considéré sa petite-fille comme totalement déchue.

3

Parmenia Migel et Aage Kabell font assister Tanne Dinesen aux *Ballets russes* de Diaghilev, qui se produisaient pour la deuxième fois en 1910, et à une représentation de *Hamlet* par Sarah Bernhardt, mais durant la période où Tanne était à Paris, aucun des deux spectacles n'eut lieu. Elle se souvient d'être allée une fois voir « des ballets : très amusant ». L'un de ses principaux plaisirs, et sa plus grande extravagance, fut l'opéra, classique ou comique, quoique dans son journal, elle consacre plus de place à l'élégance des dames dans les loges qu'aux efforts des artistes sur la scène.

Bien qu'elle passât un grand nombre de soirées avec Ea et en compagnie de divers respectables amis de la famille, Tanne était jalouse de ses amitiés avec des jeunes gens plus intéressants, qu'elle préférait apprécier sans chaperon. Une fois, elle invita Ea à venir avec elle et Wedell à l'Opéra, mais elle prétendit ensuite n'avoir rien prévu avec lui. Ea rentra chez elle à Neuilly, déçue, et Tanne passa la soirée avec Wedell. « C'était plutôt méchant de ma part », avoua-t-elle. Ils allèrent voir *Samson et Dalila,* et ensuite mangèrent des fruits et burent du champagne au Café de Paris.

Si Ea fut trompée cette fois-là, elle considérait avec une rancune et une désapprobation particulières le flirt de Tanne et d'Eduard Reventlow, qu'elle voyait presque tous les jours. Elle allait déjeuner au consulat, il venait à la pension boire du whisky et jouer au bridge ou aux dominos, il lui prêtait de l'argent, passait prendre le thé et l'invitait à dîner chez Rumpelmayer. Ea était souvent de la partie, mais même en compagnie plus nombreuse, Eduard et Tanne faisaient étalage de leur complicité réciproque et de leur plaisir d'être ensemble.

Ce plaisir tourna court lorsque l'amiral Bardenfleth et sa femme vinrent passer une semaine à Paris avec Else. Tanne alla les saluer à l'hôtel et fut « déprimée » par l' « esprit de confort qu'ils apportaient avec eux ». Tout le temps qu'ils furent à Paris, Tanne fut distraite. Elle achète une corbeille de chocolats pour Else mais elle l'oublie à la Malmaison. Elle oublie ce qui lui est arrivé et ne note rien dans son journal. Pour célébrer les fiançailles, on donne un dîner durant lequel, selon sa vieille amie, Else est « au plus bas » et Eduard « de mauvaise humeur ».

Quand les Bardenfleth rentrèrent finalement au Danemark, Ea mit les choses au clair avec sa sœur dans un « coûteux salon de thé » et avertit Tanne qu'elle était en train de « gâcher quelque chose entre Else et Eduard. Cela me rendit furieuse ».

La remarque, cependant, toucha au but. Cela força Tanne à examiner de plus près ses intentions ambiguës et à se rendre compte que c'était peut-être ce qu'elle cherchait et que c'était cela « la vraie vie ». Le jour d'après, l'enthousiasme disparaît de son journal : « Triste, triste, triste, écrit-elle. Tout est redevenu aussi dégoûtant qu'avant. Comme j'ai peu de connaissance et d'emprise sur quoi que ce soit en ce monde. »

4

Durant les deux mois où Tanne vécut rue du Boccador, elle fut tour à tour engourdie et furieuse, passive et impatiente, amusée et pleine d'espoir, puis soudainement, alors qu'elle passait le long de la Seine « le cœur léger, pour la première fois je me sentis forte [...] et capable de me moquer de moi-même ». Mais à peine le rire eut-il cessé qu'elle fut à nouveau plongée dans « la léthargie, l'abrutissement ». Le journal de Tanne nous informe sur ses changements d'humeur presque quotidiens, lesquels n'étaient pas le fait de ce séjour parisien mais de sa vie, jusqu'à la fin. Comme elle allait l'écrire à propos d'une fillette nommée Rosa, elle avait « l'esprit en équilibre sur une corde raide, et il pouvait tomber d'un côté dans le chagrin et la colère, et de l'autre dans la joie débordante[5] ».

Tanne passa son vingt-cinquième anniversaire à la pension. Tôt dans la matinée du 17 avril, une carte d'Ellen Wanscher et une lettre de tante Bess arrivèrent. Elle se rendit chez Ea et apporta des roses. Puis, avec Caecilie et Aagot, elles prirent un tramway jusqu'à Saint-Cloud, trouvèrent un petit restaurant près de la caserne et déjeunèrent dehors. Il faisait « un peu froid, il plut durant le déjeuner, mais soudain le temps devint beau et clair ». Ce soir-là, elles dînèrent avec des amis « en buvant du champagne en l'honneur de Tanne ». Chez elle, l'attendait une photographie que lui envoyait Daisy.

La première semaine de mai, Mario Krohn arriva à Paris, juste à point pour pouvoir distraire Tanne de l'ennui des Bardenfleth. Le premier soir, il l'emmena voir « le *Bois sacré,* aux Variétés ». Ils rentrèrent à pied, s'arrêtant en chemin pour boire du thé dans un café où ils parlèrent du droit divin des rois et restèrent à la porte de la pension si longtemps à rire et à parler que l'une des locataires, une certaine Miss Humphreys, frappa à sa fenêtre.

Durant la semaine qu'il passa à Paris, Mario Krohn vit Tanne souvent, bien qu'elle ne sacrifiât aucun autre amusement pour passer un moment avec lui. Ils firent le tour des musées et des collections privées dans lesquelles son influence, en tant qu'historien de l'art, lui permettait d'entrer. Tanne était charmée de sa galanterie, ses connaissances, sa distinction, mais elle était également fuyante avec lui. Un après-midi, elle annula brusquement un rendez-vous au musée des Beaux-Arts, et il répondit en lui envoyant un immense bouquet de roses. Elle se dérobait aussi lorsqu'il la pressait de questions sur ses nouvelles œuvres, ses ambitions littéraires et ses projets d'avenir — dont il espérait faire partie. Elle lui déclara alors avec fermeté et avec un soupçon de dédain qu'elle voulait « toutes les choses de la vie davantage qu'être écrivain : voyager, danser, vivre, peindre librement[6] ».

Mario Krohn disparaît du journal de Tanne comme il y est entré : en passant. Il rentra au Danemark et, au bout d'un an, il épousa une veuve de dix ans plus âgée que lui. Sa carrière continua d'être florissante. Il devint rédacteur en chef de *Tilskueren,* conservateur du musée Thorvaldsen, et laissa une trace éternelle dans l'étude de l'histoire de l'art du Danemark. Mais son amitié avec Tanne déclina à mesure que celle-ci fut absorbée par des ambitions et des amitiés extérieures à son univers. En 1922, alors qu'elle était en Afrique, il mourut de tuberculose.

Cette résolution effrontée, fière et quelque peu naïve, de renoncer à l'art pour la vie fut plus difficile à mettre en pratique que Tanne ne l'aurait cru, dans ses moments d'énergie et d'allégresse. Subtilement, et sans raison apparente, elle changea d'avis sur son séjour à Paris. Ea avait annoncé qu'elle voulait rentrer au Danemark, et peut-être que Tanne craignait de rester seule. Peut-être aussi que son amitié avec Eduard devenait trop frustrante pour elle. Le matin qui suivit une soirée particulièrement agréable avec lui, elle prit son parti : « Alors que j'étais allongée dans mon lit, je décidai de rentrer avec Ea. »

Le petit cercle des galants pensionnaires fut désolé de la voir partir. Le matin de son départ, Hoskier vint lui apporter un « bouquet de fleurs » et une corbeille de chocolats. Eduard l'emmena dîner. Puis ils prirent le café chez Bullier, où ils parlèrent des « instincts innés » et firent une longue promenade en taxi dans Paris.

« Resté sur les quais de Seine, fini chez Maxim's. Il faisait presque jour quand nous sommes rentrés pour la dernière fois à la maison. » Il pleuvait légèrement et Tanne se rappelle avoir défait son chignon.

Cinquante ans plus tard, alors qu'elle était à deux doigts de la mort, Karen Blixen écrivit à Noël une lettre à Eduard et Else Reventlow, avec qui elle était restée liée toute sa vie. Eduard répondit : « Par-dessus tout, dit-il, votre lettre m'a rappelé lorsque nous étions ensemble un demi-siècle plus tôt. Ce fut un moment émouvant dans ma vie. Je n'ai jamais oublié le chagrin que m'a causé votre départ et combien vous me manquiez lorsque vous étiez à l'étranger. Je n'ai jamais été très expansif en ce qui concerne les choses qui me touchent de près, mais vous n'avez jamais pu ignorer mes sentiments[7]. »

13.

« La Valse Mauve »

1

Si Tanne avait été déprimée par « l'esprit de confort » que les Bardenfleth avaient apporté avec eux du Danemark, comme si, de leurs bagages ouverts s'était échappée une odeur familière et désagréablement astringente, l'atmosphère confortable de Rungstedlund fut bien plus déprimante. Une image de son cahier laisse entendre que, lorsqu'elle franchit ses murs à nouveau, elle éprouva « le même genre de sensation intellectuelle et morale qu'on a, mais physiquement, lorsqu'on entre dans un compartiment ou une salle d'attente bondés, où les fenêtres sont restées fermées : l'air s'est raréfié [1] ».

Avec Thomas et Anders partis en pension et les trois sœurs célibataires qui approchaient de la trentaine, il régnait, dans cette chaste maisonnée de femmes d'un certain âge et de vieilles filles, l'aura d'un confortable couvent laïque. Tanne, qui avait exposé avec une telle détermination son projet de « vivre » à Mario Krohn, se retrouva à nouveau dans un état d'ennui dépressif. Elle commença à ébaucher un conte sur « un jeune noble français qui rentre de Paris pour s'installer dans sa propriété [...] C'était le seul de son clan à ne pouvoir trouver de satisfaction dans la vie [...] et il passait ses jours et ses nuits sans savoir quoi faire de son corps et de son âme. Il devint ainsi de plus en plus mélancolique [2] ».

Cette mélancolie se répand dans toutes les histoires qu'elle continua à écrire et elle conçoit une série de héros et d'héroïnes qui en souffrent tous sans exception. Un célèbre poète français est obsédé par le destin et rêve de suicide. Un célèbre poète espagnol continue à vivre malgré une enfance « déraisonnablement » malheureuse, après avoir envié la vie de tout le monde et la capacité des gens à éprouver de la joie. Une jeune fille nommée Rosa trouve le repos de ses sentiments troublés dans l'amour et la mort. « Rosa », le conte, était une première version de « Peter et Rosa », que Isak Dinesen allait achever en 1940 et qui serait publié dans les *Contes d'Hiver*. L'ambiance, les personnages et les scènes de la première version sont semblables à ceux de son œuvre définitive et nous présentent simplement l'un des nombreux exemples de l'économie d'Isak Dinesen envers ses matériaux[3]. Dès 1911, elle envisageait un ensemble de petites histoires rassemblées sous le titre de « Sept Contes », et son sommaire comprend les titres d'autres œuvres auxquelles elle reviendrait, telles que « Le Poisson » *(Fra det Gamle Danmark),* « La Vengeance de la Vérité », et « Carnaval », qui s'appelait alors « La Valse Mauve ». « Carnaval » fut réécrit en 1926, revu dans les années trente et Isak Dinesen avait l'intention de l'inclure dans les *Sept Contes gothiques,* mais elle décida que sa modernité jurerait avec les décors historiques des autres contes et il ne fut publié qu'après sa mort.

La version de 1911 évoque ses propres expériences à Frijsenborg. Elle est d'une apparence voluptueuse, renferme de nonchalants dialogues, et derrière cela, une tension érotique qui semble avoir été la sienne :

> « L'année où cette histoire arriva, la valse mauve était à la mode. [...] Une valse dite bleue avait été la folie quelques années plus tôt, mais celle-ci [...] convenait mieux à une génération qui prétendait savoir et savait en fait vraiment — mais de façon différente — que rien n'avait d'importance. Deux domestiques apportèrent du whisky et de l'eau de Seltz dans une petite antichambre qui ouvrait sur la salle de bal [...] seuls cinq ou six couples dansaient au son du gramophone ; les autres invités jouaient aux cartes à l'étage. Les femmes étaient toutes belles, sauf la gouvernante, et aucune n'avait plus de vingt-cinq ans. Quatre d'entre elles étaient mariées, mais elles n'avaient pas amené leurs maris [...][4]. »

2

Tanne avait continué à faire des visites à Frijsenborg après son retour de Paris, et particulièrement pour être présente en des occasions où elle pouvait rencontrer Hans Blixen. Selon ses livres de comptes, elle paya cent couronnes un métrage de crêpe de Chine blanc, pour se faire faire « une tenue d'équitation », que nous la voyons porter sur une photographie prise probablement au cours de l'été 1911 sur le champ de course de Klampenborg. L'élégante robe a été assortie d'une large ceinture où est épinglé un gardénia. Elle porte un boa blanc et un grand chapeau à bords tombants, chargé de tulle et de plumes. Quoiqu'on la reconnaisse à peine, on discerne ses yeux mi-clos et son sourire heureux. Sa silhouette semble à nouveau s'être amincie à force de régimes et un jeune gaillard en chapeau de paille est en train de l'admirer sans équivoque.

Les amis de Tanne, selon l'un d'entre eux, remarquèrent qu'elle avait changé après son voyage à Paris. Elle était devenue « plus jolie », mais aussi plus « artificielle, pleine d'esprit, caustique — c'était une jeune femme raffinée qui effrayait les hommes[5] ». Elle fumait des cigarettes et prononçait son nom avec une légère déformation, à la russe : « Tania * ». Il est possible que Raffaelovitch ait été à l'origine de cette prononciation piquante qui, toutefois, ne convainquit jamais ses vieux amis.

Si nous imaginons le charme nerveux de « Tania », sa voix devenue plus grave à cause de son accent légèrement affecté, l'extraordinaire vigueur, et même le côté menaçant de cet « esprit qui tenait en équilibre sur une corde raide » entre joie et colère, il n'y a rien d'étonnant à ce que les jeunes sportifs sains et pas très fins aient eu peur d'elle. Le vieil ami dont il est question assure que c'est son « côté intellectuel » qui les déconcertait, mais c'est certainement aussi son énergie qui pouvait leur paraître déraisonnable.

C'étaient toujours ces hommes, les Hans Blixen, les Wedell, les Raffaelovitch, qu'elle recherchait. Quelqu'un comme le tendre et civilisé Mario Krohn, qui était capable de l'apprécier et qui aurait pu lui offrir une relation plus intime et plus adaptée, n'était peut-être pas assez « véritablement homme » pour elle. Du point de vue de l'érotisme, elle était sensible à la virilité évidente, à la phrase de Nietzsche : « L'homme pour la guerre et la femme pour le délice du guerrier[6]. » Et elle semble, du moins lorsqu'elle était une jeune femme, s'être tout à fait attendue à sacrifier une plus délicate complicité avec un amant. Sa devise, si souvent répétée, était que c'est le sexe opposé qui détient le dernier mot en ce qui concerne la valeur de quelqu'un. Étant donné ses flirts scandaleux et ses échecs romantiques, Tanne dut éprouver, peu avant la trentaine, un doute profond quant à sa propre et véritable valeur.

Cependant, elle avait également confiance en sa force, en son « étoile », qu'aucun échec ni aucun refus n'a pu entamer. A Paris, passant près d'un vieillard qui vendait des billets de loterie dont le gros lot était d'un million de francs, elle en avait acheté un, consignant dans son journal : « Peut-être que le destin verra là l'occasion de me payer ses dettes[7]. » Et vis-à-vis de Hans Blixen, elle semble s'être accrochée au même genre d'optimisme.

Des fragments de notes et de lettres, certains datés, montrent quelles intrigues complexes Tanne échafauda : intrigues pour voir Hans, pour l'éviter, pour arranger des rencontres en tels lieux, à tels moments propices. « Je n'irai pas à Frijsenborg, écrit-elle, apparemment à elle-même en juillet 1911. Les circonstances seront trop peu en harmonie avec mes sentiments pour [Hans]. Ce que j'ai éprouvé la dernière fois que j'étais avec lui [...] je ne veux pas l'endurer à nouveau. » Elle passe en revue toutes les excuses possibles qu'elle pourrait donner à la comtesse Frijs et élimine le prétexte des visiteurs ou d'une maladie, car elle veut pouvoir assister aux courses le

* En Afrique, Karen Blixen était *Tania* pour tous ses amis anglais. Parmenia Migel affirme que Denys fut le premier à utiliser ce surnom. Mais de vieux amis danois assurent que *Tania* date de 1910. Les Scandinaves d'Afrique, telle Ingrid Lindström, continuèrent de l'appeler *Tanne,* comme le faisaient son mari et sa famille. Vers la fin de sa vie, seuls ses amis intimes de longue date et sa famille utilisaient *Tanne,* alors que pour le reste des gens, ou du moins ceux qui l'appelaient par son prénom, elle était *Tania Blixen.* C'est le nom qui apparaît sur la couverture de ses œuvres dans l'édition allemande.

dimanche suivant. Elle décide qu'elle prétendra qu'elle s'est blessé le pied et qu'elle boite[8].

Cette vaine dépense d'énergie et d'imagination — pour ses vêtements, son allure, ses stratégies sociales — aggravait sa nervosité et son mouvement de va-et-vient entre dépression et exaltation. Avant la fin de l'année, Tanne souffrait de ce que l'on appelait alors l'épuisement sentimental. Thomas, qui était revenu en vacances de l'institut polytechnique, s'avéra sensible aux besoins de sa sœur et la « persuada » de venir avec lui en voyage à Finse, dans les montagnes de Norvège. Là-bas, se rappelait-il, « elle avait ressenti pour la première fois la beauté des paysages de la campagne, ce dont elle avait toujours eu besoin. Elle n'avait jamais fait de ski auparavant, mais le premier matin, alors que nous regardions au-dehors le gigantesque glacier d'Hardanger, elle cria, ravie : “ Il faut que nous allions là-haut, même si nous devons en mourir ! ” Et elle ne cessa de faire des culbutes tout le temps que dura la descente sur la pente gelée[9] ».

D'une certaine façon, Tanne avait souvent à l'esprit le suicide, mais comme une solution plus imaginaire que réelle. L'un de ses héros décide qu'il va mettre fin à sa « malheureuse existence », mais cette résolution lui apporte un tel soulagement qu'il n'a pas besoin de la mettre en pratique. Jules Bertillon, le « célèbre poète français », raconte à des seigneurs et nobles dames assemblés dans un manoir que, étant jeune, il avait été trompé par une jeune fille qu'il adorait et que, rejeté par des éditeurs, il avait « projeté de se suicider sans vraiment penser le faire ». Il était, leur dit-il, au bord d'un quai, à Paris, et regardait l'eau avec le profond désir de trouver la paix, « [...] et il se composa alors une épitaphe : puisque je n'aime personne et que personne ne m'aime, puisque je n'éprouve plus de joie et que rien ne me rend heureux, puisque je ne suis bon à rien et que rien ne me paraît bon, alors adieu, monde cruel. Mais, continue-t-il, l'on a des hésitations et des pensées insoupçonnées [...] Il me vint à l'esprit de façon aiguë que je ne pouvais faire cela pour l'amour de Dieu, et que c'était à Lui ou à Son univers que je devais d'être un artiste. J'ignore comment j'acquis cette conviction, car je n'avais jamais cru à aucun dieu auparavant. Je pris également conscience du fait que les péchés de l'être humain Jules Bertillon continuaient de l'affliger pour la grâce du poète Jules Bertillon[10] ».

Autant Tanne faisait-elle tout un roman de la mort et du suicide, autant Tanne avait-elle comme son héros une extraordinaire, et même, pourrait-on dire, héroïque volonté de survie. Cette ressource de foi, insoupçonnée jusqu'à ce qu'elle dût se mesurer au désespoir de la névrose, fut une façon de l'exprimer. Elle en avait une autre : cette confiance en son talent, cette sensation d'être débitrice de « Dieu ou de Son univers », cette conviction qu'elle avait de posséder au plus profond d'elle-même une qualité trop précieuse pour être détruite. Elle ne put pas toujours compter sur cette force, comme nous l'avons vu par le nombre de ses dépressions, mais elle ne lui fit pas défaut dans les pires moments de sa vie, et particulièrement lors du plus critique, la période qui suivit son retour d'Afrique, après qu'elle eut tout perdu. Son premier livre, les *Sept Contes gothiques,* en est le fruit. L'être humain Karen Blixen était affligé par ses « péchés » — ses désirs, ses erreurs et ses chagrins — et voulait mourir. Mais l'artiste Karen Blixen trouva le courage d'y puiser la trame de ses contes.

3

En 1912, Tanne espérait à nouveau qu'étudier l'art à l'étranger ranimerait son talent et son moral, et cette fois elle décida d'essayer Rome et Florence, où elle pourrait retrouver sa cousine Daisy, femme de l'ambassadeur danois à Rome et à Vienne. Daisy semblait attendre avec impatience sa venue. Elle-même était mal à l'aise à cause de son mariage et des conventions de son existence, et Tanne avait reçu d'elle « une triste missive » au printemps, à laquelle elle avait répondu : « Ah ! très chère Daisy [...] simplement tenir bon [...] avec fermeté et persévérance, dans l'espoir de temps meilleurs[11]. » A la suite de quoi, il fut décidé qu'elle partirait en mai.

S'il exista jamais un journal de ce voyage, il ne nous est malheureusement pas parvenu et nos informations ne proviennent que des descriptions que Karen Blixen en donna cinquante ans après dans diverses interviews. Elle raconta à Eugene Walter, l'écrivain américain, qu'elle se souvenait avec plaisir d'une visite au casino Valadier, de promenades dans les jardins Borghese, et d'avoir lorgné les célèbres beautés de l'époque[12]. Elle évoqua pour Parmenia Migel des réceptions diplomatiques et des bals, des jeunes gens défilant devant elle et sa cousine, qui espérait allumer quelque étincelle « amoureuse[13] ».

Au cours de l'une de ces réceptions, déclara-t-elle à Clara Svendsen, un vieillard s'approcha d'elle et lui chuchota qu'on voyait les rubans de ses jupons. Elle « faillit s'évanouir de confusion », ce dont le monsieur s'aperçut, peut-être avec un malicieux plaisir : « *Cela n'a pas d'importance, mademoiselle,* la rassura-t-il, *car je suis un homme marié* *. »

Daisy fut pour elle un merveilleux cicérone qui pouvait, comme l'écrirait Karen Blixen, « faire émerger la vie des mondanités [...] et lui donner de la poésie[14] ». Elle montra à Tanne la Rome qu'elle aimait et l'emmena dans de longues promenades en Campanie. Tanne fut « frappée par la façon noble et simple dont les paysans les conviaient chez eux à boire un peu d'eau[15] ». Elles allèrent en Ombrie et jusqu'en Toscane dans un attelage découvert avec un vieux cocher plein de dignité. Quand Tanne lui demanda le nom d'une ville qu'on apercevait au loin, il lui répondit avec la « solennité d'un cardinal : “ Cela, signorina, c'est Assise[16] ” ». Tanne se rappellerait toujours Daisy devant la cité médiévale, avec ses tours de pierre et ses rues pavées, et le « bleu d'Ombrie » qui l'environnait. Elle trouvait étrange et merveilleux que « quelqu'un de si moderne pût pénétrer dans ce monde et s'y intégrer comme elle le faisait[17] ».

Leurs émouvantes retrouvailles venaient à peine de commencer qu'elles

* En français dans le texte. D'après une interview de Clara Svendsen, Dragør, juillet 1976.

reçurent des nouvelles qui y coupèrent court. Henrik Castenskiold était rappelé à Vienne pour y recevoir les membres de la famille royale du Danemark qui venaient faire une visite impromptue. Daisy dut, bien sûr, l'y accompagner. Angoissées à l'idée de se quitter, elles « se promenèrent tout l'après-midi d'un endroit adoré de la ville à un autre, baignées de brouillard, et s'accordèrent à penser qu'il serait impossible — à moins que le destin ne leur donne la force de réaliser ce projet — de trouver un moyen de rester à Rome [18] ». Cette nuit-là, cependant, les Castenskiold reçurent un télégramme les informant que le roi du Danemark, Frederick VIII, venait de mourir subitement à Hambourg et qu'Henrik était rappelé à Copenhague. Daisy et Tanne eurent alors droit à deux mois de plus ensemble et Karen Blixen déclarerait des années après, en ne plaisantant qu'à moitié : « J'ai souvent eu l'impression que c'était moi qui avais tué [le roi] [19]. » Rome leur appartenait, et cela sans la compagnie paternelle et paralysante du mari de Daisy. Elles étaient toutes deux, se rappelait Isak Dinesen, « presque parfaitement heureuses ensemble [20] ». Mais lorsqu'elles n'étaient pas heureuses, elles retrouvaient la consolation de leur ancienne complicité, et chacune confiait à l'autre quelque lourd secret. Daisy était emmêlée dans des tractations financières propres à la compromettre, pour régler ses dettes de jeu. Tanne fut impliquée dans ce drame — qui aurait tout aussi bien pu être écrit par Ibsen ou Flaubert — en tant qu'intermédiaire. Elle confia en retour à sa cousine qu'elle envisageait le mariage : non pas avec l'homme dont Daisy savait qu'elle avait été amoureuse durant plusieurs années, mais avec son frère jumeau. De toute évidence, ces révélations ne diminuèrent pas leur gaieté et au contraire, elles y contribuèrent plutôt. Rome était un décor grandiose et pittoresque pour vivre l'instant, en attendant le sacrifice.

14.

Nobles perspectives

1

Dans le journal qu'il tint soigneusement durant toute sa vie, Thomas Dinesen nota que sa sœur arriva d'Italie le 23 juillet, se mura dans le silence et semblait plus déprimée qu'il ne l'avait jamais vue[1]. Il attribua cet état d'esprit au fait qu'elle n'eût pas de projets pour le reste de l'été, alors que c'était en fait un symptôme qui réapparaîtrait toute sa vie chaque fois qu'elle reviendrait de l'étranger et retrouverait la maison de sa mère, les fureurs, la frustration et l'engourdissement spirituels qui l'y accablaient.

En fait, elle avait vraiment des projets d'avenir : elle allait épouser Bror Blixen. Durant un certain temps, au moins, elle garda cette décision secrète vis-à-vis de sa famille, sans que Bror l'y aidât beaucoup : il était à Frijsenborg et se répandait en billets doux qu'il ne mettait pas toujours sous enveloppe. Après le premier de la sorte, Tanne répliqua : « Bror, mon seul et unique. A l'avenir, ne m'envoyez pas de cartes aussi compromettantes *sans enveloppe.* Cordialement, Tanne[2]. »

Nous ne savons pas grand-chose sur la période qui précéda leur mariage. Dans les années 50, Karen Blixen raconta au critique littéraire et historien d'art Christian Elling qu'elle et Bror avaient été de bons amis (*kammerater*) durant de nombreuses années et que, au cours de l'année 1912, ils avaient commencé à parler mariage. Mais elle avait résisté, disant à Bror qu'elle ne pourrait jamais s'installer à Skåne — « à bien des égards, l'endroit le plus provincial de la terre[3] » — où il dirigeait une ferme laitière familiale. Ce ne fut pas avant que ne s'offrît la possibilité d'émigrer qu'elle accepta ses avances. Errol Trzebinski, la biographe de Denys Finch Hatton, ajoute que Bror courtisa Tanne avec beaucoup d'obstination et que, « par ironie du sort, ce fut l'admiration à peine dissimulée de Tanne pour son frère qui provoqua son opiniâtreté et l'amena, elle, à finalement accepter la troisième demande[4] ». Clara Svendsen, quant à elle, décrit une petite scène qui illustre le genre de charme simple et de spontanéité qui séduisaient Tanne. Au cours d'une soirée chez les Frijs, un été, les jeunes gens décidèrent d'aller à la pêche aux écrevisses à minuit, en habit de soirée. Tanne perdit son filet qui dériva jusqu'au milieu de l'étang boueux, et Bror alla le récupérer en pataugeant dans l'eau[5].

Quand Tanne se confia à sa famille, ils en furent consternés. Ils connaissaient bien Bror et l'appréciaient de façon générale. Mais, comme futur gendre, « leur respect pour lui était bien moindre[6] ». Il avait toute l'insolence érotique de Wilhelm sans en avoir la finesse, l'intelligence ou l'intégrité. Tante Bess, en particulier, trouva que Bror allait à l'encontre de tous ses principes, et plus spécialement de ses principes féministes. Cet épicurien zélé et courtois n'avait pas de plus noble but dans l'existence que de se distraire. Il considérait le genre féminin avec condescendance, bienveillance et concupiscence, et avait été élevé dans la foi que le monde existait de la même façon qu'il y avait du poisson dans la rivière et du gibier dans les bois : pour son plaisir. Bess déclara que le seul bien qu'elle voyait dans ces fiançailles, c'était que Bror fût pauvre[7].

L'opposition d'Ingeborg était moins théorique. « Son intuition, écrit Parmenia Migel, lui disait que Tanne n'aimait pas Bror[8]. » Elle craignait également que sa fille, « qui abandonnait ses projets les plus optimistes[9] », n'agît sur un coup de tête et ne se préparât quelque amer désenchantement. Elle s'opposa au mariage avec tous les arguments possibles, puis enfin avec toute la fureur dont elle était capable. Leur lutte fut le modèle de la terrible bataille de volontés qui oppose Mme Ross et sa fille dans « Tempêtes », quand Malli annonce qu'elle a décidé de devenir actrice :

> « Le conflit qui les opposait aujourd'hui, elle et Malli, la plongea dans un abîme d'horreur et de chagrin, tandis que Malli restait inflexible dans sa décision. Il y eut quelques scènes violentes entre les deux femmes, scènes qui auraient pu amener soit l'une, soit l'autre, à se jeter dans le fjord[10]. »

A la fin, tante Bess écrivit : « Mutt [Ingeborg] a été prise par la tempête[11]. » Les fiançailles furent annoncées le 21 décembre 1912 et Ingeborg et Tanne partirent à Nasbyhölm pour une visite officielle.

Tanne avait souvent été invitée le week-end à des parties de chasse dans la propriété des Blixen, et elle se souviendrait en Afrique avec un amusement mêlé d'indignation que sa « tante Clara » (la baronne Blixen) organisait la maisonnée autour des hommes et combien on adorait, respectait et gâtait ceux-ci comme des idoles orientales. Le rôle de la femme à Nasbyhölm était la plus complète soumission : elle était là pour charmer les héros au dîner après une partie de chasse acharnée, pour admirer leur science des vins, de la politique et des cigares, et pour prendre sur elle leurs moindres erreurs ou défaillances. Tanne avait toujours apprécié l'audace avec laquelle Inger et Sophie Frijs défiaient les conventions et allaient chasser avec les hommes, revenant aussi sales et dépeignées qu'eux, avec la même lueur dans le regard[12].

Après son mariage, ses relations avec « tante Clara » se détériorèrent à cause de la fanatique « partialité » de la baronne envers Bror[13], et du flot continuel de lettres d'exhortations et de critiques qui arrivaient de Nasbyhölm en Afrique.

La nouvelle des fiançailles laissa bien des gens sceptiques. Nombre des amis du couple ne voyaient que leur incompatibilité : Bror, le nobliau extraverti et sans façon, le farceur invétéré ; Tanne, la bourgeoise artiste et d'humeur changeante, avec son éducation prude, ses talents littéraires et ses désirs de grandeur. Peut-être que certains de ces amis allèrent jusqu'à questionner Tanne sur la profondeur de ses sentiments ou leur intégrité, car durant toute sa vie, elle garda un mépris particulier à l'égard des gens qui prétendent juger d'un mariage ou d'une histoire d'amour de l'extérieur.

2

Bror Blixen supposait qu'il aurait pu passer sa vie à Skåne et devenir un « fermier accompli », s'il ne s'était pas fiancé avec « la fille que j'appelais Tanne et que le monde entier allait connaître sous le nom d'Isak Dinesen. L'imagination humaine est une chose curieuse. Si elle est convenablement alimentée, elle peut jaillir en un clin d'œil comme un arbre de fakir. Tanne le savait et entre nous se bâtit dans notre imagination un avenir où tout, sauf l'impossible, avait sa place [14] ».

Il était clair pour Tanne que leur avenir se trouvait aussi loin que possible de Rungstedlund et de Skåne, dans « quelque lointain pays aux perspectives encore vierges », mais, ironie du sort, c'est son oncle Aage Westenholz qui donna corps à cette idée. « Est-ce que cela vous dirait, demanda-t-il à Bror, d'échanger Stjärneholm (la ferme laitière) contre ma plantation d'hévéas en Malaisie [15] ? » C'était, lui répondit Bror, comme de demander à un cheval s'il voulait de l'avoine, et il « accepta sans un instant d'hésitation [16] ». Mais peu de temps après, l'oncle de Bror, le comte Mogens Frijs, revint au Danemark d'un safari en Afrique-Orientale anglaise et déclara aux fiancés : « Allez au Kenya, tous les deux [17]. » Il leur parla avec tant d'enthousiasme de la beauté du pays et de ses fantastiques possibilités économiques que, devant la force de cette description, ils changèrent d'avis : « A la place de Penang, nous mîmes Nairobi, et à la place de Malaisie, Afrique-Orientale. Nous allions traire les vaches et faire pousser du café [...] et le seul problème était de savoir comment j'allais mettre tout cet argent à la banque [18]. » Mais, comme Karen Blixen le souligna à M. Elling, les autres membres de la famille n'étaient pas aussi enthousiastes. Le père de Bror était très réticent à laisser partir son plus jeune fils et « *maître de plaisir,* et toutes nos connaissances nous traitaient de fous [19] ».

Dans cette aventure — leur mariage et leur départ pour l'inconnu —, ils devinrent des associés. Un lien de dépendance et de prévenance s'établit, accentué par le scepticisme des hors-la-loi. Ils conspirèrent comme deux prisonniers jetés par hasard dans la même cellule auraient pu conspirer pour s'évader, évaluant sans romantisme leurs valeurs actives et passives, mais sans autre choix que de donner le meilleur de soi-même quand viendrait le signal de risquer leur vie ensemble. Ce fut Tanne, plus âgée et plus habile, qui apporta en toute logique l'énergie d'imagination nécessaire, et Bror, intrépide et audacieux, qui apporta la volonté à la mettre en pratique.

Il y eut certainement un autre échange important : le titre de Bror et ses relations avec la plus haute noblesse, y compris la famille royale de Suède, et la possibilité qu'avait Tanne d'accéder à la fortune des Westenholz, lesquels allaient garantir leur ferme. Mais il est hors de doute que, malgré leurs différences, malgré l'amour de Tanne pour Hans — élément de *dépit** et d'exploitation réciproque —, il y eut entre eux une affection mutuelle. Isak Dinesen protesterait plus tard qu'elle avait mis toute son âme dans ce mariage, et longtemps après son échec, elle continuerait de parler de ces premiers temps comme de l'une des périodes les plus heureuses de sa vie[20].

3

Leurs projets d'émigration furent établis, comme le disait Thomas Dinesen, « sans la moindre attention au détail[21] ». Aage Westenholz et Ingeborg Dinesen participèrent chacun de cent cinquante mille couronnes pour acheter des terres, une somme équivalant à environ quatre-vingt mille dollars de l'époque. « Après une nombreuse correspondance avec l'Afrique, une ferme de sept cents acres fut achetée. La mine d'or était à nous. Tout ce qui nous restait à faire, c'était d'extraire le minerai de haute teneur[22]. » Bror partit immédiatement pour l'Afrique afin de conclure l'affaire, aménager une maison et s'installer avant de faire venir Tanne. Il fut décidé qu'ils se marieraient le jour de son arrivée à Mombassa, au début de la nouvelle année.

Sur ces entrefaites, il ne cessa de lui écrire. En septembre 1913, il envoya à Tanne un journal de safari de trente pages, plein de photos, de taches de sang et de fautes d'orthographe. La famille ne fut guère rassurée de savoir qu'il avait abandonné son intention originelle, élever des vaches laitières et du bétail, et qu'il avait vendu la ferme qu'ils avaient négociée afin d'acheter une plantation de café bien plus vaste. « L'or, ça voulait dire le café, explique-t-il dans ses mémoires. Planter du café était la seule chose qui ait de l'avenir : le monde réclamait du café du Kenya. J'ai vendu mes sept cents arpents et j'ai acheté à la place à M. Sjögren la Compagnie suédoise des cafés d'Afrique, qui possède quatre mille cinq cents arpents près de Nairobi et à peu près autant près d'Eldoret[23]. »

Ces terres semblaient être à une altitude idéale pour le café, qu'on faisait déjà pousser avec succès dans les montagnes à une altitude bien plus élevée. Mais il était impossible pour Bror de savoir que le sol était trop acide, et les pluies trop insuffisantes pour permettre la culture du café. Ironie du sort, le

---

* A propos du mariage de convenance d'Émilie Vandamm avec son cousin Jacob dans « L'Enfant Rêveur » (*Contes d'Hiver,* p. 161), Isak Dinesen remarquait : « Plus d'une jeune fille de Copenhague se mariait alors *par dépit,* pour sauver sa dignité personnelle, reniant son propre amour et se faisant un point d'honneur de vanter l'excellence de son mari […] Elle fut, en quelque sorte, sauvée du sort de beaucoup de ses pareilles par l'appui de la lignée des Vandamm, morts ou vivants, ces hommes respectueux de la tradition et des saines réalités. Aux jours d'épreuve, ils regardaient en face la banqueroute et la ruine ; ils étaient les serviteurs honnêtes des faits. Émilie fit, elle aussi, l'inventaire de ses profits et pertes. »

terrain aurait bien mieux convenu à l'élevage du bétail, ou du moins à une « utilisation mixte », avec seulement le terrain le moins élevé consacré au café[24]. Cette affaire avec Sjögren pour la Compagnie suédoise des cafés d'Afrique, menée avec enthousiasme, chèrement payée et hâtivement conclue, fut à l'origine de la tragédie africaine d'Isak Dinesen.

Tanne pendant ce temps préparait son trousseau. Elle avait, avant même de quitter le Danemark, l'ambition de faire de leur maison une oasis de civilisation. Elle prit dans ses bagages un service de plateaux en argent, des verres en cristal, des porcelaines, des meubles, du linge, des tableaux, des bijoux, des tapis, une horloge française, des photographies dans des cadres décorés, un appareil de gymnastique, ses cahiers, la bibliothèque de son grand-père Westenholz et son cadeau de mariage préféré, un lévrier d'Écosse nommé Dusk.

Au début de décembre, quand les jours à Copenhague ne durent que sept heures et qu'il fait nuit à trois heures, elle fit ses visites officielles d'adieu, restant un peu avec chaque vieille tante dans un salon ou un boudoir parfumé par la fumée du bois de hêtre et du laurier-rose. Elle dut embrasser des douzaines de joues fanées, et chaque vieille femme y alla de son conseil à la future jeune mariée. Le 2 décembre, on l'accompagna à la gare avec émotion. Ingeborg et Ella lui tinrent compagnie jusqu'à Naples, où elles restèrent deux semaines avant que le bateau ne parte, le 16.

Le tumulte, la manificence croulante et l'animation du port italien en firent une étape géographique autant que spirituelle.

L'un de ses compagnons de voyage, le comte suédois Gustaf Lewenhaupt, du service du prince Wilhelm de Suède, qui allait en Afrique pour un safari, se rappelait combien la « petite Tanne » avait l'air d'une petite fille douce et rayonnante, debout parmi ses bagages sur le quai, avec sa famille[25]. Au dernier moment, sur le pont du *S.S. Admiral,* elle éprouva une « insupportable tendresse » pour sa mère[26].

LIVRE DEUXIÈME

TANIA

Sous le drapeau de ma première devise, j'ai fait voile vers une Vita Nuova, *vers ce qui allait devenir ma vraie vie.*

Isak Dinesen
Devises de Ma Vie

La navigation livre l'homme à l'incertitude du destin. Sur l'eau, chacun de nous est entre les mains de sa propre destinée.

Michel Foucault
Histoire de la Folie

15.

D'une mer à l'autre

1

En 1913, le voyage jusqu'en Afrique orientale durait dix-neuf jours. L'*Admiral* fit vapeur à travers la Méditerranée et le canal de Suez, jusqu'en mer Rouge, puis passa à l'est le golfe d'Aden, pour entrer dans l'océan Indien, en suivant le croissant de la côte de Somalie jusqu'à Mombassa. A Port-Saïd, à l'embouchure de Suez, Tanne Dinesen descendit à terre sur le sol africain pour la première fois. La place du marché n'avait guère changé depuis l'époque de Sinbad : les mendiants exposaient leurs plaies, les lames des avaleurs de sabre étincelaient dans le soleil ardent, les odeurs de fiente et de menthe se mêlaient avec la poussière, « et tout était à vendre : soieries et cimeterres, opium, whisky et jeunes enfants[1] ».

A la Saint-Sylvestre, le navire était déjà à mi-chemin de sa destination et il y eut une soirée en première classe. Les Sud-Africains qui étaient fermiers dans la région depuis des générations discutaient récoltes et élevage du bétail avec les plus récents émigrants se rendant sur la côte Est. Les sportifs racontaient une fois de plus leurs exploits et aiguisaient les appétits des nouveaux arrivants. Un savant allemand, qui faisait son vingt-troisième voyage au Tanganyika (Afrique-Orientale allemande), pérorait sur le caractère des indigènes, on dansait et on jouait au bridge dans le salon. Les Anglais et les Allemands étaient unis par des liens de classe et par une sûreté de soi royale. A minuit, on leva les verres à la nouvelle année qui les trouverait peu après en train de se faire la guerre dans le *bundu*.

L'homme qui devait être à la tête de cette chasse, et devenir une légende pour chaque parti, fit porter du champagne à Mlle Dinesen et but à sa santé. Il s'appelait Paul von Lettow-Vorbeck et, à quarante-quatre ans, s'apprêtait à prendre le commandement des troupes allemandes à Dar es-Salam. Il avait derrière lui une brillante carrière dans les guerres coloniales. Il avait combattu aux côtés de von Trotha en Afrique du Sud, où il avait été blessé à l'œil par un guerrier Herrero, expérience qui confirma sa haute opinion des soldats africains. Il avait également servi avec Botha et les Afrikaners, ainsi qu'avec les Anglais au cours de la révolte des Boxers. Tout cela avait fait de lui un stratège de la guérilla, impitoyable, rusé et plein de ressources.

Une photo surexposée, prise à Moshi ce février-là, représente von Lettow assis sur une véranda, portant son uniforme blanc et un bandeau, en train de boire du gin en souriant au photographe. Il a la tête rasée, presque parfaitement ronde, le nez crochu pris entre les guillemets des sourcils et la trace d'une moustache. Charles Miller, un historien de la guerre d'Afrique, prétend que von Lettow avait un charme personnel et un sens de l'humour rare parmi les officiers prussiens de sa génération : « Il était capable de se laisser aller[2]. » Il se détendit suffisamment pour que Tanne informe sa mère avec la fierté conquérante d'une gamine : « Il a été tellement gentil avec moi[3]. » A mesure que les nuits devenaient de plus en plus étouffantes, ils s'asseyaient sur le pont et observaient les étoiles équatoriales en faisant des conjectures sur leurs destinées africaines. Sa famille avait combattu la sienne durant trois guerres en Europe, et ils parlèrent peut-être de ces anciennes batailles. « Il appartenait au temps jadis, écrit-elle, et je n'ai jamais rencontré d'autre Allemand qui m'ait laissé une aussi forte impression de ce qu'était l'Empire allemand et de ce qu'il défendait[4]. »

Ce fut une relation chaste. Le colonel von Lettow donna à Mlle Dinesen sa photo à cheval, mais elle devait attendre quarante ans avant de lui donner un baiser, le taquinant sur ce sujet entre-temps. Avant qu'ils ne se séparent à Mombassa, ils s'accordèrent pour faire un safari ensemble au mois d'août suivant et en attendant, il la chargea de lui trouver dix juments reproductrices pour ses chevaux. Avec une confiance d'amazone apprivoisée, elle accepta, elle, la jeune fille qui, dix-huit mois auparavant à une soirée mondaine, s'était « évanouie de confusion » quand un vieux monsieur lui dit que l'on voyait le ruban de son jupon.

2

Isak Dinesen a peu écrit, et de façon vague, sur ce voyage mémorable, peut-être parce qu'elle avait le mal de mer, qu'elle était nerveuse et « déprimée[5] » durant une grande partie du trajet. Une hôtesse de bord allemande, nommée Martha, s'occupa d'elle comme une mère et accepta de descendre à Mombassa en lui promettant de rester au moins six semaines avec elle pour l'aider à s'installer dans sa nouvelle maison. Enfin, Tanne avait acquis cet apanage vital pour sa personne et sa dignité : une gouvernante. Mais à Aden, sur la côte des Somalis, un personnage poétique bien plus significatif attendait d'entrer à son service. Bror Blixen lui avait donné un titre, mais Farah Aden fit d'elle une aristocrate, et elle doit l'avoir reconnu depuis le début comme un personnage qu'elle avait elle-même imaginé. C'est à ce moment que sa « Vita Nuova » commença vraiment[6].

Farah était le domestique de Bror, et il avait été dépêché à l'arrivée du bateau pour accueillir Tanne et l'aider à s'occuper de ses bagages. Il portait un long *kanzu* blanc, un gilet brodé, un turban rouge et fit à sa maîtresse un profond *salaam*. Peu familière des variétés de physionomie africaines, elle le prit tout d'abord pour un Indien, mais c'était un Somali de la tribu des Habr Yunis, peuple de marchands et d'éleveurs de bétail, farouches, beaux et habiles. Elle allait éprouver une attirance croissante pour sa foi musulmane, son code d'honneur et son érotisme. Dans *Ombres sur la prairie,* elle décrit les Somalis comme des aristocrates parmi les Africains : « Hautains et impossibles à vivre aux derniers arrivants. » Mais ils allaient également de pair avec les Européens qu'ils choisissaient de servir. « Il y avait lord Delamere et Hassan, Berkeley Cole et Yama, Denys Finch Hatton et Bilea, moi-même et Farah. Nous étions les gens qui, partout où nous allions, étions suivis à une distance de un mètre cinquante par ces nobles, vigilantes et mystérieuses ombres[7]. »

L'ombre de Farah était en fait anormalement petite pour un Somali : il était à peu près de la même stature que sa maîtresse, et avait pratiquement le même âge. Il était mince, avec des traits fins et l'air digne, mais avec une large part du caractère méprisant de sa tribu. Lorsqu'ils se rencontrèrent à Aden, Farah parlait mal l'anglais, avec l'accent guttural des Somalis. Même lorsqu'il le parla mieux, il continua d'y avoir quelque emphase biblique dans ses paroles, comme si une partie de celles-ci avait toujours été en italique. Ce fut le grand vizir de la maison et de la ferme de Karen Blixen (« notre maison »). Il gérait son budget, tenait les comptes et payait les gages, conduisait sa voiture et s'occupait des étables et de la cuisine. Cela lui donna une énorme influence auprès des fournisseurs locaux, et au bout d'un certain temps, il monta sa propre *dukka* (épicerie) à Ngong, et fit quant à lui des affaires florissantes. Karen Blixen soupçonnait parfois leurs intérêts d'être contradictoires, et allait jusqu'à penser que Farah l'escroquait de temps en temps; leurs rapports, qui durèrent dix-huit ans, ne furent pas sans *shauries* *. Comme tous les hommes qui lui furent très proches, c'était un errant et il quittait la ferme durant des mois pour s'occuper des safaris de Bror ou des siens propres. Dès les premiers jours de leur mariage, les Blixen rivalisèrent pour s'attacher sa loyauté et son service.

Si Karen Blixen était très possessive envers Farah, c'est parce que sa dépendance à son égard était très complexe. Il partageait sa vie de tous les jours, servait de médiateur dans ses relations avec les Africains et la soulageait d'un grand nombre de fardeaux. Mais il devint aussi son confident. C'était quelqu'un en qui elle avait une confiance presque mystique, ce qu'elle appelait un pacte. « Je lui faisais part de mes soucis comme de mes succès et il savait tout ce que je faisais ou pensais. » Les Anglais trouvaient étrange, et même suspecte, cette intimité avec un domestique noir : ils ne pouvaient imaginer qu'il n'y eût pas à cela quelque raison obscène. Mais Karen Blixen elle-même appelait cela une « unité créative ». La fierté et la fidélité définissaient le prestige et l'honneur du maître, et le besoin du maître donnait au serviteur son identité. Il leur fallait à tous deux cette relation pour devenir « eux-mêmes[8] ».

Les termes de cette unité ont une ressemblance frappante avec cette autre

---

* *Shaurie* est le mot swahili qui correspond à affaires, négoce, mais aussi à troubles et intrigues.

unité créative, le mariage victorien, où l'épouse joue le rôle tenu ici par le serviteur. Ils peuvent également être comparés à l'unité formée par une mère et son petit enfant. Le dévouement de ses serviteurs permettait à la classe dirigeante d'éprouver la joie de la dépendance physique de leur petite enfance pendant toute leur vie, et l'impuissance était, ironiquement, le signe de leur pouvoir. Mais une différence importante entre un serviteur comme Farah et une mère comme Ingeborg était que Farah n'entoura jamais Tanne de sa sollicitude. Il la suivait simplement à distance respectueuse, avec un châle de cachemire et un fusil chargé.

3

Le bateau aborda dans le port de Kilindini par un matin humide, le 13 janvier, et Bror monta à bord pour venir chercher sa fiancée. Il n'y avait pas encore de quai et il fallait faire les derniers cent mètres jusqu'au rivage dans une barque. La chaleur était déjà éprouvante et les falaises miroitaient dans la lumière. Au-delà de la crique, les lames de l'océan Indien dessinaient « une ligne mince et ondulée d'écume qui subsiste même par temps calme et qui s'accompagne d'un sourd grondement[9] ».

Mombassa est un très vieux port. Il atteignit le faîte de sa prospérité au XVe siècle, lorsque c'était une sorte de Venise africaine, centre de la riche culture swahili et du florissant commerce de l'or, de l'ivoire, du coton et, plus tard, des esclaves. Puis arrivèrent les Portugais qui pillèrent la population locale, ruinèrent le négoce de la côte avec leurs impôts et leur corruption, et construisirent une forteresse à l'aspect inexpugnable, Fort-Jesus, qui domine toujours le port.

Les rues étroites de la ville serpentent vers la mer et le long des falaises poussent des palmiers et d'antiques baobabs noueux. Les maisons ont des murs épais taillés dans la roche couleur de corail. Des acacias fleurissent dans les cours intérieures et de nombreuses entrées sont sculptées dans le gracieux style swahili ancien. En 1914, les vapeurs des lignes de Hambourg et de Southampton accostaient près des vaisseaux à voiles de Lamu. La ville était le terminus du chemin de fer d'Ouganda, et le port d'où les récoltes des régions montagneuses — lin, café, pyrèthre et bois — étaient embarquées pour l'Europe. C'était également un grand marché local. A l'ombre des manguiers, des femmes voilées aux yeux cernés de khôl marchandaient poulets et melons. Les marchands de tissus et d'argent tenaient boutique sur les seuils et crachaient le bétel dans le ruisseau, et partout l'odeur du poisson et du café fraîchement torréfié emplissait l'air lourd.

Ce soir-là, Bror Blixen et Tanne Dinesen dînèrent avec von Lettow et passèrent la nuit au Mombassa Club. Tanne dit à sa famille, pour sauver les convenances, qu'ils s'étaient mariés le matin de son arrivée, mais en fait la cérémonie eut lieu le lendemain. Le commissaire du district les maria et le témoin de Bror fut le prince Wilhelm de Suède. Pressée de raconter ce détail à Ingeborg, Tanne dit qu'elle portait un costume de shantung, un chemisier acheté à Naples, et un « chapeau-cloche », et que la cérémonie fut « simple et ne dura que dix minutes [10] ». Le prince donne de l'événement un compte rendu moins succinct dans ses mémoires :

« La cérémonie fut célébrée par un maigre fonctionnaire à lunettes, au visage couleur de craie, qui avait l'air maladif et dont les habits étaient trop grands [...]. Il était assis à une table de bois brut où se trouvaient un manuel de droit, une feuille de papier graisseux et un stylo-plume rouillé. Les murs étaient blanchis à la chaux et sur l'un d'eux était accrochée une tête de léopard.
« Et maintenant je vous demande... pardon, comment vous appelez-vous ?... si vous consentez à prendre... » Ils l'aidaient de bonne grâce. Le marié avec ses épaules larges, ses yeux bleus et ses coups de soleil, calme et sûr de lui dans son costume blanc qui n'avait pas été repassé depuis longtemps. La mariée est mince et bien tournée, avec des yeux intelligents et enfoncés dans leurs orbites, des traits réguliers sous une abondance de cheveux châtains. La robe, simple et bien coupée, trahit la touche d'une maison de couture de premier ordre. Une jeune femme jolie et élégante, désormais bien loin de tout cela. Elle est venue de loin pour unir son destin à celui de l'homme qui est à ses côtés. Pas de famille ni d'amis autres que ceux qu'elle a rencontrés en chemin [11]. »

A quatre heures cet après-midi-là, les jeunes mariés et leur compagnie royale partirent en train pour Nairobi. Le gouverneur du protectorat, sir Henry Belfield, avait mis son wagon-restaurant personnel à leur disposition et sir Northrup Macmillan, le milliardaire américain, leur envoya son cuisinier. « Le dîner de noces, écrivit Son Altesse Royale, se déroula, accompagné par le grondement des roues et leurs chocs sur les rails. Nous portions les toasts au champagne et nous sentions nos pores se contracter dans la chaleur étouffante, lorsque nous buvions, malgré le fait que la compagnie fût en pyjama, tenue de soirée parfaite sous les tropiques [...] [12]. »

Durant le trajet qui longeait la côte, le train passa près de petits villages où, au crépuscule, les gens s'asseyaient pour parler autour des feux. On traversa les basses régions tropicales avec leurs palmiers et bananiers, en remontant vers le désert de Taru. Cette région était aussi plate qu'un fond de tarte relevé sur les bords, avec des collines qui s'élevaient tout autour pour former un ourlet irrégulier. L'air fraîchit et la nuit tomba brusquement. La lune se leva avec les étoiles — Vénus était exceptionnellement brillante cette année-là — et les plaines grouillèrent des ombres violettes et nerveuses des animaux sauvages.

Il n'y avait pas de couchettes dans le train, et ce mélange de luxe et de simplicité d'un témoin de mariage royal et d'une nuit de noces passée sur une banquette devait s'avérer typique de la vie africaine de Karen Blixen. Bror avait eu la présence d'esprit d'apporter des draps et une couverture.

16.

Une terre paisible

1

Le train qui emmenait les Blixen à leur ferme montait par une voie étroite vers un plateau au climat tempéré, avec ses terres fertiles, ses pâturages et ses fermes étonnamment belles. Le chemin de fer séparait le pays en deux : à l'est s'étendaient les terres basses et humides de la côte, et, à l'ouest, la région formait un escarpement déchiqueté qui plongeait ensuite presque à pic dans la Rift Valley. C'était un paysage lunaire couvert de lave et de lacs de soude, et raviné par des torrents.

Les highlands s'élevaient à une altitude comprise entre mille cinq cents et deux mille cinq cents mètres, et étaient bordés par une frange de montagnes anciennes et de volcans éteints, et dominés par le sommet couvert de neige du mont Kenya. L'air était exceptionnellement pur et clair et il avait la réputation de rendre « euphoriques » les Blancs qui, du même coup, n'étaient plus tenus pleinement responsables de leur conduite. L'A.O.A. (Afrique-Orientale anglaise) dégageait une atmosphère hautement érotique : c'était un endroit où, avec le consentement de la nature, disparaissaient les inhibitions de la civilisation. On y pratiquait comme un sport la monogamie en série et, dans les bars des vapeurs qui emmenaient les colons ou les chasseurs depuis leurs fermes vers de nouvelles aventures, on abordait les dames avec la célèbre question : « Vous êtes mariée, ou vous vivez au Kenya ? »

Dans les highlands, la luxuriance alternait avec la sécheresse. Dans les plaines « les couleurs avaient la teinte sèche et brûlée de certaines poteries[1] ». Mais les régions vallonnées étaient couvertes par le vert sombre des grandes plantations de café, dans un ensemble bigarré de champs et de feuilles et, plus haut sur les pentes, poussaient des forêts de camphriers, de santals citrins et de bambous géants.

A côté du café, poussaient avantageusement le maïs et le sisal. Il y avait d'excellents pâturages pour le bétail car la plus grande partie du pays était un immense pacage de hautes herbes. Le gibier abondait avec une fantastique diversité : des millions de flamants nichaient dans les lacs de montagne ; des buffles, des élands et des rhinocéros peuplaient les collines, les éléphants prospéraient dans la brousse. Les girafes broutaient les épineux, les singes jacassaient dans la forêt et les savanes étaient couvertes jusqu'à l'horizon de troupeaux de zèbres, de gnous et de gazelles qui servaient à leur tour de nourriture aux félins. Nulle part sur la terre, la vie n'offrait un tel spectacle de force, de beauté et d'harmonie et, par-dessus tout, de diversité. Cela suscitait chez ceux qui le contemplaient pour la première fois un sentiment de respect religieux et de reconnaissance. « C'était, comme l'écrit Carl Jung à propos des plaines d'Athi, la plénitude d'une éternelle genèse, le monde tel qu'il avait toujours été[2]. » Lorsqu'elle revoyait sa vie en Afrique, Karen Blixen écrivit : « Je me rends compte combien j'ai été favorisée d'avoir pu mener une vie libre et humaine sur une terre paisible, après avoir connu le bruit et l'inquiétude du monde[3]. »

2

Les Blixen voyagèrent sur la ligne principale du réseau d'Ouganda, qui menait de Mombassa à Kisumu, sur les bords du lac Victoria. Ce chemin de fer avait ouvert l'intérieur à la colonisation blanche. Avant qu'il fût achevé, en 1901, les seuls Européens à avoir vécu dans les highlands étaient des missionnaires, des négociants et quelques officiers coloniaux. Même les impérialistes, qui avaient réclamé si violemment cette ligne, n'avaient pas prévu toutes les richesses auxquelles elle donnerait accès. La raison qu'ils invoquaient était qu'il fallait dégager un passage stratégique sur l'Ouganda et les sources du Nil, et leurs craintes étaient qu'un ennemi éventuel n'envahisse la colonie par le Sud, n'endigue le fleuve à sa source et, en asséchant le delta du Nil, cinq mille kilomètres plus loin, ne contrôle ainsi le canal de Suez. Ce fut certainement l'une des paranoïas les plus élaborées de l'histoire de la géopolitique[4].

On fit le relevé du terrain en 1894 et on importa une armée d'ouvriers indiens pour poser la ligne. Ces coolies héroïques traînèrent neuf cent soixante kilomètres de fer à travers les marécages infestés de moustiques et les déserts, lançant des viaducs par-dessus les précipices, montant à l'assaut des hauteurs et plongeant dans des vallées torrides. Ils succombèrent par centaines à la fièvre, aux parasites et aux lions mangeurs d'hommes qui rôdaient autour de leurs campements. L'ouvrage prit cinq années et coûta six millions de livres aux Anglais.

Une fois fait, l'investissement devait être récupéré et la « colonisation de fermes blanches apparut comme la seule voie de solvabilité, sinon de prospérité[5] ». En 1902, le syndicat est-africain vendit à bas prix quatre millions cinq cent mille arpents en propriétés dans les highlands, comme si le terrain avait été libre. Dès 1915, plus d'un demi-million d'arpents avaient été accaparés par un millier de fermiers blancs, une proportion qui ne changea sensiblement pas avant les années 50.

Bien qu'il fût possible d'acquérir une vaste portion de territoire vierge à un coût relativement peu élevé, il faut se rappeler que les risques et l'incertitude de sa mise en valeur étaient énormes. C'est ce qui détermina la classe et, en un certain sens, la trempe des premiers pionniers. Ils étaient d'un milieu très aisé et influent, et venaient des couches supérieures de la société, mus par la nostalgie du « monde de dépendance et d'obligations que leurs ancêtres avaient perdu dans la révolution industrielle[6] ». C'étaient aussi des individus qui, pour la plupart, avaient un motif suffisamment contraignant pour les forcer à laisser leurs confortables situations en Europe, et assez d'indépendance, d'ambition, de courage et de véritable entêtement pour réussir à mener une existence primitive dans la brousse.

Avant d'examiner le profil aristocratique de ces fermiers, nous marquerons une pause pour décrire les peuples qu'ils avaient expropriés de leurs terres.

Les populations indigènes du Kenya atteignaient environ trois millions en 1913. La majorité étaient des peuples de langue bantoue, les Kambas et les Kikuyus, qui faisaient de l'élevage dans les highlands du centre, et les Luos, qui vivaient dans la région Ouest du lac Nyanza. Les prêtres des Luos les avaient poussés à accueillir favorablement les Anglais, qu'ils prenaient pour une race d' « étrangers rouges » et bienveillants dont leurs ancêtres prédisaient la venue. Ce point de vue n'était pas partagé par leurs voisins, les Nandis, qu'il fallut « pacifier » au cours d'une série d'expéditions punitives. Les Anglais utilisèrent des troupes africaines pour le combat et le pillage, et ils les recrutèrent parmi les Luos et les belliqueuses tribus Masaïs et Somalis.

Les Masaïs, peuple du Soudan, étaient venus à l'origine au Kenya par le nord, émigrant jusqu'aux highlands du centre à la recherche de pâturages pour leur bétail et pillant les villages au fur et à mesure qu'ils avançaient. Ils étaient farouches et braves au combat, chassant le lion avec leurs longues sagaies, et ils élevaient les jeunes guerriers avec un régime à base de lait et de sang. Cette tribu avait une sorte de séduction nietzschéenne pour les nouveaux arrivants, ou du moins pour certains d'entre eux. Lord Delamere souriait avec indulgence lorsqu'ils lui volaient ses moutons ou ses vaches. Berkeley Cole étudia leur langue et les organisa en troupes d'éclaireurs durant la guerre. Karen Blixen peignit leurs souples silhouettes de cigognes et admira les jeunes Masaïs : « Ils ont une allure et un *chic* inimitables ; aussi audacieux et aventureux qu'ils soient, il faut reconnaître qu'ils sont fidèles, autant envers eux-mêmes qu'envers l'idéal qui leur est inculqué[7]. »

Les Somalis, leurs frères d'armes, étaient également une tribu de guerriers et de bergers fiers et susceptibles, qui avaient traversé le Kenya depuis la Somalie et s'étaient établis — si l'on peut dire — dans la région du nord-est, désertique et brûlante. C'était un peuple du « Livre », des musulmans fanatiques qui méprisaient les tribus païennes. Contrairement aux Masaïs, ils entraient parfois au service des Européens, mais conservaient à l'égard des Blancs une distance que ceux-ci considéraient comme de l'impudence et dont ils se méfiaient.

Il y avait de nombreuses tribus de moindre importance : les Dorobos, célèbres pour leur habileté à la chasse à l'éléphant. Les Turkanas, nus et couverts de bracelets, qui vivaient dans la région sauvage du lac Rudolf, et les Baluyias (Kavirondos).

Enfin, il y avait encore les Swahilis sur la côte. Durant des années, ils avaient servi de tampon entre les tribus de l'intérieur et les différents envahisseurs, et leur propre culture sédentaire avait réussi à subsister malgré les invasions répétées. Ils étaient eux aussi musulmans et descendaient des marchands arabes de l'âge d'or * et de leurs épouses bantoues. Ils avaient une architecture, un langage écrit, une riche poésie. Le KiSwahili était à l'époque la *lingua franca* d'Afrique-Orientale, et il l'est toujours.

Afin de voir quelle était l'attitude habituelle des colons vis-à-vis des Africains — c'étaient des « créatures » ou des « enfants » qui « émergeaient à peine de l'âge de pierre » ou qui auraient dû se montrer reconnaissants envers la civilisation qui leur donnait du travail —, il vaut la peine de citer un passage de l'éminent historien Basil Davidson. Tandis que les civilisations indigènes du Kenya « restaient simples pour tout ce qui concernait la vie matérielle, les outils et les armes, les moyens de transport et l'habitat, l'absence de lecture, d'écriture et les méthodes de production des biens, leur vie quotidienne devenait plus riche et plus complexe dans d'autres domaines. Cela devint une civilisation de dignité et de valeur dans ses croyances spirituelles, ses méthodes de gouvernement, les arts tels que la danse et le chant, et les dons nécessaires pour résoudre les problèmes quotidiens. C'était aussi, en grande partie, une civilisation de paix, en général bien davantage que celle d'Europe. [...] On vivait en paix les uns avec les autres, grâce à des méthodes d'autogouvernement puissamment démocratiques. On vivait en paix avec ses voisins, car il y avait généralement assez de terre pour tout le monde [...][8] ».

Presque dès le début, Karen Blixen eut une opinion similaire des Africains. Ceci ne revient pas à dire que ses relations avec eux étaient féodales, que sa connaissance de leurs coutumes et de leur histoire était secondaire, ou que sa position était à la fois romantique et paternaliste. Elle voyait très bien, sans avoir à se forcer, « la dignité et la valeur » de leurs arts. Elle comprenait, sans autre étude plus approfondie que ses propres observations, cette sagesse qui pouvait créer un ordre moral bien plus fonctionnel que celui de sa race. Elle déplorait, du moins dans l'intimité des lettres qu'elle écrivait au Danemark, la suffisance vicieuse de la classe dirigeante, qui croyait et affirmait : « Nous avons en Afrique-Orientale la rare chance d'avoir affaire à une *tabula rasa,* un pays [...] pratiquement vierge où nous pouvons agir comme il nous plaît[9]. »

* Période de l'expansion arabe et de la culture islamique, située entre le IXe et le XIVe siècle.

17.

L'obscure clarté

1

Pour un siège de gouvernement, porte des splendeurs des highlands, Nairobi était une petite ville délabrée, grisâtre et singulièrement fruste. Elle s'était développée autour de la tête de station, sur une portion de terrain plane et donnait l'impression que son plan avait été tracé, dans la poussière, du bout d'un canon de fusil. Les trottoirs en bois étaient ombragés d'eucalyptus et bordés de *dukkas,* de bureaux et de bungalows à toit de tôle ondulée. L'abondance de ce matériau amena Bror Blixen à comparer Nairobi à une boîte d'anchois. Les rues n'avaient pour tout revêtement qu'une poussière rouge qui, lorsqu'il pleuvait, devenait de la boue couleur sang de bœuf. Après chaque averse, il restait d'énormes trous. En 1911, un groupe de colons irrités, mais spirituels, y plantèrent de jeunes bananiers[1].

Il y avait une vaste communauté indienne à Nairobi, pour la plupart rassemblés dans les quartiers pauvres du bazar. Il existait un ghetto somali tout aussi précaire, hors des limites de la ville, sur la route de Limuru, « exposé à tous les vents, construit sur un terrain dénudé dont l'aridité tout autant que la poussière devaient rappeler aux Somalis le désert ancestral[2] ». Mais pour les colons, il y avait un certain nombre d'avantages : un beau bâtiment pour le gouvernement, avec une salle de bal et un « joli jardin », un champ de courses, deux bons hôtels, le Norfolk et le New Stanley, à la terrasse desquels on pouvait échanger les potins locaux devant un verre de whisky tiède. Le Muthaiga Club, fondé par Berkeley Cole, ouvrit la semaine où Karen Blixen arriva. Il était situé dans un bâtiment de stuc rose et possédait un golf, des courts de tennis, un terrain de croquet, des écuries pour les poneys de polo, deux limousines avec chauffeurs et un chef qui venait de Goa. La liste des membres avait des allures d'annuaire Debrett, et le baron Blixen s'y fit immédiatement inscrire. Un endroit comme celui-là, dans un pays aussi fruste, brillait dans l'obscurité au propre comme au figuré et excitait l'imagination des étrangers.

Durant les années vingt, le Muthaiga finit par être connu comme « le Moulin-Rouge de l'Afrique », et son nom fut associé à un bon nombre d'histoires d'amour célèbres, et un ou deux coups de feu y furent même tirés. Une poignée d'aventuriers titrés, comme le comte d'Erroll, la comtesse de Janzé et lady Idina Sackville, qui eut cinq maris, firent beaucoup pour sa réputation, laquelle était un sujet d'amusement parmi la plupart des autres colons. « On était, m'a assuré l'un d'eux, une bande de gens qui travaillaient dur, qui vivaient seuls dans leurs fermes, et on aimait bien prendre un coup de champ, quand on descendait en ville[3]. » Mon interlocuteur riait au souvenir de ces orgies : on passait le temps à remplacer le lustre du Muthaiga, et les soirées tendaient, quand venait l'aube, à dégénérer en steeple-chases. Lord Delamere adorait tirer des balles de golf sur le toit pour monter ensuite les rechercher. Algy Cartwright escaladait les piliers. Denys Finch Hatton avait l'habitude de s'élancer tête baissée sur les fauteuils pour s'y retrouver assis, et Tania Blixen, envieuse de cette technique, s'y entraîna sans la maîtriser jamais. Ceux qui étaient toujours debout à neuf heures du matin, quand Emil Jardine ouvrait sa boutique de vins sur Government Road, se refaisaient là-bas autour d'une dernière bouteille de champagne avant d'aller prendre un bain de boue au Blue Post Hotel.

Nairobi avait son « torchon », le *Leader,* qui traitait de la politique locale, des transactions foncières, de la faune, des arrivées et départs de bateaux, du temps, et qui comprenait une colonne mondaine. La semaine de l'arrivée de Tanne, on mentionna son nom en deux endroits différents : dans la section maritime, elle figurait dans la liste des passagers de l'*Admiral* sous le nom de « Frau Karen Dinesen ». Dans la page mondaine, elle apparaissait en tant que l'une des invitées de la réception du gouverneur pour le prince Wilhelm : « Baronne von Blixen-Finecke[4]. » Elle fut elle-même un peu éblouie par cette promotion. Le gouverneur, racontait-elle, la fit asseoir à sa droite et ne cessa de l'appeler baronne « à tout bout de champ[5] ».

2

Le grandiose paysage qui entoure Nairobi, une fois que l'on sort de la ville, est dominé par les collines de Ngong. Ce sont quatre sommets qui se dressent sur un escarpement et qui ont l'air, sous certains angles, des jointures d'un poing serré, irrégulièrement arrondi. Durant les heures fraîches de la journée, elles deviennent d'un bleu plus sombre que le ciel, et Karen Blixen les comparait à des vagues immobiles se profilant sur le ciel[6]. Mais elles changent constamment selon la lumière, comme un visage, et affectent l'humeur et les dimensions de tout ce qui les environne. Après la pluie, elles se dressent avec un tel éclat que les Masaïs et les Kikuyus appellent l'effet produit la « claire obscurité », une expression qui rappelle une qualité de l'écriture d'Isak Dinesen.

Son entreprise, la Compagnie suédoise des cafés d'Afrique, possédait quatre mille cinq cents arpents au pied des collines, et après le déjeuner avec le prince, Bror y conduisit sa fiancée pour les visiter. C'était une journée splendide : de chaque côté de la route, les champs étaient couverts de fleurs dont le parfum, qui montait jusqu'à la voiture découverte, rappela à Tanne celui des trèfles d'eau du Danemark. A vingt kilomètres de Nairobi et à plusieurs centaines de mètres d'altitude, ils empruntèrent un chemin sablé, et elle vit sa maison pour la première fois. Ce n'était pas le beau manoir de pierre de *La Ferme Africaine,* que les Blixen allaient acheter en 1917 quand ils acquirent quinze cents arpents de plus, mais un bungalow en briques, relativement modeste, avec quatre pièces et une petite véranda. Cependant, une grande pelouse l'environnait et les six cents ouvriers qui y travaillaient s'étaient rassemblés pour l'accueillir, allant au-devant d'eux en poussant des « rugissements » de bienvenue en essayant de toucher le couple. Bror était ennuyé, mais Tanne était ravie. Après s'être promenée dans les bois alentour, que l'on allait défricher pour y planter le café, et après avoir pris le thé avec les six régisseurs européens, elle promit de la viande aux Africains et, du haut des marches, leur fit un discours de remerciement. Aucune jeune reine n'aurait pu bénéficier d'un « élargissement aussi magnifique » de ses horizons[7], se flatter d'y être parvenue aussi aisément, et peut-être que personne n'avait attendu comme elle ce qui lui était dû depuis si longtemps.

L'attirance de Karen Blixen pour les Africains avait été immédiate et sensuelle. « Ils entrèrent dans mon existence, écrivait-elle à la fin de sa vie, comme une sorte de réponse à quelque appel de ma nature profonde, peut-être à mes rêves d'enfance, ou à la poésie que j'avais lue et adorée longtemps auparavant, ou aux émotions et aux instincts qui gisaient au plus profond de moi [...][8]. » Elle sentait qu'elle partageait avec eux une sorte de « pacte ». Cette idée réapparaît dans sa vie et dans ses œuvres chaque fois qu'elle veut décrire une relation exceptionnellement intime et privilégiée. A quinze ans, elle s'était imaginé un « pacte » qui la liait à son père défunt, un pacte plein d'érotisme et de mysticisme qui faisait de Wilhelm son allié contre le désespoir de l'adolescence. Beaucoup plus tard, elle parla d'un « pacte » avec son ami Thorkild Bjørnvig, le jeune poète danois qu'elle considérait comme son protégé et son héritier spirituel. Cette relation arrivait aussi à un moment où les sensations de désespoir et d'échec — ceux de sa vieillesse — menaçaient de la dominer. Jeune femme, en Afrique, elle affronta de déchirantes périodes de maladie et d'insécurité, et le sentiment d'un « pacte » avec les Africains — un lien profond, mutuel et éternel — l'aida à les surmonter. Mais « il y eut une époque, confia-t-elle à Bjørnvig, où Farah, les autres gens de ma maison et tout, en Afrique, même l'Afrique en soi, ne me disaient qu'une seule et unique chose : " Fais-nous confiance, et nous te protégerons[9] " ».

En ce qui concerne cette autre relation intime et privilégiée, son mariage, Karen Blixen était beaucoup plus réservée. Cela commença au moins comme une idylle. Elle jouait la châtelaine de son fruste seigneur, Bror, et se vantait à sa famille d'être la personne la plus prévenante et la plus pragmatique qui eût jamais vu le jour, et la propriétaire la plus admirée du pays. Lui, en retour, exaltait ses charmes, son courage et son ingéniosité de maîtresse de maison qui avait fait des miracles « avec un personnel composé de simples nègres[10] ».

Avant de s'installer à Mbogathi House, ils passèrent une sorte de lune de miel et voyagèrent dans les environs du magnifique lac Naivasha. Ils chassaient la nuit et dormaient le jour dans un petit relais avec un plancher de terre battue et un âtre de pierre. De tous côtés, les entourait un paysage simple et vallonné de hautes herbes qui s'étendait jusqu'aux montagnes dans le lointain. Le gibier abondait et les lions rugissaient dans la nuit, un bruit aussi pénétrant que le « tonnerre des armes dans l'obscurité ». Écrivant dans son lit un matin, avec un coursier prêt à prendre sa lettre, Tanne essaya de décrire ses sentiments et ce qui l'environnait, mais elle était trop débordée de sensations pour être précise. « Il faut donc que vous le preniez tel que c'est, disait-elle à Ingeborg, et malgré mon style brouillon, il faut que vous tentiez de vous faire une idée de cette nouvelle vie grandiose et de tout ce qui m'est arrivé ici [11]. »

Le premier projet de Tanne fut l'ambitieuse rénovation du bungalow, qui dura presque un an et le transforma en quelque chose qui rappelait davantage une villa. Elle fit fermer la véranda, dont elle fit un jardin intérieur où elle accrocha ses peintures et déploya ses tapis persans. Elle fit construire une autre véranda sur piliers et une aile qui renfermait bureaux et ateliers ; elle fit défricher un potager, redessina la pelouse, fit creuser une petite pièce d'eau et planter des vignes grimpantes qui finirent par recouvrir l'affreux mur de briques. La maison existe encore aujourd'hui, et elle fait partie d'un hôtel dans la banlieue de Karen*.

Bror fut tout aussi énergique dans le rôle du planteur de café « le plus admiré » du pays. Il fallait en fait plusieurs années aux plants pour parvenir à maturité, aussi le fait qu'il ne connût pas grand-chose au café n'était pas encore un problème. Il inspectait la ferme à cheval avec un énorme chapeau, un *kiboko*** et une paire de superbes bottes d'équitation anglaises et il supervisait le défrichage des bois et la vaccination du bétail contre la peste bovine. Dans ses moments de loisir, il s'asseyait pour combiner des plans avec ses vieux copains devant un verre d'excellent whisky, et son bureau était devenu une sorte de club pour les Suédois établis dans le pays. Tanne le décrivit, avec une affectueuse condescendance, comme un endroit qui sentait « l'homme et le cigare ». Les personnages véreux du Kenya prenaient Bror pour un des leurs et lui apportaient, qui leurs titres miniers, qui leurs actions de chemin de fer, auxquels il souscrivait invariablement. Il faisait des safaris avec ses amis, campait à Uasin Gishu, où ils possédaient des terres, ou inspectait un terrain à Eldoret qu'il pouvait éventuellement avoir envie d'acheter. Il passait souvent la nuit à Nairobi au Muthaiga, quand « les affaires » l'y retenaient. Apparemment, Tanne ne s'en plaignait pas, et elle n'aurait pu lui tenir compagnie, eût-elle été invitée, car elle attrapa la malaria à la fin du mois de février. C'était une maladie grave qui la cloua au lit durant des semaines, et elle souffrit de dépression après ses fièvres. « C'est un peu pénible, d'autant plus que Bror est souvent parti », écrivit-elle à tante Bess, en minimisant considérablement les choses. Farah s'occupa d'elle durant ce passage à vide, la soigna pendant ses fièvres « mieux que ne l'aurait fait une servante européenne [12] », la tint au courant de toutes les histoires de la ferme

* Lorsque la ferme de Karen Blixen fut vendue à un promoteur en 1931, celui-ci appela le quartier « Karen » en son honneur.
** Un fouet en cuir d'hippopotame.

et lui apprit le swahili. Lorsqu'il voyait que la confiance l'abandonnait, il lui parlait de la volonté divine.

Dans une certaine mesure, cependant, la jeune baronne Blixen se plaisait dans son isolement. Elle avait conscience de son rang et gardait ses distances vis-à-vis des colons qui lui étaient inférieurs. Pour sa part, l'aristocratie anglaise mit longtemps à accepter ces nouveaux venus qui arrivaient sans sauf-conduits. Lady Belfield, la femme du gouverneur, prit bien une fois le thé à la ferme (en tout cas, sa voiture tomba en panne sur la route de Ngong et fut dégagée par les ouvriers kavirondos de Tanne). Quand la dame lui parla du caractère affreusement provincial des soirées de Nairobi, Tanne lui témoigna toute sa compassion. Dans ses lettres à sa mère, elle priait Dieu de continuer de la préserver de telles réjouissances. Il y avait quelques âmes de poètes, et certains de ses voisins avaient un certain charme : Mr Grieve, un vieux pionnier galant, Ture Rundgren, un mélancolique Suédois que Tanne appréciait comme une « sorte de Hamlet[13] », mais c'étaient là des exceptions. Les lettres qu'elle envoyait au Danemark bouillonnent de mépris pour la banalité des colons blancs et des Anglais en particulier, ce qui devrait surprendre les lecteurs de *La Ferme Africaine.* Leurs préjugés raciaux lui déplaisaient plus que tout. Considérant les Africains comme des sous-hommes, ils exigeaient que leurs ouvriers agricoles travaillent pendant les pluies et que leurs serviteurs somalis interrompent leurs prières. Lorsque Tanne essayait de discuter des différences entre les races, comme s'il avait été possible de trouver quelque point de comparaison, les dames anglaises se moquaient de son « originalité ». La supériorité morale des Blancs, conclut-elle, était une illusion, et en ce qui concernait des points importants, l'honneur ou l'humour, par exemple, les Africains étaient bien plus civilisés.

Les antipathies sont souvent réciproques, et les Anglais, tout d'abord, n'acceptèrent pas Tanne Blixen avec chaleur. Ils considéraient de façon soupçonneuse cette fine étrangère aux manières quelque peu affectées et à l'accent maladroit, qui se croyait trop bien pour eux et faisait état d'opinions sur la beauté morale des indigènes. On la qualifiait, dit un contemporain d' « oiseau rare », de « colin froid » et d' « odieuse snob[14] ». Durant la guerre, on la prit pour une espionne allemande. C'était absurde, et cela la blessa profondément, bien qu'elle avouât à Ella qu'elle trouvait les Allemands plus sympathiques que les Anglais, et qu'elle se fût consolée, malgré la distance, avec l'amitié de von Lettow. Bror était jugé selon ses mérites personnels et on l'appréciait et le comprenait davantage. Personne ne le trouvait trop intellectuel ou ne doutait de ses affinités raciales. Il appréciait la compagnie des autres fermiers, il avait un esprit pas trop fin, racontait de bonnes histoires et payait des verres, en restant charmant avec les dames, qui trouvaient le baron « tout sauf irrésistible[15] ». Ce qui inspira peut-être à Tanne sa caricature outrée de l'amoureuse anglaise typique : jupe courte, cheveux décolorés, rire strident, bottes à hauts talons et un revolver dont elle ne sait pas se servir. Il n'y avait pas dix femmes « convenables » dans le pays, assurait-elle à Ella[16].

Au début d'avril, le chef des Kikuyus vint présenter ses respects à la baronne Blixen. Kinanjui était un homme impassible qui avait l'air d'un oiseau, avec ses yeux mi-clos et sa silhouette raffinée. Il ressemblait tellement à Isak Dinesen dans sa vieillesse qu'ils auraient aussi bien pu figurer sur les deux faces d'une même médaille. La plupart du temps, il portait un filet sur son crâne chauve, une clochette d'argent à l'oreille droite, une couverture écossaise sur l'épaule et, lors des cérémonies, une cape de peaux de singes bleus. Lorsqu'il arriva, cet après-midi-là, il était accompagné de ses fils. Tanne recevait alors Ake Sjögren, le colon suédois* qui avait vendu à Bror la ferme, et lui avait prêté une considérable somme d'argent. Sjögren salua Kinanjui d'un gros rire en plaisantant sur les « politesses » qu'il faisait à l'indigène. C'était bien dommage, observa Tanne, car Kinanjui était de loin le plus civilisé des deux, et se trouvait de surcroît commander la bonne volonté des ouvriers de Sjögren. Elle causa avec le chef : il fut aimable et lui promit que sa ferme ne manquerait jamais de main-d'œuvre. Ce fut le commencement d'une cordiale amitié.

La réaction de Tanne à sa solitude fut alors — et continua d'être par la suite — de se lier aux Africains. Elle fit le tour de leurs shambas dans un pousse-pousse que Bror lui offrit pour son anniversaire, avec Farah comme interprète, apprenant leurs noms et écoutant leurs doléances. Elle apporta des sucreries et des piécettes pour les enfants, et du tabac à priser pour les vieilles femmes, ce qui, faut-il le préciser, la rendit extrêmement populaire. Mais sa réputation ne se fonda pas uniquement sur la charité. Les gens de la ferme, dit son cuisinier, Kamante Gatura, lui rendaient son amour et les autres venaient chercher refuge chez elle lorsqu'on les traitait mal ailleurs. Elle parlerait plus tard avec respect de la confiance absolue des indigènes en son jugement, et de ce qu'elle apprit par expérience de la soumission à des puissances supérieures. Les vieilles femmes lui donnèrent le nom de *Jerie***, un nom kikuyu honorifique qui signifie, entre autres choses, « celle-qui-témoigne-de-l'attention[17] ». Un vieux Kikuyu que j'ai rencontré, et qui vivait encore à Ngong, se rappelait Karen Blixen comme la seule Blanche qu'il ait jamais vue « prendre un enfant noir et le porter dans ses bras. Nous autres, les enfants, disait-il, nous l'appelions notre mère[18] ».

Quand elle se sentait en forme, elle sellait sa jument, Aimable, et partait pour de longues chevauchées solitaires dans la réserve Masaï, de l'autre côté de la rivière, à l'ouest de la ferme. Les Masaïs l'impressionnaient à cause de leur allure farouche et de leur candide manière de la regarder dans les yeux lorsqu'elle leur parlait. Elle mit sur pied, aidée par Farah, un commerce de moutons avec eux. Elle leur achetait les bêtes cinq ou six roupies par tête et

* Il était également consul de Suède.

** Les Africains montraient un grand sens de l'humour et de la justesse dans leur choix de surnoms pour les Européens. On appelait Bror *Wahoga,* ce qui, croyait-il, signifiait « canard sauvage » mais qui voulait dire en fait « celui-qui-marche-comme-un-canard ». Denys était appelé *Bêdar,* ce qui signifiait « le chauve ». On l'appelait aussi *Makanyaga,* qu'on peut grossièrement traduire par « Maître-des-Sarcasmes ». « Bwana Finch Hatton, racontait-on, peut descendre un homme rien qu'avec sa langue. Il peut punir d'un seul mot [...] » (Errol Trzebinski, *Silence Will Speak,* p. 210.) Le mari d'Ingrid Lindström, Gillis, était surnommé *Samaki,* parce qu'il adorait le poisson, et Erik Otter, un ami des Blixen, était connu sous le nom de *Risase Moja :* « Celui qui ne tire qu'une fois. »

les revendait sept et demie à Nairobi. Avec un capital de trois mille roupies, Tanne faisait un bénéfice net de cinq cents roupies par mois. Elle aimait faire des affaires, elle avait sûrement cela dans le sang, et prétendait que cela lui convenait mieux que d'écrire des livres.

A sa grande joie, Tanne avait une profusion superflue de domestiques, ce qui lui démontrait la justesse de la phrase de Voltaire : « *Le superflu, chose si nécessaire.* » Son cuisinier somali, Ismaïl, était « un homme âgé et très noble [19] », mais il avait un répertoire limité et ordinaire, particulièrement pour les desserts. La faute en revenait à sa précédente maîtresse, une Anglaise. Tanne lui apprit à faire des flans, des meringues, des soufflés, divers gâteaux, et demanda à sa mère de lui envoyer un livre de recettes des années 1830, période compatible avec les ressources de sa cuisine. L'aide-cuisinier d'Ismaïl était un jeune Kikuyu d'un caractère « angélique », nommé Ferasi. Il y avait également deux impeccables Somalis pour faire le ménage sous la direction de Farah, et un valet (*syce*) qui s'occupait des écuries.

Outre le personnel habituel, la maisonnée comprenait aussi un grand nombre de parasites, de parents en visite, et des *totos,* de petits garçons qui aidaient à la cuisine ou qui s'occupaient des chiens. C'étaient les enfants des « squatters » de la ferme. Swedo était, comme les autres plantations du protectorat, un vaste domaine féodal. Certains des ouvriers étaient les Kikuyus qui occupaient auparavant la région avant qu'elle ne fût vendue et, comme l'écrivait Karen Blixen : « Il est fort possible que je ne fusse pour eux qu'un squatter un peu mieux partagé sur une terre leur appartenant [20]. » Environ un sixième de la superficie leur était accordée pour cultiver des pommes de terre, du maïs et des haricots, pour servir de pâturage à leur bétail et pour leurs villages de huttes de boue séchée de forme conique. En échange, ils travaillaient pour leur propriétaire un nombre donné de jours par an.

Les ouvriers qui n'étaient pas locataires étaient des salariés, souvent des émigrants qui venaient d'autres régions du pays. Ces jeunes gens vivaient à dix ou douze dans des huttes communes. Tanne fut impressionnée, lorsqu'elle les visita, par l'ordre et la gentillesse qui semblaient régner parmi eux, et douta que des Européens puissent vivre si amicalement dans des conditions semblables. Avec leurs maigres salaires — quelques shillings par mois —, ils achetaient des marchandises, du tabac ou des couvertures, et payaient aux Anglais une taxe sur leurs huttes. A mesure que la colonie s'étendit, on institua une politique du travail obligatoire de fait, mesure hautement controversée en Angleterre, qui utilisait la taxe comme un moyen de contrôle sur les ouvriers pour les grands travaux et les fermes des Blancs *. A mesure que l'on éleva la taxe, les Africains durent travailler durant des

* « Deux points doivent être pris en compte, écrivit en 1919 sir Edward Northey, gouverneur du protectorat, à propos du travail obligatoire pour les Africains. D'abord, le travail des indigènes est nécessaire au développement convenable du pays. Et d'autre part, nous devons éduquer les indigènes à travailler pour leur compte, car il n'y a rien de pire pour eux que de rester inactifs dans les réserves [...] »

Dans les premiers mois de sa vie en Afrique, Karen Blixen souscrivait également à ce point de vue, mais elle ne tarda pas à changer d'avis.

périodes de plus en plus longues chaque année, au point d'être obligés de donner presque cinquante pour cent de leur salaire au gouvernement. Ce système détruisait leur indépendance, minait la vie des tribus et les appauvrissait. Karen Blixen fut, dès le début, consternée de voir un peuple si fier réduit à la mendicité et elle tenta de « plaider la cause des indigènes » auprès de chaque nouveau gouverneur, auprès des colons influents qui étaient devenus ses amis, et finalement auprès du prince de Galles, qui dîna une fois chez elle. Sa propre situation, en tant que l'une des plus grandes propriétaires féodales du pays, était en soi un paradoxe, à la mesure du plaisir que lui donnait le côté *noblesse oblige* de son rôle.

Au cours de la semaine de la visite de Kinanjui, alors qu'elle se remettait de sa maladie, Tanne écrivit de son lit une lettre pleine de bavardages à chaque membre de sa famille. Pour tante Bess, elle discourt sur les questions sociales, l'injustice raciale et les relations entre les sexes. A Thomas, elle décrit la fascination que lui inspiraient les paysages des highlands, et la sensation d'union mystique qu'elle éprouvait à l'égard des Africains et des animaux sauvages. A Ella et Ea, elle décrit sa maisonnée, en se désespérant faussement sur son incompétence. Ne vous mariez jamais, les avertit-elle, avant d'avoir appris à cuisiner. A Ingeborg, elle fait l'éloge de son mari, de ses serviteurs et de son bonheur domestique, et lui promet secrètement de lui faire savoir si elle se trouvait enceinte. Mais, ajoutait-elle, c'était improbable, car il valait mieux ne pas avoir d'enfant pour le moment. L'Afrique était trop fruste et trop sauvage, et les femmes mariées qu'elle connaissait « ne cessaient de gémir sur *l'horrible nuisance* que c'était d'avoir un enfant[21] ».

Les lettres sont également remplies de vignettes exotiques plutôt corsées : comment Bror revint d'un safari avec des tiques sous les ongles, qu'il fallut lui ôter avec une pince à épiler. Comment une portée de chatons fut dévorée vivante par des fourmis rouges. Comment elle trempa sa lingerie de soie lorsqu'elle avait la fièvre ou comment elle intervint dans une querelle d'ivrognes entre les « boys ». Mais il y a aussi un thème commun, qui apparaît avec une grande économie dans *La Ferme Africaine :* elle avait le sentiment d' « avoir enfin trouvé son élément[22] ». Les lettres ont également toutes un ton fier, et même défensif. Car c'était là la libre carrière, l'érotisme et la grandeur brute dont elle rêvait au Danemark et dont elle s'était si longtemps sentie privée. « La vie est plus brutale, déclarait-elle à tante Bess, et elle vous affolerait bien davantage que les pires révélations de la vie au Danemark. Quant à moi, je la préfère ainsi [...] Il y a un choix possible et on ne peut savoir si l'on a correctement choisi ce qui était le mieux qu'en jugeant de ce qui vous rend heureux [...][23]. »

18.

Safaris

1

Il y eut d'abondantes pluies * cette année-là pour les premières plantations. Six cents arpents avaient été défrichés et l'on avait creusé des rangées de trous profonds dans le sol détrempé. Tanne elle-même, jeune et enthousiaste, apportait de la pépinière des caisses de semis de café vert foncé, et veillait à ce que les ouvriers les déposent en terre avec soin. Ils ne porteraient de fruits que trois à cinq ans plus tard. Le café, écrivait-elle dans *La Ferme Africaine,* avec le sens de la litote qui lui est typique, « est une culture décevante qui ne dispense que rarement le succès que vous escomptiez [1] ».

Les travaux achevés, Bror et Tanne n'aspirèrent plus qu'à des vacances. Elle était pâle et amaigrie par les fièvres, et le docteur avait recommandé un changement d'air. Bror avait très envie de partir chasser et il proposa qu'au lieu d'aller dans une station climatique dans les montagnes, ils partent durant

---

* Les saisons au Kenya ne correspondent pas à celles d'Europe ou d'Amérique, même si, pour simplifier, je conserve les termes « printemps », « été », etc. Il y a deux saisons des pluies dans les highlands : une période de « longues pluies », entre avril et juin, et des pluies courtes entre octobre et décembre. Janvier est généralement sec, et il y a également une longue période sèche entre juillet et septembre. Les précipitations varient selon l'endroit, elles dépendent de l'altitude, et elles peuvent être capricieuses, comme nous le verrons, quoique abondantes, en ce qui concerne les highlands en général : entre un mètre et deux mètres cinquante par an en moyenne.

Le climat est tropical et plutôt vivifiant, avec un fort ensoleillement et des vents frais, bien qu'il puisse y avoir d'épais brouillards humides durant la saison sèche. Pendant les journées chaudes, à Nairobi, la température atteint généralement 27 °C, et la nuit 13 °C. A Ngong, qui se trouve à une altitude plus élevée, il fait plus frais : la moyenne des journées se situe entre 16 °C et 27 °C et celle des nuits entre 13 °C et 17 °C. Il y a cependant des variations considérables. A midi, en plein soleil, la température peut avoisiner 35 °C, et à trois heures du matin, moment du départ pour les safaris, elle peut tomber à 4 °C. Le climat de Mombassa, sur la côte, est de type tropical, chaud et extrêmement humide, sans grandes nuances. Février, mars et avril sont les mois les plus chauds (28 °C en moyenne) et mai, le mois le plus humide. A l'époque de Karen Blixen, la côte était considérée comme invivable pour les Européens — ou pour ceux qui n'ont jamais connu l'été à New York.

un mois pour faire un safari dans la réserve masaï, au sud-ouest de leur ferme. Ce devait être pour Tanne la première expérience de la vie sauvage et son initiation aux dures conditions de vie d'un safari. Elle n'avait jamais dormi sous une tente, ne s'était jamais assise dans un *boma**, elle n'avait jamais eu d'arme entre les mains, n'avait jamais tué et, avant de partir, Bror lui offrit un fusil à lunette et lui apprit comment s'en servir. Il nous reste une photographie d'elle en train de s'entraîner sur une cible devant la maison, habillée d'un costume de tweed très élégant, de souliers noirs et d'un feutre. Elle ne s'attendait guère en fait à éprouver du plaisir à tuer. Après une semaine de safari, enivrée par le sang, elle présenta ses excuses à tous les chasseurs pour avoir été si longtemps sceptique envers leurs « extases[2] ».

Ils quittèrent Ngong à la mi-juin avec trois chariots tirés par des mulets et neufs serviteurs, équipage réduit pour faciliter leurs déplacements. Durant quatre jours, ils suivirent un sentier rocheux extrêmement irrégulier, qui traversait les collines et descendait dans une brousse d'épineux où il n'y avait aucun gibier. Puis ils débouchèrent brusquement dans la savane. Les plaines, couvertes de violettes qui avaient fleuri après les pluies, étaient entourées par le majestueux panorama des montagnes bleutées. Ils campèrent là-bas et commencèrent à abattre jusqu'à satiété « toutes sortes de cerfs, de gnous, de zèbres, d'élands, de dik-diks, de marabouts, de chacals et de porcs sauvages [...] et un grand nombre d'oiseaux ». Tanne manqua d'abattre un splendide léopard qui lui resta sur le cœur pendant des semaines. « Si je n'avais pas été la plus sotte du monde, écrivit-elle à son frère, je l'aurais eu. » Le carnage fut stupéfiant[3].

Après un certain temps, ils décidèrent de concentrer leurs efforts sur les lions. Un chasseur qui revenait d'un safari leur indiqua un endroit où son compagnon et lui en avaient repéré une grande troupe. Les Blixen trouvèrent l'endroit — un campement empesté près d'une rivière — mais n'obtinrent d'autre résultat que de se faire dévorer par les mouches. Tanne faillit quant à elle se faire dévorer par l'un de ces insaisissables lions, qui laissa des traces devant sa tente. Du coup, pendant que Bror était à l'affût dans le *boma*, Farah resta à veiller sur elle toutes les nuits en lui disant des contes somalis.

Levant le camp, ils se dirigèrent vers l'est et prirent pour guide un jeune *morane* masaï. Il les conduisit dans une partie splendide et reculée du pays, entre les montagnes et les plaines, où Tanne pensa qu'aucun Blanc n'avait jamais campé. Les animaux semblaient presque domestiqués : les troupeaux de zèbres et d'élands les observaient en paissant, mais ils ne fuyaient pas, et c'est là qu'après quelques nuits ils trouvèrent leur proie.

Tanne et Bror étaient partis chasser pour le dîner lorsque leur *syce* accourut dans un état de vive agitation. Il avait aperçu un splendide lion mâle dans les hautes herbes près du gué. Ils le suivirent, repérèrent le lion et Bror, changeant vivement d'arme, tira. Le lion se reposait au moment où il reçut la balle, et mourut dans cette position, sa grosse tête entre ses pattes. Tanne

---

* Enclos servant à protéger les animaux domestiques des prédateurs, ou encore, abri improvisé fait de branchages d'épineux où les chasseurs se mettent à l'affût. Juste devant le *boma*, si possible sous le vent et à portée de fusil, on disposait un appât quelconque.

s'élança sur lui avant tout le monde. Les yeux du lion étaient encore ouverts et la vie semblait s'en écouler alors qu'elle le regardait. Pendant que les serviteurs commençaient à dépecer la dépouille couleur d'or ensanglanté, elle put voir ses muscles et ses tendons et remarqua qu' « il n'avait pas un atome de graisse superflue ». Il était fier et parfait dans la mort, élégant jusqu'au bout, « exactement tel qu'il devait être[4] ». Elle allait rechercher une semblable économie dans ses propres œuvres d'art, dans sa propre apparence et dans son destin.

Bror avait pris son appareil photo et ils posèrent tous deux devant leurs trophées. Sur l'un des clichés, il s'appuie sur son fusil avec un rictus féroce, les jambes légèrement arquées, avec une lionne à ses pieds. Sur un autre, elle est assise avec un léopard tendrement couché sur ses genoux. Il y a des vues des grandes plaines, des campements poussiéreux, et une photographie de Tanne et Bror ensemble, avec deux autres lions. Ils sont l'un à côté de l'autre, mais sans se toucher, deux silhouettes minces et brunes entre lesquelles semble passer un courant sexuel presque tangible. Leur bonheur ne devait certainement jamais plus être aussi simple et tranquille : à la fin des journées brûlantes, ils se baignaient dans la rivière, et au crépuscule, les serviteurs rôtissaient le gibier à la broche sur un feu de camp. Farah leur servait le vin, et Ismaïl, qui portait les fusils, leur racontait des histoires de chasse somalies et des « contes d'amour d'un autre temps[5] ». Trente ans après, alors qu'elle avait bien des raisons de se rappeler cette époque selon un angle différent, Karen Blixen déclarait à un ami : « Si je devais revivre quelque chose de ma vie, ce serait de repartir en safari avec Bror Blixen[6]. »

2

Les Blixen rentrèrent à la mi-juillet, après avoir passé quelques jours dans le luxe de la station de Kijabe, dans les montagnes. Tanne n'avait pas encore trouvé les chevaux de von Lettow et, vers la fin du mois, elle se rendit à Naivasha dans ce but. Le choix d'un tel moment était important car il y avait déjà des rumeurs de guerre. Le 3 août, les Anglais commencèrent à retarder les messages télégraphiques à destination du Tanganyika. Au matin du 4, une importante flotte de dhows arabes arborant les couleurs américaines et transportant des réfugiés anglais, français et belges de la colonie allemande vint s'amarrer dans le port de Kilindini, à Mombassa. A Nairobi, quelqu'un repéra un aéronef allemand qui s'avéra être la planète Vénus. Le même jour, la guerre fut déclarée.

Presque immédiatement, un groupe de Suédois se rassembla à Mbagathi House pour décider de la conduite à tenir au cas où la Suède s'allierait à l'Allemagne. Leur position était extrêmement délicate. En tant que colons dans un protectorat britannique, leur loyauté allait aux Anglais. En tant que sujets du roi de Suède, ils ne pouvaient sans déshonneur combattre dans les rangs de l'ennemi. A cette assemblée, à part Bror, il y avait le baron Erik von Otter, Emil Holmberg, l'un des fondateurs d'une célèbre société de safaris, et les fermiers Helge Fägerskiöld, Nils Fjaestad et Ture Rundgren. Après bien des discussions, ils résolurent d'offrir leurs services à « [leur] pays d'adoption[7] » mais de se faire exempter de service actif au cas où la Suède se rangerait finalement aux côtés du kaiser.

Le 5 août, deux des hommes, les barons Blixen et Otter, partirent à bicyclette à Nairobi pour se présenter au bureau de recrutement. Ils trouvèrent la ville dans un état d'extrême agitation, et il régnait dans la rue une atmosphère de carnaval. « Des bandes de colons, écrivit Charles Miller, galopaient dans Nairobi à cheval ou sur des mulets et formaient de petits régiments de cavalerie irrégulière. Ils étaient armés de fusils de chasse à petit plomb et de fusils à éléphants et portaient comme uniforme des vestes de brousse en lambeaux et des chapeaux à larges revers avec des aigrettes de plumes d'aigle-pêcheur passées dans leurs bandes de peau de léopard.

« Ils se faisaient appeler les chevaux de Bowker ou les éclaireurs de Wessel, du nom des colons qui les commandaient plus ou moins. L'un des régiments avait pris pour nom l'escadron des lanciers [...] et galopait dans les rues de Nairobi en brandissant des lances de bambou à pointe d'acier qu'un maréchal-ferrant du cru avait fabriquées à la hâte[8]. »

Erik Otter s'enrôla dans les fusiliers-voltigeurs est-africains. Bror, après un moment d'incertitude quant à la meilleure arme où servir, s'engagea comme officier de renseignements non combattant, dans la patrouille frontalière de lord Delamere. Sa mission consistait à se charger des communications entre Delamere, qui se trouvait quelque part sur les trois cent vingt kilomètres de la frontière avec le territoire allemand, et le chef du bureau de renseignements, à Nairobi. Rundgren et Fjaestad furent mis en poste dans le sud-ouest avec lui. Ils devaient utiliser des motocyclettes sur les routes, des coureurs indigènes dans la brousse plus dense, et des pigeons voyageurs lorsque le terrain était impraticable. Un assistant de la ferme fut envoyé en tête de la ligne de chemin de fer à Rijabe pour recevoir les messages et fournir le ravitaillement demandé. Tanne décida qu'elle ne pouvait rester seule à la maison à ne rien faire, peut-être parce qu'elle préférait bénéficier de la protection qu'on accordait aux autres Européennes : on ignorait encore comment les Africains réagiraient à l'édifiant spectacle des Blancs se massacrant entre eux. Aussi se rendit-elle également à Kijabe avec Farah et quelques boys sur son cheval Aimable, escortée de son chien Dusk. Ils campèrent près de la gare, parmi les tas de bois destinés aux locomotives.

Dans *La Ferme Africaine,* Karen Blixen décrit l'expérience qu'elle en fit : comment elle se lia d'amitié avec l'opérateur du télégraphe, originaire de Goa, et commença à lui apprendre le danois. Comment son mari lui demanda de lui faire envoyer un train de bœufs avec un Blanc et du ravitaillement. Comment elle engagea un jeune Sud-Africain du nom de Klaproot, qui fut rapidement emprisonné comme espion, et comment, ne trouvant personne d'autre, elle conduisit elle-même le convoi et passa trois mois dans la réserve masaï avec vingt et un jeunes Kikuyus et trois Somalis. Ce fut le moment où elle eut la plus vive impression de ne faire qu'une avec l'Afrique : « J'étais à la fois l'herbe de la prairie, l'air que nous respirions, les montagnes invisibles et les bœufs épuisés. Avec les arbres je respirais le vent de la nuit[9]. »

Cette version est un condensé poétique de ce qui se passa réellement. Le safari était, en fait, une série de brèves expéditions : on quittait la base de Kijabe et on y revenait. Les autres détails ont été omis ou enjolivés. Mais, du point de vue du lecteur, elle rend justice à ce que fut cette expérience, ce qu'une description plus proche des faits n'aurait peut-être pas pu montrer. Karen Blixen dirait plus tard des Africains « qu'il ne faut jamais faire fond sur ce qu'ils disent, mais [que] cela ne les empêche pas d'être sincères à leur manière [10] ». Et ceci vaut pour sa propre autobiographie.

Durant cette période, Bror rendit visite au camp de sa femme, lorsqu'il le découvrit, ce qui en dit long sur son amour passionné : une fois il fit une brève apparition, alors qu'il souffrait de la dysenterie, et après avoir fait cent quarante kilomètres à pied en deux jours. En chemin, il s'était trouvé à court de vivres et d'eau et il avait dormi dans une *manyatta* masaï. Le lendemain matin, alors que ses serviteurs pliaient les bagages, il prit une bouteille, croyant qu'elle contenait du soda, mais qui en fait était remplie de lysol concentré. Il se brûla gravement la langue et les lèvres, et Tanne, qui croyait qu'il en mourrait à coup sûr, envoya dans son affolement le commissaire du district chercher du lait. Ce fut l'une des nombreuses fois où Bror survécut contre toute attente. Il avait une constitution digne de Raspoutine, que ne semblaient pouvoir entamer ni le poison, les malaises, la malaria, la guerre, les fractures et les blessures d'aucune sorte, ou la plus grande fatigue. Le jour suivant, il était déjà suffisamment remis pour faire quinze kilomètres dans un char à bœufs, et le matin du surlendemain, il fit tendrement ses adieux à sa femme, fourra un sandwich dans sa poche et partit à pied comme il était arrivé, pour le poste le plus proche.

3

A la fin du mois d'octobre, Tanne reçut l'ordre de rentrer chez elle. Les autres personnes en situation irrégulière durent également retourner dans leurs fermes, puisque l'armée avait été organisée convenablement en régiments de véritables soldats. Après la ruée héroïque sur les bureaux de recrutement, bien des colons s'étaient ravisés en ce qui concernait la guerre : leurs fermes retourneraient en friche s'ils ne s'en occupaient pas, et une campagne en Afrique ne pouvait avoir qu'une influence minime sur la guerre en Europe. Il régnait aussi une atmosphère optimiste quant à la victoire des Anglais, que l'on considérait comme certaine. Cela irritait Tanne qui, en dépit de son « ancienne haine pour les Allemands [11] », trouvait insupportable d'entendre les Anglais faire grand cas de leur propre stratégie et prétendre que les ennemis étaient des imbéciles. Il y avait au moins un officier haut placé qui partageait ses opinions : le colonel Richard Meinertzhagen. De par sa longue carrière en Afrique, il avait appris à respecter l'habileté et le courage des Allemands, les *askaris* et les ressources de von Lettow. Il était inquiet d'entendre ses collègues de même rang parler avec une confiance aussi peu fondée. Finalement son jugement et celui de Tanne s'avérèrent justifiés. Von Lettow se débrouilla pour déjouer les manœuvres des Anglais pendant quatre ans avec des effectifs très réduits et complètement privés de ravitaillement. « Son armée était tellement combative, écrit Miller, qu'elle n'apprit sa propre défaite, en 1918, qu'en faisant prisonnier un messager anglais porteur de la nouvelle de l'armistice [12]. »

Quand Tanne arriva chez elle, elle trouva les lieux dans le plus complet désordre. On avait choisi sa ferme comme quartier général des fermes européennes des environs, au cas où surviendrait un soulèvement des indigènes, et elle écrivit à sa mère qu'elle comprenait bien la raison de ce choix, parce qu'il était impossible de pénétrer dans la ferme : les travaux de maçonnerie de la véranda avaient été laissés à demi inachevés, les murs étaient construits, mais on n'avait posé ni plancher ni escalier. Les peintres étaient partis en plein milieu de leur travail en emportant une porte et une fenêtre. Son potager était devenu un « sahara » et son premier devoir de « mère » fut d'ordonner qu'on donne le fouet (vingt coups de *kiboko*) à quelques *totos* qui s'étaient enivrés et avaient presque tué trois autres petits garçons [13].

C'est à ce moment que Farah annonça son désir de prendre un congé de trois mois pour rendre visite à sa famille en Somalie. Tanne lui fit promettre de revenir mais elle l'assura qu'elle comprenait son impulsion de nomade. Elle se consola en engageant un nouveau cuisinier, en lui apprenant à faire des gâteaux suédois et du chou farci, qui devinrent les spécialités de la maison et une gâterie-surprise pour les Scandinaves de la région.

Bror revint la première semaine de novembre, décharné et brûlé par le soleil. La même semaine, les Anglais subirent une cuisante défaite à la bataille de Tanga. Von Lettow s'empara des munitions et des vivres de trois compagnies et humilia leurs officiers. Ce fut pour le pays le début de ce qu'on appela « l'année noire ». Son moral abattu, l'armée en voulut aux colons pour leur manque de patriotisme et les colons reprochèrent à l'armée son incompétence. Tout le monde s'en prit aux Suédois et Tanne écrivit à sa mère qu'on les considérait pratiquement comme des traîtres et elle avoua qu'en fait la plupart d'entre eux sympathisaient avec les Allemands. Certains de ses voisins firent une collecte en faveur des réfugiés belges et la présentèrent au gouverneur comme un geste de bonne volonté de la part des « Suédois et des Danois du Ngong ». Mais Tanne trouva que c'était inutile, d'autant plus qu'il était, « Dieu m'en est témoin, difficile de trouver de l'argent à ce moment-là ». C'était vraiment dommage, écrit-elle dans sa dernière lettre, avant que le courrier ne soit censuré, que la Suède et le Danemark ne possèdent pas de colonies : « On se sent tout le temps étanger. Maintenant, les Anglais me paraissent vraiment étrangers, aussi est-ce une chance que je me sente avec les Somalis et les indigènes comme avec des frères [14]. »

19.
L'enfant de Lucifer

1

La guerre faillit ruiner la Compagnie suédoise des cafés d'Afrique. Les Anglais réquisitionnèrent les chariots de Bror et ses bœufs moururent de fièvres. Nombre des ouvriers furent enrôlés dans le corps expéditionnaire, et malgré les promesses de Kinanjui, la ferme manqua sérieusement de main-d'œuvre. A Noël, Bror et Tanne avaient projeté de faire un petit safari pour se remettre, mais les affaires de la ferme restaient trop incertaines. Tanne elle-même souffrait d'une maladie chronique que l'on n'avait pu identifier et qu'elle avait tout d'abord prise pour la malaria. Elle avait perdu du poids, elle ne pouvait dormir et Bror, jugeant qu'elle était « sacrément malade », avait écrit à son propos une « triste » lettre à Ingeborg. Tanne la découvrit et, dans un accès de fureur, la déchira[1].

Les symptômes ne disparaissaient pas, et vers la fin de février, elle écrivit elle-même à sa famille, en décrivant un événement étrange, angoissant et, rétrospectivement, ambigu. Selon la lettre[2], elle avait souffert d'insomnie durant plusieurs nuits, elle n'avait pu le supporter et, après avoir pris sans résultat deux doses de Véronal un soir, elle en avait pris quatre le soir d'après. C'était presque une dose mortelle. Bror était entré dans sa chambre par hasard dans l'après-midi, l'avait trouvée couchée dans un état comateux et avait fait tout ce qu'il avait pu pour la ranimer. Elle ne cessa de vomir durant les deux jours suivants, et après cela, elle se rendit chez un médecin de Nairobi. Dans la lettre, Tanne prétend qu'à la fin d'un examen approfondi le médecin lui dit qu'il n'avait jamais vu quelqu'un d'une aussi robuste constitution. En fait, il lui déclara qu'elle était atteinte d'une syphilis « aussi grave que celle d'un soldat[3] », et lui prescrivit le seul remède qu'il avait sous la main : des pilules de mercure. Les différentes versions des circonstances de cette tragique révélation sont contradictoires, tout comme la réaction de Tanne et les conséquences que cela eut sur son mariage. L'histoire que raconta Isak Dinesen à Parmenia Migel en 1960 ne s'accorde pas aux autres faits, descriptions et spéculations fondées, rapportés par diverses sources fiables. Selon Parmenia Migel, Tanne découvrit « peu après la première année » que Bror avait « plusieurs maîtresses » à Nairobi et qu'il lui mentait « maladroitement » sur ce sujet. L'une était la femme d'un ami, un homme qui leur avait prêté de l'argent, et cela l'indigna particulièrement. A la même époque, sa santé avait commencé à « s'altérer » et elle avait été forcée d'aller consulter un médecin. Il lui avait dit combien son état s'était sérieusement aggravé et il lui conseilla de partir d'urgence pour l'Europe. Tanne, suivant cette version, décida qu'elle partirait sans donner d'explication à son mari, vraisemblablement sans l'avertir du mal qu'il avait lui aussi contracté, et en lui laissant croire qu'elle partait dans un accès de jalousie. Mais lorsqu'il exigea qu'elle n'emmène pas Farah, elle le mit au pied du mur « brutalement, en proie à une colère blanche, en lui disant la raison de son départ et la gravité de sa maladie [...]. Bror la regarda fixement avec incrédulité pendant un moment, frappé de mutisme par cet éclat de colère inaccoutumé, puis il tourna les talons et quitta la pièce[4] ».

Le médecin danois de Karen Blixen, Mogens Fog, affirma qu'elle avait appris être atteinte de syphilis pour la première fois en 1914[5], et les allusions qui reviennent dans ses lettres permettent de supposer qu'elle commença à souffrir de la maladie vers la fin de cette année-là, lorsqu'elle perdait l'appétit et le sommeil. Malaises, fièvres, maux de tête et douleurs dans les articulations, particulièrement aiguës la nuit, sont les symptômes de la syphilis au deuxième stade, symptômes qui apparaissent généralement entre quatre et huit semaines après la première infection. Ce qui replacerait les faits, quoique sans certitude, durant la période où Bror arriva à son camp après avoir passé la nuit dans une *manyatta* de la réserve masaï. La syphilis, à l'état presque endémique chez les Masaïs, était la cause de la stérilité presque généralisée des femmes masaïs. Un compagnon de guerre du baron Blixen se souvient que « c'était un scandale pour tout le monde que Blixen ne cachât pas qu'il avait des relations avec une Noire[6] ». Il semble possible que ces relations aient été la source de son infection*.

En février, lorsqu'elle prenait du Véronal, Tanne avait suffisamment de tracas qui pouvaient l'empêcher de dormir. Malgré tout, son manque de prudence, lorsqu'elle faisait usage de calmants, laisse croire qu'elle avait peut-être des motifs plus graves. Une dépression aiguë est également un symptôme de la syphilis du deuxième stade. Cette dépression a très bien pu s'aggraver dans le cas de Tanne, des suites de la révélation ou des soupçons de l'infidélité de Bror avec la femme de son ami, d'autres Européennes ou plusieurs femmes africaines. Lorsqu'elle confia à Thorkild Bjørnvig ses malheurs en amour et son expérience de la jalousie, elle lui

---

* Toutes les informations disponibles sur la maladie de Bror Blixen proviennent d'allusions indirectes dans les *Lettres d'Afrique* de Karen Blixen. Il fut apparemment soigné par un vénérologue danois, le docteur Rasch. Il ne semble pas toutefois avoir beaucoup souffert, où même pas du tout dans les premiers stades du mal. Sa deuxième femme refusait de croire qu'il eût jamais été malade. Mais lorsqu'il vivait au Tanganyika, dans les années vingt, il eut apparemment une attaque sérieuse qu'il attribua à la maladie. L'évolution de la syphilis est différente selon les individus, et certaines personnes ne présentent aucun symptôme. Avec sa constitution extraordinaire, Bror aurait très bien pu être de ceux-là.

déclara : « C'est comme si des griffes se plantaient dans votre cœur, comme si vous étiez secoué et ballotté entre les pattes d'un animal sauvage. Comme je m'en souviens ! Combien je le sais ![7] »

Quelle qu'ait été sa réaction sur le moment, Tanne ne quitta pas l'Afrique avant mai 1915, et en fait, elle partit pour un safari de deux mois organisé par Bror avec ses deux assistants suédois, pour « changer d'air ». S'il y eut jamais un face-à-face acerbe, il ne s'en trouve aucune trace dans les lettres qui suivirent ou dans ce qui reste de sa correspondance avec Bror. Bien des années après, elle déclara à sa secrétaire, Clara Svendsen : « Il y a deux choses que l'on peut faire dans un tel cas : abattre l'homme ou accepter les faits[8]. » Et, lorsqu'elle écrivit à son frère Thomas à propos de sa maladie, elle avoua que cela la choquait moins que les autres gens. Ce n'était pas si étranger à sa nature[9]. Plus que l'indignation morale que décrit Parmenia Migel, cette désinvolture correspond davantage à la façon dont son entourage et sa famille perçurent son attitude. Même après le diagnostic, elle voulut rester mariée à Bror. Des années après, ils donnaient encore l'impression d'un couple que lie une profonde et solide affection. Cela avait été dès le début une union plus pratique que sauvagement romantique, et ils faisaient preuve d'une étonnante tolérance l'un envers l'autre. Tanne acceptait les liaisons de Bror, et en échange, celui-ci considérait avec le sourire ses amitiés avec Erik Otter et Denys Finch Hatton. En fin de compte, c'est lui qui fut à l'origine de leur divorce.

2

Dès le début de 1915, l'« année noire », toutes les lettres en provenance d'Afrique Orientale anglaise et à destination de l'Europe étaient censurées, et les Blixen commencèrent à écrire en anglais pour faciliter le travail du censeur. L'anglais de Bror était rempli de fautes de grammaire, quoiqu'il le parlât plus couramment que sa femme, dont l'anglais était guindé. Elle prétendait que vivre presque exclusivement avec les Africains la faisait, lorsqu'elle parlait, « ressembler à Vendredi dans *Robinson Crusoé*[10] ».

Le 3 mars, Bror écrivit à Ingeborg pour lui dire que Tanne allait mieux, après que sa mauvaise santé eut inquiété tout le monde pendant un moment. Elle partit deux mois dans les splendides montagnes d'Aberdaire, où l'air était frais et où il y avait des troupeaux de buffles et d'éléphants. « Bror, écrivit-elle à sa mère, a arrangé les choses si excellent *(sic)*, il est parfait pour cela, il me facilite tout[11]. » Quels que fussent ses sentiments réels, elle était décidée à ne laisser personne de sa famille soupçonner ni sa colère, ni la blessure, ni la trahison dont elle avait pu être victime.

Le safari, naturellement, ne résolut pas ses problèmes et, lorsqu'elle revint, elle était très malade, avec une forte fièvre. Le médecin lui conseilla alors de rentrer en Europe pour suivre un traitement, et elle dut rassembler tout son courage pour pouvoir prendre un passage sur un bateau à destination de Marseille. Elle emmena Farah avec elle, en partie peut-être pour priver par ce geste Bror de ses services durant son absence, mais surtout parce qu'elle était trop malade pour partir seule. Elle le renvoya en Afrique lorsqu'ils atteignirent la France : « Il semblait trop peu dans son élément naturel[12]. »

Quand elle arriva à Paris, à la fin mai, elle prit une chambre dans la pension où elle avait vécu en 1910, et griffonna à Ingeborg une lettre qu'elle confia à un Suédois qui partait pour Copenhague. Dans cette lettre, elle tenta de préparer sa mère aux conséquences de sa maladie, sans lui en révéler la véritable nature. Elle la décrivit comme une fièvre tropicale très grave, une sorte de malaria qui, si elle n'était pas rapidement soignée, pouvait causer la stérilité.

Les médecins français qu'elle consulta, des spécialistes du traitement des maladies vénériennes, lui déclarèrent en toute honnêteté qu'elle devrait subir un long et douloureux traitement si elle voulait être rapidement guérie, et qu'il n'y avait aucune certitude sur ce point. Ce traitement était impossible à suivre, seule dans un pays étranger et en guerre, aussi partit-elle en train pour le Danemark avec un arrêt en Suisse pour faire une pause dans son voyage. A Zurich, depuis sa chambre d'hôtel, elle pouvait voir l'horloge de l'Hôtel de Ville et elle se dit qu'elle égrenait certainement les dernières heures de sa vie. Elle arriva à Copenhague encore pleine de cette fatalité et entra à l'hôpital national pour être soignée par deux spécialistes, les docteurs Rasch et Lumbolt. De façon à garder le secret sur son état, on lui donna un lit dans le service généraliste plutôt que dans l'aile réservée au Dr Rasch. Elle y suivit un traitement qui dura trois mois. Le principal médicament utilisé était le Salvarsan, la « balle magique » du Dr Erlich, à base d'arsenic, inventé en 1909. Le Salvarsan avait été un progrès d'importance par rapport au mercure, dans le traitement de la syphilis, bien qu'il fût également extrêmement dangereux. « Les réactions d'empoisonnement étaient fréquentes et graves, et il en résultait parfois la mort[13]. » On avait l'habitude de faire des séries d'injections répétées toutes les semaines durant trois à quatre mois, en alternance avec des piqûres intramusculaires de bismuth, et cela pendant un ou deux ans ou plus. Karen Blixen se plaignit durant son traitement de douleurs dans la gorge et la bouche, que les médecins attribuèrent à un empoisonnement dû au mercure des pilules de Nairobi. Le Salvarsan semblait efficace. Un test de Wasserman, fait en décembre 1915, fut négatif. Deux prélèvements, faits en septembre et décembre, montraient une nette diminution du nombre de globules blancs dans le sang. Mais Mogens Fog écrivit qu' « une réaction négative au test de Wasserman signifiait simplement que la syphilis " active " et le risque d'infection avaient été arrêtés au deuxième stade[14] ». La maladie n'avait en aucune façon disparu et elle n'avait même pas été maîtrisée. Seuls les symptômes avaient disparu.

3

Le 7 septembre, Mme Westenholz mourut à Folehave. Elle avait quatre-vingt-trois ans, était devenue aveugle et sénile, et le grand âge l'avait rendue légère et impalpable. Sa sœur l'appelait le « rayon de lune[15] ». C'est à la même date, quarante-sept ans plus tard, durant un automne à la même douceur, que Karen Blixen devait s'éteindre à Rungstedlund.

Tanne, qui était encore à l'hôpital, pensait sa propre mort bien plus proche, bien qu'elle adoptât un ton enjoué lorsqu'elle en parlait. Thomas, qui lui tenait compagnie et qui devint son confident, était impressionné et étonné par un tel fatalisme. Elle semblait même considérer sa maladie comme une occasion parfaite d'élévation spirituelle. « Cela aurait très bien pu l'amener au bord du désespoir, écrivit-il, mais elle prit ses souffrances d'une façon totalement différente, comme si elle avait pensé : " Maintenant que j'ai enduré cela aussi, je suis encore plus près de faire l'expérience des grandes choses "[16]. » Plus tard dans sa vie, elle expliquerait qu'elle avait pris sa maladie avec bien plus de désinvolture que les autres gens et qu'elle estimait que cela faisait partie du marché conclu en épousant un homme tel que Bror. « Si cela n'avait l'air si brutal, je pourrais dire, le monde étant ce qu'il est : cela valait la peine d'avoir la syphilis pour devenir baronne[17]. »

Dans son œuvre, Isak Dinesen fait plusieurs fois allusion à sa maladie *.

Dans *Ombres sur la Prairie,* elle rapporte qu'elle essaya de soigner les Africains avec du Salvarsan, et qu'elle faillit être empoisonnée par une dose trop élevée d'arsenic qu'un serviteur lui avait administrée par erreur. Dans « Le Troisième Conte du Cardinal », elle fait de la maladie, innocemment contractée, un remède à l'implacable frigidité spirituelle de son héroïne. Le mal corrige la répugnance de lady Flora pour la chair, son mépris pour l'humanité et son manque — un manque sexuel — d'expérience. Peut-être n'est-il pas excessif de dire que, pour la malade elle-même, il y avait un motif de fierté à avoir la syphilis. Plus tard dans sa vie, elle la considéra rétrospectivement comme le prix qu'elle a dû payer pour acquérir non seulement son titre, mais aussi son art. Elle devait en fait prétendre qu'elle avait promis son âme au Diable, afin que toute son expérience vécue pût être utilisée dans ses contes. Cette promesse avait été scellée, dirait-elle, lorsqu'elle avait découvert sa maladie et perdu tout espoir d'avoir une vie sexuelle normale[18].

Si Karen Blixen n'avait pas peur de mourir, elle craignait en revanche de devoir rester au Danemark. « Alors que j'étais couchée dans mon lit à l'hôpital de Copenhague, je languissais pour l'Afrique et j'avais peur que les

---

* Il y a également parmi les manuscrits inédits d'Isak Dinesen un conte inachevé intitulé « Cornelia » (KBA 147, III) pour lequel elle fit des recherches approfondies sur la prostitution et les maladies vénériennes au XIXᵉ siècle. C'est l'histoire d'une femme vertueuse qui défie les conventions en se consacrant aux bonnes œuvres parmi les prostituées les plus humbles. Ce conte avait apparemment pour but de révéler les hypocrisies et les paradoxes de la société (et des hommes) en ce qui concerne les femmes et le sexe. « Un même homme qui dissimule ses vices (ses visites à des maisons de tolérance) à sa femme et à sa mère pourrait très bien leur confier qu'il a commis un meurtre », écrit Dinesen. Et, au sujet de la femme qui rend visite aux prostituées, le narrateur, un homme suffisant, déclare : « En tant que conte, c'est bien, c'est même émouvant, comme ces légendes de saints antiques qui dégradaient leur propre humanité pour la gloire de Dieu. Mais si on transpose cela [...] dans la réalité, cette héroïne chrétienne devient répugnante [...] scandaleuse comme une folle ou une sorcière. Ni vous ni moi ne pourrions supporter de regarder en face ou de parler à une femme au sujet de laquelle on tiendrait de telles choses pour vraies. »

difficultés que présenterait le voyage de retour soient si grandes que je ne puisse jamais partir[19]. » Ce brûlant désir de partir lui inspira un poème, « Ex Africa », qui devait être publié dans *Tilskueren* dix ans plus tard. C'est l'évocation lyrique d'un paradis perdu, et plus particulièrement des paysages et des sensations de son premier safari avec Bror. Dans une adresse à la lune, la poétesse se souvient de son aspect dans le ciel au-dessus de la réserve masaï, de son reflet dans les ondes de la rivière Guaso Nyeri, derrière les collines de Kijabe, « au-dessus de Suswa et de Ngong, dans mon libre, dans mon vaste pays, celui de mon cœur[20] ».

Tanne, apparemment, n'écrivit rien d'autre cet hiver-là. Elle poursuivait sa convalescence, avait de longues conversations avec Thomas sur la philosophie et la littérature, et elle attendait des nouvelles de Bror et de la ferme. Il lui écrivait des lettres pleines de divagations, affectueuses ou banales, en l'appelant « mon adorée ».

Les autres enfants Dinesen se sentaient aussi nerveux et crispés que Tanne. Ella souffrait de « l'insupportable vacuité » de sa vie inactive et, après le début de la guerre, partit pour l'Angleterre pour s'engager comme infirmière, en espérant qu'on l'enverrait sur le front français. Elle ne fut pas acceptée et rentra à Rungstedlund « amèrement déçue[21] », et dans un tel état de frustration qu'elle commença à prêter attention aux demandes en mariage d'un homme qui la courtisait depuis longtemps, un riche avocat du nom de Knud Dahl. Ils se marièrent en 1916. Elle ne montra pas un grand enthousiasme, mais cependant, elle « finit par aimer son mari et faire de son mariage une réussite parfaite[22] ». Tanne ne parvint jamais à apprécier Dahl. Elle le trouvait cassant, d'esprit étroit — c'était un antisémite affirmé — et affecté. Sa fortune était bourgeoise, et ses opinions politiques étaient ultra-réactionnaires. C'est pourtant lui qui devait publier la première édition des *Sept Contes Gothiques,* mais lui et Tanne se querellèrent violemment peu de temps après et ne se réconcilièrent pas avant l'hiver qui précéda la mort de Dahl.

Ea se maria également en 1916, après avoir abandonné ses espoirs de faire une carrière musicale. Son mari, Viggo de Neergaard, était un jovial gentilhomme campagnard, plutôt provincial, et elle s'en alla vivre dans sa propriété du Jutland. Thomas, qui avait désormais vingt-trois ans, faisait des études d'ingénieur et, débordant d'enthousiasme patriotique, n'avait qu'une envie : s'engager. Il voyait la guerre comme une occasion d'aider le Danemark à reconquérir le Schleswig du Nord et de perpétuer la tradition familiale qui était de servir dans des armées étrangères. « Mais plus que tout, expliqua-t-il, mes sentiments étaient les mêmes que ceux de Tanne. Les circonstances d'alors étaient de celles où l'on doit offrir sa vie[23] ». Il attendit d'être sûr que le Danemark ne courait pas le danger immédiat d'être envahi, passa ses examens de l'Institut polytechnique, puis exposa sa résolution à sa mère. Elle en fut terrifiée, consternée, et aussi furieuse que lorsque Tanne lui avait annoncé sa décision d'épouser Bror. Tanne intercéda en faveur de Thomas, en mettant en avant le fait qu'il lui était nécessaire de suivre sa destinée, qu'il le méritait et que Wilhelm l'eût approuvé. Finalement, Ingeborg lui donna sa bénédiction et Thomas s'enrôla dans le Black Watch Regiment de l'armée canadienne. Il fut envoyé en France, fit montre d'une remarquable valeur sur le champ de bataille et reçut la Victoria Cross en 1918 — distinction exceptionnelle — et la croix de guerre française.

Bror rentra au Danemark cet été-là, plein d'optimisme en ce qui concernait la ferme. Les restrictions de guerre du café avaient fait monter les prix et Swedo semblait désormais un excellent investissement, même aux yeux d'un homme d'affaires aussi sagace qu'Aage Westenholz. L'oncle Aage constitua la ferme en société commerciale sous le nom de Compagnie des cafés Karen, dont il présida le conseil d'administration. Les actions furent réparties entre la famille et les amis et on obtint un emprunt d'un million de couronnes auprès d'une banque. La capitalisation atteignit dès lors un demi-million de dollars de l'époque (1916).

Transportés de joie devant de telles perspectives d'avenir et reconnaissants envers tous ceux qui y avaient contribué, Tanne et Bror rendirent une série de visites à leurs familles pour leur présenter leurs remerciements et faire leurs adieux. Ils furent particulièrement démonstratifs à l'égard de leur oncle Mogens Frijs, qui leur avait donné un si bon conseil en ce qui concernait l'Afrique-Orientale. Au mois de novembre, ils se rendirent à Londres, passèrent au Carlton quelques semaines de distractions sophistiquées avant de partir pour Marseille. Tanne fut ravie de se retrouver dans une grande ville. Elle fit l'achat de bottes d'équitation et de lingerie, et obtint une audience avec la reine mère Alexandra, qui était danoise et qui fut « extraordinairement gracieuse et aimable » avec elle[24]. Les Blixen rendirent également visite à Henrik Castenskiold — Daisy n'était apparemment pas là — et aux Reventlow, qui étaient en poste ensemble à l'ambassade du Danemark. Ces vieux amis les avertirent que la route de la Méditerranée était trop dangereuse et qu'ils risquaient d'être torpillés. Aussi prirent-ils un passage sur un navire anglais, le *Balmoral Castle,* qui faisait route par l'Atlantique et contournait Le Cap.

Pensant à la guerre, à la vue de soldats dans les rues et des risques qui les avaient forcés à changer leurs projets, Tanne dit à sa mère qu'elle comprenait le désir qu'avait Thomas d'y prendre part, d'offrir sa vie et de mettre son courage à l'épreuve. L'ampleur terrible des événements et leur gravité mettaient à l'arrière-plan ses propres « petits chagrins ».

4

Ce fut un long et monotone voyage jusqu'à Durban, animé cependant par une troupe de jeunes actrices anglaises extrêmement jolies, qui ne cessèrent de scandaliser les dames plus âgées et d'émoustiller les messieurs. Bror, écrivit Tanne, avait trouvé un groupe de fermiers émigrants et passa la plus grande partie de son temps à discuter avec eux de l'avenir de l'Afrique. Il y avait aussi à bord un grand nombre d'officiers anglais qui avaient vu ce qui se passait sur le front. Mais Tanne fut déçue du peu d'impression que leur avait laissé leur expérience et de ce que, comme le reste de leurs compatriotes, ils se fussent plongés avec passion dans des parties de bridge sans fin et ne cessassent leurs conversations banales. « J'ai le sentiment, déclara-t-elle, que ce doit être parce qu'ils n'osent pas être sérieux : ils n'y parviennent pas et ils sont effrayés de la vacuité de leur personnalité[25]. »

Ils atteignirent l'Afrique du Sud la deuxième semaine de décembre, et il y eut un délai de deux semaines avant l'arrivée du bateau de Mombassa. Durant l'intervalle, ils logèrent dans le meilleur hôtel, allèrent nager à une plage qui rappela Trouville à Tanne, et ils achetèrent une voiture, un cabriolet. Tanne apprenait à conduire à ce moment-là, et elle pensa que ce serait « terriblement amusant » d'avoir une auto à la ferme[26].

Le consul de Suède les reçut lors de leur passage à Durban, et il leur donna des lettres d'introduction auprès des gens importants de la région, dont les plantations, établies depuis longtemps, pouvaient être pour eux des modèles très utiles. Bror voulut voir un grand nombre de fermes de toutes sortes, car il avait de grands projets ambitieux pour diversifier la sienne. Il voulait élever des cochons, des poulets, du bétail, brasser de la bière, planter des fleurs, faire des briques, implanter une pépinière de cocotiers sur un terrain le long de la côte et planter un millier d'acres en cannes à sucre.

L'un des fermiers qu'ils allèrent voir était un riche Anglais de bonne famille, nommé Joseph Baynes, qui possédait à Maritzburg une immense propriété du nom de Nels Rust. Sa famille était là depuis des générations et les Africains de la ferme avaient envers eux, remarqua Tanne, une loyauté toute féodale. L'honorable Mr Baynes était lui-même « un grand original ». Il les reçut généreusement et s'avéra être un spécialiste de Shakespeare et de la Bible. Il connaissait tous les gens qu'il fallait en Angleterre et avait été l'invité des rois. Mais ce qui chez lui impressionna le plus Tanne fut une anecdote que lui raconta un serviteur et qui illustrait le grand amour qu'inspirait Baynes aux Africains. L'histoire racontait qu'il était tombé gravement malade et qu'il avait dû rentrer en Angleterre voir un médecin. N'ayant que peu d'espoir de survivre, il avait fait ses adieux à tous les gens de la ferme. Mais une fois là-bas, sa santé s'améliora. Quand il quitta l'hôpital, il se rendit à Londres dans une maison de disques et enregistra un long message en kaffir à l'intention de ses serviteurs et de ses ouvriers. Il envoya le disque et les Africains furent convoqués pour écouter la voix de leur maître sur un gramophone placé dans la véranda. Le serviteur lui déclara avec une grande vénération qu'il « n'avait jamais vu des gens aussi émus que les indigènes l'avaient été à ce moment-là[27] ».

A bord du vapeur de Mombassa, Tanne disposa son chevalet sur le pont. Elle avait acheté des couleurs à aquarelle à Londres et avait décidé de se remettre sérieusement à la peinture. Sa première œuvre fut un portrait du beau-frère de Bror, Gustaf Hamilton, officier dans la cavalerie suédoise, qui allait être un hôte quelque peu encombrant à Mbagathi House durant les mois qui suivraient. Bror avait lui aussi son passe-temps : il écrivait un livre sur l'Afrique. Tanne lui promit qu'il serait certainement « de premier ordre[28] ».

Le navire fit escale à Zanzibar et les Blixen firent débarquer leur voiture pour faire le tour de l'île. Sur la place du marché de la vieille cité éclatante de blancheur, il y avait encore une estrade sur laquelle on vendait jadis les esclaves aux enchères. Les Anglais avaient amené le sultan à faire cesser le trafic des esclaves en lui payant une allocation annuelle et en lui fournissant à la place de la main-d'œuvre kikuyu. Mais du coup, raconte Tanne, sa vie avait perdu tout son « sel », et il était parti vivre à Paris.

Ils n'étaient plus qu'à une journée de Mombassa, et elle « n'arrivait pas à s'imaginer » qu'elle serait chez elle dans une semaine. Le 26, elle télégraphia à Ingeborg pour lui dire qu'ils avaient atteint la ferme, et le 1er février, elle écrivit que c'était « comme un rêve [...] que de tout retrouver. L'un de vous doit venir un jour ici pour relier le monde de la maison à celui-ci. Ces deux univers me semblent bien trop séparés[29] ».

20.

Les ailes de la mort

1

1917 fut une année de deuils et de désastres. Elle commença par des pluies anormales pour la saison, les plus lourdes qu'on eût jamais vues, et que suivit une sécheresse prolongée et ruineuse. Le café fleurit de façon spectaculaire, mais se dessécha sur pied et il n'y eut pratiquement pas de récolte. L'accord financier qu'avaient conclu les Blixen avec les Cafés Karen consistait à percevoir dix pour cent sur les bénéfices. Comme il n'y en avait aucun, ils s'aperçurent qu'ils ne pouvaient vivre uniquement sur leurs salaires, qui étaient de cinquante livres par mois. L'oncle Aage ne s'en souciait guère et Tanne en appela à Ingeborg pour lui demander de convaincre son frère de la nécessité d'une augmentation.

Presque aussitôt après leur retour d'Europe, leur régisseur, Åke Bursell, quitta la ferme prétextant qu'il ne voulait pas assister à leur faillite. En réalité, il avait eu l'occasion d'acheter des terres. Bursell était pratiquement indispensable aux Blixen : il avait l'expérience et la prudence dont manquait Bror. Tanne fut aigrie par sa défection, après toute l' « aide » qu'ils lui avaient apportée, et quand la ferme de Bursell se révéla une affaire fructueuse, ce fut « dur » pour elle [1].

Ce printemps-là, des nouvelles de Suède les informèrent que Hans Blixen avait été tué dans un accident survenu avec son petit avion. Sa veuve, temporairement égarée par le chagrin, écrivait à Bror pour lui demander de l'épouser. Il ne reste aucune trace de la réaction de Tanne à la mort de Hans ou à la lettre de sa veuve, mais la perte de cet être cher dut être accablante, d'autant plus qu'elle ne pouvait en partager la dimension intime.

Alors qu'elle était encore affligée de la mort de Hans, elle apprit que la propriété de Katholm avait été vendue. Après la mort du fils unique de Laurentzius Dinesen, on l'avait offerte à Thomas, mais celui-ci n'était pas encore prêt à assumer la responsabilité et les dépenses de son entretien. Tanne feignit l'indifférence mais en même temps parla d'essayer de la racheter. Ces nouvelles furent suivies par une lettre d'Else Reventlow qui lui apprit que Daisy Castenskiold s'était suicidée. Tanne écrivit à sa mère :

« Il me semble que tant de couleur et de rayonnement ont disparu avec sa mort, et pour moi, tant de ma jeunesse. Bien que je ne l'aie vue que très peu durant ces dernières années, il y a peu de gens qui me manqueront davantage et maintenant qu'elle est morte, je m'aperçois combien je pensais en fait à elle [...] Je ne crois pas que l'on puisse dire qu'elle était malheureuse. Dans la vie, elle éprouvait plus de joie que personne, elle était toujours en train de faire quelque chose, elle s'intéressait à tant de choses, et on l'aimait plus que quiconque. Je serais heureuse d'échanger ma vie contre celle de Daisy [...] Pauvre Henrik, je suis tellement chagrinée pour lui [...] C'était le seul qui fût vraiment bon pour elle et, bien que l'on puisse dire qu'il est la seule personne envers qui Daisy ait été injuste, je crois tout de même qu'elle lui a fait davantage de bien que de mal. Le temps qu'il vécut avec elle est probablement la seule période de sa vie où il fut vraiment vivant, et il doit s'en rendre compte. Il y a si peu de gens capables de tirer la vie de son quotidien banal et de la rendre poétique que, malgré tout, je crois que ce qu'on éprouve pour eux ne peut être que de la reconnaissance[2]. »

2

A l'égard de la ferme, Bror resta optimiste et plein de confiance dans ses propres capacités malgré le départ de Bursell. Il s'intéressait à la culture du lin, qui poussait avec d'excellents résultats dans le protectorat et qui se vendait très cher sur le marché européen, aussi, en mars, emmena-t-il Tanne visiter quelques exploitations de lin dans la magnifique région montagneuse de Gil-Gil. On les invita également à venir voir quelques-uns des grands ranchs de la même région, où l'on élevait du bétail. L'un d'eux était la propriété de Galbraith Cole, fils du comte d'Enniskillen et beau-frère de lord Delamere. Tanne trouva qu'il était l' « homme le plus charmant » qu'elle eût rencontré en Afrique : c'était le type même de l'éleveur et elle le trouva plus noble et plus indépendant que les planteurs de café des environs de Nair[3]. Elle fut tout à coup prise de regret de n'avoir pas commencé avec du bétail plutôt qu'avec du café.

« Charmant » n'était peut-être pas l'adjectif qui convenait pour qualifier Galbraith Cole, qui avait été expulsé du pays avant la guerre pour le meurtre d'un braconnier africain. Mais lui, son frère Berkeley, son beau-frère Delamere et leur ami Denys Finch Hatton possédaient tout ce que Karen Blixen considérait comme « la chose la plus importante pour un gentilhomme... *un fond gaillard*[4] ! ».

A la fin du mois de mai, les Blixen emménagèrent dans une nouvelle maison qui s'harmonisait encore une fois avec l'envergure de leur plantation. C'était un manoir de pierre bâti à l'origine par Åke Sjögren et il leur fut vendu avec une partie de son mobilier suédois. Åke Sjögren leur avait également laissé une bibliothèque de livres magnifiquement reliés qui n'avaient jamais été ouverts. Il y avait des œuvres de Kipling, Oscar Wilde, Bret Harte, Selma Lagerlöf et Robert Louis Stevenson, entre autres. Tanne, qui avait été privée de lecture, en fut enchantée.

La maison de Sjögren était un peu plus proche de Nairobi et agréablement située. Ses six pièces principales étaient spacieuses et fraîches. Il y avait des cheminées en pierre, une plomberie en parfait état et des lambris d'acajou dans la salle à manger. Une fois abattus quelques arbres, la maison offrit une vue magnifique sur la prairie et sur les collines qui s'étendaient jusqu'aux sommets de Ngong. Les bois qui l'entouraient étaient remplis de cigognes, d'hirondelles et de rossignols et Bror suggéra qu'on baptise la maison *Fuglsang* (chant d'oiseau) en leur honneur. Tanne fit remarquer très à propos que les Anglais ne sauraient jamais correctement prononcer le mot et proposa *Frydenlund,* du nom de l'ermitage de Wilhelm dans le Wisconsin. C'est alors qu'elle apprit que les Africains appelaient l'endroit *Mbogani*, « la maison dans les bois ». C'était presque l'homonyme parfait de Boganis, et cela régla la question.

Dans la quiétude d'une soirée d'avril, Tanne s'asseyait dans le nouveau bureau de Bror pour écrire à sa mère en lui envoyant quelques photographies. Le feu brûlait dans l'âtre. Farah se tenait derrière sa chaise et lui faisait la conversation chaque fois qu'elle posait la plume, et elle remarqua que son existence était très semblable à la vie « au Danemark aux environs de 1700 [5] ». Les pluies avaient rendu la route principale de Nairobi impraticable sauf pour les mulets et les piétons. Bror allait à pied ou à cheval pour traiter ses affaires en ville, mais elle ne pouvait faire le voyage.

Le courrier n'arrivait qu'une fois par mois, les marchandises étaient devenues difficiles à trouver : on devait improviser chaque fois qu'on manquait de quelque chose. On chassait pour manger. On improvisait également les distractions : les livres étaient précieux, et les conversations de qualité étaient très prisées. Les rôles des hommes et des femmes étaient définis sans équivoque : les hommes étaient des chasseurs et des protecteurs, et les femmes leur procuraient le refuge et les plaisirs de la civilisation, ce qui accrut l'attirance qu'ils éprouvaient les uns pour les autres. Comme au XVIIIe siècle, la grande abondance d'énergie humaine compensait les privations, ce qui convenait mieux à Tanne que le système moderne de sécurité matérielle et d'égalité. Elle aimait les contrastes et les extrêmes, et la manière dont leur activité, leur interdépendance et leurs tensions produisaient « des harmonies ».

Sur l'une des photographies qu'elle envoya à sa mère, elle pose avec son personnel sur la pelouse. Elle a l'air radieux et un peu empâté, elle est habillée de blanc de la tête aux pieds, avec une rose passée dans sa ceinture et un long collier d'ambre que lui avait offert Farah. Les huit domestiques semblent nettement moins décontractés, peut-être simplement parce qu'ils n'ont pas l'habitude de poser. Ce sont de beaux Noirs qui portent des vestes élimées par-dessus leurs *kanzus,* à l'exception de Farah, qui porte un gilet brodé. Il y a là le nouveau cuisinier, Ali ; Juma, qui resterait avec Karen Blixen jusqu'à ce qu'elle quitte l'Afrique et qui élèverait ses enfants à la ferme ; Kebri et Kamao, qui aidaient en cuisine et s'occupaient des chiens, et Abdullaï, un jeune Somali qui ne quittait pas Tanne d'une semelle et qui s'occupait d'elle comme une « vieille nourrice » et qu'elle aimait et gâtait « autant que s'il avait été son propre fils[6] ».

3

Ce printemps-là, il y eut un cessez-le-feu virtuel en raison des pluies exceptionnelles, mais l'armée anglaise et, dans une moindre mesure, les colons, étaient déprimés par leur incapacité à circonvenir von Lettow. Il n'avait pas encore subi une seule défaite et était devenu une sorte de démon mythique, craint et idéalisé en même temps. Tanne était fière de l'avoir connu.

L'un des plus grands problèmes de l'armée anglaise était le ravitaillement et, durant le printemps, ils firent en sorte de l'améliorer. Au lieu des bœufs ou des mulets, ils allaient utiliser des porteurs et, avant l'été, le nombre d'Africains du corps des porteurs était passé de sept mille à plus de cent soixante-quinze mille. Dans l'ensemble, les Africains étaient simplement forcés de s'engager et les serviteurs de la ferme étaient terrifiés à l'idée d'être enrôlés. Les Anglais décidèrent également d'accroître leurs effectifs de combat indigènes, après s'être aperçus combien ceux de von Lettow étaient efficaces. Ils avaient hésité à le faire jusque-là pour plusieurs raisons : ils craignaient que les armes données aux Africains ne se retournent contre eux, et que les Africains — qui étaient des soldats d'une grande valeur et d'une grande résistance — ne viennent à manquer de respect envers leurs supérieurs blancs.

L'étrange mauvais temps, l'insaisissable et féroce von Lettow, « les armes données aux indigènes », tout cela contribua à créer un malaise général dans le pays. Les gens se cherchèrent un prétexte et décidèrent qu'il devait y avoir un ennemi parmi eux. La haine envers les Suédois se ralluma et une série d'articles écrits par un certain Mr Broomhead dans le *Leader* accusa les Suédois d'entretenir des « liens » avec les Allemands et prétendit que leur argent était « souillé ». Les membres des « meilleurs cercles », écrivit Tanne, tinrent cela pour vrai et on en discuta vivement jusque parmi les Somalis[7]. Les Blixen, qui possédaient plus que quiconque de l'argent « souillé », étaient particulièrement suspects. Tanne n'avait pas dissimulé son ancienne amitié avec von Lettow et elle avait vraiment acheté des chevaux pour son compte à Naivasha au moment où la guerre avait éclaté. Désormais, les Anglais pensaient que c'était une espionne et on l'évitait totalement partout où elle allait. Si elle déjeunait à la terrasse du New Stanley, les gens de la table voisine changeaient de place. Si elle entrait dans l'épicerie Mackintosh, les conversations s'arrêtaient[8]. Isak Dinesen raconte cette expérience traumatisante dans *La Ferme Africaine* et explique que, à chaque fois qu'elle fut malade ou tourmentée plus tard dans sa vie, cela lui revenait cruellement en mémoire. Durant ces moments-là, « j'étais très souvent en proie à une obsession [...], la vie me paraissait soudainement obscurcie [...], je me demandais si je ne devenais pas folle. Il me semblait qu'une atmosphère de deuil planait sur la ville et que les gens se détournaient de moi[9] ».

Bror était beaucoup moins sensible et Tanne admirait qu'il prît tout « si calmement, sans jamais se mettre en colère [10] ». Au lieu de cela, il alla voir le gouverneur en poste, qui le rassura, prit rendez-vous avec Mr Broomhead qui, après une longue conversation, accepta de publier un démenti de ses articles. C'est en effet ce qu'il fit, mais, dans de telles circonstances, le préjudice est souvent plus facile à causer qu'à effacer. Il fallut attendre que Thomas fût décoré de la Victoria Cross — la plus haute distinction militaire anglaise — pour que l'innocence et l'honneur de Tanne soient reconnus.

Elle fut isolée du monde durant tout l'été, puisqu'il y avait plus de trois mois de décalage pour le courrier en provenance du Danemark. Quand elle parlait de Bror dans ses lettres, c'était souvent pour dire qu'il était parti et qu'elle avait un peu de temps à elle : une soirée de calme, une semaine alitée, quelques jours de solitude aux bords du lac Naivasha. Elle donnait dans ses lettres l'impression qu'elle avait besoin de ces répits, et peut-être était-ce vrai.

Les lettres d'Ingeborg qui arrivaient à Ngong avaient un ton excédé. Elle écrivait qu'Ea attendait un enfant mais elle craignait que la nouvelle ne soit « difficile » à supporter pour Tanne qui ne pouvait en avoir. Tanne l'assurait du contraire : elle n'avait pas encore perdu l'espoir d'avoir un enfant, et ce qui était insupportable, c'était la morbide compassion des gens. Ingeborg se tourmentait également d'avoir laissé partir Thomas à la guerre. Elle avait un besoin avide d'être rassurée et Tanne, qui ne cessait de s'inquiéter pour son frère, fit tout son possible pour infuser un peu de courage et de vitalité dans l'esprit affolé de sa mère. Elle l'exhorta, la calma et lui présenta quelques exemples de sagesse vitale qui lui avaient été d'un grand secours durant ses propres moments de désespoir. L'un d'eux était le stoïcisme des Somalis, « l'inébranlable soumission de Farah à la destinée ». Un autre était l'absolue confiance des aristocrates anglais dont elle avait récemment fait la connaissance, des hommes comme Delamere et Galbraith Cole, qui « comprenaient leur propre nature et qui agissaient sans crainte en accord avec elle [11] ».

Thomas Dinesen écrivit à sa sœur depuis le front français, plein d'ardeur pour la bataille et d'un idéalisme sans frein envers l'humanité, et il lui envoya quelques poèmes. Elle lui faisait part de son amour en lui envoyant des lettres adressées à « d'Artagnan » ou « Olav Trygveson », un héros des sagas, et lui promettait qu'il trouverait sa destinée à travers ces épreuves et ces souffrances. « Tant de choses que j'ai moi-même rêvées mais jamais accomplies se sont réalisées en toi [12] », lui dit-elle avec plus de fierté que d'envie. Et en échange de ses poèmes, elle lui envoya quelques-unes de ses œuvres anciennes qu'elle avait revues et une, nouvelle, qu'il trouverait « triste », l'avertit-elle. Il existe en effet un brouillon d'un poème semblable dans un cahier de l'époque, griffonné au crayon et intitulé « Chanson à la Harpe » :

Mes années de jeunesse passent et disparaissent
Il ne me reste que deux choses : ma jeunesse défunte
et de savoir que tu es mort

Dans mes mains je n'ai plus
que deux morceaux brisés
Et tout le reste, le reste s'écoule
sans laisser de traces[13].

Dans l'isolement et la tristesse de cette année, et avec tous ses deuils, Tanne recommença à peindre. C'était un moyen de faire le point et de rassembler ses énergies lorsqu'elle sentait qu'elles allaient l'abandonner. Elle nota qu'elle avait un sens beaucoup plus aigu de la couleur et de la forme et elle attribua cela à sa plus grande expérience de la vie. La même maturité se fait sentir dans ses lettres. Leur ton a changé, elles sont plus méditatives et révèlent davantage d'elle-même. Parfois, avouait-elle, sa vie lui semblait dépourvue de tant de choses ! Elle et Bror avaient des goûts si différents ! Il parlait, par exemple, de s'établir au Danemark, de racheter une vieille propriété familiale et de la laisser par la suite à son neveu, le fils de Hans. Elle espérait toujours qu'elle aurait à « élever un petit Wilhelm qui s'occuperait plus tard de leurs intérêts et ferait prospérer leurs affaires[14] ». L'Afrique malgré tout ce qui l'avait blessée et épuisée lui avait montré ce qu'était « la vie ». Elle ne pouvait plus imaginer son avenir sans elle.

21.

Dramatis personae

1

Au début de 1918, un grand nombre de gens nouveaux entrèrent dans la vie de Karen Blixen et y apportèrent une considérable animation. Vers Noël, Bror et elle furent invités à la chasse au buffle dans la vallée de Kedong avec Franck Greswolde-Williams, un éleveur de bétail et l'un des premiers colons du pays. Greswolde-Williams avait beaucoup de la noblesse brutale, de la façon brusque et distante de s'exprimer et de la connaissance des animaux qu'Isak Dinesen attribuerait plus tard à Vitus Angel dans « Saison à Copenhague ». Angel rappelait aux nobles danois leurs vieux serviteurs et palefreniers : Greswolde-Williams avait été élevé dans la grande propriété de son père par les serviteurs et les palefreniers et il semblait en avoir adopté les manières. Quand Tanne le rencontra, il venait de perdre un œil dans un accident de chasse et son fils était mort au Tanganyika en combattant contre von Lettow. Il faisait partie de la tribu des vieux guerriers solitaires et bourrus pour lesquels elle avait un faible.

Après Kedong, ils allèrent séjourner à Juja dans la résidence de chasse de sir Northrup et lady Macmillan. Sir Northrup était arrivé dans le pays en 1904 et était membre du Conseil législatif. Il était plusieurs fois millionnaire et pesait cent quatre-vingts kilos. Mais il possédait une incroyable grâce de mouvements et une grande courtoisie dans ses manières ; il prêta ces qualités au prince Potenziani du conte d'Isak Dinesen « Sur la Route de Pise ». Tanne rencontra à la même époque l'invité permanent des Macmillan, Charles Bulpett, qui l'emmena en automobile chasser le rhinocéros. Bulpett avait alors soixante-sept ans et s'était retiré de sa carrière d'explorateur et d'*homme du monde*. Il apparaît dans *La Ferme Africaine* sous les traits de « l'oncle Charles », et représente pour la narratrice « l'un de ses meilleurs amis [...] et l'idéal du gentleman anglais victorien [1] ». Il rappelait à Tanne son oncle Laurentzius jeune, dans un genre un peu plus raffiné. Il fut également l'un des modèles du courtois mais irréaliste baron von Brackel, qui est le narrateur dans « Le Vieux Chevalier Errant » et qui « avait parcouru le monde, visitant maints endroits et se liant à d'innombrables gens », mais qui « n'avait que médiocrement réglé ses propres affaires[2] ».

Le baron suédois Erik von Otter n'était pas une nouvelle connaissance, mais il devint plus intime. Otter quitta les fusiliers africains du roi et rentra en permission à Nairobi cet hiver-là. Ce fut un visiteur régulier de Mbogani House. C'était un bel homme mince de vingt-neuf ans. Le soleil lui avait décoloré une partie du visage et bruni le reste : il était recouvert de taches brunes et blanches qui se retrouvaient sur sa moustache. Un de ses amis remarquait : « Les femmes étaient fascinées par cela, mais d'après ce que j'ai pu constater à Nairobi, il n'avait pas grand-chose à faire avec le sexe opposé[3]. »

Erik était allé à bicyclette à Nairobi avec Bror durant la première semaine de guerre, mais il était resté en service jusqu'au bout. C'était un personnage légendaire du K.A.R. * aussi bien pour les soldats blancs que pour les Noirs. Il choisit de vivre avec ses *askaris* africains, mangea les mêmes rations qu'eux et apprit leur langue et, ce qui est plus difficile, se familiarisa avec leur sens de l'humour. Ils l'appelaient *Risase Moja,* Celui qui ne tire qu'une fois, car c'était un extraordinairement bon tireur, quelle que fût l'arme qu'il utilisait. Le comte de Lytton parle avec respect de la façon dont Erik « tirait au pistolet, dont il chassait la grouse à la chevrotine ou abattait un daim à longue distance avec un 256, ou encore dont il tuait calmement lion après lion [...] Il y eut des rumeurs selon lesquelles il était mourant, d'autres selon lesquelles il parlait le swahili, le soudanais et le turkana mieux que quiconque, Blanc ou indigène. Certains prétendaient qu'il avait été malheureux en amour, et que c'était pour cela qu'il ne s'intéressait plus aux femmes. D'autres amis disaient qu'il avait une femme avec qui il était en si mauvais termes qu'il préférait le désert du Turkana[4] ». Telle était la raison romanesque de la dureté d'Erik Otter.

Quand il revit Tanne, elle était belle et avait minci. Elle était nerveuse et pleine d'énergie et ne cessait de parler avec animation — avec une légèreté qui semblait ne servir qu'à éloigner ses chagrins. Il connaissait, comme la plupart des gens, les infidélités de Bror ** et sans doute admirait-il Tanne de se montrer si courageuse. Peut-être fut-il frappé de trouver en elle une version féminine de son propre héroïsme et de son austérité. En tout cas, il tomba amoureux d'elle et résolut de la sauver de ce qui lui semblait être un mariage truqué.

Au début, Tanne fut elle aussi attirée par Erik. Il lui rappelait Wilhelm et elle écrivit à son frère pour lui parler de l'amour d'Erik pour la guerre, de son respect de la nature et de son sentiment de parenté avec les Africains — tous points de vue qu'elle partageait. Erik était un disciple de l'islam, il connaissait le Coran par cœur et Tanne commença à le lire avec lui. Elle

* King's African Rifles : fusiliers africains du roi.

** Dans une lettre écrite à Tanne à bord d'un navire en route pour l'Europe, son amie « Ginette » lui dit : « Il y a de nombreuses personnes à bord qui te connaissent et qui insistent pour parler de Bror [...] Je ne peux tout simplement pas te dire combien j'admire ton cran et ta constance — presque autant que j'admire tes yeux — et cela veut tout dire. Tu te défends *vraiment* très bien. » (« Ginette » à Karen Blixen, sans date, KBA 56.)

trouvait le livre « plein de charité car, contrairement aux chrétiens, [les musulmans] ne connaissent pas l'idée du *péché* et leur code moral est fait de consignes d'hygiène et d'honneur. Par exemple, ils considèrent la discrétion comme leur premier devoir[5] ». En février, suivant ses propres notions de l'hygiène, de l'honneur et de la discrétion, elle partit avec Erik pour un safari dans les plaines de Tana, pour tirer des buffles et des rhinocéros, lire *Le Chasseur de Cerfs* et *Les Trois Mousquetaires,* et selon toute probabilité, pour faire l'amour. « [...] Il y a quelque chose dans les safaris, écrit-elle à sa mère dans un passage qui laisse supposer la nature de ses propres sentiments, qui vous fait oublier toutes vos peines, et vous sentir tout le temps comme si vous aviez bu une demi-bouteille de champagne, et vous bouillonnez de reconnaissance d'être en vie[6]. »

Mais, hors de son élément — la nature —, Erik Otter était un « homme plutôt difficile à vivre [...] et enclin à se réfugier dans sa coquille[7] ». Il venait rendre visite à Tanne quand Bror s'absentait et passait souvent la soirée à regarder fixement le feu. Une fois, il se déclara plus ou moins et lui proposa de divorcer et de l'épouser. Elle y pensa sérieusement pendant un certain temps et le dévouement qu'il lui témoignait « fit beaucoup pour l'aider à retrouver son amour-propre défaillant[8] ». Mais il y avait en dernier ressort quelque chose d'exaspérant chez Erik. La noblesse de son esprit ne rattrapait pas son sérieux absolu. Il n'y avait chez lui rien d'enjoué ni d'espiègle. Tanne parlerait plus tard de lui en des termes « peu flatteurs » à son amie Ingrid Lindström et elle confia à sa sœur qu'elle l'avait probablement rendu « très malheureux[9] ».

2

Si Bror était jaloux de son ami Erik, il n'en faisait pas un drame et se plaignait seulement qu'on ne puisse pas discuter de Mahomet entre midi et quatre heures[10]. Quand Erik Otter retourna à son régiment, Bror partit également, laissant Tanne et Nairobi, pour un safari d'un mois à Uasin Gishu. Devant elle s'ouvrait une autre période de solitude et d'ennui, auxquels s'ajoutait une terrible sécheresse qui allait durer de nombreux mois. La sécheresse de l'air et l'attente continuelle de la pluie l'épuisèrent nerveusement et lui donnèrent le mal du pays. Elle désirait voir les nouvelles sculptures que le musée Thorvaldsen avait acquises et la musique lui manquait « affreusement ».

Vers la fin mars, elle écrivit une longue lettre à Ea pour la féliciter de la naissance de sa fille Karen. La lettre dépeint de façon particulièrement lucide et belle l'inaction où elle se trouvait à ce moment-là.

> « Quand tu m'écris que tu es tombée nez à nez avec Ellen Wanscher sur le Vimmelskaft, c'est incroyablement évocateur et riche de signification pour moi, mais en quoi cela peut-il t'intéresser d'apprendre que je suis allée au *Blue Post* avec le lieutenant Cartwright ? D'un autre côté, c'est une bonne chose qu'un peu de mon existence — le café

et le lin, Farah, Dusk, lord Delamere, les safaris et les affaires — parvienne jusqu'à toi et c'est si agréable pour moi que tu comprennes un peu la façon dont je vis ici.

« Malheureusement nous avons depuis un certain temps une sécheresse qui dépasse tout ce que vous pourriez imaginer à la maison. Si cela continue, le pays tout entier va mourir, et tel que c'est pour le moment, c'est déjà assez affolant. Désormais nous commençons à subir les mêmes restrictions que vous avez supportées à la maison durant si longtemps : beurre, lait, crème, légumes verts, œufs — tout cela n'est plus qu'un souvenir. Toutes les plantes se fanent. Les plaines brûlent chaque jour un peu plus ; elles s'étendent, noires et carbonisées et, quand on va à Nairobi et qu'on atteint la ville, elle semble être perdue en plein milieu d'un champ de décombres après une explosion. La poussière l'envahit jour et nuit et sous ce ciel d'or épais, avec le vent qui vient de la ville somalie et du bazar, on a l'impression que les bacilles du choléra et de la peste tourbillonnent gaiement au-dessus d'elle. Il y a également un incroyable taux de mortalité chez les enfants blancs de Nairobi. Quant aux adultes, cet éternel vent ardent et desséchant leur porte sur les nerfs, au point qu'il faut être très prudent lorsqu'on parle à quelqu'un. Mais [...] cela finira bien un jour et il faut tenir bon en attendant — *aber frage nur nicht wie* [...][11]. »

Le 5 avril, Tanne assista à un petit dîner intime donné au Muthaiga Club par ce même nouvel ami anglais, le lieutenant Cartwright, qui retournait sur le front d'Égypte. Algy Cartwright n'avait que deux autres invités : Monica Belfield, la fille de l'ancien gouverneur, et Denys Finch Hatton, un compagnon d'armes. Tanne était curieuse de rencontrer Finch Hatton car elle avait beaucoup entendu parler de lui en termes admiratifs. Il s'avéra être un aristocrate de trente-deux ans, incroyablement beau, grand, spirituel, mince, pincé et légèrement chauve. Il revenait de Somalie et il régala la compagnie du récit de ses aventures. Leur rencontre suivante eut lieu un mois après, juste avant que Denys ne retourne en Égypte où il devait entrer dans une école d'aviation. Les Blixen organisèrent une chasse sur leurs terres en l'honneur du général E. H. Llewellyn, et ils invitèrent un petit groupe d'amis à se joindre à eux. Denys vint, tout comme Erik Otter, le frère du général Llewellyn, Jack, et leur voisin Johnny van der Meyer et plusieurs autres. Il plut légèrement le matin et on servit un déjeuner froid dans la salle à manger devant un grand feu. A eux tous, ils tuèrent trente cerfs, deux chacals, et un léopard. Denys resta à dîner puis, comme il était tard, resta à coucher. Le lendemain matin, Tanne le reconduisit à Nairobi en voiture et ils déjeunèrent ensemble. Elle était déjà follement amoureuse de lui. « Je crois qu'il est extrêmement rare [...] à mon âge de rencontrer son idéal personnifié[12] », écrivit-elle à sa sœur Ella.

« Il est rare que l'on rencontre quelqu'un envers qui l'on se sent immédiatement de l'attrait et avec qui l'on s'entend aussi bien. Quelles choses merveilleuses que le talent et l'intelligence[13] », écrivit-elle à sa mère. Trois jours plus tard, elle projetait un safari en Somalie, sous le coup de la passion de Denys pour ce pays, et une visite au Caire. Bror la taquina sur ce sujet. Il était persuadé, avoua-t-elle, que « la seule chose au monde dont je me souciais était de retrouver Finch Hatton * *(sic)* ». Il avait raison.

3

L'honorable Denys Finch Hatton ** était si précieux qu'il n'est fait mention de lui que modérément dans *La Ferme Africaine*. Il semble apparaître de nulle part, dans des moments d'épiphanie ; juste à temps pour les partager. Sa mort, rapidement suivie de la ruine de la ferme, achève « le dessin de la cigogne » et donne à Isak Dinesen le sentiment qu'elle n'était pas victime de « ce que les gens appellent un coup de malchance » mais que des forces plus grandes étaient en jeu : « Je me disais que si je parvenais à découvrir cette cause, je pourrais peut-être encore échapper à l'effondrement total [...] [14]. »

Denys arriva pour la première fois en Afrique en 1911. Il y revint l'année suivante et s'y établit pour toujours. Il possédait une ferme à Eldoret, où il cultivait du lin, et des parts dans une autre, à Naivasha, où il projetait d'élever du bétail et de cultiver du pyrèthre. En 1913, il acheta l'ancienne maison des Macmillan, Parklands, près de Nairobi, pour quatre mille livres ***. Quand le prince Wilhelm de Suède vint en Afrique, sur le même bateau que Tanne Dinesen, Denys avait mis sa maison à sa disposition. Il était loin d'être le vagabond sans toit que décrivent Parmenia Migel et Isak Dinesen elle-même.

Le négoce, plutôt que la chasse, qui vint plus tard, était sa principale source de revenus et de plaisir durant les premières années. Il installa une série de postes avancés sur la réserve masaï, il possédait une chaîne de *dukkas,* achetait et vendait des propriétés, et par la suite dirigea plusieurs compagnies, dont l'une exportait du bois. Il avait la réputation de n'être guère scrupuleux en affaires, et des rumeurs couraient sur son compte, selon lesquelles il prêtait de l'argent à des taux d'intérêt élevés. La vie de négociant convenait à son tempérament nerveux, bien que ce soit une vocation curieuse pour un fils de comte et un diplômé d'Oxford.

Denys avait quitté l'Angleterre, disaient ses amis, pour échapper à la vie pleine de conventions des gens de sa classe et aussi parce qu'il avait besoin d'espace. « Il y avait trop de gens là-bas [15] », comme le dit l'un de ses amis, et ils semblaient tous ne pouvoir s'empêcher de l'adorer. A Eton, il avait été, tant pour ses maîtres que pour ses condisciples, « un tyran adoré » qui

---

* Isak Dinesen, *Lettres d'Afrique,* p. 70. Dans ses lettres et dans *La Ferme Africaine,* Isak Dinesen met un trait d'union au nom de Denys. Mais l'actuel comte de Winchilsea, neveu de Denys, déclara à Errol Trzebinski que la famille préfère écrire le nom sans trait d'union.

** Le père de Denys était le treizième comte de Winchilsea et Nottingham, et sa mère, née Nan Codrington, était la fille d'un amiral. Il avait un frère aîné, le vicomte Maidstone, héritier du titre, et une sœur aînée très belle qui perdit son mari durant la guerre.

*** Errol Trzebinski, *Silence Will Speak,* p. 83. La biographie de Denys Finch Hatton par Trzebinski, les lettres qu'elle m'a écrites et nos conversations sur le sujet ont été mes principales sources d'information sur l'enfance de Denys, sa fortune, sa famille et sa carrière. *(N. d. A.)*

« dominait l'école comme peu [...] de gens l'avaient jamais dominée ou la domineraient après lui [16] ». La liste de ses talents, de ses qualités et de ses excentricités pourrait aussi bien se résumer dans le mot *princier.* Comme celui qui n'a pas d'égal, il était l'objet de bien des désirs et son succès lui conférait un immense prestige.

Mais s'il était difficile pour Denys de ne pas être charmant, son charme n'était pas une offrande. Depuis l'enfance, il avait connu le respect de sa famille et de tout un chacun, et il avait craint qu'on l'ennuie, qu'on l'exploite, qu'on veuille le posséder ou qu'on dépende de lui. Ce n'était que témoigner de la déférence à son courage physique et à sa beauté, à son intelligence et à son goût, et par-dessus tout à l'assurance spéciale et indéfinissable qu'il avait en lui. En conséquence, Denys, tout comme Wilhelm Dinesen, cherchait des défis — risque, plaisir, danger — assez sérieux à relever. Un tel désir peut souvent s'exprimer dans un caprice et créer ses propres surprises lorsqu'il ne peut en trouver. Denys était un grand excentrique. Une fois, il prit l'avion de Londres simplement pour aller entendre un opéra, et sans appeler personne de sa famille, rentra en Afrique le lendemain matin. Une autre fois, l'un de ses amis lui envoya un télégramme urgent par coursier, alors qu'il était dans la brousse. « Connais-tu l'adresse de telle personne ? » demandait le message. La réponse qu'il donna à transmettre au coursier fut : « Oui [17] ».

Tania Blixen comprenait cet aspect du caractère de son ami, elle le trouvait adorable et elle montra le même désir de surprendre dans sa vieillesse. Elle pensait probablement à Denys lorsqu'elle écrivit : « Pour aimer [Dieu] il faut aimer le changement, il faut aimer la plaisanterie, ce sont choses d'après son cœur [18]. »

Au début des années vingt, Denys abandonnerait ses autres logements et transporterait ses affaires à la maison de Karen Blixen à Ngong. C'est là qu'il devait séjourner entre les safaris, durant une semaine ou deux entre des absences qui duraient plusieurs mois. Ses brèves périodes intenses en compagnie de son amant rendaient à Tania son équilibre. Denys créait une situation critique dans sa vie et elle se dressait pour y faire face. Son grand amour pour lui était en partie dû à l'impression qu'il exigeait le meilleur d'elle, toutes ces ressources spirituelles qu'elle avait cultivées si longtemps en vain. Si Denys était son « idéal incarné [19] », cela signifiait qu'à ses côtés elle devenait elle-même son propre « idéal incarné ».

Les moments les plus émouvants des contes d'Isak Dinesen sont ceux où combattent deux amants de force égale. Ils ont généralement vécu dans la solitude jusqu'à ce moment, sans la possibilité d'évaluer leur propre force. Agnese della Gherardesci et le prince Nino de « Sur la Route de Pise » entrent dans cette catégorie, Athéna von Hopballehus et son soupirant, dans « Le Singe », également. Tels sont aussi Kasparson et Malin Nat-og-Dag dans « Le Raz de marée de Norderney » ainsi que Malli et Herre Soerensen dans « Tempêtes ». Wilhelm Dinesen avait lui aussi passé sa vie à chercher l'ennemie-amante qui serait digne de son respect. C'est l'expérience que Dinesen décrit lorsqu'elle parle de la chasse au lion qui était « une entreprise parfaitement belle. C'est un profond et brûlant désir mutuel, une respectueuse entente entre deux créatures de nature très différente mais dont les aspirations sont identiques[20] ».

Elle sentait, avec toute la fierté et la reconnaissance dont elle était capable, qu'elle avait trouvé son égal en Denys. Ce fut probablement dans ses dernières années d'existence, lorsqu'elle crut qu'elle ne pourrait plus trouver son égal, qu'elle montra toute sa grandeur — *noblesse oblige* —, en permettant à des gens plus jeunes (Thorkild Bjørnvig, Aage Henriksen, Gustava Brandt, Kaer Petersen, Clara Svendsen et nombre de ses lecteurs) de vivre avec elle la même expérience.

4

Denys Finch Hatton était soldat à contrecœur — « seuldat », comme il le disait lui-même avec mépris — et il déclara une fois que « les gens en uniforme n'étaient pas des êtres humains[21] ». Mais lorsque la guerre éclata, il rejoignit son ami Berkeley Cole qui commandait une troupe d'irréguliers somalis particulièrement farouches et féroces, connus sous le nom d'éclaireurs de Cole.

Berkeley Cole avait été officier dans le Neuvième Lanciers et il avait participé à la guerre des Boers. Aux premiers jours du protectorat, il avait dirigé avec lord Cranworth comme associé un petit hôtel un peu louche à Londiani, sur la frontière. Plus tard, il acquit une ferme sur les flancs du mont Kenya. C'était un mince jeune homme aux attaches fines et aux cheveux roux, qui rappelait à Tania Blixen un chat, sensuel et plein de préjugés. Ses goûts étaient exagérément difficiles, il avait le cynisme d'un dandy *fin-de-siècle* et, comme Denys, il adorait faire des farces. « Par une sorte de raffinement diabolique, il se montrait d'autant plus séduisant que les gens lui paraissaient plus insignifiants, et pour peu qu'il veuille s'en donner la peine, il était d'une drôlerie inimitable. Mais [...] quand la plaisanterie dure trop, elle prend un accent tragique. Quand Berkeley, quelque peu excité par un vin généreux, montait sur ses grands chevaux, l'ombre de ceux-ci sur la muraille prenait parfois l'allure de Rossinante[22]. » Berkeley avait la santé fragile. Il souffrait d'arthrite comme son frère Galbraith, et il avait le cœur malade. Il vivait seul dans sa ferme adorée mais on racontait qu'il avait une maîtresse somalie très belle, dans une maison à l'extérieur de Nairobi, « située juste comme il fallait sur la route du Muthaiga Club[23] ». Denys l'amena fréquemment chez Tania et il devint un habitué de la maison, qu'il appelait son « ermitage des bois[24] ». Lui et Denys contribuaient à approvisionner la cave et les boîtes à cigares et, à chaque visite, il arrivait chargé de fruits et de gibier qui provenaient de sa ferme. Chaque matin à onze heures, il buvait dans les bois de Tanne une bouteille de champagne que son serviteur somali, Jama, lui versait dans les plus beaux verres de cristal de son amie. Berkeley avait ou feignait une sorte d'exaltation romantique. Il essayait de faire de chaque moment une parfaite petite œuvre d'art.

Les éclaireurs de Cole combattirent vaillamment sur la frontière nord mais ils s'irritèrent de la discipline militaire conventionnelle et finirent par se mutiner[25]. A la suite de quoi, Denys et Berkeley rejoignirent les fusiliers-voltigeurs est-africains. Ils étaient tellement liés avec un troisième ami, le minuscule A. C. Miles (« Bout-de-chou »), qu'on les surnommait les « trois mousquetaires[26] ». Denys passait ses permissions chez Galbraith Cole, qui élevait des moutons dans une ferme de trente mille arpents, nommée Keepkopey, sur les bords du lac Elementeita. C'était un havre de paix où l'on pouvait aussi bien chasser le lion que s'asseoir auprès du feu pour parler philosophie. Denys commença d'apprendre la guitare tout seul lorsqu'il était là-bas, et il lui arrivait souvent de chanter en s'accompagnant. L'un des amis de Cole, Llewellyn Powys, se rappelait avoir rencontré Denys à Keepkopey en 1916 et il le comparait à « un puma aux membres souples se prélassant au soleil sous les palmiers au bord de l'Amazone, jusqu'à ce que la nécessité d'agir se fasse impérieuse [...] Il avait la même sorte de courage que Berkeley — mais il était beaucoup moins imprudent, en ce qu'il mêlait l'audace élizabéthaine à la sagesse et à la prévoyance du fils de Laërtes [...] J'aimais bien son allure d'érudit sous lequel on devinait pourtant l'aventurier, l'homme qui connaissait la moindre boucle et la moindre crique du haut Nil [...][27] ».

Denys partit servir sous les ordres du général de division Hoskins, échappa à une embuscade et gagna la Military Cross. Après un séjour en Angleterre, il voyagea jusqu'en Mésopotamie comme officier d'ordonnance d'Hoskins et, sur le bateau, il rencontra un jeune officier américain qui devint un grand ami. Il s'appelait Kermit Roosevelt, et c'était le fils de Theodore. A Port-Saïd, les chauffeurs du bateau désertèrent et Denys et Kermit, mettant en avant leur habitude du climat tropical « s'offrirent pour les remplacer[28] ». Quand se présenta l'occasion de suivre les cours de l'École royale d'aviation, Denys la saisit. Il aurait un jour son avion personnel en Afrique, et emmènerait Tania voir de quoi la ferme avait l'air du haut des airs, et elle éprouverait un « indicible ravissement[29] ». Mais juste avant qu'il ne commence ses cours, son associé mourut et il dut rentrer à Nairobi. C'était au début du printemps 1918, lorsqu'il rencontra Tania pour la première fois au Muthaiga.

5

Le mariage des Blixen survécut à la liaison de Tanne avec Denys, comme il avait survécu au diagnostic de syphilis, à leurs fréquentes séparations et aux liaisons de Bror avec d'autres femmes. Ils vivaient toujours ensemble, se rendaient aux soirées comme un couple uni, partageaient la même chambre lorsqu'ils restaient chez des amis, et dans l'ensemble, ils donnaient l'impression d'être deux vieux amants. Bror n'était pas hypocrite et en tout cas, il était fier que l'amant de sa femme fût d'une telle trempe[30].

Ce n'était certainement pas un mariage solide. Karen Blixen était une femme fière, et la conduite de Bror — avances à des jeunes filles américaines, scènes au Muthaiga, notes impayées et dettes — devait l'humilier. Ce n'était pas non plus un mariage harmonieux : Tanne et Bror avaient peu de goûts, de passions ou d'intérêts communs. Mais elle pouvait tolérer cette incompatibilité, en partie parce qu'il correspondait à son idéal d'un « vrai homme », une sorte de *condottiere,* brutal, peut-être, mais également sensuel et altier. Dans l'ensemble, elle avait une vue du mariage digne du XVIIIe siècle. Elle avait signé un contrat, voué obéissance à une idée plus qu'à un individu, et elle lui resterait fidèle. Dans les limites de sa soumission de pure forme, elle se sentait libre de se livrer à ses propres plaisirs. Si elle n'avait pas eu d'amants avant Denys (et, selon toute vraisemblance, Erik), elle avait de nombreux admirateurs. L'un d'eux, le général Polowtzoff, un diplomate russe d'un certain âge et d'une politesse raffinée, fit à son propos une remarque qu'elle citait et approuvait, et qui permet de voir cet aspect de son personnage et de sa vie sous cet angle. Il lui déclara qu'il n'avait jamais rencontré « quelqu'un d'aussi sensuel et d'aussi peu sexuel[31] ».

Il est tentant de vouloir voir Bror et Denys comme une unité, au sens où l'entendait Dinesen : des repoussoirs spirituels. Il y a une photographie d'eux, prise en 1928 lorsqu'ils firent un safari avec le prince de Galles, qui corrobore cette hypothèse. Bror est petit, râblé, robuste, avec une sorte de brutalité dans l'expression. Denys est langoureux et raffiné, avec une élégance quasi marmoréenne. Bror était un homme dont sa femme disait : « Il ne savait pas si la Renaissance venait avant ou après les croisades[32]. » Denys apprit à Tania le grec, il lui fit connaître les poètes symbolistes, lui joua Stravinski et tenta de lui faire prendre goût à l'art moderne. Les deux hommes avaient en commun leur vaillance et leur force physique, et on les considérait comme les deux plus grands chasseurs blancs de l'époque[33]. Ils s'appréciaient mutuellement, aux dires de leurs amis, et durant un certain temps, ils partagèrent la même chambre à Ngong, chacun l'utilisant lorsque l'autre partait en safari. Il y a souvent cette sorte de sentiment incestueux entre deux hommes qui aiment la même femme, et peut-être cela contribua-t-il à leur amitié. Avec sa sexualité plus franche et son charme plus cru, Bror pouvait représenter le premier brouillon de celui qui devait lui succéder : il avait l'aspect de « Dionysos », celui que Nietzsche appelle « le bouc ». Denys, pour tous ceux qui le connaissaient, était le Dieu[34].

6

En 1918, il y eut une autre terrible sécheresse qui dura jusqu'à l'hiver suivant. Beaucoup de fermiers débauchèrent leurs ouvriers, car il n'y avait pas de récolte à moissonner, et par conséquent, pas de maïs pour les nourrir. Les Masaïs brûlaient les plaines chaque année pour renouveler l'herbe, mais comme les longues pluies n'arrivaient pas, « les étendues brûlées rayaient le sol de leurs cendres grises et blanches[35] ». Les puits se tarirent : les animaux assoiffés descendaient des collines pour boire dans la profonde mare de la ferme. Partout dans le pays les Africains souffraient de la famine, mouraient par dizaines de milliers, et la maladie suivit la famine. Les Blixen et leurs ouvriers se firent vacciner contre la variole et Tanne fit tout son possible pour donner à manger aux enfants. Pendant un certain temps, elle put soulager les souffrances en distribuant du *posho,* du maïs pilé, qui est la base de l'alimentation africaine. Mais comme le *posho* se faisait de plus en plus rare, le marchand chargé de l'approvisionner « décampa » et elle dut abandonner son rôle de « Samaritaine[36] ».

La sécheresse n'épargna nullement le café des Blixen et il n'y eut pas un sou de bénéfice en 1918. Tanne parlait dans ses lettres des « actionnaires affamés » qui étaient prêts à la dévorer chaque fois qu'elle montrait le bout de son nez. En outre, Bror avait investi des sommes considérables dans de nouveaux travaux d'aménagement douteux, dans de nouveaux prêts bancaires, et il avait commencé à cribler de ses dettes personnelles le crédit de la ferme, ce qui lui donna mauvaise réputation à Nairobi. A la fin, il ne pouvait même plus payer ses notes au Muthaiga et, l'hiver suivant, il fut radié de la liste des membres jusqu'à ce qu'il les règle. Mais il continua à aller aux soirées et, comme le disait l'un de ses amis, « il vous en donnait pour votre argent[37] ».

Aage Westenholz s'inquiéta et écrivit des lettres pleines de critiques sur la gestion de Bror, mais Tanne défendait son mari avec passion. Elle se plaignit que, dans un moment où ils auraient dû raisonnablement s'attendre à un peu de compréhension et même de compassion de la part de sa famille, on les accablât de reproches et de soupçons. La sécheresse était la volonté de Dieu : Bror avait fait tout ce qu'il avait pu malgré les circonstances et il s'était montré d'une prévoyance et d'une obstination rares. « Vous vous moquerez peut-être de moi, tançait-elle Ingeborg, mais je me sens dans ces moments difficiles comme Khadijah, la femme du Prophète, et il ne fait aucun doute que je suis l'épouse d'un grand homme[38]. » Afin de donner une dimension dramatique à la confiance qu'elle portait à Bror, à l'Afrique et à la ferme, elle proposa que les autres actionnaires leur revendent leurs parts. Tanne et Bror loueraient la ferme pour cinq ans en payant un généreux intérêt sur le capital jusqu'à ce que le principal soit remboursé. Oncle Aage refusa, et Tanne remarqua avec une satisfaction sardonique que, désormais, les actionnaires devraient faire contre mauvaise fortune bon cœur[39].

Au mois d'août, Tanne perdit son lévrier chéri, Dusk. Elle était allée en voiture à Nakuru pour retrouver son mari et ils avaient projeté de passer un week-end chez les Delamere. En route, elle sauva Dusk une fois quand il sauta de la voiture à un passage à niveau. Le train arrivait à toute vitesse et elle eut juste le temps de l'attraper à la dernière seconde au risque de se faire tuer. Lord Delamere, qui avait été témoin de la scène, déclara que c'était « l'acte le plus courageux » qu'il eût jamais vu[40].

Mais ce courage ne servit pas à grand-chose. Peu après, Tanne confia Dusk à un ami suédois, mais le chien s'échappa. Elle quitta la maison des Delamere et écuma la région pendant toute la semaine en interrogeant tous ceux qu'elle rencontrait. Farah le retrouva finalement dans la montagne, décharné et ensanglanté, montant la garde auprès d'un jeune zèbre qu'il avait tué. Il mourut l'après-midi du lendemain. Tanne était affligée. Elle relata l'incident dans ses moindres détails dans plusieurs lettres. « Il était si fidèle, gémit-elle, je suis sûre que, lorsque je mourrai, je pourrai le revoir et à ce moment-là, je le supplierai de me pardonner de l'avoir abandonné. Mon merveilleux, mon fidèle Dusk. Il me manque tant et, dussé-je vivre centenaire, je crois que je ne pourrai jamais penser à lui sans pleurer [...][41]. »

Le même mois, elle eut un autre accident, pratiquement au même endroit. Bror avait été chargé de faire labourer deux mille arpents de terres à Naivasha et ils retournèrent là-bas ensemble pour un séjour de travail. Tanne campait dans une tente au sommet d'une « grande colline d'où l'on pouvait voir le paysage sur des kilomètres ». Elle avait avec elle deux jeunes boys somalis et ils arpentaient les montagnes, faisaient du bateau sur le lac et emmenaient le fils de Dusk, Banja, chasser avec eux. Le changement d'air détournait Tanne de son chagrin et les lettres écrites de « l'ermitage » de Naivasha étaient brillantes, pleines d'anecdotes et des plaisirs poétiques qui l'environnaient. Mais un après-midi, elle tomba de son mulet et s'ouvrit la jambe sur un rocher. La blessure s'infecta, elle commença à avoir de la fièvre et Bror l'emmena, rendue inconsciente par la douleur, dans un char à bœufs chez le médecin le plus proche, un Irlandais charmant mais un peu fou, nommé Burkitt. Elle risquait de perdre sa jambe, mais il lui coupa un gros morceau de *chair morte,* lui administra un peu de chloroforme et la recousit[42]. La plaie se rouvrit deux fois et il dut la recoudre deux fois. A chaque fois, Burkitt lui promettait qu'elle n'aurait pas de cicatrice. C'était évidemment un boniment galant : elle eut une affreuse cicatrice qui montait du genou à la hanche et qui mit cinq mois à guérir sans jamais disparaître totalement. Bror se révéla un infirmier tendre et attentionné et devint plutôt doué pour faire des bandages. « Il espère, déclara-t-elle courageusement à son frère, que peu de gens auront le privilège de voir [la cicatrice][43]. »

7

Quand la nouvelle de l'armistice atteignit Nairobi, un grand feu de joie fut allumé dans les collines de Ngong et une foule de patriotes accourut de la ville pour le voir. La semaine d'après, les soldats africains défilèrent dans la capitale. On donna des bals et des dîners à la résidence du gouverneur pendant que les gens dansaient dans les rues. Début décembre, arriva du Danemark la nouvelle selon laquelle Thomas avait reçu la Victoria Cross, honneur que le *Leader* porta en première page : « Le frère de la baronne Blixen décoré de la Victoria Cross[44]. » Tout le monde arrêtait Tanne dans la rue pour la féliciter et dans ses lettres, elle écrivit avec fierté que les Anglais la traitaient désormais comme l'une des leurs. « Cela [...] a vraiment mis un terme aux continuels ragots de certaines personnes qui persistaient à raconter que nous étions germanophiles[45]. »

Les troupes furent démobilisées, les jeunes gens revinrent dans leurs fermes et la vie sociale du pays reprit son cours. Sir Edward Northey, le nouveau gouverneur, arriva et fut accueilli par une série d'élégantes soirées. En février, il y eut à Nairobi des courses durant une semaine. Maintenant que le patriotisme des Blixen avait été prouvé de façon si spectaculaire, on les recherchait beaucoup. Ils dînèrent avec Delamere sur le champ de courses et séjournèrent à la résidence. Tanne avait commencé à recevoir plus souvent à Mbogani et elle fut ravie que ses hôtes apprécient autant sa cuisine et son décor. Denys était revenu d'Égypte et, le 26 février, elle écrivait à sa mère qu'il avait la fièvre et qu'il restait chez eux. « Je suis enchantée qu'il soit là : je ne crois pas avoir rencontré jamais quelqu'un d'aussi intelligent [...]*. »

Le retour de Denys coïncida avec la première pluie véritable que le pays connût en presque un an. En trois jours, il en tomba dix centimètres, grâce auxquels le pays calciné put revivre : les *shambas* verdoyaient, les collines se gonflaient d'ombres. « Désormais, le temps de nos vicissitudes semble vraiment terminé, écrivit Tanne. C'est [...] magnifique, ici ; c'est un paradis terrestre [...] J'ai le sentiment qu'à l'avenir, partout où je me trouverai, je me demanderai s'il y a de la pluie à Ngong[46]. »

Denys et elle partirent tous les deux pour un safari « dans les environs du mont Kenya[47] », et durant un certain temps, elle n'écrivit plus de lettres. Tania Blixen s'était retirée dans son Paradis.

---

* Isak Dinesen, *Lettres*, p. 98. L' « intelligence » de Denys, son éducation à Oxford, son amour de l'art, de la musique et de la poésie étaient en effet rares chez les colons, qui étaient une bande d'illettrés issus du même moule que Bror. Denys ne faisait jamais étalage de son érudition et il était apparemment modeste sur ce chapitre, montrant même un manque d'assurance. Mais nombre de ses anciens amis insistaient sur le fait que cela le mettait — tout comme Tania — « à part » et « au-dessus » de ses contemporains.

22.

Intermezzo

1

En août 1919, les Blixen se rendirent en bateau en Europe pour un petit séjour d'agrément à Londres et à Paris, et une longue visite hivernale à leur famille, avec la désagréable perspective de devoir affronter les actionnaires des Cafés Karen. Ils voyagèrent en première classe sur le *S.S. Pundua* et Tanne emmena deux petits pages somalis pour l'aider à faire et défaire ses malles. Les *totos,* magnifiquement habillés, suivaient gravement leur maîtresse dans les brumes bleues de l'Europe, portant ses paquets ou son parapluie. Au Carlton, ils passaient la nuit dans sa baignoire lorsqu'on ne pouvait les loger ailleurs. Ses amis africains trouvaient cela amusant, quoique un peu stupide, et c'était parmi eux un sujet de commérages. Au Danemark, les gens la regardaient avec étonnement dans la rue, apparemment choqués par cet étalage de fantaisie décadente. Du reste, ce n'était pas une fantaisie décadente totalement originale puisque de nombreuses *vedettes* de l'époque, particulièrement la princesse de Faucigny-Lucinge et la marquise Casati, avaient leurs pages noirs en livrée. Des années plus tard, Karen Blixen avouait à Bjørnvig que son geste avait « fait long feu[1] ».

Le café avait été récolté avant leur départ et cela avait été une année raisonnablement bonne à cet égard. Malgré leurs dettes et leurs déconvenues, Tanne et Bror avaient pleine confiance en l'avenir de la ferme et ils n'avaient aucun remords à grever leur capital pour passer de luxueuses vacances. A Paris, chez Maxim's, Bror commanda du meilleur champagne sous prétexte qu'il était moins cher que le parfum de sa femme. A Baccarat, ils réassortirent leur service de mariage en cristal en commandant huit douzaines de verres à vin et de verres à eau. Tanne se rassasia de musique, d'opéra et de théâtre, elle se rendit chez un coiffeur de premier ordre et chez une masseuse puis elle fit d'extravagantes dépenses en vêtements. Elle se fit faire un mannequin chez Paquin *, choisit plusieurs chapeaux élégants à la

---

* Peut-être cette maison de couture l'attirait-elle parce qu'elle comptait parmi ses clientes les grandes dames de Saint-Germain *et* les grandes demi-mondaines comme la Belle Otéro

maison Lewis, et laissa ses mesures chez madame Dupré, la corsetière renommée de la place Vendôme. Bror et elle s'achetèrent tous les deux de nouvelles bottes d'équitation et elle se fit faire des chaussures chez Hellstern, à Paris, avec des peaux de serpent qu'elle avait apportées. « C'est ahurissant ce que les habits signifient pour moi, avoua-t-elle à Thomas. Peut-être que je leur attribue une trop grande valeur. Mais rien — que ce soit la maladie, la pauvreté, la solitude ou tout autre revers de fortune — ne m'afflige davantage que de n'avoir rien à me mettre [...]*. »

Denys était en Angleterre, séjournant en ville au Conservative Club et promenant sa silhouette de poète dans les salons de Mayfair. Il possédait une collection d'habits romantiques et de chapeaux bizarres (qui dissimulaient sa calvitie), qu'il assortissait à son bronzage et à son sourire de travers. Un week-end, il se rendit à Haverholme Priory, la demeure familiale dans le Lincolnshire, et laissa sa famille se repaître de sa présence. Personne ne semblait jamais en avoir assez.

Son frère aîné, le vicomte Maidstone, avait récemment épousé une héritière de Philadelphie, Margaretta Drexel, une très belle femme que Denys, selon les opinions, aimait à la folie ou ne pouvait supporter. Mais il aimait ses soirées, où elle invitait le « milieu anglo-américain » : les Cunard, les Astor, Margot Asquith, Kermit Roosevelt et sa femme, les Duff Cooper et les Moffat. Mrs Moffat était Iris Tree, une poétesse, fille de Beerbohm Tree, et elle habitait à Bloomsbury. Denys et elle devinrent des amis intimes. Il adorait ses œuvres et il avait sur lui son livre de poèmes lorsqu'il mourut. Iris était une beauté nerveuse et pleine d'entrain, à la peau dorée et aux cheveux blonds. C'était le type même des femmes que Denys trouvait attirantes : elles étaient artistes ou aventurières, avec un rien de ce que Karen Blixen appelait la *grandezza.* Étant jeune homme, il avait beaucoup admiré sa cousine française, Catherine Bechet de Balan (Kitty), qui avait parcouru le Maroc en costume local. Lady Winchilsea, photographe amateur, la prit en photo à Haverholm avec ses voiles et ses culottes, allongée sur un divan, et Errol Trzebinski fait remarquer que le portrait présente une ressemblance frappante avec Tania Blixen[2].

Durant leur séjour en Angleterre, les Blixen se firent courtiser chacun de leur côté et Tania profita probablement de sa liberté pour être en compagnie de Denys. Un soir, Bror fut invité au théâtre par un ami d'Afrique, Geoffrey Buxton. Buxton possédait une ferme à Naivasha et vivait en Afrique-Orientale depuis 1906. Il était issu d'une excellente famille du Norfolk, il avait eu comme condisciple Toby Maidstone et ses deux plus jeunes enfants, Rose et Guy, étaient des amis de Denys. C'était sur les encouragements de Geoffrey que Denys était allé pour la première fois en Afrique.

La pièce pour laquelle Geoffrey avait eu du mal à obtenir des places était *Chu Chin Chow,* un grand succès. Il y avait comme autres invités son cousin, Ben Birbeck, et sa jeune femme, Jacqueline — que ses amis appelaient Cockie, à cause de sa ressemblance avec un rouge-gorge agile, enjoué et

* Isak Dinesen, *Lettres d'Afrique,* p. 97. Ses notes impayées, lorsqu'elle quitta l'Afrique en 1931, s'élevaient à un total de plus de vingt mille francs (KBA 75).

dodu. Buxton avait vanté Bror comme un « type épatant » qui était « toujours à crever de rire », mais pour une raison ou pour une autre, le baron ouvrit à peine la bouche. Mrs Birbeck fut déçue car elle aimait s'amuser. Lorsque, à l'occasion d'une soirée qu'elle allait donner, un autre invité lui assura que Bror serait parfait, elle écarta cette idée. Mais ils se retrouvèrent un an plus tard en Afrique, et sa deuxième impression corrigea la première[3]. Après une longue liaison et deux divorces, Cockie Birbeck devint la deuxième femme de Bror.

2

Les Africains, écrit Karen Blixen, sont « amateurs d'imprévu [...] et les changements de l'existence ne sauraient les émouvoir[4] ». Elle aussi avait développé un instinct, une sorte de vigilance avec laquelle elle faisait face aux surprises et aux calamités de sa vie là-bas. Au Danemark, elle se décontracta : elle subissait une baisse de tension générale lorsqu'elle revenait au Danemark, la sorte de fatigue spirituelle que ressent quelqu'un que l'on dissuade soudainement de faire quelque chose.

Elle passa à Rungstedlund une année sur laquelle nous n'avons qu'une documentation éparse. Le professeur Rasch continua de traiter sa syphilis et elle fut malade durant cinq mois à cause d'un empoisonnement du sang compliqué d'une grippe espagnole. Le cercle de famille se resserra autour d'elle, plein de pitié et de conseils. Ses sœurs vinrent lui rendre visite avec leurs maris, des Danois riches et conventionnels, dont l'un l'ennuya et l'autre la vexa. Tout le monde gâtait et cajolait le petit chérubin rose d'Ea, qui avait désormais deux ans et qu'on surnommait Mitten. Plus tard, Tanne se plaignit : elle n'aurait jamais dû venir et elle se sentait plus que jamais une étrangère au Danemark.

Dès 1919, la famille Dinesen, du moins Ingeborg et Thomas, connut la vérité sur la maladie de Tanne et, cet hiver-là, dans un moment de faiblesse ou de dépit, elle leur parla des infidélités continuelles de Bror en faisant allusion à un éventuel divorce. Ils devaient utiliser ce dernier point pour la presser de divorcer lorsqu'elle n'en aurait plus envie. C'est alors qu'elle essaya de nier — sinon les faits — du moins l'importance de ses révélations. Personne d'extérieur, fit-elle remarquer à Ingeborg, ne pouvait vraiment comprendre le fonctionnement profond d'un mariage, comme Ingeborg aurait dû le savoir par expérience.

La méfiance originelle de la famille à l'égard de Bror tourna alors à l'horreur franche et vertueuse. Aage Westenholz voulut le voir en dehors des affaires, pour des raisons financières aussi bien que morales. Quand Bror partit pour l'Afrique en mars, après une longue visite en Suède, ses fonctions de gérant étaient arrivées pratiquement à leur terme. Aage parla de vendre, et il fut soutenu par la comtesse Frijs, qui possédait un grand nombre de parts. Pendant ce temps, les créanciers faisaient saisir le mobilier de Tanne, Bror engageait l'argenterie, et était prêt à signer une hypothèque sur la maison et le parc à quiconque lui consentirait un prêt.

En novembre, Tanne prit le bateau de Londres avec son frère Anders. C'était la première étape sur son voyage de retour. Elle devait retrouver Thomas là-bas et attendre des nouvelles d'Afrique avant d'embarquer. Les télégrammes se croisèrent. Elle se rendit à Marseille et attendit encore un peu, ne sachant si cela valait vraiment la peine de rentrer. Lorsqu'elle réserva un passage sur le *Garth Castle,* accompagnée de Thomas, elle était dans « un état de désespoir aigu [5] ».

Pendant ce temps, en l'absence de Tanne, Bror avait mené une existence insouciante, hospitalière et parfois dissolue. L'un de ses anciens amis parlait d' « orgies avec des femmes masaïs qui faisaient scandale dans la région [6] ». Une voisine, Olga Homberg, se rappelait que le plus beau cristal de Tanne était parfois utilisé comme cible lors de séances de tir. Un ancien serviteur disait que Bror avait transformé la maison en « hôtel [7] ».

Deux vieux amis de Bror, Ingrid et Gillis Lindström (qui ne faisaient pas partie de la bande des dépravés) avaient émigré au Kenya en 1918 et, pendant que Tanne était partie, Bror les vit souvent. C'étaient tous les deux des gens chaleureux et extrêmement simples, comme il y en a peu. Gillis était un ancien officier de la cavalerie suédoise et Ingrid était la fille d'un officier. C'était une petite femme aux joues rebondies et au teint pâle, pleine de vie et de santé, et elle connaissait les jumeaux Blixen depuis son enfance à Skåne.

Les Lindström achetèrent à Algy Cartwright une maison à Njoro et y cultivèrent du lin. Ingrid était aussi passionnée que Tanne pour sa ferme. Lorsque le marché du lin s'effondra l'année suivante, ils ne purent faire face aux traites à payer et Ingrid essaya à la place d'élever de la volaille et de faire pousser des légumes pour les vendre au marché de Nairobi. Leur ménage, avec trois filles, était, selon les paroles de Tanne, « l'affaire la plus au-petit-bonheur-la-chance qu'on puisse imaginer ». Gillis fabriquait des meubles avec des cageots ; il y avait un vieux sofa sans pieds dans le salon, sur lequel Tanne et Ingrid s'asseyaient pour parler durant des nuits entières. Les heures des repas étaient « chaotiques » et généralement le garde-manger était dépourvu d'ingrédients de première nécessité tels que le beurre, le sucre ou le lait. Les enfants allaient jambes nues, vêtus comme des gitans, et jouaient dans la poussière avec les animaux et les poules. « Mais au milieu de tout cela, écrivait Tanne, c'était la famille la plus heureuse que j'aie jamais vue là-bas [8]. » Ingrid habitua Tanne à cette vie, lui fit partager sa sérénité et sa robustesse, la taquinant et se moquant d'elle pour ses excentricités et pleurant dans ses bras quand l'une ou l'autre avait des problèmes.

En 1919, Algy Cartwright réclama son argent aux Lindström de façon amicale. Il alla même jusqu'à faire visiter la maison à des amis qui pensaient éventuellement l'acheter. Il y eut Ben et Cockie Birbeck, qui habitaient alors chez Geoffrey Buxton et qui envisageaient sérieusement d'émigrer. Cockie et Ingrid devinrent amies et c'est à Njoro que Cockie retrouva Bror.

Denys lui aussi alla voir les Lindström. Il vint un jour avec Algy Cartwright, mais il passa presque toute la matinée à réparer la voiture, aussi Ingrid pensa-t-elle qu'il était le chauffeur [9]. Elle le trouva immédiatement sympathique, tout comme elle trouverait Tanne sympathique l'année suivante. Au moins une fois, Cockie et les Lindström firent une visite ensemble à Mbogani. Bror les avait grandiosement invités à dîner, mais il fallut attendre que Farah aille à Nairobi et rapporte à manger. Une autre fois, Cockie rencontra Denys là-bas. Bror le lui présenta avec une tape sur le dos en disant : « Mon excellent ami et l'amant de ma femme, Denys Finch Hatton. » Pour le coup, elle ne put jamais comprendre l'alacrité de Tanne à l'égard de la liaison qu'elle entretenait avec Bror. « Elle croyait que nous nous moquions d'elle. Elle ne m'adressa plus jamais la parole[10]. »

23

Thomas

1

Thomas Dinesen vint en Afrique pour voir s'il ne pourrait pas s'y installer. Déjà, en 1918, Tanne lui avait donné l'espoir d'acheter l'île du Croissant, sur le lac Naivasha, où il pourrait tirer le canard, se baigner au crépuscule et avoir un petit port pour un canot à moteur. Sur le *Garth Castle,* ils avaient parlé des terrains situés de l'autre côté du mont Kenya, où il voulait élever le meilleur bétail laitier du pays. Mais, une fois dissipées les premières impressions délicieuses de la colonie *, son avenir économique commença à l'en dissuader. Il engloutit dans les Cafés Karen le capital avec lequel il était arrivé et resta deux ans, aidant sa sœur à diriger la plantation et s'occupant de l'usine de torréfaction du café. Ce jeune frère, solide et plein de sens pratique n'eut pas le privilège de figurer dans l'austère décor de *La Ferme Africaine :* il vivait dans son propre bungalow sur la ferme. Il s'y retirait discrètement lorsque Denys arrivait et s'en allait tout seul faire de longs safaris.

Peu après l'arrivée de Thomas en Afrique, Bror Blixen quitta la ferme pour de bon. Il existe plusieurs versions des événements qui précédèrent son départ. Thomas s'aperçut que le mariage était en train de sombrer dès qu'ils retrouvèrent Bror à Mombassa. Celui-ci les accueillit avec des jérémiades au sujet de la ferme, presque comme s'il espérait qu'ils prendraient le prochain bateau pour repartir au Danemark. Mrs Hoogtrep, précédemment Cockie Birbeck-Blixen se plaignit pour le compte de Bror : il avait été abandonné et maltraité par la famille de Tania qui l'avait littéralement « viré, si bien qu'il n'avait d'autre choix que de dormir sur le *veldt* ** [1] ». Il est exact que Bror s'en alla vivre dans la réserve masaï après qu'il eut quitté la ferme, mais c'était parce qu'il n'avait pas d'argent et parce qu'il fuyait ses créanciers qui n'attendaient que sa venue à Nairobi pour se précipiter sur lui. En

* En 1920, le protectorat d'Afrique-Orientale était devenu une colonie de la Couronne.
** A la belle étoile.

conséquence, ses amis le cachaient, y compris le gouverneur et son épouse, dans la maison desquels il ne craignait aucune poursuite. Par la suite, ils s'en « débarrassèrent sans cérémonie[2] » en l'envoyant en safari au Tanganyika avec de riches clients. Il revint plus riche de cinq mille livres, ayant fait des affaires dans le commerce de l'ivoire, mais il dépensa toute cette somme à jouer et à boire du champagne en rentrant en Europe. « Personne ne faisait confiance à Bror, mais tout le monde essayait de l'aider », déclara Mme Lindström. Cette existence précaire et indigne ne semblait pas le déprimer, ni diminuer son charme ou ses extravagances.

Tanne raconta dans une lettre la scène qu'elle trouva chez elle — verres brisés, meubles mis en vente — mais ne parla pas de son mari pendant les sept mois qui suivirent. Quand elle se résolut finalement à déposer un dossier de divorce en 1922, ce fut avec une terrible tristesse et beaucoup de répugnance. Bror, lui, y tenait absolument ; Thomas et les Lindström y poussaient Tanne, mais celle-ci continuait à considérer le divorce comme une véritable tragédie. Elle aurait même voulu, avouait-elle, laisser Bror avoir sa « liberté » tout en restant mariée avec lui tant qu'il éviterait tout scandale.

2

Denys passa les deux années suivantes en Angleterre ou en safaris et Thomas Dinesen fut le seul véritable compagnon de sa sœur. Sa présence était pour elle un grand luxe affectif, car il était l'unique membre de sa famille en qui elle eût confiance. Cette confiance pouvait parfois être passionnée et tyrannique. Dans les dernières années, alors que Thomas avait une famille et ne pouvait plus consacrer « toute [sa] vie et toute [sa] fortune à [sa] sœur[3] », elle tenta encore d'exercer une sorte de *droit du seigneur,* dont les enfants de Thomas se plaignaient pour le compte de leur mère. Après la Deuxième Guerre mondiale, alors qu'elle était entourée d'admirateurs, Karen Blixen fit appel moins souvent à son frère, elle se disputa davantage avec lui, prenant à son égard un ton pour le moins autoritaire. Mais en attendant — en Afrique et pendant le temps où elle écrivit ses trois premiers livres — il fut sa table d'harmonie, la personne avec qui elle pouvait abandonner le « quant à soi » qu'elle s'imposait d'habitude et parler de « ses soucis[4] ».

Ils étaient tous les deux très différents et ne voyaient jamais les choses du même œil. Quand Thomas chercha pour la première fois la Croix du Sud, une nuit sur le pont du *Garth Castle,* il fut déçu de constater que « ce n'était pas une croix du tout[5] ». C'était un démocrate, un athée, partisan des thèses de tante Bess et des Westenholz et, dans toutes les discussions qu'il avait avec Tanne sur l'art et la religion, il prenait les choses au pied de la lettre, avec bon sens. Il y avait entre eux une certaine rivalité pour ce qui était de leur ressemblance avec Wilhelm. Thomas prétendait avoir hérité de son père ses talents de chasseur et de soldat ainsi que son intérêt pour « les grands problèmes ». Tanne, concédait-il, avait hérité de Wilhelm ses talents d'écrivain et de « génie » qu'il l'encourageait vivement à cultiver. L'écriture, pensait-il — pas la ferme ni la peinture — était sa vraie et seule vocation. Mais il considérait son « art » avec une certaine impiété et quelques doutes, et les « inexactitudes » de *La Ferme Africaine* l'amusaient : « Vous connaissez l'épigraphe ? me demanda-t-il *. Eh bien, en fait, ma sœur était incapable de monter à cheval et de tirer à l'arc et elle ne disait jamais la vérité. Son cheval était impétueux et elle ne pouvait monter en selle toute seule. Elle appelait ses *boys* pour qu'ils l'aident, mais quand ils ne pouvaient pas tenir le cheval immobile, elle disait qu'elle ne monterait plus jamais à cheval : " Personne ne m'aide, personne ne s'occupe de moi, je ne veux plus rester ici [...][6] ". Tanne, écrivit-il de façon plus solennelle, avait le don de décrire de façon séduisante tout ce qu'elle rencontrait dans la vie : les gens, la campagne, l'extase et le désespoir. Parfois, un artiste peut être tellement emporté par l'image qu'il dépeint que même ses plus proches amis peuvent arriver à douter de l'authenticité et de la vérité de ce qu'il a créé[7]. »

Thomas Dinesen a été exagérément loyal envers sa sœur dans tout ce qu'il a publié ou déclaré à son propos. Si, d'une seule haleine, dans une phrase, il décrit son égotisme, son naturel capricieux et son tempérament changeant, il exalte son courage, ses idéaux élevés et son génie dans la suivante. Mais elle ressort du portrait qu'il a tracé d'elle comme une personne difficile à vivre. Elle était extrêmement inconstante et pouvait devenir furieuse et désespérée — et souvent pour un rien. Elle prenait les manquements de ses serviteurs comme un rejet ou un affront personnel. « Vous voulez vous débarrasser de moi », les accusait-elle lorsqu'ils laissaient son chien frayer avec un bâtard ou lorsque le ménage était mal fait. « Vous ne m'avez jamais aidée à faire quelque chose » reprochait-elle à sa famille. Cependant, Thomas pensait que, « si la famille l'avait encouragée à apprendre un métier, elle aurait refusé par principe[8] ».

Quand Tanne voulait quelque chose, quoi que ce fût, c'était avec un entêtement et une férocité auxquels peu de gens pouvaient résister. « Il fallait capituler », déclara l'une de ses nièces[9]. Même les prêteurs de Nairobi qui rejetaient les innombrables demandes de prêts à court terme de Thomas cédaient devant elle. « Elle avait la stupéfiante faculté de faire comme elle l'entendait et de plier les gens à ses désirs. » C'était, concluait Thomas, « un trait de caractère quelque peu dangereux[10] ». Un ami africain dit les choses de façon plus brutale : « Les gens avaient peur de Tanne. Elle était capable de tout. Vous aviez en face d'elle l'impression qu'elle pouvait tout à coup abattre quelqu'un[11]. »

* *Equitare, arcem tendere, veritatem dicere :* monter à cheval, tirer à l'arc, dire la vérité.

3

Aage Westenholz arriva ce printemps-là avec l'intention de se débarrasser de la plantation. C'était un homme de soixante ans, grand et mince, avec une fine moustache, qui disait ce qu'il pensait de façon claire et énergique. Les Africains l'appelaient *Mzee,* « Le Vieil Homme », mais avant la fin de son séjour ils étaient si impressionnés par sa résistance qu'ils commencèrent à l'appeler « Le Vieil Homme Fort ». Il aimait les bains froids et les longues promenades et ne s'intéressait pas à la vie sociale. Mais il essayait d'avoir l'esprit ouvert en ce qui concernait la ferme.

Thomas dissimula ses propres inquiétudes et soutint à son oncle que c'était une entreprise risquée, mais qui valait la peine si on lui apportait de l'argent frais. Tanne ne pensait pas que la beauté du pays ne puisse le toucher en aucune façon, mais apparemment, la détermination qu'elle montrait le toucha. Quand il repartit en juin, ils avaient conclu un nouvel accord à certaines conditions. Elle assumerait toutes les responsabilités de la gérance pour un salaire mensuel de quatre-vingts livres et un intéressement de dix pour cent sur tous les bénéfices. Si jamais il fallait vendre la ferme, elle devait recevoir un tiers de tous les bénéfices excédant cent mille livres et pourrait exercer un droit de préemption sur les actions pour huit cent cinquante mille couronnes auxquelles s'ajouterait une créance d'un million trois cent cinquante mille couronnes [12]. Mais il y avait deux clauses draconiennes : Bror Blixen ne devait jamais remettre les pieds à la ferme et Tanne, comme preuve de sa bonne foi, devait quitter Mbogani House pour emménager dans un petit bungalow à toit de chaume précédemment occupé par le gérant. Le déficit de la ferme était donc considéré par oncle Aage comme un péché pour lequel il fallait faire pénitence. Tanne refusa de déménager, s'emporta contre oncle Aage, « sa hutte de paille et son travail de bureau [13] », pendant les mois qui suivirent et elle ne lui pardonna jamais de lui avoir proposé cette solution. Ce qui éclaire bien l'abîme qui séparait son tempérament et son sens des valeurs de ceux de la famille de sa mère.

La volonté de Tanne de conserver la ferme et de ne pas divorcer de Bror s'affermit durant l'année 1921 et aboutit à une formidable lutte pour son autonomie. Elle combattit alors sa famille exactement comme elle s'était battue, étant jeune, pour garder intacts son dynamisme et son moi secret malgré leurs ingérences dans sa vie. Sa maison, ses terres et ses *totos,* déclarait-elle, faisaient partie d'elle-même et elle avait l'impression que c'était elle qui les avait créés. Quand la famille écrivait des lettres inquiètes pour la presser de rentrer, quand ils lui adressaient de sévères avertissements comme quoi il allait falloir vendre, des sermons sur l'économie et l'égoïsme, elle leur répondait que, s'ils lui prenaient sa ferme, ils ne la reverraient jamais. Ces échanges s'envenimèrent au fil des années et ses promesses se montrèrent vaines. Pour compenser cela, elle était obligée d'affirmer constamment, et même d'exagérer la grande valeur de sa compétence et de sa façon de faire les choses. Elle insistait par exemple sur le fait qu'*elle* savait parfaitement comment fumer les plants de café ou traiter les brûlures de ses ouvriers, et elle s'en remettait à son instinct en ce qui concernait les questions financières et administratives. Peut-être lui fallait-il ce degré d'entêtement pour pouvoir affronter oncle Aage et, si l'on regarde en arrière, pour survivre dans cette famille de gens aux opinions décidées et à la volonté impérieuse.

4

Quand Tanne avoua enfin à Mme Dinesen qu'elle et Bror s'étaient séparés, elle supplia sa mère de ne pas faire part de cette nouvelle à la famille. Elle avait désespérément besoin d'un peu de sagesse et de consolation, mais ni de conseils ni de pitié — l'ordinaire affectif de la famille. Plutôt que de consulter ses frères et sœurs, elle demanda à Ingeborg : « Parlez-moi de Père. C'est lui, en réalité, qui est responsable de tout, car il m'a abandonnée et il aurait dû voir que les choses ne seraient pas faciles pour moi [14]. » Ingeborg cependant discuta de la question lors d'une réunion des actionnaires et en résultat, Tanne reçut une série de lettres larmoyantes et vertueuses la suppliant de divorcer. On imagine son indignation. Elle menaça de cesser toute communication et de renvoyer toutes les lettres — même celles de sa mère chérie — sans les lire. Elle ne pouvait pas rentrer au Danemark, écrivit-elle dans sa fureur, pour vivre avec des pharisiens. Mais même au plus haut de sa rage, elle prenait garde de rassurer Ingeborg et de lui dire combien elle l'aimait et avait encore besoin d'elle. Citant les paroles d'un de ses jeunes amis, lord Doune — « quand on fait du cheval, c'est à une bouche qu'on se tient » —, elle déclara à sa mère : « Souvenez-vous lorsque vous écrivez que c'est un cœur que vous frappez [15]. »

La procédure de divorce fut enfin mise en route en 1922 auprès du consulat de Suède. Elle n'eut rien de l' « aspect sordide » dont parle Parmenia Migel dans *Titania* [16]. Ce fut une demande courtoise qui constatait que le couple était séparé depuis trois ans et n'avait pas d'enfants. Le seul détail piquant est que Tanne mentit sur son âge et s'enleva cinq ans *. Thomas et les Lindström furent ses témoins et tout le monde alla ensuite déjeuner au Norfolk. Si tant est que Tanne « ne pardonna jamais » à Cockie Birbeck, en tout cas, elle ne semble pas — du moins pendant un certain temps — avoir tenu rigueur à son premier mari : Birbeck et Denys habitaient à la ferme entre deux safaris, amenaient leurs clients à déjeuner et utilisaient la maison quand elle était en Europe.

Il y eut cependant un continuel conflit entre les Blixen, une sorte de droit de garde, et cela concernait Farah. Au départ, c'était le serviteur de Bror et

* En 1919, alors qu'elle avait trente-quatre ans, elle demanda à Geoffrey Buxton de deviner son âge et celui-ci lui donna vingt-sept ans (Isak Dinesen, *Lettres d'Afrique*, p. 96). Aussi, elle prétendait à ses amis anglais, y compris Denys, qu'elle était plus jeune de sept ans que son âge véritable (KBA 72 — Demande et acte de divorce de Karen Blixen).

Bror continuait à l'emmener dans ses safaris, privant Tanne de ses services durant des mois. Elle lui en voulait âprement et ils se chamaillèrent — bien davantage qu'Obéron et sa femme Titania pour le jeune lutin. Une telle querelle amusa sans doute énormément Denys et lui inspira peut-être le surnom qu'il donna à sa maîtresse : Titania.

24.

Kamante et Lulu

1

Au début de l'année 1922, Ea de Neergard accoucha d'un enfant mort-né. Durant les mois qui suivirent, elle resta chez elle, en proie à une forte fièvre et mourut en juin à trente-neuf ans seulement, laissant sa première fille, Karen, aux soins de Mme Dinesen. Tanne envoya immédiatement une lettre où elle disait que la distance qui la séparait du Danemark lui était insupportable. Mais dans les lettres suivantes, qui troublèrent considérablement la famille, elle avouait qu'elle ne parvenait pas à considérer comme réelle la mort de sa sœur et que ses *shauries* avec Bror étaient pour le moment plus douloureuses. Du moins, Ea et elle s'aimaient, elles avaient oublié leurs vieilles histoires et elle avait d'elle d'heureux souvenirs. Mais de son mariage il ne restait rien de tangible.

Tandis que Tanne répétait bien souvent qu'elle et son mari s'étaient séparés bons amis, la procédure de divorce, qui prit plusieurs années, ne laissait pas de la déprimer. Elle ne parvenait pas à comprendre comment Bror pouvait renoncer à leur association avec tant de facilité, comment, avec une déloyauté si négligente, il pouvait oublier un passé durant lequel ils avaient été amoureux l'un de l'autre, heureux et complices et où elle, en tout cas, avait laissé « quelque chose d'elle-même ». Bror, disait-elle, « était la personne au monde qui était la plus proche de moi », et elle avait l'impression d'avoir perdu un enfant[1].

Thomas n'arrivait pas à remonter le moral de sa sœur. Elle voulait que sa mère fût auprès d'elle et, n'épargnant aucun effet de style, elle supplia Ingeborg de venir en Afrique pour l'hiver. Mais Mme Dinesen répondit qu'elle ne pouvait laisser la fille d'Ea, du moins pour le moment. Ce à quoi Tanne rétorqua que Mitten aurait davantage de temps qu'elle n'en avait eu pour bénéficier de l'amour d'Ingeborg et que la ferme elle aussi était un petit-enfant qui méritait tout autant sa sollicitude et sa bénédiction. Elle ne ressentit pas la moindre honte à répondre cela : c'est dire la mesure de son désespoir.

Cet automne-là, la colonie du Kenya accueillit un nouveau gouverneur, sir Robert Coryndon. On disait qu'il était « pro-indien » et « pro-indigène », ce qui convenait à merveille à Tanne. Elle se sentait déprimée et avait décidé de ne pas aller à la soirée d'adieu que donnait lady Northey. Mais après le dîner elle fit un effort sur elle-même pour se débarrasser de ses idées noires, ordonna aux *totos* de préparer la voiture et d'y mettre une lumière, et elle partit pour Nairobi en conduisant elle-même. La soirée commençait à peine à s'animer lorsqu'elle arriva. Denys était là. Lord Delamere la présenta au nouveau gouverneur et lui confia que c'était un chic type et que, ayant été un chasseur blanc avant de devenir fonctionnaire, il comprenait la nature et les animaux sauvages. Tout le monde, remarqua Tanne, fut particulièrement gentil avec elle, Coryndon y compris. Il lui promit de lui rendre visite à sa ferme, ce qu'il fit un mois après son installation. Ils eurent une longue conversation sur la politique coloniale et elle découvrit qu'il partageait sa sympathie pour les Africains et ses idées sur leur importance économique pour l'avenir du pays. La production indigène indépendante, pensait-elle, serait chaque jour plus essentielle à la vie du pays. « On pourrait apprendre à ces tribus à faire tant de choses [...][2]. »

L'adjectif « pro-indigène » (pas « pro-indienne », cependant) fut souvent accolé au nom de Karen Blixen dans les années vingt. Cela se rattache à l'un des problèmes les plus controversés de l'époque. Après la guerre, il y eut un manque aigu de main-d'œuvre dans les fermes des Blancs. Le phénomène était aggravé par le programme du gouvernement, la construction de nouvelles voies ferrées, qui employa des milliers de travailleurs africains ; également par l'arrivée de « colons-soldats », des vétérans choisis par tirage au sort, qui recevaient trois millions d'acres de terrain dans les highlands, et par une série de famines et d'épidémies qui avaient ravagé le pays en 1918, décimant des milliers d'Africains. Les colons voulaient qu'une sorte de service obligatoire soit institué pour les travaux d'intérêt public. Ils voulaient également que le gouvernement exerce de fortes pressions sur les chefs de tribus pour qu'ils envoient leurs jeunes gens travailler dans les fermes des Blancs. « Dans l'ancien temps, soutenait le gouverneur Northey, un jeune homme était constamment sur le pied de guerre et menait une vie saine à l'extérieur. De nos jours, à moins qu'il ne travaille, il n'a aucune compensation qui remplace ces expéditions et ces combats de l'ancien temps[3]. » (Suite à cette déclaration, il fut limogé et remplacé par Coryndon qui était davantage « pro-indigène ».) Mais à la différence de Karen Blixen et de Coryndon, qui étaient favorables à la production locale indépendante, la plupart des colons se rendaient compte que les Africains ne pourraient cultiver leurs terres et celles des Blancs en même temps. Ils ne voulaient pas des Noirs comme « associés » dans le développement de la colonie.

La « question indienne » qui était autant raciale qu'économique donna elle aussi à la même époque naissance à une polémique. Il y avait vingt-trois mille Indiens au Kenya en 1921, dont neuf mille six cents dans les villes, où ils étaient employés de bureau, maçons, boutiquiers et vendeurs, et ils vivaient dans une misère et une pauvreté très grandes. Les Blancs voulaient que soit mis un terme à l'immigration illimitée des Indiens — le « coin brun », comme ils l'appelaient, s'insérant entre eux et les Africains. Ils réclamaient la ségrégation dans les écoles et les quartiers résidentiels, et ils voulaient qu'il soit interdit aux Indiens de posséder des terres dans leurs sacro-saints highlands, invoquant le fait que, de par leur constitution physique, les Indiens pouvaient vivre ailleurs, alors que les Européens ne pouvaient supporter que les zones tempérées. Mais, ce qui était le plus important, ils s'opposaient à l'exigence des leaders indiens d'avoir voix au chapitre dans le gouvernement de la colonie et de posséder une représentation proportionnelle dans le Conseil Législatif. Leur accorder une liste commune aux élections revenait en effet à leur donner un pouvoir.

Les colons blancs voyaient leurs fermes, leurs moyens d'existence, leurs années d'efforts et de sacrifices menacés par ces deux problèmes et, au-delà, « la civilisation » elle-même, le Kenya comme pays de l'homme blanc. Ils étaient « plutôt chagrinés », comme le dit Elspeth Huxley[4], par la véhémence avec laquelle les réformateurs les conspuaient dans la presse au Parlement anglais et parmi les missionnaires et fonctionnaires dans la colonie elle-même. L'impression qu'ils avaient d'être encerclés s'accrut en 1923, lorsque le gouvernement anglais publia au Kenya un communiqué qui définissait les intérêts des Africains « comme prépondérants » et leur subordonnait nécessairement ceux des immigrants, quelle que fût leur race, si jamais ils devaient être en conflit. Mais, malgré toute la noble rhétorique des Affaires étrangères, les Blancs continuaient à résister. Ils s'accrochaient à leur majorité au Conseil législatif et bloquaient l'immigration indienne. En outre, pendant qu'on abolissait, après une courte période effective, la politique du service obligatoire (pour les travaux d'intérêt public), le nombre des Africains qui travaillaient dans les fermes des Blancs continuait à augmenter en conséquence, surtout, de l'augmentation de l'impôt sur l'habitation.

Les Blancs du Kenya étaient prêts, si nécessaire, à résister par la force à la moindre diminution de leurs positions, et ils allèrent jusqu'à créer un comité de surveillance, avec lord Delamere comme chef de file, qui se réunissait en secret et faisait des projets de résistance semblable à celle de l'Ulster. Être « pro-indigène » ou « pro-indien » dans un tel climat équivalait à une trahison raciale et à une trahison de classe. Dans son petit groupe d'amis, les opinions de Karen Blixen étaient tolérées, peut-être en souriait-on un peu, car elles n'avaient guère de résultats. Mais au-dehors, on lui tenait âprement rigueur de son attitude. Quant à elle, elle portait avec fierté son étiquette de « pro-indigène » et comparait cela à la façon dont elle avait supporté sa maladie. « Nombre de *shauries,* disait-elle à son frère, qui semblent insupportables à bien des gens, sont pour moi tout à fait stimulantes [...]. Finalement, tout dépend du fait qu'on nous autorise ou non à être nous-mêmes [...][5]. »

2

A la suite de ces événements, Denys vint passer quelques jours à la ferme, et l'alchimie de sa présence transmuta sa dépression en « joie pure ». Ils jouaient le *Frühlingsglaube* * de Schubert et s'accordèrent pour vouloir être enterrés dans « une vallée que l'on voyait depuis la ferme, après les pluies, la vallée la plus éloignée et la plus profonde qui fût [...][6] ». Lors d'une plus longue visite, ils devaient se rendre là-bas à cheval pour l'explorer. Mais Denys avait à faire à Nairobi : il partit après trois jours et rentra à son pied-à-terre, qui était un bungalow sur le parcours de golf du Muthaiga. Ce ne fut que l'année suivante qu'il emporta ses affaires chez Tania et commença à utiliser la ferme de celle-ci comme sa propre maison.

Thomas durant ce temps était parti en safari avec les Lindström et il en revint avec une humeur inquiète et morose. Ses chagrins de jeune homme étaient très semblables à ceux de sa sœur. Lui aussi possédait la considération exaltée des Westenholz pour les hauts faits et les grands principes, et il avait absolument besoin d'être mis à l'épreuve et de montrer ce dont il était capable. Bien que la guerre lui eût permis de faire ses preuves, il ne parvenait pas à trouver quelque autre difficile entreprise, une autre vocation ou une passion assez élevée pour occuper entièrement son idéalisme sans limites et lui offrir sa juste récompense. Tanne pouvait lui être de bon conseil sur la question. Quelques années plus tard, quand ce désir passionné et inassouvi commença à le désespérer, elle lui dit de « tenir bon ! ». Il était impossible qu'un homme d'action si droit et si fort ne puisse trouver finalement quelque occasion. Il était également impossible que quelqu'un qui avait tant d'amour à donner ne puisse trouver quelqu'un qui fût digne de le recevoir. Il enviait celui qu'elle avait pour Denys et elle lui promettait qu'il éprouverait un jour la même chose.

> « Je ne pense pas que [...] l'on puisse avoir une seule fois une étincelle de bonheur et que cela ne se reproduise jamais : c'est une chose qui est en vous et qui survient avec autant de certitude que la mort. Je peux en parler d'expérience. Quand j'étais très jeune, je suis tombée complètement amoureuse — c'était en 1909 — et j'ai cru que je n'éprouverais plus jamais rien de tel. Et neuf ans après, en 1918, cela m'arriva à nouveau, et avec plus de force et d'intensité que la première fois. J'ai lu jadis une traduction d'un petit poème grec et j'y pense souvent à ce propos :
>
> *Éros a martelé mon cœur*
> *Toute ma force est partie en étincelles.*
> *Comme le fer rouge dans la rivière,*
> *Il a trempé mon cœur dans les larmes*[7].

---

* « *Es bluht das fernste tiefste Tal* » : « La très lointaine et très profonde vallée fleurit. » Ea elle aussi avait chanté ce *lied* qui se retrouve souvent dans la vie de Karen Blixen.

Telle est mon expérience : ce n'est pas la tendresse complaisante que l'on décrit si souvent. Tu n'as qu'à attendre : le marteau va certainement se lever à nouveau[8]. »

Mais autant Tanne adorait son frère et autant celui-ci lui manquait lorsqu'il partait, autant ses indécisions et son sérieux lui portaient-ils sur les nerfs. Ils se querellaient souvent, restant à veiller tard après le dîner ou fumant à petites bouffées la dernière cigarette près du barrage. Thomas était fou des sciences modernes et de philosophie, et Tanne pensait que Darwin, pour sa part, méritait le bûcher pour ses opinions « déprimantes » sur la vie[9]. Il la traitait de réactionnaire et elle rétorquait qu'il était bolchevik. Ils n'étaient pas d'accord sur la morale sexuelle — son point de vue à lui était romantique et sain ; celui de Tanne était éclairé, au sens où on l'entendait au XVIIIe siècle — et sur le contrôle des naissances, que Tanne trouvait radicalement pratique mais inesthétique. Thomas lui disait qu'avec une telle façon de voir les choses elle aurait dû se faire catholique et elle lui répondait que, sans pour autant souscrire à quelque dogme, elle était une sorte de catholique, de prêtre catholique sur cette question, et elle comparait son œuvre à la mission de l'évêque Absalon chez les Danois païens. Elle finit par mépriser les « principes », Kant, l'évolution, le compagnon parfait, et elle déclara qu'elle espérait pouvoir « disparaître avec l'ancienne civilisation »[10].

En réalité, les opinions religieuses et politiques de Karen Blixen étaient, comme son humeur, sujettes à des revirements irréguliers. (Sa seule opinion constante était son aversion pour tout ce qui touchait la classe moyenne.) Jeune fille, elle avait admiré la Révolution française, et elle continuait à parler de la France comme de la « patrie sacrée » de la liberté[11]. Mais elle adorait le luxe et était partisane acharnée des manières raffinées, des privilèges féodaux et de la culture. Elle déplorait le déclin d'une certaine « élite », le « nivellement social » qui brouillait les traits distinctifs des anciennes classes[12], mais elle faisait passionnément état de son amour et de ses affinités pour les « basses classes ». En 1910, elle disait des radicaux qu'ils étaient « à peine humains[13] », mais en 1919, quand oncle Aage organisa un corps de volontaires — initiative extrêmement controversée — pour combattre les communistes sur la frontière finlandaise, elle déclara : « Le bolchevisme est la première tentative de réalisation de la démocratie et il pourrait très bien donner quelque chose de bon[14]. »

Dans ses lettres à tante Bess dans les années vingt, Karen Blixen disait que le féminisme était le plus important mouvement révolutionnaire du XIXe siècle[15], et son analyse du sexisme reste encore pertinente de nos jours. Mais dans les années cinquante, elle refusa de reconnaître le mouvement féministe et proclama : « [C'est] une affaire que je ne comprends pas et avec laquelle je n'ai jamais rien eu à voir de mon propre chef[16]. » Il y a bien des paradoxes du même genre en ce qui concerne ses déclarations sur la religion. En 1914, toujours dans une lettre à tante Bess, elle se disait « athée[17] », et durant toute sa vie elle méprisa la « pernicieuse tradition de dualisme » — du christianisme — qui avait séparé les sens de l'esprit[18]. Mais Dieu (ou les dieux) sont omniprésents dans son œuvre et l'une de ses croyances les mieux ancrées, en ce qui concerne l'art, était que l'on écrit ou que l'on peint parce qu'on « doit à Dieu une réponse [19] ».

Comme son père, Karen Blixen était une individualiste-née et une révoltée — une *pétroleuse* intellectuelle. Sa position sur une question donnée dépendait considérablement de celui qui était en face d'elle et, bien davantage, de qui détenait l'autorité. Le réflexe de défendre son indépendance — de se démarquer du troupeau, d'être unique — reste constant, alors que ses valeurs changent. Quand le consensus était conservateur, prude et patriarcal, elle était radicale, libérée et moderne. A mesure qu'il devenait plus libéral — puis marxiste, dans le Danemark de l'après-guerre —, elle prit sur elle de défendre l'*ancien régime,* bâtit des histoires « décadentes » et fantaisistes sur son propre passé et prit un malin plaisir à choquer les gens avec ses « déclarations d'aristocrate [20] ». Elle adorait la provocation en elle-même, ce qui n'est peut-être pas aussi frivole qu'il y paraît, et aussi en vertu de ses principes érotiques.

3

Un soir de la fin octobre, après qu'il se fut retiré dans son bungalow, Thomas fut réveillé par le veilleur de nuit de Tanne qui lui déclara que la Memsabu voulait qu'il vienne immédiatement auprès d'elle. Alarmé, il s'habilla rapidement et suivit l'homme avec une lanterne. Il trouva sa sœur appuyée contre la cheminée, tremblant de tous ses membres, pleurant irrépressiblement et presque folle de chagrin. Il tenta de la calmer et, après un moment, il apprit ce qui lui était arrivé. Elle pensait — et elle espérait — qu'elle était enceinte de Denys, mais cet espoir avait été « déçu ». Thomas Dinesen ne voulut pas, dans sa vieillesse, en dire davantage et la vérité sur cette histoire reste quelque peu mystérieuse. Mais elle ne pouvait pas être enceinte de plus de deux mois, et une fausse couche à ce stade pouvait très bien être prise pour des règles en avance, et vice versa. (Pour une femme de trente-sept ans atteinte de syphilis, le risque de fausse couche est considérable.) Cela pourrait expliquer l'ambiguïté du récit de Thomas de cette nuit-là. Il ne voulut pas certifier que sa sœur était réellement enceinte, en partie par délicatesse et en partie parce qu'il n'était pas certain des faits.

Tanne ne parla jamais de cette déception ni à sa mère ni à quiconque mais le 29 octobre elle écrivit à sa famille une lettre particulièrement touchante : « Je pense si souvent à ces paroles de la Bible : " Je ne te laisserai pas aller avant que tu ne m'aies béni. " Je trouve qu'il y a en elles une signification si profonde et si glorieuse. J'en ferais presque ma devise [...] Le plus dur pour moi, c'est que je n'aie pas été capable de la transposer dans mon mariage — même si Bror et moi nous nous sommes séparés vraiment bons amis. Mais je crois que, une fois qu'on a prononcé ces paroles, on doit consentir à laisser partir celui qui vous a donné sa bénédiction [21]. »

Esa, le cuisinier de Karen Blixen, mourut en décembre, empoisonné par sa jeune femme Fatoma. Hassan Ismaïl prit temporairement sa place et un étrange et sauvage petit Kikuyu lui tint lieu de *toto* à la cuisine, lavant la vaisselle et balayant le plancher. « Mme Karen venait tous les jours et elle disait que je travaillais à la perfection[22] », se souvenait-il. Il s'appelait Kamante.

Kamante Gatura avait douze ans environ lorsque Karen Blixen le vit pour la première fois. C'était le fils d'un squatter qui vivait dans la ferme depuis 1914. Son père était un ancien dans la tribu des Kikuyus, il possédait six femmes et beaucoup de bétail, mais il s'était querellé avec Kinanjui et il avait perdu son siège au conseil des anciens. Il mourut après l'armistice et la famille fut dispersée, chaque femme partant de son côté avec ses enfants.

Kamante avait une jambe gravement malade quand Karen Blixen le remarqua sur sa pelouse. Ce devait être au début de l'année 1921, car Bror et Thomas étaient encore avec elle. « Il faisait peine à voir[23] », avec sa tête énorme, ses membres absurdement maigres et ses jambes couvertes d'ulcères purulents. Son visage était sans expression et ses grands yeux troubles étaient perdus dans le vague. Mais quand Karen Blixen lui demanda s'il connaissait le nom de ses deux chiens, il répondit avec le sang-froid de comédien pour lequel il devait être plus tard célèbre, « Dusk et Banja[24] ». Ce qui lui plut énormément.

D'après son apparence, Kamante n'en avait plus pour longtemps à vivre. Tanne soigna et banda ses plaies, elle lui donna du riz et du sucre et lui dit de revenir la voir. C'est ce qu'il fit, fidèlement, et il supporta le traitement, pommade et bandages chauds, avec une noblesse et un stoïcisme absolus. Comme sa jambe ne semblait pas guérir, elle envoya Kamante à la mission écossaise où il se convertit au presbytérianisme. Elle alla le chercher le dimanche de Pâques, et pour lui faire une surprise, il avait entouré sa jambe de vieux bandages. « Tous les indigènes, écrivit-elle, ont le sens du drame et le goût de l'effet[25]. »

Après quoi, Kamante fut chargé des chiens (malgré le fait qu'il « haït et craignît » les chiens[26]) et devint plus tard l'assistant médical à mi-temps de Karen Blixen dans sa clinique. C'est là qu'elle « découvrit l'adresse de ses mains[27] » et le promut à la cuisine. Ses premiers triomphes furent des gâteaux, qu'il apprit à faire dans un livre, *Le Livre de Pâtisserie du Sultan*. Durant ses années d'apprentissage *, Karen Blixen l'envoya au Norfolk, au New Stanley et au Muthaiga Club pour étudier auprès des chefs. Mais il rechigna à prendre ces nouvelles responsabilités « en raison », comme il le dit lui-même, « de difficultés dans son enfance[28] ». Sa maîtresse décrit sa répugnance quelque peu différemment dans *La Ferme Africaine :* « Pour tout ce qui touchait à la cuisine, Kamante manifestait d'ailleurs tous les signes [du génie], jusqu'à cette impuissance à répondre à l'inspiration qui en est bien la plus dramatique rançon[29]. »

Il y eut un deuxième décès à la ferme en décembre. On avait récolté le café, les baies avaient été décortiquées et triées à l'usine et on les avait

* Assan fut chef cuisinier jusqu'en 1926, date à laquelle Kamante le remplaça.

chargées dans des sacs sur les chars à bœufs qui les emportaient au train de Nairobi. Un après-midi, trois petites filles kikuyus avaient — à l'encontre du règlement — fait une promenade dans le chariot. Alors qu'elles approchaient de la ferme, elles sautèrent à bas du véhicule, craignant, rapporte Kamante, d'être dévorées par les lévriers, mais peut-être aussi d'être vues de la baronne. L'une d'elles, Wamboï, portait un petit panier accroché à une longue ficelle et, lorsqu'elle sauta, la ficelle se prit dans le châssis du chariot et elle tomba sous les roues. Le conducteur ne se rendit pas compte de ce qui arrivait, et il est probable qu'il n'aurait pu s'arrêter de toute façon. Wamboï mourut écrasée.

Son corps resta sur la route durant trois jours, tandis que Karen Blixen tentait de décider qui devait l'enterrer et que la police essayait de déterminer la responsabilité. Les Africains étaient extrêmement superstitieux en ce qui concernait les cadavres et ils ne voulaient pas toucher le corps. Même les parents de la petite fille firent savoir qu'ils ne voulaient rien avoir à faire avec elle — et tentèrent d'extorquer une compensation financière. Cela provoqua l'une des rares colères de Tanne à l'égard des Africains. « Les Kikuyus sont vraiment une race ignoble, déclara-t-elle. Et cependant il y a quelque chose de touchant en eux et dans la confiance stupéfiante qu'ils ont en moi [...] et qui désarme toute colère[30]. »

Ce furent Tanne et Mr Dickens, son régisseur, assistés de Kamante, qui enterrèrent la petite fille. Kamante avait « montré la force de sa religion[31] » en se portant volontaire pour cette tâche. Après l'enterrement de Wamboï, se souvient-il, sa maîtresse appela les gens et les sermonna : « Mme Karen nous déclara qu'il ne fallait pas craindre la mort parce que la mort guette tout le monde[32]. »

4

Pendant qu'Ingeborg s'occupait de Karen de Neergaard au Danemark, le père de l'enfant arriva en Afrique pour les vacances, apportant avec lui des cadeaux de Noël et un peu de la campagne danoise elle-même. Dans sa manière de s'habiller et de parler, il y avait quelque chose de bienveillant, de confortable et de provincial, ce dont Tanne et Thomas se moquèrent, mais qui les émut aussi. Ils passèrent un réveillon de Noël traditionnel : un arbre décoré de bougies, des branches de sapin sur la cheminée, une dinde rôtie, un porridge au riz et des petits gâteaux aux amandes préparés par Kamante.

Ce soir-là, Tanne prévoyait d'assister à la messe de minuit à la mission française et de souper ensuite chez lady Northey. Elle avait promis à Kamante qu'elle l'emmènerait afin de lui montrer la crèche et d'apaiser sa peur terrible de la Vierge Marie, inculquée par les missionnaires écossais — ou du moins sa crainte d'une délicate statue grandeur nature en carton, dont les Pères français étaient très fiers. Ce fut la période où Kamante commença à aller partout avec sa maîtresse. La première fois qu'elle le mentionne dans ses lettres, c'est comme « un petit Kikuyu à moitié idiot[33] », un enfant trouvé, pathétique et amusant, cobaye de ses expériences de médecin. Mais quand il eut vécu un certain temps avec elle, elle commença à apprécier sa véritable nature singulière, à le percevoir comme un *destiné,* et cela lui assura une place dans la mythologie qu'elle se créait. Kamante était de « l'étoffe dont on faisait jadis les bouffons des rois[34] ». « Il sentait bien qu'il n'était pas comme tout le monde, mais il était un peu comme les nains, toujours enclins à plaindre le pauvre monde des géants ![35] » C'est une qualité que l'on trouve chez bien des héros de Dinesen, une qualité qu'elle cultivait en elle-même. C'est l'héroïsme du rêveur, de l'excentrique et du pervers : de tous ceux qui ne s'acclimatent pas ou qui ne portent pas de fruits, mais qui semblent fleurir davantage que les autres[36].

En janvier, l'usine brûla complètement. Le feu fut allumé par quelques braises qui étaient tombées sur un tas de vieux sacs à café. Thomas fut davantage bouleversé que sa sœur par cette catastrophe car c'était lui qui avait conçu le bâtiment et qui l'avait virtuellement bâti. Mais il était bien assuré et Tanne, qui était toujours capable — et même, forcée — de trouver le bon côté des tragédies, était impatiente de récupérer l'argent et d'en utiliser une partie pour combler les pertes d'une autre récolte décevante.

Pour Thomas, qui devait rentrer au Danemark à la fin mars, ce n'était pas une façon heureuse de terminer son séjour en Afrique. Il avait englouti dans la ferme l'argent qu'il avait apporté, comme il y avait épuisé ses espoirs et sa patience. En partie parce qu'il refusait de soutenir sa façon optimiste de voir les choses et d'entrer dans ses fantaisies, ses relations avec Tanne étaient devenues tendues.

Dans une série de lettres à sa mère, pleines d'une sollicitude de sœur aînée où courait une sourde exaspération, Tanne décrivit ces tensions de son propre point de vue. « L'Afrique ne convenait pas » à Tommy, malgré son amour des safaris. Il ne ferait jamais un bon fermier car il était trop intellectuel. Ces discussions sans fin qu'elle prétendait « détester » étaient la chose qu'il adorait plus que tout. Elle semblait impatiente de le voir partir, bien qu'après son départ il lui manquât « désespérément ».

5

1923 fut pour Karen Blixen une année de solitude terrible et d'angoisse. La menace de vendre pendait au-dessus de sa tête comme l'épée de Damoclès et chaque revers de fortune, même le moindre, semblait éveiller le spectre d'un télégramme envoyé par les actionnaires inquiets. Durant les six premiers mois, le capital d'exploitation n'était pas suffisant pour faire marcher la ferme et Tanne alla jusqu'à vendre à une « juive » de Nairobi les vêtements qu'elle avait achetés à Paris.

Dans d'amères lettres qu'elle écrivit à sa mère et à Thomas, une fois qu'il fut de retour au Danemark, elle déversa ses deux perpétuels griefs : le manque d'argent et son insécurité. Ce printemps-là, elle attendit les pluies avec l'angoisse d'un condamné qui voit s'avancer le bourreau torche en main. Quand elles arrivèrent — en abondance —, que les arbres fleurirent, que la ferme parut « dans une excellente situation » et quand un expert, un certain major Taylor, lui donna un avis qui la rassura, elle voulut racheter les parts des autres actionnaires et ne fit que demander à Thomas et à Denys qu'ils lui consentissent un prêt à cet effet. Mais quand les créanciers la harcelèrent pour qu'elle réglât ses dettes et que tout le monde lui déclara que cela ne servirait à rien, elle demanda qu'on lui laisse un peu de temps, sermonna les membres de sa famille sur leur sens de l'honneur, les accusa d'aimer l'argent et fit même la menace voilée de se suicider si la ferme devait être vendue et lui échapper.

Naturellement les actionnaires lui en voulurent de ces tentatives à peine déguisées de leur faire un chantage affectif. « C'était un investissement que nous faisions dans les Cafés Karen, dit la comtesse Frijs. Ce n'était pas pour permettre à Tanne de vivre agréablement[37]. » Ils étaient incapables de comprendre l'importance de ce qu'elle y perdrait. Pour eux, c'était une affaire commerciale, pour elle, c'était sa vie. Peut-être aussi considérait-elle la ferme comme une juste compensation pour toute l'incompréhension dont elle avait souffert de leur part durant son enfance.

Ingrid Lindström voyait la situation de Tanne avec plus de mansuétude que toute la famille. « Elle *adorait* cette saleté de café, disait Mme Lindström : elle ne *voulait* pas comprendre que c'était sans espoir, bien que ses amis aient tenté de le lui dire[38]. » Et Remy Martin, le promoteur qui acheta finalement la ferme en 1931 pour en diviser le terrain en îlots résidentiels de banlieue, croyait, lui, que Karen Blixen avait échoué dans sa tâche de gérante à cause de son « dévouement entêté pour les Africains. Personne, dit-il, ne réussit jamais à faire pousser du café ici, à Karen, à mille huit cents mètres. Le sol augmentait en acidité avec l'altitude et c'était sans espoir. Mais cela aurait fait une ferme idéale : elle aurait très bien pu faire pousser du maïs à une échelle commerciale et élever du bétail en même temps. C'était parfait pour le bétail. Mais pour cela, il aurait fallu qu'elle reprenne leur terrain à ses squatters et elle ne voulait pas y toucher. Ses serviteurs avaient le pouvoir chez elle, tout simplement parce qu'ils étaient ses serviteurs et parce qu'elle ne pouvait pas supporter de les contrarier. Au lieu de quoi, elle mena son entreprise jusqu'à la ruine et c'étaient les Africains qui y gagnaient : ses squatters avaient trois mille têtes de bétail qui paissaient sur la ferme lorsque je l'ai achetée[39] ».

A cause des violentes pluies prolongées qui tombèrent ce printemps-là, il y eut d'étranges migrations parmi les animaux sauvages. Des lions s'aventurèrent dans Nairobi et l'un d'eux rendit visite au zoo nuit après nuit, à la recherche d'une femelle. Un autre fut abattu par un officier juste devant la porte du palais du gouvernement. Des léopards rôdaient dans la ferme, aussi était-il dangereux de sortir sans arme la nuit. Dans la réserve, l'herbe avait poussé si haut qu'elle atteignait le pommeau d'une selle. Tanne continuait à monter Rouge, son capricieux cheval et à sortir seule. Une fois, dit-elle, son cheval la fit tomber tête la première dans un trou de la taille d'une tombe qui était caché par les herbes. Le temps qu'elle réussisse à en sortir, il s'était échappé. Terrorisée à l'idée de ne pouvoir le rattraper et de devoir rentrer seule à pied à travers la savane infestée de lions, elle s'était mise à pleurer. Rouge dut avoir pitié d'elle car il la laissa remonter en selle.

Un animal sauvage vint s'installer à la ferme. C'était un guib, qu'on appela Lulu. Tanne était allée à Nairobi un matin pour s'occuper de son assurance, et sur la route de Ngong, elle était passée près d'un petit groupe d'enfants qui vendaient un faon entravé aux pattes. Elle ne put s'arrêter et elle ne s'arrêta pas davantage sur le chemin du retour. Mais une peur terrible l'éveilla en plein milieu de la nuit : « Comment pouvait-on abandonner une si petite bête aux mains de tyrans qui l'avaient laissée les pattes liées en plein soleil ? C'était si petit que ça ne pouvait même pas se nourrir seul[40] ! » Elle fit lever ses serviteurs et les envoya chercher l'animal en les prévenant que s'ils ne le retrouvaient pas, elle les mettrait à la porte. Les Africains avaient parfaitement l'habitude de telles menaces, puisqu'ils avaient déjà tous été « mis à la porte » bien des fois auparavant. Mais la menace les mit tout de même en émoi : ils s'éparpillèrent sous le clair de lune et, le lendemain matin, Farah amena Lulu à sa maîtresse avec son thé. On confia Lulu à Kamante qui lui donna le biberon et l'animal prit l'habitude de venir se pelotonner comme un chaton sous le bureau de Tanne.

Lulu fut un autre enfant trouvé de Dinesen, sauvé d'un destin cruel mais peut-être condamné à en connaître un pire : une existence domestique. Lulu avait le « diable » au corps, comme Alcmène, et « suivant l'esprit qui la possédait, ou parce qu'elle était de mauvaise humeur, pour se détendre, elle se livrait sur la pelouse à une sorte de danse guerrière, véritable invocation à Satan[41] ». Le portrait qui est fait d'elle dans *La Ferme Africaine* est l'un des meilleurs passages, peut-être parce qu'il contient tant de sentiments personnels et de souvenirs.

6

Au début des années vingt, les enfants des serviteurs de Karen Blixen avaient commencé à grandir et elle avait dans sa maison une tribu de « pupilles » aux yeux sombres pour lesquels elle éprouvait l'amour féroce d'une propriétaire. Juma avait une fille nommée Manehawa (Mahu), née le jour de l'Armistice, qui devint en grandissant une fillette vivante et curieuse. Mahu, pensait Tanne, pourrait épouser Abdullaï, qui avait été son page en Europe, malgré le fait que le sang masaï de la grand-mère de Mahu ne fît de ce mariage une mésalliance pour lui. Mahu avait un frère, Tumbo, né en 1921. C'était un enfant rieur et robuste, au visage de grenouille, qui était plein du désir d'aller à l'école et de voir le monde. Karen Blixen paya ses études dans une pension somalie (que Denys se plaisait à appeler « Eton ») bien qu'elle n'aimât pas le voir partir. Quand elle quitta l'Afrique, elle demanda à Tumbo s'il aimerait avoir une génisse, ce qui pour les Africains, qui aiment tant posséder du bétail, était un très beau cadeau. Mais il préféra un voyage à Mombassa.

Juma avait aussi une belle-fille, l'enfant de sa femme, qui se nommait Halima. C'était la préférée de Karen Blixen et elle était pour elle une sorte de suivante. Halima était pleine de « gaieté » et de « malice », et elle ne s'intégrait pas très bien dans le monde extrêmement tranquille et respectable des femmes somalies. Tanne l'appelait petite gitane et se demandait parfois ce qu'elle deviendrait plus tard. Elle jouait de l'harmonica, chantait d'une voix flûtée et dansait avec « une étonnante légèreté et, si je puis dire, avec puissance plus qu'avec grâce[42] ». Peut-être pensait-elle à Halima lorsqu'elle écrivit « Alcmène ».

Farah Aden avait aussi sa famille à la ferme. Après la guerre, il fit venir son frère Abdullaï en Afrique-Orientale quand, comme l'écrit Karen Blixen dans *Ombres sur la Prairie*, il décida que la maison de Tania avait besoin d'un « page [...] de sang plus noble que [ceux] qui avaient jusqu'à présent rempli cette fonction[43] ». La première femme de Farah vivait en Somalie, où elle avait un enfant, mais sa deuxième femme, Fathima, arriva en 1918 et ils se marièrent en grande pompe à Mombassa. Sa troisième femme, nommée elle aussi Fathima, arriva à la ferme en 1928 avec ses sœurs et sa mère, et Karen Blixen fit construire une maison pour tout ce monde. Cette « jeune Fathima » donna naissance à un petit garçon nommé Saufe, un beau petit bébé que Tanne allait adorer.

Abdullaï, le frère de Farah, avait vite montré des dons de génie. Denys et Berkeley Cole aimaient jouer aux échecs devant le feu, chez Tania. Abdullaï se tenait derrière leurs chaises et il apprit le jeu en les observant. Denys fut si impressionné — surtout lorsqu'Abdullaï le battit — qu'il encouragea Tania à lui faire apprendre les mathématiques. Elle l'inscrivit à l'école islamique de Mombassa où il réussit brillamment, au point que les hommes de sa tribu recherchaient ses conseils malgré sa jeunesse. Par la suite, il rentra en Somalie où il devint juge. Un journaliste danois le rencontra dans les années cinquante, lui dit que Karen Blixen vivait toujours, et il lui envoya un respectueux message de reconnaissance[44].

La réussite d'Abdullaï et les ambitions de Tumbo donnèrent à Tanne l'idée de mettre sur pied une école à la ferme, des cours du soir, et elle écrivit à Ella pour lui demander de trouver un professeur Montessori qui serait capable de donner des cours aux enfants et aux adultes. Ses amis lui dirent qu'elle était folle et Denys la plaisanta en disant que « l'Afrique devait rester le continent noir[45] », mais elle soutenait que « la civilisation [prendrait] possession d'eux d'une façon ou d'une autre et [qu'elle pensait que] quelqu'un devait veiller à ce que les choses se passent au mieux[46] ». Elle dut abandonner ses projets originaux et se contenter d'un professeur de la mission écossaise, qui enseigna aux Africains la Bible et la lecture, et leur apprit à chanter des psaumes.

Ce sens d'une « mission civilisatrice » peut sembler naïf ou même inquiétant à un lecteur moderne, mais dans les circonstances de l'époque — au milieu des impérialistes convaincus du Muthaiga — cela avait plutôt un relent de subversion. Karen Blixen voulait faire admettre que les Africains étaient « éducables », et même qu'ils étaient des gens nobles, au sens moral élevé. Elle voulait y mettre du sien pour les préparer à leur « maturité » politique, dans le sens occidental du terme, quelque temps que cela prît. Ce qu'impliquait son point de vue, et que ne saisirent pas très bien ses contemporains, c'est que les Africains seraient un jour prêts à reprendre leur pays en main. Durant les années vingt, les colons blancs se mobilisèrent contre cette idée qui était la pierre angulaire de la politique du Foreign Office. Leur idéal était un Etat comme l'Afrique du Sud actuelle et lord Delamere parla et se battit au nom de la majorité d'entre eux lorsqu'il définit les grandes lignes de sa politique au gouvernement anglais en 1927. Son premier argument était que « l'expansion de la civilisation européenne en Afrique était une bonne chose. Le second, que la race anglaise [...] était supérieure aux races africaines hétérogènes qui ne faisaient qu'émerger de siècles d'une relative barbarie [...]. Le troisième, que l'ouverture de nouveaux territoires au moyen d'une colonisation authentique était un avantage pour le monde entier[47] ».

7

Il y eut deux *ngomas* en juin : l'une en plein jour, en l'honneur de Karen Blixen et l'autre, la nuit, en l'honneur de Betty Martin, une petite fille blanche de cinq ans, qui n'avait jamais vu une seule grande danse africaine. La *ngoma* de Karen Blixen fut plus grande, plus bruyante et plus monotone. Une foule de spectateurs vinrent de Nairobi en voiture, donnant à la cérémonie plus « l'air d'une foire que d'un bal ». Mais la nuit, un grand nombre de feux de joie furent allumés le long de la route et ce fut une intense atmosphère de fête, les danseurs dépassant le public en nombre.

Pour l'occasion, les jeunes filles célibataires de la ferme se rasèrent la tête et mirent des pagnes de cuir graissé et autant de colliers de perles qu'elles pouvaient en faire tenir entre les clavicules et le menton. Les jeunes hommes se passèrent le corps et les cheveux à la craie rouge pâle. Karen Blixen décrit cette couleur comme un « blond étrange » qui leur donnait aussi l'allure des danseurs d'un antique vase grec. Les guerriers portaient leurs lances et leurs boucliers et faisaient plusieurs cercles, sautant au rythme des flûtes et des tambours. Les vieillards assis sur l'herbe les entouraient en fumant, crachant et bavardant. Le commissaire du district donnait parfois la permission de brasse du *tembu,* un fort alcool de canne. Sinon, Karen Blixen aimait offrir des rafraîchissements, du tabac à priser pour les danseurs et les vieillards, et pour les enfants, du sucre que Kamante faisait passer dans des cuillers en bois[48].

Betty Martin que l'on amena voir le spectacle était la fille de deux amis très proches de Tania, Hugh et Flo Martin qui venaient parfois à la ferme pour échapper à Nairobi. Flo (« l'insouciante Flo ») était la fille de sir Edward et lady Northey. Hugh était le directeur du Land Department. C'était un mandarin anglais, petit et gros, brillant causeur, un homme inébranlable de cynisme et de confiance en soi. Il disait que Tania était « candide » et « réalisait fort bien à la ferme le type du docteur Pangloss. La méchanceté foncière du monde et des hommes était pour lui un fait bien établi qui ne souffrait même plus de discussion ; il s'en accommodait néanmoins avec beaucoup de philosophie[49] ». A la fin de la vie de Karen Blixen en Afrique, il devait se porter à son secours avec tendresse et sollicitude. Quand Denys mourut, son insouciance disparut et il sembla vieillir et changer. « On imaginait difficilement, pensait Tania, qu'un homme eût pu réaliser l'idéal de Hugh, et encore moins que sa disparition eût pu bouleverser sa vie[50]. »

8

Tout au long de l'année 1923, Tanne souffrit des accès d'une maladie dont personne ne parvint à identifier les symptômes, mystérieux et parfois graves. Le jeune docteur Anderson, à Nairobi, qui succéda au « dément » Burkitt, pensa qu'elle avait une mauvaise malaria, mais il n'en était pas sûr. Elle pensait qu'il s'agissait peut-être d'un « lumbago » ou d'une « inflammation de la colonne vertébrale ». En juillet, elle se sentit si mal qu'elle entra à l'hôpital, croyant mourir. Mais on ne put faire le diagnostic de son mal ni le guérir et, quand le danger fut écarté, on la renvoya chez elle.

Ce n'était pas la première fois que Karen Blixen se plaignait de mystérieuses douleurs insupportables que les médecins de Nairobi étaient incapables d'identifier ou de soigner. A Noël, en 1921, elle avait eu une crise semblable qui réapparut périodiquement durant les années vingt. A chaque fois, Tanne croyait qu'elle allait mourir, et de nombreuses fois, elle écrivit à sa famille, disant qu'elle « ne se sentait pas très bien », qu'il aurait vraiment fallu qu'elle consulte un spécialiste et qu'elle ne faisait pas confiance au savoir-faire et au jugement des médecins qui la soignaient. Mais elle pensait que son mal avait peut-être des origines psychologiques. Son séjour à l'hôpital en 1923 eut lieu à un moment où elle se sentait extrêmement frustrée et déprimée, où elle avait particulièrement besoin de vacances et où elle était furieuse de ne pouvoir en prendre. D'autres crises survinrent lorsqu'elle était seule et angoissée et elle ajouta ses lamentations sur sa santé à ses plaintes sur la situation en général. Elle détourna les inquiétudes d'Ingeborg en prétendant faire peu de cas de ses problèmes : elle alla jusqu'à soutenir qu'elle avait vraiment apprécié son séjour à l'hôpital en 1915 et qu'elle prenait son mal bien plus légèrement que toute sa famille ne le faisait. Si on lit ses lettres sans connaître son passé médical, on a l'impression d'avoir affaire à une hypocondriaque. Mais, si les sentiments qu'elle avait pouvaient contribuer à ses souffrances, il est aussi probable que sa syphilis, et non son esprit, en était responsable pour la plus grande partie. Le « lumbago » dont elle parle, la douleur « semblable à une rage de dents » qu'elle éprouvait dans les membres et les oreilles correspondent à la description clinique des « douleurs fulgurantes » associées au *tabes dorsalis,* dégénérescence spinale, forme de syphilis dont elle souffrait *. De telles douleurs précèdent souvent d'autres symptômes qui doivent venir bien plus tard. Elles apparaissent et disparaissent brusquement et on peut souvent les confondre avec des rhumatismes (ou encore « lumbagos ») dus aux changements de temps. Alors que, dans certains cas, elles ne causent qu'un malaise léger, elles

* *Voir* plus loin, p. 276-277

peuvent être particulièrement pénibles dans d'autres. Il peut y avoir de longues périodes de rémission entre les crises — tel fut le cas de Karen Blixen — et quand la douleur cesse, le malade se remet rapidement. Cet aspect de la maladie a pu dérouter les médecins de Tanne à Nairobi, qui diagnostiquèrent tour à tour pneumonie, dysenterie amibienne, et diverses fièvres tropicales. Tanne elle-même s'y trompa et elle déclara à sa mère que c'était peut-être trop tentant de mettre tout sur le compte de la syphilis. Plusieurs de ses amis en Afrique refusaient de croire qu'elle pût avoir cette maladie et continuer à mener une existence si active. Même au Danemark, dans sa vieillesse, alors qu'elle était plus malade que jamais, il se trouvait des gens pour prétendre qu'elle « faisait semblant ». Elle était sans aucun doute pleine de caprices mais certainement moins que sa maladie elle-même : « Peu de maladies causent une variété de symptômes aussi étendue que le *tabes dorsalis*[51]. »

9

A peine était-elle revenue chez elle qu'un messager lui apporta la nouvelle de la mort d'Erik Otter au Turkana, des suites d'une hématurie. Son commandant dans les fusiliers-voltigeurs du roi désirait savoir si Tania pouvait lui donner l'adresse de la femme d'Erik. Elle ne la connaissait pas : en fait, elle n'avait pas vu son vieil ami depuis des années. Il était resté dans l'armée après la guerre et avait continué de mener une vie d'ascète à l'écart de la société des Blancs et de ses anciens amis. Sa mort l'amena à penser que l'univers de ses premiers jours dans le pays était en train de disparaître totalement.

Une deuxième funèbre nouvelle arriva peu après : le comte Mogens Frijs était décédé à l'âge de soixante-quatorze ans. Il avait été le meilleur ami de Wilhelm, le père de Daisy, le seigneur de Frijsenborg, et un personnage central de la jeunesse de Tanne. Avec l'âge, pensa-t-elle, elle avait fini par adopter chaque jour davantage ses vues sur le monde et elle regrettait seulement de ne pas l'avoir fait plus tôt : « J'aurais pu éviter bien des difficultés[52]. »

Ces « difficultés », c'était l'ancien conflit jamais résolu entre deux types de valeurs et de loyautés, celles des Dinesen et celles des Westenholz, son admiration sans limites pour les unes et sa dépendance sans limites à l'égard des autres. Il y avait des moments où elle pouvait plaider sa propre cause avec fermeté et facilité, d'une voix autoritaire qui n'avait pas besoin de violence ou de provocation pour jaillir d'elle. Mais il y en avait d'autres où elle mendiait un peu d'amour et s'emportait contre sa famille de l'avoir enchaînée à sa morale, des moments où la force lui manquait, où sa perspicacité et sa pénétration s'évanouissaient, et avec elles, la *klart overblik* qu'elle possédait. Ce conflit semble avoir été la cause de bien des dépressions qu'elle dut subir. Et durant des années, elle devait tour à tour continuer à rendre l'influence de ses proches responsable de ses malheurs et, tour à tour les supplier, de la façon la plus servile, de la comprendre.

25.

Love of parallels

1

Quand Denys Finch Hatton revint en Afrique en mai 1922, il consacra toute son attention aux affaires qu'il avait négligées * et ne vit guère Tania durant un an. Elle parle de rencontres par hasard au Muthaiga Club ou aux soirées de lady Northey et raconte qu'un soir il se rendit en voiture à la ferme avec lord Francis Scott, la réveilla à minuit et l'enleva pour l'emmener à un souper. Mais en 1923, à la fin août, il décida d'abandonner son bungalow et fit de la ferme son pied-à-terre. « J'attends Denys, écrit Tanne à son frère le 19, peut-être qu'il arrivera aujourd'hui, en tout cas cette semaine, et tu sauras ceci : la mort n'est rien, l'hiver n'est rien [...] **. »

Isak Dinesen fut si réservée dans *La Ferme Africaine* dans sa description de son amitié avec Denys que l'on ne sait jamais clairement quelle en fut l'exacte nature. Le livre nous amène à penser, en vertu de la même pudeur qu'observent d'autres écrivains, qu'il y avait entre eux beaucoup « plus » que ce qu'elle veut bien en dire et que sa discrétion était motivée par la courtoisie, par une noble timidité et même par la prudence de la vieille conteuse : « *A ce moment de sa narration, Schéhérazade* [...] *se tut.* » Dans le même esprit de réserve (ou peut-être de méfiance), elle ne voulait pas que Denys sût avec quelle adoration elle parlait de lui dans ses lettres à sa famille ni combien il était essentiel à son bonheur. Un an plus tard, lorsqu'il fut question que Thomas et Mme Dinesen viennent en Afrique sur le même bateau que Denys, elle avertit sa mère qu'elle devait prétendre n'avoir jamais entendu parler de lui. Et, dans une lettre qui laisse voir qu'elle était

---

* Denys possédait encore ses *dukkas* sur la réserve masaï et il était directeur de deux sociétés : Kiptiget Ltd, une compagnie de promotion immobilière qui achetait des terrains, ainsi que de l'Anglo-Baltic Timber Company, qui exportait du bois.

** Isak Dinesen, *Lettres d'Afrique,* p. 167. Ces vers proviennent du poème de Sophus Clausen, « Røg » (« Fumée »). Franz Lasson donne le reste de la strophe dans ses commentaires sur *Lettres d'Afrique :* « Car les flammes et le feu/ont reconstruit les autels de ma jeunesse/ abattus dans l'herbe par le printemps » (p. 438).

contrainte à un tel mensonge, elle supplie Thomas de ne jamais dire à Denys, s'ils se rencontraient après sa propre mort, tout ce qu'il avait représenté pour elle.

« Denys était toujours heureux à la ferme car il n'y venait que lorsqu'il désirait y venir [...] [1] », écrivait Isak Dinesen, et telles étaient les conditions qu'il avait fixées : ni engagements ni exigences. Elle se fit un devoir de les observer, qualifiant leur amitié de « *love of parallels* »* et méprisant ces amants qui se regardent sentimentalement les yeux dans les yeux, qui prennent possession de leurs existences l'un de l'autre et qui entrecroisent leurs vies. Mais, comme bien des femmes, fières de leur pouvoir et pleines de superstition quant à son mystère, elle réprimait également des désirs qu'elle désavouait. Elle était capable de mettre de l'ordre dans ses affaires avant que n'arrive Denys, elle était même capable, lorsqu'il était là, de maîtriser ses chagrins ou son irritation. Mais les contraintes, l'instabilité et la peur d'être abandonnée devaient bien trouver une issue et s'exprimer, et c'est ce qui arrivait apparemment : elle restait parfois au lit durant la quinzaine de jours qui suivait son départ, malade, déprimée, ou les deux à la fois. Et certaines de ses lettres les plus pleines de fureur et de lamentations coïncident avec les moments où, après lui avoir rendu une merveilleuse visite, Denys venait juste de partir.

L'amour qu'éprouvait Tania pour Denys était une sorte de ravissement fasciné que tenaient en haleine ses absences et la solitude qu'elle ressentait lorsqu'elle était privée de sa compagnie. « Pour nous, pauvres mortels, écrivit-elle dans *Sept Contes Gothiques,* c'est la rareté de la joie qui en fait la valeur. Si la jouissance dure éternellement, nous courons le danger d'en être blasés ou [...] d'en mourir [2]. »

Il y a une grande part de sagesse dans ce point de vue, mais il n'est pas exempt d'une certaine abnégation austère et peut-être même puritaine. Alors qu'Isak Dinesen méprisait l'attitude envers la vie qui consiste à « tenir des comptes », elle-même tenait les siens très sérieusement. De la même façon qu'elle prétendrait plus tard qu'elle avait payé son art avec sa syphilis, elle croyait, en Afrique, que ses brefs moments de perfection passés avec Denys étaient payés par la solitude, les sécheresses, les incertitudes et les continuelles *shauries* de la ferme, et elle était convaincue que cela, c'était en fait la formule secrète, le marché au prix duquel elle avait acquis le droit de vivre vraiment. Mais qu'est-ce que cela signifie, de croire qu'il est noble de payer un tel prix pour l'amour, ou d'être persuadé qu'il est nécessaire de quitter la table en ayant encore faim ou le lit en restant insatisfait, parce que « si la jouissance dure éternellement nous courons le danger [...] d'en mourir » ? Cela revient peut-être à supposer que l'amour est coupable, que

---

* C'est une expression qu'utilise Aldous Huxley dans « Jaune de Chrome » pour décrire une relation plutôt stérile. Mais, comme Karen Blixen le souligna à son frère : « Je puis certainement interpréter [cela] comme je veux. » Elle continue, disant de Denys : « Lorsque l'on est soi-même et que l'on s'acharne à atteindre un but lointain, on trouve un réconfort à savoir que l'on suit une course parallèle pour l'éternité. » (Isak Dinesen, *Lettres d'Afrique,* p. 271). Cette expression figure en anglais dans la traduction française de *Ombres sur la prairie.* (*N.d.T.*)

c'est quelque chose qu'il faut expier, et que le plaisir, à partir d'une certaine intensité, est dangereux et même fatal. Cela sous-entend également la peur que ces désirs et ces besoins puissants, une fois éveillés, ne puissent pas, en fait, être satisfaits. Dans sa forme la plus primitive, bien des enfants connaissent cette peur — l'angoisse de perdre l'amour de leurs parents — et connaissent aussi le respect de soi, le bonheur et le bien-être qui découle de cet amour[3].

2

Denys arrivait généralement sans prévenir, « affamé de conversation ». Les premiers soirs, Tania et lui restaient à veiller tard après le dîner, totalement absorbés par leurs discussions : « Chaque fois que nous nous retrouvions ainsi, nous pensions, Denys et moi, aux Masaïs qui, du fond de leurs manyattas, regardaient sans doute ma demeure illuminée comme les paysans de l'Ombrie regardaient, autrefois, les fenêtres éclairées de saint François et de sainte Claire, s'entretenant de théologie[4]. » S'il revenait d'Europe, il lui apportait du vin et des disques, et si elle était partie se promener à cheval, il mettait la musique très fort, portes ouvertes sur la terrasse, si bien que, lorsqu'elle atteignait la maison, c'étaient Schubert ou Stravinski qui lui annonçaient le retour de Denys. Lorsqu'elle savait qu'il revenait, elle faisait préparer son plat préféré. C'était la « soupe claire », l'exquis consommé de Kamante. Peut-être que la préparation de cette soupe apprit à Karen Blixen l'art de la conteuse. La recette demande que l'on garde l'esprit mais que l'on se débarrasse de la substance des ingrédients bruts : coquilles d'œufs et os, légumes et viande rouge. Il faut alors les livrer, comme le fait un conteur, « au feu et à la patience ». Et la clarté, magiquement, apparaît à la fin *.

Les deux amis s'habillaient pour dîner, même lorsqu'ils étaient seuls. Il mettait sa vieille veste de velours préférée et elle, sa robe de taffetas favorite, coupée de façon à mettre en évidence ses « épaules d'un blanc éblouissant[5] ». Farah leur servait le café dans le salon, qui était rempli de livres rares que collectionnait Denys. Il avait fait faire des étagères où ils s'alignaient et, après sa mort, lorsque la maison fut vendue, Tania fit graver deux minuscules plaques de cuivre avec ses initiales à lui, enchâssées discrètement dans le mur. Elles y sont toujours, pour qui veut les découvrir, et font sur la chair de la vieille maison comme le tatouage d'un amant.

Le salon était une pièce sensuelle, pleine de petits bouquets de roses et de lys d'eau. Il y avait une peau de léopard sur le sol, un canapé bas avec des

* Lorsque j'étais en Afrique, j'ai eu le privilège de goûter la soupe claire de Kamante et de le regarder la préparer. Après l'avoir laissé mijoter durant vingt-quatre heures, il l'éclaircissait avec des coquilles d'œufs.

coussins persans et, dissimulant l'entrée de la chambre, un paravent français ancien, peint de personnages orientaux de fantaisie. C'est le modèle du paravent que Dinesen décrit dans le conte « Le Singe » et qui sert de toile de fond au dîner de séduction donné à Closter Seven. Il y a dans la soirée qu'elle raconte une atmosphère lascive qui n'était probablement pas différente de ces nuits à Ngong. La vieille abbesse du conte verse une drogue — un philtre d'amour — à ses hôtes, et leurs amis se souviennent que Denys et Tania se plaisaient à faire l'expérience des sensations que pouvaient leur procurer le haschisch, l'opium et la *miraa* *. Denys disposait les coussins sur le sol devant le feu et s'allongeait là pour jouer de la guitare. Tania était assise « en tailleur comme Schéhérazade elle-même » et lui racontait des histoires. Nous n'avons pas le privilège de savoir comment finissaient ces soirées. Mais les lettres de Dinesen à son frère à propos du sexe — disant qu'elle ne pourrait pas considérer avec « sérieux » une relation sexuelle et que son plaisir véritable était « purement spirituel[6] » — donnent l'impression qu'elle préférait le badinage imaginatif, les promesses de plaisir et la complicité des esprits. Peut-être que son imagination était telle que l'acte lui-même avait quelque chose de décevant.

3

Dans *La Ferme Africaine,* Isak Dinesen parle d'elle-même comme de Schéhérazade, et cette jeune femme était une héroïne selon son cœur. Elle aimait le risque, elle était « versée dans la sagesse des poètes et dans les légendes des anciens rois » et frustrée par son existence domestique parmi les femmes. Quand elle se propose elle-même à son père, le vizir, pour être la femme qui se sacrifiera au sultan, c'est avec un empressement qu'il trouve inquiétant et qui laisse supposer que cette occasion correspond à quelque secrète ambition qu'elle a nourrie. « Rien, annonce-t-elle, rien ne saura ébranler ma foi en la mission que je me suis destinée à accomplir[7]. »

Cette mission consiste à désarmer, grâce à la force érotique de la narration, un homme tout-puissant devenu un meurtrier à la suite de sa perte de foi dans l'idéal de la femme. Tanne avait eu l'intention de créer un personnage semblable dans « Le Laboureur » mais il l'effrayait et elle se réfugia dans une fin romantique. Anders Ostrel est subjugué et racheté par une jeune fille vertueuse et il fait pénitence en labourant la terre. Schéhérazade avait davantage d'imagination et moins de goût pour la thérapie. Elle n'essayait pas de convaincre le sultan que ses opinions sur la nature humaine (et féminine) étaient incorrectes et ses actes, répréhensibles, mais seulement qu'ils étaient trop petits. Sa « mission » consistait à lui montrer la vie comme une étoffe si riche, le destin comme un écheveau si

* Plante locale qui a un léger effet hallucinogène. Dinesen en parle dans « Les Rêveurs » sous un autre nom, le *murungu,* plante dont les feuilles séchées « entretiennent la bonne humeur et la vigilance » (*Sept Contes Gothiques,* p. 313). Le nom de Mira Jama elle-même semble être un jeu de mots sur *miraa.* Lincoln Forsner, l'autre personnage du conte, porte également le nom d'une drogue : les Africains l'appellent *Tembu,* ce qui signifie alcool en swahili.

embrouillé, et des perspectives si sublimes et celles qui l'avaient trahi, comme des points si minuscules, qu'il pouvait en rire. L'art d'Isak Dinesen dans sa maturité, qui est aussi à sa manière un art de consolation, doit beaucoup aux méthodes, aux intentions et à l'audace de celle qui l'a précédée.

Pour Schéhérazade, bien sûr, le défi de séduire était réhaussé par les dangers de l'échec. Sa vie dépendait de son pouvoir de fascination et, comme n'importe quel risque-tout pour qui le triomphe et la survie sont une seule et même chose, elle devait avoir eu un petit côté masochiste. Isak Dinesen associait aussi le risque de la mort au plaisir. Elle aussi était forcée de mettre à l'épreuve son pouvoir d'enchanteresse qui doit captiver et par là, survivre. Ses amis d'enfance avaient remarqué le côté forcené de son charme, et son habitude, lorsqu'elle parlait, « d'écarquiller anormalement » les yeux comme pour hypnotiser son auditoire. Cette volonté de se mettre à l'épreuve allait devenir, à mesure qu'elle vieillissait, de plus en plus pressante et de plus en plus théâtrale.

Denys jouait le sultan auprès de Tania et, par la suite, elle s'appropria ce rôle. Le sultan Shazrahad, une fois intégré, produit une artiste perfectionniste et inspirée. Tous les arts de scène ont une tradition d'audace esthétique, destinée à réaliser l'impossible* avec les souffrances cachées et le sacrifice nécessaires pour y parvenir. Ce type de sacrifice est courant dans l'œuvre d'Isak Dinesen, où le *virtuose* est un personnage important — et invariablement une sorte de prêtre. Aucun des nombreux artistes qu'elle décrit ne semble pouvoir échapper à quelque sacrifice faustien ou religieux, généralement la mutilation, volontairement accomplie, fièrement, même, et laissée sans soins. Dans le cas de Mira Jama, qui a eu le nez coupé, et dans celui de Marelli, le « sublime » castrat, cette mutilation s'entend au sens littéral. Dans le cas de Malli, de Pellegrina ou du cardinal Salviati, elle est symbolique : c'est la renonciation à l'amour terrestre. Il y a de nombreux précédents mythiques et religieux à cette transaction : les prêtres dédient leur célibat à Dieu comme un moyen de réaliser une union protectrice avec lui**. Mais c'est aussi la forme qu'empruntent bien des névroses intimes. Certains individus trouvent ou recherchent un orgueil démesuré dans la souffrance et croient qu'elle témoigne de leur grandeur ou de leur singularité et que, sans elle, leurs existences et leurs œuvres seraient ordinaires. Leur

---

* Il est possible que les pantomimes que Tanne Dinesen voyait à Tivoli aient influencé sa conception du virtuose, comme quelqu'un qui peut revêtir un masque et se mettre dans la peau d'un personnage. Il n'est nullement évident qu'elle ait étudié de près la *commedia dell'arte,* mais il y a dans son œuvre un certain nombre de références à cet art. L'expression signifie en elle-même « comédie de la profession, ou de l'habileté ». On ne fournissait aux acteurs qu'une esquisse de l'intrigue (un scénario) et ils devaient improviser, mettant à l'épreuve leur finesse, leur vivacité et leur disposition d'esprit. Mais je pense que les conversations de Karen Blixen, qui la rendirent célèbres, étaient bien davantage dans la tradition de la *commedia dell'arte* que ses contes, si méticuleusement construits.

** *Voir* « Le Premier Conte du Cardinal » dans les *Nouveaux Contes d'Hiver,* d'Isak Dinesen, pp. 27-28 : « Ne le plaignez pas, cet homme, dit le cardinal. Il est sacrifié, c'est vrai, toujours solitaire [...] Cependant le Seigneur récompense son porte-parole. S'il est sans pouvoir, il lui a été donné cependant quelque chose de la Toute-Puissance. »

espoir est que la divinité vengeresse à qui ils se vouent en sera apaisée et, les traitant d'égal à égal, leur accordera un peu de son prestige et de sa toute-puissance.

4

Il y eut un changement sensible dans le ton de Karen Blixen dans les mois qui suivirent l'installation de Denys à la ferme. Elle devint préoccupée par son esprit ou son manque d'esprit. Elle écrivit à Thomas (alors en Angleterre) pour lui demander de la tenir au courant des dernières idées en vogue et des « tendances » du moment, car elle avait peur de finir par régresser, à force de vivre dans la brousse [8]. Dans presque chaque lettre, elle demande qu'on lui envoie quelque nouveau livre, et elle disserte sur quelque question littéraire ou philosophique dans une prose claire, élégante et travaillée. Un dimanche, après avoir vu un ancien ami à Nairobi, Tanne fut frappée par le fait que « l'âge soit la plus grande épreuve qui soit pour chacun — exactement comme pour le vin. Il n'y a vraiment que les très grands millésimes qui peuvent vieillir. C'est vrai non seulement pour les gens, mais aussi pour l'art. On doit boire sur-le-champ les récoltes de moindre qualité, et cela sans illusions : elles passent assez bien. Mais les meilleures, quel charme et quelle valeur n'acquièrent-elles pas avec le temps ? Tant qu'elles sont encore jeunes, nul ne saura en dire la valeur, mais après cinquante, ou même seulement vingt ans ! Lorsque par exemple, je relis Oscar Wilde, je trouve cela si mince et si pitoyable — on peut en recracher presque tout. Mais Oehlenschläger, le meilleur de lui, et Aarestrup, je trouve qu'ils ont pris avec les années une profondeur, une noblesse et un " bouquet " tels que je ne puis croire que leurs contemporains aient pu le percevoir lorsqu'ils les ont lus la première fois. Finch Hatton est, je crois — contrairement à Geoffrey Buxton — le genre de personne qui se bonifiera avec les années de façon, comme di Stevenson à propos de D'Artagnan, " à mûrir et devenir quelqu'un de si spirituel, de si agréable et de si droit que l'homme tout entier semble authentique comme un bel écu [9] ! " ». Les livres qu'elle réclamait étaient ses préférés dans son enfance, et elle voulait les relire : les poésies de Sophus Claussen, qu'elle appelait « sa Bible », les mémoires d'Heiberg, Cellini, Goldschmidt, une anthologie de la poésie galante danoise. Thomas lui envoya *Tilskueren,* mais elle ne trouva presque rien d'intéressant dans ces pages. Tante Bess lui envoya un exemplaire d'un livre récent, *Kristin Lavransdatter,* de Sigrid Undset, accompagné d'un commentaire élogieux. Tout d'abord, Tanne apprécia le livre, mais elle finit par éprouver de la répulsion pour le caractère sinistre et uniforme des personnages. Dans sa réponse, on trouve un petit credo : « Ce que je recherche dans un texte de fiction, c'est une illumination, ce que Goldschmidt appelle la magie de l'existence, et on ne trouve rien de tel chez Sigrid Undset [...] Ce qu'elle montre est semblable à un immense paysage sous un mauvais temps continuel, et dépourvu de couleurs. La baguette magique lui a manqué, il n'y a *kein Hexeri.* Et je me joins à Otto Benson [pour dire] que l'art authentique est toujours en partie magique [10]. »

26.

La nature et l'idéal

1

Vers la fin de l'année 1923, la vente des Cafés Karen semblait imminente. On échangea des télégrammes — critiques de la part des actionnaires, fiers et acerbes de la part de Tanne. Elle avait, disait-elle à son frère, mis sa jeunesse et tout son cœur dans la ferme et elle se sentait désormais comme Samson après qu'on lui eut coupé les cheveux.

Durant un certain temps, elle sembla perdre espoir pour l'Afrique : « Jusqu'à présent, j'ai considéré ma rupture avec ces lieux comme un Armaggedon — après cela, plus rien. Mais maintenant, je t'écris pour te demander de m'aider à prendre conscience de ce qui se trouve de l'autre côté. » D'abord, elle voulait savoir si Thomas viendrait en Afrique pour l'aider à régler ses affaires. Après quoi, l'aiderait-il à « prendre un nouveau départ [1] » en lui donnant une certaine somme d'argent liquide ? Elle n'avait qu'une très vague idée de ce qu'elle allait bien pouvoir faire dans sa nouvelle vie, même si elle restait inflexible sur le fait qu'elle ne pourrait revenir vivre avec la « classe moyenne ». Elle voulait voyager, laisse-t-elle entendre, peut-être jusqu'en Chine. Elle pouvait aller étudier l'art à Rome, peut-être, ou à Munich. Elle pourrait aussi s'occuper d'un petit hôtel pour les « gens de couleur » à Djibouti ou à Marseille, et il lui vint même à l'idée qu'elle pourrait « très bien se marier », quoique Denys ne soit clairement pas l'élu : elle parlait d'un mariage de convenance. Il y a une énergie désespérée dans tous ces projets désordonnés, dans cette volonté de se lancer à la fois dans une demi-douzaine de carrières, d'itinéraires et de fantaisistes idées d'avenir. Peut-être lui était-il nécessaire de contrecarrer son immense désir de rester en Afrique et avec Denys, avec qui une seule semaine « compensait tout le reste et durant laquelle les choses ne signifiaient rien en elles-mêmes [2] ».

Quand Denys partit à la fin octobre, une calme solitude envahit la ferme. Tanne recommença à peindre, attendant avec impatience le retour de son amant et le moment où elle pourrait lui montrer ses œuvres et bénéficier de ses critiques. Son modèle était un jeune Kikuyu qui trouvait particulièrement désagréable le fait de devoir rester immobile. Une fois, Tanne le menaça d'un pistolet, mais cela ne lui fit guère impression. Les Kikuyus, remarqua-t-elle avec une pointe d'ironie, avaient moins peur de la mort que de rester immobiles.

Berkeley Cole lui fit une courte visite le 11 novembre et la tira gentiment de sa solitude en l'emmenant à un grand dîner donné au Muthaiga en l'honneur du gouverneur d'Ouganda. Durant les jours qui suivirent, il séjourna à la ferme, se couchant tard et buvant probablement sa bouteille de champagne dans les bois tous les matins à onze heures. « Berkeley, écrivit-elle à sa mère, est quelqu'un d'exceptionnellement amusant, de vif et d'original et, je crois, totalement dénué de scrupules moraux d'aucune sorte[3]. » A l'époque, il siégeait au Conseil législatif et tenait Tania au courant — ce qui l'amusait — des luttes de pouvoir entre les colons et le bureau des Affaires coloniales.

Il y a dans le personnage « hautain et fantaisiste » du jeune Berkeley Cole une incarnation primitive de la hautaine et fantaisiste Isak Dinesen qu'elle deviendrait dans sa vieillesse. Dans *La Ferme Africaine,* il s'exprime avec l'ironie qui devait devenir une qualité du style de la conteuse, et avec le même accent, indéfinissable mais singulièrement suranné, qui donne l'impression de provenir d'un langage plus grandiose et plus matériel : le langage du passé. Berkeley avait eu une enfance malheureuse qui avait contribué à le rendre cynique. Sa famille, avouait-il, prit la mort de lord Enniskillen, son père, pour un heureux événement. Sa mère vivait seule depuis des années dans une charmante villa des alentours de Florence et y tenait salon pour un cercle d'artistes et de poètes. Berkeley lui-même était un personnage excentrique et solitaire, et cela malgré son amabilité. Son arthrite chronique le rendait « à moitié invalide » et, prétendait-il, faisait du mariage une « entreprise imprudente[4] ». Le caractère enjoué de sa tournure d'esprit, dans un corps aussi léger et fragile faisait penser à Tania, lorsqu'ils causaient au coin du feu : « Je l'aurais vu sans étonnement s'envoler par la cheminée[5]. » Plus tard, ses amis auraient la même impression à l'égard d'Isak Dinesen.

Berkeley et Tanne étaient peut-être trop semblables pour se désirer, quoique Berkeley, selon Tanne, pensa un moment que leur mariage pourrait être amusant. Lorsqu'elle écrivait à son frère à propos d'un mariage de convenance, Berkeley était l'un des trois candidats (les deux autres étaient Geoffrey Buxton et le colonel Jack Llewellyn). Il était de bonne famille, riche, et il devait recevoir du gouvernement cent cinquante mille acres de terres, ce qui était « toujours quelque chose ». Mais l'instant d'après, elle repoussait violemment cette idée. Cela aurait pour elle « autant de sens » que d'épouser son chien Banja. « Je suis, rappelait-elle à Thomas et par la même occasion à elle-même, de tout temps et pour l'éternité vouée à Denys, à aimer le sol qu'il foule, à être heureuse au-delà des mots lorsqu'il est là et à endurer des souffrances pires que mille morts lorsqu'il s'en va[6]. »

La ferme était infestée de rats durant le séjour de Berkeley, et il lui télégraphia qu'il lui enverrait un chat à Noël. Elle passa les vacances seule, déclinant les invitations, espérant que Denys se montrerait bientôt, et elle se força à observer un moment de tranquillité et de calme qu'elle utilisa pour travailler à un essai sur la morale sexuelle, l'amour et le mariage au cours de l'histoire. Elle écrivait en danois, se plaignant qu'il eût rouillé à force de ne l'avoir pas parlé depuis le départ de Thomas. Comme elle ne pouvait se référer à aucun livre ni échanger ses idées avec un ami, son travail avança très lentement. Elle fut si frustrée de sa maladresse qu'à un moment, elle mit de dégoût son travail de côté et entreprit d'apprendre à Hassan à préparer des *croustades*. Mais l'essai terminé atteignait soixante-dix pages dactylographiées et comportait douze chapitres soigneusement disposés. Son texte a une finesse, une élégance et une intelligence formelle sans précédent et il semble refléter le ton discipliné, le style et la personnalité qu'elle avait commencé à parfaire pour Denys.

La principale polémique développée dans « La Nature et l'Idéal[7] » est que l'amour et le mariage sont deux relations distinctes et, en fait, dissemblables, chacune ayant sa fonction propre, son plaisir et sa signification. Avec Shaw, qu'elle lisait à ce moment-là, elle pensait que les classes moyennes du XIXe siècle avaient confondu les deux, cherchant de ce fait « davantage à détruire la conscience de la race humaine que toute autre erreur ». Le mariage devait bien plus être compris et vécu par les deux partenaires comme la fidélité à une idée — la famille, la procréation, la légitimité ou Dieu — plutôt qu'à un individu. Selon la même logique, l'amour « libre » n'avait besoin que de cela : la liberté dégagée des responsabilités domestiques ou dynastiques, lesquelles amoindrissaient son feu mystérieux. Cette philosophie reflétait naturellement son expérience personnelle du mariage et de l'amour « libre ». Bror, pensait-elle, avait mal compris la nature de leur contrat de mariage et avait détruit inconsidérément et sans raison une relation honorable et fonctionnelle. Elle attribuait la perfection de ses relations avec Denys au fait qu'il n'y ait eu entre eux aucune nécessité d'agir comme dans la réalité, mais qu'ils aient vécu au contraire comme des « parallèles ».

Au moment où Tanne commença à écrire, il se trouva que Bror revenait d'un long séjour, qui était plutôt un exil, au Tanganyika, où il avait chassé l'éléphant. Quand il revit sa femme à Nairobi, il fut très aimable et elle n'éprouva aucune gêne ni colère à le revoir. Il restait en tout cas très évasif quant à une visite commune chez leurs avocats et se conduisait comme si « l'on voulait mettre sur ses épaules déjà bien lourdes tout un tas de soucis qui ne le concernaient pas [...][8] ». Il y avait une modification qu'elle tenait particulièrement à apporter à leur acte de divorce : elle voulait recevoir une pension de Bror. A première vue, cela semblait absurde puisqu'il était si pauvre, mais elle n'avait aucune intention de l'obliger à payer. C'était symbolique et c'était aussi une petite concession aux apparences. Selon la loi anglaise, une femme était considérée en tort si elle ne recevait pas de pension après son divorce. Et cela calmerait les voix dans la famille Blixen, qui ne cessaient de prétendre que Bror était un martyr maltraité par les Westenholz.

2

Début février, le travail de Tanne sur son manuscrit fut interrompu par une visite imprévue à la ferme. C'était un vieux Danois qui avait été marin et qui était désormais malade et aveugle. Il la supplia de lui donner une maison où il pourrait habiter et faire les *kibokos* qui étaient son gagne-pain. Dans *La Ferme Africaine,* il s'appelle « Knudesen », mais son vrai nom était Aarup. C'était un vieillard au caractère difficile, qui se querellait avec les Africains, qui empestait et qui buvait comme un trou, après quoi il sombrait dans la mélancolie et l'amertume. Il ressassait alors de vieilles histoires sur les escrocs qu'il avait rencontrés et sur son épouse, femme horrible et acariâtre dont les chamailleries avaient ôté tout le plaisir de son existence. Malgré tout, Karen Blixen l'aimait bien, et elle éprouvait une tendresse presque patriotique pour lui. Il avait un don de « visionnaire ardent et grandiose qui compensait sa cécité » et il devint ambitieux pour la ferme, l'encourageant à se lancer dans le commerce du charbon de bois, à faire creuser un nouveau vivier et à s'associer avec lui pour extraire le phosphate du lac Naivasha. Grâce à ce plan, ils seraient millionnaires, prétendait-il, et Karen Blixen mit cela sur le compte de sa fertile imagination. Mais de nombreuses années après sa mort, elle reçut une lettre d'un vieil ami africain qui lui faisait savoir que l'idée d'Aarup « n'était *pas* folle. Certaines recherches [venaient] confirmer ses théories[9] ».

Le 19 décembre, presque le jour anniversaire de la mort de la petite Wamboï, un terrible accident arriva à la ferme, un épisode malheureux décrit de façon saisissante dans *La Ferme Africaine.* Mr Thaxton, qui dirigeait la minoterie, avait donné sa soirée à son cuisinier, et son *toto,* Kabero, avait invité d'autres garçons à la maison. Le chahut grandissant, il s'empara du fusil que Mr Thaxton, qui élevait de la volaille, utilisait pour tirer les faucons et les servals, et il tira sur ses compagnons de jeu. Il se trouva que, ce soir-là, le fusil était chargé. Le temps que Karen Blixen — tirée de son bain en cette paisible soirée — arrive sur les lieux du drame, l'un des enfants était mourant et rendit l'âme peu après dans ses bras. Un autre, Wanyangerri, avait été grièvement blessé et était en partie défiguré. Karen Blixen le pansa du mieux qu'elle put et sa présence et son assurance semblèrent calmer le blessé, car il cessa de crier et resta allongé immobile pendant qu'on le transportait à Nairobi. Quand elle lui rendit visite le lendemain et la semaine d'après, son état s'était considérablement amélioré. Mais le *toto* qui avait tiré disparut juste après et, bien que sa famille ait fouillé la ferme et les bois environnants, il resta introuvable. Des gens supposèrent qu'il était parti chez les Masaïs, dont les femmes étaient stériles et adoptaient volontiers des enfants kikuyus. En effet, cinq ans plus tard, lorsque Kabero revint un matin, il était devenu « masaï de la tête aux pieds » ayant adopté leur maintien, leur coiffure et « l'attitude à la fois passive et insolente des Masaïs, qui se laissent admirer et regarder comme des statues qui ne voient personne[10] ».

3

Thomas Dinesen était rentré d'Afrique pour vivre à Rungstedlund sans idée précise de ce qu'il ferait dans la vie. Depuis la guerre, il avait passé très peu de temps chez lui et peut-être ne se rendait-il pas compte lui-même combien l'Afrique, les idées et la liberté qui régnaient dans le milieu de sa sœur et de ses amis avaient pu le changer. Ingeborg commença bientôt à envoyer à sa fille de longues lettres où elle se plaignait des « aventures amoureuses de Tommy », qui lui causaient bien des soucis. Il passait apparemment son temps avec des femmes dont elle n'aimait guère la classe et les manières, qui n'étaient pas « dignes » d'entrer dans la famille, car elle ne pouvait qu'imaginer le mariage comme seule issue de ces aventures. Les lettres faisaient appel à Tanne pour qu'elle intervînt auprès de son frère, ce qu'elle refusa bien sûr de faire. C'était un jeune homme qui était si sérieux dans son enfance qu'il avait certainement tout à fait mérité de boire « tout le champagne qu'il voulait ». Sans la moindre aigreur, mais sans davantage de détours, elle rappela à Ingeborg que sa famille n'avait pas le don de profiter de la vie, pas la moindre idée de ce qu'était le « vin de l'existence » et était incapable de concevoir le bonheur humain comme autre chose qu'un régime à base de « milgnetoast ». La majeure partie de la race humaine, affirmait-elle, ne désirait que l'action, une légère ivresse, le plaisir et le danger. « Je crois que, s'il était en mon pouvoir de faire quelque chose pour l'humanité, je ferais en sorte de *distraire les gens* [11]. »

Tanne percevait également l'incompréhension d'Ingeborg pour son fils comme un problème de générations, particulièrement moderne. Dans une lettre qu'elle inclut par la suite dans son essai sur le mariage, elle met en avant son expérience personnelle des changements qui s'étaient produits chez les hommes et les femmes qui avaient participé à la guerre. Ils en étaient sortis amis et égaux dans leurs ambitions, leur éducation, autant que dans leur vie amoureuse. Les deux sexes, du moins en Afrique, étaient satisfaits de cette évolution, n'éprouvant aucune culpabilité dans leurs histoires d'amour, et la notion de séducteur était passée de mode. Il y avait toujours le risque qu'un partenaire aimât l'autre de façon plus profonde et plus dépendante, mais ce risque, remarquait-elle avec à-propos, existait déjà dans le mariage conventionnel.

Les idéaux changeaient avec les modes, et peut-être suivant les mêmes caprices. Du temps où les jeunes femmes se mariaient à dix-sept ans et étaient élevées dans les couvents, la moindre d'entre elles qui s'arrangeait pour avoir des relations avant le mariage ne pouvait qu'avoir *le diable au corps,* et son soupirant avait toutes les raisons de se méfier d'elle. Mais au XXe siècle, lorsque les hommes et les femmes pratiquaient les mêmes sports, travaillaient dans les mêmes bureaux, et respiraient la même atmosphère de « liberté et d'érotisme », la moindre jeune fille qui n'était pas au moins une fois tombée amoureuse donnait à son soupirant potentiel les mêmes raisons d'inquiétude.

« J'ai tellement entendu d'hommes parler avec la plus grande horreur d'épouser une *jeune fille* », concluait-elle, ce qui peut — ou ne peut pas, au contraire — éclairer ses propres relations avant son mariage. Le général Polowtzoff et Erik von Otter lui avaient tous les deux confié qu'ils avaient épousé des jeunes filles qui non seulement étaient vierges, mais qui plus encore étaient effrayées et révoltées par les choses du sexe et dont l'inconcevable innocence avait été un obstacle considérable à leur bonheur. En particulier, Erik, si malheureux avec sa femme, espérait que ses propres filles apprécieraient cette liberté en amour et considéreraient la sexualité comme quelque chose de naturel dans la vie [12].

4

Avant la fin de janvier, la récolte du café fut achevée et ne représentait que quelque soixante-dix tonnes. Tanne était extrêmement inquiète. Cela faisait trois ans qu'elle n'était pas allée en Europe : elle avait très envie de partir en vacances et elle se disait qu'elle pourrait consulter, peut-être à Paris, un spécialiste de sa maladie. Elle voyait aussi ses luttes et ses problèmes avec la ferme dans une lumière héroïque et les comparait aux faits d'armes de son frère durant la guerre. Elle aussi avait « mérité la Victoria Cross [...] [13] ».

A la fin du mois de mars, Denys revint pour ce qui promettait d'être une longue visite : il projetait de rester avec Tania jusqu'en juillet, date à laquelle il devait aller chasser l'éléphant au Tanganyika. Elle arrêta brusquement ses lamentations et annonça à son frère qu'elle n'avait jamais été aussi heureuse.

Une amie très proche se souvient d'une visite qu'elle leur fit ce printemps-là. Elle s'appelait Rose Cartwright. C'était la sœur de Geoffrey Buxton et une amie d'enfance de Denys. Rose était venue en Afrique pour la première fois en 1921 et, lors de son séjour, elle était tombée amoureuse d'Algy Cartwright, qu'elle avait épousé dans le Norfolk l'année suivante. Ce fut une petite communauté incestueuse : Algy avait présenté Tania à Denys, Denys aux Lindström et Cockie aux Lindström. Geoffrey avait présenté Bror à Cockie, Cockie à l'Afrique et l'Afrique à Denys.

A l'époque, Rose atteignait la trentaine. C'était une jeune femme grande et maigre, avec de magnifiques yeux bleus, qui s'exprimait avec clarté. Elle avait été élevée à la campagne avec ses frères et c'était une sportive accomplie. Avec les mêmes mains fermes et le même œil perçant qui faisaient d'elle une tireuse émérite, elle faisait de délicates broderies sur soie. Rose ressemblait beaucoup à ces deux Walkyries des contes de Dinesen, Athéna et Ehrengard, qui étaient elles-mêmes les filles spirituelles de Diane. Après sa séparation d'avec Algy Cartwright, Rose devint chasseur professionnel et détint le record mondial de bongo. Quand sa fille unique naquit, Rose était seule dans une cabane à Naivasha et la seule chose qui l'inquiéta fut de savoir où elle devait couper le cordon ombilical.

« Il y a des hommes qui font des amis parfaits, mais c'est l'enfer s'ils se trouvent être votre père ou votre mari », se souvenait-elle, tout comme Diane aurait pu le faire. Son mari et celui de Tania entraient tous les deux dans cette dernière catégorie. Bror était un de ses amis, mais « je l'aurais tué s'il avait été mon mari ». Denys, en revanche, était son idole et en retour, lui-même avait pour elle une grande tendresse. Il aimait toujours jouer avec elle. Tandis que Tania dormait toujours, ils se levaient tôt le matin pour aller ensemble faire une promenade à cheval, pêcher ou chasser pour le déjeuner. Plus tard, elle apporta son aide à Denys et à Bror pour leurs safaris. Ses manières avec Tania excluaient toute jalousie : sa relation d'enfance avec Denys et les sentiments particuliers qu'il avait à son égard faisaient d'elle un hôte particulièrement goûté. « Denys m'appréciait parce que j'étais timide et peu sociable, disait-elle, mais je n'étais jamais comme cela avec eux. Peut-être que si je me sentais aussi bien en leur compagnie, c'était parce qu'ils ne me remarquaient pas. Ils ne faisaient jamais attention aux gens qui étaient avec eux. C'était peut-être dû à l'aisance de leur amour réciproque. A bien des points de vue, ils étaient " loin au-dessus de moi ". Vous ne vous sentiez jamais idiot. Vous étiez vraiment comme un chien [14]. »

Tania et Denys étaient suffisamment décontractés pour bavarder en présence de Rose. Ils avaient l'habitude de comparer leurs amis à des vins. Denys était allé faire un safari avec un Américain dont il parlait comme d'un « mauvais bordeaux rouge ». Il y avait aussi un membre de la haute société qui était comme du « champagne rosé ». Ils aimaient aussi assortir leurs amis avec des convives imaginaires : madame de Pompadour, Gengis Khan, Shelley ou le roi Tut. Peut-être était-ce le fait que Rose Cartwright fût si peu affectée en leur présence — c'était l'une des rares personnes qui se comportât ainsi avec eux — qui lui donnait le privilège d'avoir des relations si intimes avec le couple. Cela mis à part, ils n'étaient pas expansifs : « Tanne rayonnait en présence de Denys, disait Ingrid Lindström, mais il n'y avait aucune passion entre eux. » Beaucoup d'autres amis confirment cette opinion : « Elle était froide », « c'était, lui, quelqu'un de plutôt froid », « leur attirance était purement spirituelle [15] ». Mais Rose Cartwright se moquait de l'opinion curieusement répandue selon laquelle leur relation était platonique. « Je crois, disait-elle, que la raison pour laquelle Tania et Denys étaient si heureux, c'était parce que leur amour était total. Il avait tout. »

La nouvelle du retour de Denys se répandit rapidement. Hugh et Flo Martin arrivèrent de Nairobi, tout comme Charles Gordon et sa nouvelle femme, Honour. « Le vieux Mr Bulpett » accourut de Chiromo, la nouvelle et magnifique maison des Macmillan, située à l'est de Nairobi. Lui, en particulier, appréciait la haute qualité de l'hospitalité de Tania et il pouvait, comme le vieux baron de Braeckel, distraire les autres invités avec sa conversation agréable sur « la théologie, l'opéra, la morale, et [d']autres sujets moins profitables [...] [16] ». Un soir, Tania lui demanda si, après avoir dépensé son patrimoine pour la Belle Otéro, et passé sa jeunesse à escalader le Matterhorn et à nager dans l'Hellespont, il aimerait recommencer tout cela. Sans la moindre hésitation, il lui répondit : « Oh, j'en goûterais à nouveau chaque seconde ! » C'était, disait-elle à sa mère, un *virtuose* de l'art de vivre, et elle espérait fermement que lorsqu'elle aurait le même âge (soixante-treize ans) elle pourrait être aussi joyeuse et aussi active [17]

Karen Blixen avait alors presque trente-neuf ans. Sur des photographies de ce printemps-là, probablement prises par Denys, elle est toujours une femme jeune et jolie, à la silhouette un peu empâtée, le visage mince et toujours pâle sous un grand chapeau et l'expression chaleureuse et directe. Durant la journée, elle portait des vêtements de travail élimés : un cardigan de tricot uni et une jupe, ou une large robe en guingan, ou encore la chemise kaki et la jupe-culotte qui étaient son « costume pour la saison des pluies * ». Elle s'était aussi fait coiffer les cheveux à la Jeanne d'Arc pour des raisons pratiques. Elle adorait sentir le vent dans ses cheveux, qui étaient épais et coupés court. Mais lorsqu'elle allait au Muthaiga Club ou au palais du gouverneur, elle se plaisait à créer des toilettes pleines de *glamour*. « Elle se fardait terriblement » disait l'un de ses amis. Elle se mettait du khôl sous les yeux et quelques gouttes de belladone pour qu'ils brillent. Elle utilisait également une poudre blanche compacte pour rehausser sa pâleur. « Son élégance était quelque chose de très personnel, disait Mrs Cartwright. » A une époque où les femmes portaient encore des vêtements des années vingt, « quelques lignes perpendiculaires disparaissant à nouveau avant d'avoir eu le temps d'acquérir la moindre signification [18] », Tania Blixen s'était fait faire chez Paquin une robe du soir en taffetas blanc à taille cintrée, paniers et jupons, avec un vertigineux décolleté. Mais elle était tout aussi capable de porter une jupe et un chemisier dans une grande soirée, coiffée d'un turban et un châle somali sur les épaules.

Ses habits étaient des idées, des métaphores, et, devenue dans sa vieillesse une grande dame, elle devait leur donner des noms. La robe de Paquin était une référence à l'époque où « une femme était [...] une œuvre d'art, créée par des siècles de civilisation, et où [l'on parlait] de sa belle silhouette comme [...] de son salon, avec l'admiration que l'on accorde à l'œuvre d'un artiste habile et inlassable [19] ». Mais si elle aimait faire sensation, il y avait aussi des raisons pratiques à son habillement et à son maquillage étranges. Lorsqu'elle s'enveloppait dans son châle somali, c'était lorsqu'elle voulait dissimuler qu'elle avait grossi. « Tanne voulait être la personne la plus mince du monde », déclarait Mme Lindström, qui hérita une fois d'un costume d'équitation devenu trop grand pour Tanne — qui le lui réclama quelques années après. « Grossir la rendait malheureuse. Moi aussi. Une fois, Tanne me dit : “ Si vous voulez vraiment maigrir, je peux vous aider. ” Elle me donna de ces “ pilules Marienbad ”. C'était une sorte de laxatif qu'il fallait prendre à chaque repas [20] ! » Le turban avait été adopté à l'époque où ses cheveux tombaient à cause de l'arsenic qu'elle prenait. Et la poudre servait en partie à dissimuler les légers changements de son teint, qui étaient un autre effet secondaire de sa maladie.

Pour ses amis intimes, tout cela, c'étaient des excentricités charmantes qui mettaient en évidence « l'originalité de Tanne ». Ils acceptaient ses mouvements d'humeur, et même ses crises de « colères hystériques », parce qu'ils

* Tanne disait à sa sœur Ella qu'elle aurait adoré porter un costume d'homme ou même des shorts, comme le faisaient bien des Anglaises, et elle se plaignait de n'avoir ni leurs jambes ni leur tempérament.

étaient contrebalancés par son tempérament chaleureux. « Elle avait un caractère difficile, mais elle était adorable », déclarait simplement Mme Lindström.

Il y a trois versions principales du personnage de Tania Blixen dans les années vingt. Avec les amis qu'elle adorait, elle était la plupart du temps abordable, et même truculente. Elle se levait volontiers de bonne heure pour faire les corvées et, après un agréable dîner, s'asseyait par terre pour conter des histoires et écouter des disques. Avec les gens qu'elle essayait d'impressionner, elle devenait mondaine, gracieuse, charmante, « quoique peut-être trop affectée[21] ». Mais avec tous ceux qu'elle trouvait banals — ses voisins moins distingués, des fonctionnaires, des colons sans « poésie », des « Scandinaves ennuyeux » —, elle pouvait être « glaciale », une « vraie sorcière », « grossière », un « iceberg[22] ». « Tanne avait, admettait Mme Lindström, un respect idiot pour l'aristocratie et elle était capable d'en rajouter dans son rôle de grande dame. Mais en même temps, il y a tant de choses qu'on a écrites qui donnent d'elle une mauvaise impression. Cela fait d'elle quelqu'un de si snob et de si pitoyable. Elle n'a *jamais* été pitoyable. Son existence a souvent été malheureuse, mais elle a eu aussi ses bons moments. Les gens se moquaient de leurs ennuis à l'époque, et Tanne était la première à en rire[23]. » Tanne elle-même disait les choses de façon plus concise lorsqu'elle critiquait Sigrid Undset pour son pessimisme perpétuel. « La réalité n'est pas comme cela, déclara-t-elle à tante Bess. Il y a sûrement toujours un peu de *gemütlichkeit* dans les pires moments comme il y en a chez les gens qui doivent affronter la guillotine le lendemain[24]. »

5

Vers la fin mars, Denys reçut d'Angleterre un télégramme l'informant que sa mère était très malade et il rentra immédiatement. « Au revoir, écrivit-il de Mombassa sur un morceau de papier de soie jaune, et merci pour ces journées si agréables, lorsque j'étais de mauvaise humeur[25]. »

Le temps se refroidit de façon inattendue. Un vent violent commença à souffler des plaines d'Athi et le vieux Aarup mourut sur le coup en allant de son bungalow à Mbogani. Tanne et Kamante le découvrirent alors qu'ils étaient sortis à la recherche de champignons et ils ramenèrent son corps à la maison en remarquant que c'était le troisième mort qu'ils transportaient ensemble. On l'enterra sous une pluie battante qui trempa Tanne, avec un vent qui faisait tanguer le chariot où reposait le cercueil. Aarup, supposa Tanne, aurait apprécié le spectacle. Une fois mort, il commença à lui manquer. Après cette averse, les pluies cessèrent brusquement. Durant des semaines, l'air resta parfaitement clair et les nuits étoilées. Dans toute la région des highlands, les fermiers sortaient le soir sur leur pelouse avant de se coucher pour inspecter le ciel et voir s'il allait pleuvoir. Nombre d'entre eux pensaient que cette tempête de courte durée était de mauvais augure et que les pluies manqueraient.

Lors de ces soirées quasiment hivernales, Tanne étalait ses papiers sur la table de la salle à manger et travaillait à son long essai. Elle n'avait pas grande estime en sa valeur. Les problèmes de la ferme la troublaient et elle avouait que ce n'était pas une excuse vis-à-vis du lecteur, qui pourrait très bien se demander pourquoi elle s'était attelée à une tâche intellectuelle aussi ardue dans des conditions aussi peu favorables. Mais elle expliqua à Thomas que c'était un travail de la plus haute importance : « [Je me suis] moralement engagée à [...] finir ce que j'ai entrepris et à classer clairement mes idées [...][26]. » Dans *La Ferme Africaine,* elle s'exprime plus poétiquement : « J'étais jeune et j'avais besoin pour vivre de concentrer mes forces sur quelque objet qui ne fût pas la sécheresse ; je sentais le besoin de réagir, pour ne pas étouffer dans la poussière qui s'accumulait sur les chemins quand elle ne volait pas en gros nuages sur la plaine. C'est ainsi qu'un soir je me mis à écrire. Je commençai à la fois un roman et des contes : tout ce qui pouvait entraîner mes pensées vers d'autres lieux et d'autres temps me paraissait bon *. »

Les premiers brouillons de ces contes existent toujours dans les cahiers africains de Karen Blixen. On y trouve des listes de titres, très souvent recopiées, et de courts paragraphes en prose, la plupart en danois, qui font, curieusement, comme un index de l'œuvre de la maturité d'Isak Dinesen. On peut voir ici combien l'écrivain était « conservatrice », conservatrice dans le sens le plus littéral du terme : les mêmes contes inachevés subsistent durant des dizaines d'années et elle les emporte, du Danemark en Afrique et d'Afrique au Danemark.

L'un des textes qu'écrivait Karen Blixen était un essai sur l'Afrique, dont le titre était « Undenfor Tiden » (« Depuis des Temps immémoriaux »). « Vous voyez, écrivait-elle, une maison, une *manyatta,* des heures avant de l'atteindre et cette vision attise votre imagination comme les jouets que l'on vous promettait lorsque vous étiez enfant. Vous vous demandez qui y habite, comment vous serez reçu et si vous pourrez avoir du beurre et du lait frais. Tout cela donne matière à vos pensées et à vos conversations, tout particulièrement avec les Noirs, avec qui l'on parle de façon aussi simple et répétitive qu'avec les tout jeunes enfants[27]. »

Au passage, il est intéressant de comparer ce petit fragment avec ce qu'elle écrit dans *La Ferme Africaine.* « Undenfor Tiden » est écrit avec le plaisir qu'a le voyageur à découvrir et à partager une scène exotique avec un lecteur qui, restant chez lui, ne l'a jamais vue. La plus forte impression qu'on en retire, c'est celle de la nouveauté : le décor domine l'expérience. Mais dans *La Ferme Africaine,* la nouveauté est assimilée à quelque chose de plus vaste et de plus profondément ressenti, qui est à la fois personnel et typique. Et c'est pourquoi le livre est bien davantage que des mémoires ou qu'un « guide de voyage ».

---

* Isak Dinesen, *La Ferme Africaine,* p. 65. L'un de ces textes est une nouvelle version de sa pantomime, *La Vengeance de la Vérité.* Dès la fin du mois de mai, deux des contes étaient achevés et Tanne pensait les envoyer à *Tilskueren.* Elle avait déjà envoyé une fournée de poèmes, pour la plupart de nouvelles versions d'œuvres antérieures. Poul Levin, le rédacteur en chef, accepta l'un d'eux, « Ex Africa », qui fut publié en 1926. Toutes ses œuvres de fiction furent refusées.

Les contes sont en général trop courts et trop sommaires pour qu'on en fasse grand cas. Mais dans l'un d'eux, qui s'intitule — déjà — « Sur la Route de Pise », Tanne commence à donner corps à quelques personnages familiers. Deux relations sont esquissées en un bref paragraphe de dialogues. Les interlocuteurs sont des amis, l'un se nomme Octavius (qui deviendra le comte von Schimmelmann dans la version définitive) et l'autre, Boris. Tous deux sont malheureux sans savoir pourquoi. Octavius avoue qu'il ne peut se confier à sa femme Lavinia : il n'y a pas la moindre « résonance » entre eux, pas la moindre « réponse » de l'un aux passions de l'autre. Boris, à son tour, décrit sa relation frustrante avec sa maîtresse, célèbre cantatrice du nom d'Ernestine. « Il n'y a pas de femme au monde que j'admire et que je respecte aussi profondément qu'Ernestine. C'est une reine [...]. Elle tient une cour, et elle éprouve à l'égard de ses admirateurs l'amour et la reconnaissance d'une vraie reine pour ses serviteurs [...] Et cependant, ce que je désire, conclut Boris, c'est quelqu'un avec qui je puisse parler le lendemain de ce qui m'est arrivé la veille[28]. »

Si ces textes première manière laissent clairement voir les sujets et les directions qu'avait choisis Isak Dinesen, ils ne donnent aucun renseignement sur la qualité de l'œuvre achevée. Ce sont comme des coupons de tissu, des éclats de lumière, de couleur et de matière, et il est impossible d'imaginer avec quelle adresse et quelle finesse ils seront taillés et finalement sertis. Walter Benjamin propose, dans « Le Conteur », un moyen de comprendre l'élément qui leur manque : « La sagesse en la science d'un homme, écrit-il, mais par-dessus tout, son existence réelle — et telle est l'étoffe dont sont faits les contes — supposent qu'ils seront transmissibles au moment de sa mort. [...] Ce pouvoir est la source véritable du conte. [...] Le conteur tire son autorité de la mort même[29]. »

Karen Blixen était encore trop proche de son existence pour voir les choses qui devraient par la suite être signifiantes. Elle n'avait pas encore l'expérience de l'achèvement qui ferait d'elle une conteuse, ce qui arriverait lorsqu'elle aurait perdu la ferme, que Denys serait mort et qu'elle quitterait l'Afrique pour toujours dans la fermeture soudaine d'une parenthèse.

6

Depuis 1914, Tanne suppliait sa mère de venir en Afrique. La ferme, disait-elle, était un peu son enfant. Comment une mère pouvait-elle ne pas désirer la voir ? Lorsqu'il avait été question du voyage, en 1922, la mort d'Ea était encore trop récente et Mme Dinesen trop occupée avec sa petite-fille. Désormais, c'était possible. Thomas fit le nécessaire et décida d'accompagner sa mère. Ils devaient arriver à l'automne.

Mais à l'approche de l'automne, Tanne fut brusquement envahie de craintes et de réserves. Elle s'était « éloignée » de sa famille, particulièrement durant les dernières années. Mme Dinesen ne lui avait pas accordé le soutien qu'elle escomptait dans leur âpre correspondance pendant son divorce, et cela amena Tanne à penser qu'avec l'âge Ingeborg avait succombé encore davantage à l'influence de ses frères et sœurs. Elle avait maintenant peur que sa mère ne la trouve terriblement changée et qu'elle ne puisse s'adapter à ce que Tanne attendait et imaginait d'elle.

Mais plus particulièrement, Tanne craignait que Mme Dinesen ne prenne sa relation avec Denys comme une trahison. « Si Mère venait à savoir combien je tiens à une autre personne qui signifie tant pour moi, je crois que cela lui serait incompréhensible et qu'en fait cela lui ferait du mal [30]. » Il n'est pas évident que Mme Dinesen se soit trouvée dans ce cas. Au contraire, elle admirait beaucoup Denys. Quelques années plus tard, elle accepta la chose avec bienveillance, sachant que cela rendait sa fille heureuse. Les lettres qu'elle écrivait à ses autres enfants révèlent une grande compréhension, une sympathie généreuse qui montrent qu'elle acceptait l'« altérité » de Tanne et reconnaissait que celle-ci n'avait pas toujours été comprise dans la famille. Mme Dinesen prenait aussi sa part de responsabilité dans ces souffrances, lorsqu'elle avait laissé le « charmant et pesant fardeau » de Folehave peser sur les épaules de Tanne [31].

Ce fut à la vaillante tante Bess, plutôt qu'à Ingeborg (que Tanne voulait considérer comme fragile) qu'elle donna libre cours à ses sentiments. Bess avait écrit à sa nièce pour son anniversaire une longue lettre philosophique, et Tanne en profita dans sa réponse pour réveiller leurs vieilles querelles. Pour la première fois, elle parla de sa colère et de sa déception lorsque sa famille l'avait empêchée de voir Brandès et elle se souvenait que Bess à l'époque l'avait accusée de les « trahir ». C'était là un thème favori de Bess, qui professait que la nouvelle génération, avec le relâchement des mœurs, manquait de respect et de patriotisme, « trahissait la confiance » ou « ne répondait pas » aux espoirs que leurs aînés avaient placés en eux. Point par point, avec une grande clarté et avec éloquence, Tanne réfuta ces anciennes accusations, argua de sa bonne foi et décrivit l'incompréhension de sa famille vis-à-vis d'elle et l'isolement où la confinait cette incompréhension. La lettre se termine sur la déclaration, affectueuse, mais aussi effrontée, de son indépendance morale. « Il ne fait aucun doute que vous aurez par Mère (*Mohder*) des échos de ce qui se passe ici. Mais j'espère que vous êtes consciente que je brise les dix commandements et que j'éprouve beaucoup de joie à le faire [...] Très affectueusement, chère tante Bess. Votre Tanne [32]. »

Ingeborg et Thomas arrivèrent le 3 novembre et restèrent deux mois. Ingrid Lindström se souvenait de Mme Dinesen comme d'une « très gentille vieille dame, sans la moindre ressemblance avec Tanne. Elle s'habillait toujours de noir, portant des chaussettes de laine et des souliers, et impressionnait tout le monde en ayant toujours froid ». Isak Dinesen raconta à Parmenia Migel que les femmes et les filles africaines se fatiguaient à suivre le rythme de Mme Dinesen, qui était la plus vieille femme blanche qu'elles eussent jamais vue. Une fois, pour leur montrer les cheveux de sa mère, encore beaux et très longs, Tanne ôta les épingles de son chignon alors qu'elles étaient sur la véranda, entourées d'admiratrices. « Les cheveux, apprenons-nous, n'avaient pas perdu leur chaude couleur [33]. » C'est là un petit geste intéressant : c'est comme si Tanne avait tout à coup mis en plein jour une surprenante ressource de jeunesse, de vitalité sexuelle qu'on avait soigneusement liée et cachée.

Mme Dinesen rentra seule au Danemark, le 14 janvier 1925, jour qui aurait été l'anniversaire de mariage de sa fille. Tanne était remplie pour sa mère de la même « insupportable tendresse » qu'elle avait éprouvée sur le quai de Naples onze ans plus tôt. « Pour tout, pour chaque mot que tu m'as dit, pour chaque fois où tu m'as regardée, je te remercie plus que je ne saurais dire. »

Le même jour, Tanne reçut un télégramme de ses avocats qui l'informaient que son divorce était définitif. Bien que la plupart de leurs amis aient pensé que c'était pour eux une formalité et qu'ils aient cru que Tania devait être heureuse de se débarrasser de Bror, elle avait d'autres sentiments sur la question. Dans un cahier, pris en sandwich entre sa liste de blanchisserie et l'esquisse de « La Nature et l'Idéal », se trouve un poème, *Au Revoir*.

J'ai pleuré en prononçant ces adieux.
Ainsi finit notre duel amoureux
Intact, notre honneur à tous deux.
Et en l'honneur de ton cœur
Je me souviendrai de tous ces lieux.
Ami, qu'elles me furent douces, ces heures[34].

Le 5 mars, Tanne, Thomas et Farah embarquèrent pour Aden sur l'*Admiral Pierre.* Farah et Thomas continuèrent jusqu'en Somalie pour faire un safari. Incertaine quant à son avenir, et même quant à son nom, Karen Blixen rentra au Danemark où elle devait rester huit mois.

27.

Résistance

1

Lorsqu'elle revint à Rungstedlund en ce mois d'avril, Karen Blixen était au désespoir. Son avenir en Afrique était extrêmement mal assuré et elle était désormais seule à l'affronter. Elle ne pouvait compter sur Denys pour la soutenir et de temps en temps, seulement, pour lui tenir compagnie. Elle n'était même pas sûre de le revoir. Son statut de divorcée la dérangeait et les attentes de sa famille et de ses amis, qui pensaient que Denys aurait dû l'épouser, la rendaient susceptible. En la « libérant », son divorce avait compromis sa véritable liberté, celle-là même qu'elle avait éprouvée dans les limites formelles du mariage. Elle avait l'impression que sa vie partait à la dérive. A quarante ans, lorsqu'elle regarda dix ans en arrière, elle fut tout à coup effrayée rétrospectivement, sentiment qu'elle décrit dans les *Sept Contes Gothiques* de la façon suivante : « *l'on meurt en plein bonheur de ses malheurs passés* [...] [1] ». Même la ferme semblait menaçante. Sa vie là-bas était insignifiante, désagréable, elle y gâchait son talent et son énergie. Elle commença à « haïr l'Afrique » et à vouloir « envoyer tout au diable [2] ».

En partie responsable de cela, il y avait la dépression qui la guettait à Rungstedlund chaque fois qu'elle revenait. Il était inévitable qu'elle dût se sentir là comme une étrangère : elle avait toujours éprouvé cela. Ella et ses amies d'enfance s'étaient toutes établies dans leurs existences de femmes mûres. Alors qu'elle continuait à chercher à tâtons quelque grandeur idéale, quelque désir de créer une vie parfaite ou une œuvre d'art, elles prenaient les choses comme elles venaient et acceptaient raisonnablement leur bonheur présent. Tanne enviait désormais cette sérénité (mais pas les conditions qui en étaient la source) et méprisait les « mortifications » qu'elle s'infligeait elle-même [3]. Elle voyait sa vie comme une tentative forcenée pour escalader une montagne stérile alors que le véritable défi qu'il y avait à relever, la « vraie religiosité [4] », c'était d'accepter chaque moment comme il venait et de ne pas souhaiter qu'il fût autrement.

Après un bref séjour à l'hôpital *, Tanne s'installa chez sa mère et succomba à son *hygge.* Ingeborg la gava du pain de seigle, des écrevisses et du fromage de chèvre de Norvège dont elle « rêvait » lorsqu'elle était en Afrique. En bas, dans la cuisine, les domestiques partageaient avec elle leur café et leurs commérages comme jadis, et si désormais ils l'appelaient *Baronne,* elle sentait toujours qu'elle était la petite fille gâtée de la maisonnée. Lorsqu'il faisait beau, elle se promenait le long du Sund ou bien elle allait à pied par le bois de hêtres jusqu'à Folehave où elle discutait de Sigrid Undset ou du mariage avec tante Bess. Elle prit des leçons de cuisine **, étudia la peinture comme elle l'avait fait en 1920, avec la célèbre artiste Bertha Dorph, et elle essaya de faire publier ses poèmes et ses contes dans différentes revues. Le critique littéraire danois Aage Kabell, à propos des tentatives de Karen Blixen pour revenir à la littérature, explique les faits ainsi : « Il convient de considérer [...] combien Karen Blixen semblait désespérée à quarante ans [...] dans un pays et une ville où tous les soirs un miracle littéraire étincelait de tous ses feux au firmament [5]. »

Afin de commencer à mettre fin à son isolement en tant qu'écrivain, Karen Blixen s'arrangea pour rencontrer Georg Brandès. Il avait contribué à faire la réputation de pratiquement tous les jeunes artistes danois de quelque importance et elle tenait encore rancune à sa famille de lui avoir fait manquer sa chance lorsque, en 1904, on l'avait poliment éconduit. Par une ironie du sort, ce fut tante Bess qui joua le rôle d'entremetteuse et écrivit à Brandès pour solliciter un rendez-vous. La façon dont les choses se passèrent reste obscure. Peut-être Tanne était-elle intimidée, peut-être était-ce plus digne que la vieille dame fît les premiers pas. Mais les griefs de Tanne avaient dû toucher profondément Bess pour qu'elle franchît le pas d'une telle démarche. Elle pria Brandès de leur accorder cinq minutes de son temps un après-midi à cinq heures trente, afin que sa nièce pût « rencontrer un homme dont l'œuvre de toute une vie avait tant signifié pour elle [...] dans les lointains et solitaires highlands d'Afrique [6] ».

Brandès répondit avec bienveillance à tante Bess comme à Karen Blixen, et il est probable qu'ils se virent plus d'une fois. Dans une lettre écrite au mois de décembre, Tanne remercie Brandès de lui avoir fait présent de son dernier livre, *Hellas,* et exprime le désir de le saluer avant de retourner en Afrique. Dans une lettre écrite à Ngong quelques mois plus tard, elle

* Le Dr Rasch traita à nouveau la syphilis avec du Salvarsan. Une ponction lombaire effectuée vers la fin de l'année s'avéra normale et il pensa que le cours de la maladie avait été arrêté. Mais à mesure que la connaissance de cette maladie évolua, les vénérologues se rendirent compte qu'un patient dont le fluide spinal est normal peut malgré tout continuer à avoir cette maladie. Le Dr Fog souligne que Karen Blixen persista à présenter les symptômes de la syphilis pendant toutes les années vingt. Au début des années trente, le mal réapparut de façon plus accentuée et il finit par être définitivement enrayé à la même époque (Mogens Fog, « Karen Blixen Sygdomhistorie », *Blixeniana,* 1978, p. 142).

** Karen Blixen avait dans l'idée qu'elle pourrait trouver du travail comme chef dans un hôtel si la ferme était en faillite, et lors de son séjour au Danemark, elle se rendit dans un célèbre restaurant de la Bredgade, le Rex, se lia avec le chef M. Perrochet (qui était le propriétaire) et prit ses leçons auprès de lui. M. Perrochet fut, paraît-il, si impressionné qu'il lui offrit de s'associer avec lui. C'est en tout cas la version des « leçons de cuisine » que Karen Blixen donna aux journalistes danois qui l'interviewèrent dans les années quarante et cinquante plaisante sur son irrésistible envie d'aller manger des huîtres avec lui au Fiskehuset (un célèbre restaurant de fruits de mer de Copenhague), et tout porte à croire qu'ils avaient effectivement déjà dîné ou déjeuné là-bas ensemble. Aage Kabell imagine que le vieux Brandès, à quatre-vingt-trois ans, était charmé par la séduisante et mondaine Karen Blixen[7]. Quoiqu'elle n'ait jamais fait allusion à cette rencontre, ce fut certainement un moment émouvant, l'apogée de tant d'impatience et de curiosité. Il y a un peu du « vieux Georg », comme elle l'appelait dans l'intimité, dans tous les personnages de philosophes courtois de ses contes.

Après sa rencontre avec Brandès, Tanne soumit à nouveau *La Vengeance de la Vérité* à Poul Levin, de *Tilskueren,* qui l'accepta*.

C'était la dernière version de la petite pièce qu'elle avait écrite en 1904, à dix-neuf ans, pour sa famille. Elle l'avait révisée à Rome à vingt-cinq ans et y avait travaillé de temps en temps depuis lors. La version de 1910 avait provoqué une dispute avec tante Bess, qui la trouvait blasphématoire. Le texte final était une petite œuvre sophistiquée et surchargée d'ironie dramatique et esthétique. Kabell la qualifie avec à-propos de « symbolisme nerveux ».

La nervosité provenait peut-être de la relation incertaine qu'entretenait l'auteur avec sa propre philosophie de la vie, laquelle était d'adorer le destin, de « mener [ses] idées à bonne fin » et de « dire les paroles que nous portons en nous-mêmes[8] ». *La Vengeance de la Vérité* fut en fait écrite et récrite dans les moments les plus troubles, les plus angoissés et les plus informes de la vie de Karen Blixen, ces moments qui étaient remplis de l'aveugle espoir que les choses s'accomplissent enfin.

2

Durant l'année où Tanne était au Danemark, Thomas annonça ses fiançailles avec Jonna Lindhardt. Jonna était une jeune fille rayonnante dont le père était doyen luthérien à Aarhus. Mais elle paraissait timide et déplacée dans l'environnement intellectuel et combatif de Rungstedlund. Dans son for intérieur, Tanne était déçue que son frère s'apprêtât

* Dans une lettre écrite d'Afrique au début de l'année 1926, Tanne demandait à Brandès d'user de son influence auprès de Levin pour que le rédacteur en chef sortît *La Vengeance* de ses tiroirs et la publiât. Levin l'avait acceptée mais il n'avait donné aucun signe de son désir de l'imprimer. Kabell suppose que le manuscrit ne pouvait être qu'à « l'opposé » des convictions de Brandès et que, s'il intervint, ce fut « son dernier hommage aux ambitions littéraires du beau sexe ». Le texte parut dans le numéro de mai 1926, mais Levin « n'en gardait pas moins son opinion sur la question » — peut-être n'avait-il pas apprécié d'être l'objet de pressions —, « c'est pourquoi l'impérissable contribution de Karen Blixen-Finecke fut imprimée dans le corps de caractères le plus petit possible » (Aage Kabell, *Karen Blixen debuterer,* p. 87). Il fit aussi une correction de dernière minute — de toute évidence par malveillance — sur les épreuves : Tanne avait demandé à ce qu'on utilisât son pseudonyme, Osceola. « Avec impertinence » (Isak Dinesen, *Lettres d'Afrique,* p. 265), Levin lui substitua son vrai nom.

à faire un mariage si conventionnel : elle laisse même entendre dans les lettres qu'elle lui écrivit par la suite que, en agissant ainsi, il l'avait abandonnée et avait oublié son idéalisme d'antan.

Des hauteurs de sa félicité, Thomas prêta une oreille inquiète aux plaintes de sa sœur concernant l'existence qu'elle menait. Quand il apparut qu'elle avait vraiment l'intention d'abandonner l'Afrique, il la prit à part et lui dit « sans détours » qu'elle était folle d'agir ainsi. Il voyait peut-être mieux que Tanne qu'elle n'aurait pas la possibilité de vivre seule en Europe avec les moyens et le luxe auxquels elle était habituée (et qu'elle persistait à considérer comme son dû). Il se rendait également compte avec justesse que Tanne, si elle restait au Danemark, aurait des exigences qui risqueraient de mettre son propre mariage en péril. « Je ne pouvais plus consacrer mon avenir à aider ma sœur [9] », écrivit-il.

Vers la fin de son séjour, il l'emmena en Suède pour trois jours de façon à ce qu'ils puissent « laver leur linge sale en famille ». Même si la ferme devait aller à la faillite, raisonnait Thomas, Tanne devait aller jusqu'au bout. Elle rétorqua qu'elle n'en pouvait plus. Il riposta qu'une défaite absolue était plus conforme à sa nature que la fuite. Une fois, lorsqu'il lui avait écrit, en proie au désespoir de ne pouvoir trouver sa voie dans la vie, elle lui avait conseillé, avec une grande passion et avec lucidité, de « tenir bon ». Désormais, c'était à elle de trouver le courage d'en faire autant.

3

Karen Blixen s'arracha à sa famille le jour de Noël et prit un train pour Anvers, ayant apparemment calculé le moment de son départ pour rendre plus dramatique l'image esseulée de sa petite silhouette partant affronter le monde. En homme galant, Thomas l'accompagna jusqu'au bateau. Il essaya de lui remonter le moral durant tout le trajet en lui parlant de destinée et de grandeur. « Dès le début, j'avais commencé à entrevoir clairement l'avenir de Tanne, déclara-t-il. C'était la défaite qui apporterait la victoire, c'est le désespoir qui créerait le grand art. On le comprendra aisément : Tanne n'était pas du tout d'accord [10]. »

Le voyage de retour par mer fut très mouvementé. Dans le golfe de Gascogne, le navire essuya un grain et, alors qu'il tanguait violemment, Tanne « n'osait pas » avoir le mal de mer. Le souvenir de cette tempête la hanta souvent dans ses premiers mois de retour à la ferme, où elle se sentit à peine moins désemparée, « n'osant pas » avoir le mal du pays et regretter sa famille. Elle semblait ne pouvoir se débarrasser ni du terrible coup de froid qu'elle avait contracté sur le bateau ni de la dépression qu'elle traînait depuis un an. Elle était dans un état d'extrême lassitude, manquait totalement d'espoir quant à son avenir et se sentait incapable de travailler ou de se concentrer. Elle essaya de se secouer un peu pour peindre, commencer un livre sur l'Afrique et une nouvelle pantomime, mais elle éprouvait même des difficultés à rassembler ses énergies pour faire la moindre promenade, fût-ce jusqu'au barrage. Dans ses lettres à Thomas, elle se plaint de ne pouvoir entendre sa propre voix, et d'être naturellement incapable d'écrire. Ce « mal mystérieux[11] », comme elle le disait, dura jusqu'au début du mois de mars. Il n'y eut pas la moindre visite de Denys ni de Berkeley cet hiver-là pour la tirer de sa morosité. Berkeley était mort en 1925 d'une crise cardiaque qui l'avait surpris sur le seuil de sa ferme. Denys était parti en safari avec un client : il avait commencé à en faire sa profession durant l'année où Tania était partie. Il y avait une nouvelle administration au Palais du gouvernement et, après une année passée au Danemark, elle se sentait à nouveau une étrangère. Cela la mettait en rage qu'en période de disette la taxe sur l'habitation eût encore augmenté, que la femme du gouverneur donnât une fête de charité qui coûtait une fortune, avec plus d'argent dépensé inconsidérément dans les festivités que dans la charité, et que lord Delamere invitât deux cents personnes à engloutir les six cents bouteilles de champagne de la réception. « Si je commence à prêcher, confia-t-elle à son frère, je perdrai ma force à coup sûr. » Sa seule influence résidait dans l'exemple qu'elle donnait comme « hôtesse ou amie[12] », et elle ne se sentait ni hospitalière ni aimable.

Pour tout arranger, à la famine s'ajouta une épidémie d'hématurie qui se déclara dans les highlands. Le « page » favori de Karen Blixen, Abdullaï, y succomba la veille de son mariage. Elle soigna les autres victimes de la ferme, restant toujours prête en cas d'urgence et, depuis ce moment, sa réputation de grand médecin, même si elle se battait contre des moulins, y gagna encore davantage de lustre. Il y eut d'autres *shauries.* Une horde de méchants singes bleus, protégés par la loi sur la faune, élut domicile à la ferme et dévasta les champs de maïs. Les *totos* laissèrent un « répugnant chien *shenzie* » s'accoupler avec la noble Heather, et Tanne se comporta envers sa chienne comme s'il s'était agi du viol de sa propre fille. Hassan rendit son tablier. Juma perdit tout ce qu'il possédait au jeu. Les pluies arrivèrent, mais elles furent accompagnées d'une « sorte d'inflammation ou de lumbago nerveux » qui affecta Tanne sans qu'aucun traitement n'y fît rien. Et pour finir arriva le numéro de *Tilskueren* avec *La Vengeance de la Vérité* imprimée en caractères insolemment minuscules et signée du mauvais nom.

Durant tout ce temps, Tanne resta imperturbable de bonne humeur et de patience dans les lettres qu'elle écrivit à Ingeborg. Mme Dinesen avait des problèmes avec Mitten, et Tanne lui prodigua un sermon sur l'adversité et ses bénédictions, dont elle ne devait pas tenter de protéger l'enfant. On pourrait avoir envie d'arrêter « le vent, le gel et [...] l'assaut de la nuit tombante, lui écrivit-elle, et cependant chacun sait que c'est une *bonne* chose qu'on ne puisse le faire car [...] [la nature] a comme mission de servir la vie[13] ». Pourtant, elle avait elle-même des difficultés à faire face à ses propres problèmes : ses lettres à Thomas sont pleines de rage et de désespoir.

4

Quand Denys revint en mars, ce n'était que pour deux semaines : il avait déjà réservé son passage pour l'Angleterre et il n'avait pas l'intention de changer ses projets. Tania essaya de prendre comme un don du ciel ce moment et de se dire qu'elle n'avait plus rien d'autre à souhaiter, mais sa joie était gâchée par la conscience morbide qu'elle avait du temps qui passait et de l'imminence du moment où elle perdrait à nouveau Denys. Lorsqu'ils se rendaient à cheval dans les collines pour voir leurs « tombes », lorsqu'ils regardaient le coucher du soleil depuis la minoterie ou qu'ils écoutaient Schubert alors que le vent soufflait des plaines d'Athi, Tania se rappelait brutalement qu'il ne lui restait que cinq jours avant le départ de son amant ou trois heures avant le soir. Elle savait combien ce sentiment était pervers mais elle n'y pouvait rien. Qu'est-ce qui pouvait bien la rendre aussi impuissante face à son départ ? se lamentait-elle.

La Ferme Africaine propose une explication : « Quand j'attendais Denys et que j'entendais son auto remonter l'allée, il me semblait qu'elle éveillait tous les échos de la ferme et j'en recevais chaque fois une révélation. Denys était toujours heureux à la ferme, car il n'y venait que lorsqu'il désirait y venir et la ferme apprenait à connaître, grâce à lui, certaines qualités [...] comme la modestie et la reconnaissance[14]. » Elle aussi sentait en elle « tous ces échos » lorsque Denys était là pour les éveiller : c'était peut-être la dimension personnelle qu'avait pour Karen Blixen la devise de la famille Finch Hatton « *Je responderay* ». Lorsqu'il partait, elle éprouvait une sorte de panique à l'idée de se perdre elle-même.

Karen Blixen fut durant toute sa vie une proie facile pour la dépression : elle était sujette à de violents revirements d'humeur qui la menaient du désespoir à l'exaltation. La sagesse égale et sereine de sa voix et de son style, durant les dernières années, ainsi que sa résistance morale, étaient des idéaux qu'elle ne put atteindre dans sa vie que sur le tard mais qu'elle s'efforçait de réaliser.

Elle était capable, davantage que bien des gens, d'une grande lucidité sur les causes de sa dépression et de ce qu'elle appelait les « ressources peu communes de *joie de vivre* » qui l'aidaient à « refaire très lentement surface[15] ». Si elle pensait souvent à la mort et si parfois elle songea à se suicider, elle repoussait cette éventualité au dernier moment parce que la mort « c'était la vacuité et l'anéantissement » et qu'elle voulait « vivre plus que tout[16] ». Elle ne pouvait pas encore savoir comment elle pourrait recouvrer sa vitalité perdue, mais du moins était-elle capable de comprendre pourquoi elle se sentait comme morte. D'abord, expliqua-t-elle à Thomas, elle avait fait de son amour pour Denys le centre de son existence et ce n'était manifestement pas suffisant pour vivre de ce seul point de vue. En deuxième lieu, elle était la victime d'une terreur morbide de le perdre et d'être abandonnée, et à cause de cela, elle ne pouvait s'assumer seule, avec la ferme conviction de sa propre valeur. Enfin, et c'est le plus important, elle n'avait jamais rompu avec les membres de sa famille et mis fin à sa dépendance à leur égard. Elle restait toujours furieuse contre eux de la tenir si solidement, de la déprécier et de la traiter comme une gamine, et elle était en colère contre elle-même d'avoir trop besoin d'eux pour pouvoir se révolter. Elle reconnaissait déjà dans son enfance que « Lucifer était l'ange qui aurait dû étendre ses ailes sur [elle] » et elle savait que la solution était, tout comme lui, « de tomber de son royaume ». Chez une femme de quarante et un ans, cette crise d'adolescence était, pensait-elle, tragique, et elle trouvait qu'elle aurait dû « tirer un trait sur les inconséquences du passé et aller au diable, si tel était l'endroit qui [lui] convenait [17] ». Et pourtant, elle se sentait incapable de le faire.

Karen Blixen reçut une réponse à ce cri du cœur — non pas sur le moment, de la part de Thomas à qui elle s'était adressée et qui était en train de passer sa lune de miel à Paris, mais du destin. Dès le mois de mai, elle présentait tous les signes d'une grossesse et elle en fut assez certaine pour télégraphier à Denys en Angleterre pour le prévenir. Dans son télégramme, elle usait pour l'enfant d'un nom de code qu'il devait reconnaître d'après une discussion qu'ils avaient eue auparavant sur ce sujet : elle l'appelait Daniel.

Des années plus tard, Karen Blixen confia à sa secrétaire qu'elle avait profondément désiré cet enfant et qu'elle avait fait des projets pour l'élever, « lui », en Afrique en fondant une école pour les enfants somalis de bonne famille. « Ne pas avoir d'enfant était pour elle une immense déception, disait Mme Svendsen. » Le projet d'éducation de « Daniel » au beau milieu d'Africains, si l'on considère l'admiration que Tanne portait à « Eton », laisse croire qu'elle s'attendait à ce qu'il fût un intrus ou un proscrit dans le milieu de son père. Denys répondit depuis Londres : « Te conseille fermement annuler visite Daniel [18]. » Tania répondit — le télégramme a été perdu — et Denys rétorqua : « Reçu ton télégramme fais comme tu veux pour Daniel. Serais heureux le recevoir si possibilité association mais impossible STOP Tu tiendras compte avis de ta mère Denys. » Le ton d'indifférence raisonnable dissimule à peine l'insulte et Tania en fut naturellement offensée. « Merci pour réponse, répondit-elle fièrement. N'ai jamais demandé aide, consentement seulement, Tania [19]. »

Daniel ne naquit jamais et Karen Blixen ne fut plus jamais enceinte. Étant donné son âge et son passé médical, il est probable que c'était une seconde fausse couche, quoiqu'elle ne fût elle-même pas très sûre d'avoir été enceinte. Avant la fin juin, Denys lui envoya à Ngong une lettre de consolation brève et maladroite. « Voici quelques photos, griffonnait-il. Je t'écrirai convenablement bientôt. Je suis plutôt déprimé et j'aimerais être de retour à Ngong. Je voudrais de tes nouvelles. Et Daniel ? J'aurais bien aimé mais j'ai pensé que ce serait difficile pour toi. Denys [20]. »

Karen Blixen n'envoya pas un mot à Denys pendant tout le reste de l'été. Il est probable qu'il s'agissait là d'un petit geste de vengeance. En septembre, il lui écrivit à nouveau une longue lettre, plutôt chagriné par son silence, lequel lui inspirait une effusion poétique inaccoutumée. Il devait revenir en octobre, l'informait-il. « Je serais heureux de revoir Ngong et ta charmante personne. Les couchers de soleil de Ngong ont une atmosphère de reposante plénitude dont je n'ai jamais fait l'expérience ailleurs. Je crois que je pourrais mourir heureux dans le crépuscule de Ngong en regardant vers les collines avec toutes leurs splendides couleurs s'estompant au-dessus de la ceinture obscure de la forêt voisine. Bientôt, elle deviendra, contre le ciel d'argent pâlissant, un noir velours — noir comme les buffles qui sortent de la brousse et montent sur le sein des collines pour y brouter sans crainte. Je suis vraiment impatient de te revoir, Tania. Tu aurais pu me donner un peu de tes nouvelles — mais rien, pas même un mot à propos de Daniel [...] [21]. »

5

Lorsque Karen Blixen nota un retard dans ses règles, elle s'assit pour « faire le point » sur sa vie avec une sorte d'humour noir : elle se sentait encline à prendre l'événement comme une « grande blague ». Elle avait quarante et un ans, elle n'était pas mariée, elle souffrait de syphilis et n'avait pas la moindre fortune pour compenser les handicaps que devrait affronter son enfant à sa naissance. A ce propos, elle trouvait la pauvreté pire que la syphilis congénitale : elle posait bien plus de problèmes à quelqu'un qui doit « devenir lui-même [22] ». En outre, son amant était un célibataire endurci, jaloux de son indépendance, et l'on devait s'attendre à ce que la famille de Denys en fût horrifiée et, pis encore, remplie de pitié.

C'étaient certainement là les inconvénients de sa maternité, mais ils n'étaient pas assez décourageants en eux-mêmes. Ce qui la mettait vraiment au désespoir lorsqu'elle passa toute la situation en revue, c'était le sentiment que sa vie était un échec, qu'elle avait gaspillé la passion et le talent qu'elle avait dans sa jeunesse et qu'elle avait en somme désiré inconsciemment un enfant pour combler son déficit. C'était précisément ce que sa mère « avait vécu avec elle », et sa grand-mère, Mme Westenholz, avec ses cinq enfants. C'était un enchaînement de dépendances, bien significatif mais odieux, qu'elle avait tellement méprisé, dont elle avait tant souffert et qui semblait devoir désormais se perpétuer dans la génération à venir. Elle fut mortifiée, abattue, amusée et en même temps illuminée par cette révélation.

Comme elle l'avait déjà si souvent fait par le passé, Tanne était capable de généraliser sa propre expérience à une échelle plus vaste. Dans une longue lettre philosophique qu'elle écrivit à sa tante Bess, elle conclut que son échec est en partie celui d'une société qui éduque les femmes à être inutiles et infantiles, à manquer d'indépendance vis-à-vis de l'amour et de l'argent des hommes. Personne ne l'avait préparée à devenir émotionnellement adulte. Elle s'était reposée sur un amant pour donner un sens à sa vie, elle s'était tenue prête à se « sacrifier » pour un enfant, alors qu'elle n'avait en réalité rien fait d'elle-même. Cela la mettait en colère d'une façon que comprendront les féministes modernes. Dans la lettre à sa tante, elle ne mentionne bien sûr ni la grossesse ni la fausse couche, mais elle y appelle le féminisme le mouvement le plus « radical » et

> « le plus significatif du XIXᵉ siècle […]
> Si l'on me demandait en quoi consiste ce mouvement, je répondrais que […] les femmes d'aujourd'hui — en contraste direct avec la situation auparavant en vigueur — désirent et luttent pour devenir des êtres humains, en relation immédiate avec l'existence, tout comme l'ont été et le sont les hommes.
> […] Bien que je ne sois pas d'accord avec Karl Marx sur le fait que tous les phénomènes de la vie sont causés par la situation économique, je crois que cette dernière en explique cependant la plus grande partie […]. Dans mon sens, la « virilité » est un concept humain. La

« féminité » en tant que règle signifie ces qualités que possède une femme ou l'aspect de sa personnalité qui plaît aux hommes ou dont ils ont besoin. Les hommes n'avaient aucun besoin ni plaisir à avoir des femmes peintres, sculpteurs ou compositeurs — et donc aucune raison de les engager dans cette voie —, mais ils avaient besoin et plaisir à avoir des danseuses, des actrices ou des chanteuses.
[...] Un homme pouvait très bien être attiré par une femme qui s'intéressait passionnément aux étoiles ou qui cultivait des fleurs pour embellir sa demeure à lui. Mais elle péchait contre l'idée de la féminité si elle cherchait à établir un contact direct avec la nature dans ces domaines, si elle avait commencé à faire de l'astronomie ou de la botanique. [...]
[...] On dit souvent que la conduite chevaleresque disparaîtra du monde si les femmes commencent à vivre par elles-mêmes. A cela je ne puis que répondre : [... une] courtoisie qui consiste à entraver les jambes de l'objet de ses hommages afin de le servir me semble de bien peu de valeur. Il me paraît plus chevaleresque de trancher ces liens [...]. Je trouve qu'il devrait y avoir — et j'espère que cette époque viendra — bien plus de courtoisie parmi les gens du même sexe, amis et collègues, qu'il n'y en a de nos jours.

[...] On discute aussi très souvent de la mesure de l'influence que le mouvement féministe exerce sur la moralité des femmes, et ces discussions montrent généralement à quel point les femmes sont considérées comme des objets sexuels, et combien on les regarde peu comme des êtres humains. La « moralité » d'une femme est perçue comme purement sexuelle, tout comme son « honneur » est toujours une pure question de sexualité. Un homme « honorable » est en général conçu comme quelqu'un qui comprend et suit des préceptes humains clairs et simples tels que l'honnêteté, la fiabilité, la loyauté et le courage. Une femme honnête est [...] « une femme qui ne peut être possédée que si on l'épouse », sans la moindre considération pour la valeur morale de ce mariage. Mon opinion est que les femmes d'aujourd'hui sont plus courageuses, plus vraies, moins enclines à l'intrigue et plus loyales que les « femmes du passé » : ce sont de [meilleurs] *gentlemen* [...]

On a tant parlé de morale sexuelle, vous savez : je pense qu'il ne devrait pas y avoir du tout de tel concept, pas plus que des « morales » politiques, diplomatiques ou militaires. Car je crois que la même idée de *décence* devrait suffire pour toutes les affaires de l'humanité.

En ce qui concerne les relations entre les hommes et les femmes, un auteur français que j'ai lu dit : aimer une femme moderne, c'est être homosexuel — et je crois qu'il a raison (mis à part le caractère contre-nature du mot qui lui donne une hideuse connotation). Mais je crois [...] qu'une telle « homosexualité » — amitié sincère, compréhension, plaisir partagé par deux êtres humains égaux qui suivent des directions

> parallèles — a été un idéal que les conditions ont empêché de se réaliser jusqu'ici [...].
>
> Eh bien, très chère tante Bess, j'ai presque l'impression que nous sommes restées assises sur la véranda de Folehave, occupées à une discussion passionnée [...] sauf, il est vrai, que mon interlocutrice n'a pas pu avoir l'occasion de placer un mot ! Si seulement je pouvais m'envoler pour passer une heure là-bas [...].[23] »

Entretenir une relation directe avec la vie. Accepter le destin sans conditions. Cesser d'ajourner son existence au nom d'un idéal. Suivre avec son amant des directions parallèles, en faire un ami et non pas un objet sexuel que l'on possède. Telles étaient les conclusions de Karen Blixen au terme de son introspection. A l'automne, elle écrivit à Thomas une lettre de dix-sept pages qui clôt ce chapitre de sa vie. Elle se prévoit une vieillesse sereine, le succès pour sa ferme, son amour des Africains comme *raison d'être,* et Denys y est dépeint comme « son vieil ami de toujours ». Elle se voit assise, les descendants de Heather et de Banja à ses côtés, et le fils de Farah comme maître d'hôtel. « Il y a probablement toujours dans l'existence un moment où l'on a encore la possibilité de choisir entre deux voies avant que, l'instant d'après, l'une seulement reste possible. Sur ce point je suis tout à fait claire : " ils se doivent de conquérir, ceux qui ne peuvent pas battre en retraite[24] ". »

Il y a dans ce passage, dans la lettre à tante Bess et dans la réconciliation finale de Karen Blixen avec ses peines, une émouvante fermeté. Il ne pouvait s'agir d'une résolution qui durerait toujours, et « les hauts et les bas » qu'elle avait connus dans sa vie recommenceraient à l'affecter, mais l'équilibre et l'acceptation de soi allaient être distillés par la voix qui parle dans son œuvre.

28.

Le détachement de soi

1

Karen Blixen déclara à son frère qu'elle avait retrouvé la paix de son esprit pour pouvoir recommencer à écrire. Cela lui avait été impossible « jusqu'à ce que j'aie entendu ma propre voix, que je me sois vue dans un miroir comme quelqu'un d'autre à qui j'aurais parlé, bref, jusqu'à ce que j'aie fait mes comptes [1] ». L'œuvre à laquelle elle se consacra était une pantomime appelée « Carnaval * », qu'elle avait commencé à écrire en danois durant l'hiver précédent. Mais à la dernière minute, elle décida que le texte serait meilleur sous la forme d'une histoire et elle le recommença, en anglais cette fois-ci. On y reconnaît sans peine le style d'Isak Dinesen, même si le conte pris dans son entier n'arrive pas à la hauteur des textes de sa maturité. Il semble significatif que sa voix lui soit venue seulement après qu'elle eut assez vécu pour « faire le compte » de ses pertes, et non pas grâce à la pratique continue de son art. Cela est conforme à la façon dont Isak Dinesen percevait sa filiation, plus comme conteuse que comme écrivain. « Le conteur, nous dit Walter Benjamin, c'est l'homme qui peut faire en sorte que la mèche de sa vie se consume entièrement à la flamme de son histoire [2]. »

L'utilisation de l'anglais pour ce conte fut en partie due à une raison pratique. Son danois s'était rouillé par manque d'usage. L'anglais était la langue de sa vie quotidienne et celle de son premier public et critique : Denys. Mais elle semble également l'avoir choisie de la même façon qu'elle s'était choisi un pseudonyme, comme un moyen de gagner, grâce à la distance, une liberté, une *Overblik* (point de vue général) plus claire, et une sorte d'autonomie. Adopter un langage étranger, c'est masquer un trait distinctif essentiel de son identité et, comme l'écrivit Isak Dinesen dans « Carnaval » : « Votre masque peut vous permettre le détachement de soi, ce que toutes les religions s'efforcent d'atteindre. Un petit fragment de nuit, placé judicieusement pour vous accorder la liberté sans le renoncement.

---

* La première version avait pour titre « La Valse Mauve »

Votre centre de gravité est alors déplacé du sujet à l'objet : à travers la véritable humilité de la négation de soi, vous arrivez à une unité totale avec l'existence : c'est seulement ainsi que les grandes œuvres d'art peuvent être accomplies[3]. » Pris dans leur contexte, ces mots concernent la nature de la liberté sexuelle, et le masque en question est porté par une femme dépouillée de ses vêtements. Ils peuvent tout aussi bien s'appliquer à la liberté — et aux inhibitions — de la parole et de l'imaginaire.

L'intrigue de « Carnaval » prend place en février 1925, lors de la nuit de carnaval à l'opéra de Copenhague. C'est l'un des deux seuls contes de Dinesen qui soit situé à une époque moderne *. Huit *convives* sont réunis dans une villa des alentours de la ville pour un souper de minuit. Ils reviennent directement du bal et sont encore en costume. Ils sont tous riches, beaux et désabusés. Quatre d'entre eux sont « très amoureux les uns des autres[4] ». L'imbroglio de leurs relations n'est pas sans évoquer celles qui avaient rendu célèbre la « bonne société » de Nairobi.

La maîtresse de maison est une jeune femme nommée Mimi, qui porte le costume du Pierrot de Watteau, pour mettre en évidence, même si ce n'est que pour elle-même, son éternelle situation d'amoureuse qui n'est pas payée de retour. Tanne Dinesen jouait le même rôle dans ses propres pièces, et Mimi rappelle l'auteur par bien d'autres aspects. Elle a fait un mariage passionné mais malheureux avec un personnage princier mais « sans cœur », qui fait de l'avion, des courses, qui chasse, qui est connaisseur en art et qui désire qu' « elle suive une course parallèle à son existence ». Mimi s'efforce de se conformer à ce vœu, du moins en apparence. « Mon Dieu, Polly, dit-elle à sa sœur avant que les autres invités n'arrivent, il y a de quoi avoir pitié de toutes les parallèles, si elles veulent se croiser comme je le veux, moi[5]. »

Julius, l'insaisissable mari de Mimi, est venu à la soirée habillé en Vénitienne, ce qui laisse supposer qu'il est semblable à une héroïne de conte, autour de laquelle bouillonnent les événements tandis qu'elle-même reste inchangée : le prix et l'objet du désir. Julius ressemble de façon remarquable à Denys Finch Hatton, et le portrait laisse entendre que, dans le cas de Tanne comme dans celui de Mimi, une parcelle de rancœur altérait la perle de son adoration. Sa vie est une « calme navigation » : ce que les autres pensent de lui lui est indifférent, il en est même inconscient et, en toutes circonstances, il fait ce qui lui plaît. « Dans l'existence de ses amis, il avait la place d'une idole dans un temple[6]. »

Les autres invités ont eux aussi choisi leurs costumes pour exprimer de façon stylisée la vérité sur leurs natures profondes — c'est-à-dire sur leurs natures sexuelles, car ils sont tous venus en proie à quelque problème sexuel. Polly est la seule vierge du groupe et elle est lasse d'avoir cet honneur. Elle veut tomber amoureuse, un pas que son aînée lui déconseille de franchir. Charles, un diplomate anglais habillé d'un domino magenta, est amoureux de Polly, ou plus exactement, il est amoureux de sa virginité : il fait une fixation fétichiste sur l'intouchable. Annelise, une femme divorcée, a pris le

* L'autre est une pièce mineure, destinée à être publiée dans un magazine. Il s'agit de « Chevaux Fantômes »

personnage de Søren Kierkegaard jeune, ou plutôt celui de Johannes, le dandy du *Journal d'un Séducteur.* Comme lui, Annelise a choisi de mener une vie de désordre rituel — une nuit de passion pour chaque amant et rien de plus — et elle s'est offerte à Tido comme une occasion « à prendre ou à laisser ». Tido, un Arlequin futuriste, qui a choisi son costume pour éclipser celui de Polly, est lui aussi divorcé, et sa femme a épousé l'ancien mari d'Annelise. Il est tenté d'accepter la proposition d'Annelise car il est attiré par sa dureté et sa froideur méprisante, qu'il trouve héroïques. Enfin, il y a Fritze, la « véritable » beauté de cette soirée, qui est venue en Camelia. Elle couche avec tout le monde, plus par inclination que par principe, et elle a des difficultés à rester vêtue et à garder le souvenir de ses amants. Elle tient la main de Julius sous la table, pour la simple raison, nous dit la narratrice, qu'ils sont tous les deux inexplicablement heureux. Quand ils ne sont pas absorbés dans des rêveries érotiques, ces jeunes gens se livrent à un brillant badinage sur des sujets tels que l'enculade, les pénis, la syphilis, la prostitution, le fétichisme, le sadomasochisme, le divorce, l'adultère, la défloration des vierges et le coït interrompu. Julius et Annelise participent à la conversation en parlant en vers blancs.

L'un des invités n'appartient pas à cette génération, et il voit les choses d'une manière différente — et de plus haut. C'est le célèbre peintre Rosendaal, qui a choisi de porter le kimono d'un eunuque de la cour de Chine. A la fois courtisan et célibataire par disposition d'esprit, il observe « avec bienveillance et sans préjugés les cabrioles des êtres humains les moins simples », bien qu'il y ait dans ses paroles exaltées une certaine malice et un fond de mépris, comme on est en droit d'en attendre de la part d'un vieil eunuque. « Rosie » observe les costumes pastel, les visages superficiels et agréables de ses jeunes amis, et il regrette qu'il n'y ait pas parmi eux un « noir authentique et de bon aloi », signifiant par là le noir du péché et de la mauvaise conscience. Il a la nostalgie nietzschéenne d'une époque plus noble et plus violente, une époque où il y avait « des tragédies en haut lieu, des jalousies, le rouge de l'amour et de la mort », une époque où le risque qui guettait les excès de l'existence en augmentait démesurément les plaisirs. La folie du régime chez les jeunes femmes atteint seule son idéalisme. Il se plaît à les voir mourir de faim dans l'abondance : « Voilà qui a sans aucun doute du charme et qui nous apporte un peu de noir. » Mais l'amour moderne, si mécanique, si amical et si peu naturel, lui semble tout à fait « insipide ». « Le secret qui l'anime est perdu[7]. »

A travers une suite d'événements — une loterie, l'irruption d'un étranger misérable —, les autres en arrivent à partager son point de vue et reconnaissent que le « secret » c'est de risquer son âme et de transgresser les idées reçues et les normes. C'est là un dialogue implicite dans bien des contes de Dinesen, entre un personnage qui défend les inégalités du passé avec le charme et l'autorité du vieux peintre, et une génération moderne libérée de tous les tabous mais réduite à la confusion et à l'ennui, qui réclame une sagesse — c'est-à-dire ses lecteurs.

« Carnaval » est frappant parce qu'il traite les thèmes — et dans bien des cas, dans les mêmes termes — que Tanne abordait dans les lettres de l'été qu'elle écrivit à tante Bess et à Thomas. Mais dans ses lettres, elle défendait la génération d'après-guerre pour son courage, elle admirait la libération sexuelle et son caractère androgyne, et elle décrivait sa propre situation lorsqu'elle était opprimée par les anciennes lois de la morale. « Carnaval » semble donc court-circuiter et même trahir ses ardentes conclusions personnelles. Lorsqu'elle en arriva à se choisir un personnage, elle laissa de côté son féminisme et son ambivalence, cette sensibilité très moderne qui frappe lorsqu'on lit ses lettres pour la première fois. Le point de vue de « Carnaval », comme celui du vieux peintre et celui de l'eunuque impérial avant lui, semblent avoir été artificiellement et même « chirurgicalement » simplifiés. Ils représentent, comme le reconnaît Dinesen elle-même, un « raccourci vers la supériorité et l'équilibre[8] ».

Il n'existe pas d'explication simple à ce paradoxe, bien que l'on puisse faire plusieurs remarques. Karen Blixen venait de perdre la dernière chance qu'elle avait d'être mère. Elle voyait son avenir avec Denys comme rien de plus qu'une amitié « solide ». Elle avait recouvré sa « voix » et son sens de l'intégrité, mais seulement au prix d'un sévère calcul qui excluait le moindre bonheur « normal ». Au mois d'août, elle expliqua à Thomas ce qu'elle entendait par « échange » :

> « Je ne puis être possédée et je n'ai aucun désir de posséder. Ma vie peut être vide et glacée, mais Dieu sait qu'elle n'est ni fermée ni figée. Je sais aussi que je dois accepter " sans conditions " cet aspect de mon existence, car autant je peux attendre désespérément quelque chose de plus sécurisant et de plus intime, autant je m'enfuis lorsque approche le moment critique. Et cela recommence à chaque fois. Tu sais que je disais que je voulais être un prêtre catholique. Cela tient toujours : je ne suis pas loin d'en être un, mais il aurait fallu qu'il soit plus qu'humain pour ne pas pousser un long soupir en voyant des lumières allumées aux fenêtres et des familles réunies[9]. »

Le rôle du prêtre catholique, c'est-à-dire un personnage sage, austère et solitaire, n'est pas très différent de celui du vieux peintre. A la fin, cela devait devenir la perception qu'aurait Dinesen de son rôle et de son destin d'artiste. Tel qu'elle le voyait, elle renoncerait à une vie privée mais elle serait dédommagée par la possibilité d'accomplir un grandiose devoir spirituel envers l'humanité. Le vieux peintre est le prototype des autres personnages de prêtres omniscients des contes de Dinesen, qui expriment ses propres valeurs. Ce sont de vieux cardinaux, de vieilles servantes, de vieux seigneurs et de vieilles abbesses, de vieilles sorcières ou de vieux impresarii. Comme Rosendaal, ils observent la vie à distance respectueuse « avec bienveillance et sans préjugés ». Mais ils ont payé un prix exorbitant pour obtenir ce caractère exalté qui est le leur.

Il y a enfin une grande ironie dans « Carnaval », une entorse à tout ce sacrifice et à ce renoncement. Écrivant de derrière son masque, Karen Blixen avait toute latitude pour libérer son énergie sexuelle. Peut-être que la plus forte impression que l'on retirera du conte, c'est son désir insatiable, ce désir métaphorique qu'elle peut assouvir précisément parce qu'elle joue tous les rôles.

2

Un après-midi de novembre, alors que Tanne était assise dans le moulin et réfléchissait au cours qu'avait pris sa vie, elle releva la tête et vit une cigogne sur la pelouse. C'était une cigogne européenne, de l'espèce qui aurait très bien pu surgir d'un conte d'Andersen[10]. Elle avait une aile cassée et elle resta à la ferme durant plusieurs mois, se nourrissant des rats et des grenouilles qu'attrapaient les *totos* pour trois pence chacun. Elle était toujours sur les talons de Kamante, et « il était impossible de ne pas croire que l'oiseau imitait la démarche imprudente et déhanchée de l'homme, dont la jambe était restée un peu raide. L'homme et la bête avaient par ailleurs les jambes aussi dégarnies [...][11] ». Les *totos* riaient quand ils voyaient venir le couple. Farah croyait que la cigogne était le calife des *Mille et Une Nuits* qui se promenait et Tanne se vantait de son talent pour apprivoiser les animaux sauvages.

Tout au long de l'automne, elle n'avait cessé de presser sa mère pour que celle-ci lui fît une seconde visite. C'était une sorte de négociation diplomatique. La famille posait toute une série de conditions. Tanne annula plusieurs fois la visite et en fut cruellement frustrée. Ingeborg, comme quelque princesse de sang royal en âge de se marier, gardait ses distances. Quand Bess proposa à Tanne de venir au Danemark au lieu d'obliger sa mère si âgée à faire un long voyage jusqu'en Afrique, elle s'irrita : « Je ne suis pas en bonne santé depuis que je suis rentrée [...] mais c'est à cause de cela que je n'ai pas voulu revenir au Danemark, et je préférerais mourir ici s'il le fallait plutôt que mener l'existence d'une mouche dans un bocal [...][12]. »

Il fut finalement décidé d'un commun accord que Mme Dinesen embarquerait après Noël et apporterait un peu de l'argent dont la ferme avait terriblement besoin.

Pendant ce temps, Denys Finch Hatton menait une vie de plein air dans différentes propriétés campagnardes d'Angleterre et d'Écosse, et il écrivait à Tania que l'atmosphère qui régnait au pays le « déprimait ». Il alla se changer les idées à Paris, où il commanda du vin pour le Muthaiga Club et explora quelques lieux nocturnes parmi les plus miteux. Juste avant de repartir pour l'Afrique, il acheta une automobile — une Hudson — et écrivit à Tania qu'il désirait remonter par la côte et aller voir une propriété là-bas. « Je suis décidé à acheter un terrain que je connais, pour y construire un bungalow, de façon à ce que nous puissions aller à la mer de temps en temps. C'est un bel endroit et ce sera à l'écart du reste des gens. N'en parle à personne[13]. »

Le terrain dont il est question était situé à Takaungu, sur l'océan Indien, à une cinquantaine de kilomètres de Mombassa. On y arrive toujours par la même grande route en cendrée qui serpente dans un terrain creusé d'ornières et continue à travers une plantation de sisal en direction de la côte. Il y avait autrefois une colonie swahili et les ruines de la mosquée sont toujours visibles au milieu des manguiers, des baobabs et des broussailles. Il y a un minaret en

« pierres désagrégées » et quelques arches blanchies et croulantes. Les lieux ont une résonance comme on en trouve rarement en Afrique, où les endroits abandonnés sont rapidement envahis par la végétation.

Denys fit bâtir sur la falaise une maison dans le style arabe, en blocs de coraux plâtrés et chaulés. Elle comprenait deux pièces et une étroite véranda à colonnades qui donnait sur la mer. L'épais mur qui courait entre les colonnes formait un siège où Denys et Tania s'asseyaient au clair de lune pour fumer une cigarette après dîner et regarder les hautes vagues. Elle écrivit : « Nous avions devant les yeux l'océan Indien et le golfe étroit de Takaunga avec la longue ligne des falaises de corail jaune et blanc à perte de vue.

> « A marée basse, on pouvait avancer pendant des kilomètres dans ce golfe avec l'impression d'avoir sous les pieds les pavés inégaux de quelque vieille place parsemée d'étranges coquillages et d'étoiles de mer.
>
> « Les pêcheurs swahilis quittaient leurs bateaux qui reposaient à sec et venaient à ma rencontre vêtus, comme Simbad, d'un turban bleu et d'un pagne de même couleur autour des reins. [...] Nous dormions toutes portes ouvertes sur la mer argentée. La brise tiède jouait et murmurait dans les pièces, laissant un peu de sable sur les dalles.
>
> « Une nuit, toute une théorie de caravelles arabes, poussées par la mousson, défila sans bruit tout près de la côte, comme une succession de voiles irréelles sous la lune[14]. »

Quand Denys atteignit Nairobi, il se rendit immédiatement à la ferme et y passa pour leurs retrouvailles une longue période qui fut pour elle un grand bonheur. Il y habitait encore quand Mme Dinesen arriva en janvier, et Tanne se crut obligée d'expliquer la situation en invoquant une vieille excuse, comme quoi il était « très malade ». Mais ils habitèrent tous les trois ensemble jusqu'à ce que Denys rentre en Angleterre au début du mois de mars. Ce fut pour Tanne une période idyllique et sécurisante.

Elle espérait que sa mère resterait avec elle jusqu'à l'automne et elle fut déçue lorsque Mme Dinesen lui dit qu'elle partirait en mai. Thomas et Jonna attendaient leur premier enfant et elle voulait être avec eux pour la naissance.

Le bébé naquit en juin : c'était une fille, Anne. Sa tante Tanne lui souhaita quelque chose qui avait pour elle un grand prix : qu'elle puisse « fasciner et être fascinée[15] ».

29.

Chasse au lion

1

Après le départ de Mme Dinesen, survint une série de catastrophes à la ferme (en Afrique, une catastrophe n'arrive jamais seule). Banja, le chien adoré de Tanne, mourut à l'âge de onze ans et fut enterré en grande pompe. Les *totos* furent très impressionnés de voir leur Memsabu hurler de chagrin. Quelques jours plus tard, encore sous le coup, Tanne fit une mauvaise chute en tombant de son cheval, Rouge. Puis ensuite, une petite fille kikuyu fut assassinée — c'était la première de deux tragédies semblables qui eurent lieu dans un intervalle de quelques mois — et on arrêta un jeune kavirondo qui fut pendu par la suite, bien qu'il y eût des doutes sur sa culpabilité. Thaxton, l'Américain qui dirigeait l'usine de torréfaction et qui s'appelle Belknap dans *La Ferme Africaine,* quitta Tanne pour s'occuper d'un terrain qu'il possédait au Tanganyika. Tanne se jura que, dans ses prochains contrats, elle spécifierait que les employés n'auraient pas le droit d'avoir un terrain qui pourrait les détourner de leurs devoirs envers la ferme. Par bonheur, Mr Dickens, son régisseur (Nichols, dans *La Ferme Africaine*), continua de monter dans son estime grâce à son humour, ses soins minutieux et son sens pratique.

En juin, Denys partit pour un safari avec un client américain, Frederick Patterson, qui avait gagné « un monstrueux tas d'argent grâce au brevet d'une caisse enregistreuse qui tenait exactement les comptes des ventes de gâteaux et de liqueur au gingembre [1] ». Quand il partit, Ingrid Lindström vint habiter avec Tanne pendant quelques jours. Denys avait arrangé cette visite et il utilisait souvent les services d'Ingrid en ce domaine, car il savait à quel point ses départs étaient terribles pour sa maîtresse et combien elle était encline au désespoir, au point de tomber malade à chaque fois. Tanne fut toujours tenue dans l'ignorance de cette conspiration. Denys se débrouillait pour « tomber sur » Ingrid à Nairobi, pour la ramener en voiture à Ngong, et la ruse marchait invariablement. « Les jours qu'Ingrid passait à la ferme étaient toujours empreints de gaieté. Elle avait l'entrain communicatif des vieilles paysannes suédoises, dans son visage tanné, elle montrait des dents de walkyrie exubérante, et l'on se demandait, en la voyant, comment on pouvait ne pas adorer les Suédois qui, au milieu des pires tourments, savent encore réconforter les autres et témoigner d'un joli courage[2]. » Ce passage était écrit comme un compliment sincère, car Tanne aimait et admirait Ingrid — tout comme elle admirait Ellen Wanscher — pour une simplicité et une fermeté dont elle-même n'était pas capable. Mais malheureusement, Mme Lindström ne comprit pas la comparaison et crut que sa vieille amie se moquait d'elle pour son manque de raffinement intellectuel.

Quand Tanne et Ingrid étaient ensemble, elles parlaient chiffons et régimes comme deux jeunes sœurs. Tanne essaya d'amener Ingrid à « jouer au théâtre » avec elle, mais Ingrid avait peur de tout ce qui impliquait la fantaisie et elle l'en dissuada : « Toi, tu joues, et moi j'applaudis. » Le côté artiste de Tanne la déroutait et elle supposait que les éléments fantastiques des *Sept Contes Gothiques* avaient dû venir à l'esprit de Tanne lors de ses crises de malaria, « lesquelles produisent d'étranges hallucinations chez les gens[3] ». Mais c'était l'une des rares personnes à ne pas être intimidée par le caractère de Tanne ou par ses excentricités, et l'une des seules à pouvoir se permettre de la taquiner, une qualité dont Tanne devait lui être reconnaissante par la suite.

La sœur d'Ingrid, Henriette, était mariée au voisin de Tanne, Nils Fjaestad, qui vivait à Ngong depuis 1912 et qui avait été un compagnon d'armes de Bror durant la guerre. Un dimanche matin de la fin du mois d'août, les Fjaestad, Tanne et les deux filles aînées des Lindström firent une excursion jusqu'au sommet des collines de Ngong, que Tanne décrivit gaiement comme un exercice de répétition de ses propres funérailles : lors de l'un de ses moments les plus pénibles, elle avait fait promettre à Nils que, si elle devait mourir en Afrique, il la ferait enterrer dans les collines, et le but de leur promenade était ce jour-là de voir jusqu'à quelle altitude pouvait aller la voiture.

Au début de leur ascension, le brouillard était très dense, et il s'épaissit à mesure qu'ils avançaient. A mi-hauteur, le soleil apparut soudain : il était si fort qu'il fit fondre la rosée et sécha l'herbe en quelques minutes. Lorsqu'ils arrivèrent au sommet, le temps était clair et l'on découvrait une vue magnifique à l'ouest sur la Rift Valley et à l'est sur les pentes couvertes de champs de maïs et de plantations de café. Il y avait un sentier où l'on voyait les traces des troupeaux de buffles et d'élands qui vivaient dans la forêt, et Tanne imagina que « les jolies bêtes paisibles avaient dû gagner le sommet avant le lever du soleil, suivant le sentier à la queue leu leu », et qu'elles n'étaient venues là que « pour examiner sur les deux versants le pays qu'elles dominaient de si haut[4] ».

Mise en forme par cette expédition, Tanne fit un autre bref safari quelques jours plus tard, cette fois-là afin de tirer un éland pour ses ouvriers, pour qui la viande était un mets délicat. Le soleil se couchait lorsqu'ils arrivèrent dans la plaine d'Orungi. Un troupeau paissait tranquillement à portée de fusil et Tanne abattit l'animal le plus proche. Le temps de le dépecer et de partager la viande, il faisait déjà nuit et le safari s'en retourna à petite allure vers la ferme « dans la plus complète extase » : des hyènes hurlaient tout près d'eux et un lion finissait les restes de la dépouille. « Je me rendis compte, pensa

Tanne, [...] à quel point j'aime ce pays : cela me rappelait les safaris du début, avec les chiens et les *boys* heureux et essoufflés qui nous entouraient, les étoiles qui commençaient à poindre et l'air transparent de la nuit qui vous touche jusqu'à la chair [...][5]. »

Denys resta avec Patterson durant tout l'été et Tania, qui avait la garde de sa voiture, chavira dans un fossé, un accident dont Farah prit, par galanterie, toute la responsabilité. Elle avait l'intention de faire réparer l'auto avant le retour de Denys, mais il lui fit la surprise de revenir à la ferme à la faveur d'un court voyage de réapprovisionnement à Nairobi. Tanne était en train de faire visiter la ferme au major Taylor et à sa femme, et le major, comme il l'avait si souvent déjà fait par le passé, lui prodiguait ses conseils concernant le café. Les Taylor voulaient partir après le thé, sachant que Tania et Denys ne s'étaient pas vus depuis longtemps, mais elle les pria de rester pour entendre le récit des aventures de Denys. Errol Trzebinski a interviewé Mrs Taylor, qui se rappelait la soirée dans ses moindres détails : « [C'était] comme un rêve. Dans la pièce lambrissée, à la lueur des bougies, Tanne était assise immobile et ne disait pas un mot, comme si un brusque mouvement avait pu briser l'enchantement. Dans l'ombre, son visage paraissait tout petit et tout blanc, avec d'immenses yeux noirs, et elle ressemblait à une petite sorcière des forêts [...]. Elle parla à peine durant la soirée. Nous étions là, assis tous les trois à écouter Denys[6]. »

Entre autres choses, Denys et Patterson avaient découvert une espèce rare de babouins et en avaient apprivoisé un. Ils avaient également rapporté de magnifiques photos et un petit film qui montrait un éléphant et un lion. Denys était entiché de photographies d'animaux, passion que Tania ne partageait pas. Comme elle l'écrivit dans *Ombres sur la Prairie :* « A mes yeux, cependant, qui ne voient pas le monde à la manière d'une caméra, les photos ressemblent moins à l'original que les portraits dessinés à la craie par nos indigènes sur la porte de la cuisine[7]. » Ce sentiment participe de la même philosophie que celle du vieux peintre de « Carnaval » contre l'amour moderne. La photographie d'animaux était une « relation agréable et platonique » au terme de laquelle les partenaires « se faisaient un baiser et se séparaient comme des gens civilisés[8] ». Ce n'était pas une question de vie ou de mort, et c'est pour cette raison que cela n'avait aucun intérêt pour elle.

2

Au mois d'août, Bess Westenholz fêta son soixante-dixième anniversaire au milieu des roses de Folehave, entourée de ses frères et sœurs et de leurs enfants. La vieille dame aux cheveux argentés, qui était restée droite et belle, semblait porter son âge avec grâce, bien qu'en réalité ce ne fût pas le cas. Bess avait atteint ce jubilé dans un état de doute et de crise. Elle considérait que sa vie avait été un échec et elle se lamentait en répétant à qui voulait l'entendre qu'elle n'était rien. Déprimée par sa solitude, elle finit par susciter dans la famille un petit orage d'inquiétude qui atteignit inévitablement Ngong. Le « cas » de tante Bess et la responsabilité qu'y avait prise Tanne dominèrent sa correspondance avec le Danemark durant tout le reste de l'année suivante. Bess avait toujours cru qu'il importait avant tout de vivre pour les autres, mais à mesure qu'elle vieillissait, elle avait fini par conclure que le mariage était encore la meilleure façon d'y parvenir : une femme qui pouvait « vivre pour » son mari et ses enfants était une femme heureuse, riche et parfaite, alors qu'une vieille fille avait manqué le plus beau moment de sa vie. Tanne, qui était divorcée et la seule femme de la famille, Bess exceptée, qui ne fût pas mariée, encourut naturellement plus que toute autre la pitié et la désapprobation de sa tante. En retour, elle détourna les coups avec son habituelle véhémence, dans des lettres qui faisaient des pages et qui, patiemment, en général gentiment mais parfois avec virulence, mettaient les points sur les i.

Les gens de *sa* sorte, répète-t-elle à tante Bess, tiennent l'aventure, la passion et la liberté en plus haute estime que la sécurité d'une vie de famille. Le « bonheur *bourgeois* » n'est pas le seul. « Vivre pour les autres » est une façon contestable d'employer ses ressources et c'est probablement les gâcher. C'est déjà bien assez de vivre pour un idéal immanent comme les pauvres, son pays, une plantation de café ou Dieu, sans avoir à vivre pour un quelconque M. Petersen[9].

Cette dispute durait depuis si longtemps que l'on pourrait conclure qu'elle en était devenue un duo musical aux oreilles des deux parties. Bess continuait volontairement de mal comprendre ou de déformer les exemples de Tanne, et Tanne persistait à provoquer sa tante avec son immoralisme raffiné. Bess, qui adorait sa nièce, était persuadée qu'elle se devait comme d'une mission de la ramener dans le droit chemin. Et Tanne, qui adorait tout autant sa tante, définissait son identité par rapport à sa rébellion contre l'orthodoxie de Bess.

Leurs liens étaient tels que Tanne percevait la situation difficile de sa tante mieux que les autres, avec plus de compassion et de sentimentalisme. Quand Ella l'invita à se joindre à elle pour plaindre Bess et s'apitoyer sur leur tante, elle refusa. D'une part, Bess leur avait donné l'exemple d'une certaine rudesse, de quelqu'un « avec qui on ne fait pas gamelle ». D'autre part, le désarroi de Bess n'était pas chose nouvelle. La satisfaction avait toujours été pour elle un problème, pour ne pas dire qu'elle lui faisait en fait horreur. C'était elle-même qui avait resserré les étroites limites du monde bâti par sa mère et qui n'avait fait aucun effort pour se révolter. Tanne écrivit :

> Il est malaisé d'évaluer une vie humaine ; c'est pratiquement impossible de le faire selon des règles précises, et à mesure que l'on vieillit, on devient très prudent sur la question [...] En fin de compte, il y a probablement chez chaque individu *quelque chose* à quoi il ne peut renoncer [...] et ce avec quoi il le paie, c'est « la vie ». Ce que j'ai mené à terme, qui me coûte et me coûtera la vie, ce n'est pas dans le détail ce que j'imaginais pour moi lorsque j'avais dix-sept ans — ce n'est sans doute pas ce que vous imaginiez non plus pour vous-mêmes ni pour quiconque de notre connaissance, à l'exception de personnages aussi fermes et orthodoxes qu'Else [...] Cela a coûté sa vie à tante Bess de rester une vieille fille à Folehave, et il semble que ce soit un sort

misérable pour quelqu'un d'autant de talent. Mais du coup, ce serait bien superficiel de considérer mon existence comme celle d'une pauvre planteuse de café avec un tas de soucis [...]. Elle a passé sa vie selon sa nature, à aimer les gens et à exercer son influence sur ceux qui l'intéressaient [...]. Si tel n'avait pas été le cas, dans un moment de faiblesse comme celui-là, elle en serait arrivée à tenir compte du point de vue des autres, ce qui est en fait contraire à son caractère, et je crois qu'elle aussi aurait vu les choses comme moi[10].

En 1927, comme cela s'était déjà si souvent produit par le passé de façon si décourageante, les magnifiques fleurs de café se réduisirent à peu de chose : la sécheresse estivale fana les boutons et la plus grande partie de la récolte fut perdue. Tanne fit tout son possible pour sauver les arbres qui portaient des fruits et calcula son bénéfice diminué. Elle vivait en Afrique depuis assez longtemps pour partager la façon de voir des Kikuyus — qui avaient de l'humour — vis-à-vis de ses malheurs, et dans une lettre à son frère Anders, elle lui souhaita un peu de sa sécheresse : il s'occupait de la propriété de son oncle George et de sa tante Lidda dans le Jutland et le blé souffrait de pluies trop abondantes. « Nous autres manants, nous nous comprenons et il faut bien que nous soyons solidaires[11] », lui écrivit-elle. Anders était une sorte d'inadapté au milieu d'une famille activement intellectuelle, et les autres avaient tendance à le considérer avec condescendance. Aux environs de la trentaine, il était devenu un célibataire aux habitudes solitaires et à la conversation rare. Sa sœur, qui appréciait son côté rustique, tendait à adopter la même attitude butée que lui. Elle lui promit que, dans vingt ans, elle reviendrait au Danemark et qu'elle s'occuperait de sa maison — mais en attendant, il fallait qu'il vienne la voir en Afrique. Anders, qui était attaché à son lopin du Jutland, ne le quitta jamais.

3

Quand Patterson rentra chez lui pour retrouver ses caisses enregistreuses, Denys fit un voyage seul en Érythrée et rentra à Ngong comme promis pour Noël. Il rapporta en cadeau à Tania un souvenir de voyage, une bague en or d'Abyssinie, un or assez malléable pour pouvoir s'adapter à n'importe quel doigt. Elle la porta jusqu'à ce qu'il la lui reprenne à la suite d'une dispute, quelques semaines avant sa mort.

Le 31 décembre, ils firent un réveillon en *tête à tête* et se couchèrent bien avant minuit car Denys était préoccupé par un fusil qu'il avait donné à un ami ce jour-là, et il voulait partir avant l'aube pour lui en expliquer le délicat mécanisme. Cet ami était allé à Narok, à une centaine de kilomètres de là, et il voyageait sur la vieille route avec un équipage lent et important de chariots et de domestiques.

Il y avait une nouvelle route en construction, et Denys et Tania se proposèrent de prendre ce raccourci, bien qu'ils ne sachent pas jusqu'où il allait. Dans *La Ferme Africaine,* Karen Blixen décrit cette équipée matinale.

Tanne

(Karen Blixen Archives.)

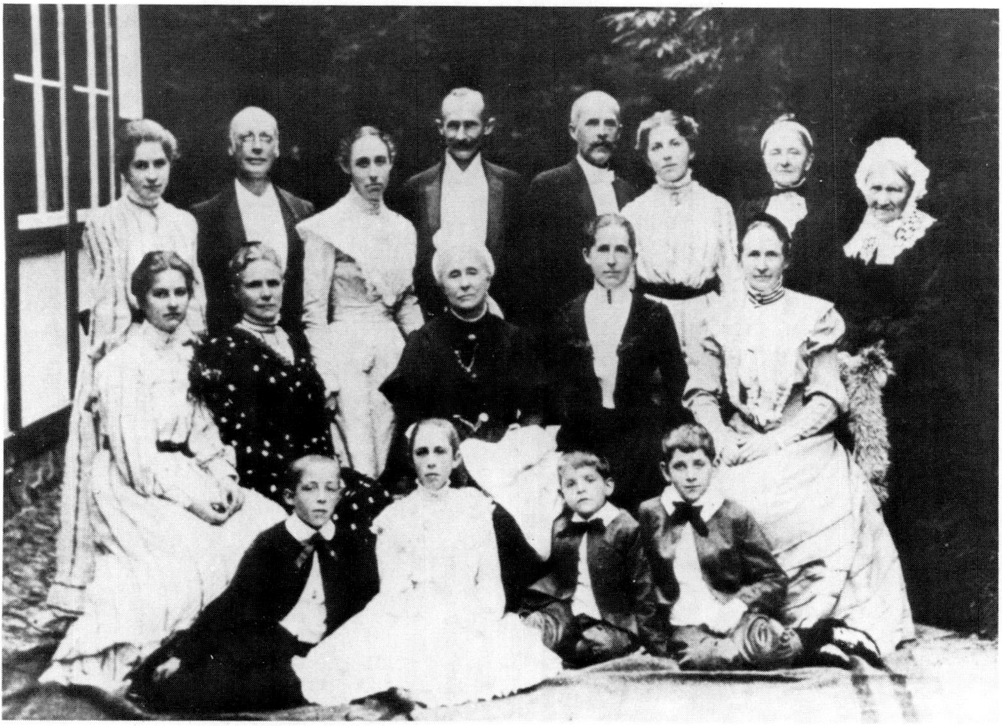

« Mama » (assise au centre, avec une coiffe) entourée de ses enfants et petits-enfants le jour de son soixante-dixième anniversaire, le 24 juillet 1904. Tante Bess est assise à gauche de Mama. Ea Dinesen est à côté de Bess. Ingeborg et Tante Lidda sont assises à droite de Mama. *Au premier rang, de gauche à droite :* Thomas et Elsebet Westenholz, Anders et Thomas Dinesen. *Debout, de gauche à droite :* Ella Dinesen, George Sass (« Oncle Gex »), Ulla et Aage Westenholz, Asker Westenholz, Tanne Dinesen, la bonne et Sanne, la nourrice des Westenholz. *(Extrait de : « The Life and Destiny of Isak Dinesen ».)*

Tania

(Extrait de : « The Life and Destiny of Isak Dinesen ».)

Bror et Tania Blixen,
lors de leur premier safari (1914).
(Extrait de : « The Life and Destiny of Isak Dinesen ».)

Tania Blixen et ses domestiques devant Mbogani House, en 1917. Farah est assis, le deuxième en partant de la gauche.
(Extrait de : « The Life and Destiny of Isak Dinesen ».)

Tania Blixen à son bureau en 1918. *(Karen Blixen Archives.)*

Denys Finch Hatton dans les années 20.
(Extrait de : « Silence will speak ».)

(Extrait de : « The Life and Destiny of Isak Dinesen ».)

Isak Dinesen

La conteuse en robe du soir
(à Wedellsborg au début des années 50).
(Karen Blixen Archives.)

Nyack, 1959. Chez Carson McCullers. Karen Blixen, hôte d'honneur, en compagnie d'Arthur Miller et de Marilyn Monroe.
(Extrait de : « The Life and Destiny of Isak Dinesen ».)

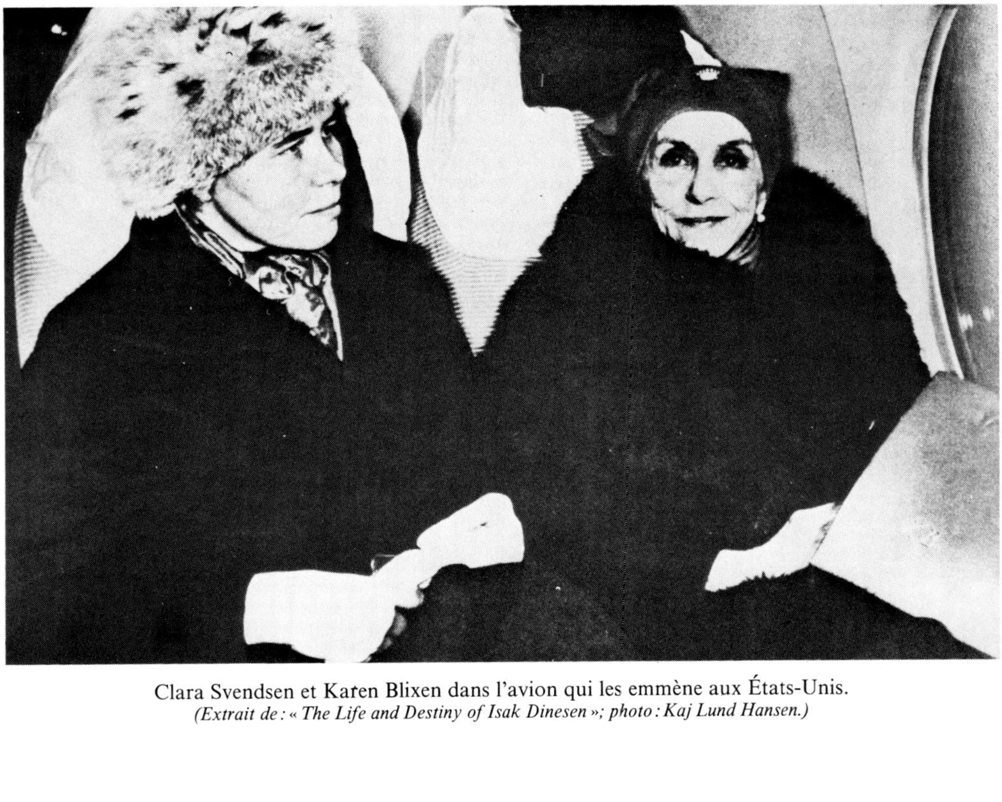

Clara Svendsen et Karen Blixen dans l'avion qui les emmène aux États-Unis.
(Extrait de : « The Life and Destiny of Isak Dinesen »; photo : Kaj Lund Hansen.)

(Photo : Peter Beard.)

Pellegrina

Karen Blixen parmi les aubépines du Parc-aux-Cerfs,
près de Copenhague. *(Karen Blixen Archives.)*

L'air était si frais qu'il lui donnait l'impression de traverser des « courants sous-marins ». « Des odeurs arrivaient par bouffées : l'odeur âcre et fraîche des oliviers, l'odeur pimentée des orties et des buissons, mêlées aux relents écœurants de pourriture [12]. »

A vingt kilomètres de la ferme, alors que le soleil se levait, Kanuthia, le domestique de Denys, repéra une girafe morte sur le bas-côté de la route et un lion souple et doré qui s'en repaissait. Denys arrêta la voiture et, après avoir poliment demandé à Tania la permission de tirer — ils étaient encore sur ses terres —, épaula et fit feu.

Quatre kilomètres plus loin, la route s'arrêtait et ils durent rentrer sans avoir accompli leur mission. Quand ils atteignirent l'endroit où ils avaient tué le premier lion, Tanne vit, dans le jour qui s'était levé depuis, un grand et magnifique lion à la crinière sombre qui s'était arrêté dans son repas pour les regarder. Tout d'abord, ils ne surent pas s'ils devaient ou non l'abattre, puis finalement ils décidèrent qu'il « fallait l'avoir [13] ». Denys tira et le lion bondit en l'air à la décharge et retomba dans la poussière avec un bruit sourd. Kanuthia et Denys dépecèrent les deux bêtes et, lorsqu'ils eurent terminé, ils s'assirent tous les trois sur l'herbe pour prendre leur petit déjeuner de nouvel an, vin rouge, raisins et amandes, pendant que les vautours tournoyaient au-dessus de leurs têtes. Tanne « [se] sentait le cœur léger, comme si [elle] avait [elle-même] volé là-haut, tel un cerf-volant dans la lumière [14] ».

Isak Dinesen a transformé cette chasse au lion en une scène d'amour dans *La Ferme Africaine* en donnant à l'événement plus de symétrie qu'il n'en possédait réellement. Elle transforme le premier animal en une lionne, la *femme fatale* de la tragédie, et dans le livre, c'est elle et non plus Denys qui tire le deuxième lion sur la demande de son amant : « [...] cette fois, le coup serait un hommage rendu au lion [...] [15] ». Des années après qu'elle eut écrit ce passage, alors qu'elle brodait *Ombres sur la Prairie* sur l'austère canevas de *La Ferme Africaine,* Dinesen ajouta : « Sans m'en rendre bien compte, je savais déjà sur cette pente herbeuse que j'avais atteint le plus haut sommet auquel il me serait jamais donné de parvenir sur cette terre. Créature minuscule dans cet alambic formidable de l'air, de la terre [...] mais cependant ne faisant qu'un avec eux. Me doutais-je alors que j'avais atteint aussi le sommet de ma propre vie [16] ? »

30.

Visites à la ferme

1

Pour Noël, Ella Dahl avait envoyé à sa sœur un petit Arlequin de porcelaine pour accompagner la Colombine qu'elle possédait déjà, et Tanne avait mis les deux personnages sur le manteau de cheminée du salon. Ils lui rappelaient un univers qu'avec le temps et la distance « [elle] avait fini par tellement chérir[1] » : le Copenhague de son enfance, les pantomimes et les marionnettes de Tivoli, les ballets, les promenades du dimanche avec ses sœurs dans le parc aux Cerfs. Cette veille de nouvel an, Tanne alluma une série de bougies derrière l'Arlequin et Denys et elle remarquèrent que cela aurait été merveilleux de le voir faire une pirouette — rien qu'une.

Trois semaines plus tard, leur vœu fut exaucé d'une dramatique manière lorsque trois tremblements de terre secouèrent les highlands. Denys dormait dans son van sur la réserve masaï et il crut à la première secousse qu'un rhinocéros était passé dessous. Tanne était dans son bain et elle pensa qu'il y avait un léopard sur le toit. A la deuxième, elle crut qu'elle allait mourir et à la troisième, elle se dit qu'elle « avait rarement éprouvé tant de joie [...]. Cette joie débordante tenait surtout au fait de découvrir la mobilité de ce que nous avions cru jusqu'ici immuable [...]. Cette croûte morte, cette lourde masse, s'éveillait et s'étirait sous mes pieds[2] ».

Vers la même époque, la police locale l'avertit qu'une bande d'audacieux et dangereux voleurs, que l'on soupçonnait d'avoir tué un boutiquier indien de Limuru, opéraient dans le voisinage et avaient probablement leur repaire dans sa ferme. On lui demanda si elle accepterait de proposer vingt shillings en récompense de toute information permettant leur capture, mais elle refusa. Ses sympathies allaient aux hors-la-loi. Leur chef, Muangi, était un héros local et un danseur renommé qui prit le risque d'être fait prisonnier en venant à une *ngoma* organisée à la ferme. Tanne avoua que, si elle avait pu être sûre qu'il ne l'aurait pas tuée, elle aurait bien aimé le rencontrer. « Il y a toujours quelque chose de fascinant chez les gens qui sont absolument désespérés[3]. »

Une autre hors-la-loi trouva un accueil cordial à la ferme. C'était la jeune comtesse de Janzé, convaincue d'avoir tiré dans le train de Calais sur son amant anglais, Raymond de Trafford. Le comte de Janzé avait une ferme au Kenya, et la comtesse, une jolie Américaine, héritière de la fortune des Armour, avait rencontré Trafford au Muthaiga. Elle avait eu l'intention de le tuer puis de se suicider ensuite. En fait, elle était restée entre la vie et la mort durant plusieurs semaines. Après son procès et son divorce, Trafford l'épousa[4].

Ce printemps-là, Alice de Janzé était revenue au Kenya pour régler quelque affaire. Elle avait besoin d'une compagnie amicale qui lui remonterait le moral, et « Josh » Erroll * lui présenta Tania Blixen qui les invita tous les deux à lui rendre visite et assura à la comtesse qu'elle pouvait séjourner en toute tranquillité à la ferme durant le temps qu'elle préparait son départ.

Ce même après-midi, lady Macmillan et Mr Bulpett arrivèrent à l'improviste en remorquant deux vieilles dames américaines passagères d'un bateau de croisière qui étaient descendues à Nairobi et avaient fait en voiture le chemin de Ngong dans l'espoir de voir un lion. Lady Macmillan considérait de toute évidence la baronne comme un genre de lionne, une curiosité pittoresque qui valait bien un détour, et Tania les invita à rester pour le thé. La conversation en arriva à l'immoralité scandaleuse de la société kenyane et les deux dames, oubliant qu'elles étaient ses compatriotes, citèrent Alice de Janzé comme la pire des pécheresses et des débauchées. C'est à ce moment que la voiture de lord Erroll arriva et qu'on les annonça, lui et la comtesse. Tania remarqua avec une grande satisfaction que le Diable en personne n'aurait pas produit de pire consternation. La scène l'amusa tellement qu'elle se releva la nuit en riant encore de l'affaire.

La bande de voleurs continuait d'alimenter la conversation dans les highlands et on s'inquiéta de la possibilité qu'elle ne suscitât un soulèvement général des indigènes. Tanne aborda la question un après-midi avec son ami norvégien Gustav Mohr, qui avait amené dans la conversation le livre de Kierkegaard, *Le Concept de Terreur*. Ils tombèrent d'accord sur le fait qu'il n'y avait pas lieu d'avoir peur des voleurs et que c'était quelque chose qui valait pour tout, à condition d'être honnête quant à la nature véritable de la peur. La vie avait ses risques et ses dangers mortels, mais ils survenaient, que vous soyez ou non « frappé de terreur » à leur pensée. Tanne suggéra que peut-être seulement ceux qui vivaient dans la peur du diable avaient quelque chose à craindre. Elle distinguait cependant entre *son* diable — le coquet entrepreneur qui troquait les triomphes de ce monde contre les âmes — et l'autre, le sinistre personnage allemand, qui travaillait pour le mal. Si toutefois il existait, elle était tout aussi curieuse de le rencontrer que de voir Muangi.

Mohr, qui n'avait pas trente ans, était au départ un ami de Thomas. Trop jeune pour s'engager au moment de la guerre, il avait émigré en Amérique

* Le comte d'Erroll, qui était alors marié à lady Idina Sackville, était un personnage plutôt connu, l'une de ces figures « météoritiques » et extravagantes qui donnèrent au Kenya sa réputation. On le trouva mort des suites d'une blessure par balle dans sa voiture en 1941 et le mari d'une femme connue comme sa maîtresse fut arrêté pour meurtre ; mais on l'acquitta par la suite.

où, comme Wilhelm, il avait exercé toutes sortes de métiers bizarres et avait visité l'Ouest. De Californie, il prit un vapeur pour l'Australie, arriva au Kenya au début des années vingt et trouva du travail comme régisseur dans une ferme. Il était responsable de onze mille arpents près de Rongai et il avait quatre Européens sous ses ordres. C'était, remarqua Tanne, « un poste très intéressant pour un homme aussi jeune que lui[5] ».

Mohr, en tout cas, était tout sauf un « manant ». Dans *La Ferme Africaine,* Isak Dinesen le décrit comme une personne au grand nez et à l'âme de poète, qui s'abattait sur son salon « comme s'il avait été projeté par l'explosion de son âme incandescente », se jetait dans un fauteuil devant le feu et déclarait qu' « il devenait fou [...] dans un pays où les gens s'imaginent que l'on peut vivre en ne parlant que de bœufs et de sisal[6] ». Il discourait alors sur « l'amour, le communisme, la prostitution, Hamsun ou la Bible » et cela jusqu'à l'aube, en fumant de mauvais cigares et en refusant de manger. Il aimait Tanne avec la même intensité austère que Thomas, dont il avait peut-être hérité certains des sentiments protecteurs que son frère avait pour elle. Ils avaient rendez-vous de façon régulière au New Stanley, où ils se prêtaient des livres et causaient littérature. Mohr comblait un peu des vides que les absences de Denys créaient dans la vie de Tanne, et lorsque sa solitude était au plus aigu, il lui prodiguait la compassion et la tendresse humaines qui lui étaient indispensables[7]. Il fut le premier à venir la voir lorsque Denys mourut et il resta chez elle pour arranger les obsèques. C'est lui qui la conduisit à la gare le matin où elle quitta l'Afrique. « A la différence de la plupart des hommes qu'elle connaissait, se souvenait Thomas, Gustav aimait Tanne sans la craindre et elle le respectait parce qu'il n'était pas son esclave[8]. »

2

1928 fut une année extrêmement active et profitable pour Denys en tant que chasseur, et il ne cessa d'aller et venir dans la vie et la maison de Tanne. En février, alors qu'il se rendait au Tanganyika, il passa en coup de vent pour se procurer une pièce de rechange pour son van. Ils dînèrent et il alla se coucher tout de suite car il avait décidé de partir en safari à une heure du matin. Tania resta à veiller encore un peu en lui passant des disques et elle se leva à minuit pour lui dire au revoir. Elle l'accompagna jusqu'au vivier, en chemise de nuit avec un châle sur les épaules. Vénus se couchait, l'air était glacé, et c'est peut-être à ce moment-là qu'elle ressentit « cet amour et cette reconnaissance que ceux qui restent éprouvent [...] pour les vagabonds et les errants du monde[9] ».

Le dimanche suivant, un autre voyageur parut sur le seuil. C'était un Suédois du nom d'Otto Casparsson, qui avait travaillé quelque temps comme maître d'hôtel au Norfolk et s'était trouvé derrière la chaise de Karen Blixen lorsqu'elle y dînait. Il l'avait divertie de sa voix onctueuse par ses propos philosophiques sur la vie. Ingrid Lindström s'en souvenait comme d'un homosexuel suédois d'une « plutôt bonne famille », grassouillet et rougeaud. Mais il avait rompu avec sa famille et avait voyagé de ville en ville en Europe, en travaillant comme serveur quand il ne trouvait pas mieux. Pour l'heure il avait des problèmes avec la police et la communauté suédoise, à qui il aurait pu avoir recours, ne voulait rien avoir à faire avec lui. Il se plaignait que ce fût difficile pour un homme blanc comme lui de trouver du travail avec la concurrence indigène. Il ne pouvait rien faire de ses mains, ce n'était pas un « manuel », il ne savait pas conduire, et, debout dans la cour poussiéreuse de Mbogani House, il avait un air « démuni et isolé ». Tanne, qui revenait d'une promenade à cheval, n'eut pas très envie de le laisser entrer tout d'abord. Mais il lui conta ses malheurs avec tant de cœur et prit tant de précautions pour qu'elle ne se sentît pas coupable si elle refusait de l'aider qu'elle changea d'avis. « C'était en somme assez chevaleresque de la part d'une bête traquée[10]. »

Casparsson raconta sa vie à la baronne au cours d'un bon dîner. En des jours meilleurs, il avait été acteur. Ses plus grands rôles étaient Armand dans *La Dame aux Camélias* et Oswald, dans *Les Revenants* d'Ibsen. Ils parlèrent pièces de théâtre et dramaturges et discutèrent de la façon dont les plus grands rôles devaient être rendus. En fait, Casparsson lui proposa même de lire Ibsen avec elle. Tanne voulait bien, mais l'exemplaire qu'elle possédait était en anglais et il ne le parlait pas couramment. Il y a sûrement un écho de cette conversation dans « Le Raz de marée de Norderney », où Casparsson devient Casparsen, l'imposteur, et où Tanne a les traits de Malin Nat-og-Dag. C'est dans ce passage que l'on peut voir ce qu'ils avaient en commun :

> « Et pourquoi désiriez-vous tant ce rôle ? demanda-t-elle enfin. — Je veux me confier à vous, répondit-il très lentement. " Non à ton visage, mais à ton masque, je te connaîtrai[11]. " »

Vers la fin de la soirée, Casparsson confia à la baronne qu'il partait chercher fortune au Tanganyika. Quand elle lui demanda comment il comptait y aller, il lui avoua qu'il avait l'intention de s'y rendre à pied. Comme elle lui faisait remarquer qu'il devrait faire deux cent vingt-cinq kilomètres à travers une région désertique et infestée de lions, il lui répondit que c'était une délicatesse que les lions feraient à sa famille en le dévorant pour son compte. S'il survivait à son voyage, il pourrait en tout cas tourner le dos à sa famille avec la conscience tranquille.

Karen Blixen voulut l'accompagner sur son chemin et le lendemain matin elle le déposa à la hauteur de la *dukka* de Farah, lui donna une bouteille de vin, des sandwiches, vingt-cinq shillings en liquide et lui souhaita bonne chance[12]. Il portait un étrange pardessus noir et la quitta de bonne humeur malgré sa misérable situation. Elle n'entendit plus parler de lui jusqu'au jour où une amie l'informa qu'il avait atteint le Tanganyika sans encombre après maintes aventures avec les lions et les Masaïs. Plus tard, il lui renvoya son argent dans une lettre élaborée, louant l'aide et l'inspiration qu'elle lui avait prodiguées. Au Caire, il écrivit pour un journal suédois deux articles, « Vagabondages en Afrique-Orientale ». La baronne y apparaît — personnage chevaleresque et pittoresque — tout comme il figure lui-même dans *La Ferme Africaine.*

Mbogani House avait quelque chose d'un aimant pour les proscrits et représentait une attraction touristique pour les personnages importants, que l'on y conduisait lorsqu'on leur faisait visiter le pays. Choleim Hussein, un riche Indien, négociant en bois avec qui Tanne avait fait affaire du temps où elle défrichait ses terres, lui demanda, connaissant son imaginatif sens de l'hospitalité, de recevoir un grand prêtre indien en visite dans le pays. Il proposa de lui fournir les fruits, les pâtisseries et l'argent des offrandes rituelles et Tanne accepta. Mais au jour dit, elle fut inquiète lorsqu'elle vit, non pas un mais dix-sept vieillards en tunique de cachemire descendre d'un escadron de voitures.

Le grand prêtre lui-même était un homme tout petit avec un visage délicat et une petite voix, qui ne parlait ni anglais ni swahili. La baronne et lui durent, comme elle l'écrit dans *La Ferme Africaine*, « recourir à la mimique pour [s']assurer de [leur] mutuelle considération[13] ». Après le repas, pour lequel elle déploya toute son argenterie, ils s'assirent tous deux sur la pelouse dans un silence qui exprimait étrangement leur réciproque sympathie. Karen Blixen fut frappée par son expression sereine mais animée, semblable à celle d'un petit bébé ou d'une très vieille femme du monde, sensible à tout mais que rien ne peut surprendre. Il admira particulièrement ses lévriers, qui étaient d'une espèce qu'il n'avait jamais vue. A la fin de la visite, elle lui tendit les cent roupies avec beaucoup de cérémonie et il lui donna une perle montée en bague. Du coup cet échange de bons procédés l'ennuya : elle souhaita lui faire un vrai cadeau et elle envoya Farah chercher la peau d'un lion que Denys avait tué quelques mois auparavant. « Le vieillard prit une des pattes et en examina les griffes, il les passait sur la peau de ses joues couleur de cire pour mesurer combien ces griffes pouvaient être meurtrières[14]. »

La chasse au cours de laquelle fut tué ce lion compose l'un des épisodes centraux de *La Ferme Africaine* et semble être parvenue, même à l'époque où elle eut lieu, au rang d'un épisode d'une grande importance symbolique. Le 23 avril, qui était la veille du quarante-deuxième anniversaire de Denys, Dickens apprit à Karen Blixen que deux lions avaient emporté le bœuf de leur *boma* ainsi que deux jeunes taureaux. Il lui demanda la permission d'empoisonner des appâts à la strychnine, mais elle refusa. Ce n'était pas une façon sportive de procéder, lui dit-elle : par bonheur, Mr Finch Hatton était là, et elle irait avec lui abattre les lions. Dickens considéra cela comme une sottise et partit, « glacial[15] ». Pour Denys, cela arrivait au bon moment. Il se plaignait que sa vie n'avait pas été jusque-là à la hauteur de ses espérances et, pour le dérider, Tania lui dit que quelque chose d'intéressant pourrait bien arriver avant son anniversaire.

Cet après-midi-là, ils amenèrent l'un des deux bœufs morts sur une petite colline près d'un bosquet de caféiers, d'où ils pourraient aisément tirer les lions s'ils venaient pour dévorer l'animal. A la nuit tombée, ils retournèrent sur les lieux avec Farah. Celui-ci portait une grosse lampe-torche, Tania en portait une autre et Denys avait un flash à sa ceinture. C'était une nuit sans lune et Tania tremblait en promenant lentement sa torche autour d'elle. La première bête qui apparut dans le faisceau de lumière était un chacal, mais un peu plus à gauche le rayon lumineux éclaira « Sa Majesté Simba [...] à une vingtaine de mètres de là, allongé sur le sol, la tête sur les pattes et les yeux fixés sur [eux] [16] ».

Ils n'avaient pas beaucoup de temps. Si le lion s'enfonçait dans les fourrés, la lumière ne serait pas assez puissante pour le poursuivre, c'est pourquoi Denys tira. Farah promena à son tour sa torche autour du *shamba* et tout près, derrière un buisson, ils découvrirent un second lion. Cela avait été une situation incroyablement risquée car, s'il avait manqué l'un ou l'autre, ils n'auraient eu nulle part où se réfugier, environnés qu'ils étaient par les arbres. Mais les deux maraudeurs étaient morts, et les chasseurs rentrèrent à la ferme, épuisés mais exaltés, pour boire une bouteille de champagne.

Ce fut peu de temps après cette chasse au lion que Karen Blixen reçut une lettre que lui envoyait l'un de ses anciens porteurs de fusil. Elle était écrite dans le style fleuri des écrivains publics, était adressée à la « Lionne von Blixen » et commençait par « Chère Lionne... » Les membres de son personnel commencèrent à l'appeler Lionne, ce qu'elle trouvait plutôt brillant comme titre. Peut-être cela lui plaisait-il plus qu'elle ne voulait bien le dire, car cette chasse au lion anniversaire confirmait, d'une façon quasi sacramentelle, un choix qu'elle pensait avoir fait, une identité qu'elle était parvenue à acquérir et un triomphe sur le conflit qui avait occulté cette identité durant ses années de jeunesse. C'était, comme elle le déclara à tante Bess, le choix entre « les lions et la vie de famille [17] ». Dickens, qui était un brave homme, mais aussi un père et un mari, s'était légitimement opposé à traquer les lions et avait proposé d'empoisonner des appâts à la strychnine. Mais Tania et Denys avaient tout autant le droit de défendre un sens différent des responsabilités : ils n'étaient ni « frivoles » ni « égoïstes », comme le prétendait Bess. « Viens maintenant, avait-elle dit à son amant, et allons risquer nos vies totalement dénuées de valeur [18]. » Dans *La Ferme Africaine* [19], elle devait ajouter comme réponse ultime à tante Bess : « *Frei lebt wer sterben kann* *. »

Le débat épistolaire entre la nièce et la tante se poursuivait, chacune défendant son terrain avec une grande dépense de passion et d'encre. Les lettres que Tanne écrivait à Bess lui faisaient tellement plaisir qu'elle voulut les faire publier. Tanne assurait à sa tante qu'il y avait plus de choses qui les unissaient que de choses qui les séparaient, et qu'elle lui était reconnaissante de « l'enthousiasme, de la lumière et de la chaleur » que Bess représentait pour elle [20]. « Quand il arrive que [...] quelque chose change mon point de vue sur les problèmes de l'existence, je pense à chaque fois : " J'aimerais tant en parler avec tante Bess [...] [21] ". »

* « Il vit libre, celui qui peut affronter la mort. »

3

Bien que Denys fût très occupé, cette année-là fut remarquablement heureuse dans sa vie avec Tania. Elle avait cessé d'éprouver cette impression d'abandon et c'est peut-être cela qui l'encouragea à témoigner à sa maîtresse davantage d'affection. Le bonheur de Tania submerge ses lettres d'humour et d'esprit. Quand l'un de ses cousins Westenholz lui en demanda la raison, elle cita un auteur anglais qu'elle était en train de lire, un critique du nom de Philip Wicksteed. Dans son livre d'essais sur Henrik Ibsen, il avait soulevé la question qui domine les œuvres de l'écrivain : « Qu'est-ce qu'être soi-même ? Dieu avait un dessein lorsqu'il créa chacun d'entre nous. Pour un homme, incarner le dessein de Dieu dans ses paroles et dans ses actes, c'est cela être soi-même[22]. » Isak Dinesen tournerait la phrase de façon plus poétique et plus laconique lorsqu'elle écrirait dans *La Ferme Africaine :* « La fierté, c'est la conscience que nous avons des desseins de Dieu sur nous, lorsqu'il nous créa [...] L'homme fier a le sentiment que sa raison d'être est de les accomplir [...] L'homme fier trouve [son bonheur] dans l'accomplissement de son destin[23]. » Dans son amitié avec Denys, dans ses relations avec les Africains et dans sa vie de planteur, elle avait compris ce que « Dieu avait décidé pour elle ». Et à nouveau, elle en profita pour répéter ce que Dieu avait décidé qu'elle ne fût *pas :* une mère de famille danoise à la vie confortable et tranquille.

La certitude qu'il existait un dessein divin était infiniment précieuse pour Karen Blixen et, lorsqu'elle la perdait, comme cela lui arriva parfois, elle sombrait dans le désespoir. Dans son œuvre, elle devait, à l'exemple de Dieu, créer un ordre des choses si beau et si régulier que même les pertes y ont leur place, comme les espaces qui séparent les colonnes.

Il régnait à la ferme une atmosphère romantique suscitée en partie par Denys et Tania eux-mêmes. La deuxième femme de Farah, Fathima, était arrivée et ils se marièrent en grande pompe. Ali se maria lui aussi la même année et sa femme, Maura, donna à Fathima des leçons de swahili. Ils faisaient un couple si charmant que le cœur de Kamante s'enflamma de passion à son tour et qu'il décida d'épouser une grande et voluptueuse jeune Kikuyu nommée Wamboi. Karen Blixen l'aida à rassembler le cheptel de bœufs et de chèvres nécessaire à l'achat de la jeune fille. Au moment où j'effectuais mes recherches pour ce livre, Kamante et Wamboi, tous deux âgés de presque quatre-vingts ans, vivaient encore à Ngong et se rappelaient très bien la générosité de « Madame Karen » qui avait rendu leur mariage possible.

Il fit une chaleur inhabituelle pour la saison durant le mois qui précédait les pluies. Un après-midi, pour distraire ses *totos,* elle les emmena à Mbagathi voir un meeting d'aviation. C'est là qu'elle rencontra Mrs Bursell, la femme de son ancien régisseur qui vivait au Tanganyika et qui lui donna des nouvelles de Casparsson. Elle l'avait vu récemment près de Moshi, en parfaite santé, ivre, en train de chanter à tue-tête à l'arrière d'un camion.

Le meeting passionna les *totos* autant que leur maîtresse. Il y avait quatre avions qui firent des acrobaties et des courses. L'un d'eux était piloté par la célèbre Maia Carbery, une aviatrice très connue. Elle devait s'écraser au sol non loin de Ngong un mois plus tard, laissant son mari, lord Carbery et une petite fille. Tanne en parla à tante Bess comme de quelqu'un qui n'aurait jamais dû se marier et qui avait tenté, avec quel tragique résultat, de concilier « chasse au lion » et « vie de famille ».

En mars, la femme du gouverneur, lady Grigg, se rendit à la ferme en compagnie de ses parents, lord et lady Islington. Tandis que lady Grigg faisait visiter le jardin à sa mère, Tanne s'entretint avec le vieux lord, qui avait été gouverneur de Nouvelle-Zélande et qui avait soutenu en 1920 les droits des Indiens. Il prenait toujours une part active dans les affaires coloniales. Ils parlèrent de politique, du droit de vote pour les Indiens et les Africains*, des impôts excessifs qui avaient été levés durant les dernières années — alors qu'à la même époque cet argent était inconsidérément dépensé en luxes superfétatoires par les colons. Lord Islington partageait ses préoccupations, il lui promit d'en parler à la Chambre des Lords et l'invita à Londres à venir l'entendre en cette occasion. Lorsque les dames revinrent, elles le plaisantèrent sur la « fascination » qu'il éprouvait pour la baronne, ce qu'il concéda volontiers, et elle déclara que « les messieurs ne deviennent vraiment charmants qu'à partir de soixante-dix ans[24] ».

Les Grigg commençaient déjà leurs préparatifs pour la visite officielle du prince de Galles, qui devait venir au mois d'octobre. Sir Edward faisait rénover la salle de bal du palais du gouvernement, ce qui coûta sept mille livres, et il avait ordonné que les rues fussent réparées. On apprit à Denys qu'il avait été choisi pour accompagner Son Altesse Royale à un safari, nouvelle qui ne l'enchanta guère. Lorsque Tania se moqua de lui à ce propos, il lui riposta qu'elle ne pouvait imaginer le « cirque » que l'on faisait autour des personnages de la famille royale anglaise.

Ce fut une année placée sous le signe de ce genre de cirque. En mai, eut lieu une réception en l'honneur de la princesse allemande Marie-Louise de Schleswig-Holstein, suivie par le second mariage de lord Delamere avec Gladys Markham. Tania fut invitée en ces deux occasions. Elle appréciait ce régime à base d'aristocrates, de brigands, de meurtrières, d'acteurs-vagabonds et de grands prêtres, et elle était heureuse de voir qu'il était encore possible de trouver des gens considérés comme d' « illustres figures » du monde et qui représentaient un pouvoir supérieur ou inférieur. La démocratie avait ses vertus, mais elle pensait également qu'un symbolisme d'une grande valeur avait disparu de la vie des hommes des civilisations modernes. « Etre conscient de ce que l'on était : un Allemand, un Reventlow, un membre de l'honnête guilde des charbonniers ou une *honnête femme*

* Le Conseil législatif était composé de fonctionnaires représentant le Foreign Office et de membres élus par les communautés blanches, indiennes et arabes au cours de scrutins séparés. Les Blancs conservaient toujours une majorité officieuse. Les Indiens continuaient à réclamer une « liste commune » qui leur aurait assuré une plus juste représentation. Les Africains étaient toujours considérés comme incapables de voter ou de décider de leur sort et c'étaient des députés blancs qui les représentaient.

obligeait sans aucun doute les gens à se montrer à la hauteur et les remplissait d'une fierté légitime, contrairement à la jeunesse moderne " qui n'a que sa simple humanité sur quoi compter " [...][25]. »

Karen Blixen écrivit ces lignes à un moment où était compromis son propre statut social de représentante de pouvoirs supérieurs. Cet été-là, elle reçut une lettre de Bror, qui était en Suède. C'était le genre de lettre dont il était coutumier — banale, regorgeant de détails, d'un ton bourru et plein d'affection —, de celles qu'écrit l'éternel frère aîné à sa petite sœur. Mais, au milieu de ces anecdotes se trouvait une dure nouvelle : « Le 7 août, je vais épouser Cockie [...] Je reviens vivre au Tanganyika, cependant je me mettrai le moins possible en travers de ton chemin. Mais par-dessus tout : j'espère être toujours ton Bror dévoué[26]. »

Tanne rapporta soigneusement cette nouvelle à la famille sans en faire grand cas, et en souhaitant avec désinvolture à Bror davantage de chance pour cette seconde fois. Mais elle piqua une crise auprès de ses amis intimes, accusant Cockie d'être une usurpatrice et Bror de la trahir de la façon la plus grossière. C'était de sa part une étrange réaction, puisque le divorce était consommé depuis quatre ans et que la liaison de Bror et de Cockie durait depuis dix ans. Mais Tanne fut inconsolable. Elle prit ce mariage comme une injure personnelle et une insolence. Autant elle avait été capable de pardonner à Bror ses infidélités lorsqu'ils étaient mariés, autant il lui était impossible de lui pardonner ce camouflet fait à son prestige, cette compromission de sa situation sociale et la dépréciation que subissait son titre. Peut-être laissait-elle aussi désormais libre cours à sa colère, longtemps retenue, contre les fautes passées de Bror.

Ses amis furent stupéfaits car aucun d'entre eux ne comprenait la valeur qu'elle attribuait à son titre. Ce n'était pas seulement, comme l'écrit Parmenia Migel, qu' « elle aimât qu'on l'appelât baronne[27] », bien qu'elle appréciât évidemment cela. Son anoblissement officialisait ses relations avec le monde de Frijsenborg et tout ce qu'il représentait. Il ne s'agissait pas seulement de posséder une fortune immense, la grandeur et une femme de chambre personnelle, mais aussi la liberté et la « légèreté du cœur ». Son titre donnait aussi à Karen Blixen une sorte de poids, dont elle décrit magnifiquement la nature dans « Saison à Copenhague » : « Un jeune homme portant un nom ancien, mais dépourvu de toute illusion quant à son physique ou à ses dons, demandait la main d'une beauté brillante, [...] confiant en la valeur de son véritable soi [...] Dans ce monde des noms et de la famille, le bonheur ou le malheur de chacun, aussi longtemps qu'il n'affectait pas le nom, était accepté avec philosophie[28]. » Et c'est dans cet esprit qu'elle-même avait supporté ses propres malheurs et avait choisi Bror « sans illusions » quant à son caractère et à leurs points communs.

Il y avait aussi dans cette affaire un aspect pragmatique dont Tanne fit part à lady Colville, chez qui elle séjournait à Naivasha vers le mois d'août. Elle était, déclara-t-elle, dans une « situation embarrassante » en ce qui concernait son nom. Il allait y avoir deux baronnes Blixen, et c'était Cockie qui était la légitime titulaire du nom. Avait-elle le droit de conserver son titre ou devait-elle devenir tout simplement Mme Blixen ? Lady Colville, une vieille dame un peu toquée, qui était la nièce du duc de Marlborough, dit à Tania de ne pas s'inquiéter : « Ma chère, vous serez bientôt l'honorable Mrs Denys Finch Hatton[29]. » Elle n'avait comme source de cette prophétie que son désir sincère de voir son vœu se réaliser, mais Tania était assez désespérée pour y trouver quelque réconfort. Ingrid Lindström supposait qu'elle en « avait peut-être parlé à Denys », car ils avaient eu peu de temps après une dispute qui leur laissa à tous les deux un goût amer et des réserves d'agressivité qu'ils utilisèrent par la suite.

4

Le prince de Galles arriva en Afrique-Orientale à la mi-octobre avec l'intention de rester environ huit semaines. Lady Grigg invita Tania au palais du gouverneur durant le temps que le prince séjournait à Nairobi, et elle possède encore une charmante photographie de la réception royale, prise sur la véranda après le déjeuner. Son Altesse Royale a les yeux fermés, les autres messieurs ont l'air de digérer un délicieux repas, et la baronne Blixen, seule femme de l'assistance, tire espièglement la langue à l'adresse de l'appareil.

Tania rencontra le prince pour la première fois à un petit dîner officiel et elle déclara ensuite qu'elle s'était « amourachée » de lui. Il l'invita peu après à une brillante soirée privée qu'il donnait dans son wagon personnel. Il y avait en tout et pour tout seize invités assis à quatre petites tables et Tania fut placée à côté du prince. Elle profita de l'occasion pour plaider la cause des Africains « dans l'affaire des impôts » après avoir décidé qu'elle donnerait à sa plaidoirie le « ton d'une plaisanterie ». Apparemment, elle réussit à éveiller quelque peu son intérêt pour les indigènes car il s'invita à dîner à la ferme et demanda à assister à une *ngoma.* On était un mardi et la réception devait avoir lieu un vendredi.

Mettre sur pied une *ngoma* en novembre ne fut pas une mince affaire et Karen Blixen a décrit ses difficultés dans *Ombres sur la Prairie.* Elle envoya Farah prier les chefs de faire venir les membres de leurs tribus et, jusqu'à la dernière minute, elle ne fut pas sûre qu'ils viendraient. Le jeudi, elle alla en ville acheter des provisions et « trouver des dames » pour la soirée. Seuls trois autres messieurs avaient été invités : Denys, l'aide de camp du prince, Piers Legh, et son secrétaire, sir Alan Lascelles. Finalement, elle invita deux autres femmes, laissant au prince le soin d'amener sa propre invitée.

L'une des dames était Vivienne de Watteville, une vieille amie de Denys, fille d'un naturaliste suisse qui avait publié nombre d'études sur l'Afrique. C'était une beauté et une causeuse pleine d'humour. Elle devait écrire le récit des aventures de son père et des siennes dans un livre sur l'Afrique, plein d'extases poétiques, intitulé *Out in the Blue.* Beryl Markham, l'autre dame, avait un charme plus dur. C'était la fille du capitaine Charles Clutterbuck, qui était l'entraîneur des chevaux de course de lord Delamere. Après s'être séparé de sa femme, Clutterbuck avait émigré en Afrique-Orientale avec Beryl, qui avait cinq ans à l'époque, en laissant son fils et sa femme en Angleterre. Dans son enfance, Beryl courait pieds nus dans les collines des environs de Njoro avec ses compagnons de jeu nandis et apprenait à chasser le phacochère à la lance. Les gens de l'époque la décrivaient comme une créature tout à fait sans peur et fière d'être mortelle. Son père quitta le Kenya en 1920 et elle lui succéda auprès des chevaux. Vers la même année, elle épousa son premier mari, un joueur de rugby nommé Jock Purves. A la fin des années vingt, elle commença à apprendre à piloter : elle devait devenir la première femme pilote d'avion postal, la première femme à tenter en solitaire une traversée de l'Atlantique d'est en ouest en avion, et l'une des premières pilotes à utiliser un avion pour repérer le gibier. C'est la raison pour laquelle elle collabora avec Bror et Denys, lequel figure en bonne place dans *son* livre sur l'Afrique, *West with the Night.*

A l'époque, Beryl Markham avait vingt-quatre ans, et elle venait d'épouser son deuxième mari, Mansfield Markham, sportif remarqué et membre du Jockey Club. Elle était grande, large d'épaules, blonde, et ressemblait à Greta Garbo à la fois par ses traits et par la grâce féline et nerveuse de ses mouvements. Sa vie privée était un interminable sujet de ragots et de spéculations. Dans l'imagination du commun des gens, Beryl était une sorte de Circé. A ce moment-là, Denys allait ou venait — selon les sources — d'avoir une « petite aventure » avec elle. Tania ne pouvait pas ne pas avoir remarqué qu'elle était séduisante, et qu'elle l'ait tout de même invitée à ce dîner, la plaçant aux côtés de Denys et racontant par la suite à sa mère que Beryl était « ravissante [30] », donne une haute idée de son côté *fair-play.*

Cette soirée fut celle du triomphe de Kamante, avec un dîner qui commençait avec sa célèbre soupe claire, suivie d'un turbot de Mombassa servi à la sauce hollandaise, du jambon poché au champagne, des perdrix aux petits pois — les oiseaux avaient été apportés par des Masaïs —, des pâtes à la crème, aux truffes et aux petits oignons, des légumes verts et une salade de tomates, des *croustades* aux champignons sauvages, un savarin, des fraises et des grenades du jardin. Denys fournit les vins et les cigares. Après le dîner, les invités sortirent pour voir la *ngoma.* Les chefs n'avaient pas fait faux bond à Tania et il y avait autour des feux de joie une foule de danseurs enthousiastes. Le chemin était illuminé par d'autres petits feux et, devant la maison, Tania avait suspendu une paire de lanternes de marine — celles qu'elle avait ramenées du Danemark pour Berkeley Cole. Le prince remercia personnellement les chefs en leur parlant en swahili. Tania fut « très satisfaite de [sa] soirée [31] ».

Le safari royal quitta finalement Nairobi sous une pluie battante et se mit en route vers l'ouest en direction du Tanganyika, à la recherche d'éléphants et de lions. Denys avait jugé qu'il leur fallait un autre guide, quelqu'un qui avait l'habitude des lions, et après avoir sollicité son vieil ami J. A. Hunter, qui était pris, il fit appel à Bror qui revenait de sa lune de miel et qui vivait dans une petite ferme à Aarusha, au pied du mont Babati. Bror fut ravi par l'invitation et se lança dans la chasse avec une énorme assurance, jurant que le prince aurait son trophée. Comme le fait remarquer Errol Trzebinski, son attitude contrastait nettement avec celle de Denys qui montrait plus de réserve. Avec l'intrépide candeur qui lui était habituelle, Finch Hatton prévint le prince qu'il lui était impossible de faire surgir un lion ou un éléphant sur commande et que « l'Afrique n'a le cœur sur la main pour personne […] même quand il s'agit du fils d'un roi [32] ».

Durant le temps où ils furent à Aarusha, le prince fut présenté à Cockie Blixen qu'il trouva tout à fait charmante, et il l'invita à se joindre à l'expédition. Cockie était une lamentable tireuse mais c'était une chic fille. Lorsque Bror, Denys et le prince arrivèrent chez elle sans prévenir un beau matin et demandèrent s'ils pouvaient déjeuner, elle leur prépara les derniers œufs qui lui restaient. « On peut remarquer d'intéressantes différences de nature à la fois entre Denys et Bror et entre Cockie et Tania, écrit Mrs Trzebinski. La préoccupation de Bror, c'est de ne pas perdre sa réputation de chasseur de lions devant le prince, alors que Denys, tout en souhaitant satisfaire son client, l'a prévenu qu'il n'aurait peut-être pas la chance de trouver des lions. Cockie est elle aussi tout à fait décontractée en présence de son noble invité et elle ne s'inquiète pas le moins du monde à cause de la simplicité de son intérieur ou du fait qu'elle n'a rien à lui offrir en guise de déjeuner qui puisse rivaliser avec les critères d'Épicure, alors que Tania aurait été mortifiée dans les mêmes circonstances[33]. »

En fait, le prince prit Bror à part et le réprimanda sur la maison de Cockie : « Blixen, vraiment, vous ne devriez pas laisser votre femme habiter dans un endroit en ruine comme celui-ci. » « Je n'oublierai jamais, écrivit Bror, le ton de sa voix. Naturellement, j'eus honte, bien que ma femme ne se fût jamais plainte, et en mon for intérieur, je me promis de mettre les choses en ordre[34]. »

Le safari royal fut brusquement interrompu par un télégramme qui annonçait que le roi George était souffrant, peut-être même mourant, et le prince s'embarqua à la hâte pour l'Angleterre. Denys était invité à l'accompagner, mais il avait promis à Tania qu'il serait de retour à Ngong pour Noël. Il attendait un couple de Français, le baron et la baronne Napoléon Gourgaud, qui devaient arriver en janvier pour un safari. « Bon courage avec les grenouilles », lui avait écrit l'aide de camp du prince[35]. Quand Denys arriva à la ferme, il raconta toute l'histoire, sans oublier les coups de fusil de Cockie tirés de travers sur des faisans ni les œufs de son petit déjeuner, croyant sans doute que Tania en serait amusée. Mais elle en fit une crise de jalousie et, dans une carte postale qu'elle lui écrivit, elle accusa Denys de faire fi des lois de la nature. Comment avait-il pu être ami avec Bror alors qu'il savait comment celui-ci l'avait traitée ? Ce reproche si féroce et si saugrenu dut effrayer Denys, car il se cabra.

31.

Les esprits de l'air

1

En mars 1929, Thomas écrivit à sa sœur que Mme Dinesen était gravement malade et que les médecins pensaient qu'elle avait peu de chances de se remettre. Tanne prit le premier bateau pour l'Europe et laissa la ferme aux soins de Mr Dickens. Mais, le temps qu'elle arrive au Danemark, la santé de sa mère s'était considérablement améliorée. Elle resta à Rungstedlund durant les six mois qui suivirent et sa propre santé se détériora : comme d'habitude, elle sombrait chaque jour davantage dans la dépression. « Elle était faible, égoïste, désespérée quant à son avenir, écrivit Thomas, et plus vide que jamais. Je ne savais pas ce qui allait se passer[1]. »

Elle eut une entrevue avec les directeurs des Cafés Karen pendant son séjour, et elle tenta de les convaincre qu'il y avait encore de l'espoir pour la ferme. Les pluies avaient commencé avant son départ, Dickens envoyait des nouvelles prometteuses et tout « allait comme sur des roulettes ». Mais en juillet, il y eut des gelées et une terrible invasion de sauterelles. Il était impossible d'emprunter de l'argent pour effectuer des dépenses, en engageant la récolte comme garantie subsidiaire, et le conseil d'administration refusa catégoriquement d'accorder le moindre sou pour la tirer d'affaire.

Face à de telles circonstances, Tanne s'adressa à Denys pour obtenir de lui une aide financière. Il accepta de « faire quelque chose », mais ce ne serait qu'un bouche-trou temporaire jusqu'à ce que la récolte fût faite. Ses avocats lui écrivirent à Rungstedlund une lettre sévère et plutôt impertinente pour s'assurer qu'elle comprenait les limites et la magnanimité de l'offre de Mr Finch Hatton. Les Cafés Karen, ajoutaient-ils, devraient payer leurs honoraires. « Mr Finch Hatton ne me saurait pas gré de l'avoir amené à une dépense inutile [...] J'aimerais ajouter que Mr Finch Hatton ne saurait s'engager à prêter son argent au-delà de la date fixée, car il ne peut laisser immobilisé son capital indéfiniment. Il est donc très important pour lui que l'affaire soit réglée le plus tôt possible[2]. »

Denys était également rentré en Europe cet été-là. Il prit des leçons de pilotage, obtint son permis et « courut d'un endroit à l'autre pour examiner diverses machines volantes[3] ». A la fin du mois d'octobre, Tania accepta son invitation à se rendre en Angleterre pour y être présentée à son frère. Ses parents étaient décédés, Toby était désormais lord Winchilsea, la maison de leur enfance avait été vendue et la famille vivait à Buckfield House, à Sherfield, à côté de Basingstoke. Denys et Tania y arrivèrent le 3 octobre.

Karen Blixen raconte sa visite à Winchilsea dans *Ombres sur la Prairie* et la situe un peu plus tard dans les années trente. Elle en dit peu de chose, sauf que son hôtesse était « tout à fait charmante ». La semaine qu'elle y passa fut, en fait, quelque peu tendue. Tania « fit tout son possible pour être charmante » mais n'y réussit pas totalement. Errol Trzebinski suppose que Toby, qui adorait son frère cadet et qui était très possessif, était peut-être extrêmement jaloux de Tania. Peut-être était-elle le symbole des éléments exotiques qui avaient éloigné Denys de l'Angleterre, ou peut-être leur tenait-il rancune de leur évidente complicité. L'une de leurs connaissances déclara à propos de la baronne : « Je n'aime pas cette femme. Elle est en train d'essayer de prendre possession de Denys. Cela ne marchera jamais[4]. » Dans son journal, lord Winchilsea parle de Tania sous le simple nom de « Blixen », muflerie qui, même si elle restait d'ordre privé, « ne lui ressemblait pas ».

Denys, cependant, ne prenait pas garde à ce que les gens pensaient de lui ni à leur animosité envers sa maîtresse. Il emmena Tania voir la maison de son enfance pendant qu'ils étaient dans la région. Haverholme était un manoir lugubre bâti sur les ruines d'un ancien prieuré, au milieu d'un terrain marécageux. Au XIIe siècle, il y avait eu une inondation que mentionnaient les archives des moines et la tradition locale. Errol Trzebinski croit que Denys en parla à Tania et que cela a pu lui inspirer le décor du conte « Le Raz de marée de Norderney ».

Il avait promis à la famille qu'il resterait en Angleterre jusqu'à la fin du mois de novembre, et Toby lui offrit de payer son billet d'avion si cela pouvait le persuader de rester plus longtemps. Mais il changea brusquement d'avis et rentra en bateau en Afrique le 28 octobre, la veille du « vendredi noir » qui secoua l'Amérique. Tania passa Noël au Danemark et rentra en Afrique le matin de Noël, conformément à ce qui était devenu son habitude. « Personne ne tenta de la retenir, écrivit Thomas. Nous nous comprenions si bien, même si Tanne semblait espérer — et peut-être en était-elle capable — retrouver foi en elle-même. Nous savions qu'il lui était impossible, à moins que ce ne fût absolument nécessaire, d'abandonner, sans des adieux qui lui déchiraient le cœur, sa maison adorée, Farah, les autres personnes qui lui étaient si chères et, peut-être pour toujours, Denys[5]. »

Sur le bateau, la vieille anglophobie de Tania se réveilla lorsqu'elle entendit les habituels arguments spécieux sur les indigènes. Mais durant le voyage son esprit ne fut vraiment occupé que par une seule chose : la récolte qui devait bientôt arriver. « Je ne pensais qu'à cela », écrivait-elle dans *La Ferme Africaine* * : « Lorsque le temps était beau et que l'atmosphère était agréable, je me disais que nous atteindrions peut-être quatre-vingt-cinq

---

* *FA*, 418.

tonnes. Puis ensuite fatiguée par le voyage ou la chaleur de la mer Rouge, je pensais qu'en tout cas nous ne devrions pas récolter moins de soixante tonnes. » Soixante tonnes, selon les prix de l'époque, représentaient environ quatre mille livres.

Farah l'attendait à Mombassa, ainsi que lady Colville, qui l'hébergea à son hôtel pour la nuit. Tout d'abord, elle n'osa pas interroger Farah sur la récolte et ils causèrent d'autres choses, de ses *shauries* avec Dickens, de la perception de l'impôt sur l'habitation, de l'amélioration de l'état d'un jeune garçon nommé Kairobi, qui était fou. Mais lorsqu'elle ne put retarder davantage le moment de poser la question : « Farah se tenait près de la porte, les yeux mi-clos, la tête un peu rejetée en arrière, comme s'il avait peine à avaler la nouvelle qui m'attendait. " Vingt-quatre tonnes, Memsahib ", me dit-il. Je savais qu'avec une récolte de vingt-quatre tonnes il n'était plus pour moi question de tenir *. »

2

A partir de l'époque où Karen Blixen rentra à la ferme, au commencement de l'année 1930, les lettres qu'elle écrivit à sa famille se firent rares et leur ton acquit un sang-froid sans doute destiné à garder ses distances vis-à-vis de la fièvre de la réalité et de ses malheurs. Elle continuait à parler des « incertitudes » de son existence, quoique ce fût là un euphémisme, car il n'y avait aucune incertitude quant à la ferme.

L'habituelle liste de *shauries* l'attendait. Le jour de son arrivée, eut lieu une grande *ngoma* au cours de laquelle fut assassiné un homme, ce qui leur valut des ennuis avec la police, qui menaça de faire interdire les *ngomas* pour toujours. L'incident souleva également la colère de Mr et Mrs Dickens, qui considéraient les danses comme une « sauvagerie barbare ». Mr Dickens laissa même entendre qu'il pourrait s'en aller. Pendant ce temps, Farah était impliqué dans un conflit de tribus avec Hassan, l'ancien cuisinier, qui essayait de le tuer. Et Denys avait de nouveau invité Bror a être son second lors du prochain safari du prince, qui devait avoir lieu en février.

Cette fois-ci, Cockie et Bror séjournèrent au palais du gouvernement et Tania fut écartée de toutes les cérémonies officielles par les rigueurs du protocole. Denys tenta de la consoler en amenant le prince dîner à la ferme, mais cela ne fit que souligner sa quarantaine sociale. Elle se sentit abandonnée et rejetée et le reprocha ouvertement à Denys. Elle avoua à sa mère qu'elle lui avait « fait une scène de premier ordre » — et qu'elle s'était moquée d'elle-même ensuite. Mais elle ne pouvait plus rien entendre « de vraiment sérieux à son sujet » et, comparé à l'amour qu'elle éprouvait pour les Africains, « Denys ne faisait pas le poids[6] ». Lorsqu'elle reparla à

---

* Isak Dinesen, *La Ferme Africaine*, pp. 418-419. Paradoxalement, une bonne récolte pour l'époque, sans l'appoint des techniques modernes, aurait été d'une demi-tonne par arpent, soit trois cents tonnes pour les six cents arpents des Cafés Karen. Ils opéraient sur une base extrêmement marginale.

nouveau à son amant, ce fut sans rancœur. Mais la description qu'elle fait de lui — c'est l'un des plus beaux passages de ses lettres — présente tout le calme détachement, toute la précision et toute l'objectivité sublimement négligente qu'il y a dans *La Ferme Africaine :*

> « Cela va si bien à Denys de voler. J'ai toujours pensé qu'il y avait en lui tant de choses aériennes [...] et qu'il était une sorte d'Ariel. Mais on trouve toujours une bonne part d'absence de cœur dans de tels caractères [...] et Ariel était en fait sans cœur, comme on le voit si l'on relit *La Tempête,* mais si pur, en comparaison des êtres terre à terre qui peuplent l'île. Clair, honnête, sans réserve, transparent — en un mot semblable à l'air. Je crois aussi que ce que j'ai le plus aimé chez Denys dès le début, c'était ceci : il se déplaçait, spirituellement parlant, dans les trois dimensions[7]. »

La visite du prince réveilla à nouveau l'animosité de Tanne à l'égard des Anglais, une sensation qui coïncide généralement avec son impression d'être une étrangère. Elle ne cesse de parler dans ses lettres de leur manque de sentiments, de leur médiocrité et de leur déraisonnable façon d'exploiter les indigènes. Elle détestait de voir la colonie se développer et une « nouvelle classe » de colons envahir les highlands. C'étaient les bureaucrates et les boutiquiers qui se rendaient le dimanche dans les collines pour tirer les animaux depuis leurs voitures, qui méprisaient les Somalis à cause de leur insolence et de leur fierté, et qui achetaient les terrains des environs de Nairobi pour y faire construire des bungalows avec jardinets. Tania et Denys les appelaient les « ennemis » et elle craignait par-dessus tout que la ferme ne tombât, après son départ « entre leurs griffes ». Denys lui promit qu'il ferait tout son possible pour empêcher cela et, en guise de bouche-trou supplémentaire, il lui prêta quatre cents livres de plus pour payer les salaires de ses ouvriers en acceptant ses meubles et son argenterie comme garantie additionnelle[8]. Ce printemps-là, alors qu'il rentrait en Angleterre avec le prince, elle fit l'inventaire de ce qu'elle possédait.

Karen Blixen ne parvenait toujours pas à croire que la ferme fût perdue, même si toutes les lettres qu'elle recevait du Danemark l'affirmaient. Elle coupa les ponts, se plongea dans les affaires quotidiennes de la ferme et vécut presque exclusivement avec les Africains comme elle l'avait fait au début. Le dimanche, elle mettait le gramophone sur la véranda et passait de la musique à ses *totos.* Elle emmenait la petite fille de Farah partout, comme si elle avait été son *papoose,* et lorsqu'elle commença à faire de terribles cauchemars, cet hiver-là, elle prit dans son lit comme poupée le petit Saufe, qui avait un an. Il y avait, dans les relations qu'elle entretenait avec les Africains, quelque chose de la petite fille qui joue à la poupée : l'extrême tendresse, la sollicitude maternelle et le sens du pouvoir et de la responsabilité qui la distrayaient de ses propres sensations de désespoir.

En mai, Denys écrivit à Tania depuis l'Angleterre, où il jouait beaucoup au golf et cherchait des avions qui pourraient atterrir sur sa pelouse, du côté de la ferme qui donnait sur Ngong. Il lui faisait une amusante description de la « crise » chez les oisifs : « Chacun dit qu'il est fauché plus que jamais cette année, mais il semble que l'on dépense autant d'argent que d'habitude dans les distractions stupides [...] Rolls Royces, nouvelles modes et soirées extravagantes, et tous ceux qui ont de l'argent le placent à l'étranger en dissimulant qu'ils veulent échapper à l'impôt sur le revenu [...] Il n'y a pas de rats qui abandonnent le navire. Le problème, c'est que le pays qui, lui, ne peut s'échapper, est imposé jusqu'à la mort, et que l'agriculture est prête à rendre l'âme. L'Australie est en faillite, l'Allemagne regorge de chômeurs, l'Amérique est dirigée par des gangsters et la France semble être la seule à s'en sortir [...] J'espère, conclut-il, que tu as fait une visite à ma propriété sur la côte. Je crois que cela te fera énormément de bien de t'échapper de Ngong de temps en temps. Je suis sans nouvelles de toi et je me demande où en est l'affaire Dickens. Envoie-moi un mot quand tu le pourras [...][9]. »

Elle n'accepta pas, semble-t-il, de se rendre à Takaungu. Sa santé était fragile et elle ne cessait de perdre du poids. Mohr était extrêmement inquiet à son sujet, et les gens qui la voyaient à l'époque la trouvaient renfermée et *kali.* Ce mot swahili a un sens très large et il s'applique généralement aux animaux sauvages, particulièrement aux félins, pour décrire leur nature féroce et capricieuse. Un jeune homme, qui se disputa avec Karen Blixen sur les droits qu'il avait de chasser le buffle sur sa propriété, fut réprimandé « de façon très officielle et très hautaine[10] ». Beryl Markham venait de temps en temps faire des promenades à cheval avec Tania dans les collines, et elle la décrivit comme d'une humeur ombrageuse et imprévisible.

Sa maigreur et sa nervosité croissantes lui donnaient un aspect quelque peu effrayant pour les enfants. Un colon, alors tout jeune, croyait que c'était une sorcière. Il nous reste une photographie de l'époque, où elle est en train de pêcher. Son visage disparaît dans l'ombre d'un grand chapeau et elle ressemble beaucoup à ce qu'elle deviendra vingt ans plus tard. Sur une autre photographie, elle est en compagnie de deux Africains dans la forêt et elle porte des culottes et une blouse. Clara Svendsen écrivit à son propos : « Alors que les premières photographies montraient une Européenne bien nourrie en comparaison des Africains si maigres, à cette époque la maladie et les soucis avaient fini par produire une nette ressemblance[11]. »

Denys revint en septembre avec son nouvel avion, un Gypsy Moth peint en jaune vif et qu'il avait baptisé Nzige — mot swahili qui signifie sauterelle. Nzige Road, à Karen, a été nommée ainsi d'après l'avion. Elle suit le tracé de l'ancienne piste d'atterrissage. Pour leur premier voyage ensemble, ils survolèrent les collines de Ngong, parfois à très basse altitude pour jeter la panique parmi les troupeaux de zèbres et d'impalas qui paissaient au sommet. Ils rasèrent les *shambas* des indigènes, les champs de café et la maison, et le lendemain, une délégation de vieux Kikuyus vint « interviewer » la baronne sur son aventure. Avait-elle vu Dieu ? Non, répondit-elle. « Alors c'est que vous n'étiez pas assez haut », dit un vieillard.

Parfois ils faisaient des promenades de quinze minutes de façon à ce que la théière, qu'ils avaient laissée sur la table de pierre, soit encore chaude à leur retour. D'autres fois, ils survolaient le lac Natron, allaient à Naivasha ou poussaient jusqu'à Takaungu pour y passer le week-end. Denys dit à Tania qu'il avait acheté son avion dans le seul but de lui montrer l'Afrique du haut des airs, et en retour, elle disait que c'était « sa plus grande joie [...] Dans un pays où il y a peu de routes et où la pluie permet partout d'atterrir, on peut dire que l'avion a permis de découvrir un monde nouveau [...] A mesure que l'on s'envole, on éprouve un indicible ravissement. Après des siècles de nostalgie, il semble que le cœur retrouve l'espace [...] Chaque fois que je suis montée en avion, j'ai eu l'impression d'échapper à la terre et de découvrir un nouvel univers. Je comprends maintenant que c'est à cet affranchissement des lois physiques que tenait mon ivresse [12] ».

Dans *La Ferme Africaine,* la façon dont sont vues la ferme et sa vie est semblable au point de vue que l'on a du haut des airs, à une telle distance que même les désastres ont la beauté d'un motif. L'étendue de la vision que procure un avion qui survole un pays est un point de vue des plus avantageux : rien ne peut être dissimulé. C'est la perspective supérieure que possède l'artiste ou l'aristocrate, dans l'œuvre d'Isak Dinesen. Ce sont des gens qui observent la vie qui se déroule au-dessous d'eux, bien que les dieux se rient d'eux, car ils sont plus hauts qu'eux ne seront jamais.

L'expérience de l'avion permit également à Karen Blixen de « passer un accord avec le destin ». « Jusque-là, écrivit-elle, j'avais fait partie [du paysage], la sécheresse avait été une maladie de mon sang et la première floraison de la plaine, une parure nouvelle pour moi.

« Le paysage se retirait pour me considérer et pour m'apparaître à moi comme un tout [13]. »

Peu de temps après ce premier vol, la ferme fut vendue.

32.

Fermeture de la parenthèse

Ce qu'il nous faut à présent pour compléter cette série de tristes détails échelonnés sur quatorze ans, c'est une grande et mortelle défaite, dont vous serez seul responsable. C'est cela qui conférera une unité à tous ces éléments de désintégration.

Pipistrello à lord Byron[1]

1

Ce mois de novembre-là, Denys partit en safari avec Marshall Field, le milliardaire américain, et son épouse. Tania essayait toujours désespérément de négocier un règlement qui lui aurait permis de rester en Afrique. A la dernière minute, elle fit à nouveau appel à Denys : sa lettre lui parvint à son camp, en pleine brousse, et sa réponse fut rapportée par un messager. Il était d'accord pour lui procurer une aide à court terme, mais il tenta de mettre les choses au clair et de dissiper tout malentendu : il ne pourrait pas sauver la ferme.

> « [...] Je ne saurais *acheter* la ferme — à peine pourrais-je régler la première hypothèque. Si je voulais racheter la maison et le terrain, il faudrait que je vienne à la vente comme n'importe qui d'autre [...] Je n'ai pas à ma disposition la somme nécessaire pour payer l'hypothèque. Mais je suis prêt à la payer deux mille livres pour le compte de Kiptigit, car je ne crois pas que K. acceptera de perdre quoi que ce soit lors de la vente.
> « [...] Mais je refuse d'ajouter à cela les cinq cents livres nécessaires pour conserver le personnel trois mois de plus.
> « Je suis sûr que la compagnie peut faire cela dans son propre intérêt [...] Je suis désolé.
> « Je ne peux rien faire d'autre pour t'aider. Je n'ai pas l'argent moi-

même […] Je suis désolé de te savoir si mal en point […] Je ferai tout ce qui est en mon pouvoir pour que la maison et le terrain ne tombent pas entre les mains de l'ennemi. Tu es dans une bien mauvaise passe, ma pauvre amie. Si seulement je pouvais faire davantage pour t'aider. Denys[2]. »

La vente aux enchères eut lieu en décembre. L'intérêt sur l'hypothèque n'avait pas été payé depuis deux ans et les actionnaires perdirent plus de cent cinquante mille livres. L'acheteur était un jeune agent immobilier de Nairobi nommé Remy Martin. Il avait l'intention de transformer la propriété en zone résidentielle, avec des habitations luxueuses, ainsi qu'un terrain de golf et un club qui en seraient le principal argument de vente. Il projetait de baptiser le quartier et le club du nom de « Karen » en l'honneur de Karen Blixen. Il fit également à la baronne ce qu'il croyait être une offre gracieuse et chevaleresque. Elle pourrait habiter indéfiniment sa maison le temps que l'on vendrait le terrain. « Je préférerais, répondit-elle avec un sourire dédaigneux, vivre en plein Sahara que sur vingt arpents de la banlieue de “ Karen[3] ”. »

La dernière récolte appartenait à la compagnie et, comme les baies ne seraient pas mûres avant mai, Karen Blixen devait rester à la ferme pour la diriger durant les cinq mois suivants. « Pendant cette période j'imaginais que quelque chose surviendrait qui remettrait tout en état, et que les choses redeviendraient comme elles devaient être et comme elles avaient été[4]. »

Kinanjui, le chef des Kikuyus, dont l'amitié avait conquis Karen Blixen à son arrivée en Afrique, mourut au cours de ces cinq derniers mois. Dans *La Ferme Africaine,* elle fait du rôle qu'elle eut à tenir dans ces circonstances — sa lâcheté devant le dernier vœu du chef — le symbole à la fois de la perte d'un pouvoir et de sa propre mort. Cela représentait la fin de cette résistance qui lui avait donné la force de survivre aux mauvaises récoltes, aux luttes avec les actionnaires et avec la banque, au scepticisme de sa famille et aux vicissitudes de sa vie affective. Mais désormais, écrivit-elle, « je n'avais plus assez de force en moi pour résister aux puissants de ce monde, je ne pouvais plus lutter avec eux[5] ».

Kinanjui lui demandait simplement de le laisser mourir à la ferme au lieu qu'on l'emmenât à l'hôpital, ce dont il était terrifié. Elle le réconforta un peu, lui rendit visite à sa *manyatta,* s'assit sur son lit dans l'atmosphère rance et étouffante, et décida finalement qu'elle ne pouvait exaucer sa requête. Sans chercher d'excuse, puisqu'elle n'en avait aucune, elle lui dit non et partit.

Il n'est pas plus évident ailleurs que dans les derniers chapitres de *La Ferme Africaine* que l'insouciance de Denys Finch Hatton ait été absolue. Il agissait envers Tania comme elle avait agi envers Kinanjui. Quand il n'était pas avec ses clients en safari ou qu'il ne s'occupait pas des affaires de ses sociétés, il l'emmenait en avion et, une ou deux fois, ils parlèrent de son départ comme s'il s'agissait d'une chose sérieuse et imminente. Il était chagriné de ce qui arrivait, bien qu'il se moquât de son désespoir à l'idée d'abandonner les Africains. Mais il refusait de faire la moindre exception à la règle qui présidait depuis longtemps à leur relation :

Il faut donner à ta chanson de deuil
Une mesure joyeuse
Je ne viendrai jamais pour la pitié
Je viendrai pour les plaisirs[6].

En mars, elle commença les négociations avec le gouvernement pour le compte de ses squatters. Son but était qu'ils fussent rassemblés sur une seule partie des terres avec tout leur bétail. Personne ne croyait qu'elle pourrait y réussir et, tout d'abord, le gouvernement refusa cette solution.

Sur ces entrefaites, elle exprima ses dernières volontés, laissant des cadeaux à chacun de ses serviteurs et s'occupant du mieux qu'elle pouvait de leur avenir. Farah avait à Ngong sa *dukka,* qu'il devait garder. Elle trouva pour Juma un terrain sur la réserve masaï. Son père était somali mais sa mère était masaï et Tanne avait eu la prévoyance de la déclarer comme telle. Elle promit aussi de l'aider à faire construire une maison là-bas. Juma, plein de rêves extravagants, posa les fondations d'un étrange et monstrueux palais carré de dix-neuf mètres de côté que l'on ne pouvait recouvrir d'un toit traditionnel en tôle ou en chaume. Lorsque Tanne le vit, elle s'assit et pleura.

Ali voulait devenir chauffeur, aussi Tanne lui donna-t-elle des leçons avec sa propre voiture. Avant qu'elle ne parte, il obtint son permis de conduire, et son avenir fut donc plus ou moins assuré. Le destin de Kamante était une question un peu plus délicate. C'était un génie aux fourneaux et il avait fait des affaires dans le commerce du bétail, mais il était un peu fou et Tanne n'était pas sûre qu'un autre Européen consentît à l'embaucher. En fait il trouva un autre travail et fut employé par des colons jusqu'à ce qu'il se retirât dans la réserve kikuyu. Dans les années cinquante, il prêta serment au Mau-Kenya et fut envoyé quelque temps en prison. Le photographe américain Peter Beard, qui vit au Kenya, partit à sa recherche, et désormais il partage son campement à Karen. Kamante est devenu un majestueux patriarche qui marche avec une canne, porte des pull-overs écossais pour se garantir de l'humidité, et il sait toujours cuisiner. Il raconte des histoires avec de grands regards et des pauses éloquentes, et c'est toujours un personnage « tantôt grotesque, tantôt satanique[7] », au rire moqueur. Parfois, j'ai eu l'impression qu'il jouait en fait pour moi ce personnage de paria, de *destiné,* de bouffon, de muse, de serviteur et de grand artiste.

En avril, Karen Blixen commença à s'occuper du démembrement de sa maisonnée. Elle avait décidé de vendre la majeure partie de ses meubles et de ses porcelaines, que l'on disposa sur la table de la salle à manger. Ce fut, racontait Remy Martin, « la folie » du moment. On venait de Nairobi jusqu'à la ferme pour acheter quelque chose ou simplement pour regarder. Les gens venaient à n'importe quelle heure pour tripoter ses affaires et en marchander le prix. Lady Macmillan acheta presque tous les meubles pour la Macmillan Library et certains d'entre eux sont toujours là-bas sous la poussière. Cependant, Karen Blixen décida en fin de compte de conserver ses livres, son argenterie et ses verres. « [...] les lèvres et les mains de mes amis [les] avaient touchés [...][8] ». Elle emporta aussi le paravent qui était à côté de la cheminée.

Ses efforts pour offrir un terrain à ses squatters nécessitèrent toute sa patience et son énergie, et elle n'eut guère de temps à consacrer à sa propre situation. Elle tenta de prévenir les évidentes inquiétudes de sa famille, qui pensait qu'elle allait faire quelque bêtise, mais personne ne prit ses dénégations au sérieux. Ses amis vinrent la voir à la ferme, à moitié pour l'aider et à moitié pour veiller sur elle. Rose Cartwright arriva de Naivasha, Ingrid de Njoro et Mohr de Rongai. Hugh Martin usa de son influence auprès du Land Office et les Grigg usèrent de leur pouvoir auprès de la nouvelle administration. Denys vint passer quelques jours chez elle en avril, mais il était en train de préparer un nouveau safari et, comme les meubles étaient désormais emballés dans des caisses et la maison en plein désordre, il alla habiter chez Hugh, à Nairobi. C'était si commode, expliqua-t-il, d'avoir un téléphone et d'être à proximité d'un dentiste. Mais il lui demanda s'il pourrait venir la voir plus tard : « Fais-moi savoir si tu veux que je passe au cas où tu aurais besoin d'aide. J'ai apporté avec moi un livre qu'il faut que tu lises. Affectueusement, Denys[9]. »

Quand il lui rendit visite, il la trouva dans un étrange état d'exaltation qui ne présageait rien de bon. Elle parlait d'abattre ses chiens et ses chevaux, et de disparaître avec eux. Elle l'assura que ce n'était pas du désespoir, mais une façon plus riche et plus profonde d'apprécier le sens complexe de la vie. Denys ne fut pas convaincu. « Chère Tania, lui écrivit-il le jour suivant, ce que tu m'as dit m'a beaucoup troublé la nuit dernière. Ne crois pas que je ne perçoive pas ce que tu voulais dire. Je comprends tout à fait ton point de vue. Mais il me semble qu'en ce moment tu ne vois que le mauvais côté des choses. J'aimerais te voir avant que tu ne partes. J'essaierai de venir plus tard. J'envoie Kanuthia à l'autre ferme chercher des papiers et un peignoir de chez Jaeger. Denys[10]. »

Mohr et Denys la prièrent tous les deux d'écrire à Thomas pour lui demander qu'il l'aide à se réinstaller en Europe — un ou deux ans d'aide financière pour étudier ou voyager. Elle accepta « parce que c'était eux ». La lettre commençait dans le même esprit de noble résignation, mais sous la surface, le ton était également violent et tourmenté. Elle répétait qu'elle n'était pas déprimée, et qu'en fait elle avait enfin réussi à obtenir cette « vision supérieure » qui lui avait échappé pendant si longtemps. Mais elle répétait aussi qu'elle ne pourrait revenir à Rungstedlund comme la fille prodigue, après tant de liberté et après avoir vécu tant de choses. Elle disait aussi qu'elle « n'avait pas meilleur caractère qu'avant, au contraire... Il est encore vrai que la mort est préférable pour moi à la vie bourgeoise et que dans la mort, je déclarerai ma foi en la liberté[11] ».

Après avoir lancé cette menace moins subtile qu'il n'y paraît, Tanne expliquait comment sa mort pourrait être évitée. Thomas pouvait la soutenir financièrement durant le temps où elle apprendrait un métier, chef-cuisinier peut-être, ou journaliste. La pension ne saurait être trop mince, car elle n'était, « c'est bien connu, pas du genre à vivre simplement ». Elle parlait de l'Italie et de Paris, ou encore de Londres, comme d'endroits où elle pourrait s'installer et elle insistait pour savoir la somme exacte que Thomas consentirait à lui allouer. Mais elle parlait enfin d'un projet qui donnait à Thomas quelque solide espoir sur elle. Elle avait « entrepris ce qu'[ils] faisaient tous dans la famille quand [ils] ne savaient quoi faire d'autre. [Elle] avait commencé à écrire un livre ». Il était en anglais pour des raisons pratiques. Mais comme elle craignait de n'être pas bon juge de son style dans une langue étrangère, elle avait envoyé plusieurs chapitres à un ami de Mohr — Christopher Morley — dont les commentaires étaient très encourageants : « Le style posé et la langue sont excessivement attachants. » Désormais, elle voulait avoir du temps pour finir le livre : « Deux années pour m'éduquer. Tout le monde sait que je ne sais rien [12]. »

2

Pendant que cette lettre était en route vers le Danemark, Tania fit ses adieux à Denys, qui partait pour un long safari. Avant de s'en aller elle voulait aller avec son avion jusqu'à Takaungu passer quelques jours pour mettre sa maison en ordre. Elle lui demanda si elle pourrait l'accompagner — son dernier voyage — mais il craignait que le voyage ne soit trop fatigant pour elle, et il lui dit qu'il voulait passer par Voi pour repérer des éléphants et qu'il atterrirait et dormirait en pleine brousse. Aussi lui dit-il adieu.

C'est du moins la version que Karen Blixen en donne dans *La Ferme Africaine*. Mais il semble que la scène finale fut bien plus triste pour les deux amants. Ceux de leurs plus proches amis qui vivaient encore racontèrent à Errol Trzebinski, et il me le répétèrent par la suite, qu'à ce moment-là Tania et Denys s'étaient violemment disputés et qu'en fait il avait rompu *. La querelle, supposaient-ils, avait mis du temps à exploser, et Denys avait quitté Ngong pour aller habiter chez Hugh Martin, non pas parce qu'il n'était pas commode de vivre parmi des caisses, mais parce qu'il sentait que sa liberté était menacée par le désespoir et la possessivité croissante de Tania.

Ces vieux amis ne pouvaient ou ne voulaient pas divulguer l'exacte nature de la « scène ». Certains laissèrent entendre que Denys avait commencé à fréquenter une autre femme plus jeune et que Tania avait piqué une crise de jalousie. D'autres pensaient qu'elle avait « craqué » sous la pression des événements : elle perdait la ferme, s'accrochait à lui, et elle lui avait peut-être demandé de l'épouser ou même lui avait peut-être reproché violemment son indifférence et son infidélité. Il est aisé d'imaginer la vague de sentiments qui submergea Tania dans ces circonstances, et l'on imagine sans plus de peine comment Denys y réagit. Il avait une aversion quasi morbide pour les exigences affectives.

* Dans *La Ferme Africaine,* Karen Blixen mentionne le fait que Denys ait réclamé sa bague en or d'Abyssinie, celle qu'il lui avait rapportée d'Érythrée en 1928 pour Noël. Il avait peur, prétendait-elle, qu'elle ne la donne à Pooran Singh, qui s'occupait de la minoterie, en guise de cadeau d'adieu. Errol Trzebinski analyse ce geste différemment. Ce n'aurait pas été le genre de Tania de donner un si précieux cadeau à un serviteur ni celui de Denys de s'inquiéter pour la bague dans de telles circonstances, à moins que des sentiments passionnés ne fussent en cause.

Selon Thomas Dinesen, le désespoir de Tanne à ce stade fut si grand qu'elle essaya de se suicider. La tentative eut lieu chez des amis, et on trouva dans ses papiers une lettre que la suite des événements rendit caduque *, et dans laquelle elle s'excusait auprès de ses amis. M. Dinesen déclara à Franz Lasson que sa sœur s'était « blessée[13] » apparemment en s'ouvrant les veines, bien qu'il ne se rappelât pas quand cela eut lieu. Elle perdit beaucoup de sang, dit-il, mais arrêta l'hémorragie avant qu'il ne fût trop tard.

Après que Denys eut quitté la ferme, il ne s'envola pas immédiatement pour la côte, mais passa les deux jours qui suivirent à Nairobi. Durant cette période, il invita deux autres femmes à faire le voyage avec lui. La première invitation n'était pas très sérieuse. Il dînait avec un couple marié, tous deux de bons amis à lui et, lorsque la femme lui fit part de sa curiosité concernant sa maison, il lui offrit de la lui montrer. Il demanda ensuite à Beryl Markham de venir avec lui.

Elle écrivit dans ses mémoires qu'elle avait « souvent » pris l'avion avec Denys : « Il venait d'apprendre à piloter depuis trop peu de temps pour être un expert, mais la compétence qu'il montrait habituellement dans tout ce qu'il faisait était aussi évidente en vol qu'au cours de ses safaris ou lorsqu'il déclamait Walt Whitman dans ses moments les plus sombres ou les meilleurs. Il me demanda de venir avec lui à Voi et, bien sûr, j'acceptai[14]. »

Beryl fut dissuadée au dernier moment par Tom Black, le directeur des East Africa Airways. Il avait une sorte de pressentiment concernant ce vol et elle s'y rallia. Au lieu de quoi, Denys partit avec son domestique Kamau. En atterrissant à Xipingo, il cassa une hélice et câbla à Nairobi pour avoir une pièce de rechange que Black lui procura. Il passa la soirée du 13 mai à Voi, où il dîna avec de vieux amis : le commissaire du District et sa femme, Mr et Mrs Layzell, planteur de sisal, et avec J. A. Hunter, qui partait le lendemain pour un safari.

Les Layzell habitaient près du terrain d'aviation, aussi Denys devait-il rester à dormir chez eux : Margaret Layzell le conduirait à son avion le lendemain matin. A la dernière minute, alors que l'hélice tournait déjà, Denys invita Mrs Layzell à faire un « petit tour » mais son jeune enfant devint complètement hystérique et elle dut refuser à contrecœur[15].

Hunter et son client, Lee Hudson, étaient en train de monter dans leur camion quand Denys s'élança sur la piste et décolla. Hunter fut le premier à voir les « nuages de fumée noire qui s'élevaient de l'aérodrome voisin ». Il se rua sur les lieux juste à temps pour voir l'avion prendre feu et trois oranges carbonisées rouler hors de l'épave. Il était impossible de s'approcher tant la chaleur était intense. « Denys avait été le premier à ouvrir la route des Masaï avec moi, dit Mr Hunter. Il était loyal et sans peur, aussi

---

* Viggo Kjaer Petersen, le jeune Danois autorisé par Karen Blixen à écrire sa biographie en 1962, mentionna l'existence d'une telle lettre à plusieurs personnes, dont Mrs Trzebinski. Mais la lettre a disparu des archives Blixen.

était-il normal que ses restes fussent enterrés dans un pays où il avait eu tant de plaisir à vivre [16]. »

La nouvelle de l'accident arriva à Nairobi avant d'atteindre Ngong. Ne sachant rien encore, Tania descendit innocemment en ville pour discuter avec les autorités du sort de ses squatters et déjeuner ensuite avec lady Macmillan. Les gens se détournaient d'elle dans la rue avec une expression de « tristesse mortelle » et en répondant à peine à ses saluts. Le vieux Mr Duncan, l'épicier écossais, s'enfuit de sa boutique, affolé, lorsqu'elle y entra. « Je commençais à me sentir aussi isolée à Nairobi que Robinson sur son île [17]. »

Ce fut lady Macmillan qui, après ce qui dut être un déjeuner atrocement tendu, emmena Tania dans un petit bureau et lui annonça la nouvelle. « C'était bien ce que j'avais pensé, et je n'eus pas plus tôt entendu le nom de Denys que je compris tout [18]. » Cette phrase, « je compris tout », apparaît presque rituellement sous la plume de Karen Blixen. Elle représente la découverte soudaine d'un grand mystère sur soi-même, longtemps enfoui et soudain révélé par surprise. Elle décrit un moment où il est possible de voir les instants de joie, obscurs mais décisifs, qui composent la structure de l'identité.

Gustav Mohr se rendit immédiatement à la ferme et Ingrid arriva quelques jours après. Dans sa vieillesse, Mme Lindström réfléchit à l'ironie de la mort de Denys. Peut-être poursuivait-elle les conversations qu'elle eut avec Tanne ce jour-là. Si elle l'avait quitté en partant d'Afrique, elle aurait été celle qui « mourait », et lui, le survivant : il s'était déjà éloigné d'elle. Mais sa mort « le lui rendait [19] ». Elle ne peut s'être empêchée de penser, même dans son chagrin : « Les puissances, que j'avais invoquées, m'avaient attribué plus de dignité que je ne l'avais fait.

« Quelle autre réponse pouvaient-elles me donner ? Ce n'était pas le moment de s'abandonner ; fermant l'oreille, elles avaient ri de ma faiblesse, et ce rire avait fait vibrer les montagnes [20]. »

Denys fut enterré dans les collines de Ngong, près de l'endroit que Tania et lui avaient choisi pour leurs tombes, et durant les semaines qui suivirent, elle fut traitée par les gens comme sa veuve. Ses amis ne tentaient pas de la consoler, ils voulaient simplement lui offrir leur affection. « Chère Tania, lui écrivit lady Northey, avec la mort tragique de Denys, le grand amour de votre vie vous a quittée et avec lui tout votre bonheur. Il représentait tant pour vous. Cette perte est vraiment irréparable. Mais, chère amie, vous rendez-vous compte que vous avez toujours votre charme de naguère et l'affection de vos amis ? [...] Si je voulais, je pourrais vous prouver que la vie vous réserve encore beaucoup de choses [21]. »

Bror écrivit du Tanganyika pour exprimer des sympathies qui, comme d'ordinaire, étaient teintées d'ambiguïté et révélaient que sa fierté était blessée.

> « Tanne chérie, la mort de Denys est terrible pour chacun de nous mais elle doit être pire encore pour toi, qui avais trouvé en lui tant de

soutien. C'est une grande perte pour le Kenya [...] et pour tous ses amis [...] Quand j'ai appris la nouvelle, j'ai failli prendre l'avion de Nairobi pour voir si je pouvais faire quelque chose pour toi — mais quand on n'a pas d'argent, on se sent si inutile. Y a-t-il quelque chose que je puisse faire pour tes boys ou tes chiens ? Je pars aujourd'hui pour un safari de six semaines. Ton dévoué, Bror[22]. »

3

La récolte fut engrangée. Tania offrit Dinah, le lévrier qui lui restait, à un ami de Gil-Gil. Elle trouva à céder Rouge, l'emmena à Nairobi pour la dernière fois et le regarda monter en renâclant dans le wagon à bestiaux du train de Naivasha. Les Africains venaient tous les jours s'asseoir devant la maison, et refusaient de croire qu'elle partait vraiment. Ils attendaient des nouvelles concernant leur sort et celui de leurs terres. Les vieilles femmes, pensait Karen Blixen, seraient celles à qui elle manquerait le plus.

Elle termina le recensement de ses squatters, de leurs vaches et de leurs enfants et le donna en trois exemplaires au commissaire du district. Elle finit ses négociations à Nairobi, suivie partout de Farah vêtu de ses plus beaux habits. Bien des gens crurent qu'après la mort de Denys le nouveau gouverneur, sir Joseph Byrne, la prit en pitié, car il n'y avait aucun autre moyen d'expliquer sa « victoire » : elle fit assurer une partie du territoire de la réserve kikuyu pour qu'on y loge les deux cents familles avec leurs trois mille bêtes. Mme Lindström compara cette concession à celle qu'aurait faite la reine Victoria si elle avait offert le Kilimandjaro au kaiser Guillaume.

Vers la fin du mois de juillet, un petit groupe de colons et d'Africains accompagnèrent Karen Blixen à la gare de Nairobi. Presque tous les Somalis étaient là, ainsi que le serviteur de Denys, Bilea. Hugh Martin était venu, ainsi que lord et lady Delamere, le major Taylor, l'expert en café, et son épouse. Mohr vint la chercher de bon matin pour la conduire au train, et au dernier moment, il lui serra la main. « Il avait un tel désir de m'infuser du courage qu'il devint soudainement tout rouge, son visage s'enflamma et ses yeux sévères s'adoucirent[23]. »

Farah et Tumbo devaient aller jusqu'à Mombassa avec elle. Tumbo avait choisi ce voyage comme cadeau d'adieu au lieu de lui offrir une génisse. Un ami s'était arrangé pour que Tania puisse passer sa dernière nuit à la maison d'Ali bin Salim et pour l'amener au bateau le lendemain matin. Le pavillon de son hôte était un *banda* en plein air où elle put, allongée sur son lit, contempler les étoiles — Aldébaran, Sirius, la Croix du Sud — avec le bruit du vent dans les palmes et la rumeur de la mer.

LIVRE TROISIÈME

ISAK DINESEN

[...] un certain amour de la grandeur, un amour irrépressible, s'est emparé de moi et est devenu « mon démon ».

ISAK DINESEN
Lettres d'Afrique

33.

Amor fati

1

Comme toutes les âmes qui paient leur obole au nautonier et sont ensuite emmenées vers un autre rivage, Karen Blixen était naturellement un peu réticente à débarquer. Elle s'appuya contre le bastingage du *S.S. Mantola*, émaciée sous son élégant chapeau, et fuma une cigarette en attendant que la foule fût moins dense. Son frère Thomas eut un choc lorsqu'il la vit depuis le quai, car elle avait perdu seize kilos. « Elle ressemblait à l'ombre de la femme que je connaissais [1]. » Cette allure spectrale allait devenir caractéristique d'Isak Dinesen.

Une petite disgrâce, mais qui ne signifia rien pour elle en cette matinée-là, fut que, lorsqu'elle débarqua, ses bas descendaient — « pendaient comme des anguilles », selon l'expression danoise. Thomas l'emmena en coup de vent chez une corsetière et lui acheta une paire de jarretelles neuves. Ce simple achat — qui eût pris des heures ou des jours à Nairobi — la mit miraculeusement de bonne humeur et lui rendit son optimisme sur ce qu'allait être sa vie en Europe. Elle raconta l'anecdote des années plus tard à Clara Svendsen [2] et cela montre bien le délicat système de poids et de contrepoids qui gouvernait ses humeurs.

Sa terrible maigreur et sa faiblesse en ce mois d'août étaient dues, croyait-elle, à une dysenterie amibienne, problème chronique de bien des colons. Lady Grigg avait enjoint Tania de se rendre « au plus vite dans [sa] clinique suisse à Montreux » (la clinique Valmont), qui était « le seul endroit où ils pouvaient *vous en débarrasser* [3] ». Thomas y avait pris un rendez-vous pour elle et il avait aussi réservé des chambres dans un hôtel voisin. Ils pourraient faire de petites excursions dans les montagnes, discuter de ses projets et se remettre en vue de ce qui serait, au point de vue psychologique, un voyage de retour extrêmement pénible. C'est à Montreux que Tanne annonça à son frère qu'elle désirait lui lire « quelques histoires qu'elle avait achevées [4] » pour son livre, celui qu'elle mentionnait dans sa lettre d'avril. C'étaient deux des *Sept Contes Gothiques** et, à mesure qu'il l'écoutait, Thomas « sentit monter en [lui] cette conviction : désormais, Tanne était sur la bonne voie, elle avait trouvé ce qui serait son avenir, elle serait admirée et adorée dans le monde entier et elle verrait " la Cigogne " »[5].

Elle aussi voulait probablement voir « l'art triompher sur la douleur », comme le dit Thomas et voir « la victoire arrachée à la défaite[6] », car elle avait sa part de la gaieté morale de la famille Westenholz. Mais elle avait également tendance à percevoir ce qui l'attendait plus comme une autre vie que comme un avenir et elle envisageait l' « écriture » de la même façon qu'elle avait pensé tenir un hôtel pour les « gens de couleur » à Djibouti ou à Marseille, ou devenir l'infirmière en chef d'un hôpital psychiatrique ; en exil, parmi d'autres marginaux exotiques, elle était impatiente d'incarner un personnage insondable, sage et ruiné **.

2

La ruine de Karen Blixen était en fait totale, comme elle devait bientôt l'apprendre. Elle avait toujours la syphilis. Elle n'avait pas été guérie en 1925, comme l'espéraient les docteurs, et il était probable que la maladie était cause des symptômes qu'elle prenait pour ceux de la dysenterie[7]. Désormais, le mal était impossible à traiter ou à arrêter, même avec les remèdes les plus modernes.

Divers critiques, des amis et même des parents de Karen Blixen ont supposé qu'il existait une relation entre ses excentricités et sa maladie, sous-entendant, jusqu'à un certain point, qu'elle était un peu « folle ». Mais la forme de syphilis dont elle souffrait ne conduit généralement *pas* à la paralysie générale accompagnée de démence et n'affecte pas le cerveau. Elle avait le *tabes dorsalis :* la syphilis de la moelle épinière ***.

* Selon toute probabilité, les deux contes étaient « Les Rêveurs » et « Le Vieux Chevalier Errant ». Dans *La Ferme Africaine,* elle parle de son travail sur « Le Vieux Chevalier Errant », et elle raconta à Thorkild Bjørnvig que « Les Rêveurs » étaient la première histoire qu'elle avait écrite après la perte de la ferme. « C'était comme un cri, comme le rugissement d'un lion [...] » (Bjørnvig, *Pagten,* p. 35).

** Quand la compagnie avait menacé la première fois de vendre la ferme au début des années vingt, Karen Blixen avait comparé son sort à celui du personnage de Robert Louis Stevenson, le prince Florizel de Bohême, héros des *Nouvelles Mille et Une Nuits,* un livre que Sjögren avait laissé après son départ de Mbogani House, et qui était l'un de ses préférés. Le prince perd son royaume et finit sa vie d'intrigues et d'aventures comme vendeur de cigares à Piccadilly Circus, devenu un homme, sinon heureux, du moins serein et éclairé. La morale de ce conte, telle qu'elle la comprenait, était que l'on peut perdre un royaume, une jambe, un enfant, une ferme en Afrique ou toute autre partie essentielle de son existence, et pourtant survivre et trouver une satisfaction inattendue — ou même un plus grand bonheur que celui qu'on avait connu. Mais on peut aussi ne pas « s'en rendre compte sur-le-champ » (Karen Blixen, *Breve fra Africa : 1914-1931,* vol. 2, p. 64 ; Isak Dinesen, *Lettres d'Afrique,* p. 277).

*** L'expression *tabes dorsalis* signifie atrophie de la colonne vertébrale. Le Dr Mogens Fog a expliqué, dans son étude sur le cas de Karen Blixen, que la dégénérescence syphilitique de sa moelle épinière était localisée dans les nerfs qui commandent l'estomac et les intestins, ce qui explique ses crampes douloureuses, ses crises, son extrême maigreur et, en moindre part, son anorexie. (Les malades atteints du *tabes* sont généralement amaigris et ont des difficultés à

Tout le reste de sa vie, elle eut des difficultés à marcher, d'imprévisibles crises de vomissements, un sens de l'équilibre gravement atteint, des douleurs abdominales paralysantes et une anorexie plus tard compliquée d'ulcères. Elle portait souvent des pantalons trop grands de façon à pouvoir s'allonger en relevant les genoux, seule position qui lui apportât un peu de soulagement. Il y aurait plus tard certaines fois où, malgré son stoïcisme et son dédain pour l'étalage de sa faiblesse, ses souffrances seraient telles qu'elle se laisserait glisser de sa chaise pour s'allonger sur le plancher « en hurlant comme une bête[8] ». Ce n'était pas pour rien qu'elle plaçait les « répits de ses douleurs » parmi les trois joies suprêmes de l'existence[9].

On essaya de nombreux remèdes sans succès. Dans les années quarante, ses médecins expérimentèrent sur elle « le traitement par la fièvre * », qui était efficace dans certains cas. En 1946 et en 1955, ils pratiquèrent plusieurs opérations pour réduire ses douleurs dans la moelle épinière, mais même ces ressources de dernière extrémité ne purent lui apporter qu'un soulagement partiel. Les douleurs et les vomissements continuèrent jusqu'à l'année qui précéda sa mort, année pendant laquelle elle ne pouvait plus ni marcher ni tenir debout sans aide.

La maladie était capricieuse. Entre quarante et cinquante ans, les mauvaises passes alternaient avec les périodes relativement longues de bonne santé et de vigueur, durant lesquelles elle pouvait rendre visite à ses voisins sur une vieille bicyclette et nager dans le Sund avant de se mettre à sa table de travail et écrire durant la matinée. Mais à mesure qu'elle vieillissait, le mal minait ses capacités de travail et de concentration ainsi que son appétit. Elle ne parvenait même pas à rester assise droite et elle devait finir par dicter presque toutes ses dernières œuvres à Clara Svendsen en restant allongée par terre ou dans son lit. C'était une cruelle ironie du sort pour une femme qui plaçait si haut — en fait, elle lui donnait la place suprême — la vitalité et pour quelqu'un qui, même dans sa vieillesse, continuait à réclamer des « expériences nouvelles » et avait sur ce sujet des critères peu modestes. Elle voulait faire un pèlerinage à La Mecque et faire du scooter dans les rues de Paris, construire un hôpital pour les Masaïs et visiter les ruines de la Grèce antique, retrouver la cabane de Wilhelm dans le Wisconsin et attirer, enchanter, régir et recevoir une cour d'admirateurs à qui elle dispenserait la

---

gagner du poids, même en mangeant des nourritures riches. Karen Blixen, qui se plaisait à être « la personne la plus maigre du monde », avait moins tendance à se nourrir convenablement et son manque d'intérêt pour la nourriture semble avoir aggravé des conditions qui existaient déjà auparavant.)

Les symptômes du *tabes* apparaissent entre trente-cinq et cinquante ans, ce qui correspond au cas de Karen Blixen. Elle commença à souffrir des « douleurs fulgurantes » associées au *tabes* vers 1921. L'ataxie (démarche mal assurée) apparaît généralement plus tard, et pour Karen Blixen, ce symptôme s'aggrava avec l'âge. Une pâleur de cendre et de nombreuses rides — le visage du *tabes* — s'associent également à cette forme de syphilis, ainsi que des ulcères d'estomac qui causent des perforations. Lorsque Karen Blixen présenta ces ulcères, les médecins ne les relièrent jamais à sa syphilis, mais plutôt au « surmenage intellectuel ». Les douleurs causées par les ulcères et par la syphilis, écrit le Dr Fog, sont pratiquement impossibles à différencier.

* Le patient était enfermé dans un sauna où la température du corps montait jusqu'à 40 °C. Mais Karen Blixen devint claustrophobe dans l'engin en question et l'on dut abandonner le traitement.

sagesse de son existence. Elle devait avoir plus tard l'audace de prétendre qu'elle pourrait vivre ce genre de vie rien qu'avec un régime composé de champagne et d'huîtres, et qu'elle n'avait besoin de rien de plus que d'ambroisie. *Navigare necesse est vivere non necesse* était sa devise, ce qui revenait littéralement à dire qu'il était plus important de continuer à aller de l'avant que de vivre. Malheureusement, ce n'était pas l'ambroisie mais les amphétamines qui devaient lui donner la force nécessaire et, vers la fin de sa vie, elle en prit inconsidérément chaque fois qu'elle devait faire face à un moment important[10]. Du point de vue des médecins, ou de celui de n'importe quelle personne prudente, elle était en train de creuser sa tombe. Mais déjà, l'attention que le « moi » porte conventionnellement au corps avait été sapée. Refuser de manger, nier ses limites physiques et prendre des cachets pour les transcender était en fait son idéal du *savoir-mourir*, une forme de « chasse au lion », une manière de risquer sa vie « totalement dénuée de valeur » et d'affirmer que « *frei lebt wer sterben kann* ».

Sa maladie était, comme elle le disait elle-même, « une chose terrible[11] ». Mais la résurgence du mal, qui coïncidait avec son retour au Danemark, fut également propice pour elle. Ce n'est pas sans difficulté que j'utilise ce mot, sans aucun désir de mythifier ou d'exalter les maladies vénériennes, et seulement dans le but de montrer le sens que Dinesen lui donnait. Des millions de gens ont contracté la syphilis, mais parmi eux, il y eut son père, Baudelaire, Nietzsche, les démoniaques héros et les anges déchus du romantisme — bien des jeunes artistes qui, comme la jeune Tanne Dinesen, aspiraient à ressembler à Lucifer. Elle pouvait l'accepter avec une certaine fierté et comme la preuve de sa solidarité avec le diable, particulièrement au moment où elle affrontait son retour chez elle, comme une chaste Alcmène retournant dans son presbytère. « J'ai promis mon âme au diable et en retour il m'a promis que tout ce que je connaîtrai par la suite deviendrait la matière de mes contes », dit-elle à Bjørnvig[12], bien que cette opinion fût émise rétrospectivement. Elle aurait tout aussi bien pu affirmer avec Nietzsche, son compagnon de douleur : « Comme me l'enseigne ma nature profonde, tout ce qui est nécessaire, comme on peut le voir avec un certain recul, au sens de *grande* économie, c'est aussi l'utile par *excellence* : Non seulement on doit le supporter, mais aussi l'*aimer*. *Amor fati* : voilà ma nature profonde. Et quant à ma longue maladie, ne lui dois-je pas infiniment plus qu'à ma santé ?[13] »

3

On n'épargna pas à Karen Blixen, à son retour à Rungstedlund, la comparaison avec la fille prodigue. Certains membres de la famille, qui l'avaient toujours crue fière et obstinée, s'en réjouirent méchamment. Les caisses qui contenaient ses affaires arrivèrent d'Afrique après elle et, à part quelques souvenirs particuliers, on les rangea sans les ouvrir pendant treize ans. L'hiver arriva ; la nuit tombait à trois heures. Le vent qui soufflait du Sund s'engouffrait dans la vieille maison qui n'avait pas le chauffage central mais Tanne laissait les portes ouvertes derrière elle et la chaleur s'en allait. Lorsque sa mère le lui reprocha, elle rétorqua que « bien sûr » elle laissait ses portes ouvertes : en Afrique, elle avait toujours ses *boys* pour les fermer derrière elle [14]. Elle se plaignait qu'Ingeborg lui donnât de mauvaise grâce de l'argent pour acheter des cigarettes, qu'elle ne semblât pas se rendre compte que sa fille n'avait plus dix-sept ans et que cette illusion fût partagée par son chauffeur, Alfred Pedersen, qui ne voulait pas la laisser conduire. A quarante-six ans, elle revivait son adolescence, avec toute son irritabilité et toute sa méfiance, et elle menait une seconde bataille contre sa famille pour conserver le terrain conquis en Afrique : il fallait que l'on reconnût qu'elle était autre, qu'elle était unique, qu'elle était une *destinée* placée par erreur parmi eux.

Dans *Ombres sur la Prairie,* Isak Dinesen écrivait qu'elle avait du mal à « voir quoi que ce soit comme réel » durant ses premiers mois au Danemark. C'était une confusion des sens comme celle qu'un choc ou un coup peuvent apporter aux habitudes d'un organisme. Même lors de ses visites à sa famille dans les années vingt, elle comptait sur la lumière et l'atmosphère de l'Afrique, sur sa grandeur et sa plénitude. « Les paysages, les bêtes, les hommes de l'Afrique ne pouvaient avoir plus d'importance, pour mon entourage, que les paysages, les bêtes, les hommes de mes rêves [...] [15]. » Personne au Danemark ne pouvait avoir une idée de ce qu'elle avait perdu.

Un an ne s'était pas écoulé depuis la mort de Denys, d'autres amis d'Afrique étaient morts ou mourraient bientôt * et elle n'éprouvait pas la moindre jalousie à leur égard, eux qui étaient « à trois mille mètres au-dessus de la mer » alors qu'elle « était ici [...] [et qu'elle entendait], tout proches, les bruits du ressac de l'Oresund (le Sund) [16] ».

Le personnage transi et hébété de Barrabas, dans « Le Raz de marée de Norderney », peut très bien représenter le sien à Rungstedlund durant ces quelque premiers mois. Il vient voir l'apôtre Pierre un jour après la crucifixion, pour lui demander conseil sur une situation délicate : sa vie a perdu sa saveur, il ne peut éprouver ni goût ni plaisir depuis la mort de l'ami avec qui il a partagé toutes ses aventures. L'ami, qui est aussi un voleur de Jérusalem, a été crucifié avec Jésus alors que lui, Barrabas, a été épargné et a pu ainsi découvrir que survivre est parfois aux antipodes du plaisir. Il a même peur que le vin merveilleux du tétrarque, qu'il a volé et enterré avec son ami et qui a été cause de leur condamnation, n'ait aucun goût lorsqu'il le déterrera. Pierre est poli et compatissant, mais il ne comprend pas. C'est un ascète par nature et il est trop préoccupé par sa propre ambition de devenir un martyr pour saisir ce que cela signifie pour un homme de n'éprouver plus aucun plaisir dans la boisson ou l'amour. N'ayant reçu aucun conseil du saint, le voleur se dit : « [...] sans doute [...] déterrerai-je le vin du tétrarque et irai-je dormir auprès de la fillette dont je t'ai parlé. Je peux toujours essayer [17] ».

Karen Blixen commença à organiser sa vie et son travail. Ingeborg lui

* Erik Otter d'hématurie en 1923 ; Berkeley Cole et sir Northrup Macmillan d'une crise cardiaque en 1925 ; lord Delamere et Hugh Martin en 1931 ; Gustav Mohr dans un accident de bateau en 1936 ; « l'oncle Charles », Bulpett en 1939.

donna l'ancien bureau de Wilhelm au rez-de-chaussée et la pièce lambrissée sous les combles, que Thomas utilisait comme salle de travail. Elle soumit également toute la maisonnée au besoin de sa fille de silence absolu et de tranquillité, un besoin que Tanne semble avoir exploité : elle accepta à contrecœur les visites des amis de sa mère ou de ses petits-enfants. On reçut peu de visiteurs à Rungstedlund. On la décrivit comme quelqu'un qui avait mauvais caractère, comme une égoïste qui, à l'époque, ne supportait pas les intrus dans son univers[18]. Mais dans tout cela, il y avait un effort pour accentuer dramatiquement l'urgence et le sérieux de son travail, pour repousser les tentatives bien intentionnées de sa famille pour la reprendre, et pour faire valoir ce qui avait été jusque-là un privilège uniquement masculin dans la famille : l'insociabilité et la possibilité de se soustraire aux devoirs affectifs que les autres pouvaient requérir à tout moment. Si « Isak » Dinesen prit un nom d'homme, ce fut en partie pour s'approprier une liberté d'homme. Elle était également très ambiguë sur ce croisement sexuel, comme elle le disait. Vingt ans plus tard, au cours d'une allocution dans un congrès féministe, elle parla du « charme » comme de la tâche des femmes et avoua que, si elle avait été un homme, « il aurait été hors de question pour [elle] de tomber amoureuse d'une femme écrivain[19] ».

4

Lorsque, jeune fille, elle débutait dans la vie, Tanne Dinesen avait été mise dans une situation difficile, typique du romantisme. Elle s'était détachée des valeurs et du milieu de sa famille. Sa vie intérieure était en désaccord avec la réalité qui était la sienne et elle se sentait privée de cette intensité de l'existence que l'on trouve lorsque ses désirs et ce que l'on vit ne sont pas en conflit. Son combat pour pouvoir mener une existence passionnée, entre dix et dix-sept ans — lorsqu'elle luttait pour « devenir elle-même » —, ressemble beaucoup à celui que mena toute une génération d'artistes et de poètes qui avaient grandi à la fin du XVIIIe siècle et étaient entrés dans l'adolescence avec Napoléon. Ils croyaient à ses promesses et à son exemple et ils se retrouvèrent seuls dans les années 1820, avec le sentiment d'avoir été trahis et de n'avoir plus ni racines ni soutien. Contre leur déception, ils trouvèrent refuge dans la nostalgie du passé, dans des rêves d'aventure et de révolte, dans les excentricités et le fantastique, dans l'opium, le culte de la personnalité ou les forêts d'Amérique, et ils créèrent ce que Georg Brandès appelait une littérature *émigrée.* Certains d'entre eux étaient réellement des émigrés de l'*Ancien Régime,* et d'autres des émigrés de leurs illusions perdues. Leur impression que la société ne leur offrait pas le champ libre pour leurs désirs et leur puissance — leur humanité — les mit à part, eux et leurs œuvres, et ce fut le modèle de tout un siècle. Chaque génération successive d'artistes, de Lamartine à Ibsen, suivit une voie qu'elle croyait nécessaire ou vertueuse ou noble, ou inévitable, et en même temps, elle se lamentait : c'était sacrifier « la vie » pour « l'art ». Tanne Dinesen caressa cette idée de sacrifice mais elle fit ensuite un pas de côté pour éviter le problème, lorsqu'elle épousa un noble et s'embarqua pour le « paradis perdu » après avoir fait une enquête pratique pour savoir où il se trouvait. C'était un voyage de retour — sinon dans le temps, du moins dans les sentiments — vers un lieu où les conditions de vie étaient celles « du XVIIIe siècle européen » et où « Dieu et le diable ne faisaient qu'un », et où les restrictions puritaines de son enfance ne la paralysaient pas. Désormais, cependant, elle revivait cette situation critique — d'une façon bien plus aiguë qu'avant — non seulement dans ses relations avec sa famille, mais vis-à-vis du Danemark, de sa jeunesse, de la classe où elle était venue se réfugier et des conditions matérielles qui avaient permis à cette classe de vivre d'une manière qui, en 1931, était aussi lointaine que Ngong, et aussi irrémédiablement perdue. Le « monde du nom » n'existait plus au Danemark tel qu'elle l'avait connu. Les grandes *battues,* les bals, les innombrables serviteurs et l' « hospitalité sans limites » des vieux châteaux étaient une ère révolue. L'aristocratie — qui, comme Karen Blixen le comprit, ne dépendait pas de ses membres pour sa survie, mais d'un réseau d' « esclaves » — était sur son déclin. Durant les dix-huit ans qu'elle avait passés en Afrique, l'aristocratie avait perdu ses terres dans les impôts et dans les nouvelles lois contre la substitution des propriétés. Ses domestiques l'avaient quittée pour les usines et les villes, et ce qui était encore plus significatif, elle avait perdu son pouvoir, qui était maintenant entre les mains des classes montantes, moyenne et basse, lesquelles s'organisaient depuis 1871 et avaient finalement réussi, longtemps après avoir acquis la majorité au Parlement, à forcer le roi à nommer un Premier ministre du parti Venstre. En 1915, pendant qu'elle campait dans la réserve masaï, l'ancienne constitution avait été remplacée et des concessions avaient été faites aux femmes et aux domestiques. En 1919, tandis qu'elle faisait son premier safari avec Denys, la loi sur la substitution des propriétés était votée. Dans les années vingt, la lutte des classes s'intensifiait et les sociaux-démocrates devenaient le parti majoritaire.

« Certains de mes amis ont tellement peur du mot “ socialiste ”, déclara Karen Blixen à Hudson Strode en 1939. Pour moi, être socialiste, c'est à peine plus que remplir ses devoirs vis-à-vis de ses semblables[20]. » Mais elle ne dissimulait pas non plus qu'elle n'aimait pas la démocratie. Ce n'était pas tant que les gens du commun ne fussent pas dignes de gouverner, mais que le système encourageât la médiocrité, « brouillât les différences », renonçât « à tous les idéaux difficiles à atteindre[21] » et diminuât la richesse d'expérience qui, à son avis, provenait d'une société stratifiée *. L'*embourgeoisement* de la classe laborieuse la consternait — elle perdait le contact avec ses racines paysannes ou artisanales — tout autant que celui de l'aristocratie qui travaillait et apprenait à faire la cuisine. « Comme c'est déprimant, remarqua-t-elle une fois, d'aller prendre le thé chez une vieille dame qui n'a pas de bonne pour le lui préparer[22]. »

Il y a une considérable ironie dans cette position, et aussi un peu de perversité. Contrairement à nombre de ses admirateurs, Karen Blixen

---

* La philosophie politique de Karen Blixen se rapproche beaucoup, je pense, de celle de Thomas Mann dans *Docteur Faustus* (p. 39).

n'avait aucune naïveté concernant sa position absurde de représentante d'une époque et d'une classe qui déclinait. Elle voyait avec lucidité, et elle était capable de la transposer à d'autres époques, la tension entre l'idéalisme aristocratique de sa propre vision du monde et le matérialisme qui en avait triomphé, et cela devint le sujet de son œuvre.

Les héros et les héroïnes romantiques des *Sept Contes Gothiques* — personnages du XVIIIe siècle égarés au XIXe siècle — sont de fragiles anachronismes qui ressemblent à Karen Blixen elle-même, qui revenait dans le Danemark des années trente, après avoir vécu dans un pays dont le système politique était proprement féodal. « Le Vieux Chevalier Errant », le baron von Brackel, est son incarnation même. Malgré ses voyages, sa culture et sa sensibilité, « [...] il n'avait que médiocrement réglé ses propres affaires. Aussi se gardait-il bien de débattre de questions pratiques avec la jeune génération résolue à réussir dans le monde. Mais dès qu'il s'agissait de discuter théologie, opéra, morale et autres sujets non moins profitables, sa conversation devenait intéressante[23] ».

C'est là une brillante parodie de soi-même et une appréciation de la situation délicate de l'auteur en 1931, et son ironie provient d'un mélange de moquerie et de sentiments plus profonds. A cet égard, le texte évoque une autre ambivalence d'un auteur vis-à-vis d'un autre chevalier : Cervantès considérant Don Quichotte *. Don Quichotte, comme Karen Blixen, incarne un personnage absurde dans le monde du matérialisme subjectif. Mais, comme le souligne Arnold Hauser, il est en même temps un exemple noble, voire héroïque — c'est un personnage dont l'existence même est « une critique de la réalité désenchantée et matérialiste qui a triomphé, et dans laquelle il n'y a plus rien d'autre à faire pour un idéaliste sinon se plonger dans une *idée fixe*[24] ». C'était le projet de Karen Blixen que de créer un tel exemple, à la fois dans ses contes et dans son propre personnage.

Cet arrière-plan historique n'aurait peut-être pas eu tant de sens pour elle, il ne l'aurait pas touchée si profondément, s'il n'avait présenté une analogie avec quelque chose qui lui était extrêmement personnel. Ce conflit de valeurs entre l'ancien et le nouveau régime avait été le traumatisme de son enfance. La petite princesse qui s'était crue unique était forcée, après la mort de son père, de s'éveiller de son rêve, de revenir dans sa famille comme une autre, et d'accepter une réalité au sein de laquelle sa valeur n'était plus absolue mais relative à celle des autres, un monde où « l'expérience était tombée » — sans recours possible — « dans le domaine des valeurs[25] ».

* Un autre alter ego de Karen Blixen, Pellegrina Leoni, dans « Les Rêveurs », est surnommée « Don Quichotta ». Karen Blixen appelait également sa secrétaire, Clara Svendsen, « mon Sancho Pança ».

34.

Sept Contes Gothiques

> *La réalité venait de se manifester à moi sous une forme si terrifiante que je répugnais à prendre contact avec elle. Quelque part en moi, un sombre effroi restait tapi et je cherchai refuge dans le fantastique, comme un enfant effrayé cherche consolation dans des contes merveilleux. Je ne pouvais regarder ni en avant ni en arrière.*
>
> ISAK DINESEN[1]

1

Comme matériau de base, Karen Blixen utilisa pour les *Sept Contes Gothiques* des histoires dont elle avait des esquisses, recommencées et abandonnées périodiquement depuis une dizaine d'années. Dans l'un de ses cahiers noirs des années vingt, elle avait fait la liste des titres d'un recueil dont le titre était « Neuf Contes », ou encore « Contes du Cuisinier de Nozdrev * » : « Le Rêveur », « Nocturne », « Carnaval », « Le Singe », « Verre », « Sur la Route de Pise », « Les Caryatides », « La Soirée d'Elseneur » et « Le Poète ». Cinq d'entre eux furent achevés pour le premier livre, deux autres mis de côté pour un volume qui viendrait plus tard, l'un — « Verre » — fut abandonné, et « Nocturne » devint « Le Vieux Chevalier errant ». On peut voir, d'après les passages des dialogues et des descriptions, combien elle raffina son style, échafaudant la structure des contes esquisse après esquisse, couche après couche, recopiant une page, pour changer ne fût-ce qu'un mot. Son idéal d'une œuvre achevée était semblable à celui du tailleur qui créa le costume de Zamor, le page nègre de madame du Barry, « il y a cent cinquante ans, sans souci de ce qu'il pourrait coûter[2] », et que le vieux peintre, lorgnant les boutons en diamant taille-rose, juge être « au-delà de tout reproche ». Un reproche, pour Isak

---

* Nozdrev ou Nozdref est un personnage des *Ames Mortes* de Gogol.

Dinesen, c'était la tristesse de Berkeley Cole découvrant qu'elle avait pris ses verres à vin ordinaires pour un pique-nique au lieu de son beau service de baccarat. C'était accepter la lassitude des corvées, l'importance d'une perte ou la frugalité bourgeoise vis-à-vis de la dépense ou du sacrifice, et c'était le même idéal qu'elle avait à l'égard de ses hôtes ou dans sa conversation. L'extrême habileté technique qui sous-tend les contes les relie, eux et leur auteur, aux poètes de cour et aux artistes d'une autre époque, qui étaient encore eux-mêmes des artisans, spirituellement parlant, ces « parfaits artisans » que Benjamin appelle l' « incarnation du dévot[3] ».

Malheureusement, les cahiers ne présentent aucun brouillon complet et par conséquent il n'est pas possible d'évaluer comment Dinesen a progressé. Dans ses dernières années, elle décrivit sa méthode de travail comme un lent processus alluvionnaire. Un conte pouvait commencer sur l'image d'un lieu, d'une maison ou d'un paysage, puis elle se mettait à songer à ceux qui habitaient cet endroit[4]. Ou bien il commençait par « un événement réel, vécu. Mais c'est seulement le grain de poussière autour duquel grossit la perle. Ce n'est pas important, car finalement, on ne le voit pas[5] ». Elle emmenait le conte partout avec elle, durant longtemps, parfois durant des années, ne cessant de se le raconter à elle-même, et il était achevé dans son esprit dès avant qu'elle ne commence à l'écrire. Dès lors, il était devenu aussi familier qu'un souvenir. « Raconter, nous rappelle Benjamin, enfouit la chose dans l'existence du conteur, de façon à ce qu'elle resurgisse de lui. Ainsi, les empreintes du conteur restent-elles sur l'histoire comme les traces de doigt du potier sur l'argile du vase[6]. »

Le mot « gothique » du titre, expliquait Dinesen, est une référence à l'imitation du gothique, à l'époque *romantique* de Byron *.

Elle définissait cette période comme ayant commencé avec la mort d'Ewald en 1781 et fini avec le second Empire en 1871, « la dernière grande phase de la culture aristocratique ». Quand on lui demanda en 1934 pourquoi elle avait choisi de replacer ses contes cent ans dans le passé, elle répondit simplement : « Parce que [...] c'était le seul moyen d'être totalement libre[7]. » A la fin de sa vie, elle allait expliquer l'aspect formel de cette liberté : « Avec le passé, je me trouve confrontée à un monde fini, achevé jusqu'en ses moindres éléments, et je puis donc le réarranger dans mon imagination. Je n'ai pas la tentation de tomber dans le réalisme et mes lecteurs ne sont pas tentés de le chercher[8]. »

Mais c'était aussi une façon de se libérer des contraintes personnelles ou sociales de l'écrivain moderne. La voix qui raconte les *Sept Contes Gothiques* est plus vieille d'une génération que les personnages eux-mêmes. C'est la voix de l'écrivain de l'âge classique parlant à un public d'aristocrates. Son désir le plus cher est de les distraire — de les émouvoir au plus profond d'eux-mêmes, de les faire trembler dans leur lit ou de leur offrir les friandises qu'il tire de la *bonbonnière* de son imagination —, mais en même temps de

* Je me sens bien plus proche du gothique anglais que des romantiques allemands, disait-elle à Bent Mohn, dans une lettre datée du 26 janvier 1948, même s'il y a certaines œuvres [de ces derniers] qui ont eu pour moi une grande importance. » Il y avait entre autres Hoffmann et Chamisso (d'après les archives de M. Mohn).

poursuivre avec eux une conversation élevée et mesurée sur la vie. « Seuls deux thèmes de méditation conviennent à un homme sain d'esprit. L'un est : “ Que dois-je faire tout à l'heure ? — ou ce soir, ou demain ? ” L'autre : “ Dans quel dessein Dieu a-t-il créé le monde, la mer et le désert, le cheval, les vents, la femme, l'ambre, le poisson, le vin ? ” [...] — Mais pauvreté et dédain ne pourraient-ils pas t'inspirer un conte terrifiant ? demanda Lincoln [à Mira Jama].

« — Non, répondit fièrement le conteur, Mira Jama ne raconte pas ce genre d'histoire[9]. » Dinesen elle-même dut subir la même sorte de question. « Je suis périodiquement accusée d'être une “ décadente ”, déclarait-elle à Daniel Gillès, l'été qui précéda sa mort. C'est sans aucun doute vrai, puisque je ne m'intéresse pas aux questions sociales ou à la psychologie freudienne. Mais la narratrice des *Mille et Une Nuits* a elle aussi négligé les questions sociales, et c'est sans aucun doute la raison pour laquelle les Arabes se rassemblent encore aujourd'hui sur les places publiques pour entendre ses histoires. Quant à moi, je n'ai qu'une seule ambition : inventer des histoires, de très belles histoires[10]. »

Il y a dans les déclarations publiques d'Isak Dinesen sur son art une intéressante modestie ou une réticence. Elle récusait la très complexe érudition, la compréhension de sa propre histoire littéraire et de la tradition que Robert Langbaum et Aage Henriksen lui prêtèrent. Elle aimait à rappeler à ses interlocuteurs son éducation irrégulière et si quelqu'un mentionnait Kierkegaard ou le *Bildungsroman,* ou encore l'existentialisme, elle déniait avoir jamais réellement étudié la question. Elle admettait qu'elle adorait la lecture et elle donnait la liste des livres qu'elle aimait relire *, mais elle omettait tout ce qui pouvait la relier à une école, la mettre dans une catégorie ou l'associer à quelque prédécesseur ** — sauf peut-être, Schéhérazade.

Elle disait qu'elle appartenait à la tradition orale et que ses contes avaient une source presque physique ou instinctive, comme la danse. Peut-être n'étaient-ce là que de bonnes manières d'aristocrate, car l'intellectualisme n'était pas quelque chose dont on faisait grand cas dans le milieu de

---

* Shakespeare, Tourgueniev, Stendhal — qui était aussi un auteur favori de son père —, Barbey d'Aurevilly, Thomas Mann (en particulier les romans de *Joseph*), Conrad, Hans-Christian Andersen, Voltaire, Tchekhov, Katherine Mansfield, Giraudoux, Aldous Huxley et Hemingway. Sa liste de poètes comprenait Heine, Shelley, Wergeland, Oehlenschläger, Baudelaire, Sophus Claussen, et Nietzsche qu'elle considérait, dit-elle à Robert Langbaum, plus comme un poète que comme un philosophe.

** Elle ne parlait jamais de certaines œuvres que, dans sa jeunesse, elle avait prétendu être « ses sources d'inspiration ». Elle connaissait sans aucun doute *Les Principaux Courants de la Littérature du XIXe siècle,* de Brandès, qui offre un panorama splendide du romantisme et qui présente une histoire littéraire autant que sociale. Elle déclara aussi à sa mère dans une lettre d'Afrique que James Branch Campbell était quelqu'un chez qui elle avait trouvé nombre de ses idées « sur la vie, l'art, la mort, etc. ». C'était sa façon d'appréhender le passé et son insatisfaction vis-à-vis de l' « état présent des choses » qui l'attiraient le plus et la faisaient espérer : « Peut-être qu'une nouvelle école littéraire est prête à naître, qui serait fondée sur l'imaginaire » (Karen Blixen, *Breve fra Africa : 1914-1931,* vol. I, p. 209 ; Isak Dinesen, *Lettres d'Afrique,* p. 164). Lorsqu'elle parlait à Bjørnvig de son amour d'enfance pour Zarathoustra, comme lorsque, en réponse à la question de Langbaum, elle exprime sa grande admiration pour Nietzsche, elle ne mentionne jamais l'importance évidente qu'il eut sur sa propre philosophie.

Frijsenborg. Peut-être était-ce une façon de respecter la « magie » et l'aspect incantatoire de l'art du conteur, ou encore le désir plein de prévenance du virtuose qui veut donner à son art un air de facilité. Peut-être était-ce aussi à cause de son ancienne réticence à ne ressembler à personne.

2

L'une des marques distinctives du conte, qui le met à part des formes réalistes de fiction, c'est l'absence de détail gratuit, de *petits faits vrais*, d'atmosphère et de psychologie. La vérité des contes — ou encore celle des mythes ou des rêves — apparaît par un autre procédé, auquel Dinesen donnait le nom de « Némésis ». « La Némésis, disait-elle au critique Johannes Rosendahl, est, dans le cours des événements, le fil que déterminent les préjugés d'une personne. Tous mes contes traitent de cela[11]. » Le fil, pourrait-on dire, c'est le désir, et l'aiguille qui le conduit, c'est la nécessité. Et c'est ainsi que le conte — ou le mythe ou le rêve — acquiert son plissé.

La Némésis est une idée que n'importe quelle personne observatrice, douée d'humour et quelque agnostique qu'elle soit, peut accepter, et qui est également en harmonie avec les théories de la psychologie moderne. Elle consiste à reconnaître que tout moment important de la vie (quoiqu'un bon nombre puissent sembler éphémères, mineurs, banals et passent inaperçus au premier abord), « les forces qui nous ont créés » exercent sur nous leur influence et leur autorité d'une façon qui semble étonnamment cohérente — si l'on ne les voit pas avec suffisamment de distance. Nous répétons les « préjugés » de notre enfance, ceux de nos parents, de notre tribu, et c'est de cette façon que notre passé mythique sert de fondation à notre présent civilisé.

L'une des grandes réussites critiques de Robert Langbaum est de nous avoir montré comment Dinesen, tout comme Thomas Mann dans sa période de *Joseph,* travaille avec le mythe de façon novatrice. « Ses histoires nous montrent [...] le point où le psychologique rencontre la littérature, et elles nous font par là comprendre que les anciennes formes littéraires — tragédie, comédie, romance et pastorale — sont des noms qui recouvrent des catégories de concepts qu'aujourd'hui nous appellerions des aspects psychologiques. En revivifiant les formes anciennes et en les transformant en extériorisations de la vie psychique, Isak Dinesen est capable de parler en même temps de psychologie et de culture[12]. » La clé de sa capacité à réussir cet exploit, c'est sa compréhension de la relation entre la psychologie et la culture dans sa propre vie, de la même façon qu'elle extériorisa ses « préjugés », tout particulièrement dans les *Sept Contes Gothiques.* Cette capacité était en partie du courage et de l'intuition. C'est ce qu'*elle* était — « les mystérieuses fondations de l'être », comme dit Nietzsche — qui défie l'analyse. C'est aussi dû en partie au coup du destin qui isola sa jeunesse de l'âge adulte, et sa vie de son art, pour lui donner cette précieuse « vision supérieure ». Et c'était enfin dû au fait que le fil — la Némésis — fût particulièrement tendu et solide, et donnât ainsi à sa vie plus de forme et de complexité qu'au commun des mortels.

Dinesen reconnut la présence de la Némésis jusque dans son nom de plume.

Isak signifie en hébreu « celui qui rit ». C'était le fils qu'Abraham et Sarah eurent dans leur vieillesse, un miracle de l'après-ménopause et une facétie divine. Lorsqu'elle lui donne naissance, Sarah dit : « Dieu m'a créée pour rire afin que tous ceux qui entendront rient avec moi [13]. » En ce qui concerne son choix d'écrire sous un pseudonyme, ou un demi-pseudonyme, Isak Dinesen déclara en 1934 à un journaliste qu'elle avait agi ainsi « dans le même esprit que son père, lorsqu'il s'était caché sous le nom de Boganis [...] [pour] pouvoir s'exprimer sans contraintes dans *Lettres de Chasse,* et donner libre cours à son imagination. Il ne voulait pas que les gens lui demandent : " C'est bien ce que vous voulez dire ? " ou " Vous avez vécu cela vous-même ? " ».

« Vous ne cessez de parler de vos livres comme des œuvres totalement imaginées, dit le journaliste. Mais rien n'est complètement imaginaire [...] on ne peut écrire que ce dont on a fait l'expérience, avouée ou non.

— C'est exact [14] », répondit-elle.

Robert Langbaum, qui eut en 1959 une entrevue avec Dinesen, alors qu'il préparait *The Gayety of Vision,* racontait qu'elle parlait des *Sept Contes Gothiques* avec gêne, disant que c'était « trop sophistiqué » et qu'il y avait « trop de l'auteur dans le livre ». Il crut que « c'était la " décadence ", si vous voulez [...], particulièrement dans le fait qu'elle traitât des perversions sexuelles, qui la gênait. C'était cela, et aussi parce qu'elle savait combien le livre était intensément personnel [15] ».

Il est difficile d'user du mot « perversion » sans impliquer un jugement négatif sur la personne du « pervers ». Je crois que le mot *désir,* plus que le mot perversion — laquelle n'est que la voie qui y conduit —, est un concept plus important. Le désir est, d'une certaine façon et souvent de très curieuse façon, le sujet des *Sept Contes Gothiques,* et je pense que ce que Dinesen écrit à propos de Malin Nat-og-Dag est en fait une caricature pleine d'esprit d'elle-même :

> « Elle était le reflet inversé de la grande pécheresse repentante, dont les péchés sont blanchis comme de la laine ; et, en l'occurrence, elle prenait un véritable plaisir à teindre des couleurs les plus crues la laine du sage petit agneau de sa vie. Jalousie, infidélité, séduction, viol, infanticide et cruauté sénile, accompagnés de tous les excès dans lesquels peuvent tomber les passions humaines, et jusqu'aux *maladies galantes* sur lesquelles elle était étonnamment bien renseignée, n'étaient pour elle que doux bonbons de la *bonbonnière* de son âme, qu'elle croquait avec une véritable *gourmandise.* Elle-même héroïne de toutes les imaginations auxquelles elle s'abandonnait, elle parcourait les régions des sept péchés, ravie comme un petit garçon qui participe à toutes les courses du monde sur son cheval de bois. Inaccessible à la peur et à la mort, elle possédait la paix du cœur, et la seule personne qu'elle pût mentionner avec un profond mépris était la Marie-Madeleine de l'Évangile, qui n'avait pu supporter le souvenir de ses doux péchés qu'en se réfugiant au désert de Libye avec un crâne. Mlle Malin portait les siens avec une supériorité d'athlète et prenait son temps pour jouer gracieusement au bilboquet avec eux [16] »

Pour comprendre la joie qui anime ce passage, il importe de se souvenir qu'Isak Dinesen grandit dans une famille fanatiquement puritaine. Le désir n'était pas pour elle cette saine impulsion que la jeunesse moderne est encouragée à connaître : c'était la transgression. Ici, il semblerait utile de citer un passage de Freud en guise de commentaire sur le « cas » de Mlle Malin :

« Il est toujours possible, écrivit-il, au moi d'éviter une rupture dans ses relations en se déformant, en s'exposant à perdre quelque chose de son unité, ou même en allant jusqu'à la déchirure. De ce fait, les conduites illogiques, excentriques ou déraisonnables de l'être humain entrent dans la même catégorie que les perversions sexuelles, car en les acceptant, *les êtres humains échappent à l'autorépression*[17]. »

Isak Dinesen percevait le fait d'échapper à l'autorépression, quel qu'en fût le prix, comme une tentative noble et héroïque : c'était la chasse au lion, le haut fait, l'audacieuse fantaisie, le péché mortel. Cela produisait également la note que l'on entend tout au long de son œuvre, la note du mépris qu'elle éprouve pour ceux qui n'ont pas le courage de s'y risquer. Au point de vue psychologique, les personnages des *Sept Contes Gothiques* peuvent très bien être des pervers, des mégalomanes ou des travestis, ils peuvent tout autant avoir des fixations œdipiennes ou des pulsions. Mais pour Dinesen ce sont des rêveurs. Le rêveur, nous dit Mira Jama, est quelqu'un qui a été planté dans la terre de la vie comme un caféier dont la racine pivotante a été courbée. Cet arbre « ne se développera pas bien, ne portera jamais de fruits, mais il fleurira plus abondamment que les autres[18] », et cette même racine déformée peut très bien produire une abondante floraison, peut-être excessive, de personnalité chez le « rêveur » — excentricité, esprit, imagination, effronterie ou folie — aux dépens de son intégrité. « En faire trop », ce sera ainsi que le psychologue décrira la façon dont certains individus échappent à l'autorépression. « Agissant », assumant son destin, c'est ainsi que le conteur la décrira. La défaillance du héros lui est extérieure, celle du névrosé est intérieure, mais tous les deux assument un rôle et le jouent avec la plus grande précision et la plus grande fidélité possible, et c'est de cette façon qu'ils parviennent à manifester leur désir.

Les héros amoureux et les risque-tout démoniaques de la littérature romantique — y compris son propre père — donnèrent à Tanne Dinesen ses premières notions de liberté affective, exactement de la même façon que les femmes qui peuplaient sa vie lui donnèrent l'exemple de la frustration et de la capitulation : elles acceptaient la culpabilité et refusaient le désir ; « Elles vivaient pour les autres. » Elle comprit clairement aussi, d'après son père et les autres, puis plus tard d'après sa propre expérience, quel en était le prix. « Ces fines racines, poursuit Mira, sont les rêves de l'arbre. Quand il les lance, il ne songe plus à sa racine pivotante qu'on a tordue. Ce sont elles qui le maintiennent en vie. Ou bien, disons qu'elles sont la cause de sa mort, si tu préfères. Car en vérité, rêver, c'est le suicide que se permettent les gens bien élevés[19]. »

C'est là qu'est peut-être la véritable note de « décadence » d'Isak Dinesen : une note plaintive qu'elle avait en commun avec les symbolistes comme Baudelaire, que Denys et elle aimaient, et avec les décadents *fin de siècle* comme Huysmans et Villiers de L'Isle-Adam. La ressemblance est moins dans la façon dont ses personnages se déguisent ou abusent des plaisirs de la chair que dans l'impression qu'elle partage avec eux d'être prisonnière d'une vie civilisée (bourgeoise). « *Ce pays nous ennuie / O Mort appareillons !*[20] » écrit Baudelaire. Et son *voyageur,* qui s'en va « *seul pour partir* », qui cherche un refuge exotique à sa colère et à son désir refrénés, c'est le rêveur suicidaire de Dinesen.

Arnold Hauser rassemble avec finesse le premier mouvement romantique et le « néo-romantisme », qui fut appelé « décadence » après les années 1890. En cela, il suggère dans quel contexte il faudrait lire les *Sept Contes Gothiques.* La décadence, écrit-il, « est la conscience d'être à la fin d'une évolution vitale et d'être en présence de la dissolution d'une civilisation. Le sentiment de partager une sensibilité avec les cultures anciennes, épuisées et sur-raffinées, avec l'hellénisme, les dernières années de l'Empire romain, le rococo et le style mûr, " impressionniste " des grands maîtres, fait partie de l'essence de [...] la décadence. La conscience d'être les témoins d'un moment décisif de l'histoire de la civilisation n'avait rien de nouveau [...] mais l'idée d'une noblesse intellectuelle est maintenant reliée au concept de grand âge et de lassitude, de dégénérescence et de sur-culture [...]. Les analogies avec le rousseauisme, avec l'épuisement byronien de l'existence et avec la passion romantique pour la mort sont évidentes. C'est le même abîme qui attire le romantique et le décadent, le même délice dans la destruction, l'autodestruction, qui les enivre. Mais pour le décadent, " tout est abîme[21] " ».

C'est pourtant là qu'Isak Dinesen poursuit totalement sa propre voie, une voie différente. Elle était souvent venue, et elle y viendrait encore, se pencher au bord de l'abîme, pour en scruter les profondeurs, mais l'exercice ne manqua jamais de la réconforter. Dans ses cahiers se trouve l'esquisse d'une histoire qu'elle n'écrivit jamais, celle d'un jeune homme désespéré qui décide de se suicider. Mais après avoir imaginé avec délectation et soulagement ce que cela sera d'abandonner tout ce qui lui a causé un tel chagrin, il n'éprouve aucun besoin de se tuer.

« Savoir combien le livre était intensément personnel » ne fut évidemment pas pour Isak Dinesen une réflexion qui lui vint après coup. Mais la « gêne » arriva, elle, plus tard, en réaction à l'accueil fait au livre par les Danois et par un jeune critique nommé Frederick Schyberg, qui le chroniqua dans *Berlingske Tidende.* Durant tout le reste de sa vie, Karen Blixen en conserva sur elle un exemplaire et elle le sortait, de plus en plus chiffonné et jauni à mesure que passaient les années, pour le montrer à ses amis et leur demander ce qu'ils en pensaient. Frederick Schyberg, après l'avoir accusée de coquetterie et de superficialité, de caprice, de mystification et de faux effets, de snobisme, de pastiche et de citer des noms pour se mettre en valeur, poursuivait ainsi : « Et la perversité ? Le mot est affreux, mais il n'y en a pas d'autre [...] pour décrire le fait *qu'il n'y ait pas d'être humain dans les Sept Contes Gothiques.* La vie érotique que l'on découvre dans ces contes est de la plus curieuse sorte. Les hommes aiment leurs sœurs, les tantes leurs nièces, différents personnages sont épris d'eux-mêmes et les jeunes femmes *ne peuvent pas* ou *ne veulent pas* avoir d'enfants. Une jeune comtesse française affirme à son amant qu'il ne l'aime pas, car c'est de son mari qu'il est amoureux, et il ne trouve rien à répondre parce qu'il " se rend compte " qu'elle a raison. [...] Augustus von Schimmelmann se sépare de sa femme car il aime les diamants qu'elle porte ! Plus loin, un flacon de sels italiens résout ses complexes. Morten de Coninck est amoureux de son navire, le *Fortuna,* le baron de Brackel et le comte Boris ont des sentiments tendres pour un crâne et un squelette, respectivement. Il n'y a rien, le critique peut le voir [...] derrière le voile [de l'auteur] une fois qu'on l'a levé[22]. »

Ces flèches la touchèrent profondément non seulement parce qu'elles étaient acérées, mais parce qu'elles déformaient de façon si habile, si vicieuse et si personnelle l'esprit véritable et le dessein des *Sept Contes Gothiques.* Isak Dinesen était l'une de nos plus pures — pour ne pas dire la plus grande — immoralistes. Mais aucun réconfort de ses amis ni le monceau d'éloges des meilleurs critiques ne purent mettre un baume sur la blessure qu'avaient faite les paroles de Schyberg.

3

Le manuscrit des *Sept Contes Gothiques* était prêt dès le printemps 1933, mais Isak Dinesen, l'auteur inconnu d'un livre de « contes », ne pouvait trouver d'éditeur. Elle espérait que l'amitié de Gustav Mohr avec Christopher Morley, ainsi que son intérêt pour le livre, lui ouvriraient les portes de Faber & Faber, mais ce ne fut pas le cas. Thomas se souvient qu'il envoya le livre à un « éditeur américain qui le refusa », mais il s'agissait probablement du Bostonien Constant Huntington, de chez Putnam. Après deux refus, Karen Blixen décida qu'ayant écrit le livre en tant qu' « homme », il fallait qu'elle le colporte en tant que « femme », et qu'elle s'en remette à son charme. Lady Islington, la mère de Joan Grigg, lui proposa de la présenter personnellement à Mr Huntington et organisa un déjeuner qui eut lieu au printemps à Londres. Selon Parmenia Migel, Karen Blixen donna à Mr Huntington un échantillon de ses talents de conteuse en égrenant anecdote sur anecdote de sa vie en Afrique. Il écouta poliment jusqu'au moment où elle lui parla de son livre et, là, il refusa catégoriquement de le lire en disant : « Comme cela, vous ne pourrez pas penser que c'est en secret que je ne l'aime pas[23] », et il lui conseilla d'écrire un roman à la place.

Elle rentra à Rungstedlund, si furieuse qu'elle fut, comme le raconte Thomas, à deux doigts « de tout abandonner et de disparaître de la face du monde[24] ». Mais ensuite, elle se souvint que son frère connaissait un écrivain américain qui pourrait l'aider, Dorothy Canfield Fisher. Thomas l'avait rencontrée à l'aéroport de Kastrup, à Copenhague, et il l'avait emmenée à Folehave voir tante Bess, et ils continuaient à s'écrire. On posta soigneusement le manuscrit pour le Vermont. Mrs Fisher le lut, fut très impressionnée et le confia à son voisin, Robert Haas, éditeur chez Harrison Smith & Robert Haas, maison qui fusionna ensuite avec Random House. Haas le trouva trop bon pour ne pas être publié, quoiqu'il ne s'attendît pas à gagner de l'argent avec. Il refusa de verser une avance avant que quelques milliers d'exemplaires en aient été vendus et demanda à ce que le livre paraisse avec une préface de Mrs Fisher. Ces conditions réunies, l'ordre des contes fut légèrement modifié * et dès le mois de septembre, l'auteur corrigeait les épreuves. Haas eut à la fois tort et raison dans son jugement sur le livre. Les *Sept Contes Gothiques,* sorti en janvier 1934, fut un succès critique immédiat, mais aussi un succès commercial. Il fut choisi par le Club du Livre du Mois pour sa sélection de février avec un tirage de cinquante mille exemplaires.

Ces nouvelles plongèrent Isak Dinesen dans l'allégresse et elle invita Thomas et Joanna à un déjeuner familial « inhabituel » pour les leur annoncer. Parmenia Migel consacre à la scène un passage important de *Titania* et continue en énumérant, voire en étalant, les sélections des clubs du livre, cinq en tout, comme si elles étaient des preuves positives du talent de son amie. Cette fierté triomphale et naïve semble être partagée, dans l'ouvrage, par Dinesen. Hannah Arendt, dans son compte rendu de *Titania,* releva combien cela jure avec son talent et sa réputation réels. Elle déclara que c'était « un spectacle qui touchait au comique » comme Pellegrina Leoni qui enlaçait ses amants insipides avec la force d'un python. Mais il convient de préciser. Dinesen, au commencement de sa carrière, n'avait aucune idée de ce qu'était vraiment un club du livre, ni de la façon dont il faisait ses sélections, et elle croyait que c'était un *aerestitel* littéraire — un titre honorifique qui se fondait uniquement sur la qualité[25]. Cette idée fausse devient évidente dans ses lettres à Robert Haas à l'époque où fut publié *Les Voies de la Vengeance,* le roman gothique de second ordre qu'elle écrivit durant la guerre pour « s'amuser ». Lorsqu'il fut lui aussi sélectionné par un club du livre, elle refusa énergiquement en arguant que cela amoindrirait l' « honneur » accordé à ses œuvres « légitimes ».

Dès le printemps 1934, la presse danoise se lança sur les traces d' « Isak Dinesen », leur mystérieux compatriote qui écrivait en anglais et avait fait si forte impression en Amérique. Suivant l'indication de Mark van Doren, selon qui l'auteur était une « dame danoise », le journal *Politiken* remonta jusqu'à Karen Blixen à Rungstedlund. Le 30 avril, le poète et romancier Tom Kristensen publia une critique élogieuse et le lendemain, le journal fit paraître une interview. Il y eut des rivalités parmi les éditeurs danois pour obtenir les droits de traduction, que Karen Blixen vendit finalement à Reitzel, une maison que tenait son beau-frère, Knud Dahl — décision qui l'entraîna dans une âpre querelle et l'amena à rompre avec Knud et Ella.

Les efforts de plusieurs traducteurs danois déçurent tellement Karen Blixen qu'elle entreprit de faire le travail elle-même. Dans une lettre désobligeante à l'un des malheureux candidats, elle le remerciait de son offre de corriger sa version quand elle serait prête, et lui faisait savoir qu'elle

---

* Dans l'édition anglaise, « Sur la Route de Pise » est mis en premier, et « Le Raz de marée de Norderney » est le quatrième. Dans l'édition américaine et française, c'est l'inverse. Isak Dinesen préférait la disposition de l'édition anglaise, qui était celle de son manuscrit.

connaissait le danois non seulement aussi bien que l'anglais, « mais je m'autoriserai presque à dire : aussi bien que n'importe quel écrivain danois. Je ne veux pas dire que je peux donc écrire un livre aussi bon que n'importe quel écrivain danois, mais que [cette capacité] provient d'autres sources que la connaissance de la langue[26] ». Cela créa un précédent, et par la suite, elle devait toujours faire elle-même la version danoise, se reposant dans ses dernières années sur l'assistance considérable que lui procurait Clara Svendsen. Il serait cependant faux de parler de « traduction » : les éditions danoises des œuvres de Karen Blixen sont vraiment des originaux. Elle a expliqué la méthode de réécriture qu'elle employait dans son introduction à *Syv Fantastiske Fortaellinger :*

> « Lorsque, pour s'amuser, j'ai écrit ce livre en anglais, je ne pensais pas qu'il présenterait un quelconque intérêt pour des lecteurs danois. Désormais, le destin a voulu qu'il soit traduit en d'autres langues et il était naturel que je fusse publiée dans mon propre pays. J'aurais beaucoup aimé qu'il fût publié au Danemark en tant qu'original en danois, et non comme traduction, quelque bonne qu'elle fût. Tout au long du texte, des noms danois, des noms de lieux, des épisodes de l'histoire du Danemark et des citations de poètes danois apparaissent très librement. Une bonne partie des *Sept Contes Gothiques* a été conçue et parfois écrite en Afrique, et dans mon livre les lieux qui se rapportent au Danemark doivent être pris comme des fantaisies de l'imagination d'une émigrante danoise sur des thèmes danois, plutôt que comme une tentative pour donner une image de la réalité [...][27]. »

Sa mauvaise santé et d'autres préoccupations retardèrent son travail et *Syv Fantastiske Fortaellinger* ne fut pas publié à Copenhague avant septembre 1935. Pendant ce temps, Putnam's avait publié une édition anglaise et Bonniers une édition suédoise à Stockholm. Les critiques anglais furent mitigés mais Desmond Mac Carthy proclama que c'était une œuvre de génie et Anthony Eden accorda à Isak Dinesen une place « au panthéon anglo-saxon ». Elle se rendit à Londres en décembre pour profiter des « délices de la célébrité[28] », fit une visite aux Winchilsea, où on lui présenta Aldous Huxley, dont les nouvelles avaient représenté tant de choses pour elle en Afrique, Stefan Zweig, Harold Nicholson, H. G. Wells*, Moura Budberg, Desmond Mac Carthy — dont elle dut apprécier la célèbre finesse d'esprit —, George Bernard Shaw et d'autres gens fameux[29]. Ses allées et venues étaient fidèlement rapportées dans la presse danoise, à laquelle elle devait fournir une source d'articles controversés et prestigieux durant les trente années à venir. Lorsqu'elle rentra à Rungstedlund, elle était « épuisée », elle avait perdu six kilos, et elle écrivit à lady Daphné Finch Hatton

---

* Karen Blixen lisait H. G. Wells en 1924. A l'époque, elle dit à son frère combien elle admirait son style et sa philosophie, et particulièrement la croyance, dont il est question dans « Le Rêve », selon laquelle la grande idée révolutionnaire du monde moderne était d'éduquer les êtres humains à être heureux (Isak Dinesen, *Lettres d'Afrique*, p. 212).

qu'elle peinait « comme une esclave » sur sa traduction et qu'elle travaillait à une nouvelle pièce *.

> « C'est une telle perte de temps que d'être invalide, et il y a un tel pont à construire pour atteindre la réserve masaï. Hélas, hélas, comme me l'écrit Julian Huxley… J'étais invitée à un bal à la légation anglaise ce soir, et j'aurais aimé m'y rendre pour parler à nouveau anglais, mais je ne me sens pas en état de danser, ayant un pied dans la tombe et l'autre, selon Anthony Eden, au panthéon anglo-saxon. »

Le « pont pour atteindre la réserve masaï » est une allusion à un projet qu'elle caressait secrètement et qui, espérait-elle, lui permettrait de retourner en Afrique. Elle voulait employer ses droits d'auteur à fonder un hôpital pour les enfants masaïs et, lors de son séjour à Londres, elle s'était arrangée pour rencontrer Albert Schweitzer et lui demander conseil à ce sujet. Le Dr Schweitzer s'inquiéta de sa faible constitution et l'en dissuada. De toute façon, elle avait grandement sous-estimé le coût d'une telle entreprise, et lorsque le chèque américain arriva, huit mille dollars, elle rangea tranquillement ce projet dans ses tiroirs. Mais elle n'abandonna jamais totalement l'espoir de retourner « chez elle ». En 1936, elle essaierait de s'y rendre comme correspondante de guerre en Abyssinie. Au début des années cinquante, elle sollicita de *Life* un reportage à La Mecque en compagnie de Farah et de la mère de celui-ci. Enfin, en 1962, année de sa mort, elle tenta d'effectuer une dernière « mission privée » pour revoir ceux de ses anciens domestiques qui vivaient toujours et qui se souvenaient d'elle.

---

* Parmi les divers manuscrits de Karen Blixen, se trouve une liste de personnages pour une comédie appelée « Perdiccas et Sibylla », signée Isak Dinesen, qui me porte à croire qu'il s'agit de la pièce dont elle parle ici (KBA 110, « Andre Fortaellinger », IIIa 2c ; 3).

35.

La sombre forêt

1

En avril 1935, Karen Blixen fêta son cinquantième anniversaire. L'année d'avant, Kohlet l'avait photographiée en pied, vêtue d'une robe du soir en mousseline de soie blanche, et ce fut la première image d' « Isak Dinesen » publiée en Amérique lorsque son identité fut connue. C'est le portrait d'une femme du monde gracieuse, maigre et distante, en équilibre entre la jeunesse et la vieillesse. Ses cheveux sont simplement coiffés en arrière, sa tête est légèrement tournée vers l'objectif, les hanches en avant comme une danseuse de tango, les yeux sombres à peine ouverts sous leurs paupières ombrées, et la bouche tordue par une expression ambiguë qui pourrait être de l'ironie ou de la *hauteur,* ou simplement de la contemplation — une expression qui, comme celle des souverains sur leur portrait officiel, n'essaie pas de plaire au spectateur.

Durant les quatre premières années qui suivirent son retour au Danemark, Karen Blixen avait été absorbée par l'écriture, par la publication de ses œuvres et par l'attention que produisit sa célébrité soudaine. Mais lorsqu'elle eut fini sa traduction des *Sept Contes Gothiques,* elle se trouva pour la première fois libre de réfléchir sur sa vie et son avenir immédiat, et elle sentit la vive tension de « la vie qui reprenait ». Dans ses lettres à son frère, il est clair qu'elle doutait profondément de pouvoir y faire face. Ce même automne, un journaliste lui demanda si elle comptait s'installer pour toujours au Danemark et elle répondit : « Là-bas, je me suis languie du Danemark, et maintenant, j'ai le mal du pays, loin de l'Afrique. Réfléchissez : comment puis-je trouver des racines, ici ? On ne peut vivre sur le seul fait d'avoir écrit un livre dont tout le monde parle. On devient une sorte de pièce de collection, un objet de curiosité que chacun regarde, mais on n'est plus une personne en relation avec l'univers. S'il faut que je vive ici, ce ne peut être qu'en organisant ma vie de telle sorte que j'entre en relation avec les gens dans leur existence quotidienne, comme je l'ai fait au Kenya. Si l'on doit vivre, il faut devenir adulte : on ne peut pas rester à flotter librement dans les airs[1]. »

En l'occurrence, Karen Blixen traversait une crise qui présentait certains aspects familiers. Je ne puis dire qu'elle lui était familière, bien que sa façon d'en parler le soit. Elle éprouvait une mélancolie, une torpeur, une lassitude et une indifférence semblables à celles dont elle parlait lors de son voyage à Paris. Une fois de plus, elle avait perdu confiance en elle, et elle partit faire une visite à Londres dans un état conflictuel, espérant, sans trop y croire, trouver là-bas un peu de réconfort et un peu de lumière qui donneraient un « sens » à sa vie.

Cette crise était peut-être le résultat de différentes pressions qui s'exerçaient sur un même point vulnérable. Bien des écrivains se sentent accablés ou dépossédés de quelque chose lorsqu'ils viennent de finir un livre et qu'ils n'en ont pas d'autre en chantier. Isak Dinesen décrit cette désagréable situation dans les *Contes d'Hiver :* Charlie Despard « savait, sans que rien pût ébranler cette certitude, qu'il n'écrirait plus jamais un grand livre [...]. La pensée de sa renommée ajoutait à son désespoir[2] ». Mais en outre, elle venait d'avoir cinquante ans, et c'était à cet âge-là que son père s'était suicidé. Il avait commencé à sentir ses forces décroître, son idéalisme politique était frustré et son second livre l'avait déçu. Il venait aussi de découvrir qu'il était atteint de la syphilis et il savait qu'il était condamné à s'affaiblir jusqu'à devenir impotent et n'être plus qu'une « épave » qui dépendrait totalement de sa famille. Une telle situation lui était intolérable, tout comme elle l'était à sa fille, dont la dégénérescence physique commençait déjà. Elle pouvait donc très bien penser, à l'instar de son père, qu'elle avait accompli son destin et qu'elle n'avait plus rien à attendre de la vie.

Comme si cela ne suffisait pas, la cinquantaine était l'âge auquel Mlle Nat-og-Dag, dans « Le Raz de marée de Norderney » — alter ego de Karen Blixen à bien des égards —, avait commencé sa ménopause : du coup, « une certaine confusion régnait dans son esprit ». Des amis pensaient que c'était un héritage inattendu qui lui avait troublé l'esprit, mais le narrateur nous apprend que « ce qui provoqua ce changement fut ce qui arrive à toutes les femmes à la cinquantaine : le passage — parfois avec une pension ou avec les honneurs de la guerre — du service actif dans la vie à la réserve, où elles ne sont plus que spectatrices passives. Un fardeau lui tomba des épaules, et elle s'envola sur une plus haute branche en caquetant un peu[3] ». N'ayant plus rien à perdre ni à gagner en amour, les fantaisies amoureuses de Mlle Malin se trouvent libres de s'exprimer. Les « sorcières » des contes de Dinesen, qu'elles soient expressément qualifiées de telles ou non, sont toutes des femmes stériles et fantasques, qui ont gagné en puissance ce qu'elles ont perdu en charme, mais il importe de garder à l'esprit que, pour Dinesen elle-même, la consolation était proportionnelle à la perte. Deux ans plus tard, alors qu'elle jetait par écrit quelques notes pour une allocution à la Société des femmes danoises, portant sur les femmes africaines, elle écrivait : « Toutes les vieilles femmes ont comme consolation le don de sorcellerie : leur relation avec la magie est comparable à leur relation avec l'art de séduire. On peut se demander comment nous pourrons supporter de vieillir, nous qui n'avons rien à voir avec la sorcellerie[4]. »

Mme Dinesen s'aperçut des angoisses de sa fille et elle craignit d'en avoir été en partie la cause. Le jour où Tanne partit pour l'Angleterre, Ingeborg lui écrivit une lettre qui était une véritable déclaration d'amour et une capitulation sans condition. Elle assurait Tanne que celle-ci ne devait pas se croire obligée de vivre à Rungstedlund et d'y jouer le rôle de la vieille fille soumise. « Tu ne peux t'imaginer combien la maison m'a parue vide, hier, après ton départ. Il n'y a pas un seul instant où tu ne me manques [...] Je n'ai qu'une seule crainte, c'est que tu ne te sentes forcée de me " faire plaisir " dans ma vieillesse ; je ne t'y oblige pas. [...] Non seulement tu as le droit, mais aussi le devoir, de suivre ta propre voie [...] Il ferait beau voir qu'une mère qui a élevé son enfant exigeât que celui-ci laisse son avenir de côté pour vivre avec une épave plus ou moins desséchée. Si je sais que tu es heureuse [...] cela me rendra heureuse : *Demeure assise à la maison, ô mère bienheureuse.* Tes deux pièces sont restées comme si tu venais de partir, tu peux en user quand tu veux et tu sais que mes bras s'ouvriront dès que tu reviendras, pour t'enlacer avec la même chaleur qu'à ton départ, ma chérie[5]. »

Quelques mois plus tard, écrivant à Genève à sa fille pour lui donner des nouvelles de la famille et lui faire part de ses réflexions sur la tristesse de ce monde, Ingeborg conclut ainsi : « Je t'aime et je sais que tu m'aimes. Je crois que nos relations ont parfois quelque chose de celles que j'avais avec ton père. Ce doit être parce que tu es sa fille à un tel point[6]. »

Thomas Dinesen fut plus direct avec sa sœur : « Tu me demandes de t'aider à libérer ton âme, de donner un sens à ta vie et de tirer des plans pour l'avenir ; je suis peut-être la pire personne à qui s'adresser. C'est exactement ce que j'ai vainement essayé de faire pour moi-même. Tu me dis que la " morale " t'a rendu la vie difficile, tu me dis que tu es accablée en permanence par cette vieille habitude de tout mesurer à l'aune de la morale [...] Je t'ai dit un jour à Hellebaek que la solution, pour moi, résidait dans la façon de voir : ça ne veut rien dire et je crois que tu me comprends [...] Parler de libérer son âme, ou de trouver Dieu, de servir ou de résister à des principes absolus, ce ne sont là que des restes de superstition et de peur du noir [...] ce sont nos propres désirs et nos déceptions qui nous font croire que nous nous intéressons à l'univers entier, que nous projetons au firmament et que nous adorons ou que nous craignons ensuite. Bien évidemment, ces questions n'ont rien à voir avec des projets d'avenir [...] Tout ce que j'ai pu faire [...] c'est me libérer de la peur, du ressentiment et des derniers vestiges du cauchemar métaphysique et religieux [...].

« Si tu n'es absolument pas d'accord avec moi, si tu es tout à fait certaine d'avoir une âme, si tu es sûre qu'il existe une hiérarchie de l'éthique et qu'il y a un monde divin, si tant est qu'on puisse qualifier l'inqualifiable, s'il en est ainsi, Tanne, alors je te conseillerai le plus sérieusement du monde de chercher ta liberté dans la religion. Je ne te crois pas assez naïve pour devenir un " oxfordien " ni assez affectée pour adhérer au bouddhisme ou à la scientologie, et je dois t'avouer que ça me ferait un choc si tu devenais une sainte protestante. Mais je pense que tu pourrais devenir catholique sans grande difficulté [...][7]. »

Thomas concluait par deux suggestions. L'une consistait pour sa sœur à trouver un prêtre catholique avisé et à lui exposer ses « difficultés et doléances ». L'autre à se trouver une secrétaire, à tout oublier et à commencer son livre « sur les Masaïs ». Comme on le verra, ce conseil était prémonitoire. Car, en l'encourageant vivement à écrire le livre qui deviendrait *La Ferme Africaine,* il désignait la voie qu'elle emprunterait pour donner à son passé une finalité et pour résoudre ses incertitudes quant à son sens.

2

Tout au long du printemps et de l'été 1935, Mussolini préparait l'invasion de l'Éthiopie. L'Angleterre et la France s'opposèrent toutes les deux à ses projets, en partie pour des raisons stratégiques et en partie pour défendre le prestige de la Société des Nations, qui condamnait l'agression. « Si la S.D.N. échoue, déclara le ministre des Affaires étrangères anglais, le monde entier, et en particulier l'Europe, seront confrontés à une période de danger pratiquement absolu et de ténèbres[8]. » On offrit plusieurs compromis à Mussolini, y compris le démembrement partiel de l'Éthiopie — c'était l'idée de l'Angleterre — et sa transformation en un protectorat italien, avec un empereur devenu un personnage purement décoratif — c'était le projet des Français. Mais Mussolini les refusa sous le prétexte qu'ils « le priveraient du prestige d'une victoire militaire » et il annonça qu'il avait des « comptes à régler[9] ». Il envahit l'Éthiopie le 3 octobre.

Karen Blixen avait suivi les manœuvres diplomatiques et militaires depuis Londres, et lorsque l'invasion commença, elle ressentit un besoin irrépressible de se mettre au service de l'Éthiopie et fut frustrée de ne pouvoir le faire. Elle fit le tour des journaux anglais et essaya d'obtenir un poste de correspondant de guerre en mettant en avant son expérience de l'Afrique. N'ayant eu aucun résultat positif, elle fit le tour des bureaux du ministère de la Guerre et tenta d'obtenir un laissez-passer pour se rendre sur la zone des combats. On le lui refusa parce qu'elle était une femme. À ce moment, une amie de Londres, la baronne Moura Budberg, lui proposa « en compensation » de partir avec elle à Genève pour assister à la session de la S.D.N. qui s'était rassemblée pour condamner l'invasion et discuter des sanctions. Erik Scavenius, ministre danois des Affaires étrangères, qui avait épousé une parente de Karen Blixen, put leur donner un laissez-passer de presse.

Moura, ou Marie Budberg, avait été l'une des amies intimes de Karen Blixen en Angleterre, jusqu'à la Deuxième Guerre mondiale, lorsqu'elle venait y passer l'été. Cependant, on ne trouve aucune correspondance entre les deux femmes, et rien qui permette de croire qu'elles aient repris contact après la guerre. La baronne était une Russe pleine d'énergie et de charme, grande et large d'épaules, qui avait à peu près l'âge de Tania et un passé encore plus riche et haut en couleurs. Elle avait été élevée dans le grand luxe à Saint-Pétersbourg, où son père était sénateur, et dans une propriété familiale d'Ukraine. Avant ses vingt ans, elle avait épousé un ami de son frère, le jeune comte de Benckendorff. Il était en poste à l'ambassade de Russie à Londres, et elle étudia l'anglais à Cambridge pendant l'année de leurs fiançailles. H. G Wells se souvenait de l'avoir rencontrée pour la première fois à Saint-Pétersbourg en 1914, jeune beauté portant des bijoux et une robe élégante de Paris. Leur deuxième rencontre eut lieu en 1920 à Petrograd, et dans l'intervalle, sa situation avait radicalement changé. Le comte avait été tué durant la révolution, elle avait réussi à cacher leurs enfants dans une propriété que possédait la famille en Estonie, elle avait été envoyée en prison par les bolcheviks et sauvée par un vieil ami : Maxime Gorki. Lors de cette deuxième rencontre, elle servit d'interprète pour Gorki et impressionna Wells, autant par son intelligence que par le fait qu'elle ne fût pas moins charmante vêtue d'une sinistre robe postrévolutionnaire qu'au temps de sa splendeur. Un an plus tard, Gorki fit en sorte qu'elle puisse partir en Estonie, où elle épousa le baron Budberg — union malheureuse et de courte durée, puisqu'en 1922 elle rejoignit Gorki à Berlin et vécut là-bas avec lui jusqu'en 1933, date à laquelle Gorki retourna en Union soviétique pendant que la baronne Budberg partait en Angleterre avec ses enfants. Elle travailla comme traductrice de français et de russe et comme conseillère d'édition. Elle connaissait « tous les gens qu'il fallait dans le milieu des livres et du théâtre [10] ». Entre-temps, elle s'était « intimement associée [11] » avec H. G. Wells, dont elle resta l'amie jusqu'à son décès.

Moura Budberg, nous dit Parmenia Migel, « était profondément attirée par la " personnalité " de Tania », ce qui semble avoir été un sentiment réciproque. Les deux femmes décrivirent à Parmenia Migel leur voyage à Genève en des termes enthousiastes et Moura Budberg se rappela que, malgré le désespoir que l'invasion causait à Tania, celle-ci était toujours aussi « impatiente de tout voir et de tout faire. Nous passions nos journées à écouter des discours, et nos soirées à nous saouler de musique légère » — au cabaret de l'hôtel [12].

Le Conseil de la S.D.N. condamna l'Italie le jour qui suivit l'invasion, et tous les membres, sauf l'Autriche et la Hongrie, votèrent des sanctions économiques qui, comme elles n'incluaient pas le pétrole, ne furent pas assez contraignantes pour obliger Mussolini à se retirer. Karen Blixen fut particulièrement émue par l'éloquence de sir Samuel Hoare, de Salvador de Madariaga et de Geneviève Tabouis, ainsi que par la dignité du délégué éthiopien, Wolde-Marian. « Nous n'avons ni avions ni tanks, lui dit-il, mais, madame, nous croyons en Dieu [13]. »

La session fut ajournée au début de novembre et Karen Blixen retourna à Londres pour un court séjour chez Moura Budberg et chez des amis à Richmond. Mais sa nervosité anxieuse et dépressive la talonnait. « A Genève, raconta-t-elle à Hudson Strode, entourées comme nous l'étions d'esprits supérieurs, vous aviez l'impression d'être au centre de l'univers. Et puis, quand vous preniez le train du départ, c'était comme si vous étiez tout à coup descendu de vos montagnes — comme dans les contes de fées de l'ancien temps — et que vous vous fussiez rendu compte que, dans *l'univers*, Genève et ses esprits supérieurs n'avaient pas la moindre importance [14]. » Si jamais elle espéra vivre en Angleterre et s'y fixer, elle changea d'avis et rentra au Danemark, où elle « pleura sur chaque pouce de terrain perdu [par l'Éthiopie] [15] ».

3

Pendant son séjour à l'étranger, l'édition danoise des *Sept Contes Gothiques* avait été publiée. Plusieurs critiques influents l'attaquèrent, davantage du point de vue moral et politique que littéraire. C'était en plein milieu de la Dépression, deux cent mille personnes étaient au chômage — cela représentait quarante pour cent de la population active — et nombre d'entre eux étaient à la rue. Le genre littéraire prédominant était le réalisme social, le roman réaliste qui décrivait la vie des travailleurs. Il existait aussi une avant-garde radicale qui présentait des expériences théâtrales, artistiques et cinématographiques. Le mouvement des femmes et le mouvement pour la liberté sexuelle commençaient à militer, le pays regorgeait de réfugiés allemands et d'Espagnols chassés par la guerre civile et parmi les intellectuels régnait un esprit d'austérité et de compassion pour les luttes politiques de la classe laborieuse. Beaucoup de lecteurs s'offensèrent de la nostalgie ouverte de Karen Blixen pour l'*Ancien Régime* et de sa fuite devant les lugubres réalités de la vie danoise. On lui tenait également rancune d'avoir écrit l'original en anglais et d'avoir obtenu son premier succès en Amérique Karen Blixen ne devait jamais pardonner au « Danemark » l'accueil glacial et sceptique qu'il fit à son premier livre et, même dans les années cinquante, époque à laquelle elle était désormais considérée comme l'un des plus grands auteurs vivants de son pays, elle devait continuer à se sentir incomprise et mal aimée.

Le contraste entre l'accueil que l'Amérique et le Danemark firent aux *Sept Contes Gothiques* était si frappant qu'elle le mit en partie sur le compte de Knud Dahl, qui avait rechigné à faire la promotion du livre. Quand elle fut de retour, elle lui écrivit une lettre de doléances officielle. Elle n'avait à formuler aucune « plainte du point de vue technique » mais elle trouvait qu'il était revenu sur les promesses qu'il lui avait faites : il s'était engagé à obtenir de la publicité dans des revues, à la radio, et à parler personnellement à des critiques et à des journalistes danois. Elle était très fâchée de ce qu'il avait prévu pour l'édition norvégienne. Lorsqu'il lui avança qu'elle était à l'étranger lorsque le livre avait été publié, elle répondit qu'elle en avait fait plus que tout autre auteur et que, de toute façon, se vendre n'était pas « du meilleur goût ». A l'avenir, il devait adresser toute correspondance à son homme d'affaires [16].

Dahl avait tout lieu d'être plus tyrannique et *kali* que Tanne elle-même, et il déclara qu'elle le « rendait à moitié fou » à ergoter et à l'accuser sans arrêt, avec ses « informations erronées », son « obsession des bagatelles que tous les gens sensés peuvent résoudre en deux mots [17] ». Leur brouille dura dix ans et fut ravivée en 1936, lorsque Reitzel acheta les droits du livre de Bror Blixen, *The African Hunter,* geste qui semble avoir été fait dans un pur esprit de vengeance. Thomas avait demandé à Knud comme une faveur personnelle de renoncer à publier le livre, et il fut choqué de son refus : « Et vous connaissez cependant les relations de Tanne et Bror, ainsi que son attitude vis-à-vis d'elle [18]. » Tanne laissa sa fierté de côté et fit elle-même appel à l' « affection » de son beau-frère, qui lui rétorqua qu'elle avait demandé à ce que leurs relations se limitent aux affaires et délégué toute correspondance à son avoué, et qu'il fallait donc qu'elle « n'oublie pas que, en ce qui concerne les intérêts de mes affaires, je ne puis tenir compte de vos problèmes conjugaux et personnels[19] ».

Cette querelle a pu être alimentée par d'autres sources que ne mentionne pas leur correspondance. Dans *The Life and Destiny of Karen Blixen,* Clara Svendsen remarque que, à l'époque de la publication des *Sept Contes Gothiques,* Tanne fut prévenue par sa famille que « à tort ou à raison [...] il fallait qu'elle ait un triomphe discret pour ne pas vexer sa sœur[20] ». Thomas me confia également que Tanne croyait que Dahl avait négligé son livre en partie pour diminuer l'impact de son succès, sous la pression d'Ella. Celle-ci avait elle-même publié deux petits livres, le premier en 1929, le second en 1932, sous le pseudonyme de Paracelse. C'étaient des recueils, raffinés mais légers, d'anecdotes et de philosophie, et ni l'un ni l'autre ne furent tellement remarqués. Il est possible que la famille ait voulu protéger Ella ou s'en tenir au principe de la même scrupuleuse égalité qui régnait dans leur enfance. Mais il n'est pas du tout évident qu'Ella en ait voulu à Tanne de son succès. Elle parlait de l'œuvre de sa sœur avec admiration et finesse et elle resta dans les dernières années la première personne à qui Tanne s'adressait pour avoir un avis honnête.

Peu de temps après le nouvel an, Karen Blixen reçut une lettre de son ancien mari, griffonnée au crayon quelque part au Tanganyika, où il chassait l'éléphant. Il lui envoyait des nouvelles et les salutations de Farah, qui travaillait toujours avec lui, ainsi que de Rose Cartwright, Flo Martin et d'autres anciens amis. Il avait signé : « Ton vieil ami Bror[21]. » Il n'est pas évident que Karen Blixen ait eu des nouvelles de son vieil ami Bror durant les cinq ans qu'elle passa au Danemark. Sur ces entrefaites, lui et Cockie avaient divorcé et il avait épousé sa troisième femme, Eva Dixon, une belle Suédoise à qui il écrivit la plupart des lettres qu'il publia dans ses mémoires. Bror avait déjà commencé à travailler sur son livre (avec l'aide d'un « nègre »), aussi était-il peut-être naturel pour lui de penser à Tanne et de vouloir reprendre contact avec elle. Mais c'était également bien son genre de chercher, à travers une lettre aimable, à la détourner de toute velléité hostile à l'égard de l'incursion qu'il faisait sur son territoire à elle : la littérature. Tout d'abord, elle ne parvint pas à croire qu'il faisait un livre, puis cela l'inquiéta. Elle craignait qu'il ne « se fût reconnu dans le portrait peu flatteur du baron Guildenstern » dans « Les Rêveurs[22] » et qu'il ne veuille se venger d'elle dans son livre. Mais elle craignait encore plus que sa version de l'histoire ne contredît la sienne, ou diminuât ses ventes ou encore qu'il exerçât une influence néfaste sur sa réputation auprès des critiques. Il est plutôt touchant de voir son innocence vis-à-vis de l'édition ou son incertitude quant à sa propre valeur, au point de croire qu'elle ne tenait qu'à ce genre de détails mineurs. Mais cela permet de voir l'idée qu'elle se faisait de son public : non pas une masse anonyme et indéterminée, mais une petite communauté, « un peuple », une famille qui investissait sa fierté dans l'opinion qu'il se faisait d'elle et qui pouvait réagir sous le coup du désenchantement. C'était peut-être naturel, étant donné le caractère particulièrement fouinard et impulsif de sa famille, et le monde en vase clos qu'elle connaissait à Copenhague ou à Nairobi, où le moindre ragot se propageait comme une traînée de poudre.

En tout cas, Tanne se trompait sur Bror. La seule critique qu'il fit de son livre, et il la fit en privé, fut que « l'on aurait pu se contenter de quatre contes gothiques au lieu de sept[23] ». Et il ne parle qu'une seule fois de Tanne dans ses mémoires, au début, et avec affection, lorsqu'il raconte leurs fiançailles et leur émigration.

Le livre qu'elle écrivait sur l'Afrique commençait lentement à prendre forme. En 1934, un journaliste lui demanda : « Aurait-il été plus naturel pour vous de faire votre premier livre sur l'Afrique ? » et elle répondit qu'elle aurait aussi bien pu aborder le sujet que si elle avait raconté « l'histoire d'un enfant le jour de son enterrement. Il fallait conserver une distance. Dans mes contes, j'ai mis un siècle entre l'histoire et moi[24] ».

Lorsqu'elle commença à penser à son nouveau livre, elle n'envisageait pas qu'il serait aussi personnel et aussi intense que les *Sept Contes Gothiques*. En 1926, un journal danois lui avait demandé d'écrire quelques « courts articles de voyages » sur les peuples et les paysages d'Afrique. Les textes n'avaient pas été publiés mais elle avait conservé ses notes. En mars 1934, elle dit à Haas : « (j'ai) quelques petits racontages [*sic*] tout à fait véridiques de ma vie à la ferme africaine, en particulier de mes relations avec les indigènes ». Elle aurait aimé les voir publier dans un *bon* magazine. « Je suppose, disait-elle, que cela ne devrait pas poser de problèmes pour notre contrat puisque ces histoires ne sauraient être assimilées à un livre[25]. »

Mais un mois plus tard, Thomas mentionne « ton livre sur les Masaïs » et, le 29 janvier 1935, Karen Blixen déclara à un journaliste du *Møns Folkeblad* qu'elle allait « écrire un livre où tout serait vrai, où tout ce qui serait écrit serait vraiment arrivé. Ce serait la vérité sur les Noirs [...] ».

Ce qui devait être un recueil d'anecdotes de soirées, de « petits » tableaux « tout à fait véridiques », de récits de voyages et d'anthropologie, perspicace mais romantique et amateur, devint *La Ferme Africaine*.

36.

La Ferme Africaine

1

Dès lors, je crois qu'il est clair que *La Ferme Africaine* ne raconte pas à la manière d'un documentaire la vie de Karen Blixen telle qu'elle se déroula en Afrique. La calme perfection de son style, qui ne s'embarrasse pas de détails, et l'assistance des dieux sont le signe que nous avons quitté la gravité des questions pratiques pour atteindre un milieu plus pur, qui offre moins de résistance à l'idéal. Le point de vue de *La Ferme Africaine* est cette « vue supérieure » que Karen Blixen appelait « la seule chose vraiment importante à réaliser dans l'existence [1] ». Ce que nous regardons, c'est un paysage vu des airs : le temps et l'action, incroyablement comprimés, se télescopent. Aussi, lorsqu'elle écrit : « Nous cultivions surtout le café, mais ni l'altitude ni la région ne lui convenaient très bien ; et nous avions souvent du mal à joindre les deux bouts [2] », nous embrassons d'un seul coup d'œil les dix-huit années de sécheresse, d'erreurs de gestion et de luttes, les querelles mesquines et interminables avec les actionnaires et les banquiers, les terribles fluctuations des cours internationaux du café et les caprices du climat. Pour expliquer comment elle se trouva amenée par ses malheurs à écrire, elle commence avec simplicité : « Tous ces souvenirs étaient une distraction et une consolation lorsque la ferme traversait des moments difficiles [3]. » Cette expression est semblable à une graine : elle contient une vie entière d'ennui et de solitude ponctuée des brèves visites et des départs précipités de son amant.

La Ferme Africaine réorganise les éléments de l'existence de Karen Blixen en Afrique, si bien qu'ils n'ont plus aucune ambivalence psychologique ou narrative, contrastant en cela avec la riche ambivalence romanesque de ses lettres. La modification la plus dramatique est la dissimulation de toutes les souffrances et de la tragédie, jusqu'à la fin, si bien que le texte consomme une idylle et la complète en offrant enfin le trait fatal et courageux qui « unifie » ces « éléments de désintégration ». Grâce aux notes de son manuscrit original, nous pouvons avoir un aperçu de ce procédé de sélection et de compression. Par exemple, elle commence à écrire un passage sur sa mère, puis elle le raye : l'idée que la narratrice souveraine est la fille de quelqu'un est quelque peu incongrue. Elle élimine une référence à une conversation banale sur « les trains et les tramways » en Europe : le monde industriel n'a pas sa place ici. Elle biffe également : « Il y a une limite à ce que l'esprit humain peut saisir, sans se briser » : il n'y a pas de limite. Lorsqu'elle parle de son ami Berkeley Cole, elle change le mot *humanité* en *galanterie* et elle décide que l'atmosphère qui règne dans sa clinique sur sa véranda doit être *animée* plutôt que *gaie*[4]. Galanterie et animation sont les mots de la conteuse. Ce sont des attitudes chevaleresques envers la vie, des attitudes fixées pour toujours, plus que des états d'esprit, qui sont, eux, la province du romancier. Si le monde féodal de *La Ferme Africaine* fonctionne si bien, s'il est si harmonieux et si beau, c'est précisément à cause de sa fixité. L'amour du destin en est le principe central ou, comme le dit l'auteur, « la fierté [...] des desseins de Dieu sur nous, lorsqu'il nous créa[5] ». Ses habitants trouvent leur rang dans la hiérarchie selon le degré de fierté qu'ils manifestent, avec, au sommet, les Africains, indulgents et amusés. Les aristocrates européens comme Denys, Berkeley ou la narratrice ont de la déférence pour eux, mais juste un peu, de la même façon qu'un gentleman peut se sentir normalement inférieur à une dame. Leur fatalisme est autoritaire, il s'exprime sous la forme de l'*honneur* et, grâce à lui, ils ont le privilège de comprendre la tragédie. « Si un homme a une idée de l'honneur que rien ne peut ébranler, déclara Dinesen à Curtis Cate, il est à l'abri de tout ce qui peut lui arriver[6]. » Le fait qu'il puisse perdre quelque chose à quoi il tient — sa ferme, sa vie, peut-être — n'affectera pas en l'occurrence la valeur de la seule chose qui ait pour lui quelque importance : l'expérience en soi.

Tous les livres sont situés dans le temps au moment où ils sont écrits, et *La Ferme Africaine* fut écrit à une époque où son auteur percevait clairement qu'il manquait un sens à sa vie. La parabole de la cigogne, qui était l'une des préférées des enfants Dinesen et qu'Isak Dinesen rappelle dans la deuxième partie de son livre, est une réduction de son projet. Dans la petite histoire qui forme un encart, un homme réveillé par une terrible catastrophe sort de sa maison pour aller voir ce qui se passe. Il se perd, tombe dans un trou, en ressort, tombe dans un autre, découvre une fuite dans son barrage, la répare et retourne se coucher. Le lendemain matin, il regarde par sa fenêtre le chemin qu'il a suivi et les traces qu'il a laissées, et il découvre avec stupeur qu'elles dessinent « la forme d'une cigogne ». « La voie obscure et étroite que je suis », pense Dinesen, et c'est là la réflexion angoissée de cette année 1935, « et les trous dans lesquels je tombe, et où je demeure, de quel oiseau peuvent-ils bien être les griffes ? Lorsque le dessin de ma vie sera achevé, les autres découvriront-ils une cigogne ?[7] ».

Les lettres d'Afrique de Karen Blixen nous donnent une idée de ce qu'était la terrible catastrophe qui affecta sa vie et que *La Ferme Africaine* s'attache à réparer de façon si sublime. Elle avoua à Thomas que ce qui l'effrayait le plus, ce n'était pas d'aimer un homme insaisissable ou d'avoir trop peu d'argent, ou encore de ne pas jouir de toute la confiance de sa société, mais une sensation de fragilité plus pathologique et fondamentale, qui remontait bien plus loin. C'était « la véritable terreur (*raedsel*) d'abandonner sa vie et son âme pour quelque chose que l'on peut perdre à nouveau[8] ». Et elle expliquait que chaque moment de bonheur qu'elle avait connu durant ses dix années à la ferme avait été compromis et environné par la terreur de savoir qu'il devrait finir et que l'instant qui s'écoule était devenu une sorte « d'habitude, une *idée fixe* pour moi [...] à tel point que je calculais ce qui me restait de temps pour chaque chose, fût-ce seulement un petit voyage à Nairobi[9] ». A cette époque de sa vie, elle ne parvenait pas à comprendre d'où provenait cette terreur, et celle-ci lui semblait « étrange et irraisonnée ». Pourquoi, se demandait-elle, ne pouvait-elle s'habituer à accepter la fin des choses sans angoisse alors qu'elle savait que tout a une fin et qu'elle avait elle-même « assez de raison pour ne pas souhaiter qu'il en fût autrement[10] » ?

La place qu'occupe la perte dans la narration est indiquée dans la première phrase : « J'ai possédé une ferme en Afrique au pied du Ngong*. » Le sentiment d'avoir tout perdu domine la calme beauté grandiose de la description qui s'ensuit, de même que le site de la ferme est dominé par les collines qui s'élèvent à six cents mètres au-dessus d'elle. C'est là un point de référence psychologique : tout ce qui sera dit par la suite sur l'Afrique concerne aussi la perte de l'Afrique, et dans le même mouvement, la perte originale, que nous savons être la mort du père. Robert Langbaum remonte même plus loin lorsqu'il compare le Kenya de Dinesen au paradis perdu du mythe romantique, un passé dans lequel les artistes, qui se sentaient déplacés dans le XIXe siècle, voyaient la nature et la civilisation en harmonie l'une avec l'autre. « C'est parce que l'Afrique représente un paradis perdu — tout autant dans la vie de Dinesen que dans celle de l'Europe — que *La Ferme Africaine* est une authentique pastorale, peut-être la meilleure de notre temps[11]. » Son analyse est évocatrice et convaincante, bien que l'on puisse se demander pourquoi, à une époque postromantique et profane, le mythe de la chute devrait avoir une telle valeur. Il vaut également la peine de se demander, à la lumière des lettres d'Afrique, pourquoi nous devrions être si touchés à ce souvenir d'un paradis perdu qui n'était en fait pas du tout un paradis. Une possible réponse serait, je pense, que l'expérience de l'abandon, de la perte d'un amour total, et par là, la perte de la simple confiance et de l'intégrité qui en résultent, est une tragédie habituelle de l'enfance. Elle ne prend pas toujours la forme dramatique qu'elle eut pour Isak Dinesen, mais elle reste une chute, la fin d'un « âge d'or » individuel, et un choc qui peut diminuer la valeur de tout ce qui sera vécu par la suite. Si la voix de Dinesen possède une telle autorité, c'est en partie parce qu'elle nous rassure, autant par son absolu sang-froid que par le conseil explicite qu'elle nous donne : on peut survivre aux pertes les plus traumatisantes et plus encore, on peut les transcender. Dans *La Ferme Africaine*, il n'y a rien de cette terreur que Dinesen décrit dans ses lettres et il n'y a aucune nostalgie non plus. Langbaum résume son œuvre en disant qu'elle a été capable de « recouvrer dans son imagination ce qu'elle avait perdu dans la réalité » — ou encore, de boucler le mythe de la chute par sa propre rédemption[12].

---

* *FA*, p. 11.

Dans *La Ferme Africaine,* Dinesen adopte une perspective divine, et elle incarne même un personnage divin. Elle est en fait la rédemptrice qui souffre une « mort » exemplaire de façon à pouvoir brandir à la face de l'humanité la promesse d'une liberté spirituelle. Cela peut sembler une ironie amère au premier abord. C'est la liberté que propose Schéhérazade au sultan et que les dieux laissent entrevoir à Dinesen lorsqu'ils répondent à sa demande pressante d'un signe, lors de la terrible scène entre le coq et le caméléon. Cela n'a rien à voir avec le fait de se libérer de la douleur ou de trouver le bonheur, mais simplement avec une perception plus riche des choses, celle qui est accordée à ceux qui apprennent à accepter la contradiction.

Des années plus tard, Isak Dinesen parla avec mépris de l'art « humaniste » du romancier qui, pour le simple bien-être de ses personnages, « sacrifie l'histoire elle-même ». A cela, elle opposa l'art « divin » de l'histoire, qui sacrifiera tout sauf elle-même. L'histoire n'a aucune compassion pour ses personnages : elle ne « ralentit pas son allure à cause de [leur] conduite ou de [leur] contenance [...] Elle oblige le fidèle partisan du vieux héros fou à demander, plein de terreur : " Est-ce là la fin qui l'attend ? " et elle continue pour nous dire peu après : " C'est là la fin qui l'attendait " ».

L'art de l'histoire peut très bien sembler « dur et cruel », et pourtant, soutient-elle, pour ses personnages humains, « il n'y a de salut nulle part sauf dans l'univers. Car dans tout l'univers, seule l'histoire a le pouvoir de répondre à ce cri du cœur... " Qui suis-je * ? " ».

La Ferme Africaine est « l'histoire » d'Isak Dinesen selon ses propres lois rigoureuses de narration. Elle reste fidèle à sa conception de ce qu'un conte est et doit être. Le livre est motivé par un cri « humain » — le « Qui suis-je ? » de 1935 — et il résout pour toujours la question, avec complexité et sur le mode divin. D'une certaine façon, la vraie vie d'Isak Dinesen finit là. Son autobiographie est un creuset qui, comme le feu dans « Le Premier Conte du Cardinal » confond les identités de deux jumeaux, Dionysio et Athanasio, et dans lequel la femme et la conteuse sont confondues. L'une d'elles a survécu, mais laquelle ?

Tous les artistes prétendent avoir les pleins pouvoirs dans leur œuvre et, comme le dit elle-même Isak Dinesen, « la mission de la vie d'un poète est de faire que les autres confondent fiction et réalité de façon à les rendre mystérieusement heureux durant une heure. Mais lui-même doit [...] les distinguer [13] ». Après qu'elle eut achevé *La Ferme Africaine,* cela lui devint de plus en plus difficile. Ses lecteurs crurent sur son honneur, si l'on peut dire, qu' « elle » — la femme de l'histoire — avait vraiment vécu quelque chose qui « dépassait l'entendement [14] ». Quel que fût le degré d'humour qu'elle conserva devant le respect persistant de ses admirateurs mystifiés, ce ne fut pas suffisant pour empêcher ces capiteux effluves de lui monter à la tête. Lorsqu'elle eut terminé *La Ferme Africaine,* un subtil changement apparut dans ses relations et dans l'allure qu'elle adopta. « Lentement, le

* Le Cardinal Salviati et la pénitente comparent le roman et l'histoire dans « Le Premier Conte du Cardinal ». *Nouveaux Contes d'Hiver,* pp. 30 sq.

centre de gravité de son être se déplaçait, elle perdait de son individualité pour devenir un symbole [...][15]. »

2

Karen Blixen passa toute l'année 1936 à écrire, s'interrompant deux fois pour deux courts séjours à l'hôpital. La première, raconta-t-elle à Robert Haas, ce fut pour une inflammation de la mâchoire et l'autre, pour l'extraction d'un calcul biliaire. Cependant, il semble que cela n'ait été que la raison officielle qui servait de couverture à sa véritable maladie, « les atroces douleurs[16] » de la syphilis au troisième stade.

Elle eut néanmoins d'autres distractions plus agréables. Vers la fin du mois de mars, *La Vengeance de la Vérité* fut montée au Théâtre-Royal de Copenhague, mais avec des acteurs, et non plus des marionnettes. C'était quelque chose qu'elle attendait depuis les années vingt. Elle y prit une part active et assista aux répétitions en faisant des suggestions pour la mise en scène et les costumes. Dès que ce fut terminé, elle partit pour l'Angleterre où elle assista au mariage de la nièce de Denys, lady Diana Finch Hatton, avec Mr Peter Tiarks. Diana et Daphné étaient adolescentes lorsque leur oncle mourut. Elles l'idolâtraient et Tania était pour elles un personnage tout à fait romanesque. Elles s'étaient toutes deux confiées à elle au moment de leurs premières amours, et Tania leur avait manifesté en retour la chaleur et la complicité d'une gamine. Elle était au nombre des invités au dîner qui suivait la répétition de la cérémonie et, s'il y avait jamais eu quelque tension entre elle et lord Winchilsea, ce mariage la résolut. L'année suivante, Diana donna naissance à une petite fille qu'elle baptisa Tania et dont on parlait comme de « la petite Tania ». Lorsque la première Tania rentra au Danemark et qu'elle fit une promenade sur la colline d'Ewald, elle se sentit capable de penser pour la première fois à Denys sans « l'amère sensation de l'avoir perdu[17] ».

Robert Haas s'inquiétait poliment de temps à autre de son nouveau livre et Karen Blixen, sur la défensive, lui répondait qu'il ne fallait pas la presser et qu'elle faisait de son mieux. Ingeborg était malade et les conditions de travail à Rungstedlund n'étaient pas aussi favorables à la concentration qu'elles l'avaient été en 1931 et 1932. A l'automne, elle chargea ses livres et ses papiers dans la voiture qu'elle avait achetée à sa mère pour son quatre-vingtième anniversaire, et elle partit à Skagen, un village tout à fait au nord du Jutland, où la mer du Nord se mêle à la Baltique. Elle y habita jusqu'à ce que le livre fût fini. A un certain stade, elle sentit qu'elle ne pouvait continuer sans avoir l'avis d'un tiers et elle supplia son frère de venir lire la deuxième partie de son manuscrit, « Notes d'une Émigrante », dont elle n'était pas sûre. Thomas s'y prêta de bonne grâce et vint passer Noël avec elle, ce qui, on le comprendra, irrita sa famille.

Dès que la version anglaise fut terminée, elle se lança dans la version danoise, que son nouvel éditeur, Gyldendal, attendait avec impatience. Il y eut quelques difficultés dues à un désaccord entre l'auteur et ses différents éditeurs quant au choix du titre. Elle avait choisi *Ex Africa* pour la version anglaise, mais Haas la persuada que *Out of Africa (Retour d'Afrique)* était moins inquiétant. En Suède, le livre reçut pour titre *La Pastorale Africaine,* qu'elle n'aimait pas et qu'elle trouvait affecté. Elle choisit *Den Afrikanske Farm (La Ferme Africaine)* pour l'édition danoise. Il y eut aussi un conflit mineur entre Dinesen et Haas vers la fin de l'été 1937, alors que le manuscrit était prêt à être publié. Elle insistait pour que le livre parût le même jour en Amérique, en Angleterre et en Scandinavie, bien que les épreuves fussent retardées, ce qui signifiait un délai impossible à respecter. Haas lui expliqua avec patience que la parution simultanée n'était pas si importante et que presser les choses se ferait au détriment des ventes et de l'accueil que recevrait le livre. Mais elle resta inflexible et ce n'est qu'après un échange de télégrammes qu'elle finit par s'expliquer complètement :

> « L'Amérique m'a acceptée lorsque les éditeurs européens ne prétendaient pas jeter un œil à mon livre. Le public américain m'a accueillie avec une générosité et une ouverture d'esprit telles que je ne pourrai jamais l'oublier. J'ai été enchantée des articles des critiques américains. Je vous suis reconnaissante à tous. Ce fut une grande déception pour moi de n'avoir pas été en assez bonne santé à l'époque pour venir voir les gens qui avaient été si bons pour moi [...]. Avec tout cela, peut-être comprendrez-vous que j'aie été vraiment peinée de penser qu'à cause de la négligence de mes agents (qui n'ont pas acheminé les épreuves en temps voulu) je pourrais perdre en quelque sorte contact avec le public américain et que l'on pourrait croire que je ne m'intéressais plus à lui : du coup le public pourrait cesser de s'intéresser vraiment à moi. D'une certaine façon, j'ai pris cela véritablement à cœur et il m'est très difficile de passer outre. Il se peut que vous trouviez cela plutôt ridicule, car le public américain peut très bien ne pas remarquer qu'un livre de moi paraît en Angleterre et au Danemark avant de paraître chez vous, mais je trouve quant à moi que ce serait un cruel coup du sort, dont je suis complètement innocente [18]. »

La Ferme Africaine ne fut pas publié en même temps dans les trois pays. Il reçut un accueil particulièrement favorable lorsqu'il parut en Amérique et contribua à affermir la réputation d'Isak Dinesen. A nouveau, il fut vendu au Club du Livre du Mois. Les critiques danois furent eux aussi chaleureux et louangeurs et, comme le remarque Robert Langbaum, « ce fut [...] au Danemark que *La Ferme Africaine* changea complètement l'état des choses, car il prouva aux Danois, qui n'avaient pas apprécié le côté cynique, décadent, fantastique et pervers des *Sept Contes Gothiques* qu'Isak Dinesen avait malgré tout des égards et qu'elle connaissait la réalité et l'humanité [19] ».

Constant Huntington rapporta que les « cercles intellectuels » anglais apprécièrent le livre, mais pas « la classe dirigeante » : « Pour eux, c'était comme s'il y avait eu un lion en liberté dans les rues [20]. » Cela semble avoir autant plu à l'auteur que des éloges sans réserve, car cela lui donnait l'impression d'être vraiment dangereuse.

Karen Blixen tomba malade à nouveau au printemps, mais elle réussit à se rétablir suffisamment pour se rendre à Londres, voyage qui était devenu un rite annuel. Elle espérait pousser jusqu'en Amérique à l'automne, et elle en avait longuement parlé dans sa correspondance avec Robert Haas. Elle voulait à l'origine rencontrer les Américains et leur exprimer sa reconnaissance. En outre, elle désirait bénéficier des « impressions nouvelles que seule l'Amérique, croyait-[elle], pouvait [lui] donner ». Mais, hésitait-elle, « je ne viendrai que si les gens le veulent bien, je ne veux pas m'imposer à votre pays[21] ! ».

Le voyage en Amérique n'eut pas lieu et Isak Dinesen devait attendre encore vingt et un ans avant de s'y rendre. Elle fut presque immédiatement rappelée par un télégramme au chevet de sa mère malade. Mme Dinesen reprit miraculeusement des forces au moment même où sa fille arriva et, durant un certain temps, celle-ci se demanda si, consciemment ou non, sa mère ne s'accrochait pas à elle pour l'obliger à renoncer à une liberté qui, à cette époque-là, avait pour elle plus d'importance que tout au monde. Elle s'en ouvrit à tante Lidda qui lui répondit qu'elle n'avait pas à « se mettre en peine pour nous autres vieillards [...]. Autre chose encore : je ne crois pas que tu doives te sentir liée à Rungstedlund [...] *Mohder* est la première à souhaiter que tu sois libre [...] Anders pense — toi aussi, peut-être — que ton père a souffert d'être tenu ainsi captif, mais il a tort. Je suis convaincue que si Wilhelm avait voulu partir durant un an ou deux, faire la guerre ou trois fois le tour du monde, ta mère l'aurait laissé partir, heureuse et le cœur en paix[22] ».

Ingeborg Dinesen mourut le 27 janvier à quatre-vingt-cinq ans. A un membre de la famille qui s'inquiétait, en larmoyant, de la solitude qu'éprouvait Tanne, celle-ci lui répondit, fière et glaciale, qu'au contraire la présence de sa mère était si tangible qu'elle ne sentait pas la nécessité d'avoir du chagrin : la maison était remplie de sa présence. Cela dit, elle avoua à Parmenia Migel qu'elle avait en fait été tourmentée, non seulement par son chagrin, mais par une culpabilité rétrospective pour tout ce qu'elle avait exigé et obtenu d'Ingeborg durant toutes ces années, et pour l'avoir accusée d'être responsable de ses « difficultés ». « Elle avait grogné [...] contre les déjeuners du dimanche chez “ Maman ”. Elle avait raillé les activités politiques de sa mère et son manque d'ambition sociale. Elle avait fait des comparaisons méprisantes entre les plaisirs simples que sa mère aimait, et l'aristocratique *train de vie* qui avait cours à Katholm et à Frijsenborg. Elle avait pris comme un dû tous les sacrifices de sa mère[23]. » A cinquante-quatre ans, Tanne Blixen vécut la mort de sa mère comme elle aurait pu la vivre à dix-neuf, avec toute la force de l'ambivalence qui avivait sa douleur, l'ambivalence d'une jeune révoltée qui était aussi une enfant aimante, craintive et profondément attachée à sa mère.

Comme à l'accoutumée, c'est vers son frère qu'elle se tourna pour trouver un peu de réconfort et se confier à lui, mais cette fois-ci, il la repoussa en lui rappelant toute l'ingratitude et l'égoïsme qu'elle avait manifestés à leur mère. Peut-être voulait-il noyer son chagrin sans avoir à se préoccuper de celui de sa sœur, ou bien peut-être éprouvait-il lui aussi une sorte de culpabilité qu'il apaisait en se disant que sa sœur était pire que lui. Ce fut une mauvaise passe pour l'un comme pour l'autre. Ils se disputèrent à propos du passé, de la ferme et de l'argent que Tanne avait gaspillé, ce qui les amena à se quereller pour l'héritage de Rungstedlund, qui avait été divisé en parts égales entre Anders, Thomas et Tanne (à cause de la fortune de son mari, il avait été jugé qu'Ella n'en avait pas besoin). Anders, soutint Tanne, vivait dans la propriété de tante Lidda à Leerbaek, il devait en hériter, et Thomas avait hérité Folehave de leur grand-mère. Elle trouvait qu'il était normal que Rungstedlund lui revînt, et elle voulait y vivre seule. La discorde momentanée disparut et ils se réconcilièrent, bien que le problème de l'héritage fût destiné à revenir sur le tapis dans les années cinquante. Mais ce ne fut pas avant que Karen Blixen n'eût pris un peu de distance vis-à-vis de la mort de sa mère qu'elle fut capable de percevoir ce qu'elle signifiait et ce qui, dans le tumulte qui avait entouré l'événement, lui avait échappé jusqu'alors. A un ami qui avait des difficultés semblables à celles qu'elle avait eues, et qui ne parvenait pas à la voir, *elle,* comme un être humain, elle confia : « Quand je serai morte, ce sera plus facile. Vous connaîtrez ce que j'ai connu lorsque ma mère est morte, et que je suis restée à la veiller toute la nuit. Celle que j'ai vue, ce n'était plus seulement une vieille femme, mais la charmante et jeune épouse, et la petite fille. A ce moment, j'ai saisi bien des choses que je n'avais pas comprises jusque-là[24]. »

3

Pour la première fois de sa vie, Karen Blixen se trouvait financièrement indépendante, sans obligations immédiates d'aucune sorte, et elle bénéficiait d'une accalmie de sa maladie. Ce printemps-là, elle posa sa candidature et obtint une bourse de voyage, la bourse Tagea Brandt, qui avait été instituée par un riche monsieur en mémoire de son épouse, et qui était allouée aux femmes « libérales à tendance légèrement conservatrice[25] ». Son projet consistait à « réaliser un vieux rêve » qu'elle avait ourdi avec Farah durant leurs moments difficiles à la ferme : c'était un pèlerinage à La Mecque.

Malheureusement, la bourse était plutôt modeste, comparée à une entreprise que Karen Blixen elle-même avouait être « stupide [...] à moins de la mener à bien avec style ». Aussi proposa-t-elle à un rédacteur du *Saturday Evening Post,* en échange d'une « bonne somme d'argent », de faire pour le compte du journal une série de lettres depuis l'Arabie. « Je ne cherche pas l'aventure, insistait-elle. En aucun cas, je ne veux tenter de faire ce qui est interdit : ce ne sera pas, de toute façon, le reportage d'une " femme de la bonne société qui se faufile dans La Mecque déguisée en derviche " ou quoi que ce soit de ce genre. Je veux voyager avec les pèlerins et parler avec eux. Si je n'ai pas le droit de pénétrer dans La Mecque, ce qui est très probable car ils n'acceptent sûrement pas les étrangères, je m'en approcherai le plus possible, je camperai et je laisserai mes serviteurs y entrer. J'aimerais voyager en Arabie, voir le marché aux chevaux et étudier les coutumes locales du mieux que je le pourrai. Ce que je rédigerai sera un *document humain* et rien de sensationnel [...]. C'est la vie quotidienne des Arabes que je désire connaître, bien que j'espère de tout cœur, bien sûr, avoir l'occasion d'être confrontée à des scènes et à des gens qui sortent de l'ordinaire. J'ai généralement beaucoup de chance pour ce genre de chose[26]. »

Cet été-là, dans l'attente de la réponse, elle se rendit à Londres pour y contacter la légation arabe. Elle espérait obtenir une lettre d'introduction pour le roi Ibn Saud afin qu'il lui procure un guide. Pendant que les négociations étaient en cours, elle partit au Danemark pour voir *Hamlet* que l'on jouait au château de Kronborg, avec John Gielgud. Cette représentation devait la marquer. Ole Wivel, qui était à l'époque un jeune poète et qui ne la connaissait pas encore personnellement, l'observa alors qu'elle discutait « avec sagesse et gaieté » en compagnie des acteurs avant la représentation, et il l'aperçut plus tard au premier rang, « une dame aux yeux noirs qui portait un chapeau [...] et dont les lèvres murmuraient les répliques d'*Hamlet* avec la perfection d'un souffleur [...][27] ».

Le 1er septembre, l'Allemagne envahit la Pologne. La France et l'Angleterre déclarèrent la guerre. Le 3 septembre, Karen Blixen alla à Copenhague pour voir le rédacteur en chef de *Politiken,* un certain M. Hasager. « Donnez-moi un poste de journaliste ou quelque chose du même genre, lui dit-elle, du moment que ce ne sera pas au Danemark. » Elle lui précisa, comme elle l'avait fait au rédacteur du *Post,* que l'aventure et le sensationnel ne l'intéressaient pas et qu'elle n'avait « aucune finesse ni aucun flair politique », ce qui se trouvait être un jugement tout à fait juste sur son propre compte. Mais elle pensait que, peut-être, « le point de vue d'un civil sur la guerre en Europe serait intéressant à titre de *document humain*[28] ». A sa grande stupéfaction, le rédacteur en chef accepta. Il lui proposa de visiter les capitales des trois pays belligérants, Berlin, Paris et Londres, et d'écrire depuis chaque ville quatre articles que *Politiken* publierait conjointement avec deux journaux suédois et norvégien. Elle décida de faire son premier reportage en Allemagne. « J'avais des amis et je connaissais des gens bien placés à Londres, aussi l'expédition serait de la routine. J'avais aussi de bons contacts à Paris. Mais je ne savais pas parler allemand et je ne connaissais personne à Berlin. Après mûre réflexion, je décidai de faire mon premier article en Allemagne[29]. »

En fait, elle n'était pas aussi dépourvue qu'elle voulait bien le dire. Elle partit pour l'Allemagne avec une lettre d'introduction pour Herman Göring. L'amie suédoise qui la lui avait fournie l'avait assurée que Herr Göring était un monsieur charmant et un humaniste[30]. Elle conseilla vivement à Tanne, dont elle savait que les sympathies n'allaient pas aux nazis, de ménager Hitler et le national-socialisme.

Le IIIe Reich accueillit la baronne comme une visiteuse importante et influente. On lui fournit une voiture, un guide et un interprète, et elle découvrit que le ministère de la Propagande avait déjà planifié son itinéraire, lequel comprenait les « grandioses réalisations » du Reich. Elle fut déçue car elle espérait déambuler à son gré à travers la ville. Mais elle commença à comprendre pourquoi l'hospitalité du gouvernement était si grande, lorsqu'elle se rendit compte que son guide lui disait à chaque visite de ne pas oublier de « parler de cela en Angleterre[31] ».

De nombreux « grands dignitaires » du Reich l'invitèrent également. Elle déclina une seule invitation, tout en sachant bien que ce n'était pas là être une bonne journaliste. L'exception était Hitler, qui lui avait personnellement demandé un entretien. Mais lorsqu'elle apprit que le führer aurait été charmé de recevoir des exemplaires dédicacés de ses livres elle « attrapa un rhume et ne put venir [...] Quelque chose dans son attention avait dû [lui] déplaire[32] ».

A bien des égards, en tout cas, Karen Blixen suivit le conseil de son amie suédoise qui la conjurait de rester « honnête ». Les quatre articles qu'elle écrivit de Berlin critiquent le national-socialisme, mais poliment. Ils adoptent le point de vue détaché des voyageurs du XIXe siècle qui tenaient un journal et consignaient les étranges coutumes et les concepts barbares de quelque exotique royaume, et non pas le point de vue d'une femme qui vivait non loin de la frontière allemande et dont le frère, le père et le grand-père avaient combattu l'Allemagne au cours de trois guerres successives. Elle faisait peut-être un effort sur elle-même et, lorsqu'elle publia les lettres pour la première fois dans *Heretica* en 1948, elle se demanda si les lecteurs « penseraient [qu'elle] s'était exprimée sans raison d'une façon détournée au lieu d'aller droit au but. Les lecteurs doivent garder présent à l'esprit que ces lettres ont été écrites avant l'Occupation. Le Danemark était encore neutre et il fallait tenir compte de choses qui ont disparu par la suite[33] ». Nonobstant le désaveu qu'elle en fait, il reste que le détachement serein qui convenait admirablement à *La Ferme Africaine* semble inapproprié dans le Berlin de 1940. Elle remarque à propos d'Hitler : « Il est étrange de penser que la personnalité d'un seul homme peut réorganiser et transformer une société comme un aimant qui passe sur des morceaux de métal[34]. » Certains passages de *Mein Kampf* lui rappellent le Coran. Elle trace un parallèle entre la bureaucratie nazie et la hiérarchie de l'Église catholique à l'époque de sa splendeur : elles ont toutes deux la même ardeur vertueuse. Lors d'un concert où l'on donne la Cinquième Symphonie de Beethoven, elle fait une fine distinction entre le surhomme et le dieu, et elle remarque que le sacré est absent de la version que l'on joue. Elle consacre la première partie de son reportage à raconter une visite à un vieil ami, le général von Lettow, à Brême, durant laquelle elle se souvient de l'Afrique, déplore le colonialisme et définit la différence entre les velléités belliqueuses de l'Allemagne impériale et celles des nazis comme une différence de classe. Elle rend également visite à la jeune princesse Louise de Schaumburg-Lippe, dans sa villa remplie de porcelaines de Meissen et de vieilles dentelles, et va assister au tournage de deux films dans les studios de la U.F.A. : *Le Juif Süss* et une dramatique sur Mary Stuart. Ce qui la frappe le plus, c'est la banalité des costumes et le fait que Zarah Leander, qui joue le rôle de la reine Mary, doive, ironie du sort, reprendre plusieurs fois la scène où elle est faite prisonnière. Peut-être que ces croquis délicats auront un plus grand impact dans cent ans. Mais il y a quelques faits historiques que l'on ne peut tout simplement pas assimiler à la *commedia divina,* même aux chapitres sur l'Enfer. Le point de vue de Karen Blixen, dans ses « Lettres d'un Pays en Guerre », est bien trop élevé, trop peu engagé, trop privilégié et précautionneux pour donner à des faits graves leur importance véritable. Ayant ceci à l'esprit, il est possible de remonter un peu en arrière et de replacer dans leur contexte les critiques faites par les Danois aux *Sept Contes Gothiques*. Les gens qui avaient été honnêtement offensés par le livre (et non pas les petits saints) pensaient que les nécessités et les souffrances de l'époque étaient si pressantes qu'il était cavalier de les ignorer, de les fuir ou de défendre le système qui les avait produites. Ils eurent à propos des contes l'impression que m'ont faite les « Lettres d'un Pays en Guerre » lorsque je les ai lues pour la première fois : un certain style ne saurait convenir à un certain sujet dans les moments critiques de l'histoire *.

Karen Blixen acheva sa visite le 2 avril et rentra à Copenhague. Elle devait s'envoler le 10 avril pour Londres, deuxième étape de son reportage.

Mais le 9, Hitler envahissait le Danemark.

* On pourra objecter que Karen Blixen ne connaissait pas le projet qu'avait Hitler d'exterminer douze millions de gens. Mais elle était tout de même consciente des violences perpétrées à l'encontre des juifs : on en parlait dans sa famille et peu après la Nuit de Cristal, Mme Dinesen, qui, comme sa fille, avait une grande sympathie et beaucoup d'admiration pour les juifs, lui disait son horreur dans une lettre. Le Danemark avait aussi ses manifestations et ses discours nazis, ainsi qu'un petit führer local. Ce qui est surprenant, d'une certaine façon, c'est qu'avec son flair pour découvrir la vulgarité morale Karen Blixen n'ait pas été davantage choquée à Berlin par la puanteur qui se dégageait.

37.

Contes d'Hiver

1

L'Allemagne enfila au Danemark un capuchon noir comme un veneur chaperonne son faucon. Tout d'abord, le pays se tint tranquille, mais désorienté, il commença à s'agiter furieusement sur le poignet de son maître. Coupée du reste de l'Europe, assignée à résidence à Rungstedlund et à ses environs par la pénurie d'essence, victime de ses douleurs habituelles et peu disposée à recevoir des invités sans personnel dans sa vieille maison, Karen Blixen se retira dans une existence calme et travailla à son troisième livre, *Contes d'Hiver,* qu'elle avait commencé pratiquement juste après avoir fini *La Ferme Africaine.* C'est à Shakespeare qu'elle emprunta le titre, ainsi qu'un vers qui inspira l'œuvre : « Un conte triste sied mieux à l'hiver. »

Dans une certaine mesure, la vie de Karen Blixen sous l'Occupation ressemblait à sa vie à la ferme africaine. Elle vivait dans la pauvreté, ou plus exactement, on lui avait coupé les vivres : ses droits d'auteur étrangers ne pouvaient bien sûr pas lui parvenir. Elle vivait seule, dans une solitude relative, mais elle disait que cela lui était égal. Un ami qui la raccompagnait après un dîner durant lequel elle s'était trouvée mal la vit disparaître dans la vaste maison sans lumière et tenta de lui offrir son aide, mais elle refusa : « Être seule est un état d'esprit, c'est quelque chose de complètement différent de la solitude physique : les auteurs modernes qui ne cessent d'extravaguer sur l'intolérable solitude de l'âme ne font que donner la preuve de leur intolérable vacuité [1]. »

Les deux premiers hivers de la guerre furent exceptionnellement froids et, en 1940, le Sund gela, ce qui n'arrivait que quelques fois par siècle. Karen Blixen ferma les grandes pièces de réception pleines de courants d'air et s'installa dans l'ancienne aile ouest, dont les plafonds étaient plus bas. Sa chambre était dans une mansarde où non seulement il faisait chaud, mais d'où elle pouvait voir, les jours où ses douleurs et ses crampes la clouaient au lit, par la fenêtre basse, jusqu'au Strandvej et au Sund par-delà la pelouse et, par temps clair, jusqu'à la côte suédoise. Le même ami décrit comment elle descendait de sa mansarde par un étroit escalier pour allumer le feu dans les vieux poêles en céramique et en fonte travaillée, en les remplissant du bois de ses forêts comme le faisaient les domestiques lorsque la famille habitait là et comme jadis, lorsque la maison était encore une auberge. Quoique ce fût une pénible tâche, elle aimait s'en occuper car elle trouvait que cela lui rappelait le passé.

Son bureau d'hiver était une petite pièce de rez-de-chaussée aux peintures fanées qui s'appelait « le salon vert ». En été, elle travaillait dans « le salon d'Ewald » où Wilhelm, qui l'avait ainsi baptisé, avait écrit ses *Lettres de Chasse.* Il y avait là le vieux paravent français en bois qu'elle avait rapporté de Mbogani House ainsi que des commodes qui contenaient ses affaires d'Afrique. Dans un coin étaient accrochées une collection de lances masaï et une défense de narval. Son bureau, où trônait dans un cadre de cuir vert une photographie de Denys à l'époque d'Eton, était placé à l'angle droit de la fenêtre qui donnait à l'est sur une plage de galets. En été, lorsqu'elle était en forme, elle allait se baigner dans le Sund avant de se mettre au travail. Elle commençait alors par revoir et peaufiner les pages de la veille. Durant toute sa vie, elle utilisa la vieille machine à écrire Corona qu'elle avait en Afrique et sur laquelle elle avait tapé toutes ses lettres : « Elle ne pouvait se servir d'aucune autre[2]. »

Les *Contes d'Hiver* est le livre le plus danois de Karen Blixen, le plus sombre mais aussi le plus lumineux, et le plus introspectif. C'était son préféré. Les contes sont empreints d'une poésie qui rappelle les *Lettres de Chasse* de Wilhelm, lorsqu'ils décrivent la lumière et la plénitude particulière des paysages danois* ou le rythme, le langage et la mythologie de la vie rurale du Danemark.

Langbaum et d'autres critiques ont supposé qu'il avait été écrit, du moins en partie, pour conserver la bonne opinion de ses compatriotes, et c'est peut-être exact. Mais ce n'était pas seulement une stratégie défensive et une façon de réparer son ancien isolement. Le livre était mû par un sentiment de solidarité avec son pays. Tels étaient les fruits qu'elle avait pu faire mûrir dans son jardin, à force de soins et de passion : la monotonie et les pénuries de la vie sous l'Occupation se trouvent ici transformées en une chaste prose. Parmi les onze contes, sept ont pour décor la Scandinavie, et ils reflètent la volonté de Karen Blixen et celle de son pays de n'être ni colonisés ni bâillonnés. « Honore ton père et ta mère : que tes jours soient nombreux sur la terre que t'a donnée le Seigneur ton Dieu. » C'était là, disait-elle, l'une des vérités que l'Occupation lui avait enseignée**. Un long soupir parcourt les *Contes d'Hiver,* et si un thème doit donner une unité aux onze contes, c'est

* « Histoire du Petit Mousse », qui est le premier conte dans les éditions anglaise, danoise et française, est inspiré d'un vieux conte traditionnel que Wilhelm rapportait déjà dans *Jagtbreve og Nye Jagtbreve,* p. 101.

** Annamarie Cleeman, « Karen Blixen Fortaeller », *Samleren,* p. 35. La nature évasive de cette déclaration s'explique par le fait qu'elle fut prononcée durant l'Occupation, où les médias ne pouvaient faire aucune allusion explicite contre l'Allemagne. C'est un appel au patriotisme qui devait rappeler aux Danois leurs luttes héréditaires contre les Allemands pour conserver leur pays.

celui de la mélancolie. « L'essence de sa nature était la mélancolie », écrit Isak Dinesen à propos de Jens, l'enfant rêveur. Mais c'est aussi l'essence de Peter et Rosa, de lady Helena, de Charlie Despard, du roi Éric et d'Alcmène. Pour eux, le désir et l'expérience ne vont pas de pair — « ce sont deux cassettes dont chacune contient la clé de l'autre ».

Dans la plupart des contes, c'est la mort qui les réconcilie et c'est ce qui donne au livre sa « couleur sombre ». Mais il serait faux de croire que la mort est ici — ou ailleurs, dans l'œuvre d'Isak Dinesen — une tragédie. C'est le moment d'un abandon, d'une révélation, d'un accomplissement ou même un moment d'extase, et elle réserve ce privilège à ceux qui, comme Anne-Marie dans « Le Champ de la Douleur », embrassent courageusement leur destin. La véritable tragédie, c'est d'être prisonnier d'un paradis insipide, d'errer dans des limbes ou de mener une existence semblable à la fin d'Alcmène, ce qui ne saurait être le sujet d'un conte.

L'austère décor des *Contes d'Hiver,* c'est celui de l'enfance même d'Isak Dinesen : le presbytère où elle étudia le catéchisme, la cuisine de Rungstedlund qui était un refuge contre l'atmosphère sinistre des salons, les bois de hêtres qui entouraient la maison, la mer, les landes sauvages et nues du Jutland, qui étaient celles de Katholm. Il y a là tout un monde d'enfants rêveurs et de jeunes gens qui, comme Tanne dans son enfance, se sentent isolés parmi les autres. Ils n'ont personne qui leur ressemble et ceux avec qui ils vivent ne les reconnaissent pas. Leurs épouses, leurs soupirants ou leurs beaux-parents ne les comprennent pas ou les adorent servilement pour une raison qui n'est pas la bonne. Ils se sentent *abandonnés,* mais en même temps, ils ont le sentiment d'être des *élus.* Dieu est leur vrai père — un père princier et tout-puissant — et ils doivent en quelque sorte le retrouver et recouvrer leurs droits de naissance. « Puisqu'il n'était pas un grand artiste, se demanda Charlie Despard, pourquoi Dieu l'aurait-il aimé[3] ? » Quiconque s'est senti depuis son enfance un laissé-pour-compte comprendra cette question. Les sentiments de grandeur et d'inutilité se disputent dans son âme.

Isak Dinesen ne put jamais assouvir ses désirs d'enfance et elle en était fière. Elle confia à son ami Bjørnvig qu'elle les considérait comme une chose précieuse, comme l'instinct de quelque oiseau migrateur sauvage qui tenait son imagination en éveil. Elle ne surmonta jamais non plus sa solitude. Parfois, elle était capable d'en rire, ou même d'être contente de cet état de fait. Mais encore une fois, toute la question était d'avoir un « excès d'énergie[4] », ou de ne pas en avoir du tout. Dans les moments où, comme Charlie Despard, elle ne travaillait pas ou n'était pas amoureuse, cette impression d'inutilité l'emportait. On pourrait dire qu'elle était, ou bien totalement en contact avec son père, et avec ce qu'il représentait pour elle, ou bien qu'elle était perdue : c'était un autre aspect de l'alternative ou bien/ou bien. Cependant, elle aurait à lutter contre la dépression durant la plus grande partie de sa vieillesse.

Robert Langbaum parle, à propos des *Contes d'Hiver,* de la « sagesse infinie » d'Isak Dinesen. C'est là une expression heureuse, surtout si l'on considère que la mer apparaît tout au long du livre. Une image particulière ne cesse de revenir : c'est une couleur bleue enveloppante, dans laquelle se dissout l'horizon et où la mer et le ciel semblent se confondre dans un seul et même élément. C'est la vision qu'a le roi Éric lorsqu'il regarde depuis la colline la grève où pêche Granze, et c'est ce dont lady Helena se souvient lorsqu'elle pense aux neuf jours passés avec le jeune marin : « Dans la mer, il n'y a ni haut ni bas. » Elle n'a de cesse qu'elle ne retrouve un bleu semblable : « [...] car alors les choses seront de nouveau ce qu'elles ont été jadis. Autour de moi, tout sera bleu, et mon cœur sera libre et pur [...][5]. » Le cœur peut être libre et pur, dit, tout au long des *Contes d'Hiver*, Isak Dinesen, seulement lorsqu'il n'est pas artificiellement divisé contre lui-même, lorsque le ciel et la terre, le corps et l'esprit ne font qu'un. Dans le cas d'Helena, ce sont les conventions qui l'ont divisé : son père pense qu'il n'est pas convenable pour une jeune fille d'avoir passé neuf jours avec un marin. Dans « Alcmène », c'est la peur des sens, la morale puritaine et la mesquinerie. Dans « Le Poisson », c'est le christianisme vu dans sa plus large perspective : « Dis-moi, Sune, dit le roi Éric à son ami d'enfance, si c'est par la volonté du Seigneur que l'humanité ne peut trouver le bonheur, et est condamnée à désirer ce qu'elle ne possède pas, et qui, peut-être, n'existe nulle part. [...] L'homme, ou du moins, un homme entre tous ne devrait-il pas, somme toute, être en plein accord avec le Seigneur pour pouvoir dire : " J'ai trouvé la solution de l'énigme de ce monde ; j'ai fait mienne cette terre, et je suis heureux[6] ! " »

Sune, de la seule façon dont il est capable, répond en prêtre chrétien. Le Christ, dit-il, a montré à l'homme que la solution de cette énigme est d'accepter sa condition terrestre en échange du Paradis. Mais le serf païen, Granze, le vieux sorcier, a une autre réponse. Il offre au roi un poisson qu'il a pris. Dans ses entrailles se trouve un anneau qui appartient à une femme que le roi aimera. Son mari vengera l'adultère en tuant le roi. « Maintenant le poisson a fendu les flots jusqu'ici et il a été pêché ; maintenant il est frit et prêt à être servi ; il t'appartient de le manger ; ton repas est prêt, dit Granze[7]. »

Granze le païen comprend que « l'énigme de ce monde » — la nature de l'expérience — n'est ni bonne ni mauvaise, ni sacrée ni profane, mais ironique. Les païens africains comprenaient cela aussi, et c'est pourquoi, dans *La Ferme Africaine,* ils semblent bien plus proches de la réalité du monde que leurs maîtres chrétiens, pour qui ils sont insondables. La vie amuse les indigènes, ils tolèrent la contradiction, ils sont « dans leur élément », alors que les Européens, plus civilisés mais angoissés et sévères, toujours à se justifier vis-à-vis de leur conscience, en sont incapables.

Les héros des contes d'Isak Dinesen partagent cette vision ironique qui répare la contradiction. Elle permet à Héloïse, la danseuse exotique, de feindre courageusement une chaste indignation. Elle permet à Casparsen, le pervers meurtrier, de jouer au saint cardinal. Elle permet au cardinal Salviati d'être à la fois Athanasio et Dionysio. Cette attitude à l'égard de l'existence, c'était celle qu'Isak Dinesen avait gagnée après de durs combats. Elle ne put jamais « guérir » la déchirure de sa personnalité, mais elle fut capable de la transcender dans ses contes, où elle avait toute liberté pour explorer ses propres limites et ses paradoxes. De là provient son insistance sur les métamorphoses, les croisements sexuels, les rires stridents, l'autodérision —

et l'allégresse. Isak Dinesen adorait le fait que ses vieilles tantes, qui abhorraient tant la sexualité, fussent si passionnées par la question de l'adultère, et la même ironie opère dans son cas. L'obsession de son âme fantasque et décadente, c'est la morale. Alors qu'il lui répugne de faire des analyses psychologiques, elle ne craint pas de moraliser, même si, bien sûr, elle le fait comme Schéhérazade de la façon la plus divertissante qui soit. Cependant, la raison profonde pour laquelle Isak Dinesen devint une conteuse au lieu, disons, d'une romancière, est un choix moral. Elle se rangeait aux côtés du passé « héroïque » et des fabulistes de l'ancien temps, contre ses contemporains. Les anciens contes ont un fonds commun avec les siens, ce que Walter Benjamin formule ainsi avec bonheur : « La chose la plus sage — ainsi le conte enseignait-il à l'humanité dans l'ancien temps, et ainsi enseigne-t-il encore aux enfants d'aujourd'hui — est de joindre les forces du monde mythique avec la ruse et l'entrain. (C'est de cette façon que le conte de fées polarise le *Mut,* le courage, et le divise dialectiquement en *Untermut,* c'est-à-dire la ruse, et *Übermut,* l'entrain[8].) »

Les contes de Dinesen agissent de même — d'un point de vue dialectique. Ils mettent en contraste la morale chrétienne, son humilité et sa culpabilité — qui la rendent passive — et ce que l'on pourrait appeler une morale héroïque fondée sur l'honneur : procès par ordalie, qui encourt un risque et en assume les conséquences. La devise des Finch Hatton résume ce principe aristocratique de façon plus succincte : *Je responderay*. Tout cela n'est pas exempt d'un certain machisme. Les choix moraux d'Isak Dinesen sont élémentaires et sans nuances. Ils excluent toute une série de conduites matures fondées sur le compromis, mais ils n'excluent pas le malheur, l'erreur, la mégalomanie, l'infamie ou même la mort. Cependant, ils laissent à l'individu sa liberté d'*agir,* d'accomplir sa destinée et de devenir « soi-même ». Telle est la morale de « L'Héroïne », qui nous est donnée avec une merveilleuse délicatesse. C'est aussi la grandiose note de basse qui résonne dans « Le Champ de la Douleur ». Il y a de la cruauté, et même de la barbarie dans le jugement du vieux lord sur Anne-Marie, mais il laisse à celle-ci l'espace libre pour sa grandeur spirituelle dont la philosophie plus légère de son neveu se passera volontiers. La suite du « Champ de la Douleur », qui sera l'histoire des errances romantiques du jeune Adam, de sa philanthropie à l'égard des paysans, de ses problèmes de conscience et de son amour pour la femme de son oncle, forme le royaume du romancier.

Thomas venait souvent à bicyclette depuis Hillerød pour souper avec elle, lire le manuscrit et lui faire part de ses critiques. Ils veillaient tard dans la nuit et conversaient comme ils l'avaient fait naguère en Afrique, animés des mêmes sentiments mais d'opinions différentes. La guerre faisait renaître un peu de leur ancienne complicité : « Tanne m'a montré, écrivit son frère, [...] un monde au-delà de l'espace et du temps, et toute l'absurdité de cette guerre. Nous n'étions sûrement pas toujours d'accord, mais après chacune de nos discussions, je rentrais [...] avec une vision nouvelle sur cette étrange guerre[9]. » Lorsque le manuscrit fut achevé au début de l'année 1942, elle en soumit la version en danois à Gyldendal et emporta la version anglaise à

Stockholm. En invoquant les noms d'amis « bien placés » à Londres — Eden, Duff Cooper, et même Churchill* —, elle parvint à convaincre l'ambassade d'Angleterre de le faire transporter par la valise diplomatique jusque chez Putnam, et Constant Huntington l'envoya à New York chez Random House. « Je ne puis signer aucun contrat et ne puis corriger aucune épreuve, le sort de mon livre est donc entre vos mains[10]. »

2

Au printemps de 1939, Isak Dinesen avait emmené Hudson Strode, un écrivain américain originaire d'Alabama, faire une promenade dans son jardin et ses bois, ôtant pour cela ses chaussures d'un preste mouvement du pied pour enfiler derechef une paire de sabots. Il venait de la rencontrer la semaine précédente, au cours d'un déjeuner au Yacht-Club de Langelinie. Cette fois-ci, elle était vêtue avec élégance et portait une étole de renard et un chapeau qui venait de Paris, et il ne l'avait pas reconnue la fois d'après dans sa version campagnarde : elle avait les cheveux nattés avec un ruban de gros grain et elle portait un vieux pantalon de flanelle, deux pull-overs noirs et un fichu de laine noire. Elle s'était généreusement mis du rouge à lèvres et du khôl, et Clara Svendsen nota sa ressemblance, dans cet accoutrement monacal, avec le poète Ewald.

La baronne et Mr Strode descendirent les allées de gravier bordées de soucis, de tanaisies, de pieds-d'alouette et envahies de fleurs sauvages. Ils passèrent le petit pont de bois peint en blanc qui enjambait une mare et menait à la colline d'Ewald. C'est là que commençait la forêt. Il y avait de vieux hêtres, des frênes, des érables et des aulnes et, avant le mois de mai, les arbres formeraient une voûte de feuillages baignée d'une lumière sous-marine verte. Des oiseaux de toutes espèces y faisaient leurs nids et des rossignols avaient élu domicile parmi les orties. Mais les feuilles étaient encore en bourgeons et des anémones sauvages fleurissaient au pied des arbres. Au retour, elle lui désigna fièrement son potager. Pendant la guerre, il devait servir de complément aux denrées sévèrement rationnées et quand Karen Blixen reçut des invités, ce qui arriva rarement, ce fut, par nécessité, dans un style ordinaire et « très potager ». L'un de ses amis se souvient d'un souper hivernal à la lumière des lampes à pétrole, où l'on mangea de l'oie et des crêpes et qui fut « tellement *hyggelig* et tellement danois[11] » — et si peu typique de leur hôtesse. C'est dans le même esprit qu'elle enfourchait souvent sa bicyclette, portant tweed et tricorne, pour pédaler de conserve avec les autres cyclistes sur le Strandvej et discuter avec eux. « Il y a une distinction de classe

---

* Eden et Duff Cooper étaient des amis intimes de lord et lady Winchilsea. Je ne suis pas certaine de la façon dont elle put connaître Churchill, mais on peut supposer que ce fut par le même biais.

et un snobisme avec les voitures, déclara-t-elle à Strode, mais avec les vélos, la marque n'a aucune importance, ni l'âge ni le sexe du propriétaire [12]. »

La doctoresse Vibeke Funch se rappelait Karen Blixen montant à bicyclette le raidillon d'Hillerød, vêtue de ses « curieux habits d'un autre temps » et son arrivée à vélo dans une garden-party avec une longue robe noire retroussée avec des pinces. La doctoresse Funch continue à soigner bien des familles que suivait son père du temps où celui-ci était le médecin des Dinesen. Elle se souvenait de Rungsted avant qu'il ne devienne une banlieue, à l'époque où le vieil hôtel de bois et son pavillon de bains se dressaient encore sur la longue plage et où le vapeur faisait la navette entre le Sund et Copenhague. Elle se souvenait aussi des visites qu'elle rendait à Karen Blixen pour lui faire des piqûres lorsque ses douleurs la faisaient particulièrement souffrir. « C'était ce que sa maladie avait de plus curieux. Elle pouvait aussi bien rester prostrée toute la journée, presque incapable de respirer, et avoir le lendemain l'énergie d'une jeune fille [13]. »

Hartvig Frisch, érudit classique et l'un des chefs de file démocrates sociaux, était un autre voisin et un bon ami qui appelait toujours Tanne « Madame Blixen ». Il la présenta au critique littéraire Aage Marcus et au grand écrivain danois Johannes V. Jensen qui devait recevoir le prix Nobel en 1944. Karen Blixen raconta cette rencontre dans une lettre à Christian Elling : « La première fois, nous avons parlé des sagas [...] et nous nous sommes trouvés unis par le même enthousiasme. J. V. J. a été, tout au long de notre entretien, aimable et cordial avec moi, ce qui a fait dire à Hartvig Frisch : “ J'ai rarement vu le sourire de J. V. J. poindre sur ses lèvres aussi spontanément qu'au cours de sa discussion avec vous [14]. ” » D'après Clara Svendsen, les conversations de Karen Blixen avec Frisch avaient une grande importance pour elle. La culture des classes laborieuses, l'*arbeijderkultur,* lui demanda-t-elle avec scepticisme en 1941, existe-t-elle vraiment ? Elle avait elle-même écrit : « L'art populaire est ou sera satyrique — une sorte de sourire tragique qui fait siennes les misères et les horreurs de la vie et s'en moque [...] avec un humour mordant [15]. » Mais elle pensait néanmoins que le prolétariat du Danemark de l'époque ne se distinguait pas de la classe moyenne.

« Et la culture des seigneurs terriens, la *herrensgaardskultur,* qu'est-ce que c'est, alors ? » lui demanda Frisch à son tour. Elle se donna du mal pour répondre, et le fit dans un conte. Au printemps, elle écrivit « Le Champ de la Douleur * » au cours d'un séjour au château de son cousin, le comte Bernstorff-Gyldensteen **. Le texte décrit de façon majestueuse les relations entre les classes dans une société préindustrielle, époque à laquelle leurs prétentions les liaient dans une mutuelle dépendance, tout comme les séparaient les différences fondamentales que leur réservaient leurs destinées respectives. Elle croyait que ces rôles immuables et tranchés donnaient à chaque membre de la société sa dignité et son poids — un rôle à jouer dans

* L'histoire est inspirée d'une fable médiévale rapportée par l'écrivain danois Paul la Cour.
** Le comte avait épousé la comtesse Sophie Frijs, sœur de Daisy.

un état des choses voulu par les dieux. « Le Champ de la Douleur » est également le conte qui exprime le mieux son idée, selon laquelle la comédie est le privilège de la divinité et de l'aristocrate aux pouvoirs divins, alors que la tragédie est celui de l'homme du commun. Malheureusement nous ignorons ce qu'Hartvig Frisch pensa de ce conte.

Steen Eiler Rasmussen, un architecte danois renommé, habitait avec sa famille à Rungsted et il connut Karen Blixen en 1939. Après des présentations formelles, ils continuèrent à se voir en voisins. Il lui arrivait d'apparaître une fois par semaine à l'heure du thé, « vêtue de vieilles frusques comme une conteuse » en disant qu'elle « ne restait que cinq minutes ». Ces visites, qui pouvaient très bien se prolonger jusqu'au soir, étaient « aussi décontractées et spontanées que sa conversation ». On évitait de parler de la guerre et l'on préférait bavarder de tout et de rien ou faire des jeux de salon, ce que Karen Blixen aimait beaucoup. L'un de ces jeux était une version de l'ancien jeu victorien des Préférences, qui avait été la grande passion de tante Bess.

« Avec qui voudriez-vous passer la nuit ? demandait la version moderne.
— Avec Staline, répondit Karen Blixen. On ne sait jamais de quoi il est capable [16]. »

Le professeur Rasmussen se souvenait également qu'elle faisait des visites à d'autres voisins. Elle allait voir régulièrement un aveugle, s'asseyait dans les ténèbres de son salon et elle lui racontait des histoires ou lui lisait le journal. Il était cultivé et avait des opinions bien arrêtées, et il aimait parler des classiques danois avec elle. Elle voyait aussi tante Bess fréquemment. Bess avait désormais quatre-vingts ans passés et elle était toujours aussi maniaque et énergique. Les livres de Tanne — dont elle était une fan — avaient considérablement élargi l'horizon de leurs polémiques. Bess ne se sentit sans doute pas insultée par son portrait dans le personnage de tante Maren du conte « Les Perles ». Dans ce texte, Tanne évoque leurs vieilles querelles à propos du livre de Sigrid Undset, *Kristin Lavandsdatter*. Undset prend le parti de l'épouse vertueuse, courageuse et opprimée, contre le mari noble et sans égards. C'est ainsi que Bess avait persisté à voir le mariage de sa nièce et de Bror Blixen. Karen Blixen interprète le conflit comme un problème d'attitude plutôt que de simple oppression. Dans le conte, Jensine est la fille de riches bourgeois avisés, qui se fiance à un jeune et noble officier de la garde. Tante Maren, qui a pris sur elle d'être la « conscience » de la famille, l'avertit que les aristocrates sont une espèce incompatible avec toute autre, mais Jensine ne veut rien entendre. Durant sa lune de miel en Norvège, cependant, elle découvre que sa tante avait raison. Alexandre, son mari, est une créature totalement sans peur et il semble à Jensine tout à fait indifférent et dénué des moindres scrupules moraux. Elle essaie de lui faire comprendre ce que ce serait de la perdre, en se penchant du haut d'une falaise et en faisant du bateau par un jour d'orage, mais cela ne fait qu'accroître l'admiration qu'il a pour elle. La seule chose qui l'inquiète, c'est sa façon de tordre le collier de perles qu'il lui a offert, un bijou qui est dans la famille depuis des générations. Finalement Jensine brise le collier et l'apporte à un vieux cordonnier dans la montagne, en comptant soigneusement les perles qu'elle lui confie, ce qui amuse le vieillard. Par la suite, nous apprenons que le cordonnier est le dépositaire des traditions locales, qu'il a été poète, peut-être, et que les contes qu'il a écrits sont semblables à des perles. Lorsqu'il rend à Jensine son collier, elle le trouve plus léger qu'avant, mais elle ne compte pas les perles, pour défier son mari. A leur retour à Copenhague, la guerre entre Prusse et Danemark est imminente. Alexandre est inébranlablement convaincu que le Danemark est invincible. Jensine est plus réaliste vis-à-vis du danger, et elle s'indigne de l'arrogance de son mari. C'est à ce moment qu'elle décide de compter les perles. Peut-être est-ce là une façon de demander l'assistance du ciel. En fait, il y a une perle de trop dans le rang, et celle-là a encore plus de valeur que le collier tout entier. Elle écrit alors au vieux cordonnier et celui-ci lui répond, dans une lettre charmante, qu'il lui a joué un tour et que la perle appartient à une Anglaise qui n'est jamais venue reprendre la perle manquante du collier qu'il lui avait réparé. Elle s'aperçoit qu'elle « ne viendra jamais à bout de ces gens qui ne connaissent ni soucis ni peur[17] » : ni de son mari, ni du vieux cordonnier — qui, en tant que poète et artisan, est plus proche qu'elle-même de l'attitude des aristocrates envers la vie —, ni de la dame anglaise, dont les perles avaient tant de valeur et qui ne s'est jamais donné la peine de les compter. « Les gens sans soucis, explique Langbaum, sont ceux qui vivent à travers les symboles. C'est le symbole de la continuité, que les perles aient de l'importance pour Alexandre. Et c'était bien dans l'esprit du jeu artistique, que le vieux cordonnier ajoutât une perle et créât ainsi l'histoire qu'il lui donnerait en même temps que les perles. » Mais, comme dans « Le Vieux Chevalier Errant », « Le Raz de marée de Norderney » et « Le Champ de la Douleur », Isak Dinesen conclut le conte « en reconnaissant, moqueuse, que le point de vue aristocratique qu'elle défendait avait déjà été renversé[18] ».

3

1943 fut l'année du bicentenaire de Johannes Ewald, le grand poète lyrique danois, qui avait vécu à Rungstedlung, dans la pièce même, paraît-il, qui servait de bureau à Karen Blixen. Un groupe d'admirateurs voulut organiser un festival commémoratif. Elle y prit part en offrant sa maison et sa propriété et en prévoyant de faire un discours le moment venu. La cérémonie eut lieu le 11 juin. Une foule dense envahit la colline d'Ewald, où une estrade était dressée dans une clairière, et écouta discours et lectures publiques. Après quoi, Karen Blixen donna une réception chez elle et l'on servit des rafraîchissements. Les tapis du salon avaient été enlevés et les vieux parquets luisaient et sentaient légèrement la cire d'abeilles. On avait sorti les rideaux d'été, de longs pans de dentelle ancienne qui traînaient sur le sol. Aux murs, peints en bleu pâle, étaient accrochés les portraits de la famille dans leurs cadres ronds et dorés. Une immense brassée de roses était disposée sur un bahut de campagne à ferrures de bronze, et un autre gros bouquet de fleurs sauvages trônait sur un chiffonnier. Il y avait quelques fauteuils Louis XVI, un sofa tapissé en chintz et une collection de tabatières sur une console. Les portes-fenêtres étaient grandes ouvertes sur le jardin pour que les invités puissent sortir et peut-être réfléchir, comme l'avait fait Ewald, sur les « Béatitudes de Rungsted » (*Rungsteds Lyksaligheder*).

Dans des moments comme celui-là, on pouvait presque oublier la présence des Allemands qui, jusqu'à présent, ne s'étaient relativement pas montrés importuns. Lorsque Hitler avait prononcé son ultimatum en 1940, les Danois avaient compris qu'il était vain de résister et ils avaient fait en sorte d'épargner autant de vies que possible, et de préserver au maximum leur liberté, tout en faisant savoir au reste du monde qu'ils n'étaient pas pro-nazis. Dès le début, la politique allemande consista à laisser le pays vivre « normalement » de façon à permettre que continue la production de denrées essentielles : viande et laitages. L'Allemagne désirait en outre faire du Danemark une vitrine exemplaire de sa bienveillance administrative. Les écoles restèrent ouvertes, le gouvernement resta en fonction, comme auparavant, bien que le ministre des Affaires étrangères, Erik Scavenius, fût favorable à la collaboration avec les nazis. Les tribunaux et la police conservèrent une partie de leurs attributions et la presse, quoique officiellement censurée, était libre de publier ce qu'elle voulait sur les questions intérieures, liberté dont elle usa pour attaquer le parti nazi danois. Lorsque Scavenius signa en 1940 le pacte anti-Komintern, des manifestations eurent lieu dans les rues de Copenhague et des Danois en colère dispersèrent une réunion du parti nazi local, sans que la Gestapo n'intervînt. Le roi refusa d'accepter aucun nazi au gouvernement et, en 1943, arrivèrent les élections législatives, où les Allemands se targuaient d'obtenir une représentation du parti pronazi, qui en fait ne recueillit que trois pour cent des voix. Il existait un mouvement de résistance soutenu par l'Angleterre, et l'opposition aux Allemands, bien ancrée dans les mentalités, avait de très nombreux partisans. Malgré tout, durant les deux premières années, ce sentiment s'exprima par *den kolde skulder,* en tournant le dos à l'occupant avec une indifférence marquée. Le roi Christian avait demandé à ses sujets de la dignité et du calme, et pour donner l'exemple, il faisait tous les matins dans les rues de la ville une promenade sans escorte, geste qui toucha beaucoup la population car il « symbolisait l'époque révolue de la paix et de la démocratie * ».

Dès 1942 naquit au Danemark une presse clandestine très active. Trois journaux étaient publiés chaque jour, et de courageux imprimeurs tirèrent de nombreux livres antiallemands, avant de voir détruire leurs machines. Un petit commando mené par des communistes commença à perpétrer divers sabotages, et d'autres combattants, dont une troupe de boy-scouts du Jutland, s'entraînaient en secret dans tout le pays.

La campagne « V » que menait la BBC fut adoptée par nombre de Danois enthousiastes. « La lettre commença à apparaître sur le moindre mur où il y avait un espace vierge [...] et la Cinquième Symphonie de Beethoven ne cessa de passer à la radio [...] car les premières mesures exprimaient en

* Richard Petrow, « The Bitter Years : The Invasion and Occupation of Denmark and Norway. April 1940-May 1944 », p. 178. Cependant, il ne mit pas le brassard jaune et n'en fit jamais la promesse.

musique le symbole de la lettre *V* — point-point-point-trait — en morse [19] ». Lorsque Hitler envoya en 1942 d'exubérants souhaits d'anniversaire au roi, celui-ci répliqua par un télégramme laconique : « Avec tous mes remerciements, Christian Rex ». Cela mit le führer en rage, tant et si bien qu'il rappela son ambassadeur, exigea que le Danemark fournît trente mille soldats à l'armée allemande, réclama la démission du gouvernement et son remplacement par des nazis danois ou des personnalités pro-allemandes, et nomma enfin un gouverneur plénipotentiaire, Werner Best, à qui il donna l'ordre de « diriger le pays avec une main de fer ». Les tensions et les sabotages se firent de plus en plus nombreux, mais Best se révéla en fait un homme modéré, qui recherchait une « politique d'entente » avec les Danois.

Telles étaient les choses vers l'été 1943. Les Allemands battaient en retraite sur tous les fronts et, le 8 septembre, l'Italie rendit les armes aux Alliés. La résistance clandestine danoise recevait désormais une aide considérable de l'Angleterre, et une suite de grèves et de manifestations désorganisait la production du matériel de guerre. Best reçut l'ordre de serrer la vis aux libertés. Il exigea du Cabinet, dirigé à l'époque par Scavenius, une série de mesures, telles que la peine de mort pour les actes de sabotage, la confiscation de toutes les armes et l'interdiction des grèves. Mais Scavenius refusa d'obtempérer. L'armée danoise fut immédiatement dispersée et ses officiers emprisonnés. La marine tomba aux mains de l'occupant, mais quelques capitaines réussirent cependant à saborder leurs navires au dernier moment. Un grand nombre de personnalités importantes, parmi lesquelles se trouvaient deux leaders de la communauté juive, furent jetées en prison. En fait, Hitler avait décidé de faire une rafle et de déporter les juifs dans le camp de concentration de Terezin, bien que, quelques jours plus tard, le Grand Rabbin fût assuré qu'ils n'y seraient pas maltraités. Sur ces entrefaites, les chefs de la Résistance organisaient une Fédération de la Liberté afin de coordonner les efforts et les communications entre tous les groupes. Cela permit de mener à bien l'une des opérations de sauvetage héroïque parmi les plus extraordinaires de la guerre, en prévenant puis en cachant huit mille juifs avant de les faire passer dans un pays où ils seraient en sécurité.

La rafle devait avoir lieu le 1er octobre. Deux navires de guerre allemands transportant des troupes avaient déjà jeté l'ancre dans le plus grand secret dans le port de Copenhague. Mais le 27 septembre, un employé antinazi de l'ambassade allemande, G. F. Duckwitz, l'attaché maritime, dévoila le projet aux chefs du parti démocrate *. Ils appelèrent immédiatement les deux leaders juifs que les nazis venaient de relâcher, le banquier C. B. Henriques et le Grand Rabbin Feiniger. Les deux hommes refusèrent catégoriquement d'ajouter foi à cet avertissement en disant que non seulement Werner Best, mais aussi l'évêque de Copenhague les avaient assurés qu'il n'y avait rien à

* Nombre d'historiens pensent que Best « autorisa » la fuite. Il ne supportait pas la façon dont le traitait le haut commandement nazi. Petrow avance que l'opération de sauvetage n'aurait pas pu réussir aussi facilement si les nazis avaient vraiment essayé de capturer les juifs et de sanctionner ceux qui les avaient aidés.

craindre. En désespoir de cause, les socialistes s'en remirent à d'autres amis juifs et il fallut deux jours pour convaincre Henriques et Feiniger. Ils annoncèrent la nouvelle à leurs congrégations, durant le service qui précédait Rosh Hashanah, et demandèrent à toutes les personnes présentes de faire passer la consigne. « Les membres d'une famille avertirent les autres, l'ami avertit l'ami, les juifs avertirent les juifs, et les Danois, leurs amis juifs[20]. » Les chefs de la résistance locale reçurent des listes de personnes qu'il fallait appeler. Beaucoup de gens y mirent du leur. Un ambulancier éplucha l'annuaire pour trouver ceux dont les noms avaient une consonance juive, se rendit chez eux et leur proposa de les conduire à l'abri. Il en transporta un grand nombre à l'hôpital Bispebjerg, où les docteurs et les infirmières les répartirent dans les différents services, munis de dossiers falsifiés. Au bout du compte, huit cents personnes furent cachées et sauvées de cette façon. Des membres de la Résistance arrêtèrent des juifs dans la rue — ils avaient tendance à se distinguer parmi la foule « comme des corbeaux », raconta quelqu'un — et leur offrirent les clés de leurs appartements. Le contrôleur d'un train de banlieue vit l'un de ses passagers habituels, un ouvrier, qui retournait chez lui à midi, et il lui proposa sur-le-champ de le cacher, lui et sa famille. Le Grand Rabbin, sa femme et leurs cinq enfants reçurent asile chez un pasteur luthérien qui refusa qu'ils soient séparés. La bonne volonté de chacun fut telle qu'à la veille d'octobre la plupart des juifs avaient trouvé refuge quelque part. Un Danois écrivit ce qu'il éprouva à ce moment-là : « Au milieu de cette vaste tragédie, nous vécûmes une grande expérience, car, même la population qui, par crainte des Allemands, s'était jusqu'à présent demandé quoi faire, cette même population s'était dressée comme un seul homme contre l'occupant et avait fait tout son possible pour aider ses frères innocents[21]. »

Lorsque la rafle commença, les Allemands coupèrent toutes les télécommunications du Danemark et se mirent à la recherche des huit mille juifs. Ils n'en trouvèrent que deux cents, les plus pauvres, les indigents, ceux qui n'avaient ni famille ni contact et que l'on n'avait pu joindre. Un asile de vieillards orthodoxe fut fouillé de fond en comble et les pensionnaires, qui avaient tous entre soixante-dix et quatre-vingt-dix ans, furent emmenés à la synagogue, sauvagement battus et forcés à assister à la profanation des lieux par la Gestapo. Quelques familles s'étaient refusées à donner foi à ces « stupides rumeurs » et furent capturées. Mais plus de sept mille juifs s'étaient cachés. Ce dimanche-là, l'évêque de Copenhague et tous les pasteurs luthériens du pays lurent en chaire une proclamation qui condamnait l'horreur des persécutions contre les juifs et affirmait qu'il était du devoir des chrétiens de s'y opposer. Les syndicats, les enseignants, les avocats, la police, la Cour suprême du Danemark et nombre d'autres groupes sociaux protestèrent vigoureusement auprès des Allemands et les universités fermèrent pendant une semaine. La Fédération de la Liberté dénonça les « pogroms » et proclama que tout Danois qui aiderait les nazis serait considéré comme un traître une fois l'Allemagne défaite. Le destin des juifs était lié à celui du Danemark et cela galvanisa la résistance et le moral de la nation tout entière.

Karen Blixen devait prononcer une allocution au cours d'un congrès de bibliothécaires de Hørsholm ce dimanche 3 octobre. L'une d'elles était une jeune femme nommée Birthe Andrup, qui devait lui rendre visite et correspondre avec elle jusqu'à la fin de sa vie. L'ordre du jour de la réunion fut immédiatement mis de côté et le congrès tourna au conseil de guerre. « Pour Tania, écrivit Mlle Andrup, la situation avait une dimension supplémentaire à cause de la bataille que son père avait menée à dix-huit ans contre les Allemands de Dybbøl. Ce même combat était désormais le nôtre [22]. »

La stratégie dont ils discutèrent, et qui fut étendue par la Résistance à tout le pays, était de savoir comment transporter les juifs, depuis leurs différentes cachettes, par-delà le Sund, jusqu'en Suède, pays neutre qui avait fini par accepter de les recevoir après maintes pressions. La distance était d'environ vingt-cinq kilomètres, mais des patrouilleurs armés allemands contrôlaient le détroit et les capitaines des bateaux de pêche qui acceptèrent de convoyer les juifs savaient qu'ils risquaient d'être exécutés ou déportés avec eux s'ils étaient pris. L'opération fut menée par étapes, avec beaucoup de courage et d'audace. Beaucoup de maisons qui bordaient le Strandvej servirent de points de regroupement sur la route de la liberté et Karen Blixen avait confié les clés de la porte de sa cuisine à deux amis résistants, Johannes Rosendahl et Mogens Fog, son médecin, qui était membre de la Fédération. « Il y avait des juifs dans la cuisine et des nazis dans le jardin », raconta-t-elle à Parmenia Migel. La nuit, elle se couchait toute habillée, regardait par la fenêtre de sa mansarde en priant pour que la nuit fût sombre. Quand les Allemands arrivèrent pour fouiller la maison, elle les retint sur le seuil, « en les accablant de sarcasmes et de grossièretés [...]. Ce fut un plaisir et une grande satisfaction de les insulter et, en tout cas, on ne risquait pas grand-chose [23] ».

Un groupe de juifs fut trahi par un pêcheur et un autre par une Danoise pronazi : outre les deux cents personnes arrêtées lors de la première nuit, deux cent soixante-quinze autres furent capturées et déportées. Mais au début du mois de novembre, sept mille deux cents juifs avaient déjà gagné la Suède. L'opération n'aurait certainement pu être aussi concluante si les Allemands n'avaient pas fermé les yeux. Un ouvrier, résistant, qui avait été arrêté à un poste de contrôle avec sa voiture remplie d'enfants juifs, regarda le soldat allemand droit dans les yeux et lui dit simplement : « Soyez humain [24]. » Le soldat les laissa passer. Mais il y eut tout de même une certaine âpreté dans les questions financières. Certains capitaines exigèrent des sommes énormes, et quelques juifs refusèrent de payer pour leurs compagnons moins fortunés. Pour la communauté juive, ce fut sans aucun doute une « période de profond désespoir ». Mais pour les Danois, ce fut un moment de triomphe qui marqua un tournant dans l'Occupation. « Octobre 1943 vit la renaissance de l'espoir et de la dignité à travers l'action [...]. Leurs efforts pour sauver les juifs donnèrent aux Danois un élan qui les conduisit jusqu'à la victoire finale [25]. »

Il vaut la peine de remarquer que les Danois agissaient, lorsqu'ils se mobilisèrent pour aider les juifs, en accord avec l'un des principes les plus chers à Karen Blixen, qui ne cessait d'en parler. Lorsqu'on lit les récits de l'Occupation, on a le sentiment que leur courage ne provenait pas simplement de leurs engagements humanitaires, de leur compassion pour ceux qui étaient persécutés ou même de leur haine des Allemands — bien que ce fussent là en partie les raisons de leur geste. C'était une idée de l'honneur, une fierté confiante dans son humanité, que partageait tout un peuple. Ils ne voulaient pas assister sans rien faire à sa destruction.

38.

En cage

1

Lorsque les *Contes d'Hiver* parurent en 1942 au Danemark, Karen Blixen accorda à Annamarie Cleeman une interview qui fut publiée dans *Samleren.* « Je ne pense pas que je viendrai jamais à écrire un roman, disait-elle — bien que l'on ne puisse jamais jurer de rien — car ce n'est pas la longueur qui détermine la question [...] c'est une différence qualitative entre roman et conte *. »

Mais, trouvant que la vie « en cage » était trop ennuyeuse et trop calme, elle commença en fait à écrire un roman, une espèce de policier qu'elle intitula : *Les Voies de la Vengeance.* Gyldendal lui donna une avance et une sténographe et, comme elle le reconnut elle-même, elle bâtit son histoire au jour le jour. Elle n'avait jamais eu l'intention de faire là preuve de littérature, mais de « s'amuser un peu ».

Du coup, elle ne le signa pas de l'un de ses noms de plume habituels. Il parut en 1944 sous un pseudonyme français, Pierre Andrézel **. Les journaux n'eurent malgré tout aucun mal à la démasquer et quand *Politiken* lui demanda d'admettre qu'elle en était bien l'auteur, elle nia en arguant qu'Andrézel ne désirait peut-être pas l'avouer.

L'histoire des *Voies de la Vengeance* est si stupide qu'elle en est reposante. Deux belles et pures jeunes filles deviennent, à la suite d'une série de catastrophes, les pupilles d'un pasteur écossais puritain et de sa femme, qui les emmènent dans une villa du Sud de la France pour les « éduquer ». Les deux jeunes filles découvrent que les Penhallow font en réalité la traite des

* Annamarie Cleeman, « Karen Blixen Fortaeller », *Samleren,* p. 33. Un roman, disait-elle, esquisse et décrit, il donne des raisons psychologiques et peut très bien user de formes de langage que l'on n'utilise jamais dans la langue parlée. Mais un conte « traite de ce qui arrive, et de la *façon* dont cela arrive. Le conte, c'est la forme originelle de la littérature [...], les contes sont écrits dans la langue parlée. J'espère que mes contes peuvent être dits, parce que je les ai conçus dans ce but et que telle est ma forme naturelle d'expression quand j'écris ».

** Les « traductions » de l'anglais étaient interdites.

blanches et que, si elles sont si bien traitées, c'est uniquement pour que les autorités ne puissent soupçonner les abominables activités du couple. Elles essaient de faire en sorte que leurs geôliers ignorent qu'elles connaissent la vérité, mais elles échouent et Penhallow tente de les supprimer. Mais à la fin, il se pend et les jeunes filles épousent de beaux et nobles jeunes gens. Le livre connut un grand succès populaire et se vendit sans aucun problème, comme l'auteur l'espérait. Plusieurs critiques lui firent l'honneur d'y découvrir une allégorie politique — les deux jeunes filles innocentes étaient le Danemark, et Penhallow figurait Hitler —, ce qui en augmenta les ventes et la réputation, car c'était une preuve d'audace que de se moquer des nazis. En revanche, le livre souleva un tollé parmi les dévots de Karen Blixen, les vestales qui vouaient un culte à l'auteur, et aussi parmi un certain nombre de critiques qui trouvèrent qu'elle avait terni sa réputation en écrivant de la « littérature de pacotille ». Au départ, Birthe Andrup, la bibliothécaire de Hørsholm, était de ceux-ci. « Non, vous n'aurez pas mes chroniques berlinoises, ni rien d'autre, lui lança Karen Blixen, avant d'avoir quitté ce comportement allemand envers Pierre Andrézel, ou du moins tant que vous n'aurez pas cessé de me resservir vos critiques [1]. » Par la suite, Karen Blixen avoua à Mlle Andrup qu'elle avait été chagrinée par cette affaire : « Il y a dans la mentalité danoise quelque chose à quoi je ne peux pas me " faire ". Depuis mon retour d'Afrique, je me sens solitaire. Les Danois parlent tout le temps de leur sens de l'humour, " *det danske Lune* ", mais ils ne *cessent* de me prendre au sérieux et ils ne sont pas capables de " jouer " avec moi — ils ne le veulent même pas. [...] C'est une pénible impression, comme lorsqu'on est la seule personne ivre en compagnie de gens sobres : on se sent oppressé. [...] On n'y est pour rien, car on devrait avoir le droit d'être un petit peu gris (" on a le meilleur de la vie, mais on n'est pas totalement ivre "). Et on se sent toujours bien si l'on a un peu de champ quand on est dans une mauvaise passe [2]. »

En l'occurrence, les paroles les plus intelligentes et les plus conciliantes furent celles du critique Christian Elling. Dans un essai qui parut dans *Politiken,* il faisait allusion à la coutume vénitienne du XVIIIe siècle qui consistait à porter une broche en forme de masque au revers de son habit, lorsque l'on voulait rester incognito sans se donner la peine de se déguiser, et il faisait remarquer que ce symbole était respecté. Un pseudonyme donne à un auteur le même privilège. « *Les Voies de la Vengeance* a dû être écrit par Pierre Andrézel, conclut-il : son nom figure sur la couverture [3]. »

2

Sur la couverture figurait également le nom du prétendu traducteur des *Voies de la Vengeance :* Clara Svendsen. Pendant les vingt années à venir, son nom devait rester intimement associé à celui de Karen Blixen. Au début, ce fut sa bonne et sa cuisinière, puis sa secrétaire et dame de compagnie, son infirmière et sa traductrice, et enfin, son exécutrice littéraire.

Clara Svendsen * est restée discrète au cours des années, tout comme elle le fut lorsqu'elle travaillait pour la baronne. Ses mémoires de l'époque portent ce titre, en toute simplicité : *Notater om Karen Blixen (Notes sur Karen Blixen).* Cependant, on peut également traduire « notater » par « minutes », ce qui serait tout à fait approprié : ces mémoires sont un compte rendu scrupuleux et sans fioritures d'une vie quotidienne, de ses peines et de ses menus plaisirs. Parmenia Migel décrit la simplicité de Clara, son manque de beauté et sa jeunesse — toute en paupières baissées et en rougissements — lorsqu'elle vint travailler à Rungstedlund. Mais le fait est qu'elle était âgée de vingt-huit ans, qu'elle avait derrière elle une carrière académique pleine de promesses : elle parlait plusieurs langues (y compris le latin) suffisamment bien pour pouvoir les traduire, et était une pianiste accomplie. Ses lettres de l'époque révèlent un certain style, un sens de l'ironie développé et énergique, et une grande ambition spirituelle lucide qui ressemblait à celle de Karen Blixen, bien qu'elle en fût une version négative. Tandis que Tania aspirait à devenir prêtre, Clara désirait être un prosélyte ou un communiant. Son modèle était saint Adauctus, le martyr des martyrs, le saint « en supplément » qui, voyant saint Félix et un groupe de chrétiens aller à la mort, eut l'idée de les accompagner, mourut, et fut canonisé. « Je crois, écrivit Clara Svendsen à Karen Blixen, que si je dois espérer exister vraiment, [...] je serai Adauctus. Si je devais avoir une fois l'occasion de *vous* rendre un service, je le ferais avec moins d'évidence, sans désir de me faire remarquer comme ce bon Adauctus[4]. »

A l'époque où Clara commençait à voir fréquemment Karen Blixen, sans s'être encore installée à Rungstedlund avec elle — c'était vers la fin de l'année 1943 —, elle restait assise auprès du feu et racontait à Karen Blixen les événements de sa vie qui l'avaient conduite petit à petit, ainsi qu'elle croyait que Karen Blixen pouvait parfaitement le voir, à devenir quelqu'un pour qui « l'existence était, au pied de la lettre, une question de vie ou de mort[5] ». Sa mère était morte lorsqu'elle avait cinq ans. Elle avait sept ou huit ans quand son père l'avait emmenée au musée de Copenhague où elle avait vu un tableau qui représentait le Christ parmi les morts. Cela lui avait fait une très forte impression, une impression qui fut peut-être aussi forte que celle que ressentit Calypso devant le tableau érotique du XVIIIe siècle, dans « Le Raz de marée de Norderney », ou Frederick Lamond dans « L'Héroïne » : c'était comme de suggérer à une personne solitaire et privée de tout espoir qu'il existait dans la vie une puissance insoupçonnée, un univers d'amour et d'amis où l'on pouvait être reconnu. Clara décida de devenir catholique, malgré l'opposition de son père et de sa belle-mère. Elle étudia la théologie et l'histoire chrétienne toute seule et, entre-temps, reçut une bourse pour l'université qui lui permit de prendre un petit appartement pour être plus indépendante, puis elle fit divers métiers et poursuivit ses projets de conversion.

A dix-sept ans, âge auquel Tanne désirait être « parfaite » et auquel les

* En 1980, Clara Svendsen changea son nom en Clara Selborn, mais pour éviter toute confusion, je conserve le nom qui évoque le plus ses relations avec Karen Blixen.

vierges de haute naissance de ses contes sortent de leurs couvents et se marient, Clara découvrit qu'il y avait place dans sa vie pour une autre passion d'un genre différent. Elle tomba amoureuse de Byron et avoua à Karen Blixen que cet homme « qui était mort un siècle plus tôt (la) fascinait bien plus que n'importe quel vivant[6] ». La baronne n'était pas femme à se laisser éclipser par Byron ni même par Dieu. Tandis qu'elle était suffisamment touchée par l'éloquence et la confiance de Clara au point de lui faire elle aussi ses confidences, elle était peut-être également mue par un esprit de compétition. Regardant Clara droit dans les yeux, elle lui raconta ce qui était jusqu'alors un secret bien gardé que seule sa famille connaissait : elle lui dit qu'elle avait attrapé la syphilis avec son mari lors de son séjour en Afrique. Clara n'avait jamais vu jusqu'à présent aucun être vivant qui eût comme elle un « visage de crucifié[7] ».

Les dés étaient jetés et Clara le savait. Elle venait de rencontrer hors de l'Église une « martyre secrète[8] ». Dans une lettre à la baronne écrite en novembre 1943 depuis Risskov, où elle enseignait, elle lui expliqua comment ses contes lui avaient révélé le sens de la foi religieuse véritable et avaient modifié sa vision de la communion. Elle y racontait l'histoire de saint Adauctus et elle lui offrit de se dévouer à elle pour quelque service, si mince fût-il. Elle précisait également à Karen Blixen qu'elle incarnait un personnage très semblable au martyr des martyrs de Marcus Cocoza, qui était impatient de se présenter aux portes du Paradis comme « l'ami de Pellegrina Leoni ». C'était, insinuait-elle, tout à fait l'ambition qu'elle chérissait.

Clara Svendsen servit Karen Blixen jusqu'à sa mort avec un remarquable dévouement, et elle consacra une grande partie de son existence à gérer les archives et la propriété littéraire de l'auteur. Dans toute véritable fidélité, il y a un peu de doute et de refus, sans quoi elle ne serait pas totale. Ainsi, malgré l'humilité dont elle fit preuve, et malgré les humiliations qu'elle dut parfois subir, ainsi Clara Svendsen vit-elle peut-être, comme Karen Blixen, son existence dans les termes simples, grandioses et absolus d'une parabole.

3

Après leurs premières entrevues — lors d'une vente de charité paroissiale où Karen Blixen prononça un discours, lors de thés à Rungstedlund et lors d'un après-midi d'été au cours duquel Clara fut invitée à venir cueillir des fraises et des pivoines du jardin —, Karen Blixen l'entraîna dans son plan complexe qui visait à protéger Pierre Andrézel. Elle proposa à Clara, qui, bien évidemment, accepta, que la couverture portât son nom, en tant que « traductrice ».

En 1944, Clara eut l'occasion de rendre un autre service à la baronne. Pendant un certain temps, il y avait eu à Rungstedlund une domestique, Karen Hansen, aussi excellente qu'excentrique, qui avait été élevée dans un orphelinat, adorait la musique classique et ne craignait pas du tout sa patronne. Mais elle s'aperçut qu'elle avait de l'asthme, ce que l'air humide du bord de mer n'arrangeait pas, et le docteur lui conseilla d'aller habiter l'intérieur des terres. Clara fut donc chargée d'aider Karen Blixen à trouver une remplaçante et, comme leurs recherches et leurs petites annonces ne donnaient aucun résultat, elle décida de « grimper d'elle-même un échelon supplémentaire dans sa carrière [9] » et se proposa comme cuisinière et femme de chambre. La baronne, écrivit Clara, avait quelques inquiétudes vis-à-vis de quelqu'un qui « se sacrifiait » si volontiers. D'autre part, écrivit Parmenia Migel, elle soupçonnait que, si Clara « pouvait lui être d'une grande utilité, il était plus probable qu'elle risquât de devenir envahissante [10] ». Mais Karen Blixen n'était pas de celles qui s'interposent sur les voies du destin d'une autre et en outre, à la même époque, elle venait d'avoir un rêve où figuraient ensemble Denys, Farah et Clara. Aussi cette dernière reçut-elle son uniforme et la consigne de s'adresser désormais à Karen Blixen à la troisième personne en l'appelant *Baronessen* *, madame la baronne, et non pas en disant « vous » (*De*). Cela ne choqua pas Clara qui, au contraire, trouvait cela tout à fait normal.

Clara fit un bon apprenti sorcier. Elle n'avait pas la moindre idée de ce qu'était la cuisine. Karen Blixen déversait avec entrain un panier de champignons sauvages sur la table et lui demandait de les lui servir sur des toasts pour le thé, ou en *croustades* pour le dîner, comme Kamante avait l'habitude de le faire, ou encore, elle lui indiquait quelque recette du livre de Mrs Beeton pour faire un turbot poché sauce hollandaise. Clara considérait le cryptogame en question ou le poisson mort avec un désespoir peu catholique et, généralement, les massacrait. Comme le raconta Karen Blixen à Truman Capote — de façon bien plus poétique : « Après trois repas gâchés, je l'ai accusée : " Ma chère, vous m'avez menti. Dites-moi la vérité ! " Elle s'est mise à pleurer et elle m'a dit qu'elle était maîtresse d'école dans le nord du Danemark et qu'elle adorait mes livres [...]. Comme elle était incapable de faire la cuisine, nous avons décidé qu'elle serait ma secrétaire. C'est un choix que je regrette excessivement, Clara est un épouvantable tyran [11]. »

Mais Clara ne devint pas immédiatement la secrétaire de Karen Blixen. Lorsqu'il apparut qu'elle n'avait guère d'avenir comme cuisinière, elle décida

---

* Au milieu des années cinquante, Karen Blixen demanda à Clara de l'appeler *Tania,* et en 1961, année qui précéda sa mort, elle lui dit de l'appeler *Tanne.* Quant à la forme *Baronessen,* il est possible, en danois, de parler à quelqu'un à la troisième personne en utilisant son titre à la place du pronom *vous :* « Monsieur le Professeur prendra-t-il un autre gâteau ? — Volontiers, Madame la Baronne est trop bonne. » C'est un usage très formel.

Dans le petit cercle de ses amis d'enfance, on disait *du* (tu) à Karen Blixen, alors que pour le reste du Danemark, elle était la baronne. Cette règle n'était pas, bien sûr, univoque. Lorsque c'était possible, elle s'adressait aux gens en les appelant par leurs titres : le jeune poète Thorkild Bjørnvig avait droit à Monsieur le Maître. Steen Eiler Rasmussen, son voisin, à Monsieur le Professeur. Il y avait un côté plaisant et sarcastique dans cette procédure guindée, assez proche de la coutume des familles aristocratiques d'Amérique du Sud, où l'on dit *usted* aux plus jeunes enfants. Cependant, les gens se moquaient d'elle. Elle se défendit faiblement en prétendant que c'était l'ancien usage suédois, qu'il convenait à son titre suédois et que, de toute façon, elle s'y était habituée. Certaines personnes, même dans sa famille, allèrent jusqu'à douter du droit et de la bienséance d'une femme divorcée, à utiliser le titre de son ancien mari. Lorsqu'elle était revenue d'Afrique, elle avait envisagé de se faire appeler « madame Dinesen ». Mais cela aurait été maladroit pour bien des raisons et elle décida de ne rien changer sous prétexte que ses anciens domestiques n'auraient pu la retrouver.

qu'elle pourrait mieux justifier son emploi à Rungstedlund comme femme de chambre et elle alla faire son apprentissage dans une famille riche dont la fille avait été son élève. « Je comprends très bien, leur dit-elle, que ma situation ne sera pas la même que naguère [...] [12]. » En novembre 1944, elle revint à Rungstedlund et y resta comme femme de chambre.

Clara Svendsen était et est restée — même à soixante ans — une femme à l'air jeune et un peu gamin. Elle a un visage large, des joues et des yeux tendres et une grande bouche. Elle est coiffée simplement, et toujours vêtue sans prétention. Clara n'est pas précisément forte, mais elle donnait cette impression à côté de la mince et frêle Karen Blixen. Elles incarnaient un couple de personnages qui ne manquaient pas de sel : Don Quichotte et Sancho Pança, comme elles le disaient elles-mêmes. A mesure que les années passèrent, on fit toutes sortes de spéculations cyniques et fantasques sur la nature exacte de leurs relations, comme on put en faire sur celles de la baronne et de Farah Aden. La famille de Karen Blixen était scandalisée de la façon dont elle « maltraitait » Clara et dont celle-ci acceptait de se laisser faire. Mais Tanne leur rappela un jour que l'intimité des gens est mystérieuse, qu'aucune personne de l'extérieur ne peut prétendre juger un mariage et que c'est la même chose pour toute autre alliance privée. A cause de son caractère violent et de son esprit caustique, les gens méjugèrent ou mécomprirent les sentiments que Karen Blixen investissait dans une relation donnée. La plupart des méchancetés qu'elle faisait étaient superficielles et elle s'en désolait l'instant d'après. C'était une expérience intense que d'être son amie et l'intensité d'une telle relation provenait de la force extraordinaire de son amour. Clara Svendsen nous laisse entrevoir de quoi était faite leur relation, dans cette phrase extraite d'une lettre de 1944 : « Je ne me suis jamais sentie aussi comblée, dit-elle à Karen Blixen, aussi anéantie et heureuse qu'en votre compagnie l'autre jour [13]. »

4

D'autres jeunes gens commencèrent à graviter autour de Karen Blixen durant la guerre. Erling Schroeder, un metteur en scène de théâtre, vint discuter de la possibilité de mettre en scène l'un de ses contes et resta son ami pour la vie. Il avait le charme et l'allure de l'idole des matinées qu'il avait été, une voix argentine, des manières galantes et, comme l'écrivit Parmenia Migel, « Tania était aussi vulnérable que quiconque, mais ce fut Schroeder qui, finalement, succomba [14] ». Il devint son confident, infiniment indulgent envers ses sautes d'humeur et, quand elle avait besoin qu'on lui dise qu'elle était belle, elle l'appelait. En outre, c'était quelqu'un avec qui elle pouvait « jouer » : fantasmer, bavarder, flirter et se conduire avec une coquetterie confiante et éhontée.

Johannes Rosendahl rencontra également Karen Blixen en 1943. C'était un critique littéraire et un écrivain, professeur de lycée, qui avait écrit sur ses œuvres une étude qu'elle avait appréciée. On les présenta, elle fut saisie, comme le fut Ole Wivel, par l'aspect héroïque de son personnage et, avec son « instinct bien à elle » pour flairer les capacités réelles de ses amis, elle lui envoya un petit cadeau de remerciement pour son étude. C'était simplement une petite boîte d'allumettes vide, où figurait le portrait de « Tordenskjold* », accompagnée d'un billet qui disait : « Il devrait y avoir bien des hommes comme lui[15] ! » A l'époque, Rosendahl était un pacifiste, mais par la suite, il s'engagea dans la Résistance et devint l'un des saboteurs les plus audacieux du Sud-Jutland. Il était détesté des nazis, qui finirent par le capturer, le torturèrent et le condamnèrent à mort. Mais il s'en tira et, après la guerre, il expliqua que c'était Karen Blixen qui avait inspiré ses actes.

Ole Wivel, qui raconte l'héroïque histoire de Rosendahl dans ses mémoires, rencontra lui aussi Karen Blixen en 1943. C'était un très pâle jeune homme, mince et élégant, issu d'une famille de riches négociants qui possédaient une propriété sur la côte, un peu plus au sud de Rungstedlund. Il avait un peu plus de vingt ans, il étudiait l'économie mais écrivait des poèmes et était rempli d'une grande ambition littéraire et spirituelle, quoique sujet à des « remords de conscience et à des crises de doute[16] ». Les *Sept Contes Gothiques* ne l'avaient guère marqué, mais, avec son meilleur ami Knud W. Jensen, il avait récité les *Contes d'Hiver,* qui les émouvaient et qu'ils admiraient tellement qu'ils ne parvenaient plus à trouver le sommeil. Aussi avait-il écrit à Karen Blixen en lui envoyant le manuscrit de ses poèmes. Elle avait répondu en l'invitant à venir la voir.

« Karen Blixen me reçut dans son salon avec une douceur qui me mit immédiatement à l'aise. Un feu brûlait dans l'âtre, nous avons pris le thé, elle fumait cigarette après cigarette en parlant sans arrêt, lentement, avec une diction particulière qui était à la fois le produit d'une culture ancienne et de sa solennité [...] et réchauffée par l'abondance des nuances[17]. » Ils parlèrent du voisinage, cette partie du Strandvej qui leur était si familière à tous deux, et pendant tout ce temps, Wivel était captivé par sa présence, par « ses grands yeux sombres et brillants et ses cheveux nattés [...]. Elle avait une mèche grise, mais elle avait l'air jeune lorsqu'elle se leva, ouvrit les portes de la véranda qui donnaient sur le jardin et parla de l'amour que son père et sa mère portaient à ces lieux. C'était l'un des hivers les plus doux que j'aie connus, janvier avait des airs de printemps et le Sund, libre de glaces, bleuissait sous le soleil[18] ».

Dès lors, ils se rendirent des visites et correspondirent. Wivel lui envoya son essai sur elle, et elle le trouva « d'une pensée riche et originale ». Il fut fier qu'elle lui dise que c'était là « la manière exacte dont [elle] voulait être comprise ». Mais lorsqu'il lui envoya une œuvre de fiction, elle fut honnête avec lui : « Je pense que vous avez du talent, mais que, jusqu'à un certain

* « Tordenskjold », qui figure sur les boîtes d'allumettes danoises, était le nom de guerre de l'amiral Wessel (1690-1720) qui fut un grand héros de la marine danoise.

point, vous manquez de courage. [...] Il faut un courage terrible pour créer ! Un officier français qui participa au *concours hippique* me déclara une fois qu'il fallait *jeter le cœur* par-dessus la barrière avant tout le reste, et qu'ensuite le cheval suivait facilement. Écrire, c'est la même chose [19]. »

39.

Hérétiques

1

Naturellement, les Allemands furent remplis de fureur et de frustration de voir sept mille juifs disparaître sous leur nez, et il y eut des représailles. Ils firent des rafles aux domiciles des gens qui étaient soupçonnés de diriger la Résistance, et les suspects furent emmenés, torturés et exécutés. La Résistance monta d'un cran dans les sabotages en faisant exploser des entrepôts de ravitaillement et même des usines, et en commençant à exécuter tout Danois qui trahirait ses compagnons. Les Allemands ripostèrent en assassinant Kaj Munk, l'écrivain, ainsi que d'autres personnalités culturelles choisies. Ils brûlèrent également Tivoli et ils organisèrent des bandes de criminels qui commettaient des actes de terrorisme — viols, agressions et meurtres de passants pris au hasard — dans les rues de Copenhague. La tension dans la capitale fut si élevée qu'au début de l'année 1944 un couvre-feu fut imposé et que le rassemblement de plus de cinq personnes fut interdit. Un jour plus tard, les ouvriers quittèrent leur travail dans les deux plus importants chantiers navals du pays ; d'autres ouvriers suivirent le mouvement et leur action mena à une grève générale spontanée dans Copenhague, pendant laquelle les gens envahirent les rues pour manifester contre la terreur que faisait régner la Gestapo. Le commandant Best réagit en imposant la loi martiale et en coupant électricité, gaz et eau dans toute la ville. Mais cette tactique ne servit à rien : les manifestations ne firent que s'accroître.

Au mois de septembre, après avoir obtenu la certitude que la police collaborait bien avec la Résistance, les Allemands décidèrent de faire une rafle et d'envoyer les coupables en camp de concentration. Avant que n'aient lieu les représailles, les officiers se cachèrent comme l'avaient fait les juifs, mais malgré cela, deux mille d'entre eux furent pris et déportés. Dès lors, et cela jusqu'à la fin de la guerre, le Danemark fut privé de ses forces de police, et la population organisa des patrouilles de volontaires non armés pour pouvoir régler le mieux possible le problème des crimes de droit commun. Dans les derniers mois de l'Occupation, la violence et les effusions de sang augmentèrent dans des proportions inquiétantes : la Résistance fit exploser des lignes de chemin de fer et les quartiers généraux de la Gestapo du Jutland, de Copenhague et de Funen furent bombardés et leurs archives détruites. « Les représailles s'ensuivirent dans un crescendo de violence et de brutalité[1]. »

Le 17 avril, Karen Blixen fêta tranquillement son soixantième anniversaire en donnant chez elle une petite réception où fut servi du chocolat chaud. Il y avait là Clara Svendsen, qui cumulait désormais les fonctions de gouvernante et de secrétaire, Hélène Lundgren, la veuve du jardinier, qui servait temporairement de femme de ménage, Alfred Pedersen, le vieux chauffeur de la famille, jadis cocher, et M. Nielsen, le nouveau jardinier, qui offrit à Karen Blixen un chiot berger allemand. Elle l'appela Pasop, du nom du chien des paysans dans « Le Raz de marée de Norderney », qui passe la nuit dans le grenier à foin avec les aristocrates. De tous ses chiens — même Dusk et Banja, ses lévriers écossais —, il devint le préféré. L'anniversaire, toutefois, représentait une étape particulièrement pénible : elle « détestait l'idée de vieillir[2] ».

Deux semaines plus tard, les Alliés entraient dans Berlin. Ole Wivel était seul ce soir-là dans sa maison de Vedbaek ; il enfourcha sa bicyclette et, arrivé à Rungstedlund, il étreignit Karen Blixen et prit un verre de vin avec elle. « Elle avait l'air d'une jeune fille qui va finalement aller au bal qu'elle attend depuis si longtemps », se rappelait-il. Elle raconta à Wivel une émouvante histoire. Dans la journée, elle avait téléphoné à son frère Thomas pour célébrer la victoire avec lui. Il avait invité chez lui un groupe d'amis à venir prendre le champagne et, levant son verre, avait prononcé quelques mots en concluant : « A notre ennemi vaincu. » C'était l'expression, selon les paroles de Wivel, de la « barbare chevalerie de sa jeunesse ». L'assistance se tut, personne ne voulut se joindre à son toast et il vida son verre tout seul[3].

Cet été-là, Karen Blixen entra à l'hôpital. Elle souffrait depuis quelque temps de douloureuses crampes d'estomac — un nouveau pas dans son calvaire familier. Les médecins diagnostiquèrent un ulcère duodénal et lui dirent qu'il était causé par son « surmenage intellectuel ». Ils décidèrent de ne pas l'opérer mais de l'obliger à garder le lit et à rester inactive. Une fois qu'elle aurait repris du poids et recouvré un peu de forces, ils voulaient l'opérer de la colonne vertébrale, opération qui, si elle réussissait, atténuerait les douleurs de la syphilis. Pendant ce temps, Karen Blixen était forcée de rester au lit et elle s'occupa de la traduction anglaise des *Voies de la Vengeance* en la dictant à Clara, qui faisait des heures supplémentaires sans être payée, tapait à la machine et revoyait les textes. L'opération du système neurovégétatif[4] eut lieu en février 1946 et lui apporta immédiatement une notable diminution de ses douleurs.

Mais elle ne prit pas le temps nécessaire à sa convalescence et fit de longues promenades à bicyclette, travailla dans le jardin et — bien que les médecins aient dû lui scier une côte — porta des seaux d'eau sur une vieille palanche depuis le puits jusqu'à ses espaliers. Du coup, elle dut retourner à l'hôpital, où l'on surveilla sa convalescence.

Durant ce séjour, Thomas apporta à Tanne une triste et ironique nouvelle : Bror Blixen était mort en Suède des suites d'un accident d'automobile. Après avoir divorcé de sa troisième femme, Eva Dixon, il avait quitté l'Afrique à la fin des années trente et, pendant un certain temps, il avait travaillé pour le sportif millionnaire Winston Guest comme maître de chasse dans sa propriété de Long Island. Mr Guest avait du mal à croire que « Blicky » souffrît de syphilis au troisième stade et il le décrivait comme un homme de cinquante ans à l'appétit et aux forces aussi peu diminués que son extravagance[5]. Lors d'une chasse au faisan à Gardiner Island, Bror avait voulu battre le record des trois mille deux cents pièces — et il n'en avait pas été loin. Finalement son travail ne marcha pas très bien et il retourna en Suède pour s'établir à Borringe Closter, petite propriété familiale que possédait son cousin, le comte Bech-Friis, qui conduisait la voiture lors de l'accident. C'était exactement le genre de petite ferme et de vie étriquée qu'il avait voulu fuir lorsqu'il avait épousé Tanne.

Au moment de la mort de Bror, Ella Dahl envoya à sa sœur une lettre qui portait elle aussi une note de mélancolie ironique. Tanne s'était réconciliée de sa propre initiative avec les Dahl la Noël d'avant et Knud était mort peu de temps après. Désormais, Ella se sentait perdue au dernier point. Après avoir plaint Tanne pour son opération, elle rappela à sa sœur : « Tu as toujours dit toi-même que tu es au mieux lorsque tu ne bouges pas. » Mais elle ne voyait dans son propre cas aucune consolation pour l'avenir : « Tu as toujours eu le bonheur, disait-elle à Tanne, de pouvoir, au milieu de tes malheurs, tempêter contre le destin, gémir et te plaindre : moi j'en suis incapable. A ta différence, je ne puis continuer non plus à vivre après que mon bonheur s'est enfui, car une porte close se dresse entre moi et lui. Knud était ma vie, et avec lui, je n'ai pas seulement perdu mon gouvernail, mais ma voile et mon équilibre. Un bateau qui est privé de tout cela est condamné à rester immobile, ce qui est terrible, parce que *navigare necesse est*[6]. »

2

Dès que la liaison-courrier fut rétablie avec l'Amérique, Robert Haas écrivit à Isak Dinesen pour lui dire que ses *Contes d'Hiver* avaient été un grand succès commercial et littéraire, qu'il avait été vendu au Club du Livre du Mois et qu'elle avait sur son compte plus de trente mille dollars de droits d'auteur. Il lui joignait également l'édition des Armées des *Contes d'Hiver*, un livre de la taille des poches d'uniforme, imprimé sur papier pelure. « Peu de choses, répondit Isak Dinesen, durant ces dernières années, m'ont fait autant plaisir. Je trouve que c'est un grand honneur d'être publiée ainsi et de me dire que mon livre a distrait nos valeureux alliés ! [...] J'ai pris le thé avec la reine aujourd'hui, je lui ai fait présent de l'un des exemplaires que vous m'avez envoyés et elle en a été charmée. J'ai aussi été remplie d'une joie immense en recevant une lettre d'un soldat américain qui me disait que ses camarades et lui avaient lu mon livre en Allemagne et aux Philippines[7]. »

Haas ne fut naturellement pas satisfait d'apprendre qu'Isak Dinesen ne voulait absolument pas consentir à ce que son nom figurât sur la couverture comme auteur des *Voies de la Vengeance.* « Je crois, la flatta-t-il, que la façon dont vous avez créé une authentique atmosphère à la Jane Austen est un véritable *tour de force*[8] », et il tenta de la faire céder en lui faisant miroiter des droits d'auteur fabuleux. Mais autant Karen Blixen, la femme, était sensible aux compliments et Karen Blixen, l'avare, à l'argent, autant Isak Dinesen, l'auteur, était inébranlable quand on touchait à ce qu'elle considérait comme un point d'honneur : ce bâtard de peu de valeur littéraire ne devait en aucun cas être traité comme un enfant légitime. De son lit de douleurs, elle écrivit une lettre emplie du regret de n'avoir pas la force d'être persuasive, et elle expliqua à Haas : « Quel grand plaisir cela me fait qu'on me dise que je suis devenue quelqu'un dont le nom compte sur le marché américain. Mais dans ces conditions, je ferai d'autant plus attention et je me sentirai d'autant plus responsable : *noblesse oblige.* Vous me dites qu'à votre connaissance je suis jusqu'à présent le seul auteur qui ait écrit seulement trois ouvrages tous sélectionnés par le Club du Livre. Je ne veux pas donner ma paternité à un livre qui ne peut absolument pas prétendre à cette sélection. Et même si, *par impossible,* le Club venait à envisager sa sélection, je refuserais, et j'irais jusqu'à retirer le manuscrit plutôt que de le voir figurer dans cette catégorie avec mes autres livres[9]. »

Le Club du Livre sélectionna *Les Voies de la Vengeance* et Isak Dinesen fit comme elle l'avait promis. Haas lui montra patiemment comment se faisait la sélection et elle comprit avec un peu de gêne le ridicule de son refus et de sa fierté.

Durant les deux années suivantes, avec une macabre régularité, Karen Blixen fit d'autres séjours à l'hôpital pour subir plusieurs opérations et rester en convalescence. En 1947, elle déclara à une vieille amie (son ancienne sténographe, Mlle Petersen) qu'elle avait été si abondamment « charcutée de long en large[10] » que cela devait suffire. Elle avait de grandes difficultés à gagner du poids, d'autant plus que les nourritures qui lui plaisaient étaient rares après la guerre * et qu'elle était si faible qu'elle commença à prendre « de quoi tenir lorsqu'elle se levait le matin[11] », un médicament à base d'amphétamines, qui créa une accoutumance et la mina encore davantage. Mais le plus affligeant, c'était qu'elle avait terriblement vieilli durant la guerre. Ole Wivel avait décrit en 1943 son « air de gamine » et Hudson Strode avait admiré sa mince silhouette de « garçonne ». Mais désormais son visage semblait s'être affaissé ; les fines rides étaient devenues de profonds sillons.

Dans ces conditions, écrire était devenu pour elle une tâche considérablement ardue et elle lutta — sans succès — pour conserver le niveau de ses trois

* Haas et ses admirateurs américains lui envoyaient des paquets de riz, d'olives, de bananes, de café, de fruits secs, de noix, de farine et de cigarettes de Virginie, mais certains furent détournés par des domestiques malhonnêtes : « C'est toujours tellement épuisant de voir sa confiance déçue, mais sans vouloir être trop matérialiste, je puis dire que c'est doublement épuisant lorsque votre confiance est déçue pour douze livres de café et un sac de riz que vous espériez garder pour quelque occasion de réjouissance » (Karen Blixen à Ulla Petersen, 20 novembre 1947, KBA 67).

premiers livres. Quoiqu'elle ne dût pas publier de livre avant dix ans, elle avait deux grands projets sur lesquels elle travaillait lorsque ses forces le lui permettaient : un « roman » immense et compliqué, composé d'un enchevêtrement de contes emboîtés, qui ressemblait aux *Mille et Une Nuits* et qu'elle appela *Albondocani* *, ainsi qu'un volume de *Nouveaux Contes d'Hiver* avec des décors danois. Mais elle était cependant convaincue qu'elle devait conserver le côté « léger » de son style, qui lui avait apporté une richesse si inattendue. Elle écrivit à Haas qu'elle voulait écrire des contes qui « ne seraient pas dénués d'intérêt littéraire », mais qu'on ne saurait comparer à son œuvre « véritable », et lorsqu'il était question du livre dans leur correspondance, elle l'appelait *Le Dîner de Babette* [12]. Finalement elle écrivit une série de contes qui furent publiés dans le *Ladies' Home Journal* et lus à la radio danoise. Mais le titre *Le Dîner de Babette* fut retenu pour le dernier volume de contes publiés de son vivant, et qui contient certaines de ses plus belles œuvres.

En 1946, à l'époque de ses opérations, Karen Blixen parla à Birthe Andrup des trois formes de joie parfaite de la vie. La première était la disparition de la douleur, la deuxième, la sensation d'avoir un trop-plein d'énergie, et la troisième, le sentiment d'accomplir son destin [13]. Elle ne devait plus jamais avoir un trop-plein d'énergie, mais dès qu'elle se sentait la moindre force, elle faisait immédiatement des projets de voyage. Elle écrivit à Haas qu'elle venait en Amérique, et à deux reprises, qu'elle se rendait à Paris ou à Rome. En conséquence, pouvait-il lui glisser un peu d'argent de poche comme dessous de table de ses droits d'auteur, quelques centaines de dollars, en les lui adressant à sa *poste restante* de l'ambassade du Danemark [14] ? Cependant, son voyage en Amérique fut annulé lorsque son état de santé empira, et le voyage en Italie également, à cause de la mort soudaine de Bess Westenholz, le 8 mai 1947, à l'âge de quatre-vingt-neuf ans. Tanne veilla sa tante sur son lit de mort et porta son deuil du fond du cœur, mais malgré tout sa mort n'avait rien de prématuré. Après les funérailles, il était « trop tard pour descendre dans le midi » et elle se consola avec « trois splendides semaines à Londres [15] ».

Ses ambitieux projets de voyage avaient été rendus possibles grâce aux droits versés après-guerre qui, du moins avant d'être imposés, étaient considérables. *Les Voies de la Vengeance* à lui seul se vendit à quatre-vingt-dix mille exemplaires en Amérique. Elle pouvait désormais s'offrir du personnel de premier ordre et, après que Mme Lundgren fut partie en retraite, elle engagea une cuisinière professionnelle et une femme de chambre convenable. Clara vit son salaire réduit et elle quitta son service pour travailler en semaine comme traductrice, ne venant que le week-end pour aider Karen Blixen à écrire ses lettres.

Une grande partie de cette correspondance, du moins avec Robert Haas, était consacrée à des problèmes financiers, et en particulier aux impôts. Avant qu'un nouvel accord international fût signé, les droits d'auteur étaient

---

* *Voyez* plus loin (p. 385). Dans ses *Lettres d'Afrique*, il est également question (p. 357) des « richesses d'Albondocani ».

imposés à la fois dans le pays de résidence de l'auteur et dans celui où étaient vendus les livres. Karen Blixen prétendait perdre ainsi quatre-vingt-dix pour cent de son bénéfice, bien que l'on puisse alors se demander comment elle faisait pour vivre. Mais le problème se compliquait du fait que des sommes énormes avaient été créditées sur son compte d'un seul coup en un an, après cinq années sans revenus. S'ajoutait à cela le fait que ses affaires fussent gérées par un certain nombre d'agents et d'avocats qui semblent avoir été aussi incompétents et inefficaces qu'elle l'était elle-même sur ce chapitre. Ou bien ils ne répondaient pas à ses télégrammes, avaient des exigences saugrenues et sombraient ensuite dans le silence, ou bien ils avaient les plus vagues notions qui fussent sur les lois financières américaines. Il est également possible que leurs conseils, mal compris de Karen Blixen, fussent interprétés de travers, ou encore que sa propre inertie rendît vain leur travail. Quoi qu'il en soit, au bout du compte, c'est le Danemark et la démocratie qu'elle finit par accuser de vouloir la ruiner. Elle se plaignit à Ole Wivel qu'elle allait devoir vendre Rungstedlund et émigrer. Sa fureur contre les impôts excessifs coïncida avec sa rage à l'encontre des critiques qui ne comprenaient pas son œuvre.

3

Durant la guerre, Karen Blixen rendit souvent visite à Ole et Kil Wivel à leur villa de Vedbaek. Elle descendait le Strandvej dans son coupé, vêtue d'un vieux chandail et de pantalons trop larges, et débarquait chez eux à l'improviste. Bien évidemment, elle jurait qu'elle passait juste cinq minutes, mais en fait elle restait des heures, buvant du thé et refusant la moindre nourriture en fumant comme un diable, et « parlait d'une voix sombre des brillantes merveilles du monde, de ses espoirs, de ce qu'elle attendait de la vie, et de sa foi en un nouvel art poétique qui, tel un phénix, naîtrait des cendres encore fumantes de la guerre ». Bien des fois, Ole Wivel et sa femme s'accroupissaient sous le rebord de la fenêtre pour se cacher lorsqu'ils voyaient arriver la voiture. Parfois, Knud W. Jensen, un ami du couple, se trouvait avec eux et ils devaient tous les trois retenir leur souffle pour ne pas rire. Trente ans plus tard, Ole Wivel racontait l'anecdote avec un sourire où perçait une certaine honte. « Elle était seule, disait-il, et elle venait se distraire avec nous. Maintenant, il est trop tard[16]. »

Après la guerre, Wivel commença à présenter à Karen Blixen la nouvelle génération d'écrivains danois. Il lui servait ces beaux garçons en manches de chemise en même temps qu'il leur servait, à eux, cette vieille femme géniale, ravagée et tout en noir. Nombre d'entre eux appartenaient à l'écurie Wivel. En effet, Jensen et lui avaient monté une petite maison d'édition. Jensen, comme Wivel, était le fils de riches négociants de Copenhague, mais à la différence de Wivel, il avait été forcé par sa famille d'abandonner une carrière académique dans l'histoire de l'art et de se mettre dans les affaires. C'était un entrepreneur efficace et très riche qui avait tout de même voulu garder le contact avec le monde des arts. C'est lui qui devait faire construire, meubler et doter le musée danois d'art moderne de Louisiana.

Au début, Wivels Forlag était à peine une « maison » d'édition. Toutes les affaires étaient domiciliées et dirigées dans le pied-à-terre de Jensen à Copenhague, avec Wivel et un autre ami, Helge Bertram, un peintre socialiste, qui faisaient le travail d'édition, et Jensen qui payait les factures. Leur premier catalogue ne comprenait que quatre livres, tous en traduction et traitant des théories et des problèmes de l'art moderne. L'esthétique devait devenir la spécialité de leur maison et ils recherchaient principalement les livres qui exploraient, comme le dit Wivel, « le domaine du modernisme face à la tradition ». Ils étaient en quête de nouvelles idées et de nouveaux exemples de littérature et de peinture, qui les libéreraient, eux et le Danemark, de ce qu'ils pensaient être une impasse stérile de l' « esprit humain ». Plus spécialement, ils voulaient des livres qui renonçaient au marxisme comme à la morale chrétienne orthodoxe. Ils détestaient ce qu'ils voyaient comme une vaste « mobilisation » idéologique, à droite comme à gauche, qui menaçait de fouler aux pieds le « droit de l'individu à se percevoir librement lui-même ». L'art, croyaient-ils, n'était pas seulement l'expression la plus pure et la plus noble de cette perception, mais c'était peut-être aussi la façon d'y parvenir, si toutefois la conscience du public pouvait être élevée à un niveau supérieur. Ce devait être leur mission durant les dix années à venir[17].

Ils furent rejoints par d'autres jeunes gens qui avaient le même idéal. Parmi les premiers se trouvait Bjørn Poulsen, qui avait traduit les essais de T. S. Eliot en danois. Poulsen était tout le contraire du petit et courtois Wivel. Il était originaire du Jutland, et c'était quelqu'un d'à la fois « cordial et narquois » dont la façon de parler formait un mélange « d'originalité rustique et de précision intellectuelle[18] ». Poulsen à son tour amena Thorkild Bjørnvig dans le groupe. Bjørnvig, qui est maintenant l'un des poètes danois les plus importants, finissait à l'époque sa maîtrise à l'université d'Aarhus et rédigeait sa thèse sur Rilke, dont la sensibilité et l'érotisme eurent une grande influence sur son œuvre. Il avait écrit un recueil de poèmes, mais le manuscrit n'avait pas encore été publié. Durant les années qui suivraient, il devait être déchiré entre son irrésistible désir de ne rien faire d'autre qu'écrire, et d'autres exigences — sa carrière académique, son mariage et son enfant, la revue littéraire *Heretica** et ce qui allait devenir une passion dévorante : ses relations avec Karen Blixen.

Bjørnvig, comme Poulsen, était un curieux mélange de férocité et de douceur, bien qu'il y eût chez lui plus de douceur. Physiquement, il était plutôt râblé, comme un petit ours, dont il avait l'obstination, l'appétit de vivre et le charme. Il était franc et direct dans ses sentiments et un peu indécis dans ses mouvements, ce qui pouvait lui donner un air vulnérable, malgré sa robustesse. Il avait les yeux étonnamment bleus et ses cheveux noirs, aujourd'hui d'un blanc de neige, étaient épais et ébouriffés.

---

* Bjørnvig édita *Heretica* de 1947 à 1949.

Beaucoup plus tard, se définissant (non sans humour) selon les critères des personnages de Karen Blixen, Bjørnvig devait écrire : « Je n'avais pas la simplicité et l'humilité de Rosa, la fidélité ambiguë de Pasop, la stabilité et la *grandezza* de Farah, mais j'étais, malgré mes périodes de certitude extatique et inspirée, d'une nature passionnée et maladroite, irrésolue et contradictoire. J'étais quelqu'un qui oscillait aisément entre l'excès et la dépression et qui se trouvait le mieux dans l'humour et la soumission[19]. » Ole Wivel, qui était plus réservé que Bjørnvig et qui prenait plus de précautions, trouvait qu'il était « aussi mystérieux qu'un sorcier[20] ».

Le groupe, ce « Parnasse de Vedbaek », s'en trouva d'autant plus uni. Pour ses membres, il avait le prestige d'un cénacle. Les jeunes gens sentaient qu'ils faisaient partie d'une avant-garde révolutionnaire et que les œuvres artistiques et critiques qu'ils créaient ou publiaient seraient les « outils » ou les « armes » de cette révolution. Wivel projetait de réveiller les « forces intellectuelles et émotionnelles du Danemark » jusqu'à ce qu'arrive une « crise culturelle ». Le langage et l'atmosphère qui régnaient là étaient ceux de l'apocalypse.

Ce petit groupe, qui avait fait des villas de Jensen et Wivel son quartier général, avait certaines particularités frappantes. Il n'était composé que de jeunes hommes impatients de voir quelque chose arriver et d'y participer. Ses membres étaient les produits du système universitaire danois et, même s'ils venaient d'horizons très différents, ils formaient une classe, une tribu, presque, d' « étudiants » au sens européen traditionnel du terme. L'intimité qu'ils partageaient, c'étaient les débats intellectuels, les nuits sans fin qu'ils passaient à disputer des questions de langue et du sens des symboles. L'art critique était pour eux ce qu'est la lutte pour des amis d'une autre classe : une forme de contact presque physique et de compréhension mutuelle. Dans ce cercle fermé, naturellement, d'extraordinaires rivalités et des conflits venaient à surgir sous la pression de tant d'ambition. Mais cela prenait également une forme intellectuelle et se résolvait à travers des références à l'art, à l'idéologie, au *Weltanschauung* et à Dieu. « Quel stupide mari ai-je là ? plaisantait la femme de Bjørn Poulsen. La seule chose qui lui tienne à cœur dans la vie, c'est d'écrire des lettres[21]. »

Poulsen et Wivel avaient discuté de la création d'une revue littéraire, une sorte de « manifeste » qui incarnerait les options éditoriales de la maison d'édition et les idéaux du Parnasse de Vedbaek. Ils la voyaient comme une tribune pour des œuvres radicales et des théories de « tous bords », du moment qu'elles ne seraient pas souillées par une idéologie dont elles seraient les esclaves. Ils ne virent pas immédiatement le parti pris réactionnaire secret de cette idée, alors que les autres s'en étaient rendu compte. Alors que la revue commençait à prendre forme, Helge Bertram quitta Wivels Forlag. Il ne parvenait pas à concilier ses principes socialistes avec une esthétique qui devenait chaque jour plus militante.

Wivel et Poulsen étaient clairs sur un point : si leur revue devait être d'une quelconque influence, il lui fallait un double soutien : le prestige de la qualité et le prestige de la grandeur. Ils étaient sûrs que leur écurie de jeunes auteurs fournirait la qualité. Ils avaient également l'intention de contacter certains des plus distingués auteurs classiques du Danemark, ceux dont ils pensaient qu'ils partageraient leur vision des choses. S'ils ne pouvaient les convaincre de se joindre au comité d'édition, ils espéraient à tout le moins les persuader de contribuer à la revue par des articles. Le premier écrivain qu'ils contactèrent fut Martin A. Hansen ; le second, Vilhelm Grønbech *, et le troisième — ils ne dirent évidemment pas l'ordre qu'ils avaient suivi —, Karen Blixen.

4

La place qu'occupait Karen Blixen dans la littérature danoise de l'époque, ainsi que l'influence des autres écrivains sur son œuvre, ne peuvent, malheureusement, être de ma compétence de biographe et de critique. Le sujet est vaste et complexe, mais il est de ceux sur lesquels je ne peux faire davantage que généraliser, et risquer par là de ne pas rendre tout à fait justice au caractère danois de Karen Blixen.

D'une certaine façon, néanmoins, la relation que celle-ci entretenait avec Martin A. Hansen est un petit miroir (en verre noir) qui reflète la réalité. On le considère généralement comme le plus grand écrivain de son siècle. Thorkild Bjørnvig écrivit un livre de son œuvre, Ole Wivel, qui était un ami de Hansen, fut profondément influencé par sa pensée religieuse et, en fait, il serait difficile de trouver un poète ou un romancier danois de l'après-guerre qui ne l'ait pas plus ou moins été. Son importance ne se limitait pas aux seuls intellectuels : son œuvre était difficile, mais malgré cela, elle se vendit et se vend toujours très bien, et cela parce qu'il parle directement aux Danois de leurs conditions de vie et des problèmes spirituels communs. C'est aussi parce que, comme l'a écrit son traducteur anglais H. Wayne Schow, « peu d'écrivains seulement sont doués d'intuition pour trouver des symboles [...] et les charger de sens. J'use délibérément ici des mots " doué d'intuition " car il est douteux qu'une vision mythique de cet ordre puisse être trouvée sciemment [22] ». Hansen avait cela, entre autres, en commun avec Karen Blixen. Mais elle ne reconnut leur parenté que par dérision et indirectement, dans l'anagramme qu'elle fit de son nom : *Han Er Min Satan* **.

Hansen naquit en 1909. C'était le fils d'un petit fermier de Stevns, presqu'île au sud de Copenhague et, dès son enfance, il avait « assisté à la dernière phase d'agonie de l'*almue kultur,* c'est-à-dire la culture des bourgeois campagnards, dérivée de l'ancienne tradition paysanne [23] », qui

---

* Vilhelm Grønbech (1873-1948). Philosophe et historien danois, professeur d'histoire des religions. « Il a fait la synthèse du XXe siècle danois, tout comme Grundtvig et Kierkegaard, en prophètes, avaient fait celle du XIXe. Sa première grande œuvre a été une étude des croyances païennes chez les peuples germaniques. Il réclamait le retour à la métaphysique. L'homme moderne, affirmait-il, avait désespérément besoin de nouveaux mythes. Wivel, en particulier, releva ce défi dans sa propre poésie et croyait comme lui que l'expérience de la guerre ne pouvait être comprise que grâce au mythe » (P. M. Mitchell, *A History of Danish Literature,* p. 290).

** « C'est mon Satan » (Bjørnvig, *Pagten,* p. 36). Faire des anagrammes était l'un des passe-temps favoris de Karen Blixen, un jeu d'intérieur qu'elle pratiquait parfois avec ses amis. Elle les faisait sur des grilles, souvent au dos des pages des brouillons de ses contes.

baigne toute son œuvre. Comme Karen Blixen et Thomas Mann, il percevait ses parents comme une double entité. Son père était l'élément stable, prudent, « à l'œil bleu », et descendait d'une famille très respectée dans le voisinage. Mais sa mère, fille d'un pauvre bûcheron, était issue d'une famille instable et tourmentée dont les membres avaient connu des existences « marquées par l'excès, l'irrationnel et la tragédie : “ deux sortes de sang coulaient dans mes veines ”[24] », disait Hansen.

A dix-sept ans, il quitta la ferme pour étudier au séminaire et devint maître d'école à Copenhague. Dans les années trente, il se révolta contre la religion qui avait profondément marqué toute son enfance et devint un sympathisant communiste. Ses deux premiers romans décrivent la situation désespérée des petits fermiers comme son père durant la Dépression. Ce sont des tableaux éloquents et lugubres de la vie rurale, des descriptions vivantes de la nature danoise, qui s'intègrent bien dans le courant littéraire de l'époque. Il attribuait sa conscience sociale à son père, mais de sa mère, il disait avoir hérité ce que Schow appelle sa « soumission — à la fois volontaire et rétive — à l'appel poétique dans ses dimensions asociales et démoniaques ». La Deuxième Guerre mondiale et l'Occupation ébranlèrent sa foi dans la philosophie rationnelle, matérialiste et essentiellement pleine d'espoir qu'il avait adoptée, et dans « le vide intellectuel qui en résulta s'engouffra le nihilisme avec toutes ses séductions[25] ». Les deux romans majeurs qu'il écrivit dans les années quarante sont de fantastiques allégories folkloriques. *Jonatans Rejse* (1941) est l'histoire d'un forgeron qui emprisonne le diable dans une bouteille et qui, comme il ne sait qu'en faire, décide de l'apporter au roi. *Lykkelige Kristoffer* (1945) est un roman de la « quête » qui a pour décor le Danemark de la Réforme. Un jeune nobliau sans fortune est à la recherche de quelque chose « pour quoi il pourra vivre et mourir, alors que tout semble se diriger vers la dissolution[26] ». Hansen publia aussi deux recueils de nouvelles durant la même période et contribua généreusement à la presse clandestine. Une impulsion « démoniaque » le forçait à travailler et il rentrait chez lui, après toute une journée passée à enseigner, pour écrire durant la nuit entière, en proie à des migraines et à des insomnies, et sous la dépendance de stimulants qui lui permettaient de conserver un peu d'énergie. Il était à la fois convaincu et terrifié de mourir jeune, ce qui lui arriva à quarante-six ans.

Après la guerre, Hansen commença à être en paix avec ses angoisses, sa conviction que la vie était absurde et, comme le dit Schow, « il fit un pas kierkegaardien vers la foi[27] ». Entre la fin des années quarante et le début des années cinquante, il entreprit de définir ce qu'il appela un « pessimisme éthique ». Sa philosophie avançait que les individus doivent connaître le désespoir avant le sens, qu'il y a un prix à payer pour une vie morale et que quiconque voudrait être honnête vis-à-vis de la réalité ne peut éviter le malheur. Toutefois, elle pose également que l'on puisse recouvrer sa spiritualité — « revenir à la métaphysique par la voie de la raison[28] ». Hansen lui-même revint à la tradition chrétienne qui avait formé la plus grande partie de sa jeunesse, mais il ne se tourna pas vers l'Église traditionnelle. Il prêcha un christianisme existentiel et ironique. Avec Ole Wivel, il devait faire le tour des églises romanes du Danemark et étudier le christianisme prégothique. Par la suite, il écrivit *Orm og Tyr,* une remarquable histoire de la littérature religieuse scandinave et des relations entre les cultures païenne et chrétienne.

Karen Blixen devait avoir beaucoup de mal à accepter l'influence de Hansen sur ses amis et elle éprouva envers lui une certaine jalousie. Pour elle, sa religiosité était une imposture. Et lorsqu'un critique compara, dans *Heretica,* la poésie lyrique et empreinte de nature de Hansen à la poésie magique des peuples primitifs, elle en fut fâchée. Cela « l'étonnait », déclara-t-elle à Bjørnvig, que Martin A. Hansen et ses disciples crussent pouvoir « faire de la magie [...] suivant les règles d'un livre d'esthétique ou de cathéchisme », et elle continua, disant qu'elle était en harmonie avec Dieu et la nature, alors que Hansen et ses amis n'avaient aucun espoir de l'être. « Il peut très bien m'arriver d'oublier [...] — eux, non — quel jour nous sommes, mais je n'oublie jamais où sont les quatre points cardinaux, ni de quelle direction souffle le vent ni la phase où se trouve la lune [...] Ces modernes esprits poétiques — Martin A. Hansen, Paul la Cour, Ole Wivel — parlent bien trop de mysticisme, mais ils n'y croient pas et à mon avis, ils n'ont pas d'honneur[29]. »

Ole Wivel raconte sa première rencontre avec Martin A. Hansen lors de l'été 1947. Hansen et sa femme, Vera, étaient venus en visite chez les Wivel à Vedbaek, et les deux couples s'étaient assis dans le luxuriant jardin qui longeait le Sund, lors d'un long après-midi de juin. Le soleil était brûlant et implacable et Hansen lui-même « exhalait de la chaleur de tout son être comme un immense roc [...] Je sentais son magnétisme, non pas — comme cela est si fréquent parmi les artistes — comme de l'ivresse ou de la séduction, mais comme de la paix[30] ». Vers la même époque, Wivel avait dû parler de Karen Blixen et de Hansen avec l'une et l'autre, car il parle de leur réserve mutuelle. « Peut-être, suppose-t-il, qu'ils s'estimaient tant l'un et l'autre qu'ils ne pouvaient exprimer leur opinion que sous forme de critiques. En tout cas, Martin déclarait que les contes de Karen Blixen exhalaient une odeur de pommes qui moisissent dans un grenier à foin. En retour, elle trouvait qu'on avait du mal à respirer dans ses atmosphères plébéiennes. » Mais chacun était fasciné par le regard de l'autre. « Karen Blixen parlait des yeux bleu intense de Martin, alors qu'il admirait le fait qu'elle ne clignât jamais ses grands yeux noirs quand jaillissait l'éclair d'un flash[31]. » Leur circonspection faisait penser à Wivel à un vieux dessin accroché dans la chambre de sa grand-mère, qui représentait le roi Christian IV rencontrant un paysan sur le pont devant le palais de Frederiksborg. « Le roi s'arrête, s'appuie sur sa canne et demande au paysan : " Qui crois-tu donc qui est le roi de ce pays ? " Le paysan répond : " Eh bien, c'est soit toi, soit moi[32] ! " »

5

Ole Wivel, Bjørn Poulsen et Thorkild Bjørnvig se rendirent tous les trois à Rungstedlund un beau matin de juin 1947 pour persuader Karen Blixen de venir ferrailler dans leur grande croisade mais elle n'était pas chez elle. Elle était partie à la campagne pour rendre visite aux Bernstorff-Gyldensteen. Son absence leur laissa le temps de concevoir quelques inquiétudes sur le succès de leur démarche. Ils savaient qu'elle n'accepterait pas de partager le rôle de porte-bannière avec Martin A. Hansen. Peut-être se doutaient-ils également que certains de leurs objectifs religieux et humanitaires lui seraient tout à fait étrangers. Aussi laissèrent-ils passer l'été.

Lorsque Karen Blixen rentra de sa visite, elle appela Wivel et lui demanda de passer chez elle. Wivel consulta alors Poulsen quant à la meilleure tactique à employer et Poulsen lui conseilla de la flatter effrontément. Il faut lui raconter, dit-il, que nous « voulons honorer sa sagesse de l'existence comme l'une des choses les plus nobles que nous ayons […] [33] ». C'est ce que fit Wivel. Il commença par une longue tirade qui exposait combien la situation était différente pour sa génération, quelles étaient les tâches qu'elle devait affronter et il conclut en affirmant que la jeunesse lui était redevable spirituellement parlant. « La métaphysique existe seulement de façon abstraite, de nos jours, mais […] elle s'incarne en vous. Le style, disait-on jadis, est la manifestation de l'esprit et le style dans la vie, c'est précisément cela. On le trouvera là où vous exercez votre magie [34]. »

Ce petit laïus tombait à pic pour Karen Blixen, qui sombrait à l'époque dans le marasme. Elle était sans forces, incapable de travailler ou de penser à son travail. Elle se sentait une complète « étrangère » dans le milieu littéraire danois, et trouvait qu'elle était incomprise par ses compatriotes. Elle était accablée d'impôts, à tel point qu'elle n'arrivait plus à « joindre les deux bouts » à Rungstedlund. Une fois encore, elle songeait à émigrer. Cependant Wivel déploya tant d'éloquence — et lui prêta une oreille si attentive — qu'elle crut que la revue en question avait été créée pour rendre hommage à son art et aux valeurs qu'elle défendait. Aussi lui promit-elle son soutien.

Après une longue période de réflexion, durant laquelle des noms aussi divers qu'Orphée, Phénix, Thermopyles ou Atlantis furent envisagés — les trois derniers furent « fermement déconseillés [35] » par Karen Blixen sous le prétexte qu'ils étaient par trop mystiques —, les rédacteurs de la revue décidèrent d'appeler leur manifeste *Heretica.* En cette époque orthodoxe, ils étaient des hérétiques, des gens qui transgressaient la loi. Ce nom devait évoquer la force de leurs convictions et l'importance qu'ils se donnaient — ce qui était possible, dans l'ambiance survoltée du Danemark intellectuel de l'époque. Le premier numéro de *Heretica* sortit en janvier 1948, dirigé par Poulsen et Bjørnvig*.

---

* La revue dura jusqu'en 1953. Il y eut un nombre surprenant d'abonnés, ce qui, remarqua P. M. Mitchell, « met en évidence l'à-propos des thèmes développés et des questions débattues dans le périodique […]. Les écrivains qui contribuèrent au début à *Heretica* […] représentaient la première tentative d'importance pour créer une école littéraire identifiable avec le Danemark, depuis l'époque de Johan Ludvig Heiberg, un siècle auparavant. Et, tout comme l'école d'Heiberg, le groupe d'*Heretica* mettait en avant la nature esthétique de la littérature : celle-ci était à nouveau un art et non plus de la propagande.

« En réponse à la critique selon laquelle *Heretica* avait tendance à être trop métaphysique, Martin A. Hansen écrivit que la revue avait atteint la métaphysique à travers l'usage de la raison, impliquant de ce fait que la nouvelle école était progressive et transcendante, et non pas réactionnaire » (Mitchell, *A History of Danish Literature,* p. 293).

Knud W. Jensen acheta une maison à Hørsholm, non loin de Vedbaek. Sur le terrain, il fit construire un pavillon pour les invités, où Thorkild Bjørnvig et Bjørn Poulsen, qui vivaient tous les deux à Aarhus, pouvaient séjourner avec leurs familles lorsqu'ils venaient à Copenhague. Cela signifiait aussi que les membres principaux de *Heretica* seraient à quelques kilomètres les uns des autres. Isak Dinesen avait choisi cette charmante petite ville comme décor pour « Le Poète ». C'était à Hørsholm (Hirschholm) que le conseiller Mathiesen et son ami le comte von Schimmelman se promenaient en parlant de Weimar et du destin. C'est là aussi que le conseiller rencontrait le jeune poète d'origine paysanne, Anders Kube, pour lequel il projetait un tragique destin dans lequel il entraînerait sa jeune épouse. La souffrance et la passion inassouvie, pensait-il, feraient d'Anders un grand artiste et c'est à lui qu'en reviendrait le mérite.

Bjørnvig rencontra Karen Blixen chez Jensen à Hørsholm, bien qu'il prétende ne pas se souvenir de cette première rencontre qui eut lieu en mars 1948. Karen Blixen était rentrée de sa soirée chez Jensen et avait raconté à Clara qu'elle avait rencontré un jeune poète « qui n'était pas comme les autres[36] ». Le 9 mars, Bjørnvig écrivit un billet à la baronne : « J'aime tant vous entendre parler [...] Je peux me souvenir sans peine de votre expression à la fois patiente et impatiente lorsque la conversation commence à languir et qu'elle n'a plus de terrain fertile où s'épanouir. Lorsque vous prenez la parole, la réalité disparaît[37]. »

Elle lui permit de venir la voir à sa guise, invitation où elle montrait plus de générosité qu'à son habitude, et il accepta. La première fois, ils parlèrent surtout de ce qu'elle avait écrit, et elle lui montra bien évidemment la critique de Schyberg sur les *Sept Contes Gothiques,* un rite qu'elle pratiquait avec tous les jeunes écrivains qui lui rendaient visite, et elle demanda à Bjørnvig ce qu'il en pensait. Il le lui dit, très aimablement, tout aussi aimablement qu'il refusa d'écrire le pamphlet qu'elle désirait, non plus que le livre qu'elle le pressait d'entreprendre au plus vite pour prendre de court une étude critique que préparait sur elle Hans Brix. Bjørnvig ne voulait pas, et il le lui fit clairement comprendre, jouer auprès d'elle un rôle de page littéraire.

Dès que ces choses furent fixées, leur relation commença à s'approfondir. Karen Blixen déclara à Bjørnvig qu'elle sentait qu'elle « avait une autre signification » et qu' « un jour » elle lui dirait laquelle[38].

40.

Mort d'un centaure

1

Tout au long des années quarante, Rungstedlund vit littéralement passer toute une série de domestiques. Il n'y eut pas de salle de bains avant 1960 et les bonnes devaient charrier des seaux d'eau chaude par un étroit escalier jusqu'à la baignoire de Karen Blixen, dans son cabinet de toilette. Le récipient qu'elles utilisaient avait été baptisé — pour des raisons évidentes — le « seau de la démission ». Dans la cuisine, les cuisinières et les femmes de ménage se battaient avec le vieux pòêle à bois et devaient se soumettre aux règles tyranniques et saugrenues du livre de Mrs Beeton sur la tenue d'une maison. Certaines décampèrent en emportant des sacs de riz ou de café, d'autres avec un lot d'histoires de mauvais traitements et de privations. Travailler pour Karen Blixen comportait certains privilèges spirituels, mais aussi nombre d'inconvénients pratiques.

Elle donnait à ses employés la liberté de profiter de son domaine et elle leur permettait, comme à leurs amis, de venir cueillir ses fraises et ses pivoines, elle fêtait leurs anniversaires et « s'intéressait énormément à leur vie [1] ». Mais elle avait également tendance à être tatillonne sur leurs gages.

L'été 1949, une nouvelle femme de ménage, Caroline Carlsen, vint se joindre au personnel, qui comprenait déjà une soubrette, une femme de chambre, un jardinier, Clara et Alfred Pedersen. Mme Carlsen avait un fils, Nils, chérubin aux cheveux blond filasse, qui avait quatre ans à l'époque et qui devait jouer un rôle mineur, mais qui eut une importance caractéristique dans la vie domestique de Karen Blixen : il devint son *toto*.

Nils Carlsen fut naturellement épouvanté par la baronne lorsqu'il la vit pour la première fois. Maigre, ridée, d'une allure bizarre, avec sa voix grave et son regard perçant, elle ne devait pas avoir l'air tout à fait humain pour un enfant de quatre ans, surtout que sa mère était une jeune femme de trente ans, fraîche et grassouillette. Mais peu à peu, il se laissa apprivoiser. La baronne s'asseyait sur le tapis pour jouer au safari avec lui, elle lui apportait sa belle collection ancienne d'animaux en bois ou lui confectionnait des jouets en pomme de terre crue. Elle laissa patiemment sa curiosité vaincre sa timidité et lui permit de venir la voir quand il voulait — comme un chiot qui flaire une inconnue. Le soir, lorsque sa mère sortait avec ses amies, elle allait le voir dans sa chambre et lui racontait des histoires. Une fois, elle oublia et il descendit en pleurant dans le salon en disant qu'il avait fait des cauchemars. « Une véritable amitié naquit entre eux, écrivit Mme Carlsen dans ses souvenirs sur Karen Blixen. Il éprouvait envers elle une confiance et une foi sans limites, une foi qu'elle ne trahit jamais. Il pouvait toujours venir la voir, qu'elle eût des amis chez elle ou du travail à faire, la porte ne lui était jamais fermée[2]. »

Karen Blixen tenta d'inculquer à Nils Carlsen le « mépris de la peur » ainsi que d'autres vertus aristocratiques et, lorsqu'il eut vécu une année auprès d'elle, elle lui fit faire un petit uniforme militaire avec épaulettes et galons et il fut consacré page à son service, en grande cérémonie dans le salon. Si elle gagna totalement sa confiance en ne manquant jamais à ses sollicitations, peut-être lui fit-elle aussi du même coup comprendre la grande valeur de ce qu'il avait obtenu en exigeant beaucoup de lui-même.

Dans leur relation, il y avait quelque chose de celle qui unit Titania à son enfant des fées, qui était à la fois un esclave et un dieu, un jouet et une idole, adoré mais possédé, gâté mais aussi exploité pour son plaisir. L'intérêt de Karen Blixen pour Nils comme pour les enfants de son frère ou de ses amis, les Reventlow, cet intérêt était passionné mais pas conventionnellement maternel. Elle ne faisait pas partie de ces gens qui « aiment les enfants » ou qui ont pour les jeunes l'intérêt bienveillant d'un mentor. Elle les considérait davantage comme l'aurait fait une gitane, d'un œil qui suppute ce qu'on pourrait bien faire d'eux en se donnant un peu de mal. Beaucoup de ses jeunes amis se révoltaient lorsqu'elle essayait de les traiter comme des poupées humaines et de leur faire revêtir les destins qu'elle tirait de sa grande malle, même s'il leur arriva souvent de se laisser faire juste un peu, pour s'amuser. Ses nièces devaient se rebeller à leur adolescence, tout comme Thorkild Bjørnvig. Mais Nils n'en sentait pas le besoin, en partie parce qu'il subissait moins de pressions et en partie parce qu'il était beaucoup plus jeune. C'est le rêve d'un enfant que d'être « exploité » de cette façon — adroitement et avec soin — et qu'un adulte imaginatif veuille « faire quelque chose de lui ». Les jeunes enfants étaient en général un public qui appréciait les qualités humaines particulières de Karen Blixen, tout autant que ses besoins : son côté joueur et capricieux, son amour du rituel, sa croyance en la magie et sa facilité d'action avec les mots et les choses. Avec les enfants, elle retrouvait l'identité qu'elle avait appréciée en compagnie des Africains. Bjørnvig utilisait le mot *urmoder* pour parler d'elle : la Mère primitive.

Mme Carlsen était arrivée à Rungstedlund sans avoir vraiment conscience de « quelle maison il s'agissait ». Lorsqu'elle commença à comprendre, « cela [lui] causa un léger choc ». Elle savait vaguement qui était Karen Blixen et elle avait lu *Les Voies de la Vengeance,* mais du coup, elle acheta *La Ferme Africaine.* Après la période de « lune de miel » de son service, elle commença à en entrevoir les désavantages. Il y avait les méthodes archaïques qui régissaient la maison et les individus bornés et encombrants qui mettaient sa patience et son habileté à rude épreuve. La baronne avait mauvais caractère, surtout lorsqu'elle était malade. Si les choses allaient mal, elle prenait la situation comme un affront personnel, comme elle l'avait fait en Afrique. Au début, eut lieu une subtile lutte de pouvoir sur la personne de Nils et lorsque Mme Carlsen lui expliqua que c'était à elle de régler certaines choses avec *son* fils, Karen Blixen répliqua d'un ton plaintif : « Oui, mais il est un peu le mien, maintenant[3]. » Cependant, Mme Carlsen avait suffisamment de volonté pour fixer des limites tant comme mère que comme employée. Elle avait néanmoins assez d'humour pour pouvoir apprécier le charme de Rungstedlund et de sa propriétaire. « Je n'ai jamais pensé qu'elle était gentille et aimable tout le temps, ou que c'était toujours agréable de vivre sous son toit. Mais c'était quelqu'un qui avait une sensibilité plus forte que celle du commun des gens. Par conséquent, il y avait des choses qui lui faisaient de la peine et lorsque quelqu'un a de la peine, il est très facilement déraisonnable. On ne peut pas lui en tenir rigueur. Je sais que certaines personnes lui reprochaient d'être hautaine et distante, mais à bien des égards, elle était beaucoup plus humaine que ne pourraient l'être des gens ordinaires[4]. »

2

Après la guerre, Karen Blixen commença à recevoir de plus en plus souvent. Elle raconte avec fierté une visite de la reine Alexandrine et une autre de Niels Bohr. Ole Wivel continua de la ravitailler en nouvelles découvertes, telles que ce jeune et talentueux « Adonis », Frank Jaeger *. Sa porte était ouverte à quiconque désirait parler sérieusement de son œuvre : c'est ainsi que le critique littéraire de *Politiken,* Bent Mohn, vint à la connaître. A son tour, il la présenta à son ami Eugene Haynes, un pianiste noir américain, que Karen Blixen reçut avec beaucoup de gentillesse et qui fut souvent son hôte par la suite. Bent et Eugene avaient un peu plus de vingt ans. Le premier était grand, maigre et pâle, le second plutôt rond et couleur d'ébène, mais tous les deux étaient tendres, civilisés et sensibles.

Les dîners et les déjeuners de Karen Blixen se faisaient toujours en petit comité et le nombre d'invités n'excédait jamais six ou huit, de façon à ce que chacun puisse apprécier tous les autres et parler avec tout le monde. Elle était très douée comme hôtesse : elle était capable de prêter attention à tel ou tel de ses invités avec tant d'intérêt que celui-ci avait l'impression de n'avoir jamais été aussi clair et aussi bien compris. Le raffinement du décor comme celui de la cuisine étaient aussi pour beaucoup dans le succès de ses réceptions. La baronne elle-même se contentait de peu et évitait les « plats trop sophistiqués », mais gâter ses invités était l'un de ses grands plaisirs, et cela depuis l'Afrique. Turbot du Sund, asperges et fraises du jardin, huîtres, champignons cueillis dans ses bois, soufflés, ainsi que le consommé parfait de Kamante : telles étaient les spécialités de la maison. Tout était fait avec « les

* Frank Jaeger (1926-1977) : poète lyrique qui est mieux connu cependant pour ses textes pleins d'esprit, particulièrement *Les Souffrances du Jeune Jaeger,* 1953.

petits riens de la maison » et ni elle ni Mme Carlsen n'auraient pu concevoir d'offrir à un invité des gâteaux qui venaient de la pâtisserie. Au déjeuner et au dîner, on servait toujours trois plats, et chacun avec des vins choisis avec discernement.

Tout cela n'était pas bon marché, évidemment. Pas plus que ne l'étaient l'entretien de Rungstedlund, où il y avait continuellement quelque chose à réparer, ou encore, si minces fussent-ils, les gages de son personnel. L'argent continuait d'être un problème vital pour Karen Blixen tout comme cette sensation, qu'elle ne put jamais vaincre, d'être toujours au bord de la ruine. Il y avait des moments où elle traitait ses éditeurs et ses agents avec la même autorité qu'elle avait montrée envers les actionnaires des Cafés Karen, et malgré ses bonnes relations avec Robert Haas, par exemple, et les droits d'auteur de vingt pour cent qu'il lui versait, elle le menaçait périodiquement de changer de maison d'édition. Sa famille et ses compagnons étaient priés de faire des « sacrifices » comme jadis. Clara avait reçu la promesse d'un pourcentage sur les droits en récompense de son travail sur *Les Voies de La Vengeance,* mais lorsque vint le moment de régler les comptes, Karen Blixen plaida la pauvreté.

Au début de l'été 1949, elle alla passer quelques jours de vacances à Venise en compagnie de l'un de ses vieux amis, le comte Julius Wedell, le mari d'Inger Frijs, qui devait être son chevalier servant au cours de plusieurs séjours à l'étranger. C'était un homme d'une soixantaine d'années, grand, doucereux et de belle prestance, connaisseur en arts et en antiquités : son goût était si sûr et si décidé que Tanne l'avait surnommé « Petronius » en référence à Petronius Arbiter. Ils rendirent visite à des amis de la noblesse, dînèrent au Cipriani et jouèrent au casino du Lido, firent des promenades en gondole et écoutèrent de la musique, et bien sûr, s'occupèrent d'art. Karen Blixen revint au Danemark ragaillardie mais sans le sou et décida de tenter sa chance en écrivant pour le lucratif marché des magazines américains. « Le Champ de la Douleur » parut tout d'abord dans le *Ladies' Home Journal* et, en août, un ami anglais en visite chez elle, Geoffrey Gorer, lui paria qu'elle ne serait pas capable d'écrire quelque chose qui conviendrait pour le *Saturday Evening Post.* Elle saisit la balle au bond mais ne tint pas compte de l'avis de Gorer, qui lui conseillait de l'écrire « au second degré », ce qu'elle considérait comme au-dessous de sa dignité. Mais elle essaya de garder présentes à l'esprit les exigences du « marché » américain. Et quelles étaient ces exigences ? « Parlez de nourriture, lui dit Gorer. C'est l'obsession des Américains.[5] »

Le résultat de cette gageure fut « Le Dîner de Babette », l'une des plus exquises et habiles comédies d'Isak Dinesen. Comme pour certains tours de force de cuisine, la légèreté de l'œuvre terminée dément la lourdeur des ingrédients, car le conte est en désaccord avec la notion du ou bien / ou bien, avec l'irréconciliable dualité de l'expérience, et il montre comment, dans l'œuvre d'un grand artiste, la « félicité » et la « vertu » peuvent s'accorder. Cette épiphanie, cette hauteur mystique à laquelle parviennent les invités du dîner de Babette, semble aussi être l'écho de la propre expérience qu'en fit Tania lors de ses soupers avec Denys à Ngong. Le général Galliflet résume les choses dans les termes qu'elle utilisa jadis en parlant à Thomas, lorsqu'il s'adresse au jeune Lorens Loewenhielm : « En vérité [...] cette femme est en train de transformer un dîner au café Anglais en une sorte d'affaire d'amour, une affaire d'amour de la catégorie noble et romanesque, qui ne fait pas de distinction entre l'appétit physique et l'appétit spirituel[6]. »

Isak Dinesen ne ressembla jamais tant à Pellegrina Leoni que lorsqu'elle se lança à la conquête du marché des magazines américains, parée de toute la splendeur de son talent, et qu'elle découvrit qu'elle n'avait été « invitée qu'à une petite réunion sans façon, en l'honneur du juge de paix, où tout le monde porte ses vêtements de tous les jours[7] ». Le *Saturday Evening Post* refusa « Le Dîner de Babette » et lui préféra une histoire bien moins bonne, qu'Isak Dinesen elle-même trouvait idiote *. Aussi envoya-t-elle Babette à *Good Housekeeping,* toujours dans l'espoir que le sujet — la nourriture — serait dans leurs cordes. On lui répondit que le manuscrit avait énormément plu à la rédaction, mais que, malheureusement, ce genre d'histoire ne pouvait intéresser que la « clientèle des classes aisées », et qu'il ne leur était pas possible de l'accepter. De plus en plus découragée, elle l'adressa au *Ladies' Home Journal* et ne reçut aucune réponse pendant longtemps. Toutefois, on finit par l'accepter, ainsi qu'un second texte. Ils furent publiés tous les deux, respectivement en 1950 et en 1951 **.

Le retour de Venise à Rungstedlund, le travail continu de tout l'été et la maigre récompense qu'elle en retira, tout cela déprima Karen Blixen. Cette grave crise prit une forme familière : elle éprouva à nouveau le sentiment, à la limite de la paranoïa, d'être une étrangère parmi les Danois. C'est ce qu'elle ressentait déjà envers sa famille dans les pires moments de son enfance, ou à l'égard des Anglais dans les périodes les plus sombres de sa vie en Afrique. Un jour de la fin du mois d'octobre, elle descendit le Strandvej dans sa petite voiture et alla rendre une visite à l'improviste à Ole et Kil Wivel, qui, cette fois-ci, ne se cachèrent pas sous le rebord de la fenêtre. Elle leur déclara sans détour qu'elle ne pouvait plus « continuer » ainsi, qu'elle était vraiment en train de mourir et qu'ils devaient lui promettre — puisqu'ils avaient projeté de faire ensemble un voyage à Nairobi — de se rendre en Afrique et de disperser ses cendres au-dessus des collines de Ngong. Consternés et stupéfaits, tout ce qu'ils trouvèrent à répondre fut : « oui ».

* « Oncle Sénèque », retitré « L'Incertaine Héritière », qui fut publié en décembre 1949. L'héroïne du conte est la fille d'un acteur shakespearien, pauvre mais fier et vaniteux. Elle rend visite à sa riche famille qui vit à la campagne, dans le but de leur faire honte de la façon dont ils ont traité son père et de leur attitude de philistins envers l'existence. Un jeune homme, son cousin Albert, tombe amoureux d'elle et lui promet de lui donner l'argent nécessaire pour faire élever un monument à son père. Mais elle repousse ses avances. « Oncle Sénèque », un vieil ami de la famille qui habite chez ses riches cousins, est la seule personne qui lui plaise, et cette attirance est réciproque. Avant qu'elle ne parte, il lui avoue que c'est lui Jack l'Éventreur. Peu de temps après, il meurt en lui laissant son immense fortune, mais en l'obligeant, lorsqu'elle élèvera le monument dédié au génie de son père, à faire graver une inscription dans le bas : « In memoriam, J. L. E. »

** « Chevaux Fantômes » ainsi que « Oncle Sénèque » et d'autres œuvres mineures ont été publiées en recueil par les Presses de l'Université de Chicago sous le titre *Carnival, Entertainments and Posthumous Tales* (1975).

3

En 1949, le temps que Karen Blixen avait passé au Danemark depuis son retour dépassait déjà d'une année le temps qu'elle avait vécu en Afrique. Elle avait perdu contact avec les gens de cette époque de sa vie, et avec ses domestiques. Lorsqu'elle contacta après la guerre ses anciens avocats de Nairobi pour avoir des nouvelles de ses serviteurs, MM. W. C. Hunter et Cie lui répondirent que Farah était mort et que, sans lui, on ne pouvait retrouver les autres. Elle n'avait désormais presque plus l'occasion de parler anglais. Le Danemark s'était refermé sur elle à la façon dont le monde aristocratique bien élevé avait englouti lady Helena (dans « Le Jeune Homme à l'Œillet ») après son « épreuve » avec le jeune marin, et elle n'avait plus aucun contact avec les énergies qui, en Afrique, lui donnaient sa force spirituelle.

Elle avait essayé de conserver l'impression qu'elle était toujours en relation avec elles en devenant, dans le Danemark de l'après-guerre, son propre « serpent d'airain »*. Elle prit sur elle-même de représenter, avec une exemplaire clarté — celle d'une parabole ou d'un mythe — face au monde moderne, les valeurs du monde aristocratique disparu. Elle avait commencé à ciseler un personnage public qui incarnait et stylisait dramatiquement ces valeurs : la grande dame, la sibylle, la conteuse qui « avait trois mille ans et qui avait dîné avec Socrate ** », mais il y avait aussi des moments — lorsque son travail n'allait pas comme elle voulait, que sa santé était mauvaise, qu'un critique ne la comprenait pas ou qu'un de ses livres de moindre qualité recevait des éloges démesurés — où elle regardait le monde du haut de son pinacle, avec l'amertume du roi Lear. Elle aussi avait vécu pour voir la puissance, jadis centrée sur sa personne (sa classe, ses idéaux), se dissiper dans les combats de factions rivales. Elle n'avait aucune sympathie pour la gauche, avec son « désespoir et son *ressentiment* », et encore moins pour la droite métaphysique qui, sous la bannière de Martin Hansen, faisait une version moderne de l'idéalisme chrétien de Grundtvig. Ole Wivel et nombre de ses amis étaient influencés par ce courant et cela se reflétait dans le contenu d'*Heretica.* C'était d'autant plus décevant pour Karen Blixen, qui avait espéré que la revue serait le manifeste de sa propre vision des choses. Ils n'avaient *aucun honneur,* répétait-elle à Bjørnvig. Le Christ dont il était question dans leurs conversations comme dans leurs textes rachetait ses adorateurs « sous anesthésie ». Eux-mêmes refusaient d' « être en relation directe avec Dieu ». Ce qui rendait intéressante la religion de l'ancien temps, lui déclara-t-elle, c'était le risque que l'on prenait avec son âme. A l'époque, le côté théâtral n'en était pas amoindri comme il l'était dans les religions modernes et libérales, avec leurs Christs « symboliques » et leur rédemption « sous anesthésie ». L'honneur, continuait-elle — c'est-à-dire le courage de prendre des risques — n'était plus défié par l'expérience, et la vie moderne

* Voir *La Ferme Africaine,* p. 138. Les Africains firent de Karen Blixen un symbole et elle utilise le terme « serpent d'airain » lorsqu'elle en parle.

** Les jeunes gens d'*Heretica* la décrivaient ainsi. *Voir* Thorkild Bjørnvig, *Pagten,* p. 131 ; Isak Dinesen, *Daguerréotypes,* p. 18.

tendait aussi à éclipser ce qui était encore une vérité : que le danger (de perdition) était réel. Elle pressa Bjørnvig de ne pas écrire pour « *Heretica* ou quelque autre mouvement ou courant culturel [...] mais d'écrire parce qu'il devait à Dieu une réponse[8] ».

Comme Nietzsche, Karen Blixen se plaisait à ricaner de la santé mentale de ses contemporains, qui semblèrent chaque fois s'élever contre cela. Wivel décrivait comment elle « éloignait » d'elle les gens avec ses déclarations réactionnaires. « Je serai disposée à accepter la démocratie, aimait-elle dire, lorsque toutes les femmes seront belles et intelligentes. Mais si je suis plus intéressante que sept autres personnes, celles-ci devraient se montrer reconnaissantes que je leur offre un exemple aussi élevé.[9] » C'était là une provocation calculée : après tout, elle avait provoqué la colère des libéraux dès l'âge de dix ans, aussi connaissait-elle la chanson. Mais elle se plaignait également à Wivel, à Birthe Andrup et à d'autres d' « être toujours prise au *sérieux* » lorsqu'elle ne voulait que plaisanter ou s'amuser un peu, comme un chiot qui gronde devant un os métaphysique dans l'espoir que quelqu'un le lance assez loin pour qu'il puisse prendre un peu d'exercice en courant le chercher. C'était *elle* qui était mise à l'écart par toutes leurs déclarations sur Dieu, la magie ou la poésie, choses auxquelles ils ne croyaient en fait nullement. Elle écoutait leurs conversations sur les conséquences politiques et sociales de l'art et se moquait de ce qu'un poème plein d'obscurs dogmes religieux fût salué comme un événement historique comparable au bombardement d'Hiroshima, ou de ce qu'un théologien provincial et académique fût promu au rang de héros intellectuel.

A l'hiver 1949 parut un roman qui cristallisa toutes les contrariétés qu'elle avait accumulées. Ce roman, *Rytteren* (*Le Maître d'Équitation*), fut presque unanimement apprécié par le public danois et acquit pratiquement sur-le-champ le statut de classique moderne. Karen Blixen s'identifia avec le personnage principal, un centaure, dont elle trouvait le destin très proche du sien. Elle entreprit de faire de l'œuvre une critique au ton sincère et personnel, qu'elle adressa à l'auteur lui-même, Hans Christian Branner. En résumé, le livre raconte l'histoire de quatre personnages qui ont tous approché un maître d'équitation nommé Hubert, au charme duquel ils ont tous succombé d'une façon ou d'une autre. Il est mort, piétiné par un cheval, soit par accident, soit de façon criminelle, car tous les personnages prétendent l'avoir tué. Mais aucun ne parvient à l'oublier et en somme, le roman est composé d'une série de conversations au cours desquelles ils se disputent, se lamentent, maudissent ou révèrent tour à tour sa mémoire.

Les deux personnages principaux sont la maîtresse du centaure, Suzanne, ainsi que son amant du moment, un médecin du nom de Clemens. C'est un homme de petite taille, gauche, plutôt gras, qui transpire beaucoup et habite dans un appartement encombré de meubles français. Malgré la lumière pathétique qui baigne le portrait fait de lui, il devient dans l'histoire un personnage héroïque identifié au Christ lui-même. C'est lui qui terrasse le fantôme du centaure, qui arrache l'âme de Suzanne aux liens où l'emprisonne le souvenir de Hubert — ici Karen Blixen souligne que Branner a suivi l'intrigue d'une ancienne ballade danoise où un chevalier libère sa bien-aimée du corps d'un faucon. Mais elle le prend à partie pour sa « malhonnêteté » envers l'histoire, tout d'abord parce qu'il en viole la logique interne et manipule les faits et les sentiments pour tirer des effets sans prendre en compte leur vérité : « Là où il y a un calcul spirituel, long et minutieux, consciencieusement exposé, on ne peut se permettre de supprimer un seul chiffre de la première colonne de nombres, ou même de le dissimuler [10]. »

Mais sa doléance la plus sérieuse tenait au fait que Clemens soit un rédempteur si répugnant. « Dans le nouvel évangile du *Maître d'Équitation,* Clemens est le Sauveur, la personnification du bien, celui qui sauve à travers la charité. Comme il effectue ce salut automatique sans la coopération de ceux qu'il sauve, il les rachète moins qu'il ne les avilit. Nous nous demandons et nous demandons à l'auteur : Comment Suzanne peut-elle se permettre cette disgrâce ? Elle a aimé Hubert. Elle a couché avec lui dans les écuries parmi les chevaux — il n'y avait pas de lit, mais seulement une couverture de cheval déployée sur la paille et les chevaux endormis qui les dominaient. Elle a rêvé de la nuit des temps, de vastes plaines brumeuses où les chevaux galopaient librement. Elle a désiré donner à son amant un enfant-centaure, un dieu-cheval. Comment a-t-elle pu arriver dans le lit de Clemens, au beau milieu de ses meubles de famille [11] ? »

L'étude se termine par un cri du cœur passionné, qui est aussi une façon de jeter le gant au démon : « Poètes danois de l'an de grâce 1949 ! Pressez les raisins du mythe ou de l'aventure dans la coupe vide du peuple assoiffé. Ne lui donnez pas du pain quand il veut des pierres, une stèle runique ou encore l'antique pierre noire de la Kaaba. Ne lui donnez pas un poisson, ou cinq petits poissons, ou quoi que ce soit du signe du poisson *, lorsqu'il désire un serpent. »

* Karen Blixen, *Daguerréotypes*, p. 191. Ici, Karen Blixen donne un coup de griffe à Ole Wivel, qui avait publié un long poème théologique intitulé « Sous le Signe du Poisson », en 1948.

41.

Folie à deux

1

Au printemps 1949, Thorkild Bjørnvig, sa femme Grete et leur fils Bo vinrent habiter dans le pavillon des invités chez Knud W. Jensen, à Hørsholm, de façon à être plus proches des autres membres d'*Heretica,* dont Bjørnvig et Bjørn Poulsen étaient les rédacteurs en chef. Désormais, il avait la possibilité de rendre souvent visite à Karen Blixen. Parfois, il venait en compagnie de Wivel ou de Jensen qui, un après-midi, prit des photographies de la baronne et du maître ensemble dans le jardin avec un jeune chiot. Elle portait des pantalons de velours un peu larges et un étrange capuchon pointu, semblable à celui des sorcières dans les contes de fées d'antan. Ses yeux étaient maquillés de noir et brillaient, et son sourire n'avait pas ce rictus ambigu que l'on peut voir sur presque toutes les autres photographies, mais au contraire était dépourvu d'ironie. Elle était d'une beauté radieuse. En comparaison, Bjørnvig semblait ahuri et distrait. Avant de rejoindre *Heretica,* il croyait que Karen Blixen était morte et il n'était pas encore revenu de la surprise de la voir vivante. Il la percevait comme « une personne du genre de celles que l'on trouve dans les mythes et les contes ». Cet après-midi, en particulier, elle avait accentué cet aspect d'elle-même et il lui écrivit peu après : « Votre présence me rend si inquiet et si pur. Elle me donne l'impression qu'il y a une grande émotion, une énergie dans l'atmosphère : que peut-on désirer de plus [1] ? » Ils échangèrent des billets de ce genre durant les mois qui suivirent. Aucun homme ne s'était jamais ainsi abandonné face à elle avec aussi peu de résistance et autant d'imprudence. On ne saurait la blâmer de s'en être trouvée un peu grisée.

La baronne avait invité Bjørnvig à venir la voir quand il lui plairait et elle avait présenté les choses de façon à ce qu'il fût clair que ce n'était pas là une simple politesse. Ils dînèrent ensemble dans le salon vert et, tout d'abord, leur conversation porta sur la politique et les personnalités d'*Heretica.* Mais peu à peu, ils découvrirent que « des questions plus vastes les intéressaient tous les deux, comme Éros et la chrétienté, les animaux et le cosmos, la guerre et la vivisection. Leur accord imprévu et spontané sur ces questions ne tarissait pas le flot de leur conversation, comme cela aurait pu arriver, mais au contraire, il l'entraînait dans une sorte de dimension bienheureuse et productive[2] ». Lorsque Bjørnvig rentra chez lui, il était « rempli d'une espérance envers la vie[3] » plus grande qu'il ne l'aurait jamais cru.

Ce fut une période de grand désœuvrement dans la vie de Karen Blixen. C'était l'époque de ses tentatives vaines et frustrantes pour gagner de l'argent en écrivant pour des magazines, celle où elle voyait accepter ses moins bonnes histoires et refuser les meilleures, celle où elle recevait des lettres de Haas qui lui demandait avec une patiente insistance si elle avait quelques nouveaux contes, et où elle devait lui répondre que ses œuvres « plus légères » ne pouvaient avoir le même destin que ses œuvres sérieuses. Plus cette « dimension bienheureuse et productive » l'écartait de son travail, plus elle en venait à considérer Bjørnvig et son talent immense, mais encore imparfait, comme un nouveau projet : elle voulait le prendre sous sa protection et sa tutelle pour le faire devenir le grand poète qu'il était capable d'être. Imparfaits et incomplets séparés, ensemble ils formeraient une unité.

Durant les mois qui suivirent, Karen Blixen exprima à Bjørnvig d'une façon claire et solennelle la foi et la confiance extraordinaires qu'elle mettait en lui. Il lui avoua qu'il ne comprenait pas vraiment ce qu'elle voulait dire, mais qu'il partagerait sans réserve ce sentiment, quel qu'il fût. C'était tout ce qu'elle voulait qu'on lui dît. Dans une lettre de janvier 1950, elle lui écrit : « Cela me fait beaucoup de bien de savoir qu'il y a quelqu'un sur qui je peux compter comme je comptais sur Farah. Aussi vais-je étendre sur vous ma cape, comme le fit Elias avec Elisha ; ce sera le signe que les trois quarts de mon esprit seront avec vous[4]. »

Cette lettre était la première pièce, le premier document de ce qu'ils appelèrent leur « pacte ». Karen Blixen considérait cela comme une union mystique, un vœu d'amour éternel, un traité semblable à ceux qu'elle avait eu le sentiment de conclure avec Wilhelm, Farah et les Africains. Mais celui-là avait une dimension plus grandiose et plus dérangeante : Bjørnvig, Karen Blixen s'en rendait bien compte, lui confiait son âme en échange d'une protection éternelle. De la même manière qu'elle prétendait avoir vendu son âme au diable en échange de son don de conteuse, elle prenait désormais le rôle du démon et promettait le même don de génie à quelqu'un d'autre.

2

Les relations de Karen Blixen et Thorkild Bjørnvig durèrent pendant quatre ans. On pourrait aussi bien dire « se déroulèrent », comme on dit d'une pièce de théâtre qu'elle se déroule. Ou dire encore qu'elles « se déchaînèrent », comme on le dit d'une colère. Ce fut l'un des grands épisodes dramatiques de sa vie, dramatique en ce sens qu'elle réglait sa « mise en *scènes* » avec un soin minutieux. Durant ces quatre ans, elle parla et agit comme si elle suivait quelque manuscrit appris par cœur longtemps auparavant, quelque chose comme *La Vengeance de la Vérité,* qu'elle avait écrite lorsqu'elle était enfant, qu'elle avait emportée du Danemark en Afrique, et rapportée d'Afrique au Danemark, puis qu'elle n'avait cessé de réviser. De temps en temps, elle avait essayé une petite scène avec un ami ou un autre : à Paris avec Eduard Reventlow, qui était tombé sous le charme, avec Denys, qui avait eu du mal à garder son sérieux, avec Casparsson ou avec Erling Schroeder, des galants professionnels, mais pas davantage. Bien sûr, elle en avait utilisé les meilleurs passages pour ses contes, et le scénario avait été abondamment pillé jusqu'en 1949, époque où Bjørnvig entra en scène. Mais elle n'avait encore jamais eu jusque-là l'occasion de la voir jouer aussi précisément qu'elle l'avait écrite.

Finalement, ce qui rendit possible la représentation, ce fut le fait que Bjørnvig — qui naturellement ne possédait pas d'exemplaire du script — s'y jetât pourtant corps et âme comme s'il en connaissait les répliques de bout en bout pour les avoir dites dans une autre vie, ou comme s'il avait eu le don d'improviser ou de parler par énigmes comme elle, dans la langue de la poésie archaïque. Il lui arrivait de chercher ses mots et de la laisser sans réplique. Ou encore de rire d'un air bête ou embarrassé, ce qu'elle ne pouvait supporter. Parfois, il était en retard ou bien il hésitait maladroitement dans son jeu de scène : il était trop « mou ». Mais, pensait Karen Blixen, tout cela n'était que les traces de ses origines rustiques et de son éducation provinciale : c'est là qu'elle pouvait devenir un excellent maître. Prenant un immense plaisir à cette tâche, elle se mit en devoir de le rendre parfait, de le rendre — comme elle le disait — « dur ».

Isak Dinesen raconte l'histoire de sa passion pour Bjørnvig dans « Échos », qu'elle écrivit après que le pacte fut brisé et qu'il convient de replacer dans son contexte. C'est le récit qu'en fait Bjørnvig qui nous fait pénétrer dans leur intimité. Il s'intitule *Pagten (Le Pacte)* et regorge de détails, de conversations et de lettres qui laissent clairement entrevoir ses sentiments. Écrire ce texte, vingt-cinq ans après, fut pour lui une décision difficile, qu'il finit par prendre en partie sous la pression de Franz Lasson *, et en partie à cause de la promesse qu'il avait faite à la baronne d'écrire un livre sur elle après sa mort. *Pagten* est une œuvre magistrale où Bjørnvig se révèle : il ne tente nullement de censurer ou de mêler d'ironie ses états d'âme de l'époque ni de modifier le personnage du jeune Thorkild Bjørnvig. Il le restitue dans son innocence et sa fierté absurdes et pathétiques, avec tous ses tourments, sa folie et sa poésie.

Bjørnvig cite un aphorisme qui lui parut être l'expression même de cet étrange pacte. Un jour, dans les *Theologumena* de Franz Werfel, il tomba sur un passage qu'il lut à la baronne : « Dieu, disait le texte, ne parle qu'aux âmes les plus anciennes, à celles qui ont connu la souffrance et la vie : “ Tu n'appartiendras à rien ni à personne, à aucun parti, aucune majorité ni aucune minorité, à nulle société, sauf si cela sert mes autels. Tu n'appartiendras pas à tes parents ni à ceux qui parlent ta langue ou quelque autre langue

* Éditeur des *Lettres d'Afrique*, de *The Life and Destiny of Karen Blixen* et président de la Société Karen Blixen.

— et moins que tout tu ne t'appartiendras pas à toi-même. En ce monde, tu n'appartiendras qu'à *moi*. " » A ce moment, Karen Blixen lui prit le livre des mains, barra le mot « Dieu » et écrivit « Je » à la place. A la fin du passage, elle signa de son nom. « Cela devenait le texte de notre pacte, écrivit Bjørnvig, et aussi [...] l'expression d'une extrême *folie à deux*[5]. »

Un après-midi, peu après que le pacte eut été scellé, Karen Blixen se rendit à Vedbaek, où les Bjørnvig avaient une petite maison. Dans le salon, elle prit tout à coup leur fils Bo, qui avait deux ans à l'époque, et l'embrassa. Thorkild resta perplexe devant « cet accès de tendresse si inhabituel » et encore plus lorsque, le soir suivant, il fut appelé à Rungstedlund. Karen Blixen le reçut dans le salon et, avec la plus grande dignité, entreprit de le soulager d'une angoisse qui ne lui avait même pas effleuré l'esprit : l'angoisse que Bo pût attraper la syphilis. Elle savait, lui déclara-t-elle, qu'il connaissait le « douloureux secret de son existence » et elle lui expliqua que cela l'avait non seulement coupée « de la vie et de l'amour, mais aussi que cela lui avait interdit le moindre contact physique[6] ». Ce n'était plus contagieux, l'assura-t-elle, et elle était la seule personne qui pût en souffrir. Elle demanda alors à Bjørnvig d'imaginer quel terrible sacrifice cela avait été pour une jeune femme de devoir oublier tous les plaisirs de la chair. C'est à ce moment-là qu'elle avait promis son âme au diable en échange du don de conteuse.

La signification de cette petite scène est lisible à plusieurs niveaux. Elle met dramatiquement en lumière la source démoniaque de son style et de son talent, elle dévoile son angoisse de la contagion, une angoisse qu'elle continua, selon le Dr Fog, de ressentir de façon irrationnelle en dépit de ses tentatives pour la rassurer[7]. Mais elle lui permet également de mettre à jour — et de chercher à être rassurée — une angoisse d'une tout autre nature. Leur conversation dériva, à cause de la syphilis, sur Nietzsche, et Karen Blixen déclara à Bjørnvig qu'elle adorait Zarathoustra depuis sa jeunesse. C'est à ce moment qu'elle lui dit : « Mais puisque vous comprenez si bien Nietzsche, vous devez pouvoir me dire si vous percevez ou si vous avez perçu en moi les signes de la même mégalomanie. Si tel est le cas, il faut me le dire tout de suite, car cela fait partie de notre pacte : vous devez protéger mon honneur[8]. »

En avril, Bjørnvig et sa famille se rendirent à Paris grâce à une bourse universitaire. Karen Blixen l'avait poussé à faire le voyage et à étudier le français, car elle trouvait que ce serait pour lui une « expérience » et un pas sur le chemin du raffinement. Lorsqu'il lui fit part de ses difficultés avec la langue, elle lui écrivit une longue lettre pour l'exhorter et le réprimander. N'eût été son épouse, elle lui aurait volontiers donné le conseil de son père aux lecteurs des *Lettres de Chasse : « Il faut coucher avec sa dictionnaire**. » Thorkild comprit que cela signifiait quelque chose comme « mettre son dictionnaire sous son oreiller » et ne comprit pas pourquoi cela aurait pu ennuyer sa femme.

Elle avait déjà commencé son programme pour affermir son âme à travers

---

* (*Sic*). Thorkild Bjørnvig, *Pagten*, p. 17. Cf. Wilhelm Dinesen, *Jagtbreve og Nye Jagtbreve*, p. 50.

l'aventure et la souffrance, raffiner ses manières et son style grâce aux plaisirs et aux voyages, et faire de lui un homme du monde comme l'avaient été Wilhelm et Denys. Quant à lui, il commençait déjà à lui opposer une sorte de résistance subliminale. Ses premières lettres de Paris étaient empreintes d'un mélange de « démence précoce et d'*hubris* ». A Rungstedlund, Karen Blixen perdit patience et tapa du poing sur la table en disant : « Si seulement je pouvais cogner ainsi la tête du maître ! » Bjørnvig raconte que le même jour, à la même heure, il se cogna la tête contre le coin d'une table et eut une commotion cérébrale, qu'il ignora malgré les conseils des médecins, jusqu'à ce que, un mois plus tard, il perdît soudain connaissance. La baronne écrivit une charmante lettre à sa femme et se reprocha à part soi d' « avoir frappé un peu trop fort [9] ».

3

Le 17 avril 1950, Karen Blixen invita Ole Wivel à dîner avec elle en tête à tête dans le salon vert pour fêter son soixante-cinquième anniversaire. La table était décorée comme pour une soirée, et ils se portèrent mutuellement des toasts en parlant de tout et de rien comme ils avaient fait si souvent. Mais lorsqu'on servit le dessert, la maîtresse de maison s'excusa un instant et revint avec deux ouvrages. L'un était le dernier numéro d'*Heretica,* où elle avait marqué une page dont elle commença à lire un passage d'une voix sèche et solennelle. C'était l'éditorial qu'Ole venait d'écrire pour commémorer la fin du règne Bjørnvig-Poulsen et annoncer un changement dans la politique éditoriale de la revue. Les nouveaux rédacteurs en chef, Wivel et Martin A. Hansen, s'étaient fondés sur le principe de la responsabilité artistique : « [...] Nous sommes convaincus que cette responsabilité n'est pas seulement esthétique, mais aussi morale », disait le texte.

Karen Blixen posa la revue et jeta un regard circulaire de « ses yeux perdus dans le vague qui brillaient non pas d'enthousiasme, mais au contraire de colère ou de mépris ». Elle ouvrit l'autre livre qu'elle était allée chercher. « La beauté, Phèdre, sache-le bien, commença-t-elle, [...] seule la beauté est divine et sensuelle en même temps. »

Lorsqu'elle en eut fini avec le discours de Socrate, elle prit une gorgée de vin et raconta à Wivel une anecdote de sa jeunesse : tante Bess l'avait emmenée écouter un célèbre moraliste qui faisait une conférence à la haute école du peuple, et cela lui avait « répugné ». Sans comprendre pourquoi à l'époque, elle avait été déchirée entre la philosophie éthique de la famille de sa mère et l'esthétique sensuelle de son père. Cela avait été une source de joie immense de découvrir en Afrique que le conflit qui opposait ces deux tendances s'était résorbé. « L'amour terrestre et l'amour céleste n'étaient pas opposés là-bas comme ils l'étaient dans l'Europe chrétienne et comme ils semblent l'être dans le cas de Martin A. Hansen et d'*Heretica :* un mal hérité de la tradition du dualisme », un mal qu'elle pensait qu'ils s'étaient courageusement engagés à combattre. « Je vous préviens, dit-elle durement à son ami, contre ce choix que vous faites de la morale et de l'éthique. N'est-ce pas précisément ce qui a conduit notre culture protestante à l'abîme sans que nous l'ayons voulu ? Le christianisme n'a-t-il pas exclu l'extase avec ses habiles mystères, et n'a-t-il pas refusé et chassé de nous la sensualité ? Ne nous a-t-il pas également barré le chemin du monde de l'esprit par les voies ordinaires et matérielles, les seules dont nous disposions ? Je crois, conclut-elle, que vous et Martin A. Hansen vous suivez une dangereuse piste. »

Lorsque Wivel se leva pour prendre congé, Karen Blixen lui dit qu'elle voulait lui donner sa bénédiction avant de le laisser partir. Cela consistait en un petit poème que le moraliste Johannes Jørgensen écrivit au poète Sophus Claussen, dont l'œuvre avait longtemps représenté pour elle sa « Bible » :

J'ai oublié mon grec pour le latin
Et toi, tu es resté fidèle à Homère.
Je te dis que Dieu est CHARITÉ
Et toi tu me réponds EROS !*

4

A la fin du mois de juin, Karen Blixen fit elle aussi un voyage à Paris. Elle descendit dans un grand hôtel ancien, le Saint-James et Albany, rue de Rivoli, où elle avait souvent séjourné dans les années vingt, lors de ses voyages d'aller et retour d'Afrique. L'une des personnes qui lui faisaient aimer cet endroit était le concierge danois : « Il avait été le maître d'hôtel d'un de mes oncles[10]. »

A Paris, elle fut reçue par une riche admiratrice, une Américaine cultivée nommée Parmenia Migel, qu'elle avait rencontrée deux ans auparavant. Parmenia Migel possédait une maison dans l'île Saint-Louis. Son mari, Arne Ekstrom, était dans la diplomatie et le couple avait les moyens de recevoir dignement et agréablement la baronne. Ce ne furent que dîners préparés par leur chef et servis par leur maître d'hôtel, soirées en compagnie de dames titrées et de jeunes peintres, après-midi de shopping et meilleures places à la Comédie-Française : « Il y en avait pour chaque moment de la journée. » D'autre part, Karen Blixen cherchait un artiste qui peindrait son portrait pour la Galerie des célébrités danoises, aussi Parmenia Migel lui présenta-t-elle Pavel Tchelitchew. Leur première rencontre fut émouvante pour tous les deux. Tchelitchew était mourant. Il était revenu à Paris après une absence de plusieurs années durant lesquelles il s'était fait connaître en Amérique. A présent, il était démoralisé de ne pas voir son talent reconnu en France. Il avait adoré les livres d'Isak Dinesen et elle faisait partie des gens qu'il avait

---

* *Jeg glemte mit Graesk for Latin*
du blev hos Homeros
jeg naevner dig CARITAS Gud
saa svarer du EROS.

D'après Ole Wivel, *Romance for Valdhorn*, pp. 213-215.

toujours voulu rencontrer sans vraiment penser que cela pourrait se faire un jour. Bien qu'il refusât de faire son portrait — « tout ça, c'est fini, pour moi », — il lui parla « avec animation pendant trois heures de suite [...] Tania, qui avait l'habitude de parler et d'être écoutée, put à peine placer un mot de tout l'après-midi et Tchelitchew crut avoir trouvé en elle l'interlocuteur idéal. [...] Au premier abord, Tania avait été choquée qu'il refusât catégoriquement de faire son portrait, puis lorsqu'elle apprit combien il avait désiré la connaître, elle s'amadoua[11] ».

Quoi qu'il en soit, la raison principale de son voyage parisien était de venir voir Bjørnvig. Celui-ci lui rendit visite avec sa femme à son hôtel et elle les emmena dîner dans un restaurant où ils n'auraient « jamais osé mettre les pieds[12] ». Le jour suivant, elle alla les voir dans leur chambre de la cité universitaire, promena son regard sur le charmant panorama qu'on y découvrait, et prit le thé. Après que Grete se fut retirée avec tact, elle montra à Thorkild un poème en prétendant qu'il avait été écrit par son neveu Tore Dinesen et lui demanda ce qu'il en pensait. « Pastiche très convenu », lui dit-il. « Elle prit bien la chose, d'autant qu'il s'avéra que c'était elle qui l'avait écrit[13]. »

En échange, Bjørnvig lui lut son œuvre lyrique et érotique, « Le Corbeau ». Elle l'écouta en silence puis, de toute évidence fière et émue, elle lui déclara qu'il avait obéi aux lois tant explicites que tacites du poème et qu'il avait réussi à faire une « grande et puissante œuvre d'art, pas seulement de la simple pornographie ». Elle lui répéta ce qu'elle lui avait déjà dit concernant *Heretica :* il ne devait écrire pour personne ni pour quelque mouvement ou parti que ce fût, mais seulement parce qu'il devait à Dieu une réponse : *Je responderay*[14].

Pour leur dernière entrevue, Karen Blixen loua une voiture découverte et emmena Bjørnvig faire une promenade seul avec elle au bois de Boulogne. Les arbres bourgeonnaient et l'air était doux et lourd. La baronne, pince-sans-rire, raconta histoire après histoire d'un ton comique et grotesque tout à fait réussi. Bjørnvig était aux anges.

Mais, alors qu'elle rentrait au Danemark, il se rendit en Bretagne dans un hôtel du bord de mer. Là, après une succession de frustrations et de catastrophes à quoi s'ajoutait sa commotion cérébrale, il fit une sorte de dépression nerveuse. Ce fut en partie une expérience « télépathique » avec Karen Blixen qui, sans qu'il fût au courant, avait été emmenée à l'hôpital pour subir à nouveau un douloureux traitement. Alors qu'il était allongé dans son lit et qu'il écoutait le bruit de la mer, il avait rêvé de sa femme et de son fils, puis il lui avait semblé que Karen Blixen l'appelait, comme si elle avait eu besoin de lui et avait désiré qu'il vienne. Lorsqu'il revint au Danemark, il se rendit compte que, la nuit de son rêve, elle avait en fait pensé « très fort » à lui. Le pacte lui avait alors semblé « un fardeau pour elle et un danger pour moi, et elle n'osait en prendre la responsabilité. Elle avait essayé de me rejeter hors du pacte et de sa vie ». Mais elle s'était aperçue que Bjørnvig « avait, pour ainsi dire, ricoché et que, au lieu de [l']avoir rejeté pour toujours, [elle l']avait [...] attiré à [elle] ». « Je décidai donc que, si le pacte devait être dénoncé, il faudrait que ce soit vous qui vous en chargiez[15]. »

C'était là une petite comédie affective dans le même esprit que la petite scène avec le jeune Bo à Vedbaek. Karen Blixen voyait le danger de la situation où elle se trouvait mais elle ne pouvait pas lutter seule : c'est pourquoi elle en rejetait la responsabilité sur Bjørnvig. Du même coup, elle pouvait s'y abandonner sans se poser davantage de problèmes.

Lorsque Bjørnvig sortit de l'hôpital, Karen Blixen l'invita à Rungstedlund pour passer sa convalescence paisiblement et confortablement, ce qu'il accepta avec beaucoup de gratitude. Elle l'installa dans le salon vert et lui imposa un régime sévère de solitude et de repos. « L'heure du coucher » était fixée à neuf heures et elle venait elle-même pour faire appliquer le règlement. Elle limita rigoureusement les visites de ses amis, même celles de sa femme, et tout le monde était mis dehors de bonne heure. Au début, elle le laissait dîner seul et apparaissait rituellement à huit heures pour le border. Elle lui racontait des histoires jusqu'à ce que l'horloge sonnât neuf heures, moment où elle se levait et lui souhaitait bonne nuit. L'un des premiers soirs, elle mit l'Adagio du premier quatuor à cordes de Tchaïkovski sur le vieux gramophone qui était dans la pièce à côté. C'était ce qu'elle avait fait avec Denys lorsque celui-ci était allé se coucher de bonne heure une veille de safari. La musique, déclara-t-elle « bercerait [son] cœur et le mettrait en paix, si bien que plus tard dans [sa] vie, [il] n'oublierait jamais ces soirées [...] ni la première fois [qu'il] l'avait entendue [16] ».

Bjørnvig resta à Rungstedlund jusqu'à Noël, tel un voyageur perdu prêt à vivre une idylle mystique et qui pénètre dans le château enchanté pour tomber sous le sortilège de sa châtelaine solitaire. Alternant discipline et indulgence, Karen Blixen s'attachait à en faire le chevalier de l'imagination, à l'esprit pur et dur, qui avait mis toute sa foi en un idéal qu'elle et son art incarnaient. « Bien des choses que Karen Blixen me disait, écrivit Bjørnvig, sur quelque sujet que ce fût, étaient mues par les intentions plus ou moins cachées qu'elle nourrissait à mon égard. Elle [...] ne cachait pas qu'elle attendait de moi des prodiges, en termes humains autant que poétiques [17]. » Bien sûr, les espérances de Karen Blixen étaient un rien tyranniques. Parfois, elle le ridiculisait, elle lui disait qu'il était un sot ou un lâche, qu'il était imprégné par son milieu comme un biscuit trempé dans une tasse de café, ou bien encore, elle entrait tout à coup sans raison dans des colères terribles pour des bagatelles, un comportement que tous ses amis avaient remarqué et dont personne n'aimait parler. Enivrée par l'empire qu'elle avait sur Bjørnvig, elle en oubliait la complexe vérité qu'elle avait exposée dans « Le Vieux Chevalier Errant » : le représentant de l'ordre ancien qui galope à fond de train vers les temps modernes est condamné à devenir un personnage comique et — quelque noble qu'il soit — à se compromettre. Elle oubliait aussi la leçon plus sinistre qu'elle avait développée dans « Le Poète » : il est présomptueux et malsain de se mêler du destin de quelqu'un.

Les désirs et les caprices de l'imagination de Bjørnvig correspondaient tellement à ceux de Karen Blixen que, même si elle avait tenté d'y opposer quelque résistance au début, cela ne lui était désormais plus possible. Aussi se laissait-elle aller en s'abandonnant à l'extase d'un amour partagé qui lui avait été si longtemps refusé. Bjørnvig lui tendait un miroir où elle se voyait non seulement comme une vieille conteuse à la sagesse trois fois millénaire, mais aussi comme une jeune fille de dix-sept ans (« comme la baronne est belle, comme elle paraît jeune, lorsqu'elle parle de ces choses[18] ») avec la force amoureuse d'une femme encore jeune et qui connaît la vie. C'était une relation hermétique et parfaite, sauf qu'elle manquait de vérité. Ils se métamorphosaient l'un devant l'autre et jouaient tous les rôles de leur répertoire psychologique. Plus cela devenait intense et plus il semblait — du moins de l'extérieur — que quelque tragédie inévitable couvait. Karen Blixen déclara à un ami — sans doute à Ole Wivel, car ses paroles revinrent aux oreilles de Grete Bjørnvig — qu'à moins que Thorkild ne vienne vivre avec elle à Rungstedlund elle quitterait le Danemark à jamais ou bien elle mourrait.

5

Bjørnvig n'était pas considéré sans jalousie ni sans quelque scepticisme par les autres personnages qui hantaient Rungstedlund. Mme Carlsen déclara qu'elle avait toujours pensé qu'il « ne valait pas grand-chose ». Le dégoût qu'éprouvait Alfred Pedersen pour lui le laissait sans voix : il ne parlait jamais de Bjørnvig en utilisant son nom ; il se contentait de le désigner en grimaçant et grognant « Ham derinde », celui de là-dedans. Bjørnvig se rappelait la « grande méfiance » de Pedersen, le jour où celui-ci l'avait trouvé en train de graver les initiales « T. B. & K. B. » sur un vieil arbre derrière la maison. Il restait là à le « fixer » pendant que Bjørnvig continuait, et Thorkild, qui se sentait aussi ridicule que devait le penser Pedersen, fut trop galant pour lui expliquer que c'était la baronne qui lui avait demandé de le faire[19].

Malgré tout, il sympathisa avec Clara. Ils avaient pratiquement le même âge, et bien que Karen Blixen l'appelât maître et le vouvoyât, Clara et lui se tutoyaient. Si jamais elle l'envia, sa jalousie se transforma en une complicité et une affection protectrices quoique déférentes. Ainsi aurait-elle pu se conduire envers son fils, si Karen Blixen en avait eu un, ou envers le malheureux comte d'Essex, si elle avait été la suivante d'Elizabeth Ire. Lorsque Bjørnvig retourna à l'étranger et que la baronne tarda à lui écrire, Clara prit la relève et écrivit à Thorkild : « La baronne ne cesse de penser à toi. J'ignore pourquoi elle ne t'a pas écrit[20]. »

Le mois d'octobre fut extrêmement doux. Bjørnvig se sentait « guérir ». Il fit de longues promenades dans la lumière d'automne, à travers les bois et le long de la plage. Il commença à entreprendre en secret un long poème qu'il appela finalement « La Maison de l'Enfance », pour exprimer l'état de grâce et de félicité qu'il avait connu à Rungstedlund. Karen Blixen le laissa travailler et se rendit à Wedellsborg, à Funen, la propriété d'Inger et Julius Wedell. Elle était toujours la bienvenue dans les châteaux et manoirs de ses vieux amis. Ils avaient accepté sa célébrité comme ses excentricités : cela ne leur faisait ni chaud ni froid. Ils n'étaient pas impressionnés par son « aura », comme Bjørnvig, ni dégoûtés, comme certains membres de sa famille ou certains critiques. On a le sentiment que leur attitude vis-à-vis de Tanne n'avait pas varié depuis l'époque où elle était revenue de Paris, « jeune dame *raffinée* à la langue acérée » qui avait le don de l'imagination, chose rare dans leur milieu. Ils étaient fiers de ses succès comme elle l'était d'eux, simplement parce qu'ils existaient et perpétuaient une certaine façon de vivre. La manière dont elle considérait leur existence était beaucoup plus exaltée qu'ils ne la considéraient eux-mêmes : elle disait à Bjørnvig et à Ole Wivel qu'elle ne se sentait vraiment à l'aise au Danemark qu'à la campagne dans les grandes propriétés, car c'était seulement là qu'elle pouvait trouver des gens qui comprenaient comme elle ce que cela signifiait d'être « honorable[21] ».

Cependant, il existait entre elle et ses amis d'enfance quelque chose de plus simple encore : une relation humaine essentielle, fondée sur la continuité du passé. « Lorsque nous prenons de l'âge, dit-elle à Bjørnvig, nous portons les masques de la vieillesse, mais les jeunes gens ne le savent pas : ils ne soupçonnent pas que ce ne sont que des masques. [...] C'est pourquoi je trouve reposant et libérateur de m'amuser et de rire en compagnie de gens de mon âge [...] car nous savons que nous portons des masques, mais nous pouvons les oublier[22]. » Les Wedell, les Bernstorff-Gyldenstern, les Reventlow et les Folsach — tels étaient les gens qui la tutoyaient depuis toujours. « Ils sont semblables aux indigènes », écrivit-elle à Clara en octobre[23].

Bjørnvig raconte une charmante anecdote qui met en évidence la relation qu'il entretenait avec la *herregaardskultur* et, à travers elle, avec Karen Blixen. Lors de son séjour à Rungstedlund, elle l'envoya à la rencontre de l'une de ses invitées à déjeuner, la comtesse Caritas Bernstorff-Gyldenstern, fille du comte Erich et de la comtesse Sophie. Au moment où il montait dans la petite voiture de Karen Blixen, celle-ci piqua dans ses cheveux noirs quelques *freesias* et lui ordonna, sous peine de la contrarier, de ne pas les ôter. Il se sentit ridicule, et plus encore lorsque, ayant perdu son chemin et forcé de s'arrêter, il dut baisser sa vitre, passer au-dehors sa tête de faune et demander son chemin à un inconnu.

Ni Caritas ni sa mère ne firent la moindre réflexion sur l'allure de Bjørnvig alors qu'elles lui faisaient visiter leur villa et les jardins. Mais à la fin, ne pouvant plus y tenir, il voulut leur expliquer pourquoi il avait une si curieuse coiffure. Elles éclatèrent de rire : elles avaient compris dès le début, lui dirent-elles, que « c'était encore une des folies de Tanne[24] ».

6

Après la guerre, les relations de Karen Blixen et de sa famille avaient commencé à devenir de plus en plus tendues, en particulier avec Thomas. Elle continuait à envoyer ses brouillons, à son frère et à Ella, et elle était très soucieuse de leur opinion. Seulement, son frère ne l'encensait pas aveuglément comme les jeunes gens d'*Heretica* et il ne la considérait pas avec la sereine bienveillance qu'elle trouvait à Wedellsborg où, comme elle le disait à Clara, elle « ne subissait jamais de critiques et n'avait pas à rester sur ses gardes[25] ». Thomas ne la connaissait que trop bien, c'était certain, et il avait vécu trop longtemps avec elle. Autant il pouvait sourire de la façon dont elle « déformait les choses » à son avantage, autant l'évolution du personnage mythique qu'elle se créait le révoltait au plus haut point. « Parfois, se souvenait Jonna Dinesen, nous lui rendions visite à Rungstedlund et nous parlions, lorsque arrivait soudain un invité. Aussitôt, Tanne prenait un air suffisant et se mettait à parler d'une façon tout à fait différente, avec une voix méconnaissable. Ce n'est qu'à la fin qu'elle redevenait celle dont nous avions l'habitude[26]. »

A mesure que Tanne vieillissait, son ancienne rivalité avec Thomas ne fit que s'accroître, et leurs disputes sur l'art, la religion, Wilhelm, la politique et la famille devinrent de plus en plus polémiques. « Tu m'as dit hier ce que tu as toujours dit, lui écrivit-il en juin 1950. Nous sommes en complet désaccord sur presque tout[27]. » C'était à propos du jugement esthétique, que Thomas considérait comme une affaire de goût alors que Tanne soutenait qu'il existait des critères de beauté absolus. Thomas poursuit sa lettre où perce une colère contenue, en faisant allusion à la façon dont elle se mêlait de l'éducation de ses enfants.

Thomas et Jonna avaient deux fils et deux filles, très beaux, qui respiraient tous quatre la santé. Leur tante était très possessive à leur égard. « Bien que je n'aie pas d'enfants à moi et que je ne puisse avoir le moindre contact avec l'avenir, j'aimerais faire *quelque chose* pour vous[28]. » Cependant, lorsqu'elle leur disait cela, elle ne pensait pas du tout aux excursions qu'une tante organise habituellement ou aux cadeaux et conseils qu'elle prodigue. Par exemple, elle trouvait que ce serait idéal que son neveu, Tore, soit tatoué et qu'il apprenne à faire des tatouages, de sorte qu'il puisse gagner sa vie lorsqu'il réaliserait son projet de tour du monde sur un paquebot. En outre, il pourrait lier connaissance avec les autres marins. Une fois, elle fit venir un forain à Rungstedlund pour qu'il apprenne aux enfants à se servir d'un lasso. Ils se souvenaient encore de cette merveilleuse leçon.

Elle avait des ambitions plus conventionnelles pour ses nièces : une idylle tragique ou un mariage brillant — ou encore les deux à la fois. Comme elle avait à sa disposition un grand nombre de jeunes gens bons à marier, elle envoya « die Töchtern », comme elle les appelait, faire des promenades à cheval avec Ole Wivel et Knud Jensen, ou bien dîner avec Bjørnvig, voire dans les châteaux de ses amis, où elle les emmenait et les jetait énergiquement entre les bras des nobles fils des hommes qu'elle avait peut-être elle-même désirés autrefois.

Thomas n'y voyait aucune objection, du moment que ses enfants étaient d'accord. Une fois, Anne avait refusé que Tanne la traînât à Wedellsborg pour l'y exhiber comme une jeune génisse. C'est Ingeborg, sa cadette, qui finit par y aller à sa place. Elle se souvenait que chaque soir, une demi-heure avant le dîner, elle devait se présenter à Tanne pour une revue de détail. Si sa tante n'appréciait pas sa toilette, elle devait aller se changer. « Ce rituel était merveilleux, mais c'était très embêtant[29]. »

Vis-à-vis de leur tante, les enfants étaient partagés entre la fascination, la reconnaissance, l'amour et l'horreur. Elle leur faisait des cadeaux fabuleux — une toque de fourrure, des bijoux ou des vêtements — et les réclamait des mois ou des années après. Son égotisme leur était inexplicable, mais comme tous les jeunes gens qu'elle attirait à elle, elle savait les provoquer d'une façon à laquelle ils ne pouvaient résister : elle les écoutait de telle manière qu'ils se croyaient extraordinaires et uniques. « Si elle adorait parler, ce qu'elle ne cessait de faire, c'était aussi quelqu'un qui savait écouter. Ce que vous aviez vécu devenait splendide et admirable quand c'était à elle que vous le racontiez. Lorsqu'elle écoutait, elle vous donnait l'impression que vous étiez *brillant* et vous étiez persuadé qu'elle avait adoré votre histoire. Et comme elle mettait le plaisir au sommet de tout, vous vous en sentiez doublement récompensé. Vous auriez pu parler pendant des heures ou même des années avec quelqu'un d'autre sans avoir jamais l'impression de donner de vous-même une image aussi vraie et aussi claire [30]. »

C'est de la jalousie que provenait en partie le côté tendu de ses relations avec les adolescents. Elle les taquinait à propos de leur amour et de leur fidélité à leurs parents, mais ses tentatives pour les « séduire » et les amener de son côté restaient vaines. « Vous ne pouvez donc pas dire *du mal* d'eux ? » les raillait-elle. Ou encore : « La vie de famille, beuh ! comment pouvez-vous supporter ça ? » De la même manière qu'elle reprochait sa « mollesse » à Bjørnvig, elle les blâmait pour leur refus de se révolter contre le « manque de péril » de leur existence familiale. « Nous avions une enfance naturelle et heureuse, déclarait sa nièce, Ingeborg. Elle voulait nous faire succomber à ses sortilèges et nous soumettre. Si nous avons parfois accepté, nous ne nous rendions pas comme elle l'aurait voulu. Cela la décevait et à la fin, elle abandonna tout simplement l'idée de modeler notre personnalité [31]. »

Karen Blixen avait une autre nièce, la fille d'Ea, Karen (surnommée Mitten), qui avait la trentaine et était divorcée. Elle-même avait deux filles et travaillait au service des vaccinations de l'hôpital de Copenhague. En novembre, elle contracta une méningite au cours de son travail. Karen Blixen alla la voir presque quotidiennement à l'hôpital, et à son retour, elle décrivait les malheurs et les souffrances de sa nièce à Bjørnvig dans l'espoir que celui-ci en tirerait un poème. « J'ai bien essayé, dit-il, mais comme je n'avais jamais vu cette femme, cela restait trop abstrait [32]. »

Karen de Neergaard Sveinbjørnsson mourut le 26 novembre et c'est sa tante qui arrangea les fleurs du cercueil lors de l'enterrement. Ce soir-là, Clara, Bjørnvig et la baronne éplorée écoutèrent « La Jeune Fille et la Mort » de Schubert, dans le salon vert.

7

Durant tout l'automne, Bjørnvig n'avait cessé d'écrire, mais il l'avait fait en secret. En novembre, il put enfin lire à Karen Blixen le long poème, fruit de ses efforts d'infirmière, de muse et d'hôtesse. Elle lui déclara que c'était ce qu'elle avait toujours espéré de lui, l'embrassa et sombra dans une mélancolie songeuse. Un peu plus tard, elle fit quelques commentaires critiques. Il y avait une seule chose qui la choquât : Bjørnvig avait confondu nouvelle lune et lune du matin, aussi lui fit-elle la leçon de long en large sur sa responsabilité envers la nature, une responsabilité que l'imagination, si grande fût-elle, ne pouvait entamer. Au bout du compte, elle lui fit un compliment « espiègle » qui rendait parfaitement l'essence de leur relation durant les mois qui s'étaient écoulés : « Vous m'avez trompée, comme dans le conte *Hansel et Gretel*. Je vous ai gardé en cage ici, et chaque fois que je venais voir si vous étiez assez gras pour que je puisse vous manger, vous m'avez donné à tâter un os en guise de doigt, comme Hansel. Ce n'est que maintenant que je puis voir le fruit mûr et charnu que vous êtes devenu[33]. »

Noël approchait, mais le mûr et charnu Bjørnvig avait fermement l'intention de ne pas rester l'oiseau captif de Karen Blixen : il voulait revoir sa femme et son fils. Aussi prit-il congé d'elle le jour de Noël.

42.

Déesse et pocharde

1

Dès 1945, Karen Blixen avait déjà été l'invitée de la radio danoise, pour prononcer un discours commémoratif du centenaire de son père. Au début des années cinquante, ses entretiens radiophoniques devinrent de plus en plus fréquents et furent très appréciés du public. Ses œuvres mineures étaient lues par les meilleurs acteurs et actrices et elle-même parlait de sujets personnels qui lui tenaient à cœur. Le premier de ces entretiens, qui fut retransmis depuis Rungstedlund deux soirs de suite en janvier 1951, avait pour titre : « Daguerréotypes ». Au cours de ces émissions, Karen Blixen tentait d'infuser à la nouvelle génération un sens des valeurs et des idéaux qu'elle avait connus et estimés depuis son enfance et que la démocratie avait sensiblement dépréciés : la signification des différences de classe dans l'univers hiérarchique et ordonné du manoir ; l'importance de l'honneur et du mystère de la femme ; et aussi le concept de prestige, qui mettait la gloire et la beauté au-dessus du confort et des nécessités. Comme elle l'avait fait dans les *Sept Contes Gothiques,* elle admettait combien ces idéaux devaient sembler surannés et même sinistres pour un public moderne. Elle ne tentait pas d'en faire l'apologie ou d'en être le champion, mais l'interprète. Il était important, pensait-elle, de conserver une continuité avec le passé — non pas simplement avec l'objectivité de l'histoire, mais aussi à travers le contact de la parole et du souvenir —, le sentiment de quelque chose de vivant qui passe. Elle y parvint de deux façons : comme une femme de soixante-six ans qui avait eu avec le siècle précédent des contacts directs par l'intermédiaire de ses aînés et de sa famille, et comme conteuse. « Un groupe d'amis a décrété que j'avais trois mille ans[1] », dit-elle. Grâce à cela, elle avait accès au passé mythique et pouvait désigner le chemin qui y conduisait.

En 1952, Karen Blixen parla de la vivisection d'une façon émouvante et convaincante. Il s'agissait en particulier de l'utilisation de chiens qui souffraient au cours d'expériences de laboratoire. Elle ne lança pas son appel en jouant sur des sentiments humanitaires ou sur le libéralisme, mais sur l'honneur : infliger une douleur inutile à un animal confiant et sans défense déshonorait la race humaine. L'année suivante, lors d'un séminaire pour enseignants, elle prononça un discours, qu'on lui avait demandé quatorze ans plus tôt et qu'elle n'avait pas fait, à un congrès des droits de la femme. Cette « oraison auprès du feu de joie * » exposait ses opinions sur le féminisme, le rôle des femmes dans la société et la nature de la féminité. Ses opinions étaient devenues de plus en plus conservatrices en regard de ce qu'elle écrivait sur ces mêmes problèmes dans ses lettres à tante Bess, à l'époque où elle proclamait que le féminisme était la question la plus révolutionnaire du XIXe siècle et que la virilité était pour elle un ensemble de qualités nobles et *humaines* plutôt qu'exclusivement masculines. Désormais, elle parlait de l'homme et de la femme comme de l'union « adéquate » de deux opposés, plus grande mais cependant similaire à celle qui unit le maître et l'esclave, ou les anciens et les jeunes. Pour elle, l'essence de la femme, son centre de gravité, était situé dans « ce qu'elle est », dans son être, et celle de l'homme dans « ce qu'il a accompli », dans ses actions. Elle n'était pas « anti-féministe » ou opposée à ce que les femmes devinssent médecins ou avocats. Elle était reconnaissante à la première génération de féministes, « justes, courageuses, loyales et avisées » — les contemporaines de sa tante et de sa mère —, qui avaient pris d'assaut la citadelle des professions en endossant « un costume qui était intellectuellement ou psychologiquement à l'image de l'homme », mais qui avaient mené cette lutte aux dépens de leur « dignité » de femmes et de leur nature. Désormais, elle encourageait les jeunes femmes à retrouver leur féminité et à « relever sans crainte les visières de leurs casques de combat [2]. »

En 1954, Karen Blixen se prononça contre un projet de simplification de l'orthographe de la langue danoise, et l'année suivante, le 17 avril, elle fit un discours pour son soixante-dixième anniversaire et déclara au public quel plaisir immense elle éprouvait à « être une voix et non une simple page imprimée ». Ce discours public répondait à un besoin qui remontait à 1935 : elle aimait être « en prise directe avec les gens » comme elle l'avait été en Afrique. Elle était célèbre dans les cercles littéraires et bien connue des Danois cultivés, mais la radio lui donnait un public différent de celui qui lisait ses livres et qui confirmait son identité de *conteuse,* de membre d'une « antique confrérie oisive, farouche et inutile » dont les racines plongeaient dans la tradition orale et dont la puissance provenait de sa grande complicité avec ceux qui l'écoutaient **.

---

* Une *baaltale,* une oraison auprès d'un feu de joie, c'est-à-dire un discours officiel lors d'une cérémonie, d'obsèques, d'une exécution, d'une victoire, etc.

** Merete Klenow With, « Om Karen Blixen og hendes Forfatterskab », *Karen Blixen : Et Udvalg,* p. 216. Dans ces circonstances, il vaut la peine de citer une remarque faite par John Berger dans son ouvrage « Le Primitif et le Professionnel » (extrait de *About Looking,* New York, Pantheon Books, 1980) : « La catégorie d'artiste professionnel comme classe distincte du maître artisan ne fut pas clairement définie avant le XVIIe siècle (et dans certaines contrées, pas avant le XIXe) [...] L'artisan dure tant que les critères qui permettent de juger son travail sont partagés par les différentes classes. Le professionnel apparaît lorsqu'il devient nécessaire pour

2

C'était aussi en tant que conteuse et que présence vivante qu'elle adorait pérorer dans son salon. Karen Blixen avait une voix grave et sombre, que Glenway Wescott qualifie de « puissante, spectrale, mais intangible [3] ». Son accent danois avait un côté quasi archaïque et elle prononçait les voyelles avec l'ampleur et la nonchalance affectée du « vieux Copenhague ». C'était un accent plutôt rare, même chez les anciens aristocrates et il donnait l'impression qu'elle parlait un dialecte qu'un accident de l'histoire ou de la géographie aurait isolé du reste de la communauté. Elle affectait le même pittoresque suranné dans son apparence et, vers la soixantaine, elle était déjà devenue un personnage haut en couleur qu'on ne cessait d'interviewer et de photographier.

« Elle avait, déclara son ami le professeur Rasmussen, une idée bien arrêtée de ce que devait être un conte d'Isak Dinesen, une conversation avec Isak Dinesen, une interview d'elle ou une déclaration. Cela finit curieusement par devenir une marque déposée, un moule fabriqué en série qu'elle se contentait de remplir selon une formule immuable [4]. » Dans le rôle d'Isak Dinesen ou dans celui de *la baronne,* elle était tout à fait crédible et s'acquittait de celui-ci avec professionnalisme, comme l'attestent les interviews et les reportages sans nombre dont elle fut l'objet à la fin de sa vie. Il est étonnant de voir à quel point ils rapportent tous pratiquement mot à mot les mêmes anecdotes et les mêmes *bons mots.* Cette cohérence contribua bien sûr à assurer sa légende en la rendant plus facile à propager. Mais cela simplifia grossièrement sa personnalité.

Ole Wivel disait que pour un petit cercle de ses admirateurs, Karen Blixen était devenue le Vieux Marin du poème de Coleridge, et que l'une de ses exigences à l'égard d'un ami proche était qu'il fût disposé à « mettre une pièce dans la machine et à l'écouter [5] ». Bent Mohn, qui fut souvent invité à Rungstedlund pour « lui donner la réplique » parlait de son « répertoire de grande dame » et remarquait qu'elle était capable de « parler sans arrêt et sans s'occuper des gens [6] ». Bjørnvig décrit également la façon de parler à laquelle elle avait recours lorsque son public ne lui était pas totalement acquis. C'était « un numéro de cirque qui mêlait traits d'esprits éprouvés, paradoxes, anecdotes et contes anciens [...] Il fallait que les gens s'en accommodent s'ils voulaient qu'elle s'accommode d'eux » et elle « se moquait éperdument » que certains d'entre eux eussent entendu cela « des centaines de fois [7] ». Comment une femme d'une si grande sensibilité pouvait-elle se conduire aussi grossièrement ? La réponse pourrait être que les discours obligatoires de Karen Blixen étaient un état de demi-songe hautain et érotique, une sorte de transe dont elle n'était pas totalement

---

l'artisan d'abandonner sa classe d'origine pour entrer dans la classe dirigeante, dont les critères d'évaluation sont différents. » La façon dont Isak Dinesen percevait son rôle d'artiste s'inscrit dans le monde qui précéda celui du XIXe. Elle espérait que son œuvre fût accessible à « différentes classes » et dans une certaine mesure (peut-être davantage au Danemark qu'en Amérique) ce fut le cas.

consciente *. Nancy Wilson Ross en donne une excellente description : « Dans ses yeux, je voyais une concentration si intense que c'en était presque effrayant : c'était le regard fixe et absent d'un devin en transe absorbé dans un autre espace-temps [8]. » Karen Blixen disait ne pas reconnaître sa propre voix dans ces moments-là. Elle la trouvait étrange et même laide. C'est elle qui en donna la meilleure description à un journaliste suédois qui l'interviewa après la publication du *Dîner de Babette*. Il soumit le texte à son approbation et elle le conserva en disant : « Je trouve que toute l'interview donne une image extrêmement déplaisante, celle d'une personne renfermée sur elle-même, à l'esprit tordu, bref, quelqu'un de sénile qui déverse avec délice un torrent de banalités prétentieuses [...] [9]. » Le fait que tant de ses amis fussent prêts à s'accommoder de cette attitude, et même à l'encourager, représente le prix à payer pour les autres avantages que procurait son amitié, pour les plaisirs que donnaient ses « autres discours ». L'un d'eux, comme le dit Bjørnvig, était calqué sur les dialogues de Platon et sur sa conception de la conversation comme aventure. De temps en temps, elle organisait ce genre de réunions à Rungstedlund et invitait des gens d'horizons très différents à venir discuter d'un thème donné : le socialisme ou le christianisme, par exemple. Elle tentait de créer sous l'égide du dîner et de ses directives « la même atmosphère intense et chargée d'érotisme [10] » qui, imaginait-elle, avait dû présider aux premiers dialogues philosophiques, de façon à amener ses amis à un état inspiré. Ses tentatives furent chaque fois déçues si bien qu'elle revint à des soirées en compagnie d'hôtes imaginaires : Shelley, Staline, l'impératrice de Chine ou saint François. « Nous n'aurons pas de prophètes, déclara-t-elle un soir à Bjørnvig alors qu'ils étaient en train de dresser la liste des invités, car on ne peut pas leur parler : ils veulent être les seuls à parler [11]. »

Si, en public ou avec des inconnus, elle tenait tant à parler, il y avait cependant des occasions où, en privé, elle montrait à quelque invité une attention béate et solennelle. « Quand elle était en verve, écrivait le critique Aage Henriksen, elle devenait alors une providence omniprésente, infatigable et pleine d'imagination. Elle avait alors le réalisme, le dévouement et les ressources de Kuan-Yin, la déesse chinoise de la miséricorde et de l'astuce féminine. Il ne fait aucun doute que c'était sous ces traits que la percevaient ses domestiques : " notre mère attentionnée à tous ", l'appelle Mohammed Juma [12]. » Bjørnvig, faisant allusion à la même incarnation, décrivait dans ces occasions Karen Blixen comme « plus sage que tout ce qu'elle avait jamais écrit, et parlant comme si elle n'avait en fait jamais rien écrit [13] ».

Les amis qui « mettaient des pièces dans la machine » acceptaient cela parce qu'ils pouvaient aussi compter sur cette autre forme d'intimité avec elle. Ils pouvaient compter sur elle : elle mettrait leurs peines sous une lumière nouvelle et sanctionnerait leurs instincts et leurs transgressions. Ils ne la jugeaient pas nécessairement plus compétente qu'eux en matière de relations humaines : Aage Henriksen l'accusa un jour de naïveté et elle en

* Les stimulants qu'elle prenait pouvaient très bien la plonger d'autant plus facilement dans cet état.

tomba d'accord. Mais dès qu'ils voulaient lui extorquer un peu de pitié ou de compassion — quelque inoffensif placebo — elle les raillait. « Il y a trois solutions à vos malheurs, dit-elle un jour à Bent Mohn, qui était amoureux : le suicide, l'Amérique ou la Légion étrangère[14]. » En fin de compte, les jeunes Danois s'en remettaient à elle pour leurs problèmes de la même façon que les Africains lui faisaient confiance pour soigner leurs maux : ils espéraient un remède plus inventif que vraiment sensé. C'est pourquoi Karen Blixen fut entourée au début des années cinquante par un groupe de jeunes gens qui se pliaient à ses quatre volontés, comme si elle avait été quelque vieille reine excentrique, capricieuse et toute-puissante. Ils agissaient ainsi parce qu'elle les récompensait en leur montrant quelles étaient leurs propres ressources. Elle exploitait parfois leur fidélité mais elle les obligeait également à se maintenir à un niveau élevé d'autorespect et de discipline, tant dans leurs œuvres que dans leur vie privée. Aimer, c'était pour elle pouvoir faire en sorte que le meilleur d'eux-mêmes rendît hommage à la confiance royale qu'elle avait en leur valeur.

Si Bjørnvig, dans cette cour, était le favori et Erling Schroeder le maître des divertissements, Karen Blixen trouva un chambellan en la personne d'Erik Kopp, l'homme qui épousa sa nièce Anne en 1950. Erik était beau, robuste, sans détour et décidé. Des sourcils diaboliques surmontaient ses yeux d'un bleu intense et il fit immédiatement une forte impression à la baronne en lui déclarant qu'il n'avait lu aucun de ses livres et qu'il détestait Shakespeare. Elle avoua plus tard qu'il présentait nombre des qualités qui l'avaient attirée chez Bror Blixen jeune : « C'était le même genre de bel homme[15]. » Entre autres choses, il avait le charme de Bror et son racisme, trait de caractère que sa tante tolérait jusqu'à un certain point. Mais lorsqu'il commença à être insultant envers Eugene Haynes, elle fut très claire : « Vous êtes allé trop loin, Erik », lui dit-elle, glaciale. Après cet éclat, le mot « négro » ne fut plus jamais prononcé sous son toit[16].

Vers la fin des années cinquante, Karen Blixen utilisa les talents de Kopp pour superviser l'entretien de Rungstedlund et de ses terres. « Un homme doit avoir un travail convenable », lui dit-elle, signifiant par là un travail en contact avec la nature. Il était souvent invité sans sa femme pour animer les soirées de Karen Blixen, qui lui demandait même de « flirter » avec ses invitées. « Vous devriez avoir une maîtresse, lui disait-elle. Comme cela, vous l'amèneriez à Rungstedlund et vous me la présenteriez. » Erik Kopp faisait partie du petit nombre de gens qui comprenaient que les provocations de Karen Blixen étaient des sortes de tests auxquels elle espérait que quelqu'un mettrait un terme en se moquant d'elle comme l'avait jadis fait Denys. « Elle voulait qu'on lui dise son fait[17] », déclara-t-il en résumé. C'était d'ailleurs l'une des rares personnes à oser le faire.

3

Durant l'hiver 1951, Thorkild Bjørnvig vécut à Sletten avec sa famille et il travailla dans une atmosphère que sa femme s'était efforcée de rendre idéale. Son intimité avec Karen Blixen et sa longue « convalescence » à Rungstedlund avaient rendu Grete Bjørnvig aussi jalouse et malheureuse que si son mari et la célèbre vieille dame avaient été amants — ce qu'ils étaient à bien des égards, sauf physiquement. Karen Blixen avait été très claire, même si elle ne l'avait pas dit en face à la jeune femme : une vie domestique conventionnelle avec épouse et enfant ne pouvait que nuire au génie de Bjørnvig. Peut-être que Mme Bjørnvig comprit cela. En tout cas, elle souffrit toutes les peines du monde pour laisser à son mari l'espace et le calme dont il bénéficiait à Rungstedlund, afin que sa maison puisse rivaliser avec celle de Karen Blixen. C'était bien sûr aussi difficile que de s'occuper d'un petit enfant, et totalement impossible face à l'irrésistible fascination que Karen Blixen exerçait sur Thorkild Bjørnvig. Il commença à retourner à Rungstedlund une fois par semaine pour dîner et passer la nuit.

Lorsqu'il décrit ces dîners qui se succédèrent cette année-là de la fin de l'hiver au début de l'été, Bjørnvig utilise à plusieurs reprises le mot *rus :* enivré, transporté. Ils passaient leurs soirées à boire du vin, à citer des poèmes, à écouter du Schubert sur le gramophone (ils avaient une passion commune pour le « Winterreise »), faire des voyages imaginaires avec des amants imaginaires. Karen Blixen buvait très peu, mais elle remplissait constamment le verre de Bjørnvig et réussissait miraculeusement à le suivre malgré tout dans son ivresse croissante, riant, lui tirant les cheveux et « se lançant » dans d'extravagants délires « choquants ». Bjørnvig ne nous dit cependant pas lesquels *. Il semble que Karen Blixen fût redevenue la jeune Schéhérazade intrépide qui, trente ans plus tôt, recevait son amant dans son salon à la lueur des bougies. A l'époque elle passait sans cesse Schubert sur le gramophone et elle déclara à Bjørnvig qu'il était pour elle « comme un écho de ce temps-là, un écho plus affaibli, mais si semblable, si semblable [18] ».

A la fin du mois d'avril, il vint passer plusieurs jours chez elle. En mai, après une longue dispute dans laquelle Karen Blixen eut le dessus, il partit passer l'été à Bonn. En réalité, il ne voulait pas partir. Mais lorsque l'université de Copenhague l'invita à concourir pour une bourse de voyage, Karen Blixen l'y encouragea. Et quand il gagna, elle lui démontra que c'était une question où son honneur et son intégrité étaient engagés et que c'était la « volonté de Dieu ». Lorsque l'argent arriva, il hésita à nouveau : il lui était

---

* L'un des jeux auxquels elle aimait se livrer avec ses amis consistait à avouer chacun son tour son « pire péché ». Le sien, prétendait-elle, avait été de séduire un garçon de cabine sur le bateau qui la ramenait au Danemark en 1915, alors qu'elle se savait atteinte de la syphilis. Il était trop beau pour qu'elle pût résister, se plaisait-elle à dire, bien qu'elle prétendît aussi s'être arrangée pour le faire soigner à Paris. Si l'on mesure cet « aveu » à l'aune de ce que l'on connaît de son état d'esprit de l'époque, de ses souffrances physiques, de son caractère et de son attitude à l'égard du sexe, on peut déduire que c'est certainement là pure invention et réminiscence fantaisiste de Mlle Malin Nat-og-Dag. (D'après les interviews avec Suzanne Brøgger, Copenhague, 1976, et New York, 1978.)

encore possible de refuser. A ce moment, Karen Blixen lui sortit un document particulier qu'il devait signer et qu'elle appelait le « rite du choix ». Le texte stipulait qu'il devait abandonner tout regret ou doute concernant sa décision et l'accepter de bonne grâce : « Aussi, venez à mon aide, Goethe, Rilke et Hölderlin[19]. » Il ne suffisait pas qu'il aille à Bonn pour lui faire plaisir à *elle*, il devait en outre *vouloir* y aller. C'était aussi la curieuse condition qu'elle avait mise au second voyage de sa mère en Afrique, condition qui est là comme un écho du séducteur de Kierkegaard, lorsqu'il insiste pour que la jeune fille qu'il a manœuvrée et trompée en arrive à accepter son amour *de son plein gré :*

> « Elle ne doit rien me devoir, car elle doit être libre. L'amour n'existe que dans la liberté et il n'y a de joies et de plaisirs éternels que dans la liberté. Bien que je veuille qu'elle me tombe dans les bras de par une nécessité pour ainsi dire naturelle, je m'efforce pourtant de faire en sorte que, à mesure qu'elle s'approche de moi, ce ne soit pas comme la chute d'un corps pesant, mais comme un esprit qui en cherche un autre[20]. »

Bjørnvig utilise pratiquement les mêmes termes :

> Une fois de plus elle a touché au cœur de notre relation ; je dois désirer *moi-même* spontanément ce qu'elle a désiré [...] « Fais ce que ton esprit te commande de faire. » Je ne doutai pas un instant que cet esprit fût celui de Karen Blixen[21].

Bjørnvig partit pour Aarhus et, peu de temps après, pour Bonn. Karen Blixen, qui était malade, recouvra un peu de ses forces et partit le 3 mai pour un voyage en Grèce chez Knud W. Jensen et sa charmante épouse, Benedicte. Mme Jensen avait rencontré Karen Blixen l'année précédente et elle était tombée sous son charme. Elle avait à son égard un désir qui n'avait rien d'exceptionnel ; elle lui était profondément reconnaissante d'exister et, en retour, elle voulait faire quelque chose de merveilleux pour elle.

L'invitation fut peut-être faite dans cette optique. Karen Blixen ne cessait de fantasmer sur les voyages qu'elle tenait pour l'un des plus grands plaisirs de l'existence. Elle n'était jamais allée en Grèce et les Jensen s'arrangèrent pour qu'ils passent là-bas tous les trois dans le luxe quelques semaines tout à fait charmantes. D'Athènes, ils prirent l'avion pour Rome, séjournèrent à l'hôtel Hassler, en haut de la Piazza di Spagna. Karen Blixen obtint une audience avec le pape Pie XII, lequel lui fit « grande impression ». Clara Svendsen raconte cette entrevue dans ses mémoires. Le pape, écrit-elle, dit à la baronne que « tout art grandiose est fait en l'honneur de Dieu ». Karen Blixen avait apporté avec elle une ancienne médaille représentant la Vierge, que sa mère avait achetée à Rome « sous le règne de son prédécesseur ». Celui-ci lui avait parlé du dogme de l'Immaculée Conception. « Désormais, dit Karen Blixen, si Sa Sainteté, qui avait récemment expliqué le dogme de l'ascension de Marie, voulait bien ajouter sa bénédiction, ce médaillon aurait une valeur encore plus grande pour celle qui le possède[22]. »

4

Avant de partir pour Bonn, Bjørnvig avait présenté à Karen Blixen un jeune homme qui, pensait-il, l'amuserait et pourrait jouer pendant son absence auprès d'elle un rôle de suppléant. Jørgen Gustava Brandt avait alors dix-neuf ans, il était lui aussi poète et connaissait bien les auteurs danois classiques dont raffolait Karen Blixen. Il avait même écrit un petit essai où il la comparait à Goldschmidt. Par son habillement, c'était un dandy à l'anglaise, qui rappelait peut-être quelque peu Berkeley Cole, bien que dans une version brune. Dans ses paroles, c'était un cynique de l'espèce la plus sombre, un bouffon et un désespéré. Mais il était pour la baronne quelque chose de bien plus agréable : un bavard impénitent. Ils découvrirent leur « effronterie » commune et passèrent minutieusement en revue les défauts et les extravagances de leurs amis. Brandt avait commencé à publier ses textes dans *Heretica,* mais les « bonnes intentions » toutes nouvelles et le « pessimisme éthique » du comité de rédaction le dégoûtaient, ce qui leur fournit un grand sujet de conversation où se faire tous les deux les dents. Rien n'était à l'abri des railleries de Brandt — pas même Karen Blixen. « Tu ne t'en rends pas compte ? dit-il un jour à Bjørnvig. C'est une pocharde des années vingt ! » Bjørnvig rit avec gêne. Il fut également un peu choqué de cette liberté que prenait Brandt avec le monstre sacré. « Pour moi, pensa-t-il, elle était toujours Pellegrina[23]. »

Mais Brandt ne réussit pas à remplacer son ami. Ayant envoyé Bjørnvig à Bonn contre sa volonté, Karen Blixen était du coup inquiète, malheureuse et irritable, car il lui manquait. Quant à lui, il était réellement malheureux et habitait dans une chambre minuscule en compagnie d'autres étudiants étrangers, s'adonnait à la bière et s'apitoyait sur son sort. Périodiquement, il la suppliait de le laisser revenir, mais, au lieu de sauter sur l'occasion et d'accepter, elle refusait. Ses lettres étaient de celles qu'envoie un général à un lieutenant lassé des batailles ou un évêque à un jeune prêtre dont la foi vacille : lâchez tout si vous le devez, mais je croyais que vous auriez assez de courage pour tenir le coup ! Elle invoquait Dieu, saint François, les bonnes manières, sa foi en lui, les stigmates et les doyens d'université. Clara elle-même s'y mit aussi pour faire savoir à Thorkild que l'on ne cessait de prier pour lui, de faire des vœux sur les trèfles à quatre feuilles et de brûler des cierges à la Sainte Vierge. Finalement, il revint au Danemark passer l'automne à Rungstedlund, non sans qu'ait été commis un acte dramatique et, vu le contexte, révolutionnaire : il était tombé amoureux. Des années plus tôt, Karen Blixen l'avait encouragé en plaisantant — quoique avec un rien de perversité — à trouver quelque charmeuse de serpents ou quelque avaleuse de sabres à qui il donnerait son « corps ». Elle lui avait également fait promettre de tout lui raconter. Mais ce n'est pas exactement ce qui se passa. L'amour qu'éprouvait Bjørnvig était coupable et romantique. L'objet de ses pensées était une jeune Danoise que Karen Blixen connaissait très bien, la femme d'un ami commun. Durant un certain temps, ni lui ni elle n'en soufflèrent mot.

5

Cet été-là, Clara Svendsen dut prendre une cruelle décision. Elle ne travaillait qu'à temps partiel pour Karen Blixen et elle prenait des cours pour devenir bibliothécaire. Désormais, elle était diplômée et qualifiée pour obtenir un poste si elle le désirait. Sa famille et ses amis la pressaient de poursuivre sa carrière à elle : elle avait trente-cinq ans, lui disait-on, et elle avait déjà fait de considérables sacrifices de temps et d'énergie, sans parler d'argent. Depuis le début, son père avait considéré avec dédain le travail qu'elle faisait chez Karen Blixen : « Ce n'est pas ton nom qui figure sur les livres[24]. » Mais la baronne avait récemment recommencé à écrire. Elle était trop faible pour passer des heures à la machine à écrire et elle avait commencé à dicter ses contes à Clara, qui lui était désormais indispensable. Comme l'écrit Clara dans ses mémoires :

> « Ma vocation triompha. J'avais décidé une fois pour toutes de rester à la disposition de Karen Blixen. Nous eûmes malgré tout une petite discussion difficile. Je lui dis que j'étais totalement convaincue qu'il serait logique que j'abandonne ma carrière de bibliothécaire, s'il devait y avoir du travail à faire sur un nouveau livre, mais pas s'il fallait seulement écrire des histoires [...] pour un magazine. Karen Blixen croyait que je n'avais pas le droit de dire de telles choses[25]. »

On le voit, Clara se révélait aussi légitimiste que le moindre personnage des contes de Karen Blixen. Elle était moins fidèle à la personne du monarque qu'à l'idée de royauté qu'il incarnait.

43.

« Histoire immortelle * »

1

Le conte que dicta durant l'été Isak Dinesen à Clara Svendsen s'intitulait « Histoire immortelle ». C'était l'un des trois contes qui parlaient d'un démiurge, d'un personnage qui, par innocence ou par illusion sur sa toute-puissance, tente d'usurper le rôle des dieux dans la vie de quelqu'un, de développer et de faire aboutir ses projets personnels et de greffer ses propres désirs sur un destin en train de s'accomplir. Le premier de ces contes était « Le Poète », écrit dans les années trente, et qui annonçait avec une étrange coïncidence de détails l'amitié de Karen Blixen et de Thorkild Bjørnvig. Le troisième conte, « Échos », écrit vers la fin des années cinquante, fut l'épitaphe de leur amitié.

« Histoire immortelle » fut écrit au moment où les manigances d'Isak Dinesen s'étaient retournées contre elle : elle en souffrait, et la conscience qu'elle avait de l'absurdité de la situation — peut-être même de son danger — ne pouvait pas être plus aiguë. Cette conscience se cristallisa en une sorte de sensation d'isolement. Du point de vue de sa structure, de son organisation minutieuse et ironique, ce conte se range parmi les meilleurs qu'elle ait écrits et c'est peut-être le plus exemplaire. De ses dernières œuvres, c'était sa préférée.

Dans « Histoire immortelle », un riche vieillard entreprend de « démontrer sa toute-puissance » sur deux jeunes gens. Il y est aidé par l'un de ses employés, un jeune juif nommé Elishama. Dans la relation qui unit ces deux personnages, nous pouvons retrouver un peu de celle qui était née entre Karen Blixen et le jeune poète Brandt. Ils partageaient également une estime négative et une certaine complicité dans leur indifférence vis-à-vis de l'humanité. L'employé, comme Brandt, est un matérialiste prématurément

---

* La traduction française de ce conte a pour titre « L'Éternelle Histoire ». Nous avons cependant jugé préférable de conserver ici le titre du film d'Orson Welles (1966) — avec Jeanne Moreau, Orson Welles et Roger Coggio — qui en est inspiré. (*N.d.T.*)

vieilli, qui est incapable de plus rien désirer. Karen Blixen commença à appeler son ami Brandt Elishama, prénom qu'il arborait fièrement. Lui non plus « ne voulait pas d'amis », de la même façon qu'elle ne désirait pas vraiment la cour qui l'entourait à cette époque. En effet, les amis étaient « des gens qui souffraient et mouraient : le mot " ami " était synonyme de séparation et de perte[1] ».

L' « Histoire immortelle » dont il est question, tous les marins la connaissent : c'est celle d'un riche gentleman qui aborde un matelot sur le port, l'invite chez lui à un dîner somptueux et lui offre cinq guinées d'or pour qu'il fasse l'amour à sa jeune et belle épouse et lui donne un enfant. L'histoire est éternelle, précisément parce que, comme l'explique Elishama à Mr Clay, elle ne peut se réaliser. Le monde réel, le monde extérieur à l'histoire est un lieu où désir et expérience sont pour toujours en désaccord ; c'est un univers régi par les lois de « l'offre et de la demande ». Dans le monde de l'histoire — et c'est là sa *raison d'être* —, désir et expérience peuvent être réconciliés pendant un bref instant. En ce sens, l'histoire est un substitut et un souvenir de l'Éden.

Mr Clay, le vieux démiurge, est devenu immensément riche parce qu'il comprend les lois de l'offre et de la demande : c'est son unique obsession et elle n'a jamais été distraite par aucune autre sorte de besoin, de désir ou de jugement. Durant toute sa vie, il a négocié des marchandises, il n'a lu que des livres de comptes et n'a rien désiré que l'argent, grâce auquel il a pu acquérir un immense pouvoir sur autrui. Il n'éprouve rien d'autre que du mépris pour le monde de l'histoire jusqu'au moment où, à l'âge de soixante-dix ans et grâce à son employé Elishama, il vient à se rendre compte que ce monde existe.

Elishama fait au vieillard la lecture des livres de comptes pour lui tenir compagnie lors de ses nuits blanches (ils sont tous les deux insomniaques) et ils finissent par les lire tous. Mr Clay soupçonne — ce qui révèle qu'il y a encore en lui une étincelle de désir inassouvi — qu'il existe « d'autres sortes de livres », mais il ne sait pas très bien ce qu'il entend par là. Elishama ne le sait pas davantage mais lui, il est en possession d'un échantillon de cette autre sorte d'écrits : il s'agit d'un talisman que lui a donné un vieux juif dans son enfance et qu'il a conservé sur lui depuis lors. Il le lit à Mr Clay : c'est un fragment de la prophétie d'Ésaïe sur la venue du Messie. Bien que Clay soit choqué que l'on puisse parler de quelque chose qui ne doit pas arriver avant un millénaire, il se souvient néanmoins avoir lui aussi entendu jadis une histoire, sur le bateau qui l'amenait en Chine. C'est celle du gentleman qui aborde un jeune matelot sur le port... Elishama l'interrompt, lui raconte la fin et lui explique que ce n'est pas, comme le croyait Mr Clay, une histoire qui est arrivée mais simplement l'expression d'un désir qu'ont tous les matelots mais qu'aucun ne peut exaucer. Mr Clay décide de faire en sorte que l'histoire devienne réalité, ne serait-ce que pour un seul marin. Mais il ne fait pas cela par amusement ou par générosité. Au contraire, c'est parce qu'il éprouve un immense mépris pour la fiction et qu'il ne peut pas s'empêcher de vouloir se l'approprier, se l'acheter pour ainsi dire. Aussi paiera-t-il une jeune femme qui couchera dans son lit et un jeune matelot qui lui fera l'amour. Il ne fait pas cela pour vivre un plaisir par procuration, mais pour les voir danser comme des « pantins » dont il tire les ficelles. C'est en fait un symbole de la manière dont il a fait fortune et un symbole du capitalisme, qui n'est que l'opposé et la contrepartie de l'acte de raconter.

Le vieux capitaliste nous dit :

> « Ce n'était pas mon corps qui souffrait dans les plantations de thé, sous le brouillard matinal ou à la chaleur cuisante de midi ; ce n'était pas ma main que brûlaient les plaques de fer rougies sur lesquelles on sèche les feuilles de thé ; ce n'étaient pas mes doigts qui s'écorchaient en embraquant les bras de vergues du voilier pour lui donner plus de vitesse. Les coolies affamés des plantations de thé, le matelot brisé de fatigue pendant son quart ne surent jamais qu'ils contribuaient à l'acquisition de ce million de livres. Pour eux existaient seulement les minutes de souffrance, les doigts endoloris, les rafales de grêle qui leur fouettaient le visage et les misérables pièces de cuivre de leurs gages. C'était dans ma tête et par ma volonté que cette foule de petites gens sans importance coopéraient à la production d'une seule chose : un million de livres.
>
> « Ne l'ai-je pas légalement engendrée, ma fortune[2] ? »

Le capitaliste exploite l' « existence réelle » des autres êtres humains ainsi que les sentiments et les sensations qui en font partie. Il les transforme en cet objet abstrait, le « million de livres » et il le garde pour lui. Le conteur, qui lui aussi a un but, exploite l' « existence réelle » des autres êtres humains mais il la leur rend sous une forme accessible qui peut se répéter et n'appartient à personne. Dans les contes de Dinesen, ces deux forces se livrent un combat. Mr Clay croit fermement qu'il peut acheter l'histoire éternelle, la corrompre et la rendre « réelle », bien qu'il s'aperçoive qu'il devra le payer bien chèrement : elle lui coûtera bien plus qu'il ne saurait l'imaginer. Elle le transformera, il tombera entre les mains d'une grande puissance et deviendra à son tour un personnage, c'est-à-dire un instrument plus qu'un créateur du destin. Les dieux déjoueront ses intentions avec une finesse bien plus grande et plus complexe qu'il n'aurait pu lui-même concevoir.

Mr Clay, ce pauvre homme qui n'a jamais conté une histoire dans sa vie et qui n'en a entendu qu'une seule, ce personnage dont l'élément est l' « argile* » stérile, n'est pas un autoportrait au premier degré d'Isak Dinesen, dont l'élément était l'air, et qui avait vécu dans le mépris le plus total des lois de l'offre et de la demande. Mais Dinesen et Clay ont une fonction équivalente vis-à-vis de la transgression : lui, il veut s'immiscer dans le monde de la fiction ; elle, elle veut s'immiscer dans celui de la réalité.

Depuis longtemps, Isak Dinesen avait appris que, dans son propre cas, le désir et l'expérience étaient incompatibles, sauf dans les très strictes limites du conte. C'est peut-être là le sens véritable de la petite scène qu'elle avait ménagée à Bjørnvig aux premiers jours de leur pacte, lorsqu'elle lui avait

* *Clay* signifie *argile* en anglais. (*N.d.T.*)

expliqué que la syphilis l'avait privée de tout amour mais avait fait d'elle une conteuse. C'était un mensonge dans les circonstances de l'époque — l'Afrique — mais c'était devenu une vérité au Danemark. La maladie l'avait privée de toute vie amoureuse et « en échange » elle avait acquis le don de tout transformer en contes. Un tel contrat était acceptable et satisfaisant du moment qu'elle ne tombait pas amoureuse. C'est aussi le moment crucial qu'affronte Mr Clay lorsque s'éveille son désir. Elle découvrit qu'elle ne pouvait plus vivre dans les termes de cet ancien contrat et qu'elle ne pouvait plus concilier les désirs humains et le besoin d'intimité avec la position hautaine et distante d'une conteuse. Sa tentative pour s'immiscer dans la vie de Bjørnvig et faire de lui l'être idéal dont elle rêvait ressemble à la tentative de Mr Clay pour pénétrer dans l'histoire éternelle et la faire sienne. Il échoue, ou plutôt, il réussit au-delà de ses intentions et son geste devient autre chose.

Lorsque Isak Dinesen écrivit « Histoire immortelle », elle n'avait pas encore échoué avec Bjørnvig, mais c'était imminent. Comme « Le Poète », ce conte était prophétique. Quelques années plus tard, il devait la rejeter et lui tenir rancune. Après quoi, sa solitude redevint absolue, même si elle mena une vie de plus en plus trépidante au milieu d'une foule de gens. Il devait y avoir par la suite quelques aventures avec toute une série de jeunes gens, mais Bjørnvig devait être son dernier amour. Et, peu après leur séparation, lorsqu'un autre jeune écrivain vint s'asseoir à ses pieds, quelqu'un d'aussi brillant que Thorkild et tout aussi prêt — sinon plus — à lui livrer son âme, elle lui déclara qu'il arrivait trop tard : « Je ne puis vous donner une place dans mon existence, désormais. C'est dommage pour vous, mais vous auriez dû venir plus tôt [...] Il ne me reste plus rien d'autre à faire qu'à vivre mon destin jusqu'au bout[3]. »

2

Bjørnvig vint passer l'automne à Rungstedlund, au grand désespoir de sa femme. Il n'avait pas l'excuse d'une quelconque commotion cérébrale ou du besoin de trouver un endroit calme pour travailler, car il avait tout cela chez lui. Mais lui et Karen Blixen avaient des raisons plus impérieuses d'être ensemble. Elle était malade et désirait qu'il fût auprès d'elle. Elle espérait également le convaincre de venir habiter pour toujours à Rungstedlund et parlait de lui laisser la maison après sa mort, propos qui le choqua. D'un autre côté, il voulait quant à lui avoir les mains libres vis-à-vis de sa famille pour retrouver sa maîtresse. Absorbé comme il l'était par son travail et son aventure amoureuse, il était encore plus renfermé que ne l'avait connu Karen Blixen jusque-là. Pour la première fois, il lui cachait quelque chose et bien qu'elle ne pût savoir « qu'ils n'étaient plus seuls ensemble comme naguère », elle en avait l'intuition. Ce fut le début d'une descente aux enfers et elle y réagit comme autrefois avec Denys : elle s'accrocha désespérément à lui « en s'immisçant davantage encore dans [sa] vie ». Dorénavant, décréta-t-elle, ils paraîtraient en public en tant que « couple » littéraire et entreraient ainsi ensemble dans l'histoire[4]. Elle voulait le sortir de son milieu provincial et lui faire connaître *den store verden* (le vaste monde). Ils visiteraient l'Angleterre ensemble et dîneraient avec Huxley et Gielgud[5]. Le mépris qu'elle éprouvait pour le mariage qu'il avait fait s'accentua et, si elle s'était contentée jusque-là de le plaisanter et de lui dire qu'avec sa femme délicate et raffinée il était comme « quelqu'un qui prend un violon en guise de marteau pour enfoncer des clous[6] », elle déclarait désormais que ce mariage était devenu gênant.

Lorsque Karen Blixen pressait Bjørnvig d'avoir des aventures et de tomber amoureux, lorsqu'elle jouait pour lui ce qu'il appelait « l'entremetteuse », elle agissait à l'encontre de ses véritables sentiments. Elle avait oublié sa tendance à la colère et aux affres de la jalousie. Bjørnvig et sa maîtresse n'en avaient pas tenu compte non plus. Peu de temps après le nouvel an, ils firent chacun séparément confidence de leur secret à Karen Blixen. La jeune femme pensait que la baronne était plus ou moins au courant. Elle les avait invités plusieurs fois ensemble à Rungstedlund sans convier l'époux de l'une et la femme de l'autre, de façon, semblait-il, à leur donner l'occasion de se voir sous son toit avec son plein accord. Mais si en fait elle avait jamais soupçonné quelque chose, elle n'était pas allée jusqu'à imaginer ce qui était réellement arrivé. Devant la réalité, elle se sentit doublement trahie : comme femme et comme déesse. Elle « terrifia » la jeune femme par ses remontrances et ses sermons sur l'outrage moral de l'adultère. Elle fut plus « mielleuse » avec Bjørnvig et mêla sa douleur et sa rage à une étrange compassion pour lui : « Ne voyez-vous pas, lui dit-elle, que c'est comme si des griffes s'étaient plantées dans votre cœur, comme si vous aviez été déchiré par une bête sauvage ? Comme je m'en souviens, comme je connais cela ! C'est la pire douleur qui soit en ce monde. Non, non, je ne souffre pas pour vous. Je vous envie de l'éprouver et je souhaite que vous l'éprouviez, de tout mon cœur[7]. »

3

Les œuvres d'Isak Dinesen durant cette période furent évidemment fortement influencées par Bjørnvig et par leur longue et intense relation : une douzaine de plaisanteries et des détails intimes qu'eux seuls pouvaient comprendre parsèment ses contes. Durant l'automne, elle travailla sur le conte « Conversation Nocturne à Copenhague » en le dictant depuis son lit à Clara. Bjørnvig habitait dans l'autre aile de la maison, où il écrivait ses poèmes, et vers la fin de l'après-midi, ils échangeaient leurs notes et leurs manuscrits. Il s'aperçut que son conte recelait une description, splendidement transformée dans l'imaginaire, de leurs dîners *rus* de l'hiver précédent.

« Conversation » a pour décor le XVIIIe siècle, lors d'une nuit obscure dans les ruelles de la capitale. Le jeune roi fou Christian VII est sorti pour perpétrer une autre de ses scandaleuses exactions, poursuivi par ses conseillers et gardiens. Cependant, il réussit à les semer et pénètre dans une maison où, auprès d'un feu, le poète Ewald ivre mort se trouve en compagnie de sa maîtresse, Lise, une prostituée *.

Sans perdre une seconde, Ewald se lance dans l'aventure de la conversation. Il appelle son hôte inopiné « Grand Soudan Orosmane » et se présente sous le nom de « Yorick ». Le dialogue qui s'ensuit correspond à l'idéal de Karen Blixen : un intermède musical et solennel, à la chorégraphie réglée **. C'est la forme de discours qu'atteignent ses personnages dans les moments les plus intenses de ses contes, les moments où ils passent de l'individuel au mythique.

On voit aisément que le jeune Ewald *rus* de ce conte n'est autre que Thorkild Bjørnvig, comme il est facile de se rendre compte que « l'échange amoureux entre les deux âmes », selon l'expression de Langbaum[8], est l'essence de ses « conversations » avec Karen Blixen. Mais il est moins évident en revanche que le roi Christian incarne et exauce l'un de ses plus anciens désirs : s'échapper des griffes des pédants qui l'empêchaient de « divaguer », de pénétrer dans une maison inconnue et de se retrouver dans une atmosphère chargée à la fois de sensualité et de poésie : « Oui, il était parmi des amis comme ceux dont lui avaient parlé les livres, cherchés sans les trouver jamais, des amis qui le comprendraient tel qu'il était véritablement[9]. »

4

Le flirt de Bjørnvig ébranla Karen Blixen bien davantage qu'elle ne le pensait de prime abord, même s'ils passèrent pourtant une courte période de travail et d'harmonie. En novembre, Bjørnvig partit en Norvège donner une conférence, puis il retrouva sa famille à Sletten. Après quelques semaines, la baronne l'appela là-bas et lui demanda un rendez-vous en précisant qu'elle avait à discuter de quelque chose d'urgent. Ils se retrouvèrent dans une vieille auberge pour prendre le thé. Elle mit immédiatement Bjørnvig au pied du mur en lui montrant une lettre qu'elle avait trouvée dans le salon vert. Elle ne venait pas de sa maîtresse mais d'un ami de Grete Bjørnvig et son contenu semblait relativement innocent. Cet ami avait trouvé une copie du tableau qui était accroché au-dessus du lit de Bjørnvig à Rungstedlund et l'avait offerte à Grete, de façon à ce qu'elle la place au-dessus de son lit à Sletten.

C'était une sorte de plaisanterie et Thorkild expliqua à Karen Blixen que sa femme avait trouvé cela amusant.

Mais pour une raison ou pour une autre, l'impression que Mme Bjørnvig et son ami complotaient quelque chose mit la baronne en fureur et elle les

---

* Lise est un personnage muet, mais elle joue dans le conte un rôle important : c'est elle qui crée « l'atmosphère sensuelle » qui permettra la conversation. Le roi et le poète tombent d'accord sur son innocence et sur le caractère sacré de la vie amoureuse.

** Dans les notes de Karen Blixen, le conte est découpé en quatre mouvements comme une sonate.

accusa tous les trois de s'être conduits avec la plus ignoble grossièreté dans cette affaire. Thorkild eut la présence d'esprit de lui faire remarquer que ce n'était pas faire preuve de noblesse que de lire la correspondance des autres, mais sa logique n'impressionna pas Karen Blixen le moins du monde. Non seulement elle n'avait aucun remords de s'être mêlée de sa vie privée, mais en outre, Bjørnvig fut persuadé que, si elle avait vécu à une autre époque, elle n'aurait pas eu non plus de remords à étriper Grete Bjørnvig pendant qu'elle y était.

Si l'on tient compte du fait que la lettre trahit un touchant complexe d'infériorité de la part de Mme Bjørnvig, il est difficile de ne pas prendre la crise de Karen Blixen pour autre chose qu'un prétexte, conscient ou non, car ce qui l'irritait en réalité, c'était le manque d'honneur et la trahison de Bjørnvig : il ne lui avait pas fait confidence de sa liaison, il l'avait exclue, non de l'amusement qu'il avait pris avec sa femme à cause de la plaisanterie, mais du plaisir qu'il avait eu avec sa maîtresse et de leur passion coupable qu'elle avait abritée sous son toit. Il est tout à fait possible qu'elle ait fouiné dans ses malles dans l'espoir de trouver des lettres d'amour et que, ses recherches étant restées vaines, elle ait jeté son dévolu sur quelque chose qui, même innocent, lui permettait de mettre les choses au clair.

La baronne s'exprima avec tant de mépris et d'acrimonie à propos de l'insulte que lui avaient faite Grete et Bjørnvig — et de leur manque d'honneur — qu'elle lui fit comprendre qu'il leur serait désormais impossible de se revoir. Mais lorsque Bjørnvig commença à plier la lettre, elle la lui arracha des mains et, avec une expression « furibonde », lui dit qu'elle voulait la conserver. Ils rentrèrent à Sletten en silence et il comprit que le pire était passé. Mais à ce moment, Karen Blixen arrêta la voiture dans un endroit désert et approcha son visage du sien en murmurant d'une voix plaintive : « Délivrez-moi, délivrez-moi [10]. »

44.

Le pacte est brisé

1

Karen Blixen passa Noël, conformément à ce qui était devenu une habitude, à Wedellsborg, après un voyage dans le Jutland, à Leerbaek, chez son frère Anders qui était gravement malade. Elle se remit à travailler tranquillement après le nouvel an au « Troisième Conte du Cardinal », qui devait être publié la même année dans une édition de luxe, avec des illustrations d'Erik Clemmeson, qui en faisaient un livre d'art. Le conte était le premier chapitre de ce que Karen Blixen envisageait être un très long roman intitulé *Albondocani* *, quelque chose, dit-elle à Robert Haas, dans le genre des *Hommes de Bonne Volonté* de Jules Romains. Le livre devait comprendre rien moins que mille et un contes distincts mais reliés entre eux, qui auraient eu comme décor le royaume de Naples dans les années 1830 **. Comme sa santé ne cessait de décliner depuis la fin des années cinquante, elle disait toujours qu'elle le finirait avant sa mort « mais juste avant[1] ».

---

* Un prince Albondocani apparaît souvent dans ses contes. Langbaum suppose que Dinesen tira le nom du personnage du sultan Al Bundukdari dans les contes qui constituent la suite des *Mille et Une Nuits*. Elle peut également avoir été inspirée par le prince Forizel, dans *Les Nouvelles Mille et Une Nuits* de Stevenson, qu'elle avait lues en Afrique et qu'elle tenait en haute estime.

** Certaines des notes de travail d'Isak Dinesen pour *Albondocani* ont été retrouvées dans ses manuscrits inédits. Ils permettent de voir la méthode qu'elle utilisait pour rassembler et organiser l'abondance de détails et d'événements qui constituent ses contes. Elle utilise des pages datées, établit des listes de citations, de références, de souvenirs et de situations dramatiques souvent ironiques qui pourront entrer dans la composition de ses contes. Par exemple : « Le vieux seigneur qui a le bonheur d'habiter à Séville trente ans après que Don Juan ait séduit toutes les femmes. La malheureuse jeune fille qu'il n'a pas séduite. » Ou encore : « Judas soulignait qu'il était le seul disciple à ne pas s'être endormi dans le jardin de Gesthemana. » Ou bien : « La fille (dans les histoires de tante Bess sur Dories) qui était la cadette de neuf sœurs, toutes nées (Henriette Danneskjold) parce que les parents désiraient un fils héritier. Elle sentait qu'on lui avait fait beaucoup de tort et qu'elle avait la force de vivre de plein droit. »

Certaines de ces rubriques, qui sont généralement numérotées, consistaient en une simple

Plusieurs des chapitres écrits composèrent en fin de compte les *Nouveaux Contes d'Hiver*.

« Le Troisième Conte du Cardinal » met en scène le cardinal Salviati, qui reviendra souvent dans son œuvre par la suite. Salviati est le plus exemplaire des prêtres-artistes de Dinesen. Nous apprendrons dans son « premier » conte (il fut en effet écrit postérieurement) qu'il est l'un des deux jumeaux Athanasio et Dionysio. Quand ils étaient enfants, l'un d'eux mourut dans un incendie sans qu'on pût savoir lequel : qui avait survécu ? Leur mère est persuadée que c'est Dionysio et leur père est sûr que c'est Athanasio, mais le lecteur comprend rapidement que l'enfant rescapé possède en lui les deux aspects, divin et sensuel, qui sont à la source de sa sagesse et du salut qu'il peut offrir. En tant que personnage, le cardinal irradie un séduisant mélange de force matérielle et spirituelle.

A travers la personne du cardinal Salviati et à travers le conte qu'il rapporte, Dinesen parlait directement à ses jeunes amis d'*Heretica*, qui selon elle avaient épousé la tradition « empoisonnée » du dualisme. Mogens Fog, son ami et médecin, me déclara qu'elle avait écrit « Le Troisième Conte du Cardinal » en partie comme une sorte d'avertissement et de raillerie amicale à leur encontre, et qu'elle percevait leur retour à la foi chrétienne du salut comme une « fuite devant la réalité[2] ».

L'héroïne du conte, lady Flora Gordon, est une noble dame écossaise extrêmement riche, descendante de rois, qui voyage en Italie dans les années 1830. C'est l'une des *solitaires* de Dinesen, qui en est arrivée à se méfier de ses instincts et de tout contact humain, et qui, par conséquent, fuit la réalité de ses désirs et de ses sentiments. C'est une athée qui déclare à propos du salut : « [...] ce que je n'ai ni commandé ni payé, je ne veux pas le recevoir[3]. » C'est une femme d'une stature de géante, énorme, qui a pour son corps la même sorte d'horreur que Gulliver à l'égard des habitants de Brobdignac. Swift, apprenons-nous, est l'un de ses auteurs favoris, et elle utilise son livre « pour tourner en dérision *in toto* l'œuvre du Tout-Puissant[4] ».

C'est en Italie qu'elle rencontre un prêtre catholique d'humble origine, le père Jacopo, qui tente de la convertir et à la requête de qui elle se met à faire généreusement la charité. Il s'acquitte en partie de son rôle de prêtre en ce qu'il ouvre une brèche dans la solitude inhumaine de lady Flora. Ils sont liés par une amitié plutôt touchante et incongrue, et leurs conversations sur la théologie sont, comme le dit Langbaum, pleines « de douceur et de profondeur[5] ». Je me hasarderai volontiers à dire que le père Jacopo représente partiellement Martin A. Hansen, dont il a certains des charmes spirituels et — selon Dinesen — les limites. Comme Hansen, il est en prise directe avec la nature et il est capable d'éprouver une crainte respectueuse envers la Création. Toutefois, dans sa certitude éthique, il n'y a rien de

citation, une strophe de poésie ou une note sur un autre écrivain. Par exemple : « La famille distinguée qui réunit le conseil de famille quand le fils a contaminé sa femme (Fru Gyllemborg). »

La même sorte de liste thématique existe pour *Ombres sur la Prairie,* pour « Conversation Nocturne à Copenhague » et pour les essais de Karen Blixen (KBA 146).

l'aspect diabolique ou dionysiaque de l'expérience, qu'elle considérait comme essentiel. Le père Jacopo est un plébéien, fils de paysans comme Hansen. Il n'est pas capable de reconnaître, contrairement au cardinal Salviati, que lady Flora est « une noble femme et [que] c'est elle qui transformera les choses qui la toucheront ou la frapperont — et non les choses extérieures qui la transformeront jamais[6] ». La soumission et l'humilité de Jacopo sont une attitude qui ne saurait s'adapter à elle.

Le remède ultime à la froideur, à la solitude et à l'idéalisme exacerbé de lady Flora ne sera pas la théologie mais la syphilis : ici, Dinesen fait, plutôt audacieusement, de la publicité pour sa propre situation. Lady Flora l'a attrapée en embrassant le pied de la statue de bronze de Saint-Pierre, au Vatican, après qu'un jeune ouvrier y a pressé ses lèvres humides. Mais ce n'est qu'après avoir quitté l'Italie et être allée en Grèce — à Missolonghi — qu'elle découvre le chancre rouge sur sa lèvre et qu'elle se demande s'il ressemble « à une rose ou à un sceau ».

La syphilis est le « sceau » qui trahit une énergie exprimée dans le désir. Le désir, pensait Karen Blixen, unit tous les êtres humains. Le refuser, c'est se couper de cette « vraie humanité qui demeurera toujours un don, qui doit être accepté par tout être humain, tel qu'il lui est donné par son semblable. Celui qui donne a lui-même reçu. De la sorte, peu à peu, une chaîne se forme de pays à pays et de génération à génération. Rang, fortune, nationalité, en pareille matière, tout cela compte pour rien. Le pauvre, celui que l'on foule aux pieds, peut faire ce don aux rois, et les rois le feront à leurs favoris à la cour ou à un danseur ambulant de leur ville. L'esclave nègre peut le faire au négrier ou ce négrier à l'esclave. Il est étrange et admirable d'observer comment, dans une semblable communauté, nous sommes liés à des étrangers que nous n'avons jamais vus et à des morts — hommes et femmes dont nous n'avons jamais entendu et n'entendrons jamais les noms — plus étroitement même que si nous nous tenions par la main[7] ».

A la fin du conte, le cardinal Salviati rencontre lady Flora dans une station thermale de montagne où sont soignées discrètement les maladies de messieurs et de dames distingués. Psychologiquement, elle est pratiquement méconnaissable : elle est devenue une femme du monde aimable et charmante que tous les autres patients accueillent avec affection. Elle a, selon le poème de Jørgensen, abandonné son latin pour le grec, la charité pour Éros et du coup, elle a retrouvé son humanité.

2

En mai se déclara à Rungstedlund une crise domestique mineure, à l'issue de laquelle Clara fut temporairement envoyée en exil — ce qui ne serait pas la dernière fois. Karen Blixen travaillait sur un nouveau conte, le brouillon de ce qui deviendrait « Ehrengard », qu'elle classa dans une série d'histoires très différentes (tant du point de vue du style que de la portée et du sens) d'*Albondocani.* C'était le futur recueil *Derniers Contes,* qui devait dans son esprit représenter la face frivole de son œuvre *. Clara trouvait « Ehrengard » trop frivole et le lui dit. C'était peut-être son seul luxe que de se montrer têtue sur certaines choses qu'elle considérait comme des points d'honneur, et de prendre le risque d'agir comme elle l'avait fait. La baronne se mit dans une rage folle et Clara partit à Copenhague.

Bjørnvig, sur ces entrefaites, était rentré chez sa femme. Celle-ci avait découvert son infidélité et en fut si déprimée qu'elle menaça de se suicider, menace qui pesa sur leur union durant des années. La maîtresse de Bjørnvig se sentait elle aussi coupable et elle quitta son propre mari pour aller vivre à l'étranger. Plus Bjørnvig pensait à cette situation, plus il lui semblait que Karen Blixen était seule à l'origine de la tragédie et que la responsabilité lui en incombait. A sa requête, il lui avait délégué sa volonté en échange d'une promesse de protection divine. Elle l'avait encouragé à la transgression, à mettre passion et spontanéité avant le devoir, et il avait obéi. Lorsqu'il lui demanda la protection promise — qui l'aurait déchargé de sa culpabilité —, elle la lui refusa. En fait, elle avait promis plus qu'elle ne pouvait donner. Il lui demandait d'agir comme une déesse, de transcender sa solitude et son besoin d'amour, et elle réagissait comme une maîtresse abandonnée. Désormais, il était plus fâché que déçu : il la rejeta avec le même excès qu'il s'était rendu. Il lui écrivit une lettre qui résiliait le pacte et lui rendait à elle sa « liberté ».

Mais Thorkild ne connaissait pas Karen Blixen : il n'était pas si facile de se débarrasser d'elle. Elle lui écrivit en réaffirmant sa foi en lui et en disant qu'elle avait été « injuste » avec lui. Elle en avait dit trop ou pas assez : il fallait qu'il vienne à Rungstedlund parler avec elle, ce qu'il fit. C'est alors qu'elle lui expliqua que, lorsqu'elle lui avait demandé de « la délivrer », elle était terriblement en colère et ne savait plus ce qu'elle disait. Elle voulait maintenant renouer le pacte et, pour qu'il fût indissoluble, elle désirait qu'il fût signé de leur sang. « Le sang est plus épais que les mots[8] », lui dit-elle. Bjørnvig l'écouta, désarmé, et il sentit sa résistance vaciller. Il était incapable de lui dire qu'il ne voulait plus le moindre pacte et qu'il désirait abandonner ces sottises sataniques. Il ne pouvait pas davantage se résoudre à des gestes de détraqué tels que signer avec son sang. Il était prisonnier de la dépendance de son amour, de la crainte de son courroux et de sa révolte contre son autorité, comme un adolescent qui veut se libérer de ses parents mais qui ne peut se résigner à abandonner la sécurité du monde de l'enfance. Aussi ne dit-il rien. Karen Blixen perçut la confusion de son esprit et changea de sujet. Ses désirs et ses caprices apparaissaient et disparaissaient comme ses colères, sans qu'elle pût y faire grand-chose, ni modifier l'impression qu'elles laissaient sur les autres. Et cela, elle le savait parfaitement.

---

* Dans ses premières lettres à Robert Haas, elle les appelle « des plaisanteries, à la lettre », et elle met dans cette catégorie les histoires écrites pour les magazines américains de grande diffusion. Mais au cours des années cinquante, le contenu du volume changea : elle en ôta les textes originaux, qui étaient plutôt ordinaires, et elle les remplaça par trois de ses meilleures œuvres de maturité : « Tempêtes », « Le Dîner de Babette » et « Histoire immortelle ». *(N.d.T.)* Originellement intitulé *Last Tales,* le recueil devait devenir en français : *Le Dîner de Babette.*

Après ce tournant dans ses relations avec Bjørnvig, Karen Blixen sombra dans la dépression la plus noire. Brandt était à ses côtés pour la dérider et la consoler : il lui écrivit une lettre d'amour enflammée où il la tutoyait, il lui envoyait une génisse parée de guirlandes de fleurs et il tenta gentiment de dire du mal de son ancien ami, conseillant à la baronne de ne pas répondre aux provocations de Bjørnvig ni de renouer contact avec lui. Cependant, à mesure que passait l'été, désorientée, sa tristesse ne fit que s'accroître et sa santé s'en ressentit. « Je suis si malheureuse, dit-elle à Clara, qui était rentrée en grâce. Clara se piquait de ne pas être curieuse et ne posa aucune question. Mais lorsque la baronne tomba dans les escaliers et se blessa grièvement, elle comprit que la chute était due à une sorte de faiblesse générale causée par ses chagrins[9]. »

Quelque temps auparavant, la baronne avait raconté en passant à Brandt le flirt de Bjørnvig, et, en manière de plaisanterie, Brandt avait malicieusement glissé à Bjørnvig qu'il savait tout de l'affaire. Plus tard, la baronne confia quelques détails personnels de cette histoire à Clara qui s'inquiétait de l'attitude de Thorkild et pensait que son désespoir méritait qu'elle lui consacrât un peu de son attention. Mais son désir de le réconforter trahit du même coup que la baronne lui avait tout raconté. Bjørnvig interpréta cela comme un sacrilège supplémentaire. Il adressa une cinglante lettre de reproches à Karen Blixen, qui se retourna contre Clara, laquelle fut une fois de plus renvoyée de Rungstedlund sans salaire durant plusieurs mois, alors qu'elle avait pourtant traduit « Histoire immortelle » en danois. Bien qu'elle ne protestât pas, elle perdit un moment son envie de « vouloir se rendre utile[10] ».

3

Bjørnvig décrit la fin du pacte comme un « très long chant du cygne ou l'un de ces finales qui s'éternisent dans les symphonies de Beethoven[11] ». Durant le temps où Clara était en exil, Karen Blixen écrivit à Bjørnvig, plaidant la solitude, pour l'inviter à dîner. Il vint. Elle le prit dans ses bras et, avec « une voix chargée d'une émotion contenue », lui récita les premiers vers d'un *lied* de Schubert : *Sei mir gegrüsst, sei mir geküsst.* Ils dînèrent dans le salon vert, la baronne remplit le verre du maître, et ils s'abandonnèrent à leur félicité retrouvée. Leurs peines étaient passées et « mon chagrin le plus récent était aussi lointain que sa première douleur », écrivit Bjørnvig. Il s'enivra et l'on peut supposer que Karen Blixen se grisa elle aussi par osmose comme auparavant. Avant la fin de la soirée, ce qui pouvait bien arriver lui était totalement indifférent. Elle quitta la pièce un instant, revint avec un revolver, s'arma de courage et le mit en joue. Bjørnvig s'en moquait : « Rien ne pouvait troubler mon bonheur parfait. Je pensais que tout était insoluble [...], aussi, pourquoi pas maintenant plutôt qu'après ? » Ils se regardèrent, « comprenant leur folie » et elle laissa tomber son arme. Peu de temps après, Bjørnvig dormait dans son lit comme naguère et Karen Blixen passait le quatuor à cordes de Tchaïkovski[12].

Cependant, ce n'était pas fini. Karen Blixen agit comme s'ils s'étaient à nouveau compris et Bjørnvig se déroba une fois de plus. A Noël, elle envoya Alfred Pedersen à Sletten pour apporter des cadeaux à Bjørnvig et à Bo, et il lui adressa une carte de remerciement insipide et guindée sur laquelle elle gribouilla au crayon le mot « idiot ». Une année passa sans qu'ils se voient beaucoup. Bjørnvig travaillait à une série de traductions d'Hölderlin et Karen Blixen écrivait pour le roman *Albondocani* une « trilogie » de contes inspirée par leur relation. Elle lui envoya le manuscrit terminé. En janvier 1954, il revint à Rungstedlund pour l'Épiphanie. Elle n'avait pas mis sa robe du soir habituelle pour le recevoir, mais un ancien costume de Pierrot en satin avec une collerette de tulle. Il avait été confectionné à l'occasion de l'une des représentations théâtrales des enfants Dinesen, et elle l'avait retrouvé dans une malle au grenier. Elle l'avait déjà porté en deux occasions : lors d'un voyage à Copenhague avec Knud W. Jensen, pour que Rie Nissen fît son portrait, et à une soirée d'*Heretica* où, elle s'en plaignit à Schroeder, il ne fit pas l'effet escompté[13]. Cette fois, elle recevait Bjørnvig dans l'accoutrement de l'un de ses plus anciens personnages.

Cette visite à Rungstedlund, qui devait être la dernière avant longtemps, s'annonçait assez agréablement. La baronne déclara à Bjørnvig qu'elle avait appelé son ancienne maîtresse dans le Jutland mais que la jeune femme qui revenait de l'étranger ne voulait pas la voir et lui avait écrit qu'elle désirait qu'on la laissât tranquille. Soudain, il sembla qu'un démon s'emparait à nouveau de Karen Blixen. Elle commença à tourner la jeune femme en ridicule et à se moquer du couple qu'ils avaient été, déformant leurs attitudes et leur langage avec son célèbre don d'imitation, jusqu'à en faire deux personnages absurdes et tragiques. « Ne voyez-vous donc pas que son âme n'est pas plus grosse qu'une lentille ? demanda-t-elle à Bjørnvig. Et vous avec elle, vous avec votre désir et votre lâcheté, vous qui n'osez pas mêler votre sang au mien, simplement parce que vous avez peur de voir du sang[14]. »

Bjørnvig rit avec elle. Il riait parce qu'il était paralysé par ses sarcasmes. Il riait de lui-même, de son ancien amour et de ce qu'il avait vécu, en sentant néanmoins qu'elle le maudissait. Plus ce qu'il avait vécu lui apparaissait ordinaire, plus sa colère augmentait contre Karen Blixen, qui avait fait échouer cet amour et qui l'empêchait maintenant d'en percevoir le caractère tragique. Il cessa de rire, la maudit à son tour et sortit.

Ils se virent une fois encore, cette fois-là sur la colline d'Ewald, en plein air, sur un banc. Karen Blixen l'attendait, avec Pasop auprès d'elle dans la calme lumière de l'automne. Mais ils furent incapables de parler sans mentionner récriminations et mesquineries, et après un moment, ils préférèrent se taire. Bjørnvig crut que ce serait leur dernière entrevue, mais Karen Blixen ne pouvait le laisser aller sans lui donner sa bénédiction et recevoir la sienne. Quelques mois plus tard, il se retira dans un coin éloigné au nord du Jutland pour pouvoir écrire tranquillement. Un matin, alors qu'il levait les yeux de sa table de travail, il aperçut Karen Blixen devant sa fenêtre. Lorsqu'il ouvrit la porte, elle lui tendit la main et lui expliqua qu'elle était venue voir comment il allait et où il vivait.

Il lui prépara du thé et elle lui raconta l'époque où elle vivait à Skagen et écrivait *La Ferme Africaine.* Ils causèrent littérature et discutèrent de la différence entre poète lyrique et conteur. Karen Blixen ne put s'empêcher de lui lancer un coup de patte ; elle lui déclara que c'était la même différence qu'entre dieu et surhomme. Cependant, ces retrouvailles furent pour elle pleines de joie et de promesses : « Nous avons tant de choses à nous dire, lui déclara-t-elle, et il y a tant de choses que je voudrais vous demander. Vous me manquez[15]. »

Vers midi, elle se leva pour partir en disant qu'elle avait rendez-vous pour déjeuner et elle demanda à Bjørnvig de la raccompagner en ville. Ils rentrèrent en longeant la plage. Il marchait devant en raison de l'étroitesse du chemin et il aperçut un serpent lové sur le sable qui se chauffait au soleil et ne bougea pas à leur approche.

Arrivés en ville, il emprunta une voiture pour la conduire à son déjeuner. Il l'accompagna jusqu'au seuil et c'est là qu'ils se séparèrent.

Karen Blixen rentra à Rungstedlund et écrivit presque immédiatement au maître une lettre joyeuse où elle lui disait que leur dernière rencontre avait dissipé l'affreuse sensation de perte que leur précédente entrevue avait fait naître en elle. Le serpent, lui dit-elle, avait été pour elle un signe, un signe que lui offrait la terre. Elle était persuadée que cela protégerait leur amitié de tout danger et de tout péril[16]. Dans le même temps, Bjørnvig lui aussi *lui* avait écrit. Après son départ, il s'était trouvé incapable de travailler. La colère le submergeait. Il venait à peine de trouver la paix, après tant de tumulte et de crises, qu'il avait fallu qu'elle vienne le troubler. Il n'y avait donc aucun endroit au monde où il serait *à l'abri* d'elle ? Cette perspective prit une telle ampleur dans son imagination que, sur le moment, il crut qu'elle le poursuivrait même outre-tombe. Le serpent du chemin était pour lui aussi un symbole, mais c'était loin d'être un signe bienveillant de la terre du Jutland. C'était une mise en garde contre le pouvoir satanique que Karen Blixen exerçait sur lui.

Cette lettre qu'il lui envoya, dans laquelle il renonçait une fois pour toutes au moindre espoir de réconciliation, n'était ni cruelle ni hystérique. Elle était pleine de sentiments excessifs et soigneusement mis en mots, mais elle débordait aussi de reconnaissance. Il lui demandait de ne pas lui reprendre le don de « liberté intérieure » qu'elle lui avait naguère accordé. Il lui disait aussi qu'auparavant il aurait sombré s'il avait dû l'abandonner, mais que désormais, il sombrerait s'il devait jamais revenir à elle. « A quoi cela servirait-il que je désire renouer notre amitié et revenir à Rungstedlund, alors que la nature toute-puissante qui m'environne chante de toute part : non, non, non [...] Ce n'est pas ma conscience qui se révolte, c'est mon démon [...][17]. »

Lorsque Karen Blixen eut lu la lettre, elle lui télégraphia : « Reçu votre lettre. Brûlez la mienne. » Le pacte était brisé.

4

Au début de sa relation avec Bjørnvig, la crainte qu'avait Karen Blixen de succomber à la mégalomanie était, comme nous venons de le voir, bien fondée. Mais lorsqu'elle lui demandait d'intervenir et de l'avertir si elle tombait dans de tels excès, c'était comme si elle avait demandé à un mystique de n'avoir pas de visions. Sa divinité avait trop de prix à ses yeux pour qu'il se privât des bénéfices qu'il pouvait en retirer. Lorsque le diable montrait les dents, il n'avait pas la présence d'esprit ni le courage ou le désir d'en faire autant.

C'est elle qui endossa toute la responsabilité de la débâcle, qui s'accusa d'avoir poussé Bjørnvig trop loin, d'avoir attendu trop de lui et de s'être trompée. Mais elle blâmait avec mépris la passivité de Bjørnvig. Ayant raconté à Ole Wivel l'anecdote des freesias qu'elle avait mis dans les cheveux de son disciple avant de l'envoyer chercher la *Komtesse* Caritas, elle regrettait : « Cet idiot faisait tout ce que je lui disais. C'est moi qui étais ridicule [18]. »

Ole Wivel, qui était resté en très bons termes avec Bjørnvig, l'écoutait mais il n'en pensait pas moins : c'était une attitude qu'il avait appris à conserver avec Karen Blixen. C'était l'une des personnes qui pouvaient le mieux apprécier les insolubles contradictions de son personnage, telles que la coexistence de son jugement aiguisé de la nature humaine et de son aveugle vanité lorsqu'il était question de ses propres paradoxes. Cela faisait des années qu'il avait décidé de rester à distance sans pour autant sacrifier le respect qu'ils avaient l'un pour l'autre. Il était capable de tourner parfois en dérision des gestes qu'il jugeait cruels ou absurdes, mais il n'oubliait jamais devant quelle grande dame il se trouvait. C'est pourquoi il ne fut jamais obligé, comme Bjørnvig ou Aage Henriksen, de la rejeter ou d'être déçu.

« J'aime et j'admire l'ordre parfait de votre cosmos, mais je ne puis y vivre », lui déclara-t-il après qu'ils se furent disputés sur le changement moral d'*Heretica*. En cette même occasion, il s'était rendu compte de la profonde justesse de ses sentiments et de l'amour qu'elle avait montré par ses récriminations et il pensa :

> « Elle savait tout de la sublimation de la perte, de la souffrance comme terre où s'épanouit le génie, et de la résonance de la douleur comme harmonie d'une œuvre d'art — et en même temps, elle se soumettait aux impulsions les plus banales de la nature humaine : mesquinerie, impatience, caprices et avarice. Elle souffrait d'un insatiable désir de puissance, malgré toute sa générosité. Elle jouait avec les destinées humaines malgré son mépris pour de tels jeux. Oui, elle souffrait aussi de son mépris d'elle-même, malgré sa fierté inébranlable et sa légitime confiance en soi. Elle était un paradoxe vivant qui défiait toutes les catégories morales, et du même coup, elle était un mauvais juge [19]. »

Nombre de ses amis pensaient que ses provocations et ses démonstrations d'égotisme ne servaient qu'à les éprouver et à éprouver la réalité, qu'elle cherchait quelqu'un qui fût capable de l'arrêter, de mettre un terme à ses excès ou de rire d'elle. Mais ce n'était pas, comme le suppose Wivel, parce qu'elle se sentait au-dessus de toutes les catégories morales ni la conséquence de la célébrité, de la maladie ou de la vieillesse. Tanne Dinesen était déjà ainsi à vingt ans et elle avait exprimé le même désespoir fier dans « Le Laboureur ».

Peu de gens vinrent à son aide. Erik Kopp fut l'un d'eux. Il y eut aussi une amie moins proche, Tove Hvass, une femme corpulente de l'âge de Karen Blixen, qui avait les pieds sur terre et qui se moquait en toute impunité des comédies de Tanne et de son allure. Tanne les adorait tous les deux pour cela. Sa foi en sa toute-puissance ne lui apportait que tristesse et n'était qu'une maigre consolation en regard de l'absence d'un prêtre qui eût été son « égal ». Qu'on l'écoutât ainsi avec tant de naïveté, qu'on la prît tellement au sérieux et qu'on la respectât autant ne faisaient que l'enfermer plus encore dans sa solitude.

Bjørnvig avait perçu le paradoxe de son caractère dans la façon dont sa grandeur apparaissait soudain « comme un animal sauvage qui surgit tout à coup » et qui disparaissait ensuite : tout à coup, elle était là, totalement là, et l'instant d'après, elle s'était évanouie. Ce qu'elle disait, il le comprit des années plus tard, avait l'apparence de la sagesse, mais il lui manquait « ce qui caractérise la sagesse : l'invulnérabilité et la cohérence [...] [20] ». Elle avait beau désirer à tout prix et « de tout son cœur » une relation stable et responsable, elle était incapable de la vivre, « sauf avec ses domestiques et ses animaux ».

C'est à elle que revient le dernier mot sur la question : « Si seulement, se plaignait-elle, si seulement les gens pouvaient me traiter comme une malade mentale, ce serait tellement plus reposant [21]. »

45.

Trahisons

Si j'étais toi, je ne laisserais personne être mon égal.

OSCEOLA [1]

1

Clara Svendsen rentra de son deuxième exil en novembre 1952, un peu plus encline à la prudence, peut-être, mais sans avoir le moins du monde perdu son enthousiasme pour sa « vocation ». C'était le moment où Karen Blixen venait de se réconcilier avec Bjørnvig et où elle s'était embarquée pour une longue période de fécondité littéraire. Elle commença à écrire une trilogie de contes qui devaient constituer une partie du roman *Albondocani.* « Le Troisième Conte du Cardinal », publié un peu plus tôt la même année, donnait le ton de ce nouvel ouvrage qui, comme elle le confia à un ami, « devait être d'un style plus concis et moins élaboré que les *Sept Contes Gothiques* ou les *Contes d'Hiver* [2] ». Robert Langbaum devait en parler plus tard comme des « diagrammes de l'esprit » de Dinesen. « Ses intrigues sont devenues plus schématiques, il y a moins d'écart qu'auparavant entre les mécanismes de l'histoire et sa signification symbolique [...] et les meilleurs contes atteignent le niveau de fables parfaites, de mythes ou de paraboles. Quelques autres qualités ont dû être sacrifiées pour obtenir cet effet qu'elle a recherché durant toute sa carrière [3]. »

En essence, c'étaient des paraboles religieuses qui traitaient des relations entre dieux et mortels. D'après les *Notater* de Clara Svendsen, nous savons que, mis à part son « pacte », les questions de théologie en général intéressaient à l'époque Karen Blixen au plus haut point. Elle organisa deux « dîners théologiques », le premier en 1952, l'autre au début de 1953, sous le prétexte de « permettre à son frère Thomas d'avoir l'occasion de discuter religion avec des gens d'autres horizons [4] », mais surtout, évidemment, afin de lui servir de forum pour faire état de ses opinions sur le sujet. Parmi les invités se trouvaient un pasteur luthérien, un prêtre catholique, le comte

Wedell, le critique Aage Henriksen, Thomas, Johannes Rosendahl, Clara et plusieurs autres personnes. Karen Blixen avait espéré pouvoir trouver un « chrétien ordinaire » mais il s'avéra qu'une telle personne était difficile à trouver. « Je suis allée de maison en maison, raconte Clara, et j'ai demandé : " Il y a un chrétien, ici ? Vous savez où je pourrais en trouver un[5] ? " »

Karen Blixen et Johannes Rosendahl étaient amis depuis la guerre, qui l'avait consacré héros de la Résistance. En 1947, il avait demandé à la baronne d'écrire des vers qui seraient gravés sur un monument à la Résistance, une sculpture en forme de cloche. Il lui dit qu'elle l'avait soutenu spirituellement pendant la guerre et que c'était la raison pour laquelle il lui demandait cela. Mais cette requête l'inquiéta : elle n'avait pas confiance en ses dons de poétesse. Aussi demanda-t-elle un beau jour d'automne à Ole Wivel de venir écouter ce que cela donnait.

« Une nuit, un rêve l'avait inspirée, écrivit Ole Wivel. Elle vit un petit elfe entrer dans sa chambre et s'approcher de son lit. Là, il récita deux vers dont elle comprit plus tard qu'ils étaient faits pour être inscrits sur la cloche :

Je suis l'écho des temps
*Où dans leurs exploits résonnait Skraep**. »

Lorsqu'elle demanda à Wivel ce qu'il en pensait, il alluma une cigarette « prenant la même expression impassible qu'elle » et il lui dit que « c'était un elfe bien inspiré et que ce qu'il lui avait proposé était parfait. Il y avait un rythme et un mouvement dans ce vers qui évoquait celui d'un battant de cloche. Par la suite, Karen Blixen refusa d'assumer la paternité du poème de l'elfe, mais elle l'envoya à Johannes Rosendahl. Je ne lui ai jamais pardonné de ne pas avoir aimé ces vers et je n'ai jamais perdu une occasion de dire par la suite que nous étions devenus bons amis malgré la première impression que j'avais eue de lui — avant de le rencontrer —, celle d'un béotien fermé à la musique[6] », poursuivait Wivel.

Karen Blixen resta elle aussi en bons termes avec Johannes Rosendahl et ils continuèrent à entretenir une correspondance, courtoise et un peu solennelle, mais intellectuellement très riche. Ils parlaient surtout religion ** et, dans une lettre de janvier 1952, Karen Blixen lui exprimait la déception que lui avaient causée ses « dîners théologiques ». Les convives ne lui avaient pas donné la réponse à la question qu'elle leur avait posée : « Pourquoi croyez-vous donc ? » Durant tout le dîner, le mot « foi » avait été utilisé dans le sens de « foi chrétienne » et, pour elle, c'était la preuve d'une grande étroitesse de vues. « Si je devais dire clairement ce que j'en pense, en tant que simple spectatrice, je formulerais mon opinion comme suit :

---

* *Jeg er Genlyd her fra dengang*
Da i deres Faerd Skraep klang
(Skraep est une épée mythique.)

** Johannes Rosendahl publia une intéressante étude sur l'influence de l'unitarisme dans l'œuvre de Karen Blixen : *Karen Blixen : Fire Foredrag* (Copenhague, Gyldendal, 1957).

« Le christianisme, c'est croire que, à une période donnée de l'histoire, l'une des trois personnes qui composent la Trinité est devenue un être humain, que sa nature divine a totalement absorbé sa nature humaine et que, par là, il a réuni mystiquement une humanité déchue ou apostate avec son destin à lui. C'est croire qu'à une période donnée de l'histoire et dans une partie donnée du monde, il a partagé les conditions de vie de l'humanité, il a donné des leçons et accompli des miracles pour finir par être crucifié par la race humaine et souffrir réellement une mort humaine. C'est croire qu'il est revenu d'outre-tombe, toujours sous forme humaine, mais transfiguré, et qu'il a du même coup donné à chaque être humain l'espoir d'une semblable résurrection. C'est croire qu'après un certain temps cette forme humaine transfigurée est montée au ciel, et que Dieu Lui-même, à travers cet enchaînement d'événements historiques, a pardonné à l'humanité l'offense qu'elle Lui avait faite. Tous les êtres humains peuvent, à partir d'un certain jour, compter être totalement pardonnés et retrouver leur origine divine, pourvu qu'ils aient la conviction que les événements historiques dont j'ai parlé sont irréfutables, et que durant leur existence terrestre ils utilisent les moyens particuliers de délivrance qu'Il a mis à leur disposition — baptême et communion, ainsi que d'autres prétendus sacrements de l'Église chrétienne originelle — et qu'ils suivent du mieux qu'ils peuvent les enseignements éthiques qu'Il leur a communiqués à la même période.

« Maintenant je demande aux chrétiens, toujours dans ma position d'observatrice extérieure, pourquoi ils croient.

« J'ai déjà posé cette question et l'on m'a répondu : " Parce que c'est écrit dans la Bible. " Du coup, j'ai dû demander : " Pourquoi avez-vous choisi d'ajouter foi au recueil de contes mythologiques d'un peuple étranger et si éloigné de vous ? Il y a eu dans le monde à maintes époques de nombreux autres écrits semblables, sans que vous leur accordiez pour autant aucun sens ni aucun crédit et sans que vous les teniez davantage pour la seule vérité qui prévale et illumine le monde [...] ". »

Elle ne se considérait pas comme une chrétienne et elle expliquait : « Moi-même [...] j'ai été élevée par des unitariens mais ce sont les mahométans qui m'ont donné la plus forte impression de la foi. Ce qui revient à dire que je ne puis approcher le christianisme que comme quelqu'un d'extérieur. Je crois que j'ai vraiment essayé de comprendre, en toute honnêteté, ce que c'était [...] mais je n'ai jamais vraiment réussi à le comprendre de façon cohérente[7]. »

2

A la fin de l'année 1952, Karen Blixen avait eu les honneurs d'une organisation de libraires danois pour les deux livres qu'elle venait de publier : la splendide édition du « Troisième Conte du Cardinal », ainsi qu'une édition de poche très bon marché du « Dîner de Babette » qu'elle espérait que les gens achèteraient pour l'envoyer comme une sorte de carte de Noël. On la photographia, vêtue d'une robe grecque et coiffée de la couronne de laurier que les libraires lui avaient décernée. La photo flatta son imagination et elle en envoya une à Robert Haas. Du coup, elle utilisa le nom « Allori » — feuilles de laurier — pour le héros de sa trilogie.

Ces trois textes, « Le Manteau », « Promenade de Nuit » et « Sur des Pensées Cachées et sur le Ciel », racontent la relation qu'entretient Leonidas Allori, célèbre vieux sculpteur surnommé « le lion des montagnes » avec le jeune disciple qu'il s'est choisi comme héritier, Angelo Santasilia. Angelo révère le vieillard comme un père et comme un dieu, mais il est également amoureux de sa belle et jeune épouse, Lucrezia. Leonidas n'est pas totalement étranger à la constitution de ce triangle : il a fait poser sa femme nue devant son disciple et ne cesse de louer sa beauté avec passion. Leonidas est aussi le chef matériel et spirituel d'un groupe de révolutionnaires. Ses activités sont découvertes, il est arrêté par les autorités et condamné à mort. Le cardinal Salviati intercède en sa faveur et, en raison du prestige dont jouit le vieil artiste, on lui accorde une nuit de grâce pour qu'il puisse voir sa femme une dernière fois — à condition que son disciple Angelo reste en otage. Pendant ce temps, Angelo, après de grands scrupules de conscience, a conclu un rendez-vous avec Lucrezia pour cette même nuit. Il lui a dit qu'il jetterait des cailloux dans ses vitres et qu'elle pourrait le reconnaître dans le noir grâce au magnifique manteau qu'il portera. Au moment où ils ont fait ce projet, elle n'est pas au courant de l'arrestation de son mari, et Angelo ne sait pas qu'il devra être utilisé comme garantie — ce qu'il acceptera cependant immédiatement. Avant de partir passer sa dernière nuit avec son épouse, Leonidas demande à Angelo de lui prêter son manteau. Nous ne saurons jamais ce qui s'est passé durant la nuit, entre le vieux sculpteur et sa femme : l'expression de son visage est énigmatique et il est exécuté.

On peut évidemment lire « Le Manteau » sans connaître ce qu'il y a derrière, et Robert Langbaum en résume la morale avec la délicatesse et l'intelligence qui lui sont coutumières : « La profession de foi de Leonidas n'est pas seulement applicable à l'artiste : elle développe également le paradoxe de l'existence morale vécue entre deux impératifs opposés. Il faut être fidèle aux autres et à soi-même. Le fils doit respecter son père et lui obéir, et cependant, il doit le renverser psychologiquement et le remplacer biologiquement. C'est le dessein de Dieu que nous nous révoltions contre lui au cours de notre développement moral. Dans l'énigme proposée à Angelo par les intentions cachées derrière les paroles et les actions de Leonidas, nous pouvons voir l'énigme de l'existence morale, qui doit être vécue sans la connaissance certaine des desseins et du jugement divins[8]. »

Cependant, dans *Pagten,* Thorkild Bjørnvig explique que le conte, comme la trilogie tout entière, étaient censés être un commentaire de « l'infidélité » qu'il avait faite à Karen Blixen *. De ce point de vue, cela devient un portrait

---

* Le « manteau » est une allusion à la cape dont Elisha enveloppe Elishama pour signifier le pacte qui les lie.

où Karen Blixen s'idéalise, car le calme vieillard n'avoue ni ne montre aucune jalousie dans l'affaire. Le fardeau de la conscience repose entièrement sur le jeune disciple qui, dans le conte suivant, « Promenade de Nuit », commence à entrer dans une période d'insomnies et de promenades nocturnes qui se termine lorsqu'il rencontre Judas en train de compter et recompter les trente deniers. (Pendant que Karen Blixen écrivait le conte, Bjørnvig lui aussi souffrait d'insomnies.)

Bjørnvig décrit le troisième volet de la trilogie — « Sur des Pensées Cachées et sur le Ciel » — comme un *åndrigt efferspil,* un conte où, de façon inattendue, tout est bien qui finit bien. Angelo est un sculpteur célèbre, il a épousé Lucrezia, ils ont trois enfants et attendent le quatrième. Le symbolisme du « trois » et du « quatre », qui n'a jamais cessé de revenir tout au long de la trilogie, est finalement expliqué comme une référence au nombre d'or. Les trois premiers chiffres désignent les coins d'un rectangle dont la largeur est à la longueur ce que la longueur est à la somme des deux. Ces chiffres représentent également Angelo en ce qu'il figure dans les trois parties de la trilogie. Le jeune disciple du premier conte, dit-il à son ami Pino Pizzuti, n'ira pas au ciel : son âme n'a pas été éprouvée. L'Angelo du troisième conte, heureux et célèbre, n'ira pas pour autant au ciel : il ne le veut pas. Mais l'Angelo éperdu et tourmenté du deuxième conte, « Promenade de Nuit », ira au ciel. Il n'a pas été sauvé par « anesthésie » mais par le seul moyen dont, selon Dinesen, on peut être sauvé : par la transgression, en risquant son âme immortelle pour accomplir son désir.

La fin de la trilogie, écrit Bjørnvig, était « un geste digne de la Terre mère, un geste caractéristique de la nature passionnée, grandiose, généreuse et empressée [de Karen Blixen] ». Elle contient des éléments de la mégalomanie qui avait été à l'origine du pacte. Elle trahit également le profond amour qu'éprouvait Karen Blixen pour Bjørnvig. Elle lui donna à lire les contes une fois achevés et lui laissa entendre qu'il devrait comprendre la fin de la trilogie comme « une prophétie [...] Ce qu'elle souhaitait que devienne ma vie[9] ».

3

Karen Blixen bénéficia d'un vent favorable pour aborder le printemps 1953. Son travail avançait bien et elle se sentait relativement en bonne santé. En avril, elle fit des projets de voyage à Paris et elle demanda à Robert Haas de lui envoyer un peu d'argent à l'ambassade du Danemark, comme à l'habitude lorsqu'elle se rendait à l'étranger. Mais au dernier moment « une absurde catastrophe[10] » lui arriva : elle attrapa la coqueluche avec Nils Carlsen. La maladie épuisa rapidement ses minces réserves d'énergie — tant intellectuelles que physiques — et les fortes doses de pénicilline qu'on lui administra contribuèrent à provoquer une dépression qui dura longtemps après la guérison de la maladie proprement dite. Depuis peu de temps, Bjørnvig voyait une autre femme et d'apprendre cela mit pratiquement Karen Blixen au désespoir. De façon touchante, elle demanda à Brandt de lui parler de la nouvelle maîtresse de Bjørnvig et Brandt, essayant de la consoler du mieux qu'il pouvait, lui dit que Bjørnvig n'était pas fait pour les idylles, qu'il avait une vision tragique de l'amour en général et que, si sa nouvelle maîtresse lui convenait si bien, c'était tout simplement parce qu'elle avait mis longtemps à céder [11].

Dans son journal, Clara Svendsen consigna les efforts que faisait Karen Blixen pour sortir de sa dépression « noire ». Elle se mit à désherber le jardin, à faire des crêpes, à tricoter ou à coudre. C'était, écrit Clara, « une sorte de thérapie, même si elle-même n'aurait jamais employé cette expression [12] ».

L'une de ces petites tâches domestiques consista à cultiver son jardin littéraire. Elle fit une liste des contes terminés et de ceux qui étaient en chantier, et elle écrivit une longue lettre à Haas dans le but, semble-t-il, d'élucider, tant pour elle que pour lui, la confusion qui régnait du fait de la multiplicité de ses projets littéraires.

Il y avait le roman *Albondocani.* Il devait comprendre entre six cents et neuf cents pages et une centaine de personnages. Il devait être écrit de façon à ce que « chaque chapitre pût être lu comme une histoire indépendante [...] les différents groupes de personnages apparaissant et disparaissant au fur et à mesure de l'histoire ».

Elle travaillait également sur un volume de *Nouveaux Contes d'Hiver* qui devaient être, déclarait-elle à Haas, « tout à fait dans la lignée des *Contes d'Hiver* — peut-être un peu plus tristes, mais probablement sur une plus large échelle ». Elle espérait avoir terminé le premier, « Une Histoire Campagnarde », avant octobre *.

D'autre part, il y avait « Le Dîner de Babette », les œuvres plus « légères » qu'elle avait écrites pour des magazines américains. « Ce sont les histoires dont Mr Huntington faisait si peu de cas ! écrivit-elle à Haas. Je les considère moi-même comme des morceaux de musique joués par des instruments différents de ceux que j'utilise habituellement dans mes autres contes — disons, la clarinette et le basson — et d'une certaine façon, il ne faut pas les prendre au sérieux. Mais cette définition ne doit pas, à mon sens, affecter nécessairement la question de leur *qualité* en tant qu'œuvres d'art. Même le plus sérieux des compositeurs a le droit de se laisser aller, de temps en temps, à des jeux plus frivoles ! » Ils ne constitueraient pas un volume distinct, mais la plupart d'entre eux seraient incorporés aux *Nouveaux Contes d'Hiver* ** qui devaient devenir un fourre-tout où elle rassemblerait les épures de ses autres livres. Karen Blixen se rendait bien compte — et Haas devait le reconnaître lui aussi — qu'il valait mieux achever un livre à la fois plutôt que de rassembler les fragments de deux autres dans un troisième ouvrage. Mais, lui disait-elle, elle avait « passé un certain temps à se débattre avec ses deux livres et c'était pour [elle] un dilemme absurde et un sujet d'angoisse : dès [qu'elle] essayait de se concentrer sur l'un des deux, l'autre s'imposait sur-le-champ, ce qui avait pour conséquence la complète paralysie et le désespoir

* Il ne fut pas achevé avant 1956.

** Les éditions françaises ne recoupent pas les éditions américaines : elles respectent la disposition des éditions danoises : *Nouveaux Contes d'Hiver* regroupe en fait *Last Tales, New Winter's Tales* et *Albondocani.* (*N.d.T.*)

de l'auteur [...]. C'est devenu pour moi, concluait-elle, une question d'une importance vitale que d'arriver à sortir un livre dans un avenir pas trop éloigné, non seulement d'un point de vue financier, mais aussi pour que le sang puisse continuer à circuler dans mon cerveau[13] ».

En fin de compte, la publication des *Nouveaux Contes d'Hiver* fut retardée de quatre ans. Après qu'elle eut envoyé sa lettre à Haas, se produisit un événement qui, prétendit-elle, fut la cause d'une nouvelle dépression et de son incapacité à écrire. C'était un malheureux petit geste opportuniste que Karen Blixen prit à cœur et dont elle parlerait avec amertume durant tout le reste de sa vie.

4

Début novembre, les libraires danois reçurent un dossier publicitaire pour un nouveau roman écrit sous le pseudonyme de « Alexis Hareng ». Le roman avait pour titre *An Evening in the Cholera-Year* et le dossier insinuait clairement que Hareng était un autre nom de plume de Karen Blixen. Le libraire local de Rungsted lui téléphona pour vérifier les faits, qu'elle démentit avec indignation. Seulement, elle avait déjà démenti la paternité des *Voies de la Vengeance* et même parmi ses amis très proches, on se demandait si par hasard elle n'avait pas publié quelque nouveau livre.

An Evening in the Cholera-Year parut peu de temps après et, malgré ses dénégations continuelles, les journaux le présentèrent comme l'un de ses nouveaux livres. Elle-même trouvait que c'était « une imitation incroyablement effrontée de [ses] livres[14] » mais elle était furieuse contre les critiques, qui étaient incapables de faire la différence entre du Karen Blixen synthétique et du vrai Karen Blixen. Sa colère atteignit de telles proportions qu'elle empoisonna son esprit contre le public danois lui-même. *Heretica* était sur le point de publier l'un de ses contes, « Conversation Nocturne à Copenhague » et elle exigea qu'on le lui rendît en disant que « désormais, elle ne ferait plus paraître un seul mot d'elle en danois[15] ». La rédaction demanda à Bjørnvig d'intercéder en faveur du magazine et il se rendit à Rungstedlund, prêt à affronter une dispute. On avait un jour demandé à Mozart, commença-t-il, de quelle façon il confondrait ses détracteurs, et il avait répondu : « avec de nouvelles œuvres[16] ». Ne devait-elle pas en faire autant ? Non, répondit-elle, boudeuse. A force de patience et de gentillesse, il finit par lui soutirer le conte, mais cela n'affecta pas les sentiments qu'elle avait.

Lorsque l'auteur du livre fut finalement démasqué, on sut qu'il s'agissait en fait d'un jeune homme nommé Kelvin Lindemann, qui avait été fréquemment reçu à Rungstedlund. Dans l'une de ses flatteuses lettres adressées à la Baronne, il avait écrit à propos de la trilogie du « Manteau » : « [...] à lire Henry James, on a l'impression qu'il y a au monde deux sortes de gens : ceux qui trahissent et ceux qui sont trahis[17] ». Plus tard, Karen Blixen souligna ces lignes en rouge. Elle sentit bien que le jeune homme avait abusé de son amitié et de son hospitalité mais assez curieusement, elle ne prit pas tellement au sérieux l'infortuné imposteur. Elle le décrivit à Bjørnvig comme « un bon gros chien affectueux qui aime vous sauter dessus et vous mettre les pattes sur les épaules [18] ». C'étaient les critiques qu'elle tenait pour responsables — et évidemment, les éditeurs. Elle engagea des poursuites et fit un procès en Suède et en Norvège. L'année d'après, elle demanda à Robert Haas d'user de son pouvoir pour que l'édition américaine fût suspendue. Le procès s'éternisa durant de longues années et Karen Blixen finit par le perdre. Mais elle ne digéra jamais vraiment l'« affaire Lindemann ». Elle la classa avec la chronique de Schyberg sur les *Sept Contes Gothiques* dans le dossier où elle rangeait ses plus dures rancunes envers le Danemark et la « mentalité » danoise.

Même les plus inconditionnels admirateurs de Karen Blixen eurent du mal à comprendre l'« absurde affaire » de *An Evening in the Cholera-Year**. Parmenia Migel se demanda : « Comment cela a-t-il pu causer autant de désespoir à Tania, elle qui avait affronté tant de véritables tragédies avec calme et courage [19] ? » Mais l'une des notes de Clara Svendsen laisse entrevoir la vraie signification qu'avait eue l'événement. « Karen Blixen me déclara, écrit-elle, qu'il lui était devenu presque impossible d'écrire : " Quand je me lance dans " Le Premier Conte du Cardinal ", je vois une caricature de moi. Si je me joins à un groupe de gens et que je trouve quelqu'un qui s'habille comme moi et qui joue mon rôle, comment puis-je, du coup, être présente en même temps que lui au même endroit [20] ? " » Il point dans cette question une note d'hystérie et il semble que Karen Blixen percevait Kelvin Lindemann non pas seulement comme un impudent parvenu ou un opportuniste littéraire, mais comme une sorte de *doppelgänger*, une ombre qui la poursuivait.

* Traduit en anglais sous le titre *The Red Umbrellas* (New York, Appleton-Century-Croft, 1955).

46.

« Mon esprit n'en serait-il pas resté noueux ? »

1

Au début de l'affaire Lindemann, Bjørnvig avait, par défi, dit à Karen Blixen qu'il ne voyait pas pourquoi elle n'aurait pas écrit *An Evening in the Cholera-Year* en manière de plaisanterie littéraire, tout comme elle avait écrit *Les Voies de la Vengeance.* Aage Henriksen avait tout d'abord cru lui aussi qu'elle en était l'auteur, et il développa sur la question une théorie qui était aussi poétique et ingénieuse que tordue. Karen Blixen, lui expliqua-t-il crânement, avait vu en lui-même son reflet : cela l'avait amusée, elle avait observé les différences qui existaient entre eux et elle en avait tiré une parodie qui devint le livre de Hareng. Ni lui ni elle n'étaient le véritable auteur : c'était l'image que reflétait le miroir. Aage Henriksen n'avait retenu que la similitude de ses initiales avec celles d'Alexis Hareng[1].

Henriksen était un jeune homme vif, aux traits lourds et au teint pâle. Il avait trente ans à l'époque et il était conférencier à l'université de Lund, spécialiste de Kierkegaard. Ses contemporains le considéraient comme exceptionnellement doué intellectuellement. En 1951, il avait choisi comme thème de cours « La nouvelle dans la littérature contemporaine danoise » et à cette occasion, il avait découvert Karen Blixen, dont il trouvait l'œuvre « prodigieusement excitante[2] ». Ole Wivel, qui avait été le condisciple de Henriksen, publia les conférences à la logique exquise dans un petit livre, *Karen Blixen et les Marionnettes (Karen Blixen og Marionetterne).* Le livre commence ainsi :

> « Karen Blixen est la grande aristocrate et la sibylle de notre littérature, le grandiose anachronisme en qui l'ancienne culture et l'antique *ukultur* se trouvent rassemblées. Mais ce portrait ne contient qu'une part de la vérité et il ne laisse pas d'être un peu banal. Il y a beaucoup d'esprit dans l'art de Karen Blixen, mais il n'y a pas autant de magie qu'ont bien voulu lui en attribuer certains. Elle charme, mais elle n'ensorcelle pas, et sa hauteur condescendante n'est pas aussi sublime que son sens du religieux[3]. »

Henriksen continue en identifiant un mythe central et un symbole de l'œuvre de Karen Blixen. Ce mythe est le récit de la chute, tel qu'il est fait dans la Bible, et le symbole est la marionnette. Afin d'illustrer comment ils se rejoignent, il rappelle une anecdote du livre de Kleist « Des Marionnettes », dans lequel un maître de ballet compare un danseur à une marionnette. Celle-ci, explique-t-il au narrateur, peut enseigner à un danseur ce qu'est la grâce divine, parce que, précisément, elle n'a pas d'âme. Le narrateur demande au marionnettiste comment il réussit à contrôler tous les fils, et l'autre lui répond qu'il suffit d'avoir une marionnette bien construite et de ne se préoccuper que du tronc. Les membres obéissent alors totalement aux lois de la gravité, et ils tombent comme il faut. Mais le centre de gravité d'un danseur humain, c'est son âme, et depuis la chute, elle ne coïncide plus avec son centre de décision. Dans l'Éden, la volonté et le désir étaient en complète harmonie, tant l'une avec l'autre qu'avec la volonté de Dieu. L'être humain, qui se préoccupe tant de lui-même, lutte en vain pour recouvrer cette maîtrise de lui-même qui ne pouvait se distinguer de la soumission totale. Seule la marionnette, qui n'a pas d'âme, ou Dieu, qui est un pur esprit, peuvent prétendre à la grâce divine.

Henriksen fit suivre cet essai de trois autres études sur Karen Blixen, la femme et l'artiste, et du récit d'une discussion sur « *L'Amor Fati* de Thomas Mann ». Comme Langbaum, mais indépendamment de lui, il voyait de nombreux parallèles entre l'œuvre de Karen Blixen et celle de Mann. Dans « Portrait », il rapporte qu'elle se comparait volontiers au personnage du compositeur Adrian Leverkuhn, dans *Docteur Faustus,* le roman de Mann * (personnage qui était lui-même inspiré par Nietzsche, du moins en partie). Les romans du cycle de *Joseph* étaient parmi ses œuvres de fiction favorites et les exemplaires qu'elle en possédait étaient, selon Clara, si souvent feuilletés qu'ils en tombaient presque en lambeaux. Henriksen comparait les desseins de Karen Blixen en tant qu'artiste à ceux de Mann dans la dernière partie de sa vie, une fois qu'il se fut éloigné de la description de l'individu et de sa psychologie — la province du roman bourgeois — pour aborder la représentation du « type mythique ». Les belles descriptions que fait Mann de cette évolution dans son essai « Freud et l'Avenir » sont à rapprocher des allusions qu'esquisse Dinesen dans sa lettre à Rosendahl : « La Némésis est, dans le cours des événements, le fil que déterminent les préjugés d'une personne. Tous mes contes traitent de cela[4]. » La psychanalyse avait fait entrevoir à Mann que non seulement l'individu, mais aussi la culture portent en eux, et sont forcés à les répéter, les plus anciens schémas primitifs d'expérience, que, dans le mythe comme dans les rêves, la volonté et le désir agissent indépendamment de notre savoir et que nous endossons des rôles anciens que nous réitérons et qui expriment notre plus secrète nature. Les mythes, pensait-il (et c'est la même croyance qui s'incarne dans les contes de Dinesen), apportent une réponse au « mystère de l'unité du moi et du monde[5] ».

* Lui aussi était né en 1855 « à l'époque où fleurissent » les tilleuls. Il avait contracté la syphilis et avait, évidemment, vendu son âme en échange de l'art.

Elle-même exprima de façon plus succincte ce mystère dans « Le Poisson », par la voix de Granze, le serf du roi Éric. Le serf païen, tout comme la conteuse, a accès à l'inconscient collectif. Sa mémoire remonte à l'harmonieux fatalisme d'une époque primitive et d'un peuple qui ne distinguait pas entre soi et le reste de la nature — une innocence qui est aussi celle de l'enfance. C'est exactement de cette innocence que le christianisme, selon elle, nous a privés, avec sa « tradition empoisonnée du dualisme ». Dans la région où habite Granze, la mer et le ciel, la terre et les cieux, le conscient et l'inconscient, et le passé et le présent ne font qu'un. Telle est la substance essentielle de la force visionnaire de la conteuse : « [...] il en va différemment chez nous autres Wendes ; notre mémoire conserve le souvenir de ce qui est arrivé au père de notre père et à ces vieillards qui étaient des adultes quand il tétait encore sa mère, et nous nous le rappelons chaque fois que nous le voulons. Toi aussi, tu as dans le sang les peurs et les convoitises de tes pères, mais tu n'as pas leur savoir [...]. C'est pourquoi chez vous autres chaque homme doit tout recommencer depuis le début comme une souris qui vient de naître et se meut à tâtons dans les ténèbres [...]. Mes deux mains que voici n'ont pas fait [les travaux d'autrefois des générations passées] et pourtant ce [sont eux] qui les [ont] rendues noueuses. Mon esprit n'en serait-il pas resté noueux, lui aussi[6] ? »

Le « poisson » dont parle le titre est l'une des images les plus riches et les plus chargées de sens d'Isak Dinesen. C'est le symbole de la continuité entre les mystères chrétiens, païens et animalistes, et il nous remet en mémoire que, lorsqu'elle écrit « Dieu », c'est toujours en panthéiste. Ce conte était, justement, l'un de ses plus anciens textes : les premiers brouillons datent de son adolescence.

Un autre court essai, « La Messagère » (« Budbringersken »), irrita quelques-uns des plus inconditionnels admirateurs de Karen Blixen lorsqu'il parut en 1962 dans une anthologie composée en hommage à l'auteur. Il déplut particulièrement à Parmenia Migel qui, dans *Titania,* accusa Henriksen de s'être « anormalement » attaché à la baronne et d'avoir injustement « prétendu qu'elle refusait les relations normales entre adultes [...] en rejetant négligemment l'existence affective qui lui avait été accordée[7] ». C'était là déformer les termes choisis employés par Henriksen et oublier les sentiments profonds et complexes qu'il nourrissait à l'égard de Karen Blixen, sentiments qu'elle lui rendait, du moins en partie. Il fut le premier à parler en public de son attitude distante et réservée, de ses artifices, de ses sautes d'humeur continuelles, toutes choses qui n'étaient connues que de ses amis intimes. Il la décrivit comme une femme dont la grandeur ne pouvait être dissociée de ses bizarreries, une femme qui « se permettait l'impermissible » au royaume de son imagination. En sa présence, écrivit-il, la frontière entre « le monde intérieur et le monde extérieur » devenait floue et Karen Blixen « donnait de la corne » d'un côté comme de l'autre[8]. Son « Portrait » (1965) donne une brillante description de la manière dont le même inceste entre « monde intérieur et monde extérieur » vaut également pour ses contes :

> Karen Blixen écarte les événements fortuits du monde extérieur en les réduisant à de simples mécanismes qui déclenchent les forces latentes

dans les gens qu'ils affectent [...] Elle usait d'une technique spéciale de projection qu'elle avait apprise de Goethe et de Shakespeare mais qui, dans sa forme la plus simple, n'est somme toute qu'un élément de psychologie quotidienne. « Dis-moi qui tu aimes, dit le proverbe, et je te dirai qui tu es » [...] En vertu de cette règle (elle) réduit le nombre des personnages actifs d'une histoire de façon à ce qu'ils correspondent au nombre de forces qui agissent et luttent au niveau psychologique : les personnages sont façonnés à l'image des passions qu'ils suscitent *.

2

Aage Henriksen vint pour la première fois à Rungstedlund lors de l'été 1952, pendant l'exil de Clara, puisque celle-ci ne se souvient de l'avoir rencontré que bien plus tard. Au début de leurs relations, Karen Blixen semble avoir éprouvé ses capacités de compagnon de jeux : elle lui demanda d'avoir des « aventures » avec elle, ce qui, sans doute, signifiait pénétrer dans son univers imaginaire, et il accepta. Ce qui arriva par la suite et ce qu'il en raconte par la bande donne tout lieu de croire que les aventures en question ne furent pas une réussite totale. Ils étaient très ambigus l'un envers l'autre. Elle l'attirait mais, en même temps, elle l'effrayait. Il la considérait avec une crainte respectueuse, mais aussi avec une finesse de psychologue à laquelle elle n'était pas habituée. Son regard sur ses œuvres était pénétrant et subtil, quoique légèrement tiré par les cheveux. Elle admirait son intelligence et son talent, mais elle trouvait certaines de ses attitudes — comme lorsqu'il s'imaginait être son *semblable* — plutôt présomptueuses. Le caractère érotique latent de leurs « aventures » a très bien pu le déconcerter, bien qu'il avouât, avec un sourire forcé, qu'elle ne prenait jamais les gens au piège de *ses* jeux, mais des leurs[9]. Enfin, peut-être que le plus grand obstacle à leur intimité fut le choix du moment. Henriksen arriva à Rungstedlund, tel Viola à la cour d'Orsino, alors que le désespoir amoureux de Karen Blixen pour Bjørnvig était à son plus haut point. Elle ne pouvait lui accorder ce qu'elle désirait : être reconnu. Il y avait des moments où elle semblait l'encourager, lui accorder des preuves de sa faveur ou même de son amour, mais l'instant d'après faisait place à d'inexplicables revirements, un brutal rejet et la réapparition d'une froideur solennelle et condescendante. Consciemment ou non, Karen Blixen faisait subir à Henriksen le supplice de Tantale et il remarqua à son égard que, « en ce qui concernait les illusions [...], il était difficile de faire la différence entre la séductrice et la rédemptrice [...][10] ». Il avoua aussi : « A l'époque où je faisais mes visites à Rungstedlund, j'eus plus d'une occasion de dédier des pensées fraternelles au Malvolio de Shakespeare[11]. »

---

* Aage Henriksen, « Portraet », p. 97. Ces études ont été rassemblées dans *L'Enfant Divin et autres essais sur Karen Blixen (Det Guddomelige Barn og Andre Essays om Karen Blixen)*, Copenhague, Gyldendal, 1965, l'une des études les plus fines et les plus évocatrices de ce qu'était Karen Blixen.

De son côté, Karen Blixen trouvait qu'Henriksen manquait de la truculence qu'elle appréciait davantage que la compatibilité des esprits. Il y a donc dans cette amitié un écho d'une relation plus ancienne : celle qu'elle avait vécue avec Mario Krohn. Lui aussi était un homme brillant, au goût artistique sans faille, qui était, plus que quiconque de ses amis de l'époque, disposé à la reconnaître. Mais lui aussi semblait trop impalpable et trop complaisant. Ses inhibitions rendaient excessive son exigence vis-à-vis des autres : Tanne Dinesen avait rejeté Krohn sous les mêmes prétextes (paradoxaux) que Karen Blixen rejetterait un jour Aage Henriksen. Elle voulait être aimée en tant que femme et non en tant qu'artiste ou que grande prêtresse de l'art. « Pour ses amis, écrivit Henriksen, qui étaient toujours plus jeunes qu'elle de deux générations, l'inverse aurait été plus facile, mais ils apprenaient au bout du compte que le monde du sexe est plus vaste que l'on aurait tendance à le croire [12]. »

Les autres « jeunes amis » de Karen Blixen considéraient les difficultés de Henriksen tantôt avec pitié, tantôt avec amusement. Ils se souvenaient de lui comme d'un jeune homme distant et difficile, qui refusait d'appartenir à leur coterie et qui donnait souvent l'impression aux autres de se poser en juge. Clara le trouvait impressionnant, et lui-même avait un jour imploré la baronne de l'aider à comprendre pourquoi il faisait peur aux gens. Certains pensaient que sa jalousie possessive et sa « virginité spirituelle [13] » effrayaient Karen Blixen.

Malgré la rigueur de son esprit et de son style, Aage Henriksen avait un côté angoissé et mystique, et leur correspondance laisse supposer que Dinesen ne supportait guère cela : elle prenait un malin plaisir à le ramener sur terre. Lorsqu'il la compara à Kierkegaard, par exemple, et qu'il déclara que leurs chemins se croisaient de par leur caractère diabolique puis se séparaient à nouveau pour partir dans des directions opposées — « pour suivre deux arts religieux différents [14] » —, elle rétorqua que le problème de Kierkegaard, c'était qu'il avait un corps mal fait *(ubehagelig)* et qu'il en était à la fois conscient et inconscient.

Néanmoins, Aage Henriksen joua un rôle de plus en plus important dans la vie de Karen Blixen durant l'année 1954, particulièrement au moment où elle perdit Bjørnvig. Ils eurent une volumineuse correspondance. Il lui arrivait de rester à Rungstedlund. Il se rendait particulièrement bien compte qu'il ne pouvait ni supplanter ni remplacer Bjørnvig dans son affection et qu'elle n'éprouvait aucune passion pour lui. Mais il trouva une consolation dans le rôle de confident et de chambellan intellectuel et déclara espièglement qu'elle voulait un serpent et avait eu un poisson. Durant l'été, Karen Blixen l'invita à venir passer chez elle une semaine, durant laquelle ils discutèrent de son projet de livre sur elle. A cause de son angoisse et de sa dépression, elle se fâchait souvent contre lui, mais l'instant d'après, le malaise et le remords s'emparaient d'elle. Il en fut touché, prit les choses du bon côté et lui assura qu'une mauvaise humeur d'un soir ne pouvait ni affecter leurs liens ni changer ses projets littéraires. Il osa même risquer des plaisanteries à son égard. En septembre, lorsque Bjørnvig rompit avec elle, Henriksen compara le désarroi de Karen Blixen à celui de Titania.

3

Le prix Nobel de littérature fut décerné en novembre à Ernest Hemingway. Il accepta cette distinction mais il déclara que cet honneur aurait dû revenir à trois autres écrivains. L'un d'eux était la « merveilleuse Isak Dinesen * ». Hemingway était un vieil ami de Bror, qui lui fournit le modèle pour son personnage du chasseur blanc Robert Wilson dans *The Short, Happy Life of Francis Macomber*[15]. Le remerciant de ses « aimables paroles », Karen Blixen lui déclara qu'elles lui faisaient « un plaisir aussi céleste — à défaut du bénéfice terrestre — que le prix Nobel lui-même. [...] Il est bien regrettable que nous ne nous soyons jamais vus. Il m'est parfois arrivé d'imaginer ce que cela aurait été de faire un safari avec vous dans les plaines africaines[16] ».

La santé de Karen Blixen empira rapidement après le nouvel an 1955, et dès le début d'avril, elle était encore plus faible et malade qu'elle ne l'avait jamais été. Un peu plus tôt le même mois, elle enregistra pour la radio danoise un discours et un conte qui devaient être diffusés le jour de son soixante-dixième anniversaire, le 17 avril. Le discours exprimait sa reconnaissance à ses auditeurs et le conte choisi pour l'occasion était « Le Manteau », qui racontait, fort à propos, la mort d'un vieil artiste.

L'après-midi du 17 avril, eut lieu à Rungstedlund le traditionnel chocolat anniversaire donné pour les anciens et nouveaux serviteurs de la maison et pour leurs amis. Mais Karen Blixen était trop malade pour assister à la réception, et elle délégua à sa place Anne et Erik Kopp, tandis qu'elle-même était allée se reposer dans le calme de l'appartement d'Ella à Sølvgade. Le même soir, un groupe d'amis se réunit chez Ole Wivel pour fêter l'événement et porter un toast à la baronne qui n'était pas là. Chaque invité avait préparé un compliment et, du coup, il est possible qu'ait plané sur ce dîner — où régnaient des sentiments d'incestueuse rivalité — une atmosphère semblable à celle du conte « Les Rêveurs », lorsque les jeunes gens partagent leurs souvenirs sur Olalla. Outre les Wivel, il y avait là Knud W. Jensen, que la baronne appelait « mon capitaine »; Bjørn Poulsen, qu'elle trouvait « si amusant et tellement franc » et qui ne parvenait pas à comprendre la fascination qu'elle exerçait sur ses amis; Jorgen Gustava Brandt (Elishama); Johannes Rosendahl, qui, « Karen Blixen en était heureuse, n'était pas poète »; Tage Skou-Hansen, le dernier rédacteur en chef d'*Heretica,* avec qui elle causait dualisme; Thorkild Bjørnvig; et enfin

* Les deux autres étaient Carl Sandburg et Bernard Berenson. Plus tard, Hemingway expliqua à son ami, le général Charles T. (Buck) Lanham : « [...] Entre nous, voici le fond de ma pensée : Sandburg est un vieillard, et il appréciera cela. [Ce fut le cas.] La femme de Blickie (Dinesen) est sacrément meilleure que tous les Suédois à qui ils l'ont déjà donné et puis Blickie [le baron Blixen] est en enfer et ça lui plairait que je dise du bien de sa femme. Je crois que Berenson le méritait (pas plus que moi), mais j'aurais été heureux qu'il le reçoive. Ou n'importe lequel des trois. C'est comme ça que je vois les choses » (Ernest Hemingway, *Selected Letters, 1917-1961,* éditions Carlos Baker, New York, Charles Scribner, 1980, p. 839)

Aage Henriksen qui, remarque Bjørnvig, « n'était pas encore au bout de ses peines ». On dîna, on écouta l'émission, puis chacun lut l'hommage qu'il avait préparé [17].

Au mois de juillet, Karen Blixen fut mise en observation à l'hôpital. Elle devait y passer la majeure partie de sa soixante-dixième année à lutter contre la mort. Ses anciennes douleurs l'avaient reprise, encore plus intolérables qu'elles ne l'étaient avant sa première opération, et son état de santé était désormais bien trop affaibli. Les médecins décidèrent de pratiquer une chordotomie, opération délicate et assez risquée qui consistait à couper certains nerfs de la moelle épinière. Ils ne lui dissimulèrent pas le danger que cela présentait et, au dernier moment, le docteur Busch lui demanda si elle ne préférait pas laisser tomber et vivre avec ses douleurs. Mais sa décision était prise et elle ne voulait plus en changer.

L'opération eut lieu en août mais elle ne lui apporta pas de soulagement immédiat. Elle rentra chez elle à la fin du mois et son état continua d'empirer. Mme Carlsen, qui avait été infirmière, était persuadée qu'elle allait mourir et on appela ses frères et sa sœur Ella au chevet de ce que l'on croyait être son lit de mort. Mais sur ces entrefaites, les médecins diagnostiquèrent un second problème : elle était atteinte d'un ulcère hémorragique. Tout le monde fut rassuré car il était possible de le soigner. Clara se rappelait très bien l'après-midi où arriva la famille. Malgré ses souffrances, Karen Blixen parvint à aider Mme Carlsen à préparer la pâte pour confectionner des biscuits.

Elle entra à nouveau à l'hôpital pour un séjour préopératoire, afin de prendre des forces et du poids, et Clara vint prendre des lettres sous sa dictée. Le 20 décembre, elle envoya celle-ci à son ami d'enfance, le comte Eduard Reventlow :

> « Je suis couchée ici comme une oie qu'on gave avant de la tuer car le docteur pense qu'il va m'opérer de nouveau, mais à son avis je suis trop maigre et trop faible pour le moment. Ces huit derniers mois ont été plus affreux que je ne saurais dire. Ces douleurs continuelles et si insupportables qui m'ont fait hurler comme une louve sont quelque chose que personne ne peut comprendre. Je me serais crue en enfer. Vous rappelez-vous ce délicieux moment de l'opéra de Glück, lorsque Orphée arrive dans l'Hadès et que les horribles esprits des ténèbres l'entourent en braillant... c'est là que commence le merveilleux air : « Allons apaisez-vous / Furies, spectres, ombres courroucées / Écoutez mon chant / Et prêtez attention à mes plaintes / Le Chœur : Non ! non ! non ! »
>
> « J'ai déjà éprouvé cela par le passé, à l'époque où je m'apercevais que je ne pourrais conserver ma ferme et que Denys eut son accident — ce fut comme si il n'était plus décent de " rester en vie ". [...] Et cependant, c'est une sorte de privilège ou de grâce que les plus effroyables abîmes de l'existence soient après tout passés dans la musique. Pour moi, le problème est désormais de savoir comment je vais faire pour réintégrer le monde des humains. Parfois j'ai l'impression que c'est impossible, bien que je sois persuadée que, si je trouve

quelque but vers lequel tendre, ce soit possible. Accepterez-vous de partir avec moi en voyage à Madrid et Grenade en avril ? J'espère que vous passez d'agréables moments à Amalienborg. Pourriez-vous trouver une occasion d'exprimer mes plus profonds regrets à Leurs Majestés d'avoir perdu mon Ingenio et Arti * entre l'antichambre de l'hôtel d'Angleterre et votre voiture ? C'est faux, j'avais totalement oublié que je devais le porter, mais cela ferait scandale si je l'avouais. Il me semble bien les avoir vus regarder ma poitrine avec anxiété mais je n'arrivais pas à comprendre pourquoi, d'autant plus que je n'ai rien de Lollobrigida.

« Ce sera la seule lettre de Noël que j'écrirai, ou plutôt que je dicterai à Clara, car je ne puis rien faire d'autre que rester couchée sur le dos. Embrassez toute la famille pour moi. J'espère que nous nous verrons si je survis à cette nouvelle épreuve. Et nous pourrons au moins une fois parler du bon vieux temps. Votre Tanne [18]. »

La veille de Noël, un chœur de jeunes gens passa dans les salles chanter des hymnes et des cantiques pour les malades. Ils chantèrent « Quand les fjords deviennent bleus » à Karen Blixen, qui se mit à pleurer. Clara ne l'avait jamais vue pleurer auparavant. Cela la retourna complètement, d'autant plus qu'elle ne pouvait rester avec elle : elle devait « déserter » son service auprès de Karen Blixen pour aller rendre à sa belle-mère à Copenhague une visite prévue depuis longtemps [19].

A la mi-janvier, on enleva à Karen Blixen ses ulcères et une bonne partie de son estomac. Elle devait ne plus jamais manger normalement et son poids ne dépasserait plus les trente-huit kilogrammes. Ses souffrances, et en particulier sa maigreur, la vieillirent considérablement. La chair de son visage pendait sur ses os comme un drapé grec, plissée, et retenue par les muscles d'expression. Cela lui donnait une beauté noble et antique, la beauté d'une relique. En fait, elle n'avait pas l'air si vieille, même si elle le disait. Mais en faisant montre de cet héroïsme qu'elle appelait le *chic,* elle en tira le meilleur parti, transformant son allure en parodie en s'enveloppant de fourrures et de turbans, en accentuant sa pâleur livide avec de la poudre blanche et en cernant de khôl ses grands yeux limpides. Elle adorait le choc qu'elle causait aux gens lorsqu'elle apparaissait en public, surtout lorsqu'elle était accompagnée de Clara dont la silhouette bien en chair contrastait avec la sienne. Elle adorait aussi entrer en glissant d'un pas feutré dans un salon comme un personnage d'un conte de Boccace, telle une ombre furtivement sortie des limbes. Finalement, elle était parvenue à devenir la « personne la plus maigre du monde » et à acquérir à soixante-dix ans ce qui était considéré

---

* Karen Blixen fait allusion à une réception donnée au Palais Royal et à une décoration qu'elle avait reçue et oublié de porter. Clara Svendsen apporte un peu de lumière sur l'événement dans *Notater,* p. 101 : « Elle adorait les réceptions, surtout de grand style, et cette soirée aurait dû être normalement un grand plaisir, mais elle était si affreusement malade que ce fut un calvaire [...]. Dans sa splendide robe de lourd satin blanc plissé au corsage brodé de perles, elle était rongée de douleur et dévorée par l'angoisse de causer un scandale. »

comme une grande beauté *. Si une femme doit vieillir, la façon la plus digne — comme elle le fait dire à une grosse dame âgée dans les *Nouveaux Contes d'Hiver* —, c'est de devenir « un squelette et un crâne, un *momento mori* [...]. Je pourrais encore leur inspirer un sentiment ! [...] Je pourrais au moins leur inspirer de l'horreur [...][20] ».

Durant les sept dernières années de sa vie, Isak Dinesen semblait vraiment trop légère et trop fragile pour un être vivant. C'était cette fragilité, qui contrastait avec son avidité de vivre, qui impressionnait le plus les gens qui la voyaient pour la première fois. L'effet produit par ses souffrances fut de donner l'impression dramatique, surtout pour ceux qui ne la connaissaient pas, qu'un gouffre la séparait d'eux et que son âge, sa sagesse, son courage et tout son être étaient en eux-mêmes un mystère. C'est ainsi que sa dégénérescence progressive réalisa ce qu'elle avait imaginé d'elle-même depuis qu'elle avait émigré en Afrique. Elle se percevait comme un symbole, comme quelqu'un qui a « connu la mort, c'est-à-dire un épisode qui, tout en dépassant les limites de notre imagination, n'excède pas celles de notre expérience[21] ».

* Les photographes trouvaient Isak Dinesen irrésistible lorsqu'elle était âgée. Cecil Beaton, un vieil ami, fit plusieurs portraits d'elle, dont le plus célèbre la représente de profil, assise sur une chaise et vêtue d'une robe-cloche noire. Richard Avedon la photographia pour *Observations,* le livre dont Truman Capote écrivit les textes. Il mit en valeur la force de ses mains tordues et la pâleur livide de son visage ridé dont les yeux sombres sont anormalement grands ouverts. Elle trouva les photos méchantes et cruelles et cela la blessa considérablement. Peter Beard fut l'un des derniers à la photographier, en train de fumer, pensive, vêtue d'un vieux chandail, et il réussit à capter une expression de profonde tristesse comme elle en montrait rarement, sauf dans ses textes. Elle fut prise en photo à New York avec Marilyn Monroe, et cette image est bien plus « proche » d'Isak Dinesen dans sa vieillesse : sourire grimaçant, tailleur gris élégant, la tête enveloppée d'un turban et le corps emmitouflé dans des fourrures.

LIVRE QUATRIÈME

PELLEGRINA

L'œuvre, celle de l'artiste..., invente seulement celui qui l'a créée, celui qu'on suppose *l'avoir créée. Les « grands hommes », tels qu'on les vénère, se trouvent n'être après coup que de mauvaises petites fables.*

NIETZSCHE
Nietzsche contre Wagner

Il en est de même dans la vie, pensa-t-il, notre être s'y reflète dans chaque individu que nous rencontrons pour donner une image caricaturée, non exempte d'une certaine ressemblance avec notre moi véritable ; ce reflet prétend être la vérité sur nous-mêmes. Un portrait, même flatté, est une caricature et un mensonge.

ISAK DINESEN
Sur La Route de Pise

47.

Bakchich

1

Pour Isak Dinesen, le temps qui lui restait à vivre lui faisait l'impression d'un *bakchich* * et elle sentait qu'il était urgent de l'emplir de nouvelles expériences et sensations. Les anciennes peines qu'elle avait laissées derrière elle en Afrique, le sentiment que le temps s'enfuyait à mesure qu'elle le vivait, tout cela était exacerbé par des détails qui lui rappelaient à chaque instant qu'elle devait mourir un jour : son corps qui s'affaiblissait, le dramatique changement de son apparence, ses difficultés à marcher et à tenir debout, une nouvelle invalidité à laquelle elle devait se rendre mais à quoi — *frei lebt wer sterben kann* — elle ne consentit jamais.

Elle avait « prévu de mourir » en 1955, déclara-t-elle à un ami, et elle s'y était préparée. Elle corrigea son testament et voulut faire un dernier discours à la radio pour dire « combien il était facile de mourir. Ce ne serait pas un message morbide [...] mais un message de réconfort [...] pour dire que c'est une grandiose et délicieuse expérience que la mort [1] ». Après les opérations, il lui fallut un moment pour se convaincre qu'elle était vraiment vivante, et elle décrivait sa situation comme « le vol d'un goéland qui plane » au-dessus de la surface de la vie [2]. Ses amis réagirent avec galanterie en déployant des trésors d'imagination. Au début du printemps, alors qu'elle était encore alitée, Birthe Andrup vint lui rendre visite et lui apporta une troupe de marionnettes qu'elle avait faites elle-même : c'étaient les personnages de *La Vengeance de la Vérité*. « Bien évidemment, Amiane était faite à l'image de Karen Blixen [3]. » Aage Henriksen vint lui aussi en visite. Il exprima son désir d'écrire quelque chose sur Wilhelm Dinesen. Ce projet séduisit énormément Karen Blixen et elle parcourut les œuvres de son père pour lui envoyer des notes afin de l'aider dans son travail.

Comme elle l'avait écrit au comte Reventlow, elle sentait également que « se donner un but vers lequel tendre » pourrait l'aider à revenir plus

---

* Swahili pour cadeau, surprise, gratification.

facilement en ce monde. Son éditeur danois lui offrit un voyage à l'étranger et elle décida d'aller à Rome. Ce choix, remarqua Parmenia Migel, fut inspiré par le spectacle de deux hommes qui pêchaient dans un petit bateau. Ce paysage de mer qu'encadrait la fenêtre de sa chambre lui rappelait une peinture de Guardi.

Ces vacances à Rome étaient prévues pour mai, trois mois après son opération. Elles devaient conclure une année qui n'avait été que maladie et faiblesse. Elle se moquait de ne pas avoir recouvré toute son énergie, bien qu'elle manquât de confiance en elle pour voyager seule. Clara, qu'elle invita à l'accompagner, fut mise en émoi au plus haut point par cette perspective et c'est avec solennité qu'elle consigna dans son journal qu'elle avait « acheté la plus belle montre du monde » et « une nouvelle paire de lunettes » de façon à la décharger au mieux de « ses responsabilités matérielles [4] ».

Alors que le voyage se concrétisait, elles reçurent une lettre de Eugene Walter, un jeune écrivain américain qui vivait à Rome et qui était le rédacteur en chef de la revue littéraire de la princesse Caetani, *Botteghe Oscure*. Il écrivait pour demander un conte à Isak Dinesen. Il avait été prévenu qu'elle se rendait à Rome pour « tenter de revenir au monde [5] ». Walter, en gentleman du Sud, offrit sur-le-champ ses services comme cicérone et elle les accepta. Il se trouva être un jeune homme blond, grassouillet, courtois et irrévérencieux, et Isak Dinesen, séduite, se comporta avec lui comme s'ils se connaissaient depuis des années.

Elle fut également impressionnée par son don de double vue : il lui offrait exactement tout ce qu'elle espérait — poésie, théâtre, petits dîners pleins d'intérêt, et une cour de *beaux esprits* romains qui lui rendaient hommage. Walter s'était arrangé pour interviewer Isak Dinesen pour la rubrique « Ecrivains à l'Œuvre » du *Paris Review*. Assise à une table Piazza Navona, dans la lumière rosée d'un après-midi, elle parla de son œuvre avec plus de plaisir et d'innocence qu'elle ne l'avait fait depuis des années.

Ce voyage lui plut tellement qu'elle devait revenir par la suite et que, de retour au Danemark, elle écrivit à Walter une lettre où elle lui disait tout ce qu'il signifiait pour elle :

> J'ai besoin de votre bras pour m'aider à monter et descendre les escaliers, de votre épaule pour y poser ma tête, et de votre imagination charmante pour tenir compagnie à la mienne. Je ne saurais vous oublier et je vous supplie, vous aussi, de vous souvenir des douces heures que nous avons passées ensemble. Avec vous, j'ai fait revivre les années passées, j'ai dévoré le cœur même des fruits de la vie et j'en ai conservé le zeste savoureux [6].

2

A Rungstedlund l'attendait la familière dépression qui suivait ses retours de voyages. Elle décrit cette sensation dans une lettre à son cousin Philip Ingerslev et elle remarque qu'à Rome elle avait oublié tous ses problèmes, découvert une « miraculeuse » source d'énergies nouvelles et qu'elle s'était plus que jamais entendue avec Clara. Mais à peine fut-elle revenue que ses forces l'abandonnèrent et qu'elle fut submergée par la souffrance, la maladie et l'angoisse.

Cette angoisse prit la forme d'une terreur : elle craignait que les impôts ne la réduisent à la pauvreté et que Rungstedlund ne lui échappe. L'été précédent, lorsqu'elle avait fait son testament, son avocat Jonas Bruun avait examiné tous ses contrats et il avait trouvé illégale, selon la loi danoise, une clause qui limitait à dix mille dollars par an les droits que lui versait Random House, selon un accord sous seing privé. M. Bruun désirait que Random House lui certifiât qu'une telle disposition était légale aux Etats-Unis. Du coup, Karen Blixen fut terrifiée à l'idée que les droits des *Voies de la Vengeance* fussent rétroactivement imposés par le fisc danois pour l'année fiscale où ils avaient été réellement gagnés. Dans un tel cas, elle serait privée du confortable revenu que lui procurait le versement du reliquat des droits. Bien que Haas tentât de la rassurer du mieux qu'il pouvait, il lui était impossible de promettre quoi que ce fût qui regardait la loi danoise. La correspondance qui s'ensuivit n'apaisa pas ses craintes et, quoique aucune action en justice n'eût été entreprise au Danemark, le spectre de la misère commença à prendre d'inquiétantes proportions. Elle se rendit à Wedellsborg en juillet pour passer de courtes vacances et elle écrivit à Clara, en proie à une angoisse démesurée, que la question des impôts la torturait affreusement et qu'elle ne pouvait trouver le repos : « Comment, comment » aurait-elle alors pu écrire [7] ? Il est difficile de dire dans quelle mesure cette inquiétude était réellement fondée. Clara remarque dans *Notater* que les questions d'argent ne manquaient jamais de réveiller la traumatisante expérience de la perte de la ferme et que Karen Blixen elle-même reconnaissait que le problème était en partie « psychosomatique [8] ».

3

Le 1er août 1956, Karen Blixen reçut une lettre de Parmenia Migel, son amie parisienne. Elle lui écrivait pour discuter d'un projet qu'elle avait en tête depuis plusieurs années : une biographie. Peut-être que Tania avait envisagé d'écrire ses mémoires elle-même, mais il y avait des choses que la modestie risquait de l'empêcher de dire. C'étaient celles que Parmenia Migel pouvait et voulait dire. Elle demandait donc à son amie d'y réfléchir et de lui faire savoir ce qu'elle avait décidé.

Karen Blixen y pensa et, trois semaines plus tard, elle demanda à Aage Henriksen d'entreprendre la biographie. Il vint dîner seul avec elle dans le salon vert et ils parlèrent des difficultés — en fait des impossibilités — rencontrées lors du récit d'une vie dont les événements et les circonstances les plus importantes étaient du genre dont on ne peut pas discuter. Elle déclara à Henriksen qu'elle avait mis de côté toutes les lettres qu'elle avait écrites à sa mère depuis l'Afrique, mais qu'elle pensait désormais les brûler. La conversation s'arrêta là mais, au moment où il partait, fatigué intellectuellement et physiquement — il avait pris froid —, il se rendit compte qu'elle lui avait tout de même demandé d'écrire sa biographie.

C'était là un renversement stratégique de la plus haute importance, car Karen Blixen était depuis toujours intimidée face aux questions qui touchaient à sa vie. Vers la fin des années quarante, elle avait eu de grandes inquiétudes lorsque Hans Brix, le critique littéraire danois, avait entrepris l'étude de son œuvre : il était précisément connu pour l'intérêt qu'il éprouvait généralement pour la vie des auteurs. Lorsque Aage Kabell lui posa des questions d'ordre biographique pour son *Karen Blixen debuterer,* elle répondit en plaisantant qu'elle avait l'impression d'être devant un chasseur « qui suivait sa piste[9] » et que cela la mettait mal à l'aise. Mais apparemment, sa santé vacillante et le fait d'avoir frôlé la mort firent qu'elle sentait nécessaire d'assurer la postérité de sa réputation, ou, comme elle le disait elle-même, de son « mythe ». Elle avait déjà demandé à Bjørnvig d'écrire un livre sur leurs relations une fois qu'elle serait morte, que les choses seraient plus claires et qu'il se sentirait libéré de l'obligation de lui plaire. Peut-être sentait-elle aussi qu'il était temps d'encourager une étude exhaustive et d'y laisser son empreinte. Elle montra beaucoup d'astuce en choisissant Henriksen, bien que celui-ci finît par se rendre compte qu'il ne pouvait lui rendre ce service. Pendant ce temps, Parmenia Migel n'avait pas de nouvelles depuis un an et, avec autant de dépit que la déférence l'autorisait à en exprimer, elle écrivit à nouveau pour lui rappeler sa proposition. A l'automne 1957, la baronne accepta son offre et reçut par retour de courrier un exposé de la méthodologie que l'auteur se proposait de suivre. Tania devait lui dire tout ce qu'elle voudrait lorsqu'elles se verraient. En attendant, il fallait qu'elle mette ses souvenirs par écrit ou qu'elle les dicte à Clara. Le livre serait fidèle et conforme aux instructions de Karen Blixen et Parmenia Migel se comparait à un pianiste qui étudie les doigtés d'un compositeur[10].

Durant les cinq années qui suivirent, Karen Blixen rencontra plusieurs fois Parmenia Migel et celle-ci prit des notes, sans utiliser, semble-t-il, de magnétophone. Après la mort de Karen Blixen, Parmenia Migel interviewa plusieurs amis et membres de la famille, visita Katholm et Frijsenborg et séjourna chez le comte et la comtesse Wedell. Bien qu'elle ait eu accès à tous les papiers personnels de Karen Blixen et à ses lettres africaines, elle ne se soucia pas de les faire traduire. Elle n'alla pas non plus en Afrique, conformément au vœu de Karen Blixen, et expliqua que les lieux avaient bien trop changé et que Tania voulait qu'elle les imagine elle-même. Elle choisit en fait de mettre l'accent sur la partie de sa vie qu'elle connaissait le mieux (les dernières années, les années cinquante et le début des années soixante), sur les distinctions et récompenses dont Isak Dinesen fut l'objet, et sur ses relations avec les célébrités, les artistes de talent ou la noblesse, elle prit le parti de défendre l'image de la grande aristocrate et de la sibylle, souvent avec ce que Hannah Arendt, dans sa critique de *Titania,* qualifie de « naïve impudence ». Malheureusement, cela conduisit également Parmenia Migel à exagérer des traits de caractère du personnage de Dinesen, mais qui tout aussi sûrement n'étaient pas si prononcés ni si naturels. « Il vaudrait mieux passer *Titania* sous silence, écrivit Hannah Arendt, si malheureuse ment Isak Dinesen (ou bien était-ce la baronne Blixen ?) n'avait pas commissionné le livre après avoir passé des jours à donner ses instructions à Parmenia Migel et lui avoir extorqué juste avant de mourir la promesse de terminer " [son] livre " dès qu'[elle] serait morte [11]. »

W. Jackson Bate, dans sa splendide biographie du Dr Johnson, exprime une opinion qui permet de comprendre la « coopération » d'Isak Dinesen : « La tentation de jouer un rôle, dit-il, et, du coup, de devenir suffisant, est partiellement due à la simple volonté des gens d'être à la hauteur de l'image que le public a d'eux, du moment que cela ne demande pas trop d'efforts, et parfois aussi, à condition d'avoir un tant soit peu d'humour, cela participe du désir d'offrir au public un autoportrait en forme de caricature [12]. »

Apparemment, Isak Dinesen fut flattée de l'adoration que lui portait Parmenia Migel et elle fut à la hauteur de ce que celle-ci attendait d'elle, puisqu'elle lui offrit exactement la caricature pleine d'humour que décrit le Dr Bate. Parmenia Migel, en toute innocence, et avec la déformation supplémentaire qu'apporte une image de seconde main, la retranscrivit dans *Titania*.

48.

« Échos »

1

Malgré la fin retentissante qu'avait connu leur pacte, Karen Blixen et Thorkild Bjørnvig renouèrent contact avec précaution. Il fit les premiers pas en lui envoyant un sonnet qu'il avait composé pour son soixante-dixième anniversaire. Elle répondit ainsi :

> « Vous m'avez rendu la tâche difficile pour vous remercier, car je dois sentir chaque mot que je vous adresse, en paroles comme en écrits, comme une rupture avec tout ce que je vous ai dit — il y a maintenant presque six mois — et que je ne veux surtout pas retirer. Malgré tout, je voudrais vous dire merci et si vous pouvez accepter ce merci, je voudrais que nous nous voyions. Non pas pour parler, car cela n'a guère marché ces derniers temps, mais parce que je voudrais que vous me donniez la main. Que puis-je faire d'autre, en fin de compte, de cet hommage à une amitié [...] foudroyée par une malédiction[1] ? »

Bjørnvig accepta son invitation. Karen Blixen fut enchantée à l'idée de sa visite et elle dit à Clara que c'était comme « le retour du fils prodigue ». Elle devait être un peu inquiète, malgré tout, car elle pria Clara de rester avec eux pour le thé, invitation que Clara déclina avec tact en prétextant qu'elle avait son travail à faire*. La baronne dit en grommelant qu'elle ne valait pas mieux que « le fils aîné », mais au lieu de dire « fils aîné », sa langue fourcha et elle dit « grand veau » : elle ne valait pas mieux que « le grand veau ». Le lapsus ravit tout le monde et *Fedekalven* devint le surnom de Clara[2].

Durant tout l'été et jusqu'à l'automne 1956, Karen Blixen travailla sur le conte qui représentait sa version personnelle de l'épitaphe du pacte et,

---

* Clara augmentait ses revenus en faisant des traductions de l'italien (Lampedusa, Alberto Denti di Pirajno) et de l'anglais (Graham Greene, Rosamonde Lehmann) ainsi qu'en travaillant à la bibliothèque de Copenhague. Elle rédigeait également de petits articles et des critiques pour différents périodiques.

comme le dit Bjørnvig, qui constituait « sa réponse ». « Échos » est un vague post-scriptum ou un rajout littéraire au conte « Les Rêveurs », qui sert à combler la lacune de la période où Pellegrina Leoni quitte Lincoln Forsner de peur que celui-ci n'apprenne sa véritable identité. Au cours de sa fuite, elle arrive dans un petit village de montagne et s'arrête dans une église où elle entend un jeune garçon chanter le Magnificat. Il possède une voix pure comme il n'en existe pas en ce monde, un sublime soprano qu'elle reconnaît comme la voix de la jeune Pellegrina Leoni. Elle se rend compte qu'il n'y a plus que trois ans avant que la voix du jeune garçon ne mue, mais elle est déterminée à faire de lui un grand chanteur durant l'intervalle, de façon à ce que la voix de Pellegrina Leoni, perdue jadis dans l'incendie de l'opéra de Milan, ressuscite, même pour peu de temps.

Pellegrina s'installe au village, fait savoir qu'elle est la veuve d'un célèbre professeur de chant et offre de donner des leçons au garçon. Il se nomme Emmanuele, il est orphelin, fils de paysans, mais c'est le seigneur du village qui l'élève. Celui-ci accepte la proposition et le garçon devient son élève. Leurs relations sont, dès le début, empreintes de mystère, et elle se dit qu'après trois ans il deviendra son amant. Un jour, Emmanuele lui confirme qu'ils étaient destinés à se rencontrer. Il lui dit qu'il sait qui elle est vraiment : non pas « la signora Oreste, de Rome », mais la célèbre diva Pellegrina Leoni. Il est le seul à connaître ce secret, outre Marcus Cocoza, le vieil ami de la cantatrice, car pour le reste du monde, elle est morte *.

Telle était la manière mystique dont Karen Blixen pensait que Bjørnvig l'avait reconnue. Mais comme Bjørnvig, Emmanuele a plusieurs défauts qui inquiètent son professeur : sa mollesse, sa vulnérabilité et sa lâcheté. Elle ne cesse de lui répéter que « seul un métal dur peut donner un anneau ». Pour l'endurcir et lui apprendre à supporter la douleur, elle pique son doigt à trois reprises avec une épingle et essuie le sang avec son mouchoir, qu'elle porte ensuite à ses lèvres.

Le lendemain de cette curieuse cérémonie, Emmanuele ne se montre pas à l'heure dite. Pellegrina part à sa recherche et elle s'aperçoit qu'il s'est enfui. Le garçon semble avoir compris ce qui n'est pas dit dans le texte mais que la fixation que fait Pellegrina sur sa voix exquise rend implicite : elle pourrait le faire castrer pour qu'il la conserve toujours. Lorsqu'elle le retrouve, il lui lance une pierre et l'accuse de sorcellerie. C'est une sorcière, un vampire. Elle veut lui sucer le sang : il l'a vue le faire. « Paysan », lui crie-t-elle à son tour. Et elle frotte la pierre sur la blessure qu'elle lui a faite au front et la tache de son sang avant de la lui renvoyer. Un peu plus tard, elle réfléchit à la naïveté du garçon : il ne pouvait pas savoir que mêler les sangs n'a rien à voir avec boire du sang. « Elle pensa enfin : “ Oh mon enfant, mon cher frère et mon cher amoureux, ne sois pas malheureux et ne crains rien. Tout est fini entre toi et moi [...] J'ai été trop audacieuse en me risquant à jouer sur une harpe éolienne de mes mains humaines[3] ”. »

* Le cousin d'Emmanuele, Luigi, a été le domestique de Pellegrina. Il savait qu'elle était toujours en vie, et il avait l'intuition qu'Emmanuele la rencontrerait. Aussi lui a-t-il décrit son apparence et ses qualités afin qu'il puisse la reconnaître.

A la fin du conte, Pellegrina retourne à l'église où elle a entendu Emmanuele chanter pour la première fois. On est en train de dire une messe. Une vieille femme qui vient de communier pense que l'on « peut prendre avec Dieu beaucoup de libertés qu'on ne saurait prendre avec les hommes. On peut se permettre beaucoup de choses envers Lui qu'on ne saurait se permettre envers l'Homme. Et parce qu'Il est Dieu, ce faisant on L'honore encore [4] ». En d'autres termes, il est permis de manger la chair du Seigneur et de boire Son sang, car c'est ainsi qu'il convient de L'adorer. Mais dévorer la chair et boire le sang d'un être humain, même symboliquement, c'est du cannibalisme.

Robert Langbaum, qui exprimait d'autres réserves sur « Échos », croyait cependant que, « dans sa recherche de l'âme, Isak Dinesen s'accusait elle-même [5] ». Bjørnvig en revanche croyait qu'elle voulait que le monde sût combien grandes étaient sa déception et sa solitude. Quant à elle, Dinesen expliqua à Viggo Kjaer Petersen que le conte était construit sur le concept de l'Eucharistie comme sacrifice et hommage mutuels, et qu'elle sentait clairement que Bjørnvig n'était pas prêt à faire le sacrifice ou à comprendre que l'hommage était bien peu égoïste. Elle fit observer à un autre critique, Aage Kabell, que, dans toute relation intime, il y a consommation réciproque de la chair et du sang, « et qu'on ne peut pas toujours savoir qui mange qui [6] ».

Pellegrina ne blâme pas directement Emmanuele de l'avoir abandonnée, bien qu'elle éprouve du mépris pour le milieu provincial qui lui a rendu l'esprit si étroit. Telle était l'essence du mépris de Karen Blixen pour *Heretica* et pour les limites de la conception de la vie qu'avait Bjørnvig et qu'elle avait tellement essayé de dégrossir. Il est difficile, en tout cas, de voir à quel moment « elle s'accuse elle-même ». Elle pardonne à Emmanuele la déception qu'il lui a causée et elle le remercie même en lui donnant sa bénédiction. Mais elle laisse également entendre que la relation entre la maîtresse et l'élève échoue parce que Pellegrina a des vues trop élevées.

Ce n'est pas la Pellegrina Leoni qui apparaît dans « Les Rêveurs », une femme que l'expérience de la perte a convaincue qu'il est hasardeux d'être « à nouveau une femme et de souffrir autant ». Cette Pellegrina-là est une sainte de ce monde, qui parle par paraboles et élève les âmes par sa générosité et sa sagesse. Sa solitude est divine : c'est la solitude de celle dont « l'élément est la joie » au milieu de la souffrance. Sa témérité aussi est divine : elle n'a pas craint de donner son âme. Karen Blixen semble avoir répondu à Thorkild Bjørnvig avec une miséricorde divine pour sa faiblesse humaine, tout en écrivant un conte qui perpétue la même folie des grandeurs dont le texte décrit la sottise, celle-là même qui fut l'artisan de leur rupture.

Bjørnvig tente d'expliquer le désir de grandeur de Karen Blixen lorsqu'il résume le conte et le pacte. Il attribue ce trait de sa personnalité à son sens de la communion avec la nature, qui était « magnifique et profonde [...], intense et étrange [...], sage [...], point romantique, et précise ». Ce sentiment d'appartenir à la nature rendait ses « relations avec Dieu si personnelles et si anthropomorphiques que, toujours, elles tournaient à l'adoration mutuelle et menaient à une démonstration de force — sous le signe divin de la bataille. Confronté à cette brillante démence, on pouvait être aisément frappé de crainte mais aussi d'horreur. On devait capituler, se soumettre ou partir. De là, l'inhumaine solitude [de Karen Blixen], malgré ses amis et sa famille et malgré la célébrité et le renom[7] ».

« Échos », plus qu'un conte, est une métaphore, et, même si Isak Dinesen s'identifia nettement à Pellegrina, la question reste posée : croyait-elle réellement qu'elle avait des pouvoirs magiques ou divins? De toute évidence, elle n'en était pas sûre. Deux ans plus tard, au cours d'une longue discussion sur la religion avec son frère Thomas, elle lui demanda si *lui* ne croyait pas que les fidèles obtiennent de Dieu leurs pouvoirs comme les sorcières les obtiennent de Satan. Il lui répondit raisonnablement, comme toujours : « Que les gens qui sont religieux puissent acquérir des pouvoirs d'une façon remarquable ou inhabituelle, je ne saurais le nier. Mais la question est : sont-ils aidés par quelque chose qui leur est extérieur ?[8] »

2

Les relations de Karen Blixen et de Thomas avaient tiédi avec les années. Ils continuaient de se voir, mais ils n'appréciaient pas leurs façons de vivre respectives. Il se moquait de son personnage public, de ses airs sibyllins et de la manière dont elle attirait à elle un cercle de garçons assez jeunes pour être ses petits-fils. Bien qu'il lui fût dévoué, il n'était pas disposé à lui prodiguer sans compter l'admiration inconditionnelle qu'elle réclamait de lui et qui, de toute façon, était étrangère à son caractère candide. En retour, elle lui reprochait d'avoir « trahi » sa classe et de « s'être lui-même radié des listes de la *gentry* ». Elle raillait ses enfants à cause de leur « dégoûtant » amour filial et elle se moquait méchamment de Jonna Dinesen auprès du gendre de celle-ci, Erik Kopp.

Vers le milieu des années cinquante, leur rivalité s'était concentrée sur une question matérielle de la plus haute importance pour Karen Blixen : ce qu'il allait advenir de Rungstedlund. Dans sa terreur panique des arriérés d'impôts, elle avait demandé conseil sur la façon dont elle pouvait s'assurer le mieux possible d'un endroit où vivre jusqu'à sa mort. On lui conseilla de faire don de la propriété à titre charitable, ou encore de la partager avec une institution qui lui verserait une rente viagère. Mais pour cela, il aurait fallu qu'elle en fût l'unique propriétaire, aussi demanda-t-elle à ses frères de lui céder ou de lui vendre leurs parts. Anders et Thomas étaient d'accord, mais le second voulait être payé en liquide. Elle lui offrit quarante-six mille couronnes, mais il refusait de vendre à moins de cent mille : il pensait à l'héritage de ses enfants. Apparemment, Tanne aurait pu se permettre de payer un tel prix, mais elle n'accepta pas. Elle jugeait que son frère lui devait une sorte de compensation puisque lui et sa famille n'avaient aucun souci matériel et vivaient « dans le luxe et la facilité », alors qu'elle avait dû gagner sa vie à la sueur de son front « depuis de nombreuses années[9] ». Elle déclara à un autre membre de la famille que, malgré toute sa bonne volonté, elle ne pouvait pas considérer les choses autrement que comme une injustice.

Cette lutte acharnée pour Rungstedlund semble avoir été l'écho d'une double lutte plus ancienne et plus douloureuse. Dans son enfance, il y avait eu son sentiment d'avoir un talent unique et particulier, sentiment dont elle ne pouvait donner la preuve et que la famille lui déniait, en vertu de la règle de scrupuleuse égalité entre les enfants de la maison. Plus tard dans sa vie, il y avait eu sa perception de la mort de Wilhelm comme une tragédie ou une perte qui l'affligeait plus que quiconque, et qui avait rendu les choses difficiles pour elle, alors que sa famille refusait d'y prendre part ou même de la comprendre. Lorsqu'elle parle de « facilité » et de « luxe » à propos de son frère, c'est parce qu'elle se sentait privée non seulement de la sécurité matérielle, mais aussi de la sécurité affective dont il bénéficiait — son mariage réussi et ses enfants qui l'aimaient —, toutes choses qu'elle prenait tant de peine à railler. Elle avait souffert, elle était seule, et elle méritait une compensation. La profondeur de ces sentiments explique peut-être qu'elle n'ait pu considérer autrement la situation.

La querelle traîna pendant plusieurs années, et les laissa amers et blessés. Elle prit fin lorsque Ella Dahl s'offrit d'acheter la part de Thomas et la donna à la Fondation Rungstedlund.

3

Ayant passé Noël à Wedellsborg, Karen Blixen se replongea dans une période de concentration et travailla sur les *Nouveaux Contes d'Hiver,* qui devaient paraître en novembre de l'année suivante. Elle avait décidé du titre pendant qu'elle se remettait après son séjour à l'hôpital, et cela l'avait ragaillardie. *Le Dîner de Babette* était lui aussi terminé, et elle avait exprimé à Haas le souhait que les deux livres fussent publiés en même temps — « la main dans la main ». Elle craignait qu'après ces quinze années de passage à vide aucun des deux livres ne fût assez bon en lui-même pour satisfaire les attentes de ses lecteurs. Elle craignait également que « sa soudaine réapparition ne nécessitât d'avoir des allures d'événement sensationnel si l'on ne voulait pas que ce soit une déception [10] ». Haas n'était pas d'accord et *Le Dîner de Babette* fut publié l'année suivante. Au départ, il pensait que l'ordre de publication des deux livres devait être inversé, mais Dinesen lui écrivit et insista pour que les *Nouveaux Contes d'Hiver* sortent en premier. *Le Dîner de Babette,* pensait-elle, n'était pas d'une moindre qualité, mais il « avait moins de poids [11] ».

Il restait encore un dernier *Nouveau Conte d'Hiver* (« Saison à Copenhague ») qu'elle avait promis à Haas, et qu'elle voulait inclure dans le livre. Mais elle avait des difficultés inhabituelles pour achever son travail. Elle éprouvait à nouveau des douleurs aiguës dans le dos qui l'empêchaient de se tenir droite et elle se sentait en outre extrêmement affaiblie. Les médecins lui prescrivirent une série de transfusions et elle entra à l'hôpital en mars. En attendant, elle continuait à dicter, allongée parfois sur le sol. La nécessité de dire son texte n'arrangeait pas les choses, mais comme elle le dirait à Marianne Moore quelques années plus tard : « Cela m'a aussi appris quelque chose. Lorsque vous devez accomplir une tâche vaste et difficile, quelque chose qui semble pratiquement impossible, si vous travaillez seulement un petit peu chaque jour, *sans foi ni espoir* [...], tout à coup, l'œuvre finit par s'accomplir d'elle-même[12]. »

Depuis les années trente, Isak Dinesen voulait s'essayer à un texte qui raconterait l'amour de son père pour Agnès Frijs et qui décrirait le milieu dans lequel il vivait avant d'épouser Ingeborg. C'est ce qu'elle dépeint dans « Saison à Copenhague », avec maint détail touchant. « Cela m'a amusée, expliqua-t-elle à Haas, de mettre par écrit ce que l'on m'avait raconté dans mon enfance sur les gens, les conditions de vie et les événements de l'époque de mon père, et avant que tout ce que l'on sait de ce temps ne soit oublié. Cela m'a amusée aussi d'écrire un peu dans le style de cette époque révolue[13]. »

Le conte a pour décor les salons de Copenhague au début des années 1870, alors que l'on est au cœur de l'hiver. Les dames et les divans sont recouverts de façon sophistiquée et l'époque est exemplaire pour Dinesen qui l'appelle la « onzième heure de l'aristocratie danoise ». C'est le moment d'un grand changement historique qui affecte toutes les idées et toutes les valeurs pour lesquelles les gens vivent, mais ils ne voient pas encore ce mouvement. La même révolution a lieu dans la France du second Empire : la richesse et le pouvoir passent des mains de l'ancienne classe dirigeante qui vit à la campagne dans celles de la bourgeoisie financière des villes. L'aristocratie jouit peut-être d'une prospérité sans précédent, mais les mêmes conditions économiques qui ont créé cette situation ont scellé son destin et celui du monde rural tout entier. L'âge de la science et de l'argent — un âge changeant que domine l'esprit *parvenu* — connaît son avènement, et pour Dinesen, cela signifie, comme le dit le vieux peintre Sivertsen à un groupe de grandes dames d'un certain âge, que l'honneur, en tant que fidélité à un système de valeurs établies et de relations, est devenu obsolète. Leurs grands-enfants iront sur la lune mais ils ne se battront plus en duel et ne se feront plus hara-kiri. Enfin, ils seront devenus incapables de comprendre la tragédie.

Au sens classique, un individu ne peut vivre la tragédie que si sa fidélité à un idéal — son honneur — est tellement essentielle qu'il renonce à tout ce qui lui est cher avant de se résigner à la trahir. Dans la plupart des tragédies, c'est une forme quelconque de passion qui éloigne par tentation ou force le héros à abandonner son idéal. Dans les contes de Dinesen, cet idéal est souvent la passion elle-même. Dinesen sermonnait ses jeunes amis sur la question. Elle se plaignait du peu de profondeur de leurs aventures amoureuses et de la superficialité morale de son époque. Elle disait qu'il n'y avait que dans les anciens grands domaines, les *herregaardene,* qu'elle pouvait encore trouver des gens pour qui l'honneur avait le même sens que pour elle : « quelque chose de mystique[14] ». Dès l'époque où se passe « Saison à Copenhague », même les comtes von Galen, qui sont les plus grands seigneurs du Danemark (et pour lesquels les Frijs ont servi de modèles), se sont insidieusement compromis et amollis. Léopold (Mogens) a l'âme d'un quelconque goujat et Adélaïde (Agnès) attache plus d'importance à la couronne brodée sur son mouchoir qu'à la passion. Désormais, sous-entend le conte, les anciens idéaux seront perpétués par des personnages comme les Angel (les Dinesen), qui ne sont pas nécessairement des aristocrates. Ils peuvent être artistes, comme le professeur Sivertsen, qui « n'échangerait pas l'idée de l'honneur contre un billet pour la lune ». Ou encore des acteurs, comme — dans d'autres contes — Héloïse ou Casparsen, qui n'ont pas d'honneur en soi, mais qui tiennent un rôle héroïque, lequel rappelle l'héroïsme passé des autres. Ils peuvent être aussi de nobles personnages tels que Mlle Malin ou le baron von Brackel, ou la narratrice de *La Ferme Africaine :* des personnages classiques à une époque où règne le pragmatisme et qui, comme les Angel, sont « prédestiné(s), marqué(s) d'avance pour le désastre [15] ». Ce qu'ils savent le mieux faire, c'est monter à cheval comme une tribu de centaures et causer théologie ou opéra. Leurs racines tordues sont enfouies « profondément dans la terre » et ils sont en parfaite harmonie avec les éléments et leurs instincts. Par-dessus tout, ils gardent vivant « l'honneur dans leur cœur ». L'honneur des Angel, dans « Saison à Copenhague », est à double tranchant : passion et rigueur. Tels étaient les idéaux de Dinesen pour un ami, un amant ou une œuvre d'art, et telle est la leçon qu'elle enseigne. Ce sont enfin les qualités qui, pensait-elle, manquaient le plus aux Danois modernes.

En mai, une semaine après l'échéance qu'elle s'était fixée pour terminer le conte, Dinesen envoya son texte à Haas. « Enfin ! écrivit-elle, triomphante. Ce conte est différent des autres et j'ignore si vous l'apprécierez [16]. » En fait, c'était celui des *Nouveaux Contes d'Hiver* dont elle était la plus « fière » car « elle sentait qu'elle avait finalement fait le roman [17] ». Les éléments « romanesques » du texte, ce sont ces passages de descriptions faites à loisir, qui posent le décor sans faire progresser l'intrigue, ainsi que la subtile analyse de l'*embourgeoisement* qui transformait toutes les relations sociales. Mais elle ne « fabriqua » pas vraiment ses personnages comme une romancière. Comme dans les autres contes, ils sont traités comme des forces de moments contraires qui s'équilibrent. Les Angel ne sont pas davantage une famille « romanesque » : ce sont les personnages d'un conte de fées ou d'une saga. En eux se concentrent toutes les perfections de l'âme et du corps : nez et poitrine parfaits, songes exquis et sensations délicieuses, galanterie exemplaire, humour et désir, tout cela couronné par un destin funeste. Ils rappellent aussi ces étranges peintures rococo dont les nymphes et les satyres sont entièrement composés de fruits. Dinesen, toutefois, semble avoir fait leur portrait avec sérieux, et même de façon naturaliste. Elle-même prétendait posséder les mêmes qualités*. On pourrait très bien lui faire quelque menu reproche ou du moins considérer ce portrait comme un autre exemple de sa vanité. Mais il offre également la clé de son charisme. « Une source d'énergie les animait, écrit-elle à propos des Angel/Dinesen, et, à leur tour, ils reflétaient cette énergie sur leur entourage [...]. Aux yeux de

---

* Dans une interview faite par Bent Mohn et publiée dans le *New York Times* du 3 novembre 1957 (49,I), Isak Dinesen déclarait : « Parfois, j'ai été si heureuse que cela m'a frappée et submergée comme quelque chose de surnaturel [...]. Je suis exceptionnellement douée pour cela. J'ai des sens très aigus et très raffinés [...] Je n'ai jamais rencontré personne qui ait une vue aussi perçante que la mienne. » M. Mohn me confia en 1975 qu'il n'avait en fait absolument pas participé à l'interview : Isak Dinesen avait écrit les questions et les réponses elle-même.

leurs amis de la noblesse, plus obtus, il semblait plaisant de voir le simple fait de vivre tenu pour un privilège [18]. »

Lorsque « Saison à Copenhague » fut achevé, elle l'envoya à son frère Thomas pour qu'il lui donne son avis. Il est possible qu'elle se soit attendue à toucher un point sensible de leurs relations : le désir de garder son père pour elle toute seule. « Puisqu'Il représente mon père à ce point, lui déclara Thomas, je ne pense pas que [sa] conduite dans une telle situation aurait été autant fondée sur la conscience de classe et le respect des traditions. Dans son ensemble, sa vie même contredit ton point de vue, il me semble [19]. » Il se moqua également de l'idéalisation audacieuse que faisait Tanne d'elle-même et il tenta de lui faire comprendre avec délicatesse qu'une version « inspirée » de la réalité pouvait être très belle mais qu'elle ne l'était pas si l'on savait ce qu'il en était vraiment. Il lui donna un exemple métaphorique : « Imagine, écrivit-il, que quelqu'un survole le pôle Nord en avion. Vue à travers le hublot, la glace a l'air colorée. Imagine que cette même personne écrive un poème sur ces couleurs. Imagine alors que l'on s'aperçoive que la vitre est teintée. » Tanne lui remontra que cela n'avait pas d'importance, et il lui répondit que, tandis qu'il admirerait le poème, en revanche, il n'éprouverait aucun intérêt pour la calotte glaciaire lorsqu'il la survolerait à nouveau [20].

Leur divergence de pensée concernant le personnage de Wilhelm finit par devenir pour eux un sujet délicat et douloureux pendant les années qui suivirent. Après une dispute particulièrement âpre à laquelle assista Anders, Thomas lui demanda son avis : « As-tu une idée de ce que pouvait être ton père ? » Anders réfléchit un instant. « *Ja,* j'en ai une — attends — un fermier [21]. »

4

Roger Lubbock, qui avait succédé à Constant Huntington comme éditeur chez Putnam, rendit visite à Karen Blixen en juin, avant la parution des *Nouveaux Contes d'Hiver.* Il lui dissimula à peine ses réserves concernant le livre et l'accueil qui lui serait fait en Grande-Bretagne. Il semblerait, lui dit-il, « trop frivole » pour être sélectionné par la Société anglaise du livre. De plus, il y avait des membres de son personnel que certaines pages avaient choqués [22].

Les pages les plus choquantes étaient celles qui décrivent dans « Le Troisième Conte du Cardinal » comment lady Flora Gordon, une vierge fanatique et farouche, attrape la syphilis en baisant le pied de la statue de saint Pierre au Vatican, après qu'un jeune ouvrier romain, qui l'a embrassé juste avant elle, ait laissé sur le bronze un peu de sa salive. Karen Blixen avait voulu que ce passage soit ironique, mais aussi émouvant, et elle répondit à Lubbock qu'elle était « innocente » de toute frivolité. Évidemment, elle n'expliqua pas qu'elle aussi était syphilitique, fait qui, lorsqu'on est au courant, permet une lecture différente du conte, qui continua à être critiqué et mal jugé, en particulier au Danemark. Mais le conte influença peut-être aussi le jury du Club du Livre du Mois, car en août, Haas lui fit savoir que le club avait refusé les *Nouveaux Contes d'Hiver,* la première de ses œuvres à ne pas être sélectionnée. Aucune raison ne fut donnée, mais Dinesen s'inquiéta et craignit de « s'être aliéné l'affection » de ses lecteurs américains « pour qui [elle] avait toujours éprouvé une reconnaissance particulière ». Cela lui était beaucoup plus important que l'argent ou l'honneur. « Je me doute bien que vous avez dû être très déçu, écrivit-elle à Haas, surtout que nous avions franchi ensemble ce bel obstacle à quatre reprises et que cela m'aurait bien plu de recommencer une cinquième fois ! En ce qui me concerne, j'avais travaillé durant ces douze derniers mois sur les *Nouveaux Contes d'Hiver* avec un pied et demi dans la tombe. Je ne cessais de me dire que je n'arriverais jamais à les finir. En ce moment, je ne puis que remercier le ciel de ce miracle qui a fait que j'aie pu mener à bien cette tâche. Je suis intimement convaincue que le sort de ce livre est désormais entre des mains plus solides que les miennes. Nous n'avons pas fini de nous amuser avec ce livre[23] ! » Et, avec la courtoisie raffinée qui la caractérisait, elle conclut en décrivant à Haas combien les roses de son jardin étaient jolies cet été-là, et combien elle aurait aimé pouvoir lui en envoyer quelques-unes.

Toutefois, l'impression généralisée selon laquelle les *Nouveaux Contes d'Hiver* étaient moins bons que les trois premiers livres d'Isak Dinesen est, je crois, assez fondée. La faute n'en revenait pas totalement à l'auteur. Ses premières œuvres avaient été écrites à la faveur de jaillissements continus d'énergie créatrice, tandis que les *Nouveaux Contes d'Hiver* étaient le fruit d'un labeur de plusieurs années, interrompues par des passages à vide dus à sa santé vacillante et à la dépression. C'est aussi, malgré tout, son livre le plus ouvertement didactique, le plus éloigné de son idéal du conte comme « divertissement ». Elle fait l'instruction de ses lecteurs tout comme elle avait fait celle de Bjørnvig et des « hérétiques », avec davantage qu'un simple complexe de supériorité morale. Et en endossant le « manteau » du maître, en parlant par sa voix étrange, exaltée et majestueuse, elle perd le contact avec l'une des sources les plus riches de son pouvoir personnel : l'humilité de la conteuse comme artisan.

Durant tout l'été et une partie de l'automne, Karen Blixen fut occupée par ses invités. Mikhaïl Cholokhov, le romancier russe, vint lui rendre visite à la fin du mois de juin. Les Kopp, les Wivel, les Reventlow et Bent Mohn furent invités lors de la venue de Roger Lubbock et de sa femme. Eugene Haynes préparait une tournée de concerts en Europe et se servait du Danemark comme point de chute. Sa musique, son agréable compagnie, sa beauté et son adoration sans bornes pour Karen Blixen furent pour celle-ci un délice. Lorsqu'il donna son premier concert important à Copenhague en octobre, il prétendit que sa réussite n'était due qu'à sa présence dans la salle et en retour, elle proclama que le 1er octobre serait « le jour d'Eugene, fit un discours charmant, récita une poésie et [l']embrassa. Ce fut un moment féerique[24] ».

Vers la même époque, un journaliste suédois très connu, Anders Lundebeck, arriva à Rungstedlund pour faire une interview de Karen Blixen à qui il glissa une intéressante nouvelle : l'Académie suédoise l'avait nominée pour le prix Nobel et il « savait de source sûre » qu'elle partait favorite. Cela ne mit personne en émoi autant que Clara qui eut l'impression qu'enfin ses années de patience et de sacrifice pourraient se justifier publiquement dans toute leur mesure aux yeux des gens qui lui avaient toujours reproché d'avoir abandonné sa propre carrière. Elle attendait impatiemment la sécurité financière que le prix allait apporter à son employeuse, mais aussi les nouvelles œuvres qui pourraient être menées à bien en toute tranquillité. Karen Blixen elle-même ne parlait pas du prix, « mais elle avait sur son visage cette expression radieuse et impatiente qu'on pouvait lui voir même aux derniers jours de sa vie[25] ». Le matin du 17 octobre, alors que le verdict devait être rendu, Clara se rendit à Mikkelborg à bicyclette, assista à la messe et dit une prière, mais la journée s'écoula sans qu'il y eût le moindre appel de Stockholm. A 18 h 30, elles écoutèrent le bulletin d'informations dans le salon vert et apprirent que Camus avait remporté le prix. La certitude de sa nomination, les enquêtes des journalistes et les espoirs tristement déçus devaient se renouveler l'année suivante. Comme l'écrit Robert Langbaum, elle fut jusqu'à sa mort une « candidate très en vue[26] » pour le prix.

5

Karen Blixen souhaitait éviter la publicité et l'agitation qui accompagnent la parution d'un nouveau livre, et elle envisageait de passer à Rome le 4 novembre, date de la publication de l'édition danoise des *Nouveaux Contes d'Hiver*. Elle était restée en contact avec Eugene Walter, son « Premier ministre d'opérette » et elle lui envoya une petite liste des sortes de réjouissances qu'elle espérait qu'il lui procure. « Y aura-t-il, s'inquiétait-elle, des gens à Rome disposés à me rendre ces trois jours agréables, de façon à ce que je puisse y repenser plus tard avec des larmes de joie dans les yeux ? [...] Y aura-t-il quelqu'un qui m'invitera à dîner dans le plus sombre bouge du Trastevere, repaire de voleurs et d'assassins ? Ou bien encore, pourriez-vous m'arranger un rendez-vous galant avec un cardinal sur la Piazza Navona au clair de lune[27] ? » Walter lui fournit un cardinal, dans une comédie de marionnettes écrite en son honneur et jouée chez l'écrivain américain John Becker. Il y eut aussi un dîner dans le palais médiéval de la comtesse Mitti Risi, qui surplombait le Tibre, et une soirée musicale dans l'appartement de la princesse Brianna Carafa, qui donnait sur la Piazza del Popolo. Mais Walter découvrit son meilleur atout dans le taxi qui revenait de l'aéroport, lorsqu'il lui sortit le manuscrit du roman de Kelvin Lindemann, qu'elle détestait, et lui proposa de le jeter dans le Tibre. Ils arrêtèrent la voiture sur l'un des ponts étroits et encombrés qui mènent à la ville et descendirent. Karen Blixen était vêtue d'un manteau en peau d'ours et coiffée d'un turban. La circulation fut bloquée sur la longueur d'au moins deux pâtés de maisons et les autres automobilistes descendirent eux aussi pour les insulter. « C'est toujours un plaisir de bloquer les affaires du monde, remarqua Walter, et plus le monde est irrité et impatient, plus le plaisir est grand. » Il avait préparé une petite formule magique qu'ils prononcèrent en tenant cérémonieusement le livre au-dessus des eaux boueuses :

Merde de souris
Merde de chauve-souris
Merde d'aï à trois doigts
Tibre et oubli
Recevez ce livre et son auteur[28]

Isak Dinesen et Clara Svendsen passèrent un mois à l'étranger à voyager. De Rome, elles se rendirent à Paris, puis à Londres. Elles se déplaçaient avec autant de pompe et de bagages qu'une cour royale. Une bonne partie de l'amusement que leur procuraient ces voyages consistait à s'habiller. La baronne tenait liste de ses vêtements comme la reine d'Angleterre et leur donnait un nom évocateur — dans son cas, les noms étaient un rien baroques*. A Paris, les réjouissances avaient été organisées par Parmenia Migel, qui profita de l'occasion pour prendre des notes en vue de son livre. L'emploi du temps était calculé heure par heure et Karen Blixen, jamais repue de tous ces amusements, allait d'un endroit à l'autre, parlant sans cesse et mangeant à peine, environnée de nuages de fumée de cigarettes et, selon un témoin, « sensiblement plus diaphane jour après jour, tel un narcisse mourant[29] ». C'était comme si elle avait griffonné en travers des pages de son journal, dans les caractères italiques de la faiblesse de l'âge, *Navigare necesse est vivere non necesse.* Désormais, il lui importait davantage d'aller de l'avant que de vivre.

Elle s'écroula plus d'une fois : Parmenia Migel raconte qu'un après-midi Tania arriva chez elle à pied depuis le restaurant du Vert Galant, où avait été donné un déjeuner en son honneur. Elle devait travailler avec elle sur la biographie. C'était une tâche lourde et écrasante que de repêcher ces souvenirs enfouis sous les limons du passé en essayant de rester fidèle et de situer précisément des centaines de détails et de dates. Les événements malheureux et les humiliations chassés de son esprit depuis si longtemps remontaient à nouveau à la surface, des lieux et des visages flous étaient pris au piège et mis en pleine lumière [...][30]. Après un certain temps, Karen Blixen ne put continuer. Elle fut prise de nausées et de vomissements, s'évanouit et passa le reste de l'après-midi allongée sur un lit de repos dans un « demi-coma ». Mais — et c'est tout à fait elle — elle sortit à nouveau le soir même pour se rendre à une « réception éblouissante ».

Parmi ses amis parisiens, écrit Parmenia Migel, Karen Blixen comptait la princesse de Polignac, Violet Trefusis, Edmée de La Rochefoucauld, la princesse Dolly Radziwill (qui avait épousé un peintre danois) et Philippe de Rothschild. Il y en avait d'autres de la même sorte : personnages aux noms

* La liste suivante a été conservée dans les archives de Karen Blixen (158, III B 5 b) : robes de soirée : *Bergère brune,* Sapho, Tate Gallery, *Éminence grise, Libelle,* Hortense. Déjeuner-cocktail : *Petit diable,* Claudine, *Poilue,* Bohème *(sic)*. Tailleurs : *Petit favori,* Tschui, Grouse Noire, Sobre Vérité, Atta Troll.

anciens et musicaux qui pouvaient encore se permettre de conserver la propriété familiale, jouer les mécènes et recevoir « sans regarder à la dépense » — petite expression qu'adorait Dinesen et qu'elle éprouvait un délicieux petit *frisson* à prononcer. Elle explique cela dans « Saison à Copenhague », au moment où Ib Angel réfléchit sur son attirance pour le milieu des von Galen : « Nous avons été attirés vers le monde de la splendeur, irrésistiblement, comme des papillons par la flamme, non parce qu'il était riche, mais parce que ses richesses étaient sans limites. Cette qualité — l'immensité — dans tous les domaines nous aurait pareillement attirés[31]. »

Lorsqu'il parle de cette « immensité » sans limites, il veut aussi parler de liberté émotionnelle, de la possibilité de donner libre cours à ses désirs profonds. Le monde de l'aristocratie avait toujours représenté cela pour Karen Blixen. C'était là pour elle son charme véritable, quelque chose que beaucoup de ses amis, qui ne comprenaient pas son « stupide snobisme », étaient incapables de percevoir. Cela nous permet d'expliquer un fait curieux. A l'étranger, elle prétendait qu'elle pouvait compter sur une réserve d'énergie presque « sans limites », qui pourtant se dérobait à elle à l'instant où elle revenait au Danemark. C'était comme si les lois de la pesanteur avaient été plus fortes chez elle qu'en France ou qu'en Italie — ce qui est vrai du point de vue psychologique. « L'errant », tel que l'ont décrit les psychologues, est fréquemment quelqu'un qui vit une situation apparemment insupportable, qui lui est extérieure mais qui reflète en même temps un état de tension et un danger intérieurs. L'énergie, entravée à Rungstedlund par la dépression, l'angoisse et le ressentiment, se libérait dès qu'elle partait en voyage. C'était cette même miraculeuse légèreté « du cœur » qu'elle avait éprouvée dans les highlands et qu'elle décrivait à son ami le professeur Rasmussen en des termes presque identiques. « Le véritable air européen est libérateur ; lorsqu'on le respire, on sent que l'on est là où l'on doit être. [...] Dernièrement, au Danemark, j'ai eu l'impression d'être suspecte, presque comme une prisonnière libérée sur parole. Mais ici, tout le monde m'a témoigné une magnifique indulgence[32]. »

On mesure l'importance qu'avait cette indulgence pour Dinesen au nombre de ses nouveaux amis plus ou moins proches, qui furent invités à contribuer à l'Hommage Mémorial fait en son honneur. Leurs souvenirs sont tantôt délicats et brillants, tantôt ordinaires ou sentimentaux, selon chaque participant, mais ils se rejoignent tous dans les détails et sont aussi uniformes que les interviews que donna Isak Dinesen dans les dix dernières années de sa vie, une fois qu'elle eut peaufiné son personnage et qu'elle s'y fut tenue. La duchesse de La Rochefoucauld sut capturer l'esprit dans lequel ce monde accueillait Isak Dinesen, lorsqu'elle la définit : « *celle qui a tué un lion et dont on parle pour le prix Nobel** ».

---

* Edmée de La Rochefoucauld, « Karen Blixen », in *Isak Dinesen : Hommage Mémorai*, p. 83.

6

Un après-midi rue Saint-Honoré, Isak Dinesen et Clara Svendsen entendirent une puissante voix crier « Tania ! ». Elles se retournèrent et découvrirent John Gielgud qui la prit dans ses bras. Il était à Paris pour faire une lecture de Shakespeare au théâtre des Ambassadeurs et il les y invita. Il les convia également à venir à Stratford où il devait jouer dix jours plus tard le rôle de Prospero dans *La Tempête,* qu'il avait mise en scène. Elles passèrent tout d'abord une semaine à Londres au Connaught. Tania se rendit chez les deux nièces de Denys, lady Daphne Straight et lady Diana Tiarks, mais elle se sentait un peu faible et elle passa une bonne partie de son séjour dans sa chambre d'hôtel. Clara alla dans Bond Street pour chercher un camée que Tania lui avait promis comme récompense pour tout le travail supplémentaire que lui avait causé ce voyage. Elle en trouva un très beau, ancien, avec la tête d'un homme qui ressemblait à Byron et qui, croyait la vendeuse, était certainement son effigie.

Avant le jour prévu pour la représentation de *La Tempête,* Tania se sentait déjà mieux. Elles prirent le train pour Stratford et déjeunèrent avec Gielgud et quelques amis. Après quoi, se rappelle Clara, Tania resta un très long moment sur le pont qui enjambe l'Avon à regarder l'eau « avec une expression de bonheur comme je lui en avais rarement vue[33] ». Il semble probable que cette pièce, qu'elle n'avait jamais vu jouer et qui était si intimement liée à Denys, ait ressuscité son souvenir. Elle l'avait toujours vu comme un personnage de Shakespeare, au début comme une sorte de Hamlet, et c'est ainsi qu'elle le décrit dans *La Ferme Africaine.* Mais à la fin de sa vie en Afrique, lorsqu'il avait commencé à se détacher d'elle, elle avait commencé à le voir sous les traits d'Ariel.

Karen Blixen rentra au Danemark pour écrire un conte qu'elle voulait envoyer à Gielgud pour le remercier de la pièce, et qu'elle intitula « Tempêtes ». C'était aussi sa dernière œuvre majeure, celle qui la résumait.

49.

« Tempêtes »

1

En février 1958 une violente tempête recouvrit de neige le Sund et bloqua la circulation sur le Strandvej. Karen Blixen restait sans bouger de sa mansarde à dicter depuis son lit ses textes à Clara. Elle était revenue d'Angleterre et après avoir passé à Wedellsborg des vacances de Noël écourtées, elle dut garder le lit car elle présentait des symptômes de malnutrition et d'épuisement aussi graves que ceux que les médecins avaient diagnostiqués chez les prisonniers des camps de concentration. Depuis ce moment, elle s'efforçait d'écrire « Tempêtes » et luttait non seulement contre sa faiblesse, mais aussi « contre une angoisse accablante » à propos de ses finances et de son avenir, qui était en partie cause de la dépression qui la guettait chaque fois qu'elle revenait à Rungstedlund après un voyage. Le contraste prononcé qui existait entre les forces qu'elle était capable de rassembler à l'étranger et son effondrement physique au Danemark lui fit entrevoir de façon dramatique à quel point « [sa] maladie était, comme elle le disait à son cousin Philip Ingerslev, psychosomatique [1] ». Mais elle ne pouvait y faire grand-chose, à part rester couchée et essayer de rétablir son poids au-dessus de la barre des trente-deux kilogrammes. Elle était terrifiée, dit-elle à un ami anglais, Hugh Pooley, à qui elle fit lire un brouillon de « Tempêtes », « à l'idée que sa faiblesse finît par se voir dans ses œuvres [2] ». C'est dire la mesure de sa vigilance et des forces qu'elle possédait encore, puisque cela ne se produisit pas.

« Tempêtes » est l'un des rares textes qu'Isak Dinesen écrivit en danois. Le conte se déroule en Norvège, dans le décor des fjords et des petits villages de pêcheurs qui bordent la côte — un paysage romantique que la mère de Denys Finch Hatton emmenait son fils visiter chaque été durant son enfance. Herr Sörensen, le personnage du vieil acteur, a lui aussi été emmené là-bas chez des amis de sa mère en Norvège, et il avait « conservé une passion inaltérable pour ce pays des fourrures » qu'il associait à Shakespeare, à Ossian, aux sagas et à l'héroïsme de l'art en général.

Herr Sörensen a abandonné sa carrière au Théâtre-Royal de Copenhague, qui lui procurait confort et renom, pour parcourir les villes côtières de Norvège avec sa petite compagnie théâtrale. Ses amis ne parviennent pas à le comprendre et « déplorent sa chute », mais lui « jouit intensément de sa liberté ». Ces sophistes, tout comme les habitants du petit village où vit l'héroïne, seront le chœur bourgeois de l'histoire, qui apparaîtra dans les moments décisifs de douleur et de passion pour exprimer son scepticisme et sa désapprobation.

Mais si Herr Sörensen est un visionnaire, c'est aussi un homme qui a les pieds sur terre. Il illustre l'une des maximes préférées de Dinesen — qu'elle mettait rarement en pratique : on ne peut négliger la réalité en se soumettant à ses propres rêves. Il tient les comptes de ses profits et en même temps, il expose une théorie selon laquelle « c'est en vers blancs, non rimés, que nous devrions exprimer nos sentiments et communiquer les uns avec les autres * ». C'est le ton qu'utilisent les personnages les plus nobles de Dinesen lorsqu'ils haussent la voix pour exprimer leurs sentiments, et que Herr Sörensen et Malli retrouvent à la fin du conte.

Le « vieux rêve de toujours » de l'acteur, c'est de monter *La Tempête* et d'y jouer le rôle de Prospero. Lorsque commence le conte, il a déjà trouvé tous ses acteurs, sauf pour Ariel. Finalement « son regard tombe sur une jeune fille » qui vient de rejoindre la troupe et qui n'avait que peu d'expérience du théâtre. Pour un profane, elle semble un choix bien étrange non seulement à cause de son sexe, mais aussi de l'ampleur et de la lenteur de ses mouvements. Mais ce dernier point ne décourage nullement Herr Sörensen — au contraire. Il explique qu'un acteur plus adapté à ce rôle n'aurait pas besoin de poésie pour montrer qu'Ariel pouvait voler. Le véritable hommage à Shakespeare, ce sera précisément de laisser sa poésie, et non pas un acteur fait pour le rôle, faire croire au public les pouvoirs magiques d'Ariel.

La jeune fille qui doit jouer Ariel se nomme Malli Ross. C'est la fille de la modiste d'un petit village de pêcheurs norvégiens. Jeune fille, sa mère, Mme Ross, avait été courtisée puis épousée par un capitaine de vaisseau écossais, dont le navire était en rade dans le port pour subir des réparations. C'était « un grand et beau capitaine, qui avait navigué tout autour de la terre » et il l'avait épousée « avec la hâte et l'énergie qui caractérisaient tous ses actes ». C'est un personnage qui représente les irrésistibles forces élémentaires, celles de la nature même. « C'est la mer qui m'a amené mon petit cœur », dit-il à sa femme avant de reprendre la mer à la fin de l'été en lui offrant une « pile d'écus d'or pur » — ce même « or pur » du conte de fées, qui est aussi le signe de sa nature mythique.

Le capitaine Ross a promis de revenir à Noël, mais Noël arrive et bien des années passent. Sa femme prend le parti de croire qu'il a sombré avec son navire, mais le chœur des bourgeois — les gens de la ville, toujours à l'affût de ragots — prétend qu'il l'a trompée, qu'il a probablement une autre femme ailleurs et qu'il n'a jamais eu l'intention de revenir. Mme Ross se conduit tout à fait comme Ingeborg Dinesen dans une situation semblable. Elle brave

* *DB*, p. 80.

tranquillement les gens, parle peu mais n'en pense pas moins. Elle donne naissance à une fille, Malli, qui, « espère-t-elle, la secondera lorsqu'elle sera grande ».

Malli et Mme Ross, comme Tanne et Ingeborg, sont unies dans une conspiration passionnée et tacite pour défendre leur vision du monde, leur obsession du capitaine. La fille défend sa mère « contre le monde entier » mais en même temps, elle chérit et accapare secrètement son père. Elle nourrit un sentiment particulier sur la manière dont ils sont reliés. Il lui a légué un patrimoine qu'elle ne comprend pas totalement, mais qui la met à part et dont elle tire fierté : « Sous ses apparences paisibles, elle cache une vitalité joyeuse. » Elle étudie l'anglais en ville — « la langue de son père » — avec une vieille gouvernante et elle découvre Shakespeare. Lorsque Herr Sörensen et sa troupe donnent une représentation dans le petit théâtre, elle est dans la salle et la poésie « lui révèle tout à coup la force de ses aspirations ». Ces aspirations, pouvons-nous en conclure, sont le désir d'embrasser un plus vaste horizon de désirs et de sensations, et de donner à sa vie une dimension héroïque, telle que la symbolisent son père et Shakespeare.

Sur un coup de tête, Malli décide de devenir actrice. Elle va voir Herr Sörensen et le supplie de l'engager dans sa troupe. Elle l'impressionne assez pour qu'il accepte de la prendre à l'essai. Mais lorsqu'elle fait part de sa décision à sa mère, Mme Ross est plongée « dans un abîme d'horreur et de chagrin ». Bien que ce ne soit pas dit dans le conte, Mme Ross se rend compte qu'elle va perdre sa fille au profit des mêmes forces qui lui ont ravi son mari (la mer, dans la symbolique de Dinesen, est une force satanique). Au cours de leur conflit, la mère de Malli « revivait sa brève vie conjugale. De jour en jour, elle éprouvait les mêmes surprises, les mêmes émotions. La force étrangère, mais ensorcelante, qui l'avait subjuguée jadis, l'assiégeait à nouveau de tous côtés [...]. Elle s'éprit d'amour pour la fille, comme elle était tombée amoureuse du père [...][3] ».

En découvrant son destin, Malli découvre la même force érotique que possédait son père et qui avait séduit sa mère — mais c'est un érotisme masculin. Elle devient alors capable de transformer son désir futile et passif pour son père en une identification active avec lui. Cette transformation sexuelle aura deux effets : elle sera privée d'une vie affective normale et du dénouement de tous les contes de fées — l'amour d'un homme. Mais cela transformera la jeune fille en artiste : Ariel, l'esprit ni mâle ni femelle et les deux à la fois qui, comme le disait Tania autrefois à propos de Denys, peut se déplacer dans les trois dimensions. En fait, à mesure que progresse l'histoire, Malli « incarne de plus en plus le personnage d'Ariel » et devient plus proche de l'esprit en devenant, d'évidence, de plus en plus masculine, au point que Herr Sörensen, qui l'a dirigée durant les répétitions, applaudit et s'exclame : « " Et moi qui croyais que je gratifierais de souliers de satin une fille de ce genre ! Fou que j'étais ! Fou qui ignorait que seules des bottes de sept lieues étaient chaussures à sa taille[4]. " »

Alors qu'ils se rendent en bateau à la première de *La Tempête* dans la ville de Christiansand, la troupe est prise dans une tempête de neige. Les acteurs et quelques membres de l'équipage sautent dans les canots de sauvetage, mais Malli décide de rester à bord. C'est grâce à son courage et à son exemple que l'équipage, et en particulier un jeune marin nommé Ferdinand, réussissent à sauver le navire. Sans la moindre gêne, voire même avec arrogance, elle est devenue Ariel.

Le lendemain matin, la ville l'accueille comme une héroïne : le propriétaire du bateau, le vieux Jochum Hosewinckel, l'amène chez lui. Son fils, le beau Arndt, la porte dans ses bras depuis le port et, alors que la foule l'acclame, il lui donne un baiser. C'est le prince charmant des contes de fées, et ce baiser est celui qui éveille l'héroïne au désir. Après cela, Arndt et elle se fiancent. Elle s'éveille à la vie de famille et même son corps commence à changer. Herr Sörensen est stupéfait de voir « comment cette fille a pu prendre en quelques jours une poitrine d'un modèle aussi harmonieux ».

Arndt Hosewinckel est un amalgame de tous les demi-dieux nordiques qu'adorait Tanne, et Malli découvre les plaisirs de la compagnie des hommes dans la vieille maison de l'armateur, tout comme Tanne avait dû les découvrir à Katholm ou à Frijsenborg. « [...] elle se demandait si elle aimait se trouver avec des hommes parce que son père lui avait manqué pendant tant d'années. Peut-être devinait-elle aussi qu'elle leur donnait beaucoup par ses regards, ses mouvements, sa voix[5]. » Voyant la tournure que prennent les événements, Herr Sörensen s'aperçoit qu'il a perdu son Ariel — qui a choisi désormais de jouer le rôle de Miranda. En imagination, il la suit dans sa vie conjugale et va même jusqu'à écrire une esquisse de suite pour *La Tempête,* dans laquelle il rend, dans le rôle de Prospero, une « visite en qualité de beau-père » au jeune roi et à la reine de Naples. Au moment où il invente cette scène, il se rend compte qu'elle est absurde en soi : ce qui suit, une fois *La Tempête* achevée — la vie d'un jeune couple — ne peut être transformé en œuvre d'art. « Il semble plus logique que ce soit la vie de tous les jours qui cherche à abaisser la scène à son propre niveau, et non la scène qui prêtât de telles dimensions à la vie de tous les jours*. » Lorsqu'il tente de jouer le rôle du père, celui qui accorde la main de sa fille, il n'y parvient pas. Au moment où il quitte Malli, une fois qu'il lui a dit adieu, il commence à se conduire bizarrement, il lui fait un baiser et récite de petits vers sexuellement agressifs, et même menaçants :

Mon Pégase est paresseux
Il fait l'école buissonnière
Mais attends un peu, vieille rosse,
Je te montrerai qui de nous deux est le maître[6].

Le père magicien fait alors vœu de reprendre sa fille à son fiancé et de la garder auprès de lui sur son île enchantée. La crise morale qui ramène Malli dans les bras de Herr Sörensen manque quelque peu de naturel, tant au point de vue dramatique que psychologique. Elle apprend que Ferdinand, le jeune marin qui était de vigie avec elle tout au long de la nuit de la tempête, est mort à la suite de graves blessures internes. Elle ne pensait jamais à lui

---

* *DB,* p. 116.

depuis ce jour où les villageois les avaient tous les deux portés en triomphe, mais désormais, elle est submergée d'un chagrin et d'un désespoir coupables. Comme l'explique Robert Langbaum, Malli croit qu'elle a désiré la tempête et l'a suscitée car « cela lui permettait de combler son désir, de jouer Ariel et de devenir son père, à la fois un homme et un esprit : elle se sent responsable de la tempête comme les gens le sont lorsque leurs désirs subconscients se réalisent[7] ». Persuadée d'avoir tué un homme, elle se croit fatale à tous ceux qui l'aiment, et pense qu'elle est en fait réellement Ariel, et non pas Miranda (laquelle est capable d'aimer et d'être aimée). Elle renonce alors à Arndt et revient à Herr Sörensen. Le rôle d'Ariel consiste à réunir désir et expérience — tel est le rôle de tous les magiciens — mais il ne peut y parvenir que dans les limites d'un songe, d'une pièce de théâtre ou d'une île enchantée. Ce qui attire les gens vers lui — sa magie — ne leur sert à rien dans la vie réelle, et ils ne peuvent en fait se l'approprier. Denys avait la même séduction et était intouchable de la même manière, tout comme l'était Isak Dinesen dans sa vieillesse. Mais ce que cette explication peut dissimuler et ce que le mouvement du conte exprime vraiment, c'est que Malli fait un choix calculé. Elle n'est moralement pas forcée de quitter Arndt, d'abandonner son père mythique et ses pouvoirs magiques pour l'amour d'un mortel. C'est qu'elle *ne veut pas* rester Miranda. Elle recule devant l'amour humain parce qu'elle en a peur et qu'elle craint d'y être prise au piège. Être aimée, aimer et être une femme équivalent à devenir quelqu'un comme sa mère, c'est-à-dire quelqu'un qui a été abandonné.

Après la mort de Ferdinand, Malli sombre dans une profonde mélancolie. « Elle supportait mal d'entendre parler des préoccupations actuelles ou des faits récents; mais elle aimait les histoires d'autrefois et jusqu'aux simples contes de nourrice *. » En même temps, elle se rapproche du vieil armateur Hosewinckel qui, aux approches de l'âge, « ne distingue plus très bien entre le présent et le passé ». Il raconte à Malli des légendes du Nord, il se figure qu'il court avec elle « à travers un paysage crépusculaire qui est leur domaine », et cet antique univers de féerie leur offre à tous les deux « un refuge où ils s'abritent de la vie, et où la mauvaise conscience n'est pas admise ».

Mais un soir, le vieillard raconte à Malli une toute autre histoire qui a pour sujet, précisément, la mauvaise (et la bonne) conscience. C'est celle de son propre aïeul, Jens Aabel, un bourgeois honnête et scrupuleux qui, lorsque sa maison fut une fois menacée par un incendie, invoqua les élements eux-mêmes pour qu'ils viennent à son aide en récompense de sa droiture. C'est ce que firent les éléments : les vents changèrent et sa maison fut épargnée. Il lui explique alors que c'est une tradition familiale que de consulter la bible de Jens Aabel lorsqu'on a besoin d'un conseil moral et que celle-ci ne lui a jamais fait défaut chaque fois qu'il s'en est remis à elle. Malli décide alors de consulter cet oracle, pour trouver la réponse à son dilemme moral. Elle

* *DB*, p. 138.

s'empare du livre en tremblant, l'ouvre au hasard, et lorsqu'elle lit le verdict, elle s'évanouit, comme morte. C'est le vingt-neuvième chapitre d'Isaïe, qui commence ainsi :

Malheur à Ariel !...
Tu seras abaissée : ta parole viendra de la terre,
Et les sons en seront étouffés par la poussière.
Ta voix sortira de terre comme celle d'un spectre
Et c'est de la poussière que tu murmureras tes discours

Mais ce n'est qu'au huitième vers qu'elle comprend ce que le texte signifie pour elle :

Comme celui qui a faim rêve qu'il mange
Puis s'éveille l'estomac vide
Et comme celui qui a soif rêve qu'il boit
Mais se réveille épuisé, dévoré de soif... [8]

Telle est la révélation sur le désir et l'expérience que, comme le sous-entend le conte, le capitaine Ross eut lorsqu'il quitta sa femme pour ne plus revenir : il ne pouvait, en tant qu'être mythique et esprit familier, donner à son épouse ce dont elle avait besoin ou ce qu'elle désirait. Son pouvoir était un idéal, une vision. Et c'est dans le même esprit que Malli écrit à Arndt :

Je t'ai appauvri, mon bien-aimé.
Je suis loin de toi quand je suis toute proche
Je t'ai enrichi, mon bien-aimé
*Je suis près de toi quand je suis loin**.

C'est ainsi que Malli revient auprès d'Herr Sörensen et lui raconte qu'elle a trahi Arndt et Ferdinand, qu'elle « les trompe tous comme [son] père a trahi [sa] mère ». Il la comprend, car lui aussi a été jadis marié à « une brave femme digne d'être aimée ». Il l'a abandonnée comme le capitaine Ross a abandonné son épouse, en secret et sans rien dire. Le dernier soir, elle lui dit : « “ Tout ce que tu fais, Waldemar, tu le fais pour me rendre heureuse... tu es si bon pour moi...

— Oh ! Que c'est vrai ! s'écrie la jeune fille. [...] C'est bien ainsi qu'ils parlent de nous ; c'est ainsi qu'ils se figurent que nous sommes [9] ”. »

Prospero peut désormais libérer Ariel de ses liens et Herr Sörensen fait en sorte que Malli et lui puissent quitter discrètement Christiansand. Mais au dernier moment, qui est l'un des plus tristes des contes de Dinesen, la jeune fille résiste et s'écrie d'une voix d'enfant : « Pourquoi faut-il qu'il en soit ainsi pour nous ? » Et le vieillard lui répond avec la voix de la conteuse, ce qu'Isak Dinesen elle-même avait appris sur le sacrifice religieux de la vie à l'art et sur le prix qu'il en coûte :

---

* *DB*, p. 159.

« Notre compensation est d'obtenir la méfiance du monde, et la cruelle solitude. Il n'y en a pas d'autre [10]. »

2

Tel est le récit miraculeusement riche et abrégé que fait Isak Dinesen de sa propre vie et des étapes par lesquelles elle est passée pour devenir une artiste, quelqu'un qui, comme elle l'a écrit de Jens, l'enfant rêveur, rend les gens capables « de se voir à travers l'œil d'un rêveur » et qui les contraint à « tendre vers un idéal [11] ». Dans ce conte, elle explique sa ressemblance avec un père démoniaque et son désir pour lui, qui a dévoilé le secret de son énergie et de son talent — ses « pouvoirs magiques » — et la nature incestueuse et coupable de leur relation, qui l'a coupée du véritable amour humain et l'a isolée des autres pour toujours. On peut percevoir ici plus nettement sa conviction, selon laquelle l'art exigeait un sacrifice sexuel et son sentiment, si souvent exprimé, d'avoir été quelqu'un qui avait défié la Loi. Elle avait promis son âme au diable * et celui-ci lui avait promis que sa vie lui fournirait en retour la matière de ses contes, ce qui fut littéralement le cas.

« Tempêtes » est aussi dense et structuré dans ses détails psychologiques qu'un rêve, et il révèle la remarquable lucidité avec laquelle Isak Dinesen se comprenait elle-même. Parlant de Freud et de son importance dans la littérature moderne, elle fit une fois observer qu' « il n'est pas nécessaire d'extirper les racines pour savoir qu'elles sont là ** ». Toute la force de la conteuse venait de cela : elle avait gardé enfouies ses racines, mais les vaisseaux qui y conduisaient étaient restés ouverts.

* Søren ou Soeren est un surnom danois du Diable. De là le nom de Herr Sörensen.

** *New York Times,* 3 novembre 1957, 49 : I. L'image des racines enfouies est suggérée par une anecdote des *Lettres de Chasse* de Wilhelm, p. 99. Un anthropologue lui demanda une fois la permission de mettre à jour des tumulus funéraires qui se trouvaient sur sa propriété, ce qu'il refusa catégoriquement. « Ainsi, écrivit-il, ces tumulus sont-ils ici aujourd'hui encore et ils cachent ce qu'ils recèlent. »

50.
Isak Dinesen en Amérique

1

Pasop, le berger allemand chéri de Karen Dinesen, qui l'appelait aussi Rommy, eut treize ans le 25 mars, et l'on fêta l'événement comme à l'accoutumée avec une réception. Le « jeune homme dont on célébrait l'anniversaire » était assis à la table, environné de ses cadeaux, et les « invités à deux pattes », comme le dit si délicatement Clara, prirent du chocolat chaud. Quelques semaines plus tard, Clara, la baronne et Pasop allèrent faire une promenade du côté de la digue, car le vieux chien ne pouvait aller plus loin [1]. Il mourut à la fin du mois, de vieillesse, à quoi s'ajoutait une maladie de cœur. Lorsque le vétérinaire se déclara impuissant à le sauver, Karen Blixen lui coupa une touffe de poils, le fit piquer et enterrer sur la colline d'Ewald, près de l'endroit où se situe sa propre tombe. Il était, déclara-t-elle une fois, la créature la plus adorable et la plus fidèle qu'elle eût jamais possédée.

Elle continua à reprendre des forces après un hiver d'immobilité complète et, en mai, elle écrivit à Eugene Walter que, depuis qu'elle pouvait à nouveau se tenir sur ses deux jambes, il lui fallait une paire des plus belles sandales romaines pour y glisser ses pieds. Il devait inspecter les trottoirs et faire en sorte qu'elle « ne fût en aucun cas moins bien *chaussée* que les plus élégants toxicomanes et Cygnes Noirs [2] ». Elle saisit immédiatement l'occasion de ce léger regain d'énergie et le dépensa. Accompagnée de Thomas, elle alla rendre visite en Allemagne au général von Lettow Vorbeck, qui avait quatre-vingt-sept ans et qui vivait paisiblement auprès de l'une de ses filles, mariée, à Altona. La dernière fois qu'ils s'étaient vus, c'était à Brême juste avant que les nazis n'envahissent le Danemark, et la fois d'avant, à Mombassa, le jour de ses noces avec Bror Blixen. L'image du jeune lieutenant-colonel, très droit, qui se penchait légèrement pour lui parler sur le pont de l'*Admiral,* et celle du vieux général, qui s'inclina pour lui baiser la main à la porte de son appartement, formaient les deux parenthèses entre lesquelles se trouvait toute la vie adulte de Karen Blixen.

On retrouve des échos de von Lettow tout au long des contes, dans la courtoisie et l'honneur des vieux soldats belliqueux et l'on sent d'autant plus que les farouches vierges teutonnes d'Isak Dinesen, telles qu'Ehrengard ou Athéna, devaient être les tantes du vieux général. Lui-même était pour elle un personnage qui faisait figure d'oncle : Parmenia Migel remarque que Tania avait attendu le moment de cette visite avec « une impatience d'enfant » et qu'en présence du général elle oubliait son âge et regardait son visage ridé en espérant que le sien ne finisse jamais par y ressembler. Ils parlèrent de l'Afrique et de la guerre, c'est-à-dire, pour Thomas et von Lettow, de la Première Guerre. Quand ils partirent, Tanne lui rappela le baiser qu'il n'avait pas eu l'audace de lui donner sur le quai de Mombassa. Deux ans plus tard, alors qu'il avait quatre-vingt-dix ans et elle soixante-quinze, il lui écrivit galamment qu'il serait « bien venu le recueillir[3] ».

Il y avait peu de gens encore vivants qui se souvenaient de la jeune Tanne et avec qui elle pouvait parler de l'Afrique. Ingrid Lindström était de ceux-là. Elle habitait toujours dans les highlands avec son serviteur Kemosa. Ses cheveux avaient blanchi, ses enfants avaient grandi, et elle était plusieurs fois grand-mère. Ingrid n'avait pas vu Tanne depuis longtemps et elles avaient perdu contact. Lorsque *La Ferme Africaine* fut publiée, elle fut vexée du portrait qui y était fait d'elle. Cependant, en mai, elle lui écrivit pour lui faire part de la mort de son mari, Gillis. Tanne répondit sur-le-champ : « Très chère Ingrid, lorsque j'ai reçu votre lettre, tant de souvenirs joyeux et solennels du temps de ma jeunesse m'ont submergée [...]. »

> « Il a fallu que je regarde autour de moi pour comprendre combien j'étais loin de mon ancien domaine et de son inoubliable beauté. J'ai éclaté de rire en me rappelant certaines de mes visites à Njoro [...]. Une fois, alors que nous revenions d'une promenade à la ferme de Birbeck, tous aussi gais les uns que les autres d'avoir un peu bu, Gillis nous expliquait qu'il était capable de retrouver son chemin dans le noir à travers champs, parce qu'il levait la jambe très haut [...] Et tant de conversations sur nos aventures à deux mille mètres d'altitude dans les highlands où je ne retournerai peut-être plus pour boire, assise à un feu de camp.
>
> « C'est pour moi une perte si personnelle et si douloureusement inattendue. Je comprends votre immense chagrin et tout le vide que vous devez ressentir. Gillis reste dans mon souvenir une personne capable, admirable et dévouée à un degré extraordinaire, qui avait le pouvoir peu commun de faire face à toutes les circonstances de la vie. Je crois aussi [...] que c'était une personne heureuse comme il y en a peu, et que c'est à vous qu'il devait son bonheur. Car vous lui avez beaucoup donné, mais surtout, vous avez fait de sa vie une fête [...].
>
> « J'aimerais tant avoir des nouvelles de vous tous. J'arrive à peine à m'imaginer que Calle est maintenant presque une vieille dame ! Combien avez-vous de petits-enfants, et dans quels pays ? J'ai peine à croire que Kemosa est encore à votre service, lui dont la silhouette est inséparable de la vôtre et de celle de vos enfants. J'ai quelques nouvelles de mes gens, Kamante, Tumbo, Abdullai. Il m'est arrivé

d'envisager de retourner au Kenya, mais l'endroit a dû certainement beaucoup changer et je me sentirais là-bas comme un spectre.

« Durant ces quatre dernières années, je suis malheureusement restée clouée au lit à l'hôpital ou chez moi, et je ne crois pas que ma santé ira en s'améliorant. Je n'arrive pas à dépasser les trente-cinq kilos et je suis comme paralysée des jambes, de sorte que j'ai du mal à tenir debout et à marcher. Enfin, cela a été un grand bonheur pour moi de pouvoir sortir un livre l'année dernière et d'en publier un autre l'automne prochain, tout cela grâce à un travail de galérien presque surhumain qu'il aurait été criminel d'imposer à quiconque.

« Comme j'aimerais que nous soyons ensemble, ne serait-ce qu'une heure, pour causer du bon vieux temps et de Gillis. Depuis que j'ai reçu votre lettre, votre pensée ne me quitte pas. Vous êtes si radieuse, Ingrid, que votre image est entourée d'une auréole même si l'on pense à vous dans la peine. Gillis aussi avait une auréole autour de son visage et de sa personne, elle était différente, mais tout aussi inoubliable.

« [...] Il faudra saluer tous ceux qui se souviennent de moi, et saluer aussi le paysage, les bois derrière votre maison, là où vivaient les Ndorobos, et les vieux arbres tordus à fleurs blanches, dans la plaine. Et si vous voyez l'un de ces animaux que, de mon temps, l'on rencontrait dans ces lieux qui étaient vraiment à eux, saluez-le aussi.

« Très chère Ingrid, je vous embrasse du fond du cœur. Merci de tout ce que vous avez pu faire pour moi. Que Dieu vous bénisse.

Votre Tanne[4]. »

2

Avant que Karen Blixen et son frère n'aillent en Allemagne, ils avaient fini par s'accorder sur le sort de Rungstedlund. Elle avait pris avec ses avocats et conseillers des dispositions qui lui permettraient de vivre dans sa maison jusqu'à sa mort, et qui protégeraient le domaine du sort qu'avait subi la ferme africaine : être vendue à des promoteurs immobiliers. Ella Dahl racheta la part de Thomas pour cent mille couronnes et, avec Tanne et Anders, fit don de la propriété à la Fondation Rungstedlund, association sans but lucratif qui s'engageait à conserver la maison « pour une destination culturelle et scientifique » et à faire des terres une réserve pour oiseaux ouverte au public[5]. Karen Blixen fit don de ses droits d'auteur à perpétuité pour qu'ils servent à l'entretien de la réserve et, devançant le jour où le copyright expirerait, elle fit appel aux Danois pour qu'ils contribuent à un « fonds » qui continuerait à fournir des ressources une fois que ses droits seraient épuisés. En juillet, elle raconta à la radio l'histoire de la maison et des animaux de la propriété et elle demanda à chaque Danois qui avait pris quelque plaisir à lire ses livres d'envoyer une couronne pour la fondation. Elle ne voulait pas que les dons excèdent une couronne, de façon à pouvoir compter ses amis lecteurs[6]. Plus de huit mille personnes répondirent. Les gens l'arrêtaient dans les rues de Copenhague, dans les halls d'hôtel et les ascenseurs, si bien que ses poches étaient remplies de monnaie sonnante et trébuchante. Serveurs, portiers et chauffeurs de taxis lui rendaient une couronne de plus avec la monnaie. Un jour, à l'auberge de Rungsted, un boucher et sa famille, qui dînaient bruyamment à la table voisine, lui offrirent une enveloppe qui contenait cinq cents couronnes — don qui dépassait la limite, mais qu'elle accepta avec gratitude. Quelques minutes plus tôt, la baronne se plaignait de leur « vulgarité » et du coup, elle se ravisa : « Vois-tu comme on peut se tromper sur les gens[7] », dit-elle à son neveu.

Son discours était retransmis le 6 juillet, et pour une fois, elle fit une exception à la règle selon laquelle elle ne s'écoutait jamais. Après quoi, elle fit remarquer à Erik Kopp : « C'est le meilleur discours de mendiant que j'aie jamais entendu[8]. »

3

Le *Dîner de Babette* sortit en octobre et fut accueilli triomphalement des deux côtés de l'Atlantique. Malgré sa minceur et sa « légèreté », comparé aux *Nouveaux Contes d'Hiver,* il contient trois de ses plus jolis contes et ce n'est en aucun cas un livre décevant comme elle avait pu le craindre. Cette peur de s'amollir et de devenir affreusement monotone et ennuyeuse continuait à la travailler et elle persistait à la braver avec l'intrépidité d'une gamine ou l'optimisme d'une joueuse qui vient de recevoir une nouvelle lettre de crédit. Elle faisait d'ambitieux projets de travail : brouillons de nouveaux contes, révision des anciens, et caressait l'espoir de finir son roman à cent personnages, *Albondocani.* Au commencement de l'année suivante, elle s'embarqua dans un projet qui réclamait encore plus d'énergie que le « travail de galérien surhumain » qu'elle avait dû fournir pour écrire *Le Dîner de Babette.* Elle fit un voyage de trois mois et demi en Amérique.

Depuis 1934, époque à laquelle la maladie de sa mère l'avait forcée à différer ce voyage, Isak Dinesen brûlait de partir là-bas. C'est alors que sa santé commença à se détériorer, puis la guerre arriva, et enfin la dépense la fit reculer. Cependant, après son opération en 1955, elle s'aperçut qu'elle ne pouvait se permettre d'attendre plus longtemps et c'est en 1957 qu'elle s'y intéressa sérieusement. Son idée de départ était de faire une visite plutôt calme, à titre privé. Elle irait en bateau à New York, rendrait visite à ses amis américains, elle irait à l'opéra, à des concerts de jazz et dans le Wisconsin pour retrouver Frydenlund, la cabane de son père, qu'elle pensait avoir réussi à situer sur une vieille carte. Mais ce n'est pas ainsi que les choses se passèrent : son voyage devint une sorte de rappel qui la ramenait sur la scène.

En mai 1958, alors qu'elle achevait le texte anglais de « Tempêtes », Isak Dinesen reçut une lettre du Dr Alvin Eurich de la Fondation Ford pour le progrès des connaissances. Il lui demandait de lire ses œuvres en public et de parler de son travail dans un film qui faisait partie d'une série sur les « plus grands écrivains vivants » du monde. « Le film pourrait être tourné au Danemark, écrivait le Dr Eurich, ou si vous le préférez, nous serions très heureux de faire le nécessaire pour que vous puissiez visiter notre pays. Nous pourrions naturellement couvrir toutes les dépenses d'un tel voyage[9]. » Dans la marge de ces lignes, Isak Dinesen fit un gros point d'exclamation.

On fit les réservations et Clara fut invitée à l'accompagner. Tove Hvaas, une parente de Karen Blixen, grosse dame terre à terre et sans gêne, exprima le désir de voir l'Amérique et partit avec elles. Le cortège prit l'avion le 2 janvier par un temps infect, quoique Karen Blixen eût besoin d'urgence de soins dentaires et ne partît qu'avec un bridge temporaire, qu'un « assistant sans formation adéquate » lui avait fixé[10]. Clara trouva que c'était là un sinistre présage car, outre ses divers problèmes de santé, la baronne allait désormais devoir se préoccuper de ses dents qui menaçaient de tomber.

Lorsque l'on considère l'âge et l'état de santé d'Isak Dinesen, on admettra qu'elle dut faire face à une liste impressionnante de rendez-vous. Afin que la visite valût la peine, elle avait cherché d'autres raisons de travail, et l'Institut des arts contemporains, qui parrainait également son voyage, s'était arrangé pour qu'elle se rendît à Boston, New York et Washington. L'Académie américaine des arts et des lettres, qui l'avait consacrée membre honoraire en février 1957, lui demanda d'être l'invitée d'honneur de son dîner annuel et d'y prononcer le discours d'ouverture. Random House avait prévu des conférences, et un certain nombre d'interviews. Dès son arrivée, elle fut prise d'assaut et reçut une série d'invitations dont elle accepta les plus intéressantes et celles qui présentaient un avantage pour elle. Il y avait entre autres un *talk-show* avec Alex King, des conférences au Radcliffe College et à la Brandeis University, un colloque sur Shakespeare à la Folger Library et le tournage d'un film pour l'Encyclopedia Britannica. Elle devait également poser pour René Bouché qui fit son portrait, et pour des photographies de Richard Avedon, Eduardo Brofferio, Carl van Vechten et Cecil Beaton. On la vit au Cosmopolitan Club, où elle séjournait, ainsi qu'à plusieurs soirées données en son honneur, et elle reçut à son hôtel une foule de visiteurs — auteurs, agents, producteurs de cinéma et universitaires (dont Robert Langbaum). Clara remarqua avec amertume que l'on attendait d'Isak Dinesen qu'elle « gagnât son pain à force de travail[11] », mais il semble qu'Isak Dinesen ne s'en plaignît pas. Elle se laissait prendre au rythme de New York — son « démon », comme elle disait — et était confondue de l'ouverture de l'Amérique et de la « générosité » qu'on lui témoignait *. C'était ainsi que les Africains l'avaient accueillie dans sa ferme, avec la même curiosité téméraire et la même adoration.

* Par rapport à la circonspection et à l'opinion mitigée des Danois. Lors de son séjour à New York, elle fut interviewée par un reporter danois à qui elle expliqua : « Je ne suis pas venue en Amérique dans le but de dénigrer mon pays (c'est ainsi que l'on avait interprété certains de ses propos) [...] mais lorsque je compare les critiques américaines et danoises de mon premier livre, je ne puis m'empêcher de penser que j'ai été bien mieux comprise en Amérique qu'au Danemark. Oui, j'ai fini par me faire un nom au Danemark, mais durant longtemps, quand il

La plus célèbre apparition en public d'Isak Dinesen, ce furent les trois soirées où elle parla au Centre de Poésie du Y.M.H.A., sur la 93e rue, à New York. Après son premier discours, il y eut un tel délire dans la salle, qui réclamait un bis, qu'elle dut revenir deux fois. *Le New York Times Book Review* résuma l'ambiance qui régnait dans la ville par un dessin humoristique qui représentait un café du *Village* et un beatnik qui demandait à un autre : « Tu as pigé Isak Dinesen, au Y. [12] ? » Entre Dinesen et son public passait un courant extraordinaire. Pour ceux qui la voyaient pour la première fois, ce qui était le cas pour la plupart, le contraste entre son extrême faiblesse et sa présence remarquable confirmait l'impression qu'ils avaient eue en lisant ses livres. C'était une survivante du passé, héroïque, sage et noble, elle était le maître qu'ils attendaient. En outre, cela mettait en évidence la distance qui les séparait d'elle. Plus tard, lorsque les gens se souvenaient d'elle, c'était comme de quelqu'un d'incroyablement vieux, et ils étaient surpris d'entendre qu'elle n'avait que soixante-quatorze ans.

Lorsque le docteur Eurich lui avait demandé de lire un de ses contes, Isak Dinesen avait répondu qu'elle n'était pas une lectrice ni même un écrivain, mais une conteuse, et que, s'il était d'accord, elle dirait l'un de ses contes de mémoire. Elle arriva en Amérique avec trois projets différents : « Barua a Soldani », « Les Yeux Bleus » et « Le Vin du Tétrarque * ». Ceux qui entendaient le conte pour la deuxième ou la troisième fois s'aperçurent avec étonnement qu'elle le racontait mot pour mot. Sa mémoire était prodigieuse ** et Glenway Wescott remarqua que ses apparitions publiques au Y., qui duraient près d'une heure, étaient aussi épuisantes que les grands rôles de Wagner. « Elle a une voix idéale, disait-il, puissante, quoique d'une transparence spectrale, qu'elle est capable de teinter d'émotions, mais d'émotions narratives seulement. Elle se livre rarement à des expressions doucereuses comme les poètes, ou à des grimaces théâtrales [...] Ce qui colore la voix d'Isak Dinesen, ce qui lui donne cette urgence et ces nuances particulières, c'est le souvenir, la réminiscence. Avec ce ton doux et puissant qui semble chercher son chemin, tantôt chancelant, tantôt changeant de direction selon la force de l'évocation, sans que son auditoire ne la dérange et peut-être même soutenue par lui, elle semble revivre ce qu'elle raconte ou, s'il s'agit d'une fable imaginaire, la rêver à nouveau [13]. »

était question des écrivains danois, on mit ce nom entre parenthèses. Au Danemark, on ne s'intéresse pas comme en Amérique aux histoires fantastiques et l'enthousiasme se porte davantage vers l'école réaliste. Dans mon dernier livre, *Le Dîner de Babette,* l'une des histoires a été qualifiée de pornographique. Ici on a apparemment une attitude plus libérée en ce qui concerne la littérature » (*Berlingske Tidende,* Copenhague, 1er février 1959).

* « Barua à Soldani » avait été écrit à l'origine pour la radio danoise et fut publié dans *Ombres sur la Prairie.* « Les Yeux Bleus » est un conte qui fait partie de « Peter et Rosa » et « Le Vin du Trétrarque » est un extrait du « Raz de marée de Norderney ».

** Non seulement à l'égard de ses propres œuvres. Elle était capable de réciter de longs passages de tous les grands poètes qu'elle aimait — Shakespeare, Oehlenschläger, Sophus Claussen ou Heine — et c'était un don qu'elle appréciait énormément chez les autres.

4

Le dîner de l'Académie américaine eut lieu dans une tempête de neige le 28 janvier. Isak Dinesen avait consacré beaucoup de temps et de soin à son discours et ce fut l'une des rares occasions où Clara la vit « vraiment inquiète [14] ». Glenway Wescott, qui était alors président de l'Académie, l'escorta jusqu'au podium en compagnie de E. E. Cummings, l'un des écrivains qu'elle avait demandé à rencontrer particulièrement. Le public se leva et l'acclama comme ce fut le cas partout.

Le titre de son discours était « Devises de ma Vie » et, tout comme son voyage en Amérique, il constituait une position avantageuse d'où elle pouvait analyser sa propre vie avec une profonde reconnaissance et un peu de stupéfaction. Elle pouvait désormais la revoir en son entier et elle la divisait en cinq périodes. La première était l'époque de « la petite fille chez sa mère » : elle recherchait la forme et la direction que prendrait sa vie et se plongeait dans l'anthologie des devises du monde avec un respect mêlé d'effroi devant les riches possibilités qu'elles lui offraient. Elle avait fini, à douze ans, par en trouver une dont le son était plaisant mais dont le sens n'était pas très sûr : *Sicut aquila juvenescam* *.

La seconde époque était celle de la jeune étudiante en art : la romantique révoltée contre la vie bourgeoise, amoureuse de l'héroïsme et de la virilité, avec une grandeur et une bravoure bien à elle. Sa nouvelle et première vraie devise était empruntée à Pompée : *Navigare necesse est vivere non necesse.* C'est sous la protection de cette devise qu'elle partait en train à l'Académie danoise et qu'elle jetait son déjeuner par la fenêtre, puis qu'elle s'était embarquée pour l'Afrique vers « cette *Vita Nuova* qui devint ma vraie vie ».

La troisième époque était celle de la fermière des colonies, de l'épouse et de la femme amoureuse qui adopte la devise de son amant : *Je responderay*. En Afrique, expliqua-t-elle en toute simplicité, elle trouva la réponse qui lui avait si longtemps échappé. « Ma vie quotidienne là-bas était pleine de voix qui répondaient à mes questions. Je ne parlais jamais sans obtenir une réponse. Je parlais librement et sans retenue, même lorsque je me taisais. « Elle aimait aussi la devise des Finch Hatton pour son contenu éthique. Je répondrai *de* ce que je dis et de ce que je fais. Je répondrai *à* l'impression que je donne. Je serai responsable [15]. »

La quatrième époque était celle de la femme désolée et affligée qui, ayant perdu sa jeunesse, retournait dans son pays natal où rien ni personne ne lui répondait, et qui commença à écrire « dans un état de grande incertitude concernant une telle entreprise, mais malgré tout en proie à un esprit heureux et puissant ». Pour cette époque, elle choisit la devise *Pourquoi pas ? Pourquoi,* expliqua-t-elle, était un cri du cœur, une plainte ou un gémissement, mais si l'on y accolait le mot *pas,* cela transformait cette pathétique question en une réponse, une indication ou un signe qui

* *Tel un aigle je grandirai.*

exprimait un immense espoir. C'est sous cette devise qu'elle avait écrit tous ses livres *.

La cinquième époque, concluait-elle, c'était la présente : celle d'une femme « pleinement consciente de l'éternité qui la précédait et qui la suivrait ». Et sa cinquième devise, sous les auspices de laquelle elle était venue en Amérique, provenait des inscriptions qui surplombaient les trois portes d'une cité anglaise. *Sois hardi,* disaient les frontons des deux premières ; *Ne sois point trop hardi,* disait le troisième. Cette devise ne contredisait pas *Pourquoi pas ?* elle était au contraire la conséquence naturelle d'une époque d'action et de courage : la première déblayait le champ de travail pour la seconde, comme Nietzsche l'avait si bien compris lorsqu'il écrivit :

« Je suis un homme qui dit le vrai, j'ai été un guerrier. Ainsi un jour j'aurai les mains libres pour bénir [16] ».

Au dîner qui suivit, Isak Dinesen était assise à côté de Carson McCullers, l'une de ses admiratrices les plus distinguées. Ce fut pour les deux femmes une sorte d'épiphanie car Isak Dinesen avait admiré *Le Cœur est un Chasseur Solitaire,* qu'elle avait relu plusieurs fois, tandis que Carson McCullers était « tombée amoureuse d'Isak Dinesen vingt ans auparavant après avoir lu *La Ferme Africaine* ». Malgré sa santé chancelante, elle était venue elle aussi au dîner dans l'espoir de pouvoir obtenir en resquillant d'être présentée à son « héroïne africaine » **. Lorsque Carson McCullers apprit qu'Isak Dinesen brûlait de rencontrer Marilyn Monroe, elle proposa avec empressement d'organiser quelque chose. Arthur Miller, qui était un de ses vieux amis, était à la table voisine : il vint se joindre à elles et un déjeuner fut prévu pour le 5 février. Les Miller devaient venir prendre la baronne et Clara en voiture, et ils arrivèrent avec le retard pour lequel Marilyn était devenue célèbre.

Elle venait de finir *Certains l'Aiment Chaud* et sa beauté était à son zénith. Vêtue d'un fourreau noir avec un profond décolleté et une étole de fourrure, incroyablement pâle, radieuse et plutôt timide, elle faisait — Clara eut cette impression — « quinze ans [17] ». Isak Dinesen, qui portait l'ensemble gris nommé « Sobre Vérité » irradiait différemment : « Son visage brillait comme un cierge dans une vieille église [18]. »

Le déjeuner, qui comprenait huîtres, raisins blancs, champagne et soufflé, les attendait sur la table de marbre noir de Carson McCullers. Marilyn

---

* *Pourquoi-Pas* était le nom du bateau à bord duquel l'explorateur polaire J. B. Charcot (1867-1936) fit naufrage sur les côtes d'Islande durant une tempête de l'hiver 1936. A l'époque, Karen Blixen écrivait *La Ferme Africaine,* à Skagen.

** « Dès 1937, écrit Margaret McDowell, Carson McCullers s'était découvert des affinités avec Karen Blixen [...] Pendant tout le reste de sa vie, elle relut Dinesen rituellement chaque année et ses livres eurent sur elle une très forte influence en ce qui concernait ses expériences sur le style gothique. » Clara Svendsen remarqua que Carson et Tania avaient en commun la même faiblesse physique et les mêmes souffrances, qu'elles étaient capables de transcender avec un courage peu ordinaire. McCullers avait souffert de rhumatismes articulaires aigus dans sa jeunesse et elle avait subi une série d'attaques de paralysie du côté gauche vers la trentaine, qui l'avaient laissée (temporairement) aveugle et muette. A partir de 1958, elle connut plusieurs « maladies graves et diverses opérations » et elle était soignée par un psychiatre pour « dépression ». Cf. Margaret McDowell, *Carson McCullers* (Boston, Twayne, 1980), p. 51, ainsi que la chronologie hors-texte.

raconta à la compagnie une anecdote amusante sur ses mésaventures culinaires. Elle avait essayé de préparer des pâtes pour son mari et quelques invités, selon une recette de sa mère. Mais les invités étaient déjà arrivés et les pâtes n'étaient pas prêtes, aussi elle avait essayé de les achever au sèche-cheveux. Tout le monde rit, mais Clara fut un peu choquée [19]. Elle trouvait bizarre qu'une déesse prenne le temps de faire des macaronis. Arthur Miller, pendant ce temps, interrogeait la baronne sur ses habitudes alimentaires. Était-ce raisonnable pour quelqu'un d'aussi faible qu'elle de ne manger que des huîtres et du raisin et de ne boire que du champagne ? Elle l'envoya promener en répondant : « Je suis une vieille femme et je mange ce qui me plaît [20]. »

« Carson McCullers, écrit sa biographe, était à son mieux dans les petits groupes où elle pouvait être assurée de rester le centre d'intérêt. Cependant, ce jour-là [elle] abandonna de bon gré ce rôle à son invitée [21]. » Isak Dinesen leur raconta « Barua a Soldani » et se mit à parler de sa vie « avec un tel enthousiasme que ses auditeurs ne tentèrent même pas d'interrompre sa merveilleuse conversation [22] ». Un peu plus tard, elle alla trouver la servante noire de son hôtesse, Ida Reeder et lui parla longuement en lui expliquant que « ses amis noirs lui manquaient ».

Vers la fin de l'après-midi, McCullers, paraît-il, mit un disque sur l'électrophone et invita Marilyn et la baronne à danser avec elle sur la table de marbre, et elles firent quelques pas dans les bras l'une de l'autre. D'autres invités (dont Miller) « doutent » que cela eût réellement eu lieu, mais leur hôtesse adorait raconter cette anecdote : c'était la réception la « meilleure et la plus frivole » qu'elle eût jamais donnée et elle éprouva « le plaisir et l'émerveillement d'une gamine en voyant l'amour que ses invités semblaient [...] se témoigner les uns aux autres [23] ».

Qu'elles aient ou non dansé ensemble, il est difficile d'imaginer un couple plus fantastique et plus touchant que Dinesen et Marilyn. Elles moururent la même année et Glenway Wescott se plut à dire qu'elles « passèrent le Styx en même temps [24] ». Dinesen « adorait » Carson McCullers et elle fut ravie de faire la connaissance d'Arthur Miller, mais ce fut Marilyn qui lui fit le plus d'impression. « Ce n'est pas qu'elle soit jolie, déclara-t-elle à Fleur Cowles, quoiqu'elle soit évidemment incroyablement jolie, mais elle rayonne en même temps d'une énergie sans limites et d'une sorte d'inconcevable innocence. J'ai déjà observé cela chez un lionceau que mes serviteurs m'avaient apporté en Afrique. Je n'ai pas voulu le garder [25]. »

5

Isak Dinesen était la convive la plus recherchée de New York et nombre de gens la reçurent. Barbara Paley donna un déjeuner en son honneur au St Regis, auquel Truman Capote et Cecil Beaton furent également invités. Gloria Vanderbilt et Sydney Lumet l'invitèrent dans leur duplex. Sydney Lumet la porta dans ses bras tout autour de la terrasse pour lui montrer les lumières de la ville, et Gloria Vanderbilt lui offrit un tailleur de chez

Maibocher. Ruth Ford et Zachary Scott donnèrent pour elle au Dakota une grande soirée que l'historien de l'endroit cita fièrement plus tard comme l'un de ses plus glorieux moments. Leo Lerman l'accompagna au Metropolitan Opera pour entendre Maria Callas dans *Il Pirata,* et elle fut entourée d'une foule d'admirateurs dans la 57e Rue. Callas « fascina » Dinesen et elle déclara à propos de cette soirée : « On ne peut pas toujours voir au-delà de l'ombre que quelqu'un invente, mais voici une personne qui est bien proche de (Pellegrina[26]). »

Elle eut nombre de cavaliers distingués. Carl van Vechten l'emmena voir *Macbeth* de Verdi et Samuel Barber l'invita à la première de son opéra *Vanessa* en amenant Gian Carlo Menotti comme compagnon pour Tove Hvaas. John Steinbeck donna un cocktail pour elle et l'ambassade du Danemark lui offrit une réception. Robert Haas, qu'elle voyait pour la première fois après vingt ans de correspondance, l'accueillit à bras ouverts, tout comme Bruce et Beatrice Gould, qui avaient publié ses contes dans le *Ladies' Home Journal.* Le comte Rasponi l'invita à déjeuner, ainsi que Gian Giacomo Feltrinelli, son éditeur italien, qui venait de Turin. Isak Dinesen fut montrée partout, examinée sous toutes les coutures et passée de main en main comme quelque extraordinaire et précieuse découverte archéologique exhumée d'une tombe et prêtée à l'Amérique pour la première et dernière fois. Clara commençait à la surnommer *Khamar.* C'était un surnom qui venait d'une plaisanterie connue d'elles seules à propos d'un cheval de combat arabe dont parle une ancienne ballade danoise. Les pur-sang, se plaisait à dire Dinesen, continuaient à courir jusqu'à l'épuisement et « c'était bien, disait Clara, ce qu'elle faisait[27] ».

Mais c'est à Clara, de service vingt-quatre heures sur vingt-quatre, qu'échut le désagréable rôle de Mme Knudsen : dire non. Elle était consternée de la façon dont les gens exploitaient Tania et elle craignait que celle-ci ne se surmenât. C'était un comportement habituel : hyperactivité qui tenait de la démence, refus de manger ou de se reposer suffisamment, le tout dans un état d'exaltation permanente qui la conduisait à en faire encore plus. Parfois Isak Dinesen se mettait en transe à force de parler, ce qui frappa la jeune écrivain Nancy Wilson Ross, une amie de la famille Finch Hatton qui vint la voir en février au Cosmopolitan Club. La baronne avait accepté de raconter une histoire aux dames du Club et, aiguillonnée par leur ravissement, elle en raconta une deuxième. Lorsqu'on annula une réception afin de la ménager, cela la mit en rage et elle réclama un public tout neuf que l'on s'empressa de rassembler à la dernière minute. La journée s'écoula, les dames s'en allèrent, mais la conteuse continua sur son élan, comme possédée. « Elle ne voulait pas que l'enchantement disparût et elle refusait de se retrouver seule tout à coup, pleine de cette force créatrice et privée d'auditeurs. Elle me supplia de rester dîner avec elle [...] et je la quittai, embarrassée, avec le sentiment de l'avoir en quelque sorte laissée tomber[28]. »

Parmenia Migel rapporte un incident bien plus inquiétant. En compagnie de son mari Arne Ekström, elle était rentrée de Paris à New York et vivait dans une maison qui datait de la fin du siècle dernier. Elle avait prié Tanne de venir lui rendre visite. Tania avait demandé à rencontrer Pearl Buck :

Parmenia Migel, qui connaissait cette dernière depuis des années, s'arrangea pour organiser un déjeuner au dernier moment, et Pearl Buck arriva de la campagne. Il y avait là un autre invité, le poète Arthur Gregor. Isak Dinesen arriva en retard, soigneusement habillée de pied en cap, les yeux encore plus maquillés que d'habitude « et répandant son charme le plus calculé ». Elle entreprit de parler durant tout le repas, sans toucher aux huîtres et aux raisins et sans fumer les cigarettes qu'elle allumait les unes après les autres ni faire attention à Pearl Buck, à ses hôtes ou aux autres invités. Lorsqu'elle partit pour se rendre à un autre rendez-vous, ce fut dans un pénible silence de l'assistance choquée [29].

Le lendemain de son numéro au Cosmopolitan Club, Isak Dinesen fut admise à l'hôpital. Elle était à deux doigts de la mort : les médecins s'étaient aperçus qu'elle prenait des amphétamines pour combler le manque d'énergie et pouvoir tenir [30].

Son état avait empiré à cause de l'anorexie et ils l'avertirent que, si elle voulait continuer à vivre, elle allait devoir se nourrir raisonnablement et cesser toute activité pendant un certain temps. C'est ce qu'elle fit et c'est sans opposer aucune résistance qu'elle se laissa faire transfusions de sang et perfusions de glucose. C'est à ce moment-là que Clara — dépassée par les événements, épuisée et probablement furieuse — perdit son camée qui représentait Byron. Le 17 avril, jour du soixante-quatorzième anniversaire de Karen Blixen, le cheval de combat « Khamar » fut ramené de force au Danemark.

51.

Sans logis

1

Depuis son opération de 1955, Karen Blixen était devenue de plus en plus dépendante de Clara Svendsen. C'est à elle qu'elle dictait désormais tous ses contes et toute sa correspondance, et c'est Clara qui s'occupait de toutes les versions danoises. Elles restaient toutes les deux une bonne partie de la journée et, le soir venu, elles écoutaient de la musique ou jouaient au bésigue. Lors des voyages de Karen Blixen, Clara n'avait pas seulement le rôle de secrétaire et de dame de compagnie, mais aussi celui d'économe, d'infirmière et d'intendante de la garde-robe. Parmenia Migel la décrit, arrivant à une séance de photographies, le visage congestionné et les bras chargés de cartons à chapeaux. Dans les pires moments de leur tournée américaine, Isak Dinesen était trop faible pour s'habiller seule et Clara Svendsen devait la porter pour franchir de courtes distances.

Personne ne connaissait mieux Isak Dinesen que Clara Svendsen et personne n'a jamais passé en sa compagnie autant de temps sur une période aussi longue. Il ne fait aucun doute que l'affection et le respect d'Isak Dinesen pour sa secrétaire étaient très profonds, au point qu'elle fit d'elle l'exécuteur testamentaire de sa propriété littéraire. Mais Dinesen ne montrait guère de douceur lorsqu'elle souffrait, que ce fût physiquement ou mentalement. Elle pouvait toucher au sarcasme et même à la vulgarité dans ses insultes et, tandis que d'un côté elle avait des exigences déraisonnables vis-à-vis de l'emploi du temps de Clara (en le « réduisant en miettes[1] »), de l'autre, elle se plaignait d'un ton méprisant de devoir supporter la « présence constante » de sa secrétaire[2]. Cela faisait longtemps que Clara avait appris à hausser les épaules devant ce genre de déclarations. « J'appris peu à peu certaines choses concernant les relations irrationnelles de Karen Blixen : elle avait peur de se retrouver emprisonnée dans ses relations avec les autres[3]. » La pire insulte qu'elle eut à essuyer fut d'être traitée comme une enfant. La baronne aimait à déclarer que Clara ne pouvait avoir aucune opinion sérieuse et elle se moquait d'elle dès qu'elle donnait son avis. Pour quelqu'un d'aussi studieux et d'aussi dévoué, c'était difficile à supporter.

Leurs proches amis avaient tendance à imputer les heurts des deux femmes à leurs tempéraments très différents, ce qui était certainement l'une des raisons. Mais Clara était assez fine pour ne pas tout prendre pour elle : son incapacité physique rendait folle la baronne et elle passait ses nerfs sur le premier venu, qui était souvent quelqu'un qui la comprenait et lui pardonnait. Cela faisait aussi partie de son personnage que de ne pouvoir supporter d'avoir besoin d'aide. Elle s'était emportée contre sa famille pour les mêmes raisons et précisément dans les moments où elle se montrait la plus exigeante. Sa faiblesse et son invalidité lui faisaient revivre la dépendance qu'elle avait connue dans sa jeunesse et Clara, avec sa nature orthodoxe et morale et son dévouement à autrui, lui rappelait tante Bess : « Vous êtes aussi méchante *(slem)* que tante Bess, lui dit-elle une fois[4]. » Dans une autre occasion où elle était de meilleure humeur, elle la compara aussi à Farah. Seulement, Farah la suivait dans la nuit africaine avec un châle et un fusil, il ne l'entourait pas de ses prévenances et ne l'empêcha jamais de prendre des risques. Clara, pour des raisons évidentes et d'une manière différente, essayait de diminuer les excès de Karen Blixen et le danger mortel qu'elle courait. Cela non plus ne pouvait être facilement pardonné.

Le voyage en Amérique et ces trois mois et demi durant lesquels elles avaient « vécu l'une avec l'autre », sans pouvoir s'échapper, avaient renforcé les frictions. L'été qui suivit leur retour, Karen Blixen fit une série de visites à la campagne avec la jeune nièce de Mme Carlsen, pendant que Clara traduisait de son côté en danois *Le Guépard* de Lampedusa. Elle savoura cette période de solitude productive et, lorsque Tania rentra, pleine d'exigences et de caprices, Clara éprouva quelque difficulté à reprendre son esclavage comme auparavant. Avant la fin de l'année elles se disputèrent et Karen Blixen eut un geste choquant : malgré les treize années de loyaux services de Clara, elle la congédia brutalement. Clara laissa une porte ouverte à la réconciliation comme elle l'avait déjà fait, mais cette fois-là, elle déclara à Philip Ingerslev, le cousin de Karen Blixen, que, si jamais elle trouvait un autre travail entre-temps, elle ne reviendrait pas.

2

Deux semaines après son retour de New York, Karen Blixen souffrait de sa dépression et de son apathie coutumière, et elle téléphona à son fidèle *chevalier servant,* Erling Schroeder. Selon Parmenia Migel, Tania se plaignait que le Danemark fût si terne, alors que New York était une ville si excitante. « A New York, tout le monde m'a adorée. Dites-moi que vous m'aimez, j'ai besoin de l'entendre, j'en ai besoin[5]. » Erling l'assura de son amour et il fit en sorte qu'on lui livre une splendide rose. Elle en reçut une chaque jour jusqu'à la fin de sa vie et, chaque fois qu'elle partait quelque part, on lui apportait sa rose à l'étranger ou chez ses amis. Celui qui l'envoyait resta inconnu et Karen Blixen n'essaya jamais d'en savoir plus.

Erling Schroeder était le dernier des anciens *boys* de Karen Blixen, comme les appelle si justement Parmenia Migel. En effet, ils prenaient dans son cœur la place laissée vacante par Tumbo, Abdullai, Juma et Kamante. *Heretica* avait cessé sa publication et les jeunes écrivains avaient tous suivi des chemins différents. « Ils m'ont abandonnée », se lamentait la baronne à ses amis qui venaient la voir. Aage Henriksen fut parmi les derniers. Ce qui se passa resta en fait obscur, mais à l'époque où Karen Blixen travaillait à « Saison à Copenhague » elle lui avait fait savoir qu'il n'était pas « son genre » et cela l'avait profondément vexé. Lorsqu'elle lui envoya « Échos », pour qu'il en fît la critique, il lui envoya en guise de réponse un texte de son cru qui poursuivait un peu plus avant le cours de l'histoire, et elle avait trouvé cela très présomptueux. Un conte, lui dit-elle durement, finit toujours là où il doit finir et c'est un sacrilège de le continuer. En retour, il refusa de prêter son concours à un thé arrangé pour les photographes de *Life,* en décembre 1958, et de participer avec elle à une conférence en 1959 — le tout sous le prétexte qu'il y avait trop de tension entre elle et lui et qu'il ne se sentirait pas à son aise s'il devait la voir dans des circonstances officielles. Vers la fin de l'année 1958, les lettres qu'il lui écrivait devinrent de plus en plus courtes et cassantes, non pas superficielles, mais incroyablement prudentes. Finalement, il lui fit savoir que leur relation était dans une impasse et que, plutôt que de la laisser empirer, il valait mieux qu'ils se séparent bons amis. Il la bénissait et la laissait partir. En 1967, dans une interview à *Politiken,* Henriksen résuma ce qu'il pensait de Karen Blixen avec l'économie spirituelle qu'il avait en commun avec celle qui avait été son mentor : « Son écriture, dit-il, repose sur la connaissance de la façon dont les êtres humains se lient et se séparent[6]. »

Au printemps 1959, après son retour d'Amérique, Karen Blixen reçut la visite d'un jeune diplômé nommé Viggo Kjaer Petersen. Il avait bravé les autorités de son université pour pouvoir écrire sa thèse sur Karen Blixen. La faculté soutenait qu'il n'était pas conforme à l'esprit de la maison d'écrire sur un auteur vivant, et lui, que leurs « tendances marxistes » leur donnaient des préjugés sur Karen Blixen[7]. Mais la thèse, achevée en trois semaines d'écriture et de travail dans une atmosphère « chauffée à blanc », reçut les meilleures notes et Petersen, qui n'avait pas voulu rencontrer Karen Blixen durant son élaboration, lui en envoya un exemplaire.

Après leur première rencontre, Karen Blixen engagea Petersen à revenir, ce qu'il fit avec l'ardeur respectueuse et le désir de servir d'un jeune prêtre. Il ne pouvait en aucun cas remplacer Bjørnvig, mais apparemment, il était capable de consoler Karen Blixen, de lui faire des compliments flagorneurs, de la tirer de sa dépression et de réveiller son sens de l'humour et sa coquetterie. En retour, elle pouvait lui parler en profondeur de son œuvre et, selon Parmenia Migel, elle croyait qu'il avait « perçu dans ses livres certains éléments [...] dont elle n'avait qu'une connaissance subconsciente[8] ». C'est sur la force de cette affection et de cette confiance profonde qu'elle demanderait, avant de mourir, à Petersen d'entreprendre la réalisation d'une biographie officielle critique, un travail qui, espérait-elle, serait publié après celui de Parmenia Migel et qui mettrait en lumière l'unité organique de sa vie et de son œuvre *. Savoir que son « mythe » était en si bonnes mains, lui dit-elle, rendait sa fin plus douce [9].

Grâce à l'intervention de Philip Ingerslev, Clara Svendsen finit par revenir à Rungstedlund. Tania et elle parvinrent à un accord sur son temps libre : elle aurait ses dimanches « comme les bœufs à la ferme [10] » et serait le reste du temps à la disposition de Karen Blixen. Au début de l'année 1960, elles s'attelèrent à un nouveau projet, la mise en forme des chapitres de *Ombres sur la Prairie,* qui constituait l'épilogue de *La Ferme Africaine* **. Elle en avait déjà écrit trois des quatre chapitres au début des années cinquante. « Farah » fut donné à la radio en 1950, puis publié dans un petit opuscule par Ole Wivel. « Barua a Soldani » avait été écrit au départ pour la radio et c'était l'un des contes qu'elle avait racontés en Amérique. Une version abrégée de « Le Grand Geste » fut publiée en 1957 dans le magazine féminin *Alt for Damerne.* Quelques-unes des anecdoctes et vignettes de ces trois parties avaient été écrites pour *La Ferme Africaine* puis abandonnées. Seul « Écho des Montagnes » était entièrement nouveau. Il met le lecteur au fait des dernières nouvelles des anciens domestiques de Karen Blixen, mais en même temps, il viole l'un de ses principes les plus rigides concernant l'art de conter : une fois noués les fils de l'histoire, ils ne peuvent plus être défaits et filés plus loin.

Robert Langbaum trouve ce chapitre le plus faible du livre car les faits qui y sont rapportés « sont en quelque sorte des faits purs, tels qu'ils auraient pu figurer dans des mémoires ou dans un article. Il leur manque cette réverbération supplémentaire qui fait que le reste du livre ou *La Ferme Africaine* sont de la littérature [11] ». Karen Blixen elle-même était très consciente de la faiblesse de cette partie du livre, et elle l'imputait à sa santé déclinante, aux souffrances qu'elle avait endurées lorsqu'elle l'écrivait et aux conditions chaotiques — Rungstedlund était en cours de rénovation — qui y avaient présidé. Elle dit à Haas qu'elle espérait que les autres chapitres, écrits alors qu'elle n'était pas aussi faible, auraient assez de force pour « le soutenir » [12].

* Apparemment, la biographie est toujours en chantier.

** *Ombres sur la Prairie* fut entrepris en partie parce qu'Isak Dinesen désirait restée liée avec son public américain. « J'ai senti, déclara-t-elle à Robert Haas, que je ne devais pas laisser passer l'occasion d'écrire quelque chose pendant que j'étais encore, pour ainsi dire, en contact avec mon public américain. » Au départ, elle avait conçu *Ombres* comme un livre d'images, ce qui aurait été adapté à son style léger et anecdotique, et elle voulait vraiment qu'il fût bon marché. Dans cette optique, elle expliqua comment Fremad, à Copenhague, avait sorti une édition populaire du *Dîner de Babette* qui coûtait si peu cher que les gens pouvaient l'envoyer comme une carte de Noël, si bien qu'il s'en vendit cent mille exemplaires.

3

Ella Dahl était morte en février 1959 durant le séjour de Tanne en Amérique. Thomas avait écrit une lettre pour la préparer à cette triste nouvelle, mais elle n'avait pas été envoyée à son hôtel de Cambridge et c'est à New York que le télégramme fatidique l'attendait.

Ella et Tanne divergeaient sur bien des questions. Ella avait été socialiste dans sa jeunesse, bien qu'après son mariage elle se fût mise à défendre les positions ultra-conservatrices de son mari, opinions qu'abhorrait le reste de la famille. Son mariage et son patriotisme étaient peut-être ses plus grandes passions. Ella était peu frivole, mais elle avait une grande dignité, beaucoup de gentillesse et de générosité. A mesure qu'elle vieillit, elle devint une femme imposante, à la silhouette et aux mâchoires carrées, avec un beau visage un peu chevalin. Sa grande fortune lui permit de devenir mécène, non pas des arts et des lettres, mais des savants et des historiens, si bien qu'elle avait, comme sa sœur, une « cour ». Sa nièce Ingeborg la décrit comme une femme austère dans ses goûts et dans ses habitudes, et même un peu pincée : elle n'aimait pas qu'on la touche et s'en expliquait en disant à sa nièce : « Les hommes vous aiment sur un piédestal[13]. »

Ella était aussi l'un des critiques les plus fins et les plus fidèles de Tanne. En raison de tout ce qui les séparait, elles aimaient se livrer, sans se mettre pour autant en colère, à des polémiques ardentes. « Elles essayaient vainement de se *convaincre* l'une et l'autre le plus sérieusement du monde, tout en sachant qu'elles étaient toutes les deux aussi fermes sur leurs positions. Mais elles s'écoutaient volontiers. C'étaient, disait leur nièce, des artistes du désaccord, et comme tout artiste, elles jouaient avec les arguments qu'elles avaient à leur disposition[14]. »

Parmi les possessions des Dahl, il y avait un appartement sur la Sølvgade, à Copenhague, où Tanne avait souvent séjourné lorsqu'elle s'échappait de Rungstedlund. Elle possédait aussi la minuscule et étroite maison de bois qui lui était mitoyenne, dont on disait que c'était le plus petit bâtiment de la ville, et elle l'avait promise à sa sœur comme « quartiers d'hiver ». Tanne était enchantée de cela et elle commença à parler dans ses lettres de *ma maison à moi* — « la petite maison que l'on m'a donnée » — et le professeur Rasmussen avait commencé à tirer des plans de rénovation. Mais à la mort d'Ella et en l'absence de toute disposition officielle sur son testament, les héritiers révoquèrent le cadeau.

Karen Blixen décida alors que, si elle devait passer encore un hiver à Rungstedlund, elle serait obligée de faire installer le chauffage central et une salle de bains moderne. Elle fit de nouveau appel au professeur Rasmussen, qui travailla sur un plan détaillé afin de moderniser la vieille maison sans en modifier radicalement l'aspect extérieur. Les travaux commencèrent à l'automne et, l'hiver venu, Karen Blixen dut déménager. Clara et elle s'installèrent à l'hôtel Bellevue Strand de Klampenborg, puis par la suite à l'hôtel d'Angleterre. Elles pensaient que leur séjour serait bref mais les rénovations prirent plus de temps que prévu et la fatigue et les dépenses occasionnées par la vie à l'hôtel finirent par devenir insupportables.

L'écrivain invalide était confrontée avec la perspective de devoir passer son soixante-quinzième anniversaire « à la rue » avec son travail qui pressait et ses forces et son moral qui déclinaient chaque jour un peu plus. A ce moment, Clara proposa un voyage à Dragør, où elle avait acheté un petit bungalow au début des années cinquante. Dragør est un petit village de pêcheurs au sud de Copenhague, près de l'aéroport. Les rues sont pavées de galets, les maisons ont un toit de chaume qu'atteignent presque les roses trémières. La maisonnette de Clara comprenait deux petites pièces au rez-de-chaussée et deux minuscules chambres en mansarde. Karen Blixen coucha dans celle qui donnait sur la mer et elle fut très contente d'être « dans une vraie maison [15] ». Comme d'habitude, ses amis furent pleins de prévenance : Ole Wivel envoya sa secrétaire pour aider à la version danoise d'*Ombres sur la Prairie*. Erling Schroeder passa avec du caviar et de la *gelée royale* et Clara, qui détestait cuisiner, s'aperçut qu'elle pouvait commander ses repas chez un traiteur non loin de là. Quant à ceux de Karen Blixen, « c'était [...] une désagréable question facile à résoudre [...] puisqu'elle ne pouvait rien manger [16] ».

Pour pallier le manque d'espace, Karen Blixen et Clara se promenaient sur le port et faisaient de petites excursions. Elles allèrent voir les tilleuls de Store Magleby, ce qui remplaçait la traditionnelle visite annuelle aux aubépines en fleur du parc aux Cerfs. Une autre matinée, elles prirent le petit bateau du peintre de Clara, en compagnie de Nils Carlsen et des Kopp, pour aller visiter l'île de Saltholm, située dans le détroit au-delà du port et inhabitée à l'exception de goélands et d'oies qui venaient de Dragør. C'était une tradition du village d'envoyer l'oie familiale à Saltholm pour qu'elle engraissât avant Noël, et chaque printemps, un bateau allait déposer un troupeau d'oies sur l'île. Aucune voiture ne pouvait y circuler et le seul véhicule autorisé était le tracteur du gardien, dans lequel Karen Blixen parcourut ce paysage plat, couleur d'or luisant, qui la remplit d'extase.

C'est à peu près à la même époque qu'elle vécut une expérience mystique — elle reçut une sorte de signe — dont la nature reste mystérieuse. Toujours est-il qu'en mai elle copiait un vers extrait d'un psaume : « Gud skal alting mage * » et elle écrivit au-dessous : « Dans cette maison, en mai 1960, j'ai éprouvé un grand bonheur. » Sans mot dire, elle tendit le papier à Clara qui ne demanda pas d'autre explication. « Mais un peu plus tard, écrivit Clara, [Tania] lui confia qu'elle était persuadée d'aller mieux et qu'elle pouvait écrire à nouveau [17]. »

---

* Karen Blixen avait récité ce psaume à Bjørnvig au moment où il devait entrer à l'hôpital après sa commotion cérébrale en Bretagne. Elle le lui avait récité avec « une sombre ferveur dans le vieux dialecte de Copenhague » (Bjørnvig, *Pagten*, p. 30) :

Gud skal alting mage	*Dieu rétablira l'ordre des choses*
Dig ved Haanden Tage	*Il te prendra par la main*
naar du synke skal	*Quand viendra ta chute*
Naar du vil fortvivle	*Quand tu seras au désespoir*
finder ingen Hvile	*Quand tu ne trouveras nul repos*
udi Modgangs Dal	*Dans cette Vallée de Larmes*
Gud da vil	*Alors Dieu*
selv traede til	*t'aidera.*

Ce moment d'assurance ne dura pas. Les rénovations traînèrent jusqu'à l'été et en mai-juin, Karen Blixen et Clara s'occupèrent activement de la commémoration locale de l'Année internationale des Réfugiés. Karen Blixen prêta l'un de ses portraits africains pour une exposition et récita « Le Vin du Tétrarque » à la télévision en faisant don de son cachet à la fondation qu'elle avait établie. Bien que le médecin lui eût déconseillé de participer à une assemblée qui avait lieu sur le port, elle n'en fit qu'à sa tête. Elle prononça un discours pour l'occasion et récita un texte tout à fait approprié : « Les Yeux Bleus ». C'était là « peu de chose, mais cela représentait beaucoup, compte tenu de ses forces ». Malgré de telles circonstances, elle fut récompensée par une insulte et une injustice. En réponse à une lettre du comité de Hørsholm pour les réfugiés, il s'était trouvé qu'elle avait écrit qu'à ce moment, elle était « une sorte de réfugiée ». Un journal de Copenhague s'empara de la lettre malgré son caractère privé et non officiel, et la publia. A la suite de quoi le journal reçut une série de lettres indignées qui soulignaient que quelqu'un qui avait passé sa vie à aller d'un hôtel de luxe à un autre pouvait difficilement se considérer comme une réfugiée. Le même jour, tard dans la nuit, une foule se rassembla sous les fenêtres de la maison de Clara en scandant : « Karen Blixen, Karen Blixen, retourne à Rungsted. » Le lendemain matin, elle était « atterrée et peinée [18] ».

Tout au long du mois de juillet, la santé de Karen Blixen empira. Tove Haas l'emmena voir avec Clara les travaux de rénovation de Rungstedlund et, quand elles s'arrêtèrent à Store Magleby pour respirer les fleurs des tilleuls, Karen Blixen ne parvint pas à se tenir debout toute seule. Clara s'aperçut alors en cette journée ensoleillée qu'elle était devenue d'une faiblesse de mourante.

Avant la fin du mois d'août, le travail sur *Ombres sur la Prairie* était achevé mais Clara confia à Robert Haas que les forces de Tania déclinaient chaque jour davantage. Le 6, il fallut appeler une ambulance. Tandis qu'elles l'attendaient, Karen Blixen s'exclama : « C'était mon dernier refuge agréable et fleuri. Maintenant c'est l'hôpital [19] ! » Le caractère mélodramatique de cette sortie effraya Clara : ce n'était pas le genre de Karen Blixen. Elle la prit comme un signe que Karen Blixen croyait sa mort prochaine.

52.
Les ailes

1

En octobre 1960, après avoir passé un an dans des logis loués ou prêtés et trois mois à l'hôpital, Isak Dinesen put rentrer chez elle. Rungstedlund était devenu une maison qui lui appartenait totalement, avec chauffage et isolation, qui comptait désormais plusieurs salles de bains avec l'eau courante chaude et froide. Elle avait résisté durant soixante-quinze ans aux corruptions du *confort moderne,* une période assez longue pour pouvoir en jouir dorénavant sans aucun scrupule moral, financier ou esthétique.

Ses questions financières étaient elles aussi réglées. Ses avocats avaient réussi à simplifier et rationaliser ses contrats avec les éditeurs, et elle avait maintenant l'assurance que ses droits d'auteur ne seraient plus doublement imposés. Elle attendait l'automne avec impatience : ses deux derniers livres se vendaient encore très bien, *Ombres sur la Prairie* avait été sélectionné par le Club du Livre, et ce serait une saison qu'elle affronterait « sans regarder à la dépense ». Elle se sentait ragaillardie rien qu'en prononçant ces mots qui lui évoquaient des richesses sans limites. Dans la pratique, ce ne fut pourtant pas une débauche d'extravagances. Elle servit des truffes à ses invités, commanda quelques vêtements chez un couturier danois, prit une gouvernante (qui ne resta guère car le personnel ne l'aimait pas) et fit le projet d'un voyage à Paris pour le printemps.

La Vengeance de la Vérité fut jouée en octobre à la télévision danoise. C'était la troisième représentation de la petite pièce depuis que les enfants Dinesen l'avaient montée pour la première fois à Rungstedlund, en 1904. Isak Dinesen n'avait jamais abandonné ce fatalisme dont elle s'était faite l'ardent défenseur à dix-neuf ans avec une si précoce assurance. « Lorsque nous avons commencé, personne ne savait à quoi ressemblait son rôle, dit à la fin Sabine, l'ingénue. En fait, nous n'en savions rien nous-mêmes, car qui peut prédire à quoi ressemblera un personnage sur scène ? Mais maintenant que nous avons prononcé les mots que nous avions en nous, sans en avoir caché un seul, une fois le rideau tombé, personne ne peut plus avoir aucun doute sur ce que nous étions[1]. »

Ce petit discours dégageait toute la force d'une vieille conteuse qui a toute sa vie derrière elle.

Isak Dinesen savait que les années qui lui restaient « pouvaient se compter sur les doigts d'une seule main » et elle sentait qu'il était urgent de « fermer la parenthèse » de son existence en traçant d'une main ferme le dernier trait qui lui donnerait son unité. Elle se rendait compte également que l'histoire exigeait qu'elle retournât en Afrique. Elle voulait s'y rendre depuis les années trente, et elle en avait fait le projet en deux occasions : juste après la parution des *Sept Contes Gothiques,* et juste avant la Deuxième Guerre. Désormais, le magazine *Life* voulait l'envoyer là-bas en reportage *. Mais elle hésitait car elle craignait qu'après tant d'années ce ne fût une déception. Afin de mieux mesurer ce danger, elle écrivit à son neveu Gustaf Blixen-Finecke, qui avait une ferme dans les environs de Nairobi :

> « Le Kenya et mes relations avec les indigènes ont toujours tellement compté pour moi qu'il me semble que cela bouclerait dans une belle harmonie le cercle de mon existence si je pouvais, ne serait-ce que brièvement, me retrouver face à face avec tout cela. Mais la dimension véritablement *grandiose* de cette expérience dépend du souvenir que les indigènes auront ou non gardé de moi. C'est beaucoup demander après ces trente années de séparation. Si heureuse que je serais de voir les Africains m'accueillir de bon cœur, il me semble cependant que ce serait tellement prétentieux et dépourvu de signification de rester assise, déconfite, à Nairobi sans aucune relation avec la terre et les hommes de là-bas[2]. »

Elle demanda à son neveu de garder secret ce projet jusqu'à ce qu'elle ait pris sa décision. Mais *Life* n'était pas intéressé par un reportage d'une dimension si personnelle et le médecin de Karen Blixen lui jura, affolé, qu'elle mourrait à coup sûr durant le voyage. La parenthèse africaine ne fut jamais refermée.

2

Même si un voyage à Paris ne pouvait remplacer le voyage au Kenya, c'était toujours quelque chose. Karen Blixen donna au poète Charles-Henri Ford une liste des gens qu'elle désirait voir et elle écrivit à Philippe de Rothschild, impatiente de lire avec lui *Le Faux Jour* « et de jouer le rôle de la

---

* La rédaction en chef du magazine voulait qu'Isak Dinesen fît un reportage sur la lutte d'indépendance du Kenya. Durant un moment, cette perspective l'enthousiasma énormément. Mais elle se rendit compte rapidement que cette mission dépassait ses capacités physiques et ses dons de reporter : ce serait un travail trop exigeant. Elle préférait faire son retour en Afrique d'une manière plus discrète.

comtesse Rosmarine[3] ». Cette lettre donne bien le ton de la visite qui devait être dédiée à la haute société et devenir une débauche de sorties au théâtre.

Cependant, Karen Blixen fut si épuisée et si malade durant tout l'hiver que le voyage parisien ne fut plus du tout certain. Après son retour de Wedellsborg à Noël, elle tomba dans son bain et se brisa une côte — « c'était purement et simplement de l'épuisement », pensa Clara. A mesure que le printemps approchait, la perspective du voyage la fit revivre : elle commanda un ensemble et plusieurs robes, et le jour de son rendez-vous chez le tailleur, Clara l'accompagna partout avec appréhension. Après avoir escaladé la volée de marches qui conduisaient à son atelier, elle alla voir sa couturière sur le Gammelstrand, se rendit à pied au musée Thorvaldsen pour voir le buste de Byron, alla se faire coiffer, puis fit une visite à l'Académie royale pour y voir une exposition de paysagistes danois. Après le dîner à Rungstedlund, elle donna une soirée pour « les pèlerins de la littérature » et arrangea les fleurs avant de se mettre au lit[4].

Eugene Haynes devait venir au Danemark en juin, juste avant la date du départ de Karen Blixen et Clara pour la France. Clara lui offrit d'habiter son bungalow à Dragør, où il y avait un excellent piano, et où il avait déjà séjourné. Mais Tania l'invita à les accompagner à Paris. Quant à Erling Schroeder, qui « pressentait » que ce voyage serait le dernier, il jugea qu'il devait venir également. Tania lui fit promettre qu'il l'emmènerait en scooter faire une promenade Rive gauche *. Le personnel de leur hôtel n'arrivait pas à imaginer qui pouvaient être ces étrangers qui formaient une bande haute en couleur. Il y avait Eugene, avec son teint sombre, son visage d'homme cultivé et sa voix de petit garçon ; le distingué et nordique Erling ; Clara, solide et réservée, et la vieille baronne, « la femme la plus maigre du monde », coiffée du turban rouge qu'elle appelait « Prince Calendar », parlant sans cesse, radieuse et faisant de grands gestes avec son fume-cigarette. A trois heures du matin, les serveurs d'un restaurant situé près des Halles mettaient les chaises sur les tables mais ils n'osèrent pas leur demander de quitter la terrasse. « Peut-être, écrivit Clara, qu'il était clair aux yeux de chacun que cette visiteuse si heureuse d'être à Paris [...] n'y reviendrait jamais plus[5]. »

Karen Blixen rendit visite à nombre de ses anciens amis et s'en fit bien d'autres, dont deux femmes qui l'admiraient depuis des années, Monica Stirling et Solita Solano. Elle fut interviewée par la télévision française et reçue par son éditeur français, Gallimard. Elle alla tous les soirs au théâtre ou au ballet. Une fois, elle vit Noureev qui venait de passer à l'Ouest et, une autre fois, *The Connection* de Jack Gelber, dans laquelle un Noir prononçait par ironie la petite déclaration dont elle s'était un jour innocemment vantée à *Life :* « Je suis la seule personne blanche que les indigènes aient jamais vraiment aimée **. »

---

* Erling Schroeder était en fait l'une des deux seules personnes à l'appeler « Karen ». L'autre était Ingeborg Andersen, de chez Gyldendal.

** C'est apparemment Hugh Martin qui avait fait ce commentaire : « Tanne Blixen était la seule personne blanche que les indigènes aient vraiment aimée. » La citation, attribuée à Hugh, figure parmi ses notes pour *La Ferme Africaine*.

Le voyage devait se terminer par une petite échappée à Madrid mais après quatre semaines, elle était trop fatiguée pour s'y rendre et elle repartit au Danemark. Elle voulait être le 26 juillet à Wedellsborg pour aider Julius et Inger Wedell à célébrer le quatre-vingtième anniversaire du comte. Parmenia Migel décrit son extraordinaire et radieux bonheur lors de cette soirée qui était la dernière en compagnie de son vieil ami : il mourut dans un accident le même mois. Après le dîner, elle se leva pour faire un discours qui se terminait ainsi :

Il faut dans ce bas monde aimer beaucoup de choses
Pour savoir après tout ce qu'on aime le mieux [...] *

Le reste de l'été fut accaparé par une foule de visiteurs : Robert Langbaum vint discuter de son livre ; l'artiste René Bouché vint offrir le portrait de Karen Blixen à une collection danoise ; John Gielgud vint lui rendre visite et au cours du déjeuner, Karen Blixen lui déclara que, de tous les personnages de Shakespeare, celui qu'elle aurait voulu jouer était Horatio, « l'ami parfait qui sait se taire et qui comprend si bien. — C'est vous, mon Horatio », lui répondit-il[6].

En août, Aldous Huxley arriva au Danemark et se rendit à Rungstedlund avec son ami Timothy Leary, qui était encore professeur à Harvard et qui était venu faire une conférence. Dinesen avait rencontré Huxley dans les années trente grâce à des amis londoniens. A l'époque, elle lui avait dit que ses romans étaient parmi ceux qui avaient le plus compté pour elle en Afrique. Les deux hommes lui parlèrent avec enthousiasme de leurs expériences avec les drogues psychotropes et Huxley, dont la vue baissait, lui fit part du bonheur que lui procuraient ces visions. Dinesen avait elle-même mâché de la *miraa* en Afrique avec Denys et elle en avait apprécié les effets légèrement hallucinogènes. Elle avait peut-être aussi fumé de l'opium. Elle les écouta avec intérêt et accepta une rose que l'on avait offerte à Leary et qu'il disait « venir du monde des esprits ». Mais elle refusa leur invitation à goûter du peyotl en répondant, selon Parmenia Migel, qu' « elle avait en elle assez d'images [...] sans avoir besoin de stimulant extérieur[7] ».

En septembre, Karen Blixen acheta un nouveau chien, un Dandie Dinmont. Après la mort de Pasop, ni Tanne ni Clara n'avaient imaginé pouvoir le remplacer et, comme le dit Karen Blixen, elles étaient restées « *shivva* pendant un certain temps ». Mais après son retour à Rungstedlund, elle commença à se plaindre du « malheur d'une existence sans chien »[8] et durant un séjour à Wedellsborg en juillet, elle visita la propriété de vieux amis à elle qui élevaient des Dandie Dinmonts. C'était le genre de chien qui lui avait toujours plu. Ils figuraient dans les romans de Walter Scott et y étaient inévitablement baptisés Moutarde ou Poivre. Ses vieux amis, le baron et la baronne Bille Brahe Selby, lui firent cadeau d'un

---

* KBA, 150.

« irrésistible chiot gris » et le lui apportèrent en personne deux mois plus tard. Il fut baptisé sur-le-champ « Poivre » et on porta « un toast au champagne à sa santé [9] ».

3

Durant son séjour à New York, Karen Blixen avait confié à Nancy Wilson Ross qu'elle avait l'impression d'être « si pleine d'histoires inédites que, si on la perçait, elles couleraient d'elle comme le vin d'une outre ». Lorsque la saison touristique estivale fut terminée, elle se remit à écrire. Elle n'avait pas renoncé à son projet, terminer *Albondocani* avant de mourir et elle avait en tête l'ébauche de nouveaux chapitres qui attendaient d'être développés : un conte sur le cardinal et un sur Byron. Mais elle avait continué d'extravaguer sur les familles Angel et von Galen, et elle envisageait une suite à « Saison à Copenhague », qui serait écrite dans la veine « romanesque » de l'original. Elle raconterait la suite de la vie de Drude Angel et son titre provisoire était « Trente Ans Après », en hommage à Alexandre Dumas.

Il y eut un certain côté frénétique dans son travail, cet automne-là, car elle craignait de devoir connaître à nouveau une période où elle ne pourrait pas écrire, et du même coup recevoir de nouveaux droits d'auteur pour entretenir sa propriété. La Fondation Rungstedlund avait emprunté de l'argent plusieurs mois auparavant pour faire face à ses dépenses et le spectre familier de la banque qui saisissait ses biens continuait de la hanter, alors que ce risque était pourtant bien minime. Clara reconnut là un ancien dilemme : trop de projets incompatibles qui réclamaient en même temps son énergie au détriment les uns des autres, et une sensation croissante de désespoir et d'inutilité qui rendait difficile son travail d'écriture. Mais lorsqu'elle fit part de ces remarques à Karen Blixen, celle-ci la réprimanda : « Je n'étais censée être qu'un dictaphone humain, rester assise à écrire et ne pas me mêler de son travail autrement qu'en montrant l'intérêt que j'y portais [10]. »

En guise d' « échauffement » avant son travail futur, Karen Blixen commença à revoir quelques-uns des anciens contes qu'elle avait écartés de ses recueils précédents. Elle reprit « Carnaval » et « Le Dernier Jour ». Celui-ci devait figurer à l'origine dans les *Contes d'Hiver* et, alors qu'elle ne l'acheva jamais, c'est presque un paradigme, dans sa structure, de l'histoire telle que Dinesen la concevait : couples symétriques, événement érotique que l'on dissimule et qui est exalté par le mythe et la poésie. « L'Ours et le Baiser », écrit en 1958 mais jamais achevé à temps pour *Le Dîner de Babette*, ne fut jamais réécrit non plus d'une façon qui la satisfît complètement, mais elle finit par revoir « Ehrengard » qui parut en volume distinct après sa mort, en 1962. Publié la première fois dans le *Ladies' Home Journal* sous le titre « Le Secret de Rosenbad », c'est un conte élégant, mais pour Dinesen, une mince comédie romantique que Robert Langbaum interprète généreusement comme la réponse de Dinesen au *Journal du Séducteur* de Kierkegaard.

« Trente Ans Après » ne fut jamais écrit mais le dernier chapitre d'*Albondocani,* « Seconde Rencontre », est une histoire magnifiquement élaborée qui développe le thème de son désir de « boucler harmonieusement le cercle de son existence » et de « refermer la parenthèse par un beau geste ». Elle raconte la seconde rencontre entre Pino Pizzuti (Pipistrello), directeur d'un célèbre théâtre de marionnettes entrevu dans « La Trilogie du Manteau », et de lord Byron. La rencontre a lieu durant les derniers jours du poète en Italie, juste avant qu'il n'aille rencontrer la mort à Missolonghi. Pizzuti est le double de Byron et il a eu l'honneur et la chance (c'est ainsi qu'il le dit) de sauver la vie à lord Byron quatorze ans auparavant. Il vient à la Casa Saluzzo pour voir ce que ces quatorze années ont accordé à son double et il raconte alors au poète la véritable histoire de son sauvetage. A l'époque où Byron était au plus haut de ses capacités et au faîte de la gloire, il vécut un moment à Malte. Pizzuti, fils d'une veuve de l'île, extrêmement pauvre, mais pieuse, avait appris que trois frères — ruffians ou pirates — projetaient d'enlever le poète et de le tuer pour le punir d'avoir séduit leur sœur. Il pensa que quelqu'un d'aussi sublimement chéri de Dieu méritait de vivre et que lui-même servirait les desseins du Seigneur s'il mourait à sa place. Aussi emprunta-t-il le cheval et les habits du poète grâce à la complicité de son valet et se rendit-il au rendez-vous avec la jeune fille pour tomber dans l'embuscade tendue par les trois frères. Ceux-ci ne furent pas dupes mais ils prirent cela pour une fine plaisanterie et demandèrent à Byron de payer pour l'imposteur le prix auquel il l'estimait. Byron envoya un souverain d'or par le biais de son valet et les voleurs le donnèrent à Pizzuti. Celui-ci employa l'argent pour fonder le théâtre de marionnettes qui lui apporta célébrité et richesse, mais il se rendit compte au même moment qu'en acceptant l'argent il avait « renoncé à vivre une vie humaine normale ». Du coup, tout ce qui lui arriva par la suite lui fournit la matière qu'il transforma en contes. Désormais, explique-t-il à Byron, il est venu faire un inventaire, dénombrer le stock du poète et en composer un tout : « J'ai l'intention d'en tirer une histoire. » Il lui déclare également que le seul trait de plume qui puisse donner une unité aux éléments de désintégration « de la vie de Byron — les petites défaites dont il a été lui-même l'auteur » — c'est « une grande et mortelle défaite dont (lui) seul sera responsable, pour les compléter ». Cette idée fâche le poète : il juge d'assez mauvais augure de rencontrer son double et il apprécie encore moins que ce double prédise sa chute. Aussi dit-il à Pizzuti qu'il devrait le jeter dehors. Ce à quoi Pizzuti répond que la défaite lui apportera une grande compensation dans l'avenir — bien que, comme l'imagine lord Byron tout d'abord, cela ne rendra pas ses œuvres immortelles, car dans cent ans « on (le) lira bien moins qu'aujourd'hui ». Mais il y aura un livre, l'assure-t-il, « qui sera réécrit et relu, et chaque année une édition nouvelle prendra place sur les rayons : [...] La vie de lord Byron [11] ».

On peut considérer Pizzuti et Byron — comme nombre de couples, de jumeaux et de *semblables* des contes de Dinesen — comme un seul personnage divisé en deux, chacun incarnant les traits qui manquent à l'autre et formant ensemble, tels « un crochet et un piton », une unité. Byron garde sa foi grâce à la passion et à l'énergie vitale, Pizzuti grâce à l'imagination. Byron a une mort héroïque de sorte que sa vie devient immortelle, et Pizzuti « renonce » à vivre une vie humaine normale de sorte que son art devient immortel. Ils peuvent également être considérés comme l'incarnation des deux phases de la vie d'Isak Dinesen : la période byronienne, celle de sa « *Vita Nuova* », de « sa vie humaine normale » en Afrique, et la période qui la suit qu'elle a payée de façon à vivre pour l'écrire. Les vantardises et les plaintes de Pizzuti, qui a transformé sa vie en contes, ce sont les siennes. En effet un après-midi de 1961, alors que Clara mettait de l'ordre sur le bureau de Tania, elle trouva un morceau de papier portant une seule phrase de la familière écriture en pattes de mouche : « *renoncé à vivre une vie humaine normale* [12] ».

4

Isak Dinesen continuait littéralement à dépérir. La syphilis l'empêchait de plus en plus de marcher, et même de se tenir debout, au point qu'il lui fallait du courage pour monter chaque soir l'étroit escalier de sa chambre. Elle était en outre si amaigrie que sa peau se meurtrissait au moindre contact. Une fois qu'un jeune jardinier l'avait ramenée dans ses bras à la maison, elle avait été couverte de bleus comme si on l'avait battue.

Elle refusait de continuer à vivre dans un tel état de faiblesse. Elle écrivit à Monica Stirling, l'écrivain anglais qu'elle venait de rencontrer à Paris : « J'aimerais mourir, si seulement c'était possible ; c'est comme Shakespeare, vous vous souvenez : " Toi que le fardeau de la vie a épuisé [13] " ? » Lorsque Eugene Haynes vint lui rendre visite au cours de l'été 1962 et qu'il lui rappela qu'elle ne laisserait pas la vie la quitter avant d'en avoir reçu la bénédiction, elle répondit : « Justice m'a été faite. »

Sa famille comprenait qu'elle allait bientôt mourir et la plupart de ses amis acceptaient cet état de fait, bien que Clara gardât avec entêtement l'espoir que Karen Blixen obtiendrait « un nouveau bail de la vie » comme par le passé. Quant à Viggo Kjaer Petersen, avec l'amour avide de celui qui arrive trop tard, il se répandait en lamentations et disait qu'elle était « trop dure pour elle-même [...] trop dure pour Pellegrina ». Son adoration débordante allumait quelques étincelles de vie en elle mais cela ne durait pas.

Isak Dinesen n'appréhendait sa mort en aucune façon. Elle allait respirer le parfum des tilleuls en fleur et écouter les rossignols. Elle avait conscience que c'était la dernière fois et, sans être morbide, cette sensation donnait pour elle, et pour tous ceux qui vivaient avec elle, une grande valeur à ce moment. Elle ne cessa pas davantage de rechercher et de provoquer les « bons moments ». Lorsque Daniel Gillès l'interviewa pour la télévision belge, elle fit son numéro le plus *camp : « Je déteste la littérature,* prétendit-elle, *et en particulier celle d'aujourd'hui.* » Et d'enchaîner sur sa lancée : « *Je lis avec un appétit de jeune fille qui croit qu'elle va trouver le prince charmant dans les livres.* » Un peu plus tard, à propos de Giraudoux, dont elle admirait la pièce *Ondine : « Je crois que c'est un décadent, n'est-ce pas ? Tout comme moi* * *!* »

* D'après Daniel Gillès, « La Pharaonne de Rungstedlund », dans *Isak Dinesen, Hommage Mémorial*, p. 177.

Durant le printemps et l'été, elle tint sa cour, assise dans un fauteuil sur la véranda, emmitouflée dans de vieux chandails, faisant des grimaces pour les photographes et envoyant Clara montrer à chaque nouveau visiteur l'endroit sur la colline où elle avait choisi d'être inhumée. De nombreux amis de longue date vinrent la voir : Bent, Eugene, Erling, Else et Eduard Reventlow, Ellen Wanscher, et bien d'autres qu'elle avait récemment rencontrés au cours de ses voyages. En mai, elle reçut la visite de deux jeunes Kikuyus qui étudiaient au Danemark. La jeune fille, Emma Wamboi, lui apportait les salutations de son père, qui était le neveu de Kinanjui. Karen Blixen avait suivi la lutte d'indépendance du Kenya au cours de l'année et elle avait fait remarquer à Clara combien elle était triste de ne pouvoir être avec eux, particulièrement à ce moment-là [14].

Dans une lettre à Parmenia Migel, Isak Dinesen prévint sa vieille amie qu'elle la trouverait plus faible que jamais, plus même qu'aux pires moments de son voyage en Amérique, et totalement invalide. Elle écrivit à Violet Trefusis, qu'elle était allée voir dans sa splendide villa des alentours de Paris, qu'elle aurait adoré passer quelques jours avec elle à Florence, où celle-ci possédait aussi une maison, et « se dire encore une fois qu'il y a tant de beauté dans le monde. Hélas ! ma chère, pour moi désormais c'est hors de question. Je suis encore plus affaiblie que lors de notre rencontre à Paris. [...] Je ne peux faire un pas ni tenir debout sans aide [...] je ne peux pas manger non plus et je n'arrive pas à dépasser les trente-deux kilos. Je vais peut-être devoir retourner à l'hôpital pour qu'on me fasse une transfusion. Les médecins me disent que je présente tous les symptômes d'affaiblissement d'un prisonnier de camp de concentration. Par exemple, mes jambes enflent au point de ressembler à des poteaux et d'être lourdes comme des boulets. C'est terriblement malséant et vulgaire. Avec tout cela, j'ai l'air de la plus horrible sorcière, un véritable *memento mori*. Si je ne continue pas à décliner ainsi, j'essaierai de reprendre quelques forces durant l'été [15] ».

Cependant les photographies que prit Peter Beard (qui rencontra Isak Dinesen en juin 1962) purent saisir l'étrange rayonnement de ces derniers mois qu'avaient remarqué Thomas et Jonna Dinesen. Elle se laissait aller, elle relâchait son sourire tordu, et de ses yeux — qu'elle continuait à maquiller soigneusement de khôl — semblait couler de la lumière. Il y avait quelque chose de presque inhumain dans son état, quelque chose semblait se produire : on avait l'impression qu'elle s'était à demi métamorphosée en oiseau.

En fait elle mourait de malnutrition. Après la fin de la saison des asperges, elle se nourrissait exclusivement de jus de fruits et de légumes, d'ampoules de *gelée royale*, d'huîtres et de biscuits secs. Le 5 septembre au soir, elle joua au bésigue avec Clara et écouta de la musique sur un nouvel électrophone que lui avait offert Solita Solano. Elles passèrent des extraits du *Mariage de Figaro* et un aria de Haendel que Denys avait l'habitude de chanter. « L'idée ne me traversa pas l'esprit une seconde, raconta Clara à Robert Langbaum, que, lorsque je l'aidai à monter l'escalier, elle ne le redescendrait pas vivante. Mais pourtant, c'était le cas. »

Le 6 septembre, Isak Dinesen avait l'air endormi. Quand Clara vint la voir au début de l'après-midi, elle avait des difficultés à parler. Clara pensa qu'elle était simplement fatiguée mais Mme Carlsen, qui apportait du consommé et un jus de citron, reconnut que c'était la fin. Elle appela d'urgence Thomas et Jonna Dinesen, « qui arrivèrent juste à temps pour qu'elle les reconnaisse[16] ». Le médecin vint lui faire une piqûre et elle sombra dans un coma d'où elle ne devait jamais s'éveiller. Elle mourut le lendemain soir, le vendredi 7 septembre, d'amaigrissement excessif[17].

« *Mais l'heure était venue où, démunie de tout, je devenais pour le destin une proie trop facile*[18]. »

Notes

Se rapporter à la note sur les citations, page 9, pour l'explication des abréviations utilisées dans ce chapitre.

1. *OU BIEN, OU BIEN*

1. Attribué à Matthew Arnold, c'est en fait une paraphrase de déclarations similaires faites par Matthew Arnold dans *Littérature et Dogme,* pp. 16-18.
2. Interview de TD, Leerbaek, Vejle, juillet 1975.
3. Isak Dinesen, *Nouveaux Contes d'Hiver,* p. 276 (abrégé ci-après en *NCH*).
4. *Ibid.*, p. 284.
5. Robert Langbaum, *The Gayety of Vision,* p. 30 (abrégé ci-après en *Gayety*).
6. *NCH,* p. 275.
7. Mary Bess Westenholz, « Erindringer om Mama og hendes Slaegt » (Souvenirs de Mama et de sa famille), *Blixeniana 1979,* p. 82 (abrégé ci-après en « Om Mama »).
8. Thomas Dinesen, *My Sister, Isak Dinesen,* trad. angl. Joan Tate, p. 15 (abrégé ci-après en *My Sister*).
9. Westenholz, « Om Mama », p. 200.
10. I. Dinesen, *Lettres d'Afrique : 1914-1931,* trad. angl. Anne Born, p. 380 (abrégé ci-après en *Lettres*).
11. Interview de CS, Dragør, juillet 1976.
12. « Autobiographie d'Ingeborg Dinesen », écrite pour ses enfants, KBA 99/D.
13. Westenholz, « Om Mama », p. 117.
14. T. Dinesen, *Boganis : Min Fader, Hans Slaegt, Hans Liv og Hans Tid,* p. 96 (abrégé ci-après en *Boganis*).
15. *Ibid.*, p. 97.
16. T. Dinesen, *My Sister,* p. 12.
17. T. Dinesen, *Boganis,* p. 17.
18. Franz Lasson et Clara Svendsen ed., *The Life and Destiny of Karen Blixen,* p. 18 (abrégé ci-après en *Life and Destiny*).
19. T. Dinesen, *Boganis,* p. 17.
20. *Ibid.*
21. I. Dinesen, *Lettres,* p. 381.
22. I. Dinesen, *Daguerréotypes et Autres Essais,* trad. angl. P. M. Mitchell et W. D. Paden, p. 23 (abrégé ci-après en *Daguerréotypes*).
23. I. Dinesen, *Ombres sur la Prairie* (abrégé ci-après en *OP*).
24. KB à Aage Henriksen, 1er avril 1956, KBA 66.

2. LE CAPITAINE

1. Friedrich Wilhelm Nietzsche, « Nietzsche contre Wagner ».
2. Georg Brandès, « Wilhelm Dinesen ». *Samlede Skrifter,* p. 196.
3. *Ibid.*, p. 195.
4. *Ibid.*, p. 189.
5. Wilhelm Dinesen (Boganis), *Jagtbrese og Nye Jagtbreve* (Lettres de Chasse et Nouvelles Lettres de Chasse), p. 48 (abrégé ci-après en *Jagtbreve*).
6. T. Dinesen, *Boganis,* pp. 47-48.
7. Bent Rying, ed., *Denmark : An Official Handbook,* trad. angl. Reginald Spink, p. 92 (abrégé ci-après en *Denmark*).
8. Brandès, « Wilhelm Dinesen », p. 197
9. *Ibid.*, p. 196.
10. T. Dinesen, *Boganis,* p. 50.

11. I. Dinesen, *Sept Contes Gothiques,* p. 152 (abrégé ci-après en *SCG*).
12. W. Dinesen, « Fra et Ophold i de Forenede Stater » (Séjour aux États-Unis), *Tilskueren,* p. 779 (abrégé ci-après en « Fra et Ophold »).
13. T. Dinesen, *Boganis,* p. 70.
14. Brandès, *Main Currents in Nineteenth Century Literature,* vol. 1, p. 31 (abrégé ci-après en *Currents*).
15. Arnold Hauser, *The Social History of Art,* vol. 3, p. 75.
16. Richard B. Vowles, « Boganis, Père d'Osceola ou Wilhelm Dinesen en Amérique, 1872-1874 », *Scandinavian Studies,* vol. 48, automne 1976, p. 370.
17. W. Dinesen, « Fra et Ophold », p. 783.
18. Thomas Dinesen donne comme traduction *hasselnød.* Richard B. Vowles cite Donald Watkins qui assure qu'en chippewa du sud-ouest, le nom se traduit par « petite noix » (Vowles, p. 381).
19. W. Dinesen, « Fra et Ophold », p. 785.
20. Parmenia Migel, *Titania : The Biography of Isak Dinesen,* p. 10 (abrégé ci-après en *Titania*).
21. *Morgenbladet* (Copenhague), 24 janvier 1887.
22. T. Dinesen, *Boganis,* p. 113.
23. W. Dinesen, *Jagtbreve,* p. 280.
24. *Ibid.,* p. 90.
25. Brandès, « Wilhelm Dinesen », p. 187.
26. T. Dinesen, *Boganis,* p. 113.
27. Hauser, *The Social History of Art,* vol. 4, p. 35.
28. W. Dinesen, *Jagtbreve,* p. 136.
29. *SCG,* p. 120.
30. I. Dinesen, *Lettres,* p. 427.
31. « Autobiographie d'Ingeborg Dinesen », KBA 99/D.
32. *Ibid.*
33. Mme D à WD, 5 août 1880, KBA 61/D.
34. *Ibid.*
35. T. Dinesen, *Boganis,* p. 100.
36. Mme W à WD, 4 mai 1880, KBA 61.
37. WD à Mme D, 3 avril 1880, KBA 61.
38. Mme W à WD, 4 mai 1880, KBA 61.
39. WD à Mme D, 3 avril 1880, KBA 61.
40. Mme D à WD, 5 août 1880, KBA 61.
41. Mme W à WD, 3 avril 1880, KBA 61.
42. Mme D à WD, 5 août 1880, KBA 61.
43. « Autobiographie d'Ingeborg Dinesen », KBA 99/D.
44. Mme D à WD, 31 juillet 1880, KBA 61.
45. T. Dinesen, *Boganis,* p. 101.
46. I. Dinesen, *Lettres,* p. 427.
47. W. Dinesen, *Jagtbreve,* p. 112.

3. IDYLLE FAMILIALE

1. D'après les notes manuscrites de *La Ferme Africaine,* KBA 159.
2. Westenholz, « Om Mama », p. 204.
3. *Ibid.,* p. 201.
4. *Ibid.*
5. *Ibid.,* p. 198.
6. I. Dinesen, *Contes d'Hiver,* p. 66 (abrégé ci-après en *CH*).
7. Westenholz, « Om Mama », p. 207.
8. Migel, *Titania,* p. 8.
9. Mme D à ses enfants, « Règles de la Maison », recopiées par Tanne Dinesen, premiers manuscrits inédits, KBA 105, III a 3-4.
10. Lasson et Svendsen, *Life and Destiny,* p. 144.
11. I. Dinesen, *Lettres,* p. 111.
12. *CH,* p. 222.
13. *Ibid.,* p. 211-212.
14. Langbaum, *Gayety,* p. 39.
15. Steen Eiler Rasmussen, « Le Rungstedlund de Karen Blixen » Nietzsche, *Det Danske Akademi* 1960-1967, p. 251.
16. Langbaum, *Gayety,* p. 45.
17. *SCG,* p. 226.
18. Nietzsche, *La Naissance de la Tragédie.*
19. T. Dinesen, *Boganis,* p. 120.
20. Migel, *Titania,* p. 13.
21. Lasson et Svendsen, *Life and Destiny,* p. 40.
22. T. Dinesen, *Boganis,* p. 135.
23. *Ibid.,* p. 136.
24. KB à Aage Henriksen, 1er avril 1956, KBA 66.

4. « ALCMÈNE »

1. I. Dinesen, *Lettres,* p. 428.
2. Lasson et Svendsen, *Life and Destiny,* p. 43.
3. Migel, *Titania,* p. 14.
4. I. Dinesen, *Lettres,* p. 271.
5. Lasson et Svendsen, *Life and Destiny,* p. 43.
6. KB à Aage Henriksen, 1er avril 1966, KBA 66.
7. T. Dinesen, *My Sister,* passim.
8. I. Dinesen, *Le Dîner de Babette,* p. 88 (abrégé ci-après en *DB*).
9. *CH,* p. 201.
10. *Ibid.,* p. 202.
11. *Ibid.,* p. 209-210.
12. *CH,* p. 212.
13. *CH,* p. 216.
14. *CH,* p. 235.

15. *CH*, p. 238.
16. I. Dinesen, *Lettres*, p. 380.
17. I. Dinesen, *La Ferme Africaine*, p. 34 (abrégé ci-après en *FA*).

5. TROIS SŒURS

1. T. Dinesen, *My Sister*, p. 30.
2. Interview de TD, Leerbaek, Vejle, juillet 1975.
3. T. Dinesen, *My Sister*, p. 30.
4. I. Dinesen, *Lettres*, p. 350.
5. Interview, Copenhague, juillet 975
6. I. Dinesen, *Lettres*, p. 211.
7. *Ibid.*, p. 129.
8. Interview de CS, Dragør, juillet 1976.
9. ED à KB, mai 1946, KBA 57.
10. I. Dinesen, *Lettres*, p. 409.
11. Georg Brandès, *Essai sur le Radicalisme Aristocratique* (traduction non créditée), p. 10 (abrégé ci-après en *Sur le Radicalisme Aristocratique*).
12. Brandès à Nietzsche, janvier 1888, appendice à *Sur le Radicalisme Aristocratique*, p. 144.
13. I. Dinesen, *Daguerréotypes*, p. 4.
14. I. Dinesen, *Lettres*, p. 315.
15. *Ibid.*, p. 67.
16. Interview de TD, Leerbaek, Vejle, juillet 1975.
17. Premiers manuscrits inédits de Karen Blixen, KBA 106, III a, 3-4.
18. *Ibid.*
19. *Ibid.*
20. *Ibid.*
21. Mme D à ses enfants, « Règles de la Maison », recopiées par Tanne Dinesen, premiers manuscrits inédits, KBA 105, III a, 3-4.
22. *Ibid.*
23. Principalement tiré de « Tivoli » in *Copenhagen, The Capital of Denmark* par Alfred Gnudtzmann (Copenhague : Société du tourisme danois, 1898), pp. 88-94.
24. *FA*, p. 29.
25. Karen Blixen, œuvres dramatiques de jeunesse inédites, KBA 107 III.
26. Ibid. A_2 a_1.
27. Clara Svendsen, *Notater om Karen Blixen*, p. 188 (abrégé ci-après en *Notater*). Clara Svendsen remarque également que « Arabella » était une erreur pour « Annabella ».
28. Hauser, *The Social History of Art*, vol. 3, p. 212.
29. T. Dinesen, *My Sister*, p. 32.
30. *CH*, pp. 278-279.

6. SUR LA ROUTE DE KATHOLM

1. *CH*, p. 179.
2. *Ibid.*, p. 280.
3. *Ibid.*, p. 274.
4. Brandès, *Currents*, vol. 1.
5. *CH*, p. 279.
6. T. Dinesen, *Tanne, Min Søster Karen Blixen*, p. 19 ; cf. *My Sister*, p. 22.
7. KB à Birthe Andrup, non daté, extrait des archives personnelles de Birthe Andrup.
8. *CH*, p. 279.
9. *FA*, p. 98.
10. I. Dinesen, *Lettres*, p. 209.
11. Thorkild Bjørnvig, *Pagten*, p. 15.
12. Brandès, *Sur le Radicalisme Aristocratique*, p. 49.
13. Migel, *Titania*, p. 16.
14. Nietzsche, « Ecce Homo ».
15. D'après les cahiers bleus de Tanne Dinesen, qui contenaient ses poèmes d'amour, des sérénades, des ballades, des sonnets, des berceuses, des chansons paysannes, des chansons de songe d'une nuit d'été, et diverses adresses aux éléments et aux planètes, KBA 106, III A_1.
16. I. Dinesen, *Lettres*, p. 393.
17. Laurie Magnus, *A Dictionary of European Literature* (Londres : George Routledge & Sons, 1927), p. 203.
18. *Ibid.*
19. Rying, *Denmark*, p. 677.
20. I. Dinesen, *Lettres*, p. 395.
21. I. Dinesen, *Carnaval : Divertissements et Contes Posthumes* (abrégé ci-après en *Carnaval*) et *CF*, p. 95.
22. Lasson et Svendsen, *Life and Destiny*, p. 32.
23. KBA 106, III A_1.
24. Migel, *Titania*, p. 18.
25. *Ibid.*, p. 21.
26. Interview de TD, Leerbaek, Vejle, juillet 1976.
27. I. Dinesen, *Daguerréotypes*, p. 25.
28. *SCG*, p. 103.
29. D'après les notes de Karen Blixen pour un discours à la Société des femmes danoises (*Dansk Kvindesamfund*) au sujet des femmes africaines, le 9 novembre 1938, KBA 152, III B_4 ; cf. *Daguerréotypes*, p. 72 et *FA*, p. 29.
30. Migel, *Titania*, p. 28.
31. *Ibid.*, p. 21.
32. I. Dinesen, *Lettres*, pp. 202-210.

7. TANTE BESS

1. Nietzsche à Brandès, appendice à *Sur le Radicalisme Aristocratique,* p. 65.
2. Interview de CS, Dragør, juillet 1976.
3. Migel, *Titania,* p. 16.
4. I. Dinesen, *Lettres,* p. 199.
5. *Ibid.*, p. 265.
6. *OP,* p. 11.
7. Interview de TD, Leerbaek, Vejle, juillet 1976.
8. *SCG,* p. 317.
9. T. Dinesen, *My Sister,* p. 10.
10. Brandès, *Sur le Radicalisme aristocratique,* p. 6.
11. *Ibid.*, p. 65.
12. Meyer, *Ibsen,* p. 357.
13. Henning Fenger, *Georg Brandès et la France* (Paris, Presses Universitaires de France, 1963), p. 39.
14. Meyer, *Ibsen,* p. 346.
15. Rying, *Denmark,* p. 220.
16. Elias Bredsdorff, *Den Store Nordiske Krig om Sexualmoralen : En dokumentarisk fremstilling af soedelighedsdebatten in nordisk literattur i 1880'erne* (La grande guerre de la Scandinavie sur la morale sexuelle), p. 7.
17. *Ibid.*, p. 41.
18. *Ibid.*, p. 73.
19. Brandès à Nietzsche, janvier 1880, appendice à *Sur le Radicalisme Aristocratique,* p. 123.
20. I. Dinesen, *Lettres,* p. 299.
21. Ole Wivel, *Romance for Valdhorn,* p. 215 (abrégé ci-après en *Romance*).
22. I. Dinesen, *Lettres,* p. 163.
23. *Ibid.*, p. 382.

8. L'ART ET LA VIE

1. Interview de TD, Leerbaek, Vejle, juillet 1975.
2. *Ibid.*
3. I. Dinesen, *Lettres,* p. 381.
4. *Ibid.*, p. 246.
5. Franz Lasson ed., *Karen Blixen Tegninger, Med to Essays of Karen Blixen* (Dessins de Karen Blixen, accompagnés de deux de ses essais), p. 20 (abrégé ci-après en *Tegninger*).
6. *Ibid.*
7. *Ibid.*, p. 19.
8. Interview de Ida Palludan, New York, 1980.
9. Lasson, *Tegninger,* p. 23.
10. *Ibid.*
11. *Ibid.*
12. Premières œuvres inédites, KBA 113, III A 3, 1.
13. Lasson, *Tegninger,* p. 23.
14. *Ibid.*
15. *Ibid.*, pp. 27-28.
16. *CH,* p. 125.
17. *SCG,* p. 64.
18. *Ibid.*, pp. 65-66.
19. *Ibid.*
20. *Ibid.*
21. *Ibid.*, p. 64.
22. I. Dinesen, *Lettres,* p. 209.
23. T. Dinesen, *My Sister,* p. 43.
24. Langbaum, *Gayety,* p. 2.

9. LA COMTESSE DAISY

1. I. Dinesen, *Lettres,* p. 246.
2. Toutes les citations de la première partie de ce chapitre sont extraites des premiers manuscrits inédits de Karen Blixen, KBA 111, III A 3a, 1.
3. Toutes les citations de la deuxième partie de ce chapitre sont extraites du journal de Karen Blixen, du 11 février au 17 mars 1906 (Dagbog, København, Sct. Annae Plads 15), KBA 118.
4. *Ibid.*
5. Svendsen et Lasson, *Life and Destiny,* p. 64.
6. KBA 111, III A 3.
7. *Ibid.*
8. Interview de CS, Rungstedlund, juillet 1975.
9. *SCG,* pp. 255-256.
10. T. Dinesen, *My Sister,* p. 23.
11. Migel, *Titania,* p. 209.
12. Interview, Copenhague, 1975.
13. Migel, *Titania,* p. 210.
14. *OP,* p. 55.
15. I. Dinesen, *Lettres,* pp. 204, 346.
16. *Ibid.*, p. 380.
17. Voir plus bas, p. 92 ; « Journal de Paris », KBA 118.
18. KBA 113, III A 3, 1.
19. *Ibid.*
20. T. Dinesen, *My Sister,* p. 23 (c'est moi qui souligne).

10. PREMIERS CONTES

1. *DB,* p. 17.
2. T. Dinesen, *My Sister,* p. 37.
3. Lasson, *Tegninger,* p. 22.
4. KBA 111, III a, 3a, 1.
5. KBA 112, III A 3, 1.

6. *Ibid.*, p. 159.
7. Lasson, *Tegninger*, p. 23.
8. Valdemar Vedel à KB, 17 octobre 1906, KBA 52.
9. Karen Blixen, *Osceola*, ed. Clara Svendsen.
10. *Politiken* (Copenhague), 1er mai 1934, p. 12.
11. K. Blixen, *Osceola*, p. 37.
12. Langbaum, *Gayety*, p. 2.
13. Walter Benjamin, « Le Conteur : Réflexions sur l'œuvre de Nicolai Leskov », *Illuminations*, trad. angl. Harry Zohn, ed. Hannah Arendt, p. 104 (abrégé ci-après en « Le Conteur »).
14. K. Blixen, *Osceola*, p. 82.
15. *Ibid.*, pp. 90-91.
16. *Ibid.*, p. 51.
17. *Ibid.*, p. 52.
18. *Ibid.*, p. 46.
19. *Ibid.*, p. 57.
20. Migel, *Titania*, p. 13.

11. UN AMOUR HUMBLE ET AUDACIEUX

1. *CH*, p. 311.
2. T. Dinesen, *My Sister*, p. 48.
3. Journal non daté, KBA 115, III a 3 e, carnets 7-10.
4. Interview avec TD, Leerbeak, Vejle, juillet 1976.
5. T. Dinesen, *My Sister*, p. 24.
6. Errol Trzebinski, *Silence will Speak*, p. 16.
7. T. Dinesen, *My Sister*, p. 40.
8. Migel, *Titania*, p. 23.
9. Lasson et Svendsen, *Life and Destiny*, p. 54.
10. W. Dinesen, *Jagtbreve*, p. 308.
11. Mémoires inédits de Bror et Hans Blixen, avec l'aimable autorisation de Christopher Aschan.
12. *Ibid.*
13. *Ibid.*
14. Interview de IL, Londres, juin 1976.
15. Lasson et Svendsen, *Life and Destiny*, p. 65.
16. *SGT*, pp. 104-105.
17. I. Dinesen, *Lettres*, p. 281.
18. « Journal de Paris », KBA 118, III A 4, 24 mars-22 mai 1910.
19. KBA 116, III A, a 7 1.

12. RUE DU BOCCADOR

1. « Journal de Paris » (Dagbog), 24 mars-22 mai 1910, KBA 118, III a 4. Toutes les autres citations de ce chapitre et qui ne portent aucune indication sont extraites de la même source.
2. Aage Kabell, *Karen Blixen debuterer* (Karen Blixen fait ses débuts), p. 29.
3. *Ibid.*
4. *Ibid.*
5. KBA 112, III A 3 6.
6. Migel, *Titania*, p. 31.
7. Le comte Eduard Reventlow à Karen Blixen, 1955. D'après les archives du comte Christian Reventlow et avec son aimable permission.

13. « LA VALSE MAUVE »

1. KBA 116, III B f 9, « Kaerlighedsklokkerne ».
2. *Ibid.*
3. KBA 116, III B f 11, « Rosa ».
4. KBA 112, III A_3 7, « La Valse Mauve ».
5. Interview, Copenhague, 1975.
6. Nietzsche, *Ainsi parla Zarathoustra*.
7. « Journal de Paris », KBA 118.
8. KBA 116, III A_2 9.
9. T. Dinesen, *My Sister*, p. 49.
10. KBA 116, A III f, « Susanna ».
11. KBA 113, III A_3 2.
12. Eugene Walter, « Isak Dinesen », *Paris Review*, automne 1956, pp. 43-59.
13. Migel, *Titania*, p. 38.
14. I. Dinesen, *Lettres*, p. 42.
15. Interview de CS, Dragør, juillet 1976.
16. *Ibid.*
17. I. Dinesen, *Lettres*, p. 42.
18. Kabell, *Karen Blixen debuterer*, p. 30.
19. *Ibid.*
20. *Ibid.*

14. NOBLES PERSPECTIVES

1. T. Dinesen, *My Sister*, p. 50.
2. KBA 114, A III.
3. KB à Christian Ellig, non daté, KBA 66.
4. Trzebinski, *Silence will Speak*, p. 92.
5. Interview avec CS, Rungstedlund, 1975.
6. T. Dinesen, *My Sister*, p. 53.
7. I. Dinesen, *Lettres*, p. 287.
8. Migel, *Titania*, p. 39.
9. T. Dinesen, *My Sister*, p. 53.
10. *DB*, p. 92.

11. Lasson et Svendsen, *Life and Destiny,* p. 66.
12. I. Dinesen, *Lettres,* pp. 192, 263.
13. *Ibid.*, p. 191.
14. Bror von Blixen-Finecke, *The African Hunter,* p. 10.
15. T. Dinesen, *My Sister,* p. 52.
16. B. Blixen, *The African Hunter,* pp. 9-10.
17. T. Dinesen, *My Sister,* p. 52.
18. B. Blixen, *The African Hunter,* p. 12.
19. KB à Christian Ellig, non daté, KBA 66.
20. I. Dinesen, *Lettres,* p. 123.
21. T. Dinesen, *My Sister,* p. 53.
22. B. Blixen, *The African Hunter,* p. 12.
23. *Ibid.*
24. Interview de Remy Martin, Nairobi, septembre 1975.
25. Comte Gustef Lewenhaupt à KB, 17 mars 1938, KBA 31.
26. Migel, *Titania,* p. 42.

15. D'UNE MER À L'AUTRE

1. KBA 119, III A 5, 5-8.
2. Charles Miller, *Battle for the Bundu,* p. 38.
3. I. Dinesen, *Lettres,* p. 2.
4. Karen Dinesen, « *Breve fra et Land i Krig* », *Essais,* p. 122 ; cf. *Daguerréotypes,* p. 92.
5. I. Dinesen, *Lettres,* p. 1.
6. I. Dinesen, *Daguerréotypes,* p. 6.
7. *OP,* pp. 26-27.
8. *Ibid.*, pp. 10-16.
9. *FA,* p. 383.
10. I. Dinesen, *Lettres,* p. 2.
11. Wilhelm, Prince de Suède, « Afrikanskt Intermezzo », Episoder, pp. 150-151.
12. *Ibid.*, pp. 152-153.

16. UNE TERRE PAISIBLE

1. *FA,* p. 11.
2. Carl Jung.
3. *FA,* p. 198.
4. Miller, *Battle for the Bundu,* p. 26.
5. Basil Davidson, *Let Freedom come : Africa in Modern History,* p. 118.
6. Neal Acheson, « Longing for Darkness », *The New York Review of Books,* 18 septembre 1975.
7. *FA,* p. 174.
8. Basil Davidson, *A History of East and Central Africa : To the Late Nineteenth Century,* p. 168.
9. *Ibid.*, p. 294.

17. L'OBSCURE CLARTÉ

1. Trzebinski, *Silence will Speak,* p. 84.
2. *FA,* p. 23.
3. Interview de Rose Cartwright, Nairobi, septembre 1975.
4. Trzebinski, *Silence will Speak,* p. 99.
5. I. Dinesen, *Lettres,* p. 3.
6. Cf. *FA,* p. 13.
7. *Ibid.*, p. 31.
8. I. Dinesen, *Daguerréotypes,* p. 8.
9. Bjørnvig, *Pagten,* p. 21.
10. Bror Blixen à Mme D, sans date, KBA 61.
11. I. Dinesen, *Lettres,* p. 2.
12. *Ibid.*, p. 4.
13. KB à Ea, extrait inédit, KBA 65.
14. Interview de sir Charles Markham, Nairobi, septembre 1975.
15. Interview de Beryl Markham, Nairobi, septembre 1975.
16. I. Dinesen, *Lettres,* p. 10.
17. Interview de Nathaniel Kivoi, Karen, septembre 1975.
18. Interview de Kamau, Karen, septembre 1975.
19. *FA,* p. 343.
20. *Ibid.*, p. 19.
21. I. Dinesen, *Lettres,* p. 16.
22. *FA,* p. 12.
23. I. Dinesen, *Lettres,* p. 6.

18. SAFARIS

1. *FA,* p. 16.
2. T. Dinesen, *My Sister,* p. 55.
3. *Ibid.*, pp. 56-57.
4. *FA,* p. 297.
5. K. Blixen, « Ex Africa », *Osceola,* p. 157.
6. Interview de SER, Rungsted, août 1975.
7. B. Blixen, *The African Hunter,* p. 231.
8. Miller, *Battle for the Bundu,* p. 322.
9. *FA,* p. 349.
10. *Ibid.*, p. 35.
11. I. Dinesen, *Lettres,* p. 23.
12. Miller, *Battle for the Bundu,* p. 322.
13. I. Dinesen, *Lettres,* p. 17.
14. *Ibid.*, p. 26.

19. L'ENFANT DE LUCIFER

1. Bror Blixen à Mme D, 3 mars 1915, KBA 61.
2. I. Dinesen, *Lettres,* p. 29.
3. Interview de CS, Dragør, juillet 1976.
4. Migel, *Titania,* p. 55.

5. Interview du docteur Mogens Fog, Copenhague, août 1976.
6. Interviews, OW, Copenhague, et sir Charles Markham, Nairobi, août-septembre 1975.
7. Bjørnvig, *Pagten*, p. 104.
8. Interview de CS, Dragør, juillet 1976.
9. I. Dinesen, *Lettres*, pp. 281-283.
10. *Ibid.*, p. 17.
11. *Ibid.*, p. 30.
12. Migel, *Titania*, p. 55.
13. R. D. Catterall, *A Short Textbook of Venereology : The Sexually Transmitted Diseases*, p. 153.
14. Mogens Fog, « Karen Blixens Sygdomhistorie », *Blixeniana*, 1978, p. 142.
15. Westenholz, « Om Mama », p. 215.
16. T. Dinesen, *My Sister*, p. 58.
17. I. Dinesen, *Lettres*, p. 281.
18. Bjørnvig, *Pagten*, p. 50.
19. K. Blixen, *Osceola*, p. 8.
20. *Ibid.*, p. 157.
21. T. Dinesen, *My Sister*, p. 22.
22. Interview de TD, Leerbaek, Vejle, juillet 1976.
23. T. Dinesen, *My Sister*, p. 60.
24. I. Dinesen, *Lettres*, p. 33.
25. *Ibid.*, p. 35.
26. *Ibid.*
27. *Ibid.*, p. 36.
28. *Ibid.*, p. 37.
29. *Ibid.*, p. 39.

20. LES AILES DE LA MORT

1. I. Dinesen, *Lettres*, p. 41 et interview de IL, Londres, juin 1976.
2. I. Dinesen, *Lettres*, pp. 41-42.
3. *Ibid.*, p. 41.
4. Svendsen, *Notater*, p. 206.
5. *Ibid.*, p. 54.
6. *Ibid.*, p. 51.
7. I. Dinesen, *Lettres*, p. 44.
8. Interview de IL, Philadelphie, décembre 1976.
9. *FA*, pp. 449-450.
10. I. Dinesen, *Lettres*, p. 51.
11. *Ibid.*, p. 46.
12. *Ibid.*, p. 76.
13. « Sang til Harpe », KBA 118, III A 1 12.
14. I. Dinesen, *Lettres*, p. 55.

21. DRAMATIS PERSONAE

1. *FA*, p. 271.
2. *SCG*, p. 103.
3. Noël Anthony Scawen Lytton (Quatrième Comte), *The Stolen Desert*, p. 162.
4. *Ibid.*, p. 116.
5. I. Dinesen, *Lettres*, p. 62.
6. *Ibid.*, p. 59.
7. Lytton, *The Stolen Desert*, p. 167.
8. Migel, *Titania*, p. 61.
9. I. Dinesen, *Lettres*, p. 347.
10. *Ibid.*, p. 62.
11. K. Blixen, *Breve fra Africa : 1914-1931* (abrégé ci-après en *Breve*), vol. 1, p. 99 ; cf. *Lettres*, p. 65.
12. KB à ED, 10 décembre 1918, KBA 62.
13. I. Dinesen, *Lettres*, p. 67.
14. *FA*, p. 472.
15. Interview de Rose Cartwright, Limuru, septembre 1975.
16. Trzebinski, *Silence Will Speak*, p. 37.
17. Interview de Cockie Hoogterp (Jacqueline Alexander Birkbeck Blixen Hoogterp), deuxième femme de Bror Blixen, Angleterre, juin 1975.
18. *SCG*, p. 395.
19. T. Dinesen, *My Sister*, p. 62.
20. *OP*, p. 76.
21. I. Dinesen, *Lettres*, p. 77.
22. *FA*, pp. 276-277.
23. Trzebinski, *Silence Will Speak*, p. 73.
24. *FA*, p. 264.
25. Miller, *Battle for the Bundu*, p. 29.
26. Trzebinski, *Silence Will Speak*, p. 112.
27. *Ibid.*, p. 114.
28. *Ibid.*, p. 121.
29. *FA*, p. 307.
30. Interviews, Cockie Hoogterp, Angleterre, 1975, et IL, Philadelphie, 1977.
31. I. Dinesen, *Lettres*, p. 321.
32. Interview de TD, Leerbaek, Vejle, juillet 1975.
33. Interview de Ulf Aschan, Nairobi, 1975.
34. Nietzsche, *La Naissance de la Tragédie*.
35. *FA*, p. 64.
36. I. Dinesen, *Lettres*, p. 73.
37. Interview de Rose Cartwright, Limuru, septembre 1975.
38. I. Dinesen, *Lettres*, p. 73.
39. *Ibid.*, p. 70.
40. *Ibid.*, p. 80.
41. *Ibid.*, p. 82.
42. *Ibid.*, p. 86.
43. T. Dinesen, *My Sister*, p. 61.
44. Trzebinski, *Silence Will Speak*, p. 146.
45. I. Dinesen, *Lettres*, p. 91.
46. *Ibid.*, p. 98.
47. Parmi les notes de *La Ferme Africaine*, il y avait, de la main de Karen Blixen, une chronologie très simplifiée de sa vie au Kenya, dont cette citation est extraite. La chronologie n'était plus dans les archives lorsque je les ai consultées, mais Mme Trzebinski en avait reçu une copie qu'elle m'a gracieusement prêtée.

22. INTERMEZZO

1. Bjørnvig, *Pagten*, p. 63.
2. Trzebinski, *Silence Will Speak*, p. 130.
3. Interview de Cockie Hoogterp, Angleterre, juin 1975.
4. *FA*, p. 39.
5. I. Dinesen, *Lettres*, p. 100.
6. Interview de sir Charles Markham, Nairobi, 1975.
7. Interview de Kamante Gatura, Karen, septembre 1975.
8. K. Blixen, *Breve*, vol. 2, p. 178 ; I. Dinesen, *Lettres*, p. 377.
9. Trzebinski, *Silence Will Speak*, pp. 179-180.
10. Interview de Cockie Hoogterp, Angleterre, juin 1975.

23. THOMAS

1. Interview de Cockie Hoogterp, Angleterre, juin 1975.
2. Interview de lady Altrincham (anciennement Joan Grigg), Angleterre, 1976.
3. T. Dinesen, *My Sister*, p. 92.
4. *FA*, p. 287.
5. Interview de TD, Leerbaek, Vejle, juillet 1975.
6. *Ibid.*
7. T. Dinesen, *My Sister*, p. 64.
8. Interview de TD, Leerbaek, Vejle, juillet 1975.
9. Interview d'IM, Copenhague, juillet 1975.
10. T. Dinesen, *My Sister*, p. 72.
11. Interview de Beryl Markham, Nairobi, septembre 1975
12. KBA 75.
13. I. Dinesen, *Lettres*, p. 111.
14. *Ibid.*
15. I. Dinesen, *Lettres*, p. 116.
16. Migel, *Titania*, pp. 75-76.

24. KAMANTE ET LULU

1. I. Dinesen, *Lettres*, p. 123.
2. *Ibid.*, p. 135.
3. Huxley, *Lord Delamere and the Making of Kenya*, vol. 2, p. 62.
4. *Ibid.*, p. 67.
5. I. Dinesen, *Lettres*, p. 283.
6. Bjørnvig, *Pagten*, p. 66.
7. Cf. *FA*, p. 401.
8. K. Blixen, *Breve*, vol. 1, p. 279 ; I. Dinesen, *Lettres*, p. 225.
9. I. Dinesen, *Lettres*, p. 171.
10. *Ibid.*, p. 139.
11. *Ibid.*, p. 54.
12. Hudson Strode, « Isak Dinesen chez elle », *Isak Dinesen : Hommage Mémorial*, éd. Clara Svendsen, p. 102.
13. « Sur la Nationalité », KBA 113, III A 3, 3.
14. I. Dinesen, *Lettres*, p. 99.
15. *Ibid.*, p. 259.
16. I. Dinesen, *Daguerréotypes*, p. 65.
17. I. Dinesen, *Lettres*, p. 5.
18. Wivel, *Romance*, p. 215.
19. Bjørnvig, *Pagten*, p. 25.
20. Interview de OW, Copenhague, 1975.
21. I. Dinesen, *Lettres*, p. 137.
22. Peter Beard, éd., *Longing for Darkness : Kamante's Tales From Out of Africa*, non paginé.
23. *FA*, p. 38.
24. Beard, *Longing for Darkness*.
25. *FA*, p. 48.
26. Beard, *Longing for Darkness*.
27. *FA*, p. 54.
28. Beard, *Longing for Darkness*.
29. *FA*, p. 55.
30. I. Dinesen, *Lettres*, p. 40.
31. *Ibid.*
32. Beard, *Longing for Darkness*.
33. I. Dinesen, *Lettres*, p. 140.
34. K. Blixen, *Breve*, vol. 1, p. 183 ; I. Dinesen, *Lettres*, p. 141.
35. *FA*, p. 51.
36. *SCG*, p. 317.
37. Interview, Copenhague, juillet 1975.
38. Interview de IL, Londres, 1976.
39. Interview de Remy Martin, Nairobi, 1975.
40. *FA*, p. 92.
41. *Ibid.*, p. 98.
42. I. Dinesen, *Lettres*, p. 362.
43. *OP*, p. 155.
44. *Ibid.*, p. 157.
45. Trzebinski, *Silence Will Speak*, p. 58.
46. K. Blixen, *Breve*, vol. 1, p. 195 ; I. Dinesen, *Lettres*, p. 152.
47. Huxley, *Lord Delamere and the Making of Kenya*, vol. 2, p. 282.
48. *FA*, pp. 202-217.
49. *Ibid.*, p. 266.
50. *Ibid.*, p. 461.
51. Voir I. Dinesen, *Lettres*, p. 221. Mes informations sur la syphilis, et sur le cas de Karen Blixen, proviennent en premier lieu d'interviews du docteur Mogens Fog à Copenhague, du docteur Duncan MacDonald à Londres, et de l'étude du docteur Mogens Fog sur le cas de Karen Blixen (« Karen Blixens Sygdomhistorie »,

Blixeniana, 1978 ; voir le ch. XIX, n. 12) ainsi que du livre de R. D. Catterall, *A Short Textbook of Venereology* (voir le ch. XIX, n. 13), pp. 87-153.
52. I. Dinesen, *Lettres,* p. 160.

25. *LOVE OF PARALLELS*

1. *FA,* p. 289.
2. *SCG,* p. 430.
3. Otto Fenichel, *The Psychoanalytic Theory of Neurosis,* p. 44.
4. *FA,* p. 203.
5. Interview de IL, Londres, 1975.
6. T. Dinesen, *My Sister,* p. 102.
7. *Les Mille et Une Nuits,* trad. angl. N. J. Dawood, p. 21.
8. I. Dinesen, *Lettres,* p. 216.
9. K. Blixen, *Breve,* vol. 1, p. 193 ; I. Dinesen, *Lettres,* p. 150.
10. K. Blixen, *Breve,* vol. 1, p. 218 ; I. Dinesen, *Lettres,* pp. 180-181.

26. LA NATURE ET L'IDÉAL

1. T. Dinesen, *My Sister,* p. 84.
2. Ibid., p. 85.
3. K. Blixen, *Breve,* vol. 1, p. 221 ; I. Dinesen, *Lettres,* p. 174.
4. Interview de Rose Cartwright, Limuı 1975.
5. *FA,* p. 276.
6. I. Dinesen, *Lettres,* p. 214.
7. Karen Blixen, « La Nature et l'Idéal ». J'ai découvert cet essai dans un dossier douteux des archives de Karen Blixen et il m'a paru évident qu'il convenait de le lui attribuer. Ce texte a été publié sous le titre « Moderne Aegteskab og Andre Betragtninger » (Le Mariage moderne et autres observations) dans *Blixeniana,* 1977.
8. T. Dinesen, *My Sister,* p. 86.
9. *OP,* p. 185.
10. *FA,* p. 175.
11. K. Blixen, *Breve,* vol. 1, p. 252 ; I Dinesen, *Lettres,* p. 202.
12. I. Dinesen, *Lettres,* pp. 187-191.
13. *Ibid.,* p. 194.
14. Interview de Rose Cartwright, Limuru, 1975.
15. Interviews de Ulf Aschan, sir Charles Markham et Beryl Markham, Nairobi, 1975.
16. *SCG,* p. 103.
17. I. Dinesen, *Lettres,* p. 193.
18. I. Dinesen, *Carnaval,* p. 62
19. *SCG,* p. 117.
20. Interview de IL, Philadelphia, 1976.
21. Interview de IL, Angleterre, 1976.
22. Interview de sir Charles Markham, Nairobi, 1975.
23. Interview de IL, Angleterre, 1976.
24. K. Blixen, *Breve,* vol. 2, p. 60 ; I. Dinesen, *Lettres,* p. 274.
25. DFH à KB, 19 mars (1924 ?), KBA 15/F.
26. I. Dinesen, *Lettres,* p. 218.
27. « Udenfor Tiden », KBA 117 III A 5, carnets 1-4, 5-8. Il comprend une brève ébauche pour des chapitres sur : l'histoire des Masaïs, la morale des Masaïs, les relations avec les Blancs et « Epos ».
28. KBA 121, III 2 B a.
29. Benjamin, « Le Conteur », p. 94.
30. I. Dinesen, *Lettres,* p. 212.
31. *Ibid.,* p. 428.
32. *Ibid.,* pp. 202-210.
33. Migel, *Titania,* p. 77.
34. KBA 117, III A 3g, 15.

27. RÉSISTANCE

1. *SCG,* p. 125.
2. Interview de TD, Leerbaek, Vejle, 1976.
3. I. Dinesen, *Lettres,* p. 279.
4. K. Blixen, *Breve,* vol. 2, p. 67 ; I. Dinesen, *Lettres,* p. 280.
5. Kabell, *Karen Blixen debuterer,* p. 86.
6. Sven Møller Kristensen, « Karen Blixen og Georg Brandes », *Politiken* (Copenhague), 17 juin 1981.
7. Kabell, p. 87.
8. Karen Blixen, « La Vengeance de la Vérité », trad. angl. Donald Hannah, en appendice à son livre « *Isak Dinesen* » *and Karen Blixen : The Mask and the Reality,* p. 201.
9. T. Dinesen, *My Sister,* p. 92.
10. *Ibid.,* p. 93.
11. I. Dinesen, *Lettres,* p. 242.
12. *Ibid.,* pp. 240-241.
13. *Ibid.,* p. 255.
14. *FA,* p. 289.
15. I. Dinesen, *Lettres,* p. 223.
16. *Ibid.,* p. 249.
17. T. Dinesen, *My Sister,* p. 98.
18. DFH à KB, 21 mai 1926, KBA 15/F.
19. KB à DFH (de la main de Karen Blixen, au dos du télégramme), KBA 15/F.
20. DFH à KB, 15 juin 1926.
21. DFH à KB, 12 septembre 1926.
22. I. Dinesen, *Lettres,* p. 286.
23. *Ibid.,* pp. 249-256.
24. T. Dinesen, *My Sister,* p. 104.

28. LE DÉTACHEMENT DE SOI

1. T. Dinesen, *My Sister,* p. 108.
2. Benjamin, « Le Conteur », p. 108.
3. I. Dinesen, *Carnaval,* pp. 67-68.
4. *Ibid.*, p. 67.
5. *Ibid.*, p. 65.
6. *Ibid.*, p. 95.
7. *Ibid.*, p. 77.
8. *Ibid.*, p. 60.
9. I. Dinesen, *Lettres,* p. 382.
10. *Ibid.*, p. 294.
11. *FA*, p. 87.
12. KB à MBW, KBA 67.
13. DFH à KB, 12 septembre 1926, KBA 15/F.
14. *FA*, pp. 445-446.
15. T. Dinesen, *My Sister,* p. 111.

29. CHASSE AU LION

1. Trzebinski, *Silence Will Speak,* p. 230.
2. *FA*, p. 269.
3. Interview de IL, Angleterre, 1976.
4. *FA*, p. 16.
5. K. Blixen, *Breve,* vol. 2, p. 104 ; I. Dinesen, *Lettres,* p. 312.
6. Trzebinski, *Silence Will Speak,* p. 248.
7. *OP*, p. 77-78.
8. *Ibid.*
9. I. Dinesen, *Lettres,* pp. 304-309.
10. *Ibid.*, p. 351.
11. *Ibid.*, p. 326.
12. *FA*, p. 294.
13. I. Dinesen, *Lettres,* p. 333.
14. *FA*, p. 297.
15. *FA*, p. 296.
16. *OP*, p. 81.

30. VISITES À LA FERME

1. I. Dinesen, *Lettres,* p. 334.
2. *FA*, pp. 379-380.
3. I. Dinesen, *Lettres,* p. 334.
4. Le récit de l'affaire de Janzé-de Trafford provient du *New York Times,* 26-30 mars 1927 ; 5, 9, 19, 20 avril 1927 ; 19 juin 1927 ; 15 décembre 1927.
5. I. Dinesen, *Lettres,* p. 276.
6. *FA*, p. 267.
7. I. Dinesen, *Lettres,* p. 276.
8. Interview de TD, Leerbaek, Vejle, 1975.
9. *FA*.
10. *Ibid.*, p. 253.
11. *SCG*, p. 95.
12. I. Dinesen, *Lettres,* p. 341.
13. *FA*, p. 221.
14. *FA*, p. 224.
15. I. Dinesen, *Lettres,* p. 341.
16. *Ibid.*, p. 360.
17. *Ibid.*, p. 365.
18. *Ibid.*
19. *FA*, p. 299.
20. I. Dinesen, *Lettres,* p. 368.
21. K. Blixen, *Breve,* vol. 2, p. 153 ; I. Dinesen, *Lettres,* p. 356.
22. *Ibid.*, p. 375.
23. *FA*, pp. 335-336.
24. I. Dinesen, *Lettres,* p. 343.
25. *Ibid.*, p. 337.
26. Bror Blixen à KB, 5 juillet 1928, KBA 57/B.
27. Migel, *Titania,* p. 40.
28. *NCH*, pp. 275-276.
29. Trzebinski, *Silence Will Speak,* p. 182.
30. I. Dinesen, *Lettres,* p. 387.
31. *Ibid.*
32. Trzebinski, *Silence Will Speak,* p. 262.
33. *Ibid.*, p. 266.
34. B. Blixen, *The African Hunter,* p. 160.
35. Trzebinski, *Silence Will Speak,* p. 270.

31. LES ESPRITS DE L'AIR

1. T. Dinesen, *My Sister,* p. 117.
2. KBA 76, C/149, lettre datée du 21 octobre 1929.
3. Trzebinski, *Silence Will Speak,* p. 280.
4. *Ibid.*, p. 281.
5. T. Dinesen, *My Sister,* p. 120.
6. I. Dinesen, *Lettres,* p. 407.
7. *Ibid.*, p. 413.
8. DFH à KB, non daté, KBA 15/F.
9. DFH à KB, 11 mai, Trent, New Barnet, KBA 15/F.
10. Interview de Merwyn Cowie, Nairobi, septembre 1975.
11. Svendsen et Lasson, *Life and Destiny,* p. 130.
12. *FA*, pp. 306-308.
13. *Ibid.*, p. 427.

32. FERMETURE DE LA PARENTHÈSE

1. I. Dinesen, *Carnaval,* p. 337 ; *CF*, pp. 94-95.
2. DFH à KB, non daté, KBA 15/F.
3. Interview de Remy Martin, Nairobi 1975.
4. *FA*, p. 426.
5. *Ibid.*, p. 437.
6. Percy Bysshe Shelley, « Chanson », strophe 4. Cité dans *FA*, p. 444.

7. *FA*, p. 50.
8. *Ibid.*, p. 464.
9. DFH à KB, non daté, KBA 15/F.
10. DFH à KB, non daté.
11. T. Dinesen, *My Sister,* p. 122.
12. *Ibid.*, p. 123.
13. I. Dinesen, *Lettres,* XX.
14. Beryl Markham, *West with the Night,* p. 165.
15. Trzebinski, *Silence Will Speak,* p. 309.
16. *Ibid.*, p. 310.
17. *FA*, p. 450.
18. *Ibid.*, p. 451.
19. Interview de IL, Angleterre, 1976.
20. *FA*, p. 474.
21. Evangeline, lady Northey, à KB, non daté, KBA 37.
22. Bror Blixen à KB, non daté, KBA 37.
23. *FA*, p. 497.

33. *AMOR FATI*

1. T. Dinesen, *My Sister,* p. 125.
2. Lasson et Svendsen, *Life and Destiny,* p. 138.
3. Joan, lady Grigg, à KB, non daté, 1931 (avec la gracieuse permission de lady Altrincham).
4. T. Dinesen, *My Sister,* p. 126.
5. *Ibid.*, p. 126.
6. *Ibid.*, *passim.*
7. Interview du docteur Mogens Fog, Copenhague, juillet 1976.
8. Interview de IM, Copenhague, août 1976.
9. Migel, *Titania,* p. 137.
10. KBA 71 (dossier médical de Karen Blixen).
11. Bjørnvig, *Pagten,* p. 50.
12. *Ibid.*
13. Nietzsche, *Nietzsche contre Wagner*.
14. Migel, *Titania,* p. 91.
15. *OP*, p. 142-143.
16. *Ibid.*, p. 143.
17. *SCG*, p. 88.
18. Interviews de TD, Leerbaek, Vejle, 1975-1976.
19. I. Dinesen, *Daguerréotypes,* p. 77.
20. Strode, « Isak Dinesen chez elle », *Isak Dinesen : Hommage Mémorial,* éd. C. Svendsen, p. 103.
21. *Ibid.*, p. 102.
22. Interview de IM, Copenhague, 1975.
23. *SCG*, p. 103.
24. Hauser, *The Social History of Art,* vol. 2, p. 146.
25. *Ibid.*

34. *SEPT CONTES GOTHIQUES*

1. *SCG*, pp. 121-122.
2. I. Dinesen, *Carnaval,* p. 103.
3. Benjamin, « Le Conteur », p. 107.
4. Annamarie Cleeman, « Karen Blixen Fortaeller », *Samleren,* Aargang 19, n° 2, octobre 1942, pp. 33-35.
5. Daniel Gillès, « La Pharaonne de Rungstedlund », *Isak Dinesen : Hommage Mémorial,* éd. C. Svendsen, p. 179.
6. Benjamin, « Le Conteur », p. 92.
7. *Politiken* (Copenhague), 1er mai 1934, p. 11.
8. Gillès, « La Pharaonne de Rungstedlund », p. 179.
9. *SCG*, pp. 315-318.
10. Gillès, « La Pharaonne de Rungstedlund », p. 178.
11. KB à Johannes Rosendahl, 11 octobre 1944.
12. Langbaum, *Gayety,* p. 3.
13. Genèse, 21 : 6.
14. *Politiken* (Copenhague), 1er mai 1934, p. 12.
15. Langbaum, *Gayety,* p. 44.
16. *SCG*, pp. 38-39.
17. Fenichel, *Psychoanalytic Theory of Neurosis,* p. 465 (c'est moi qui souligne).
18. *SCG*, p. 317.
19. *Ibid.*, pp. 317-318.
20. Charles Baudelaire « Le Voyage » strophes I et VIII, in *Les Fleurs du Mal.*
21. Hauser, *The Social History of Art,* vol. 4, pp. 185-186.
22. Frederick Schyberg, « Syv Fantastiske Fortaellinger », *Berlingske Tidende,* 25 septembre 1935, pp. 11-12.
23. Interview de lady Altrincham, Angleterre, juin 1976.
24. T. Dinesen, *My Sister,* p. 127.
25. Christian Elling, « Karen Blixen », *Danske Digtere i den Tyvende Aarhundrede,* p. 527. « Le livre du mois, écrit le docteur Elling, est l'*aerstitel* (titre honorifique) américain pour la littérature. » Son article sur Karen Blixen était fondé sur leur correspondance et sur des rencontres personnelles avec l'auteur, ainsi que sur des études littéraires qu'il avait effectuées. C'est apparemment elle qui lui fournit ce renseignement.
26. KB à Jesper Ewald, 22 février 1935, KBA 66.
27. Karen Blixen, *Syv Fantastiske Fortaellinger.*
28. Kabell, *Karen Blixen debuterer,* p. 95.

29. *Ibid.*
30. KB à Lady Daphne Finch Hatton, 14 janvier 1935, KBA 67.

35. LA SOMBRE FORÊT

1. *Politiken* (Copenhague), 10 septembre 1934.
2. *CH*, pp. 30-31.
3. *SCG*, p. 37.
4. Notes pour un discours à la Société des femmes danoises (*Dansk Kvindesamfund*), datées du 9 novembre 1938, KBA 152, III B 4.
5. Mme D à KB, 23 avril 1935, KBA 58.
6. Mme D à KB, 24 septembre 1935, KBA 58.
7. TD à KB, 16 mai 1935, KBA 58.
8. Alexander Rudhart, *Twentieth Century Europe*, p. 506.
9. *Ibid.*, p. 508.
10. Migel, *Titania*, p. 103.
11. Mes renseignements sur Moura Budberg viennent tout d'abord du livre de Lovat Dickson, *H.G. Wells : His Turbulent Life and Times*, pp. 283-304.
12. Migel, *Titania*, p. 104.
13. *Ibid.*
14. Strode, « Une visite à Isak Dinesen », *Isak Dinesen : Hommage Mémorial*, éd. C. Svendsen, p. 106.
15. Migel, *Titania*, p. 105.
16. KB à Knud Dahl, 1er décembre 1935, KBA 70.
17. Knud Dahl à KB, 22 décembre 1935, KBA 70.
18. TD à Knud Dahl, 26 avril 1935, KBA 70.
19. Knud Dahl à KB, 3 mai 1937, KBA 70.
20. Lasson et Svendsen, *Life and Destiny*, p. 144.
21. Bror Blixen à KB, 23 janvier 1936, KBA 57.
22. Migel, *Titania*, p. 107.
23. Interview de Cockie Hoogterp, Angleterre, juin 1975.
24. *Politiken* (Copenhague), 10 septembre 1934.
25. Langbaum, *Gayety*, p. 120.

36. *LA FERME AFRICAINE*

1. Karen Blixen, *Breve*, vol. 2, p. 223 ; I. Dinesen, *Lettres*, p. 417. (Voir également *Breve*, vol. 2, pp. 56, 96 et *Lettres*, pp. 267, 305.)
2. *FA*, p. 16.
3. *Ibid.*, p. 28.
4. Notes manuscrites pour *La Ferme Africaine*, KBA 171.
5. *FA*, p. 335.
6. Curtis Cate, « Conversation avec Isak Dinesen », *Isak Dinesen : Hommage Mémorial*, éd. C. Svendsen, p. 144.
7. *FA*, p. 324.
8. K. Blixen, *Breve*, vol. 2, p. 57 ; I. Dinesen, *Lettres*, p. 271.
9. K. Blixen, *Breve*, vol. 2, p. 67 ; I. Dinesen, *Lettres*, p. 280.
10. K. Blixen, *Breve*, vol. 2, p. 22 ; I. Dinesen, *Lettres*, p. 242.
11. Langbaum, *Gayety*, p. 119.
12. *Ibid.*, p. 125.
13. I. Dinesen, *Carnaval*, p. 175.
14. *FA*, p. 493.
15. *SCG*, p. 119.
16. KB à Fru Ulla Pedersen : (sa sténographe), 2 avril 1938, KBA 67.
17. Migel, *Titania*, p. 113.
18. KB à RH, 23 août 1937.
19. Langbaum, *Gayety*, p. 155.
20. KB à RH, 6 février 1938.
21. *Ibid.*
22. Karen Sass (tante Lidda) à KB, 14 juin 1938, KBA 59.
23. Migel, *Titania*, p. 115.
24. Aage Henriksen, *Det Guddommelige Barn og Andre Essays om Karen Blixen*, p. 104.
25. I. Dinesen, *Daguerréotypes*, p. 223.
26. KB à Mr Bryan, 21 juillet 1939, d'après la correspondance de Robert Haas.
27. Sivel, *Romance*, p. 75.
28. K. Blixen, *Essais*, p. 119 ; I. Dinesen, *Daguerréotypes*, p. 89.
29. *Ibid.*
30. Lilian von Rosen à KB, 20 septembre 1938, KBA 59.
31. I. Dinesen, *Daguerréotypes*, p. 90.
32. *Ibid.*, p. 91.
33. *Ibid.*, p. 92.
34. K. Blixen, *Essais*, p. 134 ; I. Dinesen, *Daguerréotypes*, p. 105.

37. *CONTES D'HIVER*

1. Steen Eiler Rasmussen, « Karen Blixen Rungstedlunds », *Det Danske Akademi*, p. 83.
2. Lasson et Svendsen, *Life and Destiny*, p. 124.
3. *CH*, p. 32.
4. Voir plus bas.
5. *CH*, p. 53.
6. *CH*, p. 256-257.
7. *Ibid.*, p. 273.

8. Benjamin, « Le Conteur », p. 102.
9. Migel, *Titania,* p. 122.
10. *OP,* p. 171.
11. Interview de SER, Rungsted, juillet 1975.
12. Strode, « Isak Dinesen chez elle », *Isak Dinesen : Hommage Mémorial,* éd. C. Svendsen, p. 110.
13. Interview de la doctoresse Vibeke Funch, Rungsted, août 1976.
14. KB à Christian Elling, non daté, KBA 66.
15. I. Dinesen, *Essais,* p. 254 ; *Daguerréotypes,* p. 125.
16. Interview de SER, Rungsted, juillet 1975.
17. *CH,* p. 87.
18. Langbaum, *Gayety,* p. 163.
19. Richard Petrow, *The Bitter Years : The Invasion and Occupation of Denmark and Norway, April 1940-May 1945* (abrégé ci-après en *Bitter Years*), p. 170. C'est de cette source que provient principalement mon récit de cette époque, bien que j'aie pu disposer d'autres renseignements par ailleurs.
20. *Ibid.,* p. 208.
21. *Ibid.,* p. 212.
22. Migel, *Titania,* p. 129.
23. *Ibid.,* p. 130.
24. Petrow, *Bitter Years,* p. 178.
25. *Ibid.,* p. 220.

38. EN CAGE

1. Migel, *Titania,* p. 132.
2. KB à Birthe Andrup, 31 novembre 1944. D'après les archives de Ms. Andrup, et avec son aimable permission.
3. Migel, *Titania,* p. 132.
4. CS à KB, 1er novembre 1943, KBA 48.
5. Svendsen, *Notater,* p. 18.
6. *Ibid.,* p. 19.
7. *Ibid.*
8. *Ibid.,* p. 20.
9. *Ibid.,* p. 23.
10. Migel, *Titania,* p. 136.
11. Truman Capote, *Observations,* p. 143.
12. Svendsen, *Notater,* p. 25.
13. CS à KB, 18 décembre 1944, KBA 48.
14. Migel, *Titania,* p. 140.
15. Wivel, *Romance,* p. 194.
16. *Ibid.,* p. 117.
17. *Ibid.*
18. *Ibid.,* p. 118.
19. *Ibid.,* p. 119.

39. HÉRÉTIQUES

1. W. Glynn Jones, Danemark, p. 180.
2. Migel, *Titania,* p. 141.
3. Wivel, *Romance,* p. 143.
4. Fog, « Karen Blixens Sygdomhistorie », *Blixeniana,* 1978, p. 145.
5. Interview de Winston Guest, New York, 1975.
6. ED à KB, mai 1946, KBA 57.
7. KB à RH, 16 février 1946.
8. RH à KB, 20 février 1946.
9. KB à RH, 9 mars 1946.
10. KB à Ulla Pedersen, 20 novembre 1947, KBA 67.
11. Interview de la doctoresse Vibeke Funch, Rungsted, août 1976.
12. KB à RH, 23 juillet 1947.
13. Migel, *Titania,* p. 137.
14. KB à RH, 23 juillet 1947.
15. Wivel, *Romance,* p. 143.
16. Interview de OW, Copenhague, août 1975.
17. Wivel, *Romance,* pp. 153-154.
18. *Ibid.,* p. 154.
19. Bjørnvig, *Pagten,* p. 89.
20. Wivel, *Romance,* p. 155.
21. *Ibid.,* p. 157.
22. Martin A. Hansen, « Introduction », *Against the Wind,* trad. et éd. angl. H. Wayne Schow, p. 1.
23. *Ibid.,* p. 3.
24. *Ibid.,* p. 5.
25. *Ibid.*
26. Jørgen Claudi, *Contemporary Danish Authors,* trad. angl. Jørgen Andersen et Aubrey Rush, p. 138.
27. Hansen, « Introduction », *Against the Wind,* p. 7.
28. Voir la note au bas de la page.
29. Bjørnvig, *Pagten,* pp. 77-78.
30. Wivel, *Romance,* p. 165.
31. *Ibid.,* p. 164.
32. *Ibid.*
33. *Ibid.,* p. 163.
34. OW à KB, novembre 1947, KBA 60.
35. Wivel, *Romance,* p. 170.
36. Svendsen, *Notater,* p. 39.
37. TB à KB, 9 mars 1948, KBA 61.
38. Bjørnvig, *Pagten,* p. 12.

40. MORT D'UN CENTAURE

1. Interview de CS, Dragør, juillet 1976.
2. Caroline Carlsen, « Erindringer om Karen Blixen, fortalt til Frans Lasson », *Blixeniana 1976,* éds. Hans Andersen et Frans Lasson, p. 15.
3. *Ibid.,* p. 16.
4. *Ibid.,* p. 33.
5. Svendsen, *Notater,* p. 45.
6. *DB,* p. 64.
7. *SCG,* p. 376.

8. Bjørnvig, *Pagten*, p. 25.
9. Interview de OW, Copenhague, août 1975.
10. I. Dinesen, *Daguerréotypes*, p. 188.
11. *Ibid.*, p. 177.

41. *FOLIE A DEUX*

1. TB à KB, 2 mars 1949.
2. Bjørnvig, *Pagten*, p. 12.
3. *Ibid.*, p. 13.
4. *Ibid.*
5. *Ibid.*, p. 94.
6. *Ibid.*, p. 14.
7. Interview du docteur Mogens Fog, Copenhague, 1976.
8. Bjørnvig, *Pagten*, p. 15.
9. *Ibid.*, p. 19.
10. Migel, *Titania*, p. 198.
11. *Ibid.*, pp. 185-186.
12. Bjørnvig, *Pagten*, p. 24.
13. *Ibid.*
14. *Ibid.*, p. 25.
15. *Ibid.*, p. 29.
16. *Ibid.*, p. 32.
17. *Ibid.*, p. 36.
18. *Ibid.*, p. 39.
19. *Ibid.*, p. 40.
20. *Ibid.*, p. 86.
21. Interview de OW, Copenhague, août 1975 ; Bjørnvig, *Pagten*, p. 78.
22. Bjørnvig, *Pagten*, p. 114.
23. KB à CS, 25 octobre 1950, KBA 67.
24. Bjørnvig, *Pagten*, pp. 100-101.
25. Svendsen, *Notater*, p. 70.
26. Interview de Jonna Dinsen (épouse de Thomas Dinesen), Leerbaek, Vejle, juillet 1976.
27. TD à KB, 18 juin 1950, KBA 61.
28. Interview de IM, Copenhague, 1976.
29. *Ibid.*
30. *Ibid.*
31. *Ibid.*
32. Bjørnvig, *Pagten*, p. 46.
33. *Ibid.*, p. 47.

42. DÉESSE ET POCHARDE

1. I. Dinesen, *Daguerréotypes*, p. 18.
2. *Ibid.*, p. 80.
3. Glenway Wescott, « Isak Dinesen, the Storyteller », *Images of Truth*, p. 162.
4. Interview de SER, Copenhague, 1975.
5. Interview de OW, Copenhague, 1975.
6. Interview de Bent Mohn, Copenhague, juillet 1975.
7. Bjørnvig, *Pagten*, p. 52.
8. Nancy Wilson Ross, « Souvenir de Karen Blixen », *Isak Dinesen : Hommage Mémorial*, éd. C. Svendsen, p. 42.
9. KB à Christian Banck, 12 septembre 1958, KBA 66.
10. Bjørnvig, *Pagten*, p. 54.
11. *Ibid.*, p. 56.
12. Aage Henriksen, « Portract », *Guddomelige Barn*, p. 79.
13. Bjørnvig, *Pagten*, p. 54.
14. Interview de Bent Mohn, 1975.
15. Interview d'Erik Kopp, Copenhague, juillet 1975.
16. *Ibid.*
17. *Ibid.*
18. Bjørnvig, *Pagten*, p. 66.
19. *Ibid.*, p. 67.
20. Søren Kierkegaard, « Journal du Séducteur » *Ou bien, ou bien*, vol. 1.
21. Bjørnvig, *Pagten*, p. 71.
22. Svendsen, *Notater*, p. 65.
23. Bjørnvig, *Pagten*, p. 124.
24. Svendsen, *Notater*, p. 96.
25. *Ibid.*, p. 61.

43. « HISTOIRE IMMORTELLE »

1. *DB*, p. 173.
2. *Ibid.*, p. 212.
3. Henriksen, « Portraet », *Guddomelige Barn*, p. 72.
4. Bjørnvig, *Pagten*, p. 94.
5. *Ibid.*, p. 97.
6. *Ibid.*, p. 90.
7. *Ibid.*, pp. 104-105.
8. Langbaum, *Gayety*, p. 215
9. *NCH*, p. 355.
10. Bjørnvig, *Pagten*, p. 109.

44. LE PACTE EST BRISÉ

1. Gillès, « La Pharaonne de Rungstedlund », *Isak Dinesen : Hommage Mémorial*, éd. C. Svendsen, p. 180.
2. Interview du docteur Fog, 1976.
3. *NCH*, p. 97.
4. *Ibid.*, p. 88.
5. Langbaum, *Gayety*, p. 215.
6. *NCH*, p. 104.
7. *Ibid.*, p. 98.
8. Bjørnvig, *Pagten*, p. 122.
9. Svendsen, *Notater*, p. 79.
10. *Ibid.*, p. 80.
11. Bjørnvig, *Pagten*, p. 127.
12. *Ibid.*, pp. 128-129.
13. Migel, *Titania*, p. 155.
14. Bjørnvig, *Pagten*, p. 135.
15. *Ibid.*, p. 141.

16. *Ibid.*, p. 147.
17. *Ibid.*, p. 146.
18. Interview de OW, 1975.
19. Wivel, *Romance,* p. 216.
20. Bjørnvig, *Pagten,* p. 52.
21. *Ibid.*

45. TRAHISONS

1. K. Blixen, *Osceola,* p. 22.
2. KB à John Gosning, 8 mai 1954.
3. Langbaum, *Gayety,* p. 210.
4. Svendsen, *Notater,* p. 88.
5. *Ibid.*, p. 89.
6. Wivel, *Romance,* p. 93.
7. KB à Johannes Rosendahl, 15 janvier 1952, KBA 67.
8. Langbaum, *Gayety*, p. 208.
9. Bjørnvig, *Pagten*, p. 134.
10. KB à RH, 29 mai 1953.
11. Correspondance de Jørgen Gustava Brandt et de KB, de mai à juillet 1953, KBA 160.
12. Svendsen, *Notater*, p. 90.
13. KB à RH, 25 octobre 1953.
14. KB à RH, 9 novembre 1953.
15. Bjørnvig, *Pagten*, p. 62.
16. *Ibid.*, p. 61.
17. Kelvin Lindemann à KB, non daté, KBA 31.
18. Bjørnvig, *Pagten*, p. 61.
19. Migel, *Titania,* p. 176.
20. Svendsen, *Notater,* p. 91.

46. « MON ESPRIT N'EN SERAIT-IL PAS RESTÉ NOUEUX ? »

1. Correspondance de Aage Henriksen et KB, de juillet à octobre 1954, KBA 22.
2. *Politiken* (Copenhague), 24 septembre 1967, p. 41.
3. Henriksen, « Karen Blixen og Marionetterne », *Guddomelige Barn,* p. 9.
4. KB à Johannes Rosendahl, 10 novembre 1944, KBA 43.
5. Thomas Mann, « Freud et l'Avenir », trad. angl. H. T. Lowe-Porter, p. 197.
6. *CH,* p. 265-266.
7. Migel, *Titania,* p. 174.
8. Henriksen, « Budbringersken », *Guddomelige Barn,* p. 66.
9. *Politiken* (Copenhague), 24 septembre 1967.
10. Henriksen, « Budbringersken », *Guddomelige Barn,* p. 69.
11. *Ibid.*, p. 67.
12. Henriksen, « Portraet », *Guddomelige Barn,* pp. 101-102.
13. Interview de OW, Copenhague, 1975.
14. Henriksen, « Karen Blixen og Marionettern », *Guddomelige Barn,* p. 32.
15. Gillès, « La Pharaonne de Rungstedlund », *Isak Dinesen : Hommage Mémorial,* éd. C. Svendsen, p. 174.
16. KB à Ernest Hemingway, 1er novembre 1954, KBA 66.
17. Bjørnvig, *Pagten*, p. 149.
18. KB au comte Eduard Reventlow, 20 décembre 1955, d'après les archives du comte Christian Reventlow et avec son aimable permission.
19. *Ibid.*, p. 107.
20. *NCH*, p. 235.
21. *FA*, p. 493.

47. *BAKCHICH*

1. Migel, *Titania,* p. 192.
2. *Ibid.*
3. C. Svendsen, *Notater,* p. 110.
4. *Ibid.*, p. 111.
5. Migel, *Titania,* p. 192.
6. KB à Eugène Walter, 8 juin 1956, KBA 67.
7. Svendsen, *Notater,* p. 114.
8. KB à Philip Ingerslev, 13 janvier 1958, KBA 66.
9. KB à Aage Kabell, 29 avril 1958, KBA 66.
10. Correspondance de KB et de Parmenia Migel, de août 1956 à octobre 1957, KBA 14, 66.
11. Hannah Arendt, « Isak Dinesen, 1885-1962 », *Men in Dark Times,* p. 99.
12. W. Jackson Bate, *Samuel Johnson* (New York, Harcourt Brace Jovanovich, 1975), p. 198.

48. « ÉCHOS »

1. KB à TB, 7 juin 1955, KBA 66.
2. Svendsen, *Notater,* p. 116.
3. *NCH*, p. 206.
4. *Ibid.*, pp. 207-208.
5. Langbaum, *Gayety*, p. 225.
6. KB à Aage Kabell, 9 avril 1958, KBA 66.
7. Bjørnvig, *Pagten*, p. 160.
8. TD à KB, 28 novembre 1959, KBA 61.
9. KB à Philip Ingerslev, 5 janvier 1958, KBA 66.
10. Langbaum, *Gayety*, p. 202.
11. KB à RH, 25 septembre 1956.
12. Wescott, *Images of Truth*, p. 162.
13. KB à RH, 8 mai 1957.
14. Bjørnvig, *Pagten*, p. 78.

15. *NCH*, p. 287.
16. KB à RH, 8 mai 1957.
17. Langbaum, *Gayety*, p. 236.
18. *NCH*, p. 285.
19. TD à KB, 30 juin 1957, KBA 61.
20. TD à KB, 21 mars 1957, KBA 61.
21. TD à KB, 29 juin 1960, KBA 61.
22. KB à RH, 23 août 1957.
23. *Ibid.*
24. Migel, *Titania*, p.199
25. Svendsen, *Notater*, p. 125
26. Langbaum, *Gayety*, p. 203
27. Migel, *Titania*, p. 197.
28. *Ibid.*, p. 179.
29. Interview de Nieves de Madariaga, Cortona, 1978.
30. Migel, *Titania*, p. 200.
31. *NCH*, p. 325.
32. Rasmussen, *Det Danske Akademi*, p. 254.
33. Svendsen, *Notater*, p. 128.

49. « TEMPÊTES »

1. KB à Philip Ingerslev, 13 janvier 1958, KBA 66.
2. KB à Hugh Pooley, KBA 67.
3. *DB*, p. 93.
4. *Ibid.*, p. 96.
5. *Ibid.*, p. 106.
6. *Ibid.*, p. 117.
7. Langbaum, *Gayety*, p. 258.
8. *DB*, p. 158.
9. *Ibid.*, p. 150.
10. *Ibid.*, p. 156.
11. *CH*, p. 174.

50. ISAK DINESEN EN AMÉRIQUE

1. Svendsen, *Notater*, p. 130.
2. KB à Eugene Walter, 22 mars 1958, KBA 67.
3. Paul von Lettow Vorbeck à KB, 27 novembre 1960, KBA 31.
4. KB à IL, 18 juin 1958, d'après les archives de Mme Lindström et avec son aimable permission.
5. Lasson et Svendsen, *Life and Destiny*, p. 195.
6. Migel, *Titania*, p. 215.
7. Interview d'Erik Kopp, Copenhague, 1975.
8. *Ibid.*
9. Dr Alvin C. Eurich à KB, 2 mai 1958, d'après la correspondance de Haas.
10. Svendsen, *Notater*, p. 143.
11. *Ibid.*, p. 145.
12. Langbaum, *Gayety*, p. 203.
13. Wescott, *Images of Truth*, p. 151.
14. Svendsen, *Notater*, p. 150.
15. I. Dinesen, *Daguerréotypes*, pp. 4-9.
16. *Ibid.* pp. 9-12.
17. Svendsen, *Notater*, p. 153.
18. Carson McCullers, « Isak Dinesen : En l'Honneur de l'Aura », *Isak Dinesen : Hommage Mémorial*, éd. C. Svendsen, p. 36.
19. Svendsen, *Notater*, p. 153.
20. Carson McCullers, *op. cit.*, p. 37.
21. Virginia Spencer Carr, *The Lonely Hunter : Biography of Carson McCullers* (Garden City, New York, Doubleday, 1975), p. 479.
22. *Ibid.*
23. *Ibid.*, p. 480.
24. Svendsen, *Notater*, p. 154.
25. KB à Fleur Cowles, 21 février 1961, KBA 66.
26. Leo Lerman, « Un Petit Album, Tania », *Isak Dinesen : Hommage Mémorial*, éd. C. Svendsen, p. 50.
27. Svendsen, *Notater*, p. 131.
28. Nancy Wilson Ross, « Souvenir de Karen Blixen », *Isak Dinesen : Hommage Mémorial*, éd. C. Svendsen, p. 40.
29. Migel, *Titania*, p. 231.
30. Correspondance du docteur Henry Aranow et du docteur Samuel Standard, KBA 71.

51. SANS LOGIS

1. Svendsen, *Notater*, pp. 81-82.
2. *Ibid.*
3. *Ibid.*
4. *Ibid.*, p. 83.
5. Migel, *Titania*, p. 233.
6. *Politiken* (Copenhague), 24 septembre 1967, p. 41.
7. Migel, *Titania*, p. 261.
8. *Ibid.*, p. 263.
9. Correspondance de KB et de Viggo Kjaer Petersen, janvier 1961-août 1962.
10. Svendsen, *Notater*, p. 166.
11. Langbaum, *Gayety*, p. 154.
12. KB à RH, 2 août 1960.
13. Interview de IM, Copenhague, 1976.
14. *Ibid.*
15. Svendsen, *Notater*, p. 168.
16. *Ibid.*, p. 173.
17. *Ibid.*, p. 171.
18. *Ibid.*, p. 173.
19. *Ibid.*, p. 174.

52. LES AILES

1. Karen Blixen, *La Vengeance de la Vérité,* appendice au livre de Donald Hannah, « *Isak Dinesen » and Karen Blixen,* p. 201.
2. KB à Gustaf Blixen-Finecke, 3 mars 1961, KBA 57.
3. KB au baron Philippe de Rothschild, 17 novembre 1960.
4. Migel, *Titania,* p. 269.
5. Svendsen, *Notater,* p. 183.
6. John Gieguld, « Karen Blixen », *Isak Dinesen : Hommage Mémorial,* éd. C. Svendsen, p. 23.
7. Migel, *Titania,* p. 256.
8. Svendsen, *Notater,* p. 185.
9. *Ibid.*
10. *Ibid.*, p. 191.
11. I. Dinesen, *Carnaval,* p. 338; *CF,* p. 95.
12. Svendsen, *Notater,* p. 191.
13. Monica Stirling, « Lions et Cœurs », *Isak Dinesen : Hommage Mémorial,* éd. C. Svendsen, p. 190.
14. Svendsen, *Notater,* p. 194.
15. KB à Violet Trefusis, KBA 67/T.
16. Langbaum, *Gayety*, p. 204.
17. Interview du docteur Mogens Fog, Copenhague, juillet 1976.
18. *FA,* p. 485.

Œuvres de Karen Blixen

Cette liste se limite aux œuvres originales en anglais et danois, et aux traductions françaises. Pour toutes les autres éditions, consulter le catalogue de la Bibliothèque royale de Copenhague. Ont été également omises les publications séparées ou partielles dans des magazines ou des revues.

ISAK DINESEN, *Seven Gothic Tales,* New York, Harrison Smith and Robert Haas, 1934. Londres, Putnam, 1934.

ISAK DINESEN, *Syv Fantastiske Fortaellinger,* Copenhague, Reitzels, 1935.

KAREN BLIXEN, *Sept Contes Gothiques,* Paris, Stock, Le Cabinet cosmopolite, traduit de l'anglais par Mlles Gleizal et Colette-Marie Huet, 1980.

ISAK DINESEN, *Out of Africa,* London, Putnam, 1937. New York, Random House, 1938.

KAREN BLIXEN, *Den afrikanske Farm,* Copenhague, Gyldendal, 1937.

KAREN BLIXEN, *La Ferme Africaine,* Paris, Gallimard, Du Monde entier, traduit du danois par Yvonne Manceron, 1942. Collection Folio n° 1037.

ISAK DINESEN, *Winter's Tales,* New York, Random House. Londres, Putnam, 1942.

KAREN BLIXEN, *Vinter Eventyr,* Copenhague, Gyldendal, 1942.

KAREN BLIXEN, *Contes d'Hiver,* Paris, Gallimard, Du Monde entier, traduit de l'anglais par Marthe Metzger, 1970. Collection Folio n° 1411.

KAREN BLIXEN (Pierre Andrézel), *Gengaeldelsens Veje,* traduction danoise par Clara Svendsen *(sic).* Copenhague, Gyldendal, 1944.

KAREN BLIXEN (Pierre Andrézel), *Les Voies de la Vengeance,* Paris, Gallimard, Du Monde entier. Traduit du danois par Marthe Metzger, 1964.

ISAK DINESEN, *Last Tales,* New York, Random House. Londres, Putnam, 1957.

KAREN BLIXEN, *Sidste Fortaellinger,* Copenhague, Gyldendal, 1957.

KAREN BLIXEN, *Nouveaux Contes d'Hiver,* Paris, Gallimard, Du Monde entier. Traduit de l'anglais par Solange de la Baume, 1977.

ISAK DINESEN, *Anecdotes of Destiny,* New York, Random House. Londres, Michael Joseph, 1958.

KAREN BLIXEN, *Skaebne Anekdoter,* Copenhague, Gyldendal, 1958.

KAREN BLIXEN, *Le Dîner de Babette,* Paris, Gallimard, Du Monde entier. Traduit de l'anglais par Marthe Metzger, 1961.

KAREN BLIXEN, *Skygger paa Graesset,* Copenhague, Gyldendal, 1960.

ISAK DINESEN, *Shadows on the Grass,* New York, Random House. Londres, Michael Joseph, 1961.

KAREN BLIXEN, *Ombres sur la Prairie,* Paris, Gallimard, Du Monde entier. Traduit de l'anglais par Marthe Metzger, 1963.

KAREN BLIXEN (Osceola), *Osceola,* édité par Clara Svendsen. Copenhague, Gyldendal, Julebog ed., 1962.

ISAK DINESEN, *Ehrengard,* New York, Random House. Londres, Michael Joseph, 1961.

KAREN BLIXEN, *Ehrengard,* traduit en danois par Clara Svendsen. Copenhague, Gyldendal, 1963.

KAREN BLIXEN, *Chevaux Fantômes et autres contes,* Paris, Gallimard, Du Monde entier. Traduit de l'anglais par Doris Sèbvre, 1978.

KAREN BLIXEN, *Essays,* Copenhague, Gyldendal, 1965.

KAREN BLIXEN, *Karen Blixen Tegninger : Med to Essays af Karen Blixen,* édité par Frans Lasson. Copenhague, Forening for Boghaandvaerk, 1969.

KAREN BLIXEN, *Efterladte Fortaellinger,* édité par Frans Lasson. Copenhague, Gyldendal, 1975.

ISAK DINESEN, *Carnival : Entertainments and Posthumous Tales,* Chicago, University of Chicago Press, 1977.

KAREN BLIXEN, *Breve fra Africa : 1914-1931,* édité par Frans Lasson. Copenhague, Gyldendal, 1978.

ISAK DINESEN, *Letters from Africa : 1914-1931,* édité par Frans Lasson. Traduit par Anne Born. Chicago, University of Chicago Press, 1981.

ISAK DINESEN, *Daguerreotypes and Other Essays,* traduit par P. M. Mitchell et W. D. Paden. Chicago, University of Chicago Press, 1979.

Bibliographie sélective

Pour une bibliographie complète et annotée des œuvres de Karen Blixen ainsi que des ouvrages qui lui ont été consacrés, voir *Isak Dinesen : A Bibliography*, par Liselotte Henriksen. University of Chicago Press, 1977.

ANDERSEN, HANS. " Om Mama og Moster Bess. " *Blixeniana 1979*. Édité par Hans Andersen et Frans Lasson, pp. 59-69. Copenhague, Karen Blixen Selskabet, 1979.

ARENDT, HANNAH. " Isak Dinesen, 1885-1962. " *Men in Dark Times*. New York, Harcourt Brace Jovanovich, 1968.

ARNOLD, MATTHEW. *Literature and Dogma*. New York, Macmillan Co., 1873.

BEARD, PETER, ed. *Longing for Darkness : Kamante's Tales from Out of Africa*. New York, Harcourt Brace Jovanovich, 1975.

BENJAMIN, WALTER. " The Storyteller : Reflections on the Works of Nicolai Leskov. " *Illuminations*. Traduit par Harry Zohn. Édité par Hannah Arendt. New York, Schocken Books, 1969.

BJØRNVIG, THORKILD. *Pagten*. Copenhague, Gyldendal, 1974.

Udvalgte digte. Copenhague, Gyldendal, 1970.

BLIXEN-FINECKE, Bror von. *The African Hunter*. Londres, Cassell & Co., 1937.

BOGAN, LOUISE. " Isak Dinesen. " *Selected Criticism*. New York, Noonday, 1955.

BRANDES, GEORG. *An Essay on Aristocratic Radicalism*. Londres, Macmillan, 1914.

Main Currents in Nineteenth Century Literature. Traduit par Diana White et Mary Morison. London, William Heinemann, 1901.

" Wilhelm Dinesen. " *Samlede Skrifter*, vol. 3 (1919), pp. 189-196.

Uimodstaaelige Attende Aarhundrede i Frankrig. Copenhague, Gyldendal, 1924.

BRANDT, JØRGEN GUSTAVA. " Et Essay om Karen Blixen ", *Heretica* 6 (1953), 300-20.

BREDSDORFF, ELIAS. *Den Store Nordisk Krig om Sexualmoralen*, Copenhague, Gyldendal, 1973.

BRIX, HANS. *Karen Blixens Eventyr*. Copenhague, Gyldendal, 1949.

" Sandhedens Hævn Til Isak Dinesen : 'Vejene Omkring Pisa' ", " Et Eventyr af Karen Blixen. " *Analyser og Problemer* 6, pp. 286-306. Copenhague, Gyldendal, 1950.

CAPOTE, TRUMAN. *Observations*. New York, Simon & Schuster, 1959.

CARLSEN, CAROLINE. " Erindringer om Karen Blixen, fortalt til Frans Lasson. " *Blixeniana 1976*. Édité par Hans Andersen et Frans Lasson. Copenhague, Karen Blixen Selskabet, 1976.

CATE, CURTIS. " Isak Dinesen : The Scheherezade of Our Times. " *Cornhill*, hiver 1959-60. pp. 120-37.

" Isak Dinesen. " *Atlantic Monthly*, décembre 1959, pp. 151-155.

CATTERALL, R. D. *A Short Textbook of Venereology : The Sexually Transmitted Diseases*. Londres, English Universities Press, 1974.

CLAUDI, JØRGEN. *Contemporary Danish Authors* Traduit par Jørgen Andersen et Aubrey Rush. Copenhague, Det Danske Selskab, 1952.

CLAUSSEN, SOPHUS. *Udvalgte digte.* Copenhague, Gyldendal, 1952.
CLEEMAN, ANNAMARIE. " Karen Blixen Fortæller. " *Samleren* 19 (1942), 33-35.
DAHL, ELLEN [Paracelsus]. *Introductioner.* Copenhague, Reitzels, 1932.
Parabler. Copenhague, Gyldendal, 1929.
DAVENPORT, JOHN. " A Noble Pride : The Art of Karen Blixen. " *The Twentieth Century,* mars 1956, pp. 264-74.
DAVIDSON, BASIL. *A History of East and Central Africa : To the Late Nineteenth Century.* Garden City, N. Y., Doubleday, Anchor Books, rev. ed., 1969.
Let Freedom Come : Africa in Modern History. Boston, Little Brown, 1978.
DICKSON, LOVAT. *H. G. Wells : His Turbulent Life and Times.* New York, Atheneum, 1969.
DINESEN, THOMAS. *Boganis : Min Fader, Hans Slægt, Hans Liv og Hans Tid.* Copenhague, Gyldendal, 1972.
My Sister, Isak Dinesen. Traduit par Joan Tate. Londres, Michael Joseph, 1975.
Tanne, Min Søster Karen Blixen. Copenhague, Gyldendal, 1974.
DENESEN, WILHELM. " Fra et Ophold i de Forenede Stater. " *Tilskueren* (1887), 778-796.
DINESEN, WILHELM [Boganis]. *Jagtbreve og Nye Jagtbreve.* Copenhague, P. G. Philipsens, 1889 ; Spektrum, 1966.
ELLING, CHRISTIAN. " Karen Blixen. " *Danske Digtere i det Tyvende Aarhundrede.* Édité par Ernst Frandsen et Niels Kaas Johansen, pp. 521-559. Copenhague, Gads, 1951.
FENICHEL, OTTO. *La Théorie psychanalytique des névroses,* 2 vol., P.U.F., 1979.
FOG, MOGENS. " Karen Blixens Sygdomshistorie. " *Blixeniana 1978.* Édité par Hans Andersen et Frans Lasson. Copenhague, Karen Blixen Selskabet, 1978.
FREUD, SIGMUND. *On Creativity and the Unconscious.* Traduit par Alix Strachey. Édité par Benjamin Nelson. New York, Harper & Row, Harper Torchbook, 1958.
HANNAH, DONALD. " *Isak Dinesen " and Karen Blixen : The Mask and the Reality.* New York, Random House, 1971.
HANSEN, MARTIN A. *Against the Wind.* Traduit et édité par H. Wayne Schow. New York, Frederich Unger, 1979.
HAUSER, ARNOLD. *The Social History of Art.* vols. 2-4. Traduit par Stanley Godman. New York, Random House, Vintage Books, undated.
HEINE, HEINRICH. *Œuvres complètes,* Éd. du C.N.R.S. 1956-1980.
HEMINGWAY, ERNEST. *Les neiges du Kilimandjaro.* Paris, Gallimard, 1963.
HENRIKSEN, AAGE. *Det Guddomelige Barn og Andre Essays om Karen Blixen.* Copenhague, Gyldendal, 1965.
HENRIKSEN, LISELOTTE. *Isak Dinesen : A Bibliography.* Chicago, University of Chicago Press, 1977.
Karen Blixen : en bibliografi. Copenhague, Gyldendal, 1975.
" Supplement 1978. " *Blixeniana 1979,* pp. 220-230. Édité par Hans Andersen et Frans Lasson. Copenhague, Karen Blixen Selskabet, 1979.
HUXLEY, ELSPETH. *Les Pionniers du Kenya,* Paris, Mercure de France, 1965.
JASPERS, KARL. *Spinoza.* Traduit par Ralph Manheim. Édité par Hannah Arendt. New York, Harcourt Brace Jovanovich, Harvest Book, 1974.
JOHANNESSON, ERIC O. *The World of Isak Dinesen.* Seattle, University of Washington Press, 1961.
JONES, W. GLYNN. *Denmark.* New York, Praeger, 1970.
JUHL, MARIANNE, et JØRGENSEN, BO HAKON. *Dianas Hævn.* Odense, Odense Universitetsforlag, 1981.
JUNG, CARL. *Memories, Dreams and Reflections.* Traduit par Richard et Clara Winston. New York, Random House, 1963.
KABELL, AAGE. *Karen Blixen debuterer.* Munich, Wilhelm Fink, 1968.
KIERKEGAARD, SØREN. *Ou bien, ou bien.* Paris, Gallimard.
KLEIST, HEINRICH VON. " Les Marionnettes. " [" Uber das Marionettentheater. "] Traduit par Flora Klee-Palyi et Fernand Marc. Paris, Gallimard, 1947.
KRISTENSEN, SVEN MØLLER. " Karen Blixen og Georg Brandes. " Copenhague *Politiken,* 17 juin 1981.
LANGBAUM, ROBERT. *The Gayety of Vision : Isak Dinesen's Art.* New York, Random House, 1965.
LASSON, FRANS, ed. *Karen Blixens Tegninger · Med To Essays af Karen Blixen.* Copenhague Forening for Boghaandværk, 1969.

LASSON, FRANS, et SVENDSEN, CLARA, eds. *The Life and Destiny of Isak Dinesen.* Londres, Michael Joseph, 1970.
LINDEMANN, KELVIN. *The Red Umbrellas.* New York, Appleton-Century-Croft, 1955.
LYTTON, NOEL ANTHONY SCAWEN (4). *The Stolen Desert.* Londres, Macdonald, 1966.
MANN, THOMAS. *Le Docteur Faustus,* Albin Michel, 1975.
Essays of Three Decades. Traduit par H.T. Lowe-Porter. New York, Alfred A. Knopf, 1947.
MARKHAM, BERYL. *West with the Night.* Londres, George Harrap, 1943.
MEYER, MICHAEL. *Ibsen.* New York, Doubleday, 1971.
MIGEL, PARMENIA. *Titania : The Biography of Isak Dinesen.* New York, Random House, 1967.
MILLER, CHARLES. *Battle for the Bundu.* New York, Macmillan, 1974.
MITCHELL, P.M. *A History of Danish Literature.* Copenhague, Gyldendal, 1957.
NIETZSCHE, FRIEDRICH WILHELM. *La Naissance de la tragédie,* Gonthier, 1963. *Le Cas Wagner,* Gallimard, 1980. *Généalogie de la morale,* Gallimard, 1966. *Ecce Homo,* Gallimard, 1979.
The Portable Nietzsche. Traduit et édité par Walter Kaufmann. New York, Random House, Vintage Books, 1954.
PETERSEN, VIGGO KJÆR. " Karen Blixen. " *Danske Digtere i det Tyvende Aarhundrede.* Édité par Frederik Nielsen et Ole Restrup, vol. 2, pp. 699-734. Copenhague, Gads, 1966.
PETROW, RICHARD. *The Bitter Years : The Invasion and Occupation of Denmark and Norway, April 1940-May 1945.* New York, William Morrow, 1974.
PROPP, VLADIMIR. *Morphologie du conte,* Seuil, 1970.
RASMUSSEN, STEEN EILER. " Karen Blixens Rungstedlund. " *Det Danske Akademi 1960-1967.* Copenhague, Gads, 1967.
ROSENDAHL, JOHANNES. *Karen Blixen : Fire Foredrag.* Copenhague, Gyldendal, 1957.
RUDHART, ALEXANDER. *Twentieth Century Europe.* Philadelphie, J. B. Lippincott, 1975.
RYING, BENT, ed. *Denmark : An Official Handbook.* Traduit par Reginald Spink. Copenhague, Ministère des Affaires étrangères, 1974.
SCHYBERG, FREDERIK. " Syv Fantastiske Fortællinger. " Copenhague, *Berlingske Tidende.* 25 septembre 1935, pp. 11-12.
STAFFORD, JEAN. " Isak Dinesen : Master Teller of Tales. " *Horizon,* septembre 1959, pp. 111-112.
SVENDSEN, CLARA, ed. *Isak Dinesen : A Memorial.* New York, Random House, 1965.
Éd. et trad. *Karen Blixen* [memorial anthology]. Copenhague, Gyldendal, 1962.
Notater om Karen Blixen. Copenhague, Gyldendal, 1974.
Les Mille et une nuits, traduit par le Dr J.-C. Mardrus, 2 vol., Coll. « Bouquins », Laffont 1980.
TRZEBINSKI, ERROL. *Silence Will Speak.* Londres, Heinemann, 1977.
VOWLES, RICHARD B. " Boganis, Father of Osceola ; or Wilhelm Dinesen in America, 1872-1874. " *Scandinavian Studies* 48 (1976), 369-383.
WALTER, EUGENE. " Isak Dinesen. " *Paris Review,* automne 1956, pp. 43-59.
WESCOTT, GLENWAY. " Isak Dinesen, the Storyteller. " *Images of Truth.* New York, Harper & Row, 1962.
WESTENHOLZ, MARY BESS. " Erindringer om Mama og hendes Slægt ", *Blixeniana 1979.* Édité par Hans Andersen et Frans Lasson, pp. 71-217. Copenhague, Karen Blixen Selskabet, 1979.
WILHELM, prince de Suède. " Afrikanskt Intermezzo. " *Episoder.* Stockholm, Norstedt, 1951.
WITH, MERETE KLENOW. *Karen Blixen : Et Udvalg.* Copenhague, Gyldendal, 1964.
WIVEL, OLE. *Romance for Valdhorn.* Copenhague, Gyldendal, 1972.

Index

Les références indiquées pour les personnages apparaissant tout au long de l'ouvrage (Denys Finch Hatton, Ingeborg Westenholz, Bror Blixen, etc.) ne concernent que les événements principaux.

Les chiffres renvoient aux pages ; les n, aux notes de bas de page et les chiffres en gras, aux chapitres. (*N.d.T.*)

T.

U.

V.

W.

Remerciements

Cette biographie de Karen Blixen est la première à avoir utilisé le grand nombre de lettres, de manuscrits inédits et de documents de famille qui composent ses archives. Bien qu'il ne s'agisse pas ici d'une « biographie autorisée », je suis infiniment reconnaissante à la Fondation Rungstedlund et à la famille Dinesen de m'avoir autorisée à en citer des extraits. Sans l'aide particulière que m'ont offerte M. et Mme Thomas Dinesen, Clara Selborn (Svendsen), Ingeborg Michelsen et Ole Wivel, ce livre n'aurait pu être fait.

Je ne saurai jamais assez remercier les gens qui m'ont aidée durant ces sept dernières années : ceux qui m'ont parlé de l'art, de la vie et d'Isak Dinesen, ceux qui m'ont donné livres, lettres et photographies, ceux qui ont effectué des recherches, qui ont lu mon manuscrit, qui m'ont offert l'hospitalité et m'ont aidée à garder courage. J'espère qu'ils comprendront si je consigne ici la simple liste de leurs noms par ordre alphabétique en leur exprimant ma profonde gratitude. Lady Altrincham, Hans Andersen, Christopher Aschan, Ulf Aschan, Birthe Andrup, Ann Barrett, Peter Beard, Thorkild Bjørnvig, Doria et Jack Block, Anne Born, Hans Henrik Bruun, Suzanne Brøgger, Rose Cartwright, Beatrice Cazac, Charlotte Christensen, Meghan Collins, Merwyn Cowie, Michael Denneny, Paul Dinas, Deborah Emin, Anna Falck, Nina et Bill Finkenstein, le docteur Mogens Fog, M. Hans Folsach, la doctoresse Vibeke Funch, Kamante Gatura, Winston Guest, Robert Hamburger, Ester Henius, Cockie Hoogterp, Elspeth Huxley, Bjarne Jørnaes, Carl Kähler, Nathaniel Kivoi, Gustav Kleen, Ann Kopp, Erik Kopp, Robert Langbaum, Frans Lasson, Ingrid Lindström, Ernst Lohse, Kaare Olsen, le docteur Duncan MacDonald, Nieves Mathews de Madariaga, David Mairowitz, Beryl Markham, Sir Charles Markham, Esmond et Chrysee Bradley Marrin, Remy Martin, Eve Merriam, Charlotte Meisner, Bent Mohn, feu Cynthia Nolan, Bert Phillips, Morris Philipson, Judith Rascoe, Anita Rasmussen, Steen Eiler Rasmussen, Lilian Moore Reavin, le comte Christian Reventlow, la comtesse Sybille Reventlow, Michael Roloff, Martha Saxton, Robert Seidman, Betty Sih, Ruth Sullivan, Alice Thurman, Eva Thurman, Errol Trzebinski, Finn Ulrich, Diana Wylie.

Je voudrais également remercier deux généreuses institutions, le National Endowment for the Humanities et la MacDowell Colony, pour le soutien qu'ils ont accordé à mon travail. Je voudrais aussi remercier le personnel de la Bibliothèque Royale de Copenhague et de Saint-Martin's Press.

Enfin, je voudrais remercier mon mari, Jonathan David — qui ne m'a jamais connue sans Isak Dinesen, même depuis notre mariage —, pour son amour, qui a rendu possible la réalisation de ce livre.

Judith Thurman
New York City
11 février 1982

Table des matières

LIVRE DEUXIÈME

TANIA

LIVRE TROISIÈME

ISAK DINESEN

LIVRE QUATRIÈME

PELLEGRINA

Achevé d'imprimer le 16 avril 1986
sur presse CAMERON,
dans les ateliers de la S.E.P.C.
à Saint-Amand-Montrond (Cher)
pour le compte des éditions Seghers
6, place Saint-Sulpice, 75279 Paris Cedex 06

Dépôt légal : mars 1986.
N° d'Edition : 30019. N° d'Impression : 496.